ZENworks for Desktops 4

Hans C. Nieder

ZENworks for Desktops 4

Bibliografische Information Der Deutschen Bibliothek –
Die Deutsche Bibliothek verzeichnet diese Publikation in der Deutschen Nationalbibliografie; detaillierte bibliografische Daten sind im Internet über <http://dnb.ddb.de> abrufbar.

ISBN 3-8266-0993-x
1. Auflage 2003

Printed in Germany

Satz und Layout: G&U e.Publishing Services GmbH, Flensburg
Druck: Media-Print, Paderborn

Inhaltsverzeichnis

Vorwort

Anfang 2001 war ZENworks for Desktops (ZfD) auf ca. 34 Millionen Desktops aktiv und seither steigt die Zahl ständig weiter an (im Sommer 2002 waren es bereits mehr als 38 Millionen), was für den Erfolg, die Qualität und die positiven Möglichkeiten dieser Software spricht.

Diese Software, die sich in die NDS integriert, ist für das Client-Management verantwortlich (für die Konfiguration, zur Softwareverteilung, die Hard- und Software-Inventur etc.), wurde am 17. Februar 1998 angekündigt und ist seit Juli/August 1998 verfügbar. Es ist absolut beeindruckend, in welch kurzer Zeit dieses Produkt umfassend weiterentwickelt wurde und bis heute trotz erheblich größerer Komplexität im Vergleich zu früheren Versionen trotzdem noch relativ einfach und schnell zu implementieren ist. Es gehört im Bereich der Software für das umfassende Desktop-Management sicherlich mit zum Besten, was der Markt zu bieten hat.

ZENworks for Desktops 4.0 ist jetzt zum ersten Mal auch weitgehend ohne Novell-Client bedienbar und mit regelbasiertem Management ausgestattet. Dazu kommt, dass größtenteils auch kein NetWare-Server für den praktischen Einsatz notwendig ist. Umgekehrt benötigen Windows Client-Umgebungen zur umfassenden Verwaltung nicht mehr zwangsweise einen Microsoft-Server, beispielsweise mit dem Active Directory. Damit sollten sich Systeme in heterogenen Netzwerken besser verwalten lassen als jemals zuvor. Als Server werden jetzt Novell NetWare 5.1 und 6 sowie Windows NT und Windows 2000 unterstützt.

Will man die Möglichkeiten der Software jedoch umfassend ausschöpfen, ist zumindest ein Novell-Client nach wie vor notwendig. Auf eines kann aber auf keinen Fall für den Einsatz verzichtet werden, das eDirectory (NDS). Dies führt zunehmend dazu, dass zwei Verzeichnisdienste gepflegt werden müssen, das Active Directory und das eDirectory. Wollen Sie den notwendigen Aufwand der vielen redundanten Daten vermeiden, bietet sich hier in vielen Fällen der Einsatz eines Metadirectories, wie beispielsweise DirXML von Novell, an.

Setzen Sie bereits eine frühere Version von ZENworks ein, sollten Sie sich die neuen Möglichkeiten in jedem Fall genauer ansehen. Das Produkt wurde runderneuert und unterstützt wesentlich besser mobile Computing, Internet Standards sowie ca. 300 weitere neue Funktionen und Erweiterungen im Vergleich zur Vorgängerversion 3.2. Besonders positiv fällt auf, dass die Preboot-Services jetzt Bestandteil der Software sind und nicht separat angeschafft werden müssen.

Sie können Ihre Clients jetzt auch über das Internet, unabhängig von ihrem Standort, verwalten. ZENworks for Desktops basiert jetzt auf offenen Internetstandards und automatisiert die täglich anfallenden Aufgaben des Desktop-Managements.

Was kann Ihnen ZENworks for Desktops bieten?

- Applikationsmanagement
- automatisiertes Desktopmanagement
- benutzerbasiertes Management
- Unterstützung mobiler Benutzer und Telearbeiter
- Arbeitsstations-Imaging
- Implementierungsszenarien mit oder ohne Novell-Client

In Kombination mit ZENworks for Servers und ZENworks for Handhelds können Unternehmen komplette Netzwerklandschaften wie ein einziges homogenes Netz administrieren. Damit steht ein vollständiges Lösungspaket für alle Netzwerk-Managementaufgaben zur Verfügung.

Die Neuerungen von ZfD 4.0 im Detail finden Sie bei

```
http://www.novell.com/products/zenworks/desktops/whatsnew.html
```

Weiter Produktinformationen finden Sie bei

```
http://www.novell.com/products/zenworks/desktops
```

Ein White Paper von IDC (Quantifying the Business Benefits of Directory-Based Desktop Management) finden Sie bei

```
http://www.novell.com/products/zenworks/desktops/idcwp.pdf
```

Einschränkungen

Beim Einsatz von ZfD 4.0 sind einige wichtige Einschränkungen für die Installation und den Betrieb zu beachten:

- Die Installation und der Betrieb auf Windows-NT 4.0- und Windows-.NET-Servern 2003 wird nicht unterstützt.
- ZfD 4.0 darf nicht in einer Novell Clusterumgebung installiert werden. Die Clusterunterstützung folgt voraussichtlich mit Service Pack 1 zu ZfD 4.0.
- Als Clients werden keine Systeme mehr mit Windows 95/98 unterstützt (nur Windows NT 4.0, Windows 2000/XP sowie Thin-Client-Sitzungen).

- Nicht mehr unterstützte Richtlinien:
  - Client-Konfigurationsrichtlinien
  - RAS-Richtlinie
  - Richtlinie für die Hilfeanforderung (HelpDesk)
  - konventionelle Druckerlinien (für Benutzer und Arbeitsstationen)
  - Richtlinie für die Beschränkung der Anmeldung (Restrict Login)
  - erweiterbare Computer- und Benutzerrichtlinien unter Windows XP
- Einige Sicherheitseinstellungen für Windows-XP-Gruppenrichtlinien werden nicht unterstützt

Wichtig

Haben Sie vorher ZfD 3.2 als Upgrade zu ZfD 2.0 installiert, können die nicht mehr unterstützten Richtlinien noch verwendet werden. Ferner werden durch die Vorversion Windows-95/98-Arbeitsstationen unterstützt. Neuere Richtlinien funktionieren aber nicht.

Konventionen im Buch

Bitte beachten Sie folgende Konventionen für die Wiedergabe im Buch:

- Bei *kursiv* dargestellten Bezeichnungen handelt es sich um Anzeigen in Menüs, Auswahlfeldern usw.
- Bei Wiedergabe als KAPITÄLCHEN handelt es sich um die Bezeichnung von Schaltflächen.
- Bei der Wiedergabe von `Listingschrift` im normalen Text handelt es sich fast durchgängig um direkte Eingaben, z.B. in die Registry.

## Kapitel 1

Installation und Einrichtung

In diesem Kapitel geht es nicht nur um die reine Installation von ZfD 4.0, sondern es enthält auch folgende Informationen:

- Empfehlungen zum Novell-Client
- Voraussetzungen für den Einsatz auf Serversystem und den Clients
- Vorgehensweise bei der Installation

1.1 Empfehlungen zum Novell-Client

In diesem Abschnitt erhalten Sie einige Tipps, unter welchen Bedingungen für Sie der Einsatz der Novell-Clients sinnvoll ist. Allerdings sollten Sie bedenken, dass die Anwendung aller möglichen Funktionen von ZfD 4.0 immer den Novell-Client auf den Arbeitsstationen erfordert. Ohne Novell-Client besteht kein Zugriff auf das NetWare-Dateisystem, es stehen keine Directory-Informationen und für mobile Anwender kein VPN zur Verfügung.

1.1.1 Mit Novell-Client

Wird der Novell-Client auf den Arbeitsstationen eingesetzt, verhält sich ZfD 4.0 exakt wie die Vorgängerversionen. Die Authentifizierung erfolgt wie bisher durch NCP und SMB. Dieses Szenario ist besonders für bestehende ZfD-Installationen innerhalb von LAN-Grenzen empfehlenswert.

Für den Einsatz ist mindestens die Version 4.83 mit Service Pack 1 erforderlich. Der Novell Application Launcher (NAL) wird von ZfD 4.0 benötigt (die Installation erfolgt automatisch beim nächsten Neustart der Clients).

1.1.2 Ohne Novell-Client mit ZENworks-Login

ZfD 4.0 stellt ein ZENworks-Login zur Verfügung, um die DLU-Funktionalität (Dynamisch Local User) bereitzustellen. Die Authentifizierung zum ZfD-Backend erfolgt mittels Middle-Tier-Servern über HTTP und HTTPS. Dieses Szenario ist besonders geeignet, wenn Sie künftig auf den Novell-Client verzichten möchten. Diese Vorgehensweise ist auch für reine Microsoft-Umgebungen empfehlenswert, wenn weder NT-Domänen noch ein Active Directory zum Benutzermanagement vorhanden sind.

Zum Einsatz kommt der ZfD-Verwaltungsagent (als GINA implementiert – benötigt nur ca. 2,5 Mbyte und ist damit spürbar kleiner als der Novell-Client). Zu beachten ist dabei, dass kein NCP zur Verfügung steht. Das bedeutet beim Einsatz eines NetWare-Servers, dass CIFS (ab NetWare 6) für den Zugriff auf das Dateisystem des Servers notwendig ist. Selbstverständlich ist der Zugriff auch über den Webserver möglich.

Die Verarbeitung ein (Login Script) ist in diesem Scenario nicht möglich. Der ggf. notwendige NAL wird per HTTP-Verteilung auf die Clients übertragen. Der Zugriff auf Clients per Remote Controll stellt kein Problem dar.

1.1.3 Ohne Novell-Client mit Microsoft-Login

In diesem Szenario sind lediglich ZfD-Agenten erforderlich. Die Anwender melden sich direkt über die MSGINA (Microsoft-Client) an. Die Authentifizierung gegenüber dem Novelle Directory erfolgt über die ZfD-Middle-Tier-Server. Dies setzt allerdings voraus, dass die notwendigen Benutzerdaten (Anmeldename und Kennwort) im eDirectory verfügbar sind. Dieses Szenario ist für Umgebungen geeignet, die über eine NT- oder Active-Directory-Umgebung verfügen. Zur Bereitstellung und Konsolidierung der Benutzerdaten zwischen dem Active Directory und dem Novell eDirectory greift ZfD 4.0 dazu auf das mitgelieferte Novell DirXML zurück.

1.2 Wichtige Voraussetzungen für den Einsatz

Bevor Sie mit der Installation und Implementation im Netzwerk beginnen, müssen Sie überprüfen, ob die notwendigen Voraussetzungen gegeben sind.

Tipp

Zur Installation sollten Sie den Inhalt der benötigten CDs auf die Festplatte eines Servers kopieren, wo diese für die Installation zentral zur Verfügung stehen. Nach meinen Erfahrungen führt dies auch zu einer zuverlässigeren Installation als direkt von CD.

1.2.1 Softwarevoraussetzungen

- Als Server werden NetWare, Windows NT/2000, Solaris, Linux und AIX unterstützt (nicht alle Servervarianten stehen von Anfang an zur Verfügung).
- NetWare-Server ab Version 5.1 mit mindestens Support Pack 4 (besser 5).
- NetWare-Server 6 mit mindestens Support Pack 1 (mindestens Service Pack 2 ist empfehlenswert).
- Für iPrint wird mindestens Support Pack 5 für NetWare 5.1 und Support Pack 2 für NetWare 6 benötigt.
- eDirectory mindestens in der Version 8.5 (besser mindestens 8.6.2).

- Die aktuelle Version von JVM muss installiert sein (NetWare 5.1 bzw. 6) – nach dem Support Pack.
- Der TCP/IP-Protokoll-Stack muss gebunden sein.
- Beim Einsatz von Windows NT (nur für Arbeitsstations-Inventarisierung) ist Service Pack 6a und bei Windows 2000 Service Pack 2 notwendig.
- ConsoleOne ab Version 1.3.3 wird unterstützt (nach den NetWare Support Packs installieren – Stand November 2002).
- Auf NetWare-Servern wird Sybase ASA 7.0.2.1583 und bei Windows NT/2000 Sybase ASA 7.0.2.1540 benötigt. Alternativ kann Oracle 8i auf NetWare-Servern und Oracle 8.1.5, 8.1.6 oder 8.1.7 auf Windows-NT/2000-Servern verwendet werden. Alternativ ist auch der Einsatz von Microsoft SQL Version 2000 auf Windows-2000-Servern möglich.
- Der Novell-Client wird ab der Version 4.83 SP1 unterstützt (der NAL wird von ZfD benötigt) und auf den Arbeitsstationen sowie Windows-2000-Servern benötigt. Auf Microsoft-Servern nur TCP/IP binden.
- Beim Einsatz von Windows 2000 als ZfD-Server muss auf diesem die neueste Version der ConsoleOne und des Novell eDirectory installiert sein. Ferner muss das Verzeichnis, in dem eDirectory installiert ist (z.B. C:\NOVELL) als SYS freigegeben sein.
- Wollen Sie den ZfD-Middle-Tier-Server auf einem System mit Windows-2000-Server installieren, müssen das Service Pack 2 sowie der IIS vorher installiert sein. Benötigen Sie zusätzlich den Novell-Client, müssen Sie diesen vorher installieren (nicht zwangsweise notwendig). Auf einem Windows-2000-Server als Middle-Tier-Server benötigen Sie kein Novell eDirectory. Sollen mithilfe von Webbrowsern Applikationen zur Verfügung gestellt werden, wird der Internet-Explorer ab Version 5.5 auf dem Server zu Bearbeitung der Datei MYAPPS.HTML benötigt.
- Für den ZfD-Middle-Tier-Server auf NetWare 5.1 (Uniprozessor) wird der Apache-HTTP-Web-Server ab Version 1.3.22 benötigt (befindet sich auf der ZENworks for Desktops 4 Companion CD). Auf diesem Server muss auch Novell-Certificate-Server ab Version 2.20 installiert werden.
- Für den ZfD-Middle-Tier-Server auf NetWare 6 müssen Novell NetStorage und mindestens Support Pack 2 installiert sein.
- Die Arbeitsstation, von der aus Sie installieren, muss über Windows NT/2000/XP mit Internet-Explorer ab Version 5.5 verfügen. Es empfiehlt sich eine Arbeitsstation mit Windows 2000 Professional oder Server, von der später ZfD auch über die ConsoleOne verwaltet wird.
- Zur Installation der ZfD-Middle-Tier-Software muss auf der Arbeitsstation der NICI-Client 2.4.0 installiert sein, wenn mit der ConsoleOne Zertifikate herausgegeben werden sollen.
- Bei Installation auf einem NetWare-Server müssen Sie mit dem Admin-Konto oder einem Konto, das Sicherheitsäquivalenz besitzt, angemeldet sein. Entspre-

chendes gilt für Windows-2000-Server, auf denen Sie Administrator-Rechte benötigen.

Wichtig

ZfD 4.0 unterstützt keine Bäume mit DNS-Stamm und keine gruppierten Bäume.

1.2.2 Hardwareanforderungen

Die folgenden Anforderungen stellen das Minimum für die Installation und Ausführung von ZfD 4.0 dar.

Server	Plattenplatzbedarf	Anforderungen
NetWare 5.1	128 Mbyte	Pentium III mit 256 Mbyte RAM; bei 200 gleichzeitigen Benutzern Pentium III mit 1 Gbyte RAM
NetWare 6	220 Mbyte	Pentium III mit 256 Mbyte RAM; bei 200 gleichzeitigen Benutzern Pentium III mit 1 Gbyte RAM
Windows-NT-Server (nur Inventarisierung)	220 Mbyte	Pentium III mit 256 Mbyte RAM
Windows-2000-Server	220 Mbyte	Pentium III mit 256 Mbyte RAM; bei 200 gleichzeitigen Benutzern Pentium III mit 1 Gbyte RAM

Tabelle 1.1: Hardwareanforderungen an Server

Für die Installation der Inventarisierung auf einem eigenen Server müssen folgende Anforderungen erfüllt werden:

Server	Plattenplatzbedarf	Anforderungen
NetWare 5.1	105 Mbyte für die JVM-Dateien 50 Mbyte für die Inventarisierung mit Datenbank oder 35 Mbyte ohne Datenbank 70 Mbyte für die ConsoleOne	Pentium III mit 256 Mbyte RAM; bei 200 gleichzeitigen Benutzern Pentium III mit 1 Gbyte RAM
NetWare 6	50 Mbyte für die Inventarisierung mit Datenbank oder 35 Mbyte ohne Datenbank 70 Mbyte für die ConsoleOne	Pentium II mit 512 Mbyte RAM; bei 200 gleichzeitigen Benutzern Pentium III mit 1 Gbyte RAM
Windows-2000-Server	50 Mbyte für die Inventarisierung mit Datenbank oder 25 Mbyte ohne Datenbank 50 Mbyte für die ConsoleOne	Pentium III mit 256 Mbyte RAM; bei 200 gleichzeitigen Benutzern Pentium III mit 1 Gbyte RAM

Tabelle 1.2: Hardwareanforderungen an einen separaten Inventarisierungsserver

Für die Installation der Sybase-Komponenten kann ein eigener Server verwendet werden, der folgende Hardwarevoraussetzungen erfüllen muss:

Komponente	Anforderungen
Hauptspeicher (RAM)	Mindestspeicher für die Datenbank ist 256 Mbyte mit einer Mindestcache-Größe von 32 Mbyte. 512 Mbyte sind mindestens für den Root-Server empfehlenswert mit einem Cache von 256 Mbyte.
Plattenplatzbedarf	Mindestens 1,5 Gbyte für 10.000 Arbeitsstationen. Für den Root-Server sind 20 Gbyte zu veranschlagen. In Abhängigkeit von der Anzahl der angeschlossenen Arbeitsstationen sind zwischen 1 und 25 Gbyte zu kalkulieren.

Tabelle 1.3: Hardwareanforderungen für einen eigenen Sybase-Server

1.2.3 Anforderungen an die Arbeitsstationen

Wie bereits beschrieben, ist es nicht mehr zwingend notwendig, mit einem Novell Client auf den Arbeitsstationen zu arbeiten.

- Die Voraussetzungen für den Einsatz von Windows 2000/XP sind auch ausreichend für den Einsatz des Novell Client und/oder ZfD Management Agent (ZfD-Verwaltungsagent). Ansonsten empfiehlt sich mindestens ein Prozessor mit 200 MHz und 64 Mbyte Hauptspeicher. ZfD wird auf der NEC 9800-Serie (PC98) nicht unterstützt.
- Folgende Betriebssystemversionen werden unterstützt:
  - Windows 2000 Professional mit mindestens Service Pack 2
  - Windows XP Professional
  - Windows NT 4.0 mit Service Pack 6a
  - Windows 98 SE
- Internet-Explorer wird mindestens in der Version 5.5 benötigt. Cookies müssen akzeptiert werden (bei IE 6.0 ist dies standardmäßig nicht der Fall).

1.3 Die Installation von ZfD-Server und ZfD-Middle-Tier-Server auf dem gleichen System

In einer kleineren Umgebung kommt es häufig vor, dass für die verschiedenen Rollen nicht genügend Serversysteme zur Verfügung stehen, oder Sie haben andere Gründe, nur ein System zu verwenden.

1.3.1 NetWare-Server

Gehen Sie in diesem Fall wie folgt vor, wenn ein NetWare-Server zum Einsatz gelangen soll:

1. Installieren Sie die Software für den ZfD-Middle-Tier-Server (eine Beschreibung zur Vorgehensweise finden Sie später in diesem Kapitel).
2. Installieren Sie die Software für den ZfD-Server (eine Beschreibung zur Vorgehensweise finden Sie später in diesem Kapitel).
3. Führen Sie zum Abschluss einen Neustart des Servers durch.

1.3.2 Windows-2000-Server

Soll ein Windows-2000-Server zum Einsatz kommen, gehen Sie wie folgt beschrieben vor:

1. Installieren Sie den Novell-Client (mindestens Version 4.83), der später nicht deinstalliert werden darf.
2. Installieren Sie die ConsoleOne (mindestens Version 1.3.3).
3. Installieren Sie das eDirectory. Handelt es sich bei dem Server um einen Domänen-Controller (Active Directory), stellen Sie sicher, dass das eDirectory-LDAP nicht die Standardports verwendet (389 für nonsecure und 636 für secure).
   - Melden Sie sich als Admin am eDirectory an.
   - Rufen Sie die ConsoleOne auf.
   - Rufen Sie die Eigenschaften des *LDAP-Server*-Objekts auf.
   - Auf der ersten Registerkarte ändern Sie *TCP Port* (388 ist ein guter möglicher Wert).
   - Wechseln Sie auf die zweite Registerkarte und ändern Sie hier den Wert im Feld *SSL Port*.
   - Klicken Sie auf ANWENDEN bzw. APPLY.
   - Klicken Sie auf der ersten Registerkarte auf REFRESH NLDAP SERVER NOW.
   - Treten bei den beiden letzten Aktionen Fehlermeldungen auf, können diese normalerweise ignoriert werden.
   - Rufen Sie in der Systemsteuerung die *NDS Services* auf.
   - Wählen Sie NLDAP.DLM und klicken Sie auf START, um die Port-Änderungen zu übernehmen.

     An der Eingabeaufforderung können Sie die Änderung mit folgendem Befehl überprüfen:

     ```
     netstat -a -n
     ```

4. Ist auf dem Server zusätzlich iMonitor installiert, muss ein anderer Port als 80 verwendet werden:
   - Halten Sie den IIS-Web-Server mit folgendem Befehl in einer Eingabeaufforderung an:

     ```
     iisreset /stop
     ```

- Rufen Sie in der Systemsteuerung die *NDS Services* auf.
- Wählen Sie *NDS iMonitor* und klicken Sie auf STOP.
- Öffnen Sie die Datei %SystemDrive%\NOVELL\NDS\NDSIMON.INI. Vorsicht, die Datei ist normalerweise schreibgeschützt.
- Entfernen Sie die Kommentierung zur Zeile mit HttpPort und geben Sie einen anderen Port an. Beispiel:

```
HttpPort 8008
```

- Rufen Sie in der Systemsteuerung die *NDS Services* auf.
- Wählen Sie *NDS iMonitor* und klicken Sie auf START.
- Starten Sie den IIS-Web-Server mit folgendem Befehl in einer Eingabeaufforderung:

```
iisreset /start
```

An der Eingabeaufforderung können Sie die Änderung mit folgendem Befehl überprüfen:

```
netstat -a -n
```

5. Installieren Sie die Software für den ZfD-Server (eine Beschreibung zur Vorgehensweise finden Sie später in diesem Kapitel).
6. Installieren Sie die Software für den ZfD-Middle-Tier-Server (eine Beschreibung zur Vorgehensweise finden Sie später in diesem Kapitel).
7. Handelt es sich bei dem Server um einen Domänen-Controller (Active Directory), müssen Sie noch eine Registry-Änderung durchführen:
   - Rufen Sie REGEDT32.EXE auf.
   - Wechseln Sie zu folgendem Schlüssel:

```
HKEY_LOCAL_MACHINE\SOFTWARE\Novell\Xtier
```

   - Fügen Sie das Konto *IUSR_<servername>* hinzu und gewähren Sie folgende Berechtigungen:

```
Wert abfragen (Query Value)
Wert festlegen (Set Value)
Unterschlüssel erstellen (Create Subkey)
Unterschlüssel auflisten (Enumerate Subkeys)
Benachrichtigen (Notify)
Löschen (Delete)
Lesezugriff (Read Control)
```

- Übernehmen Sie Änderung auch für alle Unterschlüssel.
- Beenden Sie den Registry-Editor.

8. Rufen Sie den Web-Browser für den Aufruf von NSAdmin auf:

```
http://<server-ip-adresse>/oneNet/nsadmin
```

Ändern Sie die LDAP-Port-Konfiguration für den ZfD-Middle-Tier-Server.

9. Führen Sie zum Abschluss einen Neustart des Servers durch.

1.4 Die Installation von ZfD-Server

In diesem Abschnitt wird die Vorgehensweise bei der Installation von ZfD 4.0 detailliert beschrieben.

- Erstellen Sie von den betroffenen Servern eine aktuelle Datensicherung.
- Achten Sie darauf, dass alle Hard- und Softwarevoraussetzungen aus dem vorherigen Abschnitt erfüllt sind, bevor Sie beginnen.

Tipp

Es ist empfehlenswert, vor und nach der Installation DSREPAIR auf den betroffenen Servern auszuführen, da eine fehlerfreie NDS und eine einwandfreie Replikation außerordentlich wichtig sind!

- Beenden Sie als erstes auf einem NetWare-Server Java:

```
java -exit
```

- Melden Sie sich als *Admin* oder mit gleichen Rechten im Baum an (bei Bedarf sind entsprechende Anmeldungen auch bei den Windows-NT/2000-Servern notwendig).
- Sie müssen sich an allen Servern in Ihrem aktuellen Baum beglaubigen lassen, auf denen Sie ZENworks installieren möchten. Sie können die Software mit einem Installationslauf aber nur in einem Baum installieren.
- Bei der Installation auf einem Windows-2000-Server müssen Sie ausdrücklich auf diesem beglaubigt sein.
- Im Unterverzeichnis NOVDOCS finden Sie eine Start-Dokumentation im .PDF-Format, die Sie vor der Installation durchlesen sollten (README.TXT vorher beachten). Eine umfangreiche Dokumentation ist online verfügbar.
- Starten Sie die Installation von der CD (startet diese nicht automatisch, rufen Sie WINSETUP.EXE) und wählen Sie als erstes die Sprache aus.

Risiko

Auf keiner Arbeitsstation darf während der Installation von ZfD die ConsoleOne ausgeführt werden.

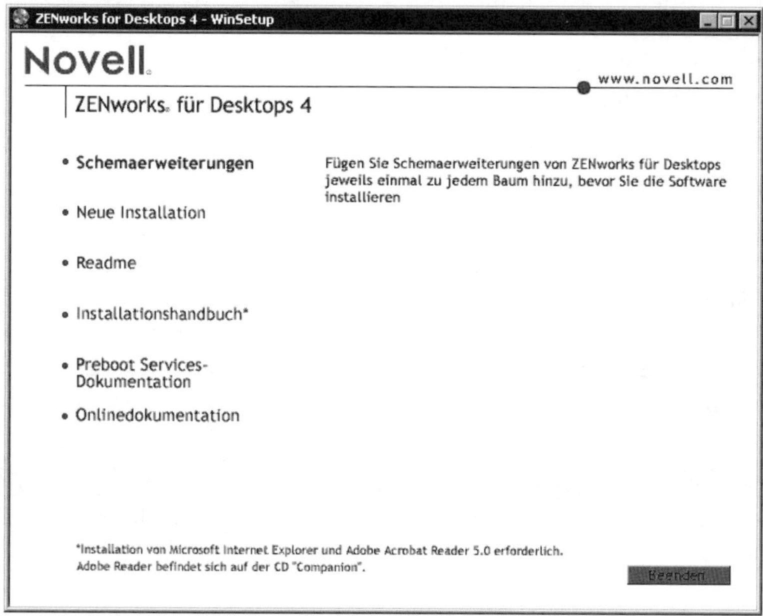

Abb. 1.1: Start der Installation

- Haben Sie einen großen Baum, besteht die Möglichkeit, die notwendige Schemaerweiterung als eigenen Installationsschritt vorab durchzuführen. Wählen Sie dazu die erste Option. Es werden anschließend alle Bäume angezeigt, an denen Sie beglaubigt sind. Nach der Auswahl wird das Schema erweitert. Zum Abschluss besteht die Möglichkeit, ein Protokoll einzusehen.

  Alternativ kann die Schemaerweiterung auch im Rahmen der Neuinstallation durchgeführt werden.

- Zur Installation von ZfD auf Servern wählen Sie *Neue Installation.*
- In der nächsten Anzeige können Sie zwischen drei Installationsprogrammen wählen.

1. **ZfD-Server**: Die Software steht für die zentrale Verwaltung von Richtlinien und Profilen zu Benutzern und Arbeitsstationen im Netzwerk zur Verfügung. Damit steht Ihnen das Applikationsmanagement, die Inventarisierung, das Remote-Management und das Imaging zur Verfügung.
2. **ZfD-Middle-Tier-Server**: Diese Software arbeitet mit einem auf einem Server installierten Web-Server zur Beglaubigung und Kommunikation zwischen einem ZfD-Server innerhalb einer Firewall und Arbeitsstationen außerhalb der

Firewall. Dies ermöglicht mobilen Benutzern, ZfD-Dienste zu nutzen, wenn sie unterwegs sind. Zusätzlich ermöglicht die Software die Kommunikation mit Arbeitsstationen, die über keinen Novell-Client verfügen.

3. **ZfD-Verwaltungsagent**: Mithilfe dieses Agenten ist es ohne einem Novell-Client möglich, sich am ZfD-Server mittels eines ZfD-Middle-Tier-Servers zu beglaubigen. Damit stehen Funktionen wie Remote-Management, die Installation von Applikationen und Richtlinien zur Verfügung.

- Rufen Sie die Installation des ZfD-Servers auf.
- Im nächsten Dialog klicken Sie auf WEITER.
- Bestätigen Sie die Lizenzbedingungen im folgenden Dialog.
- Anschließend werden die Voraussetzungen für die Installation angezeigt. Klicken Sie auf WEITER.
- Wählen Sie den Baum aus, in dem Sie ZfD installieren wollen. Falls Sie das Schema noch nicht erweitert haben, können Sie dies hier nachholen (es ist unschädlich, die Schemaerweiterung in einem Baum mehrfach durchzuführen). Klicken Sie nach der Auswahl auf WEITER.

Wichtig

Ist die Installation von ZfD-Server in mehreren Bäumen notwendig, müssen Sie das Installationsprogramm für jeden davon einzeln ausführen.

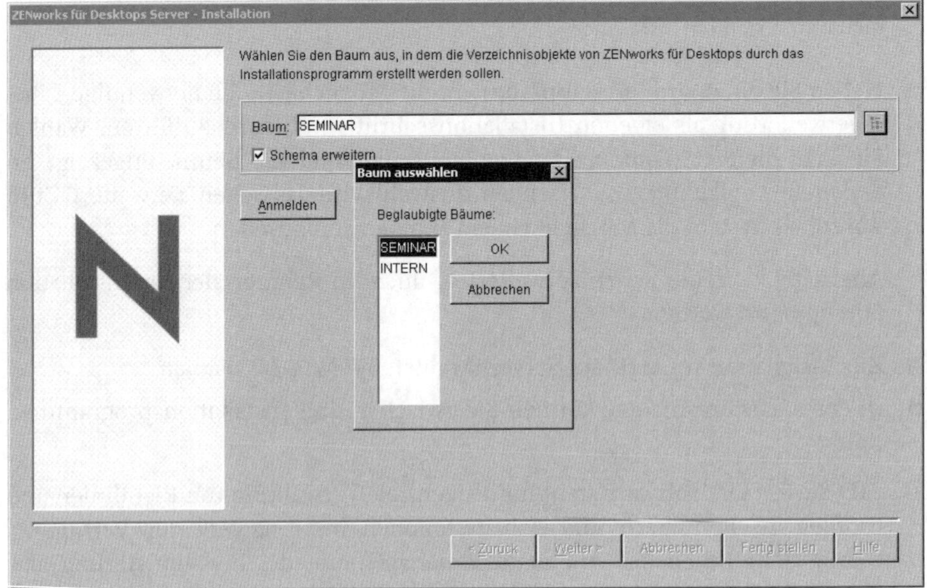

Abb. 1.2: Baum für die Installation auswählen

- Wählen Sie als nächstes alle benötigten Komponenten, die mit dem ZfD-Server installiert werden sollen und klicken Sie auf WEITER.

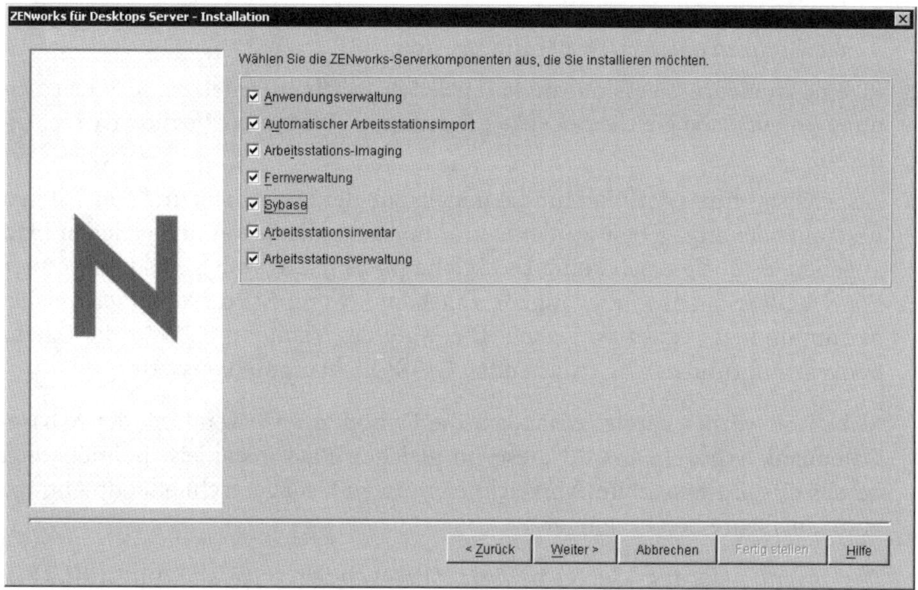

Abb. 1.3: Auswahl der zu installierenden Komponenten

- Als nächstes müssen Sie die Server (im vorher gewählten Baum) auswählen, auf denen ZfD-Server installiert werden soll (die Art des Servers wird bei der Auswahl angezeigt). Es kann maximal auf sieben Servern gleichzeitig installiert werden. Nach der Serverwahl können Sie aus den Diensten eine Auswahl durchführen, die Sie im vorherigen Dialog aktiviert haben:
  - ConsoleOne Snap-Ins
  - automatischer Arbeitsstationsimport
  - automatische Arbeitsstationsentfernung
  - ZfD Preboot Services (ist auf dem gleichen Server DHCP installiert, muss das Option-Tag 60 mit dem Wert `PXEClient` gesetzt werden). Verwenden Sie NetWare 5.1 und ist darauf bereits ein DHCP-Server installiert, muss dieser auf die Version von NetWare 6 aufgerüstet werden!

    Auf einem Windows-DHCP-Server lässt sich das Option-Tag mit folgenden Befehlen in einer Eingabeaufforderung setzen:

    ```
    netsh
    dhcp server
    add optiondef 60 ClassID STRING 0 PXEClient
    ```

    Anschließend kann die Option im DHCP-Manager hinzugefügt werden.

    Später können die Preboot-Services jederzeit mit PXESTART.NCF gestartet und mit PXESTOP.NCF gestoppt werden.

  - XML-Proxyservice (wird benötigt, wenn das Inventarisierungs-Rollup über die Grenzen einer Firewall hinweg erfolgt)

- Ist eine zu niedrige Version von Java geladen, erhalten Sie jetzt eine Fehlermeldung und müssen gleich oder später mindestens JVM in der Version 1.3.1 installieren.
- Als nächstes muss der Pfad für die Installation der Datenbank und den Dateien bestätigt oder angegeben werden. Sie können für alle Server den gleichen Pfad angeben (es dürfen sich keine Leerzeichen im Pfad befinden). Es wird immer \ZENWORKS an Ihre Pfadangabe angehängt, wenn Sie diese Verzeichnisbezeichnung nicht explizit angeben. Die Wahl des Volumen SYS für die Datenbank ist aufgrund der zu erwartenden Größe nicht empfehlenswert.

  Haben Sie vorher bereits zusätzlich die Option zur Verwendung der Sybase-Datenbank angegeben, wird diese im gleichen Pfad installiert. Befindet sich bereits eine Datenbank im Verzeichnis, müssen Sie die anschließende Abfrage zum Überschreiben bestätigen.

  Der Inventarisierungs-Server benutzt ZEN-Web-Server (ZWS), um XMLRPC-Anfragen auszuführen. Ist ZWS bereits auf dem Zielserver installiert, werden die Dateien nicht noch einmal übertragen.

- Haben Sie die Installation der Komponente Inventarisierung zur Installation ausgewählt, erfolgt jetzt die Abfrage der Rolle des Servers. Folgende Möglichkeiten bestehen:

  - Stammserver
  - temporärer Server
  - Blatt-Server
  - eigenständiger Server

  Installieren Sie als erstes die oberste Ebene der Inventory-Server. Die Rolle des oder der Server kann später noch mithilfe des Objekts in der NDS geändert werden.

  Wurde nur ein Server ausgewählt, kann hier bereits ein Einzelserver (eigenständiger Server) konfiguriert werden.

- Soll auch der XML-Proxyservice installiert werden, erfolgt als nächstes die Seite zur Konfiguration. Überprüfen Sie die Pfadangabe und ändern Sie diese, soweit diese Möglichkeit angeboten wird und Sie dies wünschen. Geben Sie zusätzlich die Anschlussnummer (Port) für den Proxy an bzw. ändern Sie auf Wunsch die Vorgabe 8080 (zulässig sind Werte zwischen 1 und 65535). Ihre Firewall muss XMLRPC Zugriff über die Anschlussnummer erlauben. Stellen Sie sicher, dass die Anschlussnummer nicht von einem anderen Webdienst benutzt wird. Klicken Sie auf WEITER.

- Zur Installation der Fernverwaltungs-Software muss im nächsten Dialog entweder der angegebene Pfad bestätigt werden oder Sie ändern diesen (sofern nicht explizit angegeben, wird durch die Installationssoftware das Verzeichnis ZENWORKS immer angehängt).
- Bevor die Installation ausgeführt wird, erhalten Sie eine Anzeige mit der Installationszusammenfassung. Klicken Sie auf FERTIG STELLEN.
- Nach der Schemaerweiterung wird eine Bestätigungsmeldung angezeigt und Sie können sich das Protokoll anzeigen lassen. Bestätigen Sie zum Fortfahren mit OK.
- Bevor es mit der Installation weitergeht ,wird ein Dialogfeld mit Hinweisen zum Stoppen von diversen Diensten angezeigt. Ist bereits ZfD in einer beliebigen Version installiert, muss es komplett angehalten werden. Ferner muss JAVA entladen werden und Sie müssen sicherstellen, dass nirgends die ConsoleOne ausgeführt wird. Klicken Sie auf OK, um die Installation und Konfiguration durchführen zu lassen.

Nach der Installation können Sie sich das Protokoll anzeigen lassen. Dieses wird auf dem System, von wo aus installiert wurde, unter C:\NOVELL\ZFDTEMP in ZFDLOG.TXT gespeichert. In diesem Verzeichnis finden sich noch weitere Protokolldateien (z.B. ZWSCHEMA.LOG zur Schemaerweiterung).

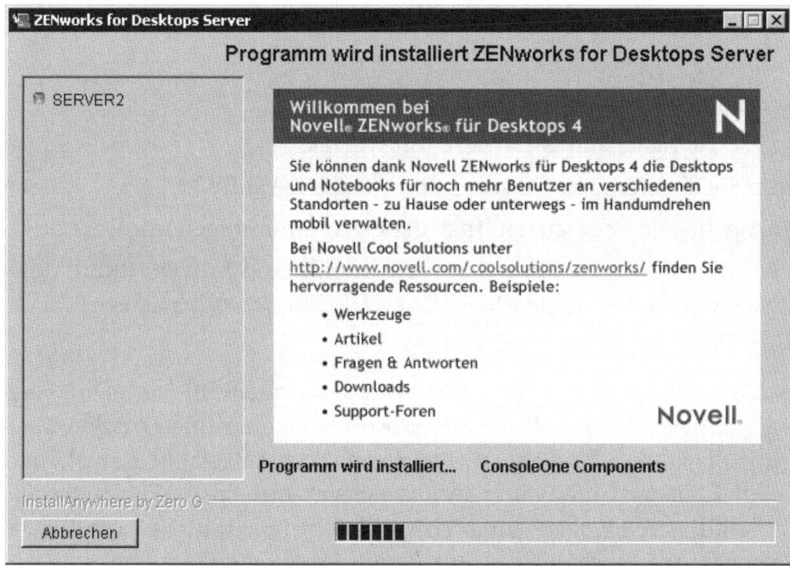

Abb. 1.4: Installationsfortschritt

- Rufen Sie ConsoleOne auf und suchen Sie das Objekt *LDAP Group* (befindet sich normalerweise im Server-Container). In den Eigenschaften auf der Registerkarte *Allgemein* aktivieren Sie das Kontrollfeld *Unverschlüsselte Passwörter zulassen* (*Clear Text Password*).

- Anschließend empfiehlt sich ein Neustart des oder der Server. In der Dokumentation von Novell finden Sie Hinweise, wie Sie den Neustart umgehen können, falls ein Neustart insbesondere aus Gründen der Verfügbarkeit nicht möglich ist.
- Haben Sie Sybase auf einem NetWare 6-Server installiert, auf dem CIFS als Standardkomponente ausgeführt wird, überprüfen Sie unbedingt den Servernamen im Objekt *<servername>_invDatabase* auf der Registerkarte *ZENworks-Datenbank*.
- Überprüfen Sie, ob das Schema erweitert wurde. Dazu rufen Sie ConsoleOne auf und wählen im Menü *Werkzeuge* den Eintrag *Schema-Manager*. Wechseln Sie auf die Registerkarte *Attribute*. Befindet sich hier der Eintrag *zenlocZFD400Installed*, wurde die Schemaerweiterung durchgeführt und ZfD-Server installiert.

1.5 Installation eines Middle-Tier-Servers

Bevor Sie mit der Installation beginnen, sollten Sie noch einmal überprüfen, ob die Voraussetzungen vollständig erfüllt sind und Sie über ausreichend Zugriffsrechte auf den bzw. die Server verfügen.

- Verwenden Sie die gleiche Arbeitsstation wie zur Installation des ZfD-Servers, müssen Sie mit dieser als erstes einen Neustart durchführen.
- Starten Sie die Installation und wählen Sie nach der Sprache die Option *Neue Installation*.
- Als nächstes folgt ein Klick auf *ZfD-Middle-Tier-Server*.
- Bestätigen Sie die Installationshinweise mit WEITER.
- Akzeptieren Sie die *Lizenzvereinbarung* und klicken Sie auf WEITER.
- Bestätigen Sie die Hinweise zu den Installationsanforderungen mit WEITER.
- Als erste wichtige Konfiguration müssen Sie mithilfe von SERVER HINZUFÜGEN alle Server auswählen, auf denen Sie *ZfD-Middle-Tier-Server* installieren möchten.

  Wählen sie bei SERVER AUFLISTEN NACH aus, ob die Auswahl von eDirectory-Bäumen angezeigt werden soll oder Microsoft-Domänen (hier werden auch Arbeitsgruppen gelistet). Sind Sie an einem Server nicht beglaubigt, reicht hier ein Doppelklick auf den Eintrag und Sie können sich anmelden. Wählen Sie alle Server aus und fügen Sie diese durch einen Klick auf die mittlere Schaltfläche hinzu. Haben Sie alle Server ausgewählt, bestätigen Sie mit OK.

  NetWare 5.1 und 6: Ist der NetWare-Server nicht der Certificate Authority seines Baumes, muss Benutzername und Kennwort eines administrativen Kontos angegeben werden, damit die erforderliche Zertifikatssoftware auf dem Server installiert werden kann.

Windows 2000: Soll auf dem gleichen Server ein Novell-Client installiert werden, muss dies bereits vorher erfolgt sein. Für den Zugriff der ZfD-Middle-Tier-Server-Software auf das Dateisystem muss ein berechtigtes Konto mit Kennwort für die beteiligten ZfD-Dateistandorte (für ZfD-Richtlinien und NAL-Objekte) eingegeben werden. Die Standorte werden beim Erstellen von Richtlinien und Anwendungen für die Verteilung festgelegt.

Als nächstes müssen Sie notwendige Informationen zum Baum eingeben, der mit ausgewählten ZfD-Middle-Tier-Server verknüpft werden soll. Geben Sie als erstes die DNS- oder IP-Adresse des ZfD-Servers ein, mit dem kommuniziert werden soll. Als nächstes ist die Eingabe des Kontextes der Benutzer im eDirectory erforderlich, die sich über den ZfD-Middle-Tier-Server beim primären eDirectory-Server beglaubigen (Container der höchsten Ebene). Zum Abschluss ist die Eingabe eines Admin-Benutzerobjekts und dessen Kennwort auf dem ZfD-Server erforderlich, mit dem der ZfD-Middle-Tier-Server eine Verbindung aufbaut.

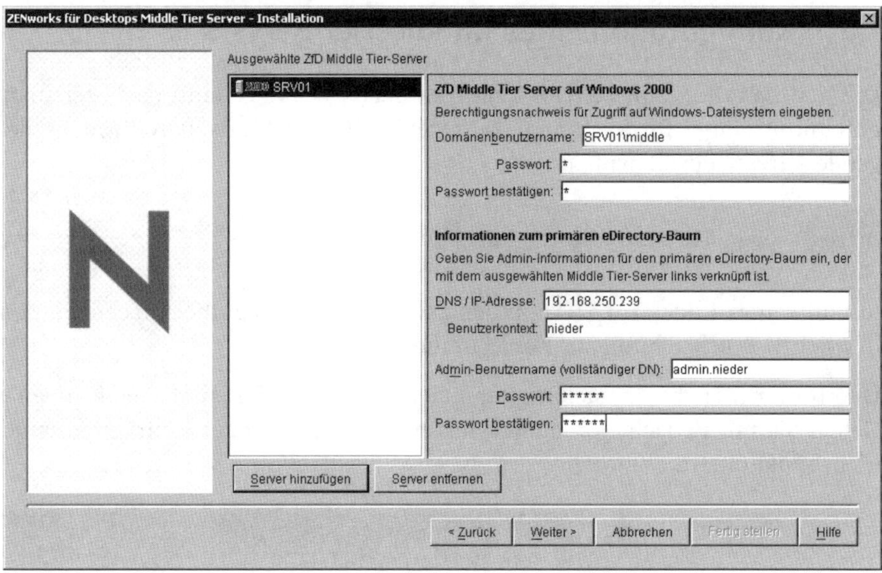

Abb. 1.5: Konfiguration eines ZfD-Middle-Tier-Servers

- Nach WEITER wird eine Zusammenfassung zur Installation angezeigt.
- Zum Start der Installation klicken Sie auf FERTIG STELLEN.
- Nach der Installation, die nur wenig Zeit in Anspruch nimmt, müssen die ZfD-Middle-Tier-Server neu gestartet werden (leider gibt es hier wieder mal ein Verzeichnis *Program Files*, wenn Sie unter Windows 2000 installiert haben).

- Wurde der ZfD-Middle-Tier-Server unter NetWare 6 installiert, müssen Sie eventuell noch die Datei AUTOEXEC.NCF bearbeiten. Haben Sie für den Apache-Server eine zweite IP-Adresse festgelegt, muss die Bindung in AUTOEXEC.NCF jetzt weiter nach oben verschoben werden (auf jeden Fall vor die Einträge für den ZfD-Middle-Tier-Server).
- Auf einer Arbeitsstation müssen Sie mithilfe eines Webbrowsers testen, ob der ZfD-Middle-Tier-Server korrekt ausgeführt wird. Geben Sie dazu folgende beiden URLs ein:

  ```
  http://<ip-adresse>/oneNet/xtier-stats
  http://<ip-adresse>/oneNet/zen
  ```

  Im ersten Fall wird eine Statistik für den Server angezeigt. Im zweiten Fall erfolgt die Abfrage zur Eingabe eines Kontos und Kennworts zur Beglaubigung oder ein Bestätigungsmeldung, dass XZEN ausgeführt wird.

1.6 Konfiguration eines Middle-Tier-Servers

Die Konfiguration eines ZfD-Middle-Tier-Servers (XTier) kann nach der Installation mithilfe eines Browsers angepasst werden. Geben Sie dazu im Browser die folgende Adresse ein (Beispiel):

```
http://<ip-adresse>/oneNet/NSAdmin
```

Mithilfe eines Klicks auf HELP in der linken Leiste erfolgt die Anzeige einer ausführlichen Beschreibung zur Konfigurationsanpassung.

Überprüfen Sie die Einstellung und nehmen Sie bei Bedarf Änderungen vor. Gehen Sie mit Bedacht vor, da der Server aufgrund falscher Einträge sonst nicht mehr funktioniert.

Tipp

Eine Anpassung dürfte nur in wenigen Fällen (meist in größeren und komplexeren Installationsumgebungen) notwendig sein.

1.7 Installation des ZfD-Management-Agenten auf Arbeitsstationen

Die Funktionalitäten von ZfD 4.0 für Arbeitsstationen sind nur verfügbar, wenn Sie den ZfD-Management-Agenten installieren (Verwaltungsagent). Dies gilt auch dann, wenn bereits ein Novel-Client installiert ist (dessen ZfD-Eigenschaften werden bei der Installation des Agenten ersetzt).

Wichtig

Während der Installation wird bei Bedarf automatisch auf den Windows Installer (MSI) in der Version 1.2 aufgerüstet. Dabei ist es zwingend erforderlich, dass sich nach dem Neustart ein Anwender mit lokalen Administrator-Rechten anmeldet. Dies kann umgangen werden, wenn vorher MSI 2.0 von der Companion CD installiert wird. Mit ZFDUPDATE.EXE kann ein Upgarde auf MSI 1.2 sowie die Installation des ZfD-Management-Agenten erfolgen, ohne dass lokal administrative Rechte verfügbar sind (MSI 1.11 und NAL müssen vorher bereits installiert sein).

Ist bereits mindestens Version 1.11 installiert (z.B. bei Windows 2000/XP), wird keine Änderung vorgenommen.

Die Installation kann manuell oder automatisiert bzw. skriptgesteuert erfolgen.

1.7.1 Manuelle Installation

- Starten Sie WINSETUP.EXE von der ZfD-Programm-CD.
- Wählen Sie die Sprache aus und anschließend klicken Sie auf *Neue Installation.*
- Im nächsten Dialog klicken Sie auf *ZFD-Verwaltungsagent installieren.*
- Jetzt müssen Sie die Sprache für das Installationsprogramm wählen und auf OK klicken.
- Klicken Sie auf WEITER.
- Bestätigen Sie die Lizenzvereinbarung mit JA.
- Bestätigen Sie den Installationspfad oder ändern Sie diesen und klicken anschließend auf WEITER.
- Damit gelangen Sie zur Auswahl der zu installierenden Funktionen.

  Anwendungsverwaltung (Application Management): Verwendet den Novell Application Launcher (NAL), um Benutzern den Zugriff auf Anwendungen zu verschaffen, die vom Administrator zur Verfügung gestellt werden.

  Arbeitsstations-Manager (Workstation Manager): Ermöglicht, mithilfe von eDirectory die Arbeitsstation zu konfigurieren und zu verwalten.

  Arbeitsstationsinventar (Workstation Inventory): Unterstützt beim Zusammentragen von Hardware- und Software-Inventarisierungsdaten. Benötigt den Arbeitsstations-Manager.

  Fernverwaltung (Remote Management): Über eine Verwaltungskonsole können Benutzer unterstützt und Wartungsaufgaben ausgeführt werden.

  Arbeitsstations-Imaging (Workstation Imaging): Unterstützung bei der Erstellung und Installation von Images über das Netzwerk.

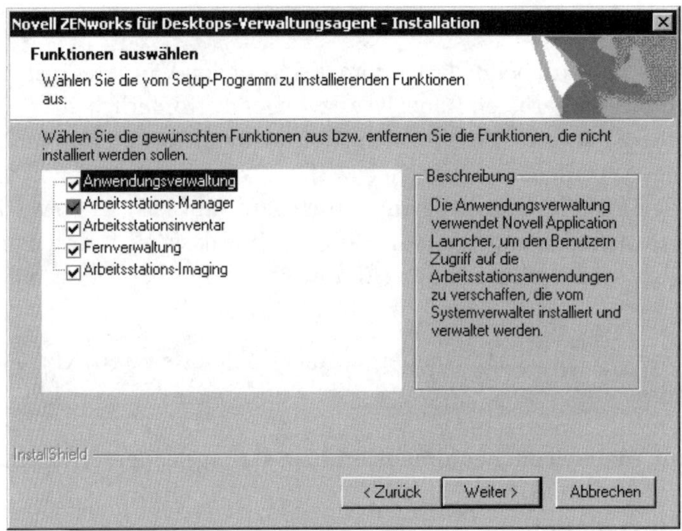

Abb. 1.6: Funktionen des ZENworks-Verwaltungsagenten auswählen

- Nach WEITER gelangen Sie zu den allgemeinen Einstellungen. Geben Sie den DNS-Namen oder die IP-Adresse des ZfD-Middle-Tier-Servers ein, mit dem sich der Agent verbinden soll. Geben Sie zusätzlich die HTTP- oder HTTPS-Portnummer ein (für HTTPS muss 443 verwendet werden), die der Apache- oder IIS-Web-Server verwendet. Diese Eingaben sind nicht erforderlich, wenn über einen Novell-Client zugegriffen wird.
- Installieren Sie auf einer Arbeitsstation ohne Novell-Client, wird als nächstes der Einstellungs-Dialog zum Arbeitsstations-Manager zur Konfiguration angezeigt.

  Aktivieren Sie die erste Option, wird ein Anmeldedialog für den ZfD-Middle-Tier-Server angezeigt (immer notwendig, wenn Sie mit der Richtlinie zum dynamisch lokalen Benutzer arbeiten). Installieren Sie mit deaktiviertem Kontrollfeld, wird die normale Windows-Anmeldung angezeigt (es muss dabei gewährleistet sein, dass das verwendete Microsoft-Konto mit Namen und Kennwort dem im eDirectory entspricht).

  Die zweite Option sollten Sie nur aktivieren, wenn Benutzer die Möglichkeit haben sollen, sich über verschiedene ZfD-Middle-Tier-Server anzumelden (Änderung der ZfD-Middle-Tier-Serveradresse im Anmeldedialog).
- Das Dialogfeld zum NAL bzw. den Windows-Startoptionen können Sie zusätzlich eines der Kontrollfelder für das automatische Starten des Application-Explorers (integriert die NAL-Anzeigen in den Windows-Explorer) oder des Application-Window (NAL-Fenster) aktivieren.
- Nach WEITER wird eine Zusammenfassung angezeigt. Mit WEITER startet die Installation.

- Die Installation nimmt nur sehr wenig Zeit in Anspruch. Im finalen Dialog klicken Sie auf FERTIG STELLEN, um mit der Arbeitsstation einen Neustart durchzuführen.

Wichtig

Nach dem Neustart und der Anmeldung meldet sich das Installationsprogramm des Agenten noch einmal kurz und schließt die Installation ohne weiteren Eingriff durch den Benutzer ab.

Nach dem Neustart einer Arbeitsstation stehen damit die ausgewählten Funktionen zum Einsatz zur Verfügung.

1.7.2 Automatisierte Installation

Der Regelfall zur Installation ist in der Praxis sicherlich nicht die manuelle Methode. Novell stellt die Möglichkeit einer unbeaufsichtigten Installation mithilfe eines Skripts zur Verfügung.

Wichtig

Wenn das Installationsprogramm mit einem Installationsskript ausgeführt wird, werden keine Fehlermeldungen angezeigt. Achten Sie daher unbedingt darauf, dass insbesondere die Voraussetzungen für die Installation auf den Arbeitsstationen erfüllt sind (z.B. mindestens Internet-Explorer 5.5).

Sie müssen zwei unterschiedliche Skripte herstellen, wenn die Installation auf Systemen mit und ohne Novell-Client erfolgen soll.

Sie können ein Skript mithilfe des Installationsprogramms aufzeichnen. Das Programm befindet sich auf der CD im Verzeichnis AGENTINSTALL. Rufen Sie es beispielsweise über die Eingabeaufforderung mit folgendem Befehl auf:

```
setup /r /f1"c:\temp\mitclient.iss"
```

Geben Sie den Parameter `/f1` nicht an, wird die Antwortdatei SETUP.ISS in %SystemRoot% (\WINNT oder \WINDOWS) erstellt.

Die Installation zur Aufzeichnung des Skripts erfolgt, wie bereits bei der manuellen Methode beschrieben.

Kopieren Sie am besten SETUP.EXE und die benötigten .ISS-Dateien in ein zentrales Verzeichnis.

Die Installation erfolgt beispielsweise mit folgendem Befehl auf den Zielsystemen (die Installation kann mithilfe eines NAL-Objekts in der NDS erfolgen, wenn dies bereits möglich ist):

```
setup /s /f1"c:\temp\mitclient.iss" /f2"c:\temp\zfdagent.log"
```

Geben Sie den Parameter `/f1` nicht an, sucht SETUP.EXE automatisch im gleichen Verzeichnis nach SETUP.ISS und wendet diese an. Durch den Parameter `/s` wird keine Meldung (auch keine Fehlermeldung) während der Installation am Bildschirm angezeigt. Geben Sie den Parameter `/f2` nicht, wird eine Datei mit dem Namen SETUP.LOG als Protokolldatei mit dem Ergebnis automatisch im Verzeichnis von SETUP.EXE gespeichert.

Vorsicht

Während der Installation finden Sie das Installationsprogramm lediglich als Eintrag in der Taskleiste. Nach Abschluss des Vorgangs erfolgt automatisch ein Neustart des Zielsystems (außer Sie nehmen beispielsweise eine Verteilung mithilfe eines NAL-Objekts vor und verhindern bei den Optionen den Neustart, was aber nicht unbedingt empfehlenswert ist)!

Anpassen der .ISS-Datei

Insbesondere für Updates (mit ZFDUPDATE.EXE) können Sie die .ISS-Datei anpassen. Suchen Sie folgende Abschnitte in der Datei:

```
[{F0C9A1F7-9832-46B7-AADB-12B669F75AFC}-SdAskDestPath-0]
szDir=C:\Program Files\Novell\ZENworks\
[{F0C9A1F7-9832-46B7-AADB-12B669F75AFC}-SdComponentTree-0]
szDir=C:\Program Files\Novell\ZENworks\
[{F0C9A1F7-9832-46B7-AADB-12B669F75AFC}-MiddleTierIPAddress-0]
szMiddleTierAddress=www.mycompany.com
nMiddleTierPort=80
[{F0C9A1F7-9832-46B7-AADB-12B669F75AFC}-NALSettings-0]
nNALStartupSetting=3
[{F0C9A1F7-9832-46B7-AADB-12B669F75AFC}-SdFinishReboot-0]
BootOption=2
```

Listing 1.1: SETUP.ISS zum Verwaltungsagenten zur Anpassung

- `szDir`

  Pfad für die Installation des ZfD-Verwaltungsagenten.

- `szMiddleTierAddress`

  DNS-Name oder IP-Adresse des ZfD-Middle-Tier-Servers, den der ZfD-Verwaltungsagent zur Beglaubigung nutzen soll.

- `nMiddleTierPort`

  Portadresse, über die der ZfD-Verwaltungsagent mit dem ZfD-Middle-Tier-Server kommuniziert.

- `nNALStartupSettings`

  Geben Sie 1 an, wird das NAL-Fenster beim Systemstart geladen, mit 2 wird der NAL-Explorer geladen und mit 3 erfolgt kein automatischer Ladevorgang.

- `BootOption`

  Der Wert von 2 ist erforderlich, damit das System keinen Neustart nach der Installation durchführt.

1.7.3 Neue Version (Windows-Installer-Version)

Nach Markteinführung steht eine neue Version als kostenloses Download zur Verfügung. Laden Sie dazu die Datei ZFD4AGENTMSI.EXE herunter (die Sprachversionen sind enthalten). Kopieren Sie die Datei beispielsweise nach C:\TEMP und rufen Sie sie auf. Damit werden eine Verzeichnisstruktur sowie README-Dateien entpackt.

Die manuelle Installation erfolgt durch einen Doppelklick auf ZFDAGENT.MSI im entsprechenden Sprachunterverzeichnis.

Wichtig

Mit dieser Version kann auch eine Aktualisierung einer bestehenden Version vorgenommen werden. Die bisherige Version wird dabei erst deinstalliert und dann die neue Version installiert (bei Windows 98 SE müssen Sie selbst vorher eine ältere Version deinstallieren).

Der Ablauf der Installation gleicht ansonsten der bereits beschriebenen bisherigen Version, die auf der ZfD-CD ausgeliefert wird.

Die automatisierte Installation ist jetzt einfacher geworden, da keine Antwortdatei (Skript) mehr erstellt werden muss. Am besten verwenden Sie zur Verteilung ein Anwendungsobjekt für den NAL. Zur Installation sind einige MSI-Eigenschaften zu konfigurieren (die Eigenschaften sind noch nicht in der MSI-Datei vorhanden und müssen durch Eingabe hinzugefügt werden):

Eigenschaft	Beschreibung	Wert
ADDLOCAL	durch Komma getrennte Funktionen, die installiert werden sollen (wollen Sie alle installieren, geben Sie als Wert ALL ein)	ApplicationLauncher WorkstationManager RemoteManagement Imaging Inventory
LOGIN_PASSIVE_MODE	die Novell-Anmeldung nicht anzeigen (wirkt nicht, wenn der Novell Client zusätzlich installiert ist)	1
	die Novell-Anmeldung anzeigen (Standard)	0

Tabelle 1.4: MSI-Eigenschaften für den ZfD-Management-Agenten

Eigenschaft	Beschreibung	Wert
EDITABLE_MT_ADDRESS	Bei der Anmeldung kann der Benutzer die IP-Adresse des Middle-Tier-Servers ändern (nur wenn kein Novell-Client installiert ist)	1
	dem Benutzer die Änderung der IP-Adresse des Middle-Tier-Servers nicht erlauben (Standard)	0
STARTUP_APPEXPLORER	Application-Explorer beim Start von Windows ausführen	1
	dto. nicht ausführen (Standard)	0
STARTUP_APPWINDOW	Application-Window nach dem Start von Windows anzeigen	1
	dto. nicht anzeigen	0
MT_SERVER_ADDRESS	IP-Adresse oder DNS-Name des ZfD-Middle-Tier-Servers, soweit mit einem solchen gearbeitet wird	<ip-adresse oder dns-name>
HTTP_PORT	HTTP-Port, der vom ZfD-Agenten für die Kommunikation mit dem Middle-Tier-Server verwendet wird	Ein Wert zwischen 0 und 65536
	Standard HTTP-Port	80

Tabelle 1.4: MSI-Eigenschaften für den ZfD-Management-Agenten

Mit folgender Befehlszeile kann ebenfalls eine unbeaufsichtigte Installation durchgeführt werden (Beispiel):

```
msiexec /i zfdagent.msi ADDLOCAL=ALL STARTUP_APPEXPLORER=1
MT_SERVER_ADDRESS=192.168.250.11 /q
```

1.7.4 Anmeldung mit dem Agenten

War vor der Installation des ZfD-Verwaltungsagenten ein Novell-Client installiert, wird dieser zur Anmeldung auch künftig angezeigt. Dies funktioniert so lange, wie die Arbeitsstation sich innerhalb einer Firewall befindet.

Nach der Installation steht normalerweise ohne Novell-Client ein spezieller Anmeldedialog des ZfD-Verwaltungsagenten zur Beglaubigung zur Verfügung. Die Anmeldung erfolgt hierbei über den ZfD-Middle-Tier-Server beim ZfD-Server.

Die Adresse des ZfD-Middle-Tier-Servers kann vom Benutzer in den Optionen nur geändert werden, soweit Sie dies bei der Installation bei den *Workstation Manager Settings* aktiviert haben. Optional kann zusätzlich die Portadresse angegeben werden. Beispiel:

```
192.168.250.11:8080
```

Haben Sie den Verwaltungsagenten so konfiguriert, dass dem Benutzer kein Dialogfeld zur Novell-Anmeldung angezeigt wird (es werden der Anmeldename und das Kennwort der Microsoft-Anmeldung weitergeleitet), erfolgt automatisch die Weitergabe der Anmeldedaten an das eDirectory. Werden die Anmeldedaten im eDirectory nicht gefunden, wird zusätzliche eine Novell-ZfD-Anmeldung angezeigt.

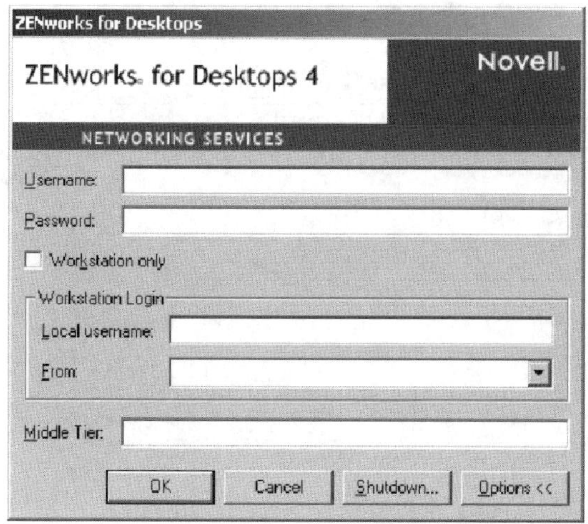

Abb. 1.7: Anmeldedialog des ZfD-Management-Agenten

1.7.5 Konfiguration mithilfe einer Richtlinie

Für die Konfiguration des ZfD-Verwaltungsagenten steht eine eigene Richtlinie in Arbeitsstationspaketen zur Verfügung (Kapitel 6.8).

Vorsicht

Gehen Sie bei der Konfiguration während der Installation oder über die ZfD-Verwaltungsrichtlinie sehr vorsichtig vor! Falsche Einstellungen, insbesondere der Adresse der ZfD-Middle-Tier-Servers, können zum Ausfall führen. Dadurch kann es vorkommen, dass Benutzer sich nicht mehr anmelden können und daher auch die Einstellungen einer geänderten ZfD-Verwaltungsagentenrichtlinie nicht mehr verarbeitet werden.

Änderungen wirken sich teilweise erst nach dem zweiten Neustart einer Arbeitsstation aus. Bei einer fehlerhaften Konfiguration sollten Sie den Agenten unbedingt deinstallieren und nach einem Neustart erneut installieren.

1.8 Administration mit ConsoleOne

Versionen vor ZENworks for Desktops 3.0 beinhalteten Snap-Ins für den NetWare Administrator (NWAdmin32). Seither kann ZfD nur noch mithilfe der ConsoleOne administriert werden, da nur noch für dieses Werkzeug Snap-Ins zur Verfügung stehen. Haben Sie bisher bereits mit ZfD 3.0 oder 3.2 gearbeitet, wird Ihnen die Arbeit mit der ConsoleOne insbesondere in Verbindung mit ZfD 4.0 sicherlich keine Probleme bereiten.

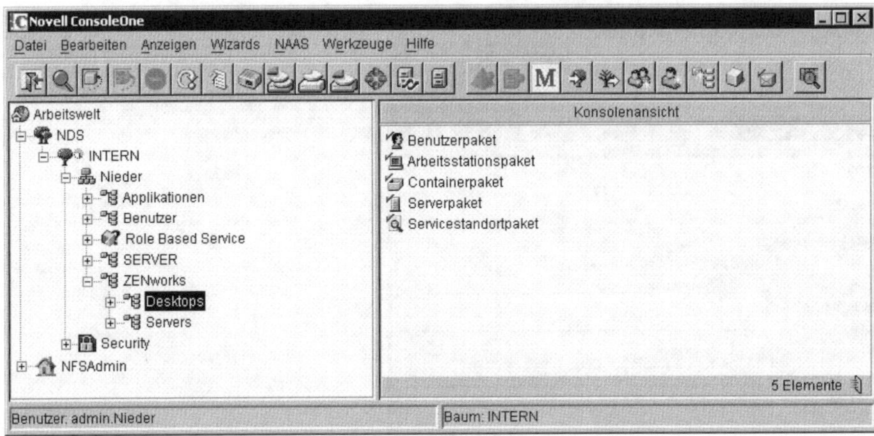

Abb. 1.8: Novell ConsoleOne

Das Programm CONSOLEONE.EXE ist standardmäßig bei SYS:\PUBLIC\MGMT\CONSOLEONE\1.2\BIN verfügbar. Diese Verwaltungssoftware ist in Java geschrieben und für eine Reihe von Plattformen verfügbar (Microsoft Windows, Novell NetWare, Linux, Sun Solaris usw.).

Tipp

Zur schnelleren Ausführung empfiehlt es sich, eine lokale Kopie auf Ihrem Verwaltungssystem herzustellen. Kopieren Sie dazu den Ordner 1.2 in das Hauptverzeichnis Ihrer Festplatte. Vergessen Sie dabei nicht, bei einer Änderung auf dem Server den Kopiervorgang zu wiederholen. Insbesondere in Verbindung mit ZfD 4.0 muss auf dem lokalen System zusätzlich NICI in der gleichen Version wie auf dem Server installiert werden!

Vorsicht

Vermeiden Sie unbedingt die Installation der ConsoleOne auf einem lokalen System. In diesem Fall stehen Ihnen nicht alle Snap-Ins wie auf dem Server zur Verfügung. Gehen Sie am besten wie vorher beschrieben vor.

1.9 Probleme und Informationen in Verbindung mit der Installation

In diesem Abschnitt werden eine Reihe von Problemen mit Lösungsansätzen beschrieben, die direkt oder indirekt mit der Installation zusammenhängen.

1.9.1 ZfD-Middle-Tier-Server und Anwendungsverwaltung

Wollen Sie die Applikationsansicht im NAL-Fenster verwenden und ist der ZfD-Middle-Tier-Server unter NetWare 5.1 installiert worden, müssen Sie eine zusätzliche Konfiguration vornehmen, falls APACHE\HTDOCS das Standardverzeichnis für die Apache-Dateien ist.

Kopieren Sie die beiden Dateien MYAPPS.HTML und ZFDWEBSW.EXE nach APACHE\NWDOCS und APACHE\HTDOCS.

1.9.2 Die Installation des ZfD-Verwaltungsagenten funktioniert nicht

Prüfen Sie die Umgebungsvariablen TEMP und TMP auf der Arbeitsstation, ob diese auf ein gültiges Verzeichnis zeigen. Ist dies nicht der Fall, müssen Sie das Problem beheben, da sonst folgende Fehlermeldung angezeigt wird (Beispiel):

```
error: 1201 setup needs 8000kb free space in C:\
```

1.9.3 Dr.-Watson-Fehler nach Installation des ZfD-Verwaltungsagenten (Windows NT 4.0)

Tritt nach der Installation des ZfD-Verwaltungsagenten und dem Neustart der Arbeitsstation eine Dr.-Watson-Fehlermeldung für IDRIVER.EXE auf, führen Sie das Installationsprogramm noch einmal aus.

1.9.4 Im Fenster *Erweitert* des Novell-Client werden nach Ab- und Anmelden keine Registerkarten angezeigt

Melden Sie sich auf einer Arbeitsstation mit einem Novell-Client unter Windows 2000/XP ab (ohne Neustart), werden bei der Anmeldung im erweiterten Fenster keine Registerkarten mit den Optionen angezeigt (ausgenommen die Registerkarte WINDOWS).

Dies kann nur umgangen werden, wenn statt der Abmeldung ein Neustart der Arbeitsstation durchgeführt wird.

1.9.5 Beglaubigungsprobleme beim ZfD-Middle-Tier-Server

Wollen Sie sich über den ZfD-Middle-Tier-Server bei einem ZfD-Server (Windows-2000-Domänen-Controller) beglaubigen, auf dem Active Directory und eDirectory installiert sind, ist dies nur möglich, wenn Sie sich mit einem vollständigen Kontext anmelden.

Die Ursache ist ein Konflikt beim LDAP-Standardanschluss zwischen dem jeweiligen LDAP-Listener für Active Directory und eDirectory. Um das Problem zu umgehen, wählen sie während der Installation des eDirectory nicht den LDAP-Standardanschluss. Verwenden Sie anschließend das NSAdmin-Programm des ZfD-Middle-Tier-Servers, um den ZfD-Middle-Tier-Server für die Kommunikation über diesen Anschluss zu konfigurieren:

- Rufen Sie den Browser auf und geben Sie folgende Adresse ein:

```
http://<ip-adresse>/oneNet/nsadmin
```

- Geben Sie im Feld WERT des LDAP-Anschluss-Konfigurationsparameters die LDAP-Anschlussnummer ein, die Sie im eDirectory festgelegt haben.

1.9.6 Manuelles Entladen der Middle-Tier-Server-Handler führt zum Server-Absturz

Versuchen Sie beispielsweise, XZEN.NLM unter NetWare 5.1 oder NetWare 6 manuell zu entladen, stürzt der Server ab.

- Unter NetWare 5.1 geben Sie zum Entladen folgenden Befehl ein:

```
unload apache
```

- Unter NetWare 6 geben Sie zum Entladen des Apache- und Middle-Tier-Handler den Befehl NVXADMDN ein. Für einen Neustart verwenden Sie den Befehl NVXADMUP.

1.9.7 Mit der NDS-Serverkonsole unter Windows 2000 arbeiten

Zur Prüfung der Verbindung zwischen dem ZfD-Middle-Tier-Server und dem ZfD-Server können Sie NDSCONS.EXE verwenden. Zur Ausführung sind lokale Administrator-Rechte auf dem Windows-2000-System erforderlich.

1.9.8 Nach Eingabe eines falschen Kennworts kann dieses nicht erneut eingegeben werden

Meldet sich ein Benutzer über eine Benutzer-ID an und gibt dabei ein falsches Kennwort ein oder wenn das eDirectory-Objekt für den Benutzer mit der maximalen Anzahl an Attributen definiert ist, lässt der ZfD-Middle-Tier-Server möglicherweise keine erneute Anmeldung zu.

Dieses Problem tritt nur auf, wenn der Middle-Tier-Server auf einem NetWare-Server installiert ist. Spezifizieren Sie den Namen des Benutzers vollständig und eindeutig, ist eine erneute Anmeldung möglich. Beispiel:

```
Franziska.Benutzer.Organisation
```

1.9.9 Die Arbeitsstationsverwaltung ist außerhalb der Firewall nicht möglich

Sind beispielsweise auf einem Notebook der Novell-Client und der ZfD-Verwaltungsagent installiert, wird nur die Novell Client-Anmeldung angezeigt. Damit besteht lediglich die Möglichkeit, sich über die Option »Nur Arbeitsstation« anzumelden.

Damit besteht keine Möglichkeit, die ZfD-Arbeitsstationsverwaltung auszuführen. Der Grund liegt darin, dass keine ZfD-Richtlinien angewendet werden können und der Arbeitsstations-Manager nicht ausgeführt wird.

Die ZfD-Anwendungsverwaltung kann ausgeführt werden, weil Applikationen über die Application-Browser-Ansicht des NALs verfügbar sind.

Installieren Sie nur den ZfD-Verwaltungsagenten auf einer Arbeitsstation außerhalb einer Firewall, können die ZfD-Richtlinien und der Arbeitsstations-Manager ausgeführt werden.

1.9.10 NAL.EXE und NALEXPLD.EXE

Die Programme starten zwar ausführbare Dateien, ihr Zweck ist jedoch die Vereinfachung der weiteren Funktionsweise von vorhandenen Anmeldeskripts.

Die aktuelle Version von ZfD 4.0 unterstützt nur Parameter, die von NALWIN32.EXE unterstützt werden. Eine Liste der Parameter erhalten Sie mit folgendem Befehl angezeigt:

```
nalwin32.exe /?
```

1.9.11 NAL.EXE auf einem Server ausführen

Führen Sie NAL.EXE auf einem Server aus, erhalten Sie folgende Fehlermeldung:

```
The ordinal 6625 could not be located in the dynamic link library MFC42.DLL
```

Der Fehler tritt auf, wenn bereits eine ältere Version von MFC42.DLL in SYS\PUBLIC auf dem Server installiert ist. Das Problem können Sie vermeiden, wenn Sie eine neuere Version von MFC42.DLL nach SYS\PUBLIC kopieren (findet sich auf der zweiten CD von ZfD 4.0 im Verzeichnis \SUPPLEMENTAL).

1.9.12 Es werden keine Applikationsobjekte angezeigt, wenn diese über eine Fern-Terminalsitzung gestartet werden

Bei Sitzungen, die an der Terminalserver-Konsole ausgeführt werden, handelt es sich standardmäßig um Fernsitzungen. Sie können dieses Verhalten durch eine Registry-Modifikation auf dem Terminalserver ändern. Erstellen Sie folgenden Schlüssel:

```
HKEY_LOCAL_MACHINE\SOFTWARE\Netware\Nal\ConsoleIsNotTS
```

Damit veranlassen Sie, dass Sitzungen, die an der Terminalserver-Konsole ausgeführt werden, wie Nicht-Terminalserver-Sitzungen behandelt werden.

1.9.13 Automatische Deinstallation von Applikationen

Offline ausgeführte Applikationen werden in folgenden Fällen automatisch deinstalliert:

- Für die Applikation ist die Deinstallation aktiviert.
- Das Dialogfeld »Anwendungen verwalten« ist aktiviert.

Für dieses Problem gibt es derzeit keine Lösung. Sie können lediglich die Deinstallation oder das Dialogfeld »Anwendungen verwalten« deaktivieren.

1.9.14 Applikationen werden über eine Firewall unter Windows-2000-Server nicht geliefert

Wird ZfD-Server und ZfD-Middle-Tier-Server auf einem Windows-2000-Server ausgeführt, werden Applikationen unter Umständen nicht über eine Netzwerk-Firewall geliefert.

Verwenden ZfD-Server und ZfD-Middle-Tier-Server Active Directory bzw. Domänen (müssen beide der gleichen Domäne angehören), erstellen sie im Active Directory einen Benutzer mit Kennwort, der dem Eintrag im eDirectory entspricht. Arbeitsgruppen werden nicht unterstützt.

1.9.15 Lizenzzählung

NLS32.DLL ist eine Schlüsselkomponente der Novell Licensing Serivces und im aktuellen Novell-Client nicht enthalten. Daher wird ein Fehler gemeldet, wenn Sie die Lizenzzählung in ZfD 4.0 verwenden.

Sie finden NLS32.DLL auf der zweiten CD im Ordner \NAL LICENSING. Kopieren Sie diese auf den Arbeitsstationen nach C:\WINNT\SYSTEM32 (bis Windows 2000), C:\WINDOWS\SYSTEM32 (Windows XP) oder C:\WINDOWS\SYSTEM (Windows 9x).

1.9.16 Basisdatenträger in dynamische Datenträger ändern (Imaging)

Bei der Änderung wird die Partitionstabelle so geändert, dass die Arbeitsstationen nicht für die Produktionspartitionen, sondern nur für die ZfD Linux-Partion gestartet werden kann.

Es ist daher unbedingt notwendig, die Umwandlung in einen dynamischen Datenträger vorzunehmen, bevor Sie ein Image erstellen!

1.9.17 Grafikkarte unterstützt keine Bildschirmaustastung (Remote-Management)

Eine Reihe von Grafikkarten unterstützen keine Bildschirmaustastung (Bildschirm bei der Fernverwaltung an der Arbeitsstation »schwarz« schalten). In einigen Fällen kann es sogar passieren, dass die fernverwaltete Arbeitsstation abstürzt.

- ATI Rage Pro Turbo AGP
- ATI Technologies Inc. 3D Rage Pro AGP 2X
- ATI Technologies Inc. 3D Rage Pro Turbo AGP 3X
- ATI Technologies Inc. 3D Rage Pro (ATI Graphics Accelerator)
- ATI Graphics Pro Turbo PCI (mach 64 GX)
- ATI Graphics Pro Turbo PCI (mach 64 VT)
- Matrox MGA Ultima/Impression (PCI)
- MGA Compatible Display Adapter (Qvision 2000)
- Compaq Qvision, 2000, 2000 + (MGA)
- Diamond Fire GL 1000 PRO

Grundsätzlich kann die Bildschirmaustastung nur in Verbindung mit Grafikkarten eingesetzt werden, die 100 % VGA-kompatibel sind!

1.9.18 Fernsteuerung mit Eingabeaufforderung im Vollbildmodus

Ist auf dem Zielsystem eine Eingabeaufforderung im Vollbildmodus geöffnet, kann keine Fernsteuerung durchgeführt werden.

1.9.19 Hintergrundbild nicht übertragen (Remote-Management)

Bevor Sie eine Sitzung zur Fernsteuerung oder Fernansicht starten, sollten Sie zur Verbesserung der Leistung die Übertragung des Hintergrundbildes unterdrücken.

Die Einstellung funktioniert nicht immer in Verbindung mit einem Active-Desktop-Hintergrundbild auf dem verwalteten System.

1.9.20 Kein Cursor bei der Fernverwaltung

Wird ein animierter/farbiger Cursor auf dem verwalteten System verwendet, wird dieser nicht übertragen und damit nicht angezeigt.

1.9.21 Sybase ASA Version 8 (Inventarisierung)

Die ZfD-4.0-Inventardatenbank kann nicht in Verbindung mit einer Sybase ASA Version 8 verwendet werden.

Dazu kommt, dass in Verbindung mit ZfD 4.0 die Sybase-Engine auf einem NetWare-Server nicht zusammen mit Sybase ASA 8 ausgeführt werden kann.

1.9.22 Update von ZfD 3 unter NetWare 4.x führt zu Serverabsturz

Haben Sie ZfD 3 auf einem NetWare-4.x-Server installiert und rüsten Sie auf NetWare ab Version 5.0 auf, stürzt der Server beim Neustart nach der ZfD-Aufrüstung ab.

Die Ursache liegt darin, dass das Migrationswerkzeug von NetWare 5.x/6.0 die ZfD 3-Datei IMGSERV4.NLM nicht erkennt (wird nur unter NetWare 4.x benötigt). Um das Problem zu lösen, ändern Sie die Datei ZFDSTART.NCF. Legen Sie darin fest, dass statt IMGSERV4.NLM die Datei IMGSERV.NLM geladen wird.

## Kapitel 2

Übersicht über die Richtlinienpakete

Richtlinienpakete (Policy Packages) sind Sammlungen von Richtlinien als Objekte im eDirectory, die bestimmten Verwaltungsaufgaben dienen und definieren, wie Arbeitsstationen konfiguriert und kontrolliert werden können. Dazu gehört auch die Verfügbarkeit von Applikationen und der Dateizugriff sowie das Erscheinungsbild und Inhalt der Desktops.

Richtlinien sind in Richtlinienpaketen enthalten, worüber diese verwaltet und angepasst werden. Diese Pakete werden verschiedenen Objekten zugewiesen.

Das System durchsucht das eDirectory (NDS-Baum) beispielsweise je nach Zuweisung nach definierten Richtlinienpaketen für Benutzer und Arbeitsstationen. In diesem Zusammenhang ist es wünschenswert, dass die Suche nicht auf einen zu großen Bereich im eDirectory ausgedehnt wird und damit insbesondere bei größeren Bäumen eine sehr hohe Last entsteht. Insbesondere aus diesem Grund stehen schon seit einigen Versionen die so genannten Suchrichtlinien zur Verfügung. Mithilfe dieser Richtlinie kann die Suchlast nach gültigen Richtlinien für die einzelnen Objekte je nach Größe des eDirectory bzw. der Bäume erheblich reduziert werden.

Containerpaket-Richtlinien	Beschreibung
Suchrichtlinie	Suchrichtlinie, um die Suchvorgänge für Richtlinien zu steuern/minimieren (Lastverminderung etc.)

Tabelle 2.1: Richtlinienübersicht im Containerpaket

Insbesondere für die Kommunikation der ggf. diversen Inventarisierungs-Server und deren Datenbanken, die Konfiguration des Imaging-Servers sowie für die automatische Erstellung und Entfernung von Arbeitsstationsobjekten stehen Richtlinienpakete für Server zur Verfügung.

Serverpaket-Richtlinien	Beschreibung
Roll Up Policy	RollUp-Richtlinie (Zielserver für die verfügbaren Inventarisierungsdaten festlegen), soweit es sich nicht um einen eigenständigen Inventarserver oder einen Stammserver handelt

Tabelle 2.2: Richtlinienübersicht zum Serverpaket

Serverpaket-Richtlinien	Beschreibung
ZENworks-Datenbank	Konfiguration der Datenbank. Definiert den Standort des ZENworks Datenbank-Objekts im eDirectory. Kann alternativ auch über ein Servicestandortpaket erfolgen. Der Vorteil liegt hier in einer besseren Leistung als bei der Konfiguration über ein Servicestandortpaket. Die Verknüpfung sollte hier auf den Datenbankserver erfolgen.
Imaging-Server-Richtlinie	Richtlinie für das Imaging. Mit dieser Richtlinie werden die Regeln definiert, unter welchen ein bestimmtes Image (Abbild) an eine Arbeitsstation übertragen wird.
Arbeitsstationsimport	Richtlinie für den automatischen Import von Arbeitsstationen in das eDirectory. Dabei werden auch die Regeln konfiguriert, wie die Benennung der Arbeitsstationen während des Imports erfolgen soll und wo im Baum Sie die Objekte speichern möchten.
Arbeitsstationsentfernung	Richtlinie für das automatische Entfernen von Arbeitsstationen aus dem eDirectory. Sie legen hier die Spanne fest, nach wie viel Zeit ein Arbeitsstations-Objekt aus dem eDirectory gelöscht wird, wenn es sich nicht mehr registriert hat.
Wake on LAN Policy	Konfiguration des Wakeup-on-LAN für Arbeitsstationen

Tabelle 2.2: Richtlinienübersicht zum Serverpaket (Forts.)

Eine Reihe von Diensten werden über das Servicestandortpaket konfiguriert. Die Agenten, insbesondere auf den verwalteten Arbeitsstationen, stellen ihre Anfragen an dieses Objekt und lesen aus, wo sich die jeweils benötigte Ressource befindet (primär der Standort des SNMP-Trap-Ziels, der SMTP-Host und die XML-Ziele).

Servicestandortpaket-Richtlinien	Beschreibung
SMTP-Host	Festlegen des SMTP-Hosts
XML-Ziele	Mitteilungen im XML-Format werden an das hier angegebene Ziel versandt (Protokolle zur Softwareverteilung)
ZENworks-Datenbank	Datenbank für den NAL und die Inventarisierung festlegen (Datenbank-Objekt im eDirectory). Besser ist es, die Alternative in einem Serverpaket zu nutzen.
SNMP-Trap-Ziele	Das Startprogramm kann SNMP-Mitteilungen an einen Server versenden, um festzustellen, ob eine Applikation korrekt installiert wurde oder nicht.

Tabelle 2.3: Richtlinienübersicht zum Servicestandortpaket

Die wichtigsten und am häufigsten verwendeten Richtlinienpakete sind sicherlich das Benutzer- und Arbeitsstationspaket. Hier finden Sie beispielsweise die Konfiguration zur Fernverwaltung (Remote Management), die Gruppenrichtlinieneinstellungen und viele andere wichtige Parameter.

Die in den bisherigen Versionen verfügbaren Richtlinien für den technischen Support in Benutzerpaketen, Anmeldeeinschränkungen (Restrict Login) sowie die RAS- und Novell-Client-Konfigurationsrichtlinien in Arbeitsstationspaketen stehen nicht mehr zur Verfügung. Ferner wurden die verschiedenen Varianten für Windows 9x/NT/2000 zusammengefasst.

Benutzerrichtlinien stehen für die Plattformen Allgemein, Windows 9x, Windows NT/2000/XP und Terminalserver zur Verfügung.

Benutzerpaket-Richtlinien	Beschreibung
Richtlinie für geplante Aktionen	Damit können Sie Aufgaben planen (z.B. Wartungsaufgaben zu bestimmten Zeiten automatisch ausführen lassen)
Dynamic Local User	Dynamische Anlage und Verwaltung von NT/2000/XP-Benutzerkonten auf Arbeitsstationen
Windows Terminalserver-Richtlinien	Richtlinien für die Konfiguration des Terminalservers für Clients
Windows-Gruppenrichtlinie	Gruppenrichtlinien für Arbeitsstationen (benutzerbezogener Teil) und Terminalserver konfigurieren (jeweils Windows 2000/XP) – die Internet-Explorer-Wartung wird nicht unterstützt
Windows Desktop Preferences	Desktop-Einstellungen (Bildschirmschoner, Hintergrundbild, Farben usw.), um ein teilweise verbindliches Profil zu erstellen
User Extensible Policies	Bei den erweiterbaren Benutzerrichtlinien (HKEY_CURRENT_USER) handelt es sich um Systemrichtlinien, die auf Vorlagendateien basieren (.ADM-Dateien) – werden von Windows XP nicht unterstützt
Novell iPrint-Richtlinie	Richtlinie zur benutzerbezogenen Verteilung und Installation von Treibern für Netzwerkdrucker (im Prinzip Nachfolger zu den alten ZENworks-Druckerrichtlinien)
Remote Control Policy	Rahmenbedingungen für die benutzerabhängige Fernverwaltung von Arbeitsstationen

Tabelle 2.4: Richtlinienübersicht zum Benutzerpaket

Arbeitsstationsrichtlinien stehen für die Plattformen Allgemein, Windows 9x und Windows NT/2000/XP zur Verfügung.

Arbeitsstationspaket-Richtlinien	Beschreibung
Arbeitsstations-Imaging-Richtlinien	Richtlinien für das Kloning von Arbeitsstationen sowie PXE (Preboot eXecution Environment)
Novell iPrint-Richtlinie	Richtlinie zur arbeitsstationsbezogenen Verteilung und Installation von Treibern für Netzwerkdrucker (im Prinzip Nachfolger zu den alten ZENworks-Druckerrichtlinien)
Remote Control Policy	Rahmenbedingungen für die arbeitsstationsabhängige Fernverwaltung von Arbeitsstationen
ZENworks für Desktop-Verwaltungsagentenrichtlinie	Richtlinie zur Konfiguration des ZfD-Verwaltungsagenten auf den Zielsystemen (Arbeitsstations-Manager-spezifische Einstellungen)
Computer Extensible Policies	Bei den erweiterbaren Computerrichtlinien (HKEY_LOCAL_MACHINE) handelt es sich um Systemrichtlinien, die auf Vorlagendateien basieren (.ADM-Dateien) – werden von Windows XP nicht unterstützt
Workstation Inventory Policy	Konfiguration zur Aufnahme von Hardware- und Softwareinformationen über Arbeitsstationen in das eDirectory und die Inventardatenbanken
Windows-Gruppenrichtlinie	Gruppenrichtlinien für Arbeitsstationen und Terminalserver konfigurieren (jeweils Windows 2000/XP) – die Internet-Explorer-Wartung wird nicht unterstützt

Tabelle 2.5: Richtlinienübersicht zum Arbeitsstationspaket

Wurde ein Richtlinienpaket erstellt und konfiguriert, kann es einem Benutzer, einer Gruppe oder einem Arbeitsstationsobjekt zugewiesen werden.

Richtlinienpaket	Zuweisungsmöglichkeiten (Verknüpfung)
Containerpaket	Container (Country, Locality, Organization, Organizational Unit)
Serverpaket	Container (Country, Locality, Organization, Organizational Unit), NCP-Server und Servergruppen
Servicestandortpaket	Container (Country, Locality, Organization, Organizational Unit)
Benutzerpaket	Benutzer, Benutzergruppen, Container (Country, Locality, Organization, Organizational Unit)
Arbeitsstationspaket	Arbeitsstationen, Arbeitsstationsgruppen, Container (Country, Locality, Organization, Organizational Unit)

Tabelle 2.6: Zuweisungsmöglichkeiten für Richtlinienpakete

Die Zuweisung versorgt beispielsweise alle in einem Container oder in einer Gruppe enthaltenen Benutzer mit entsprechenden Konfigurationen und Richtlinien. Das bedeutet für die Administration ein Minimum an Aufwand und hohe Flexibilität durch die einfache und zentralisierte Verwaltung.

Vorsicht

Es gibt immer eine erste gefundene Richtlinie (nicht Paket) für einen Benutzer, eine Arbeitsstation usw. Richtlinien werden nicht kumulativ behandelt.

2.1 Standortempfehlungen für Richtlinienpakete

- Platzieren Sie Containerpakete auf der höchsten benötigten Ebene in einem Baum (Verknüpfung). Allerdings sollten diese dabei die Standortgrenzen nicht überschreiten, um keinen unnötigen WAN-Verkehr zu verursachen.
- Aufgrund der Begrenzung von Kontext-Zeichenketten im eDirectory (NDS) auf 256 Zeichen, sollten Sie einen Container für Richtlinienpakete so weit oben in der Baumstruktur wie sinnvoll und möglich anlegen. Dabei sollten Partitionen bzw. Standorte berücksichtigt werden.

Tipp

Verwenden Sie in Verbindung mit Richtlinienpaketen immer Suchrichtlinien, um die Suche und damit den Verkehr im eDirectory einzuschränken.

Für den Standort der Richtlinienpaket-Objekte im eDirectory erstellen Sie am besten eine eigene Organisationseinheit (OU bzw. OE). Für diesen Container sollten Sie Folgendes beachten:

- Ist der Baum partitioniert, sollten Sie die Partitionsgrenzen für die Anwendung beachten.
- Für voll qualifizierte DN gibt es im eDirectory ein Limit von 256 Zeichen.
- Konfigurieren Sie eine Suchrichtlinie.

Für ein minimales Tree Walking erstellen Sie den Container für die Richtlinienpakete am besten in der Root der Partition, in der die Objekte enthalten sind, mit denen diese später verknüpft werden.

Tipp

Setzen Sie auch ZENworks for Servers ein, erstellen Sie am besten zwei Container – einen für ZfD und einen für ZfS (siehe auch Richtlinien mit der ConsoleOne erstellen). Ferner sollten Sie in diesem Fall die Richtlinienpakete für mehr Übersichtlichkeit entsprechend benennen (z.B. ZfD-Serverpaket).

2.2 Erstellung von Richtlinienpaketen

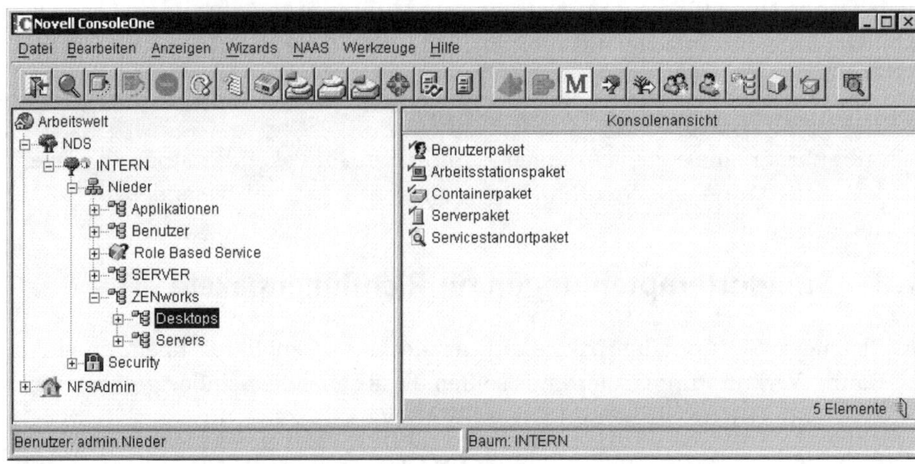

Abb. 2.1: Richtlinien mit der ConsoleOne erstellen

Neue Richtlinienpakete können auf verschiedenen Wegen erstellt werden. Rufen Sie beispielsweise über das Kontextmenü eines Containers NEU\RICHTLINIENPAKET auf oder verwenden Sie nach der Auswahl eines Containers das Richtlinienpaket-Symbol in der Symbolleiste.

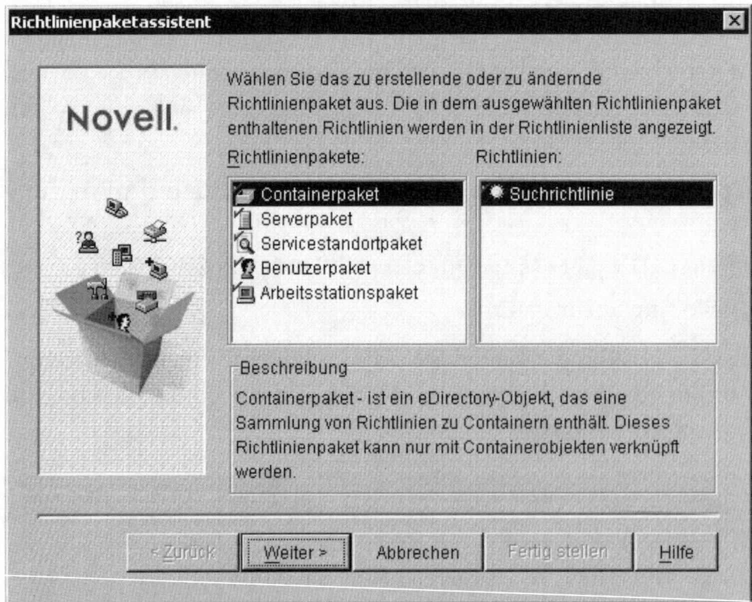

Abb. 2.2: Auswahl des benötigten Richtlinienpakets

Nach dem Aufruf meldet sich der Richtlinienpaketassistent. Wählen Sie in der linken Liste das zu erstellende Richtlinienpaket aus. Die daraufhin rechts angezeigte Liste der im Paket enthaltenen Richtlinien dient nur Ihrer Information.

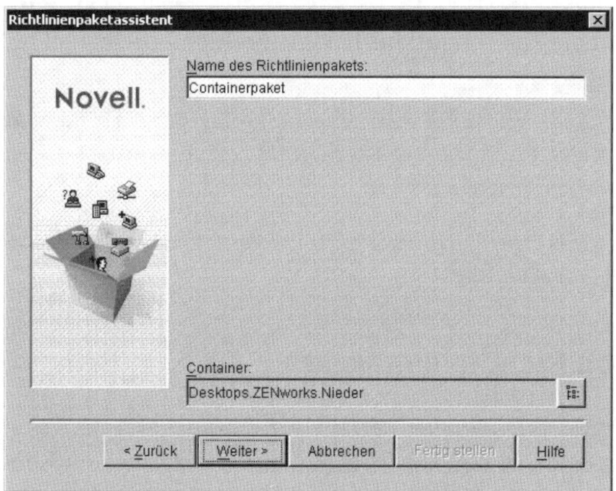

Abb. 2.3: Bezeichnung und Zielcontainer für das neue Richtlinienpaket

Nach einem Klick auf WEITER> geben Sie im nächsten Dialogfenster den Namen des Richtlinienpakets ein. Verwenden Sie hier als Bezeichnung möglichst sprechende Namen, aufgrund derer Sie seine Anwendung wiedererkennen können. Im unteren Fensterbereich wird der Container angezeigt, in dem das neue Paket gespeichert werden soll (hier besteht über das Symbol rechts neben dem Feld die Möglichkeit, einen anderen Container auszuwählen).

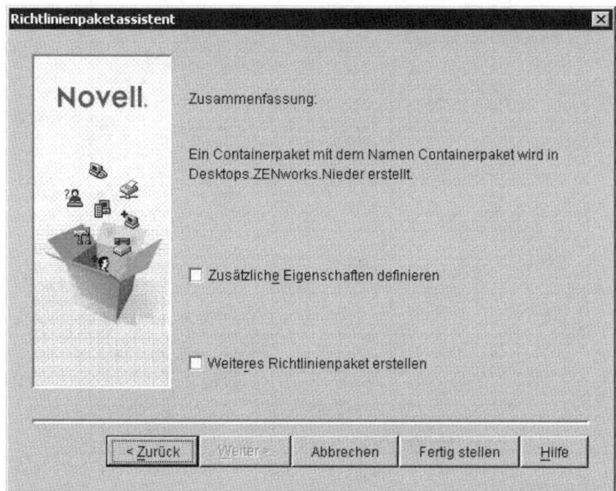

Abb. 2.4: Zusammenfassung zum neuen Richtlinienpaket

Klicken Sie auf WEITER>, gelangen Sie zur Zusammenfassung.

- Beachten Sie, dass nur eines der beiden Kontrollfelder im Dialogfeld aktiviert werden kann.
- Aktivieren Sie das Kontrollfeld ZUSÄTZLICHE EIGENSCHAFTEN DEFINIEREN, wird nach FERTIG STELLEN sofort der Konfigurationsdialog zum Richtlinienpaket für die weitere Bearbeitung angezeigt.
- Aktivieren Sie das Kontrollfeld WEITERES RICHTLINIENPAKET ERSTELLEN, wird nach FERTIG STELLEN der Richtlinienpaketassistent sofort erneut gestartet, um ein weiteres Richtlinienpaket zu erstellen.

Nach einem Klick auf FERTIG STELLEN wird das neue Objekt für das gewählte Richtlinienpaket in der NDS (eDirectory) erstellt.

2.3 Konfiguration von Richtlinienpaketen

Auf der ersten Registerkarte (RICHTLINIEN) werden die für das ausgewählte Paket verfügbaren Richtlinien aufgelistet. In den vor jeder Richtlinie dargestellten Kontrollfeldern können Sie sofort ersehen, welche Richtlinie aktiviert ist und welche nicht.

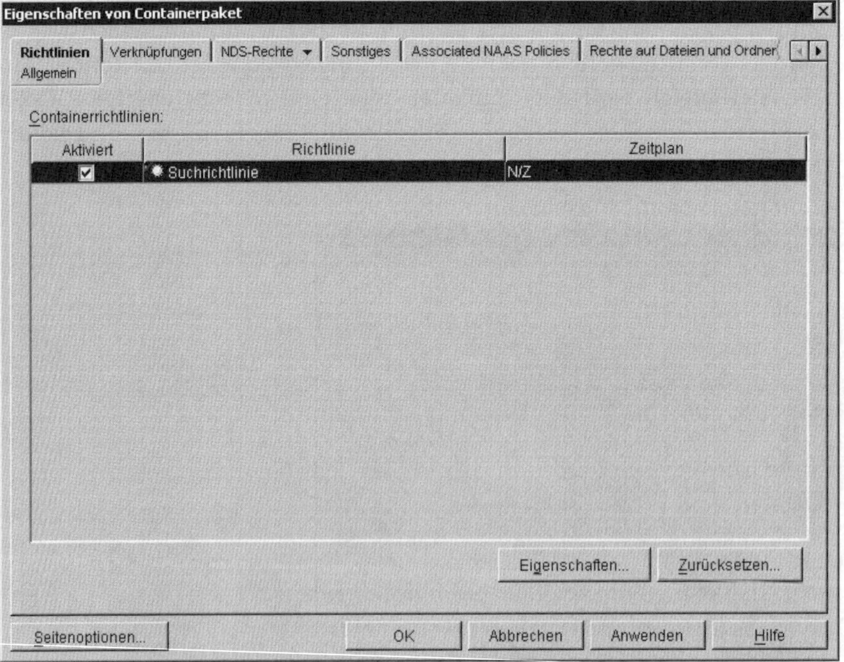

Abb. 2.5: Richtlinienpakete konfigurieren

Bei den meisten Richtlinienpaketen gibt es nicht nur eine Seite ALLGEMEIN, sondern häufig plattformindividuelle Richtlinienseiten. Soweit wie möglich sollten Sie aus Gründen der vereinfachten Administration die Konfiguration über ALLGEMEIN durchführen. Vermeiden Sie so weit wie möglich individuelle Einstellungen für jede einzelne Zielplattform.

Markieren Sie einen Richtlinieneintrag (dieser muss zusätzlich aktiviert sein), kann die Konfiguration anschließend über EIGENSCHAFTEN (oder Doppelklick auf den Eintrag) erfolgen.

Mithilfe der Schaltfläche ZURÜCKSETZEN werden die konfigurierten Eigenschaften einer Richtlinie auf die Standardeinstellungen zurückgesetzt.

2.3.1 Verknüpfungen

Die Registerkarte VERKNÜPFUNGEN enthält nur einen einzigen Eigenschaftsdialog. Hier können beliebige Verknüpfungen zu Containern hinzugefügt werden. Hier handelt es sich um eine sehr wichtige Einstellung zu den Richtlinien.

Mit einer Verknüpfung legen Sie fest, dass die Richtlinien des Pakets für die betroffenen Objekte (Benutzer, Server, Arbeitsstationen) im angegebenen Container angewendet werden. Zusätzlich wirkt sich eine eventuell verfügbare Suchrichtlinie aus. Existiert keine solche, werden die Richtlinien des Pakets auch für Objekte in eventuellen Untercontainern angewendet.

Mithilfe der Schaltflächen HINZUFÜGEN und ENTFERNEN können Sie der Liste Container hinzufügen oder entfernen.

2.3.2 NDS-Rechte

Auf der Registerkarte *NDS-Rechte* stehen drei Eigenschaftsseiten zur Verfügung, die Sie mithilfe des kleinen Dreiecks neben *NDS-Rechte* aufrufen können. Änderungen sind hier in der Praxis nur selten erforderlich. Die standardmäßig erforderlichen Rechte werden automatisch bei der Erstellung zugewiesen.

Trustees dieses Objekts

Sie legen hier fest, wer welche Rechte auf das Objekt für das Richtlinienpaket haben soll. Die als Trustee (Bevollmächtigter) von Ihnen definierten Objekte haben je nach Ihrer Einstellung Rechte auf das Objekt selbst oder auf dessen Eigenschaften.

Fügen Sie einen Container als Trustee hinzu, wird jedes Benutzerobjekt in diesem Container und allen seinen Untercontainern die von Ihnen festgelegten Rechte ausführen können. Durch einen Klick auf ZUGEWIESENE RECHTE erfolgt eine detaillierte Anzeige der aktuell zugewiesen Rechte, mit der Möglichkeit diese hier zu ändern.

Bei den zugewiesenen Rechten müssen Sie als erstes die Eigenschaft auswählen. Dabei stehen *All Attributes Rights* (alle Attributsrechte bzw. Eigenschaften sind betroffen) und *Entry Rights* (Eingangs- bzw. Objektrechte: Es sind die Objekte als Ganzes betroffen, umfassen aber keine Eigenschaftsrechte). Rechts im Fenster können Sie für die jeweils gewählte Eigenschaft die zugewiesenen eDirectory-Rechte für das Richtlinienpaket ändern. Folgende Rechte stehen je nach Eigenschaft zur Konfiguration zur Verfügung:

- *Supervisor*

  Dieses Recht impliziert alle Rechte (Vollzugriff).

- *Vergleichen*

  Der Trustee kann Werte von Eigenschaften vergleichen. Damit ist das Suchen im Baum gemeint.

- *Lesen*

  Einem Trustee erlauben, die Eigenschaften und deren Werte zu lesen.

- *Schreiben*

  Damit erlauben Sie einem Trustee, die Eigenschaften und deren Werte zu ändern.

- *Eig. Namen hinzuf.*

  Einem Trustee erlauben, sich selbst eine Liste von Trustees hinzuzufügen.

- *Durchsuchen*

  Damit legen Sie fest, ob ein Trustee das Objekt im eDirectory (NDS) sehen kann (Objektrecht).

- *Erstellen*

  Nur in Verbindung mit Container-Objekten verfügbar. Ermöglicht einem Trustee in Verbindung mit dem Recht *Durchsuchen*, Objekte zu erstellen.

- *Umbenennen*

  Der Trustee darf das Zielobjekt im Baum umbenennen.

- *Löschen*

  Der Trustee darf das Zielobjekt aus dem Baum entfernen.

Wollen Sie nur einzelne Eigenschaften bzw. Attribute bearbeiten, können Sie solche über die Schaltfläche EIGENSCHAFT HINZUFÜGEN der Liste hinzufügen und deren Rechte konfigurieren.

Um Ihre geänderten Einstellungen zu den zugewiesenen Rechte zu speichern und das Dialogfenster zu schließen, klicken Sie auf OK.

Vorsicht

Bedenken Sie immer, dass beim Hinzufügen von Rechten diese immer nach unten so weit vererbt werden, bis die Vererbung unterbrochen wird. Führen Sie für ein beliebiges Objekt eine explizite Zuweisung durch, ändert dies die Rechte ab dem Punkt, an dem Sie die Zuweisung treffen. Für das Unterbrechen der Rechtevererbung können Sie auch Vererbungsfilter einsetzen.

Mithilfe der Schaltfläche EFFEKTIVE RECHTE können Sie sich für einen ausgewählten Trustee die effektiven Rechte zu beliebigen Eigenschaften/Attributen anzeigen lassen. Dies ist eine sehr praktische Möglichkeit, wenn es Zugriffsprobleme auf Objekte bzw. Eigenschaften gibt.

Filter für vererbte Rechte

Auf dieser Seite zu den NDS-Rechten können Sie Vererbungsfilter für das Objekt konfigurieren (IRF – Inheritance Rights Filter). Die Filter verhindern, dass die auf einer höheren Ebene im Baum zugewiesenen und dem aktuellen Objekt vererbten Rechte auf dieses Objekt und untergeordnete Objekte angewandt werden. Die Filter sperren jedoch keine Rechte, die diesem Objekt explizit zugewiesen wurden (die vorher besprochenen Trustees).

Risiko

Gehen Sie sehr umsichtig mit dem Blockieren des Rechts *Supervisor* vor! Zumindest sollte es immer noch einen Benutzer geben, der dieses Recht besitzt (als Trustee explizit definieren). In der ConsoleOne sollten Sie allerdings immer eine Fehlermeldung erhalten, wenn Sie versuchen, das *Supervisor*-Recht allen zu entziehen.

Mithilfe der Schaltfläche FILTER HINZUFÜGEN können Sie Eigenschaften auswählen, für die die Vererbung für bestimmte Rechte gebrochen werden soll. Für jede ausgewählte Eigenschaft werden rechts im Fenster die Rechte angezeigt. Wird ein Recht vererbt, wird dies als ein nach unten stehender Pfeil und mit Häkchen im Kontrollfeld daneben angezeigt. Um die Vererbung für ein Recht zu blockieren, deaktivieren Sie das Kontrollfeld. Dadurch ändert sich auch das Aussehen des Pfeils, der unterhalb eine Linie erhält.

Effektive Rechte

Auf dieser Seite können Sie sich anzeigen lassen, welche effektiven Rechte ein bestimmtes Objekt für das ausgewählte Objekt besitzt.

Im oberen Bereich wird Ihnen der vollständig qualifizierte Name des auswählten Objekts sowie Ihres Benutzerkontos angezeigt. Sie können hier das Trustee durch einen Klick auf die Symbolschaltfläche an der rechten Seite ändern.

Für das auswählte Trustee werden im unteren Bereich des Fensters zu jeder Objekteigenschaft die aktiven Rechte (vererbt oder explizit zugewiesen) angezeigt. Sie brauchen lediglich im linken Bereich eine Eigenschaft bzw. ein Attribut auszuwählen, um rechts im Abschnitt *Rechte* die effektiven Rechte ersehen zu können. Für diesen Vorgang wird der Baum des eDirectory von der höchsten Ebene ab durchsucht und zum Abschluss die kumulierten Rechte angezeigt.

2.3.3 Sonstiges

Die Anzeige auf der Seite *Bearbeiten* der Registerkarte *Sonstiges* ist von den Rechten abhängig, die Sie für dieses PlugIn besitzen.

Risiko

Hier werden Attribute angezeigt, die über andere (»normale«) PlugIns nicht verfügbar sind. Eine Änderung sollte nur vornehmen, wer über ausreichend Erfahrung im Umgang mit dem Schema des eDirectory besitzt.

Eine Reihe von Attributen können und dürfen auch hier nicht geändert werden. Daher erfolgt deren Anzeige nur, wenn Sie im unteren Bereich das Kontrollfeld *Nur-Lesen anzeigen* aktivieren.

2.3.4 Rechte für Dateien und Verzeichnisse

Alle Objekte im eDirectory besitzen die Registerkarte *Rechte auf Dateien und Ordner* mit der Eigenschaftsseite *Trustee-Dateisystemrechte*. Hier besteht die Möglichkeit, für das Objekt explizit Rechte auf Ordner und Dateien anzuzeigen und zu modifizieren. Diese Rechte werden immer im Dateisystem abgelegt.

Als erstes wählen Sie ein oder mehrere Volumes im oberen Bereich mithilfe der Schaltfläche ANZEIGEN aus. Mithilfe von VERSTECKEN können Sie ein markiertes Volume aus der Liste wieder ausblenden.

In der Liste der Dateien und Ordner werden anschließend die explizit für das aktuelle Objekt zugewiesenen Pfade angezeigt (für den ausgewählten Eintrag finden Sie darunter die explizit zugeordneten Ordner- bzw. Dateizugriffsrechte).

Mithilfe der Schaltfläche HINZUFÜGEN können Sie weitere Ordner und Dateien zur Konfiguration von expliziten Rechten hinzufügen. Im Abschnitt *Rechte* werden die aktuellen expliziten Rechte angezeigt. Durch Aktivieren der einzelnen Kontrollfelder können Sie die Zugriffsberechtigungen ändern.

Über die Schaltfläche EFFEKTIVE RECHTE werden die derzeitigen tatsächlichen Zugriffsberechtigungen auf die ausgewählte Datei oder den Ordner ausgewertet und angezeigt (dabei wird die Vererbung berücksichtigt). Im Fenster zu den effektiven Rechten besteht zusätzlich die Möglichkeit, einen anderen Ordner oder eine andere Datei auf dem Volume auszuwählen und für das Objekt dafür die aktuellen Zugriffsberechtigungen anzeigen zu lassen.

2.4 Richtlinienpakete kopieren

Es kann vorkommen, dass Sie von einem Richtlinienpaket eine ähnliche Variante erstellen müssen. In diesem Fall muss kein neues Richtlinienpaket erstellt und vollständig neu konfiguriert werden. Sie haben die Möglichkeit, mithilfe der ConsoleOne oder COPYPOL.EXE ein bestehendes Paket zu kopieren und dieses dann anzupassen.

2.4.1 Richtlinien mit ConsoleOne kopieren

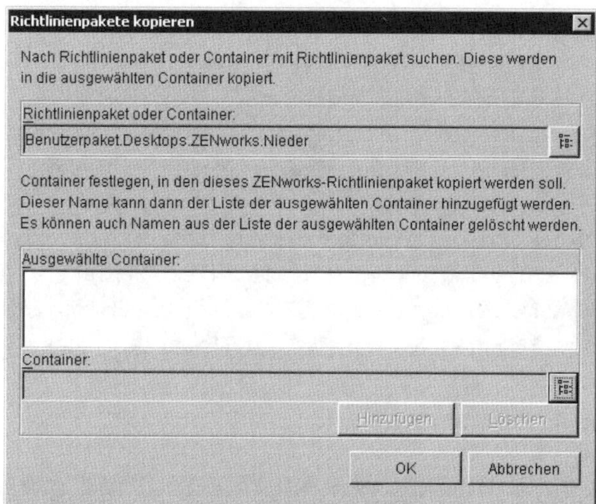

Abb. 2.6: Kopieren eines Richtlinienpakets

Rufen Sie im Menü *Werkzeuge (Tools) ZENworks-Programme\Richtlinienpakete kopieren* auf. Führen Sie folgende Einstellungen im anschließend angezeigten Dialogfeld durch:

- Wählen Sie über die rechts angezeigte Schaltfläche des ersten Feldes ein Richtlinienpaket. Alternativ können Sie einen Container angeben. Im letzteren Fall werden alle im Container gespeicherten Richtlinienpakete kopiert.
- Im unteren Feld *Container* wählen Sie einen Zielcontainer aus, wohin die Richtlinie(n) kopiert werden soll(en). Klicken Sie auf HINZUFÜGEN. Sie können diesen Vorgang für weitere Zielcontainer so lange wiederholen, bis Sie fertig sind. Einzelne Einträge können in der Liste auch markiert und anschließend mit LÖSCHEN wieder entfernt werden.
- Klicken Sie zur Durchführung auf OK.

Nach dem Kopiervorgang wird eine Protokoll mit Erfolgs- und Fehlermeldungen angezeigt. Die Protokolldatei COPYPOLSTATUS.TXT wird fortgeschrieben und kann jederzeit angesehen werden (die Datei wird in Ihrem lokalen TEMP-Verzeichnis gespeichert). Beispiel:

```
-------------------------------------------------------------
--        Protokolleintrag erstellt -- Sat Dec 14 11:30:05 2002
-------------------------------------------------------------
Serverpaket.Desktops.ZENworks.Nieder wird auf Desktops.ZENworks.Nieder
kopiert
Ein gleichnamiges Paket (Serverpaket.Desktops.ZENworks.Nieder) ist in
diesem Container vorhanden
Ein neues Paket mit diesem Namen wird erstellt - Serverpaket0001.Desk-
tops.ZENworks.Nieder
-------------------------------------------------------------
--        Protokolleintrag erstellt -- Sat Dec 14 11:31:05 2002
-------------------------------------------------------------
Alle Pakete aus Desktops.ZENworks.Nieder kopieren
Benutzerpaket.Desktops.ZENworks.Nieder wird auf ZENworks.Nieder kopiert
Arbeitsstationspaket.Desktops.ZENworks.Nieder wird auf ZENworks.Nieder
kopiert
Containerpaket.Desktops.ZENworks.Nieder wird auf ZENworks.Nieder kopiert
Serverpaket.Desktops.ZENworks.Nieder wird auf ZENworks.Nieder kopiert
Serverpaket0001.Desktops.ZENworks.Nieder wird auf ZENworks.Nieder kopiert
Servicestandortpaket.Desktops.ZENworks.Nieder wird auf ZENworks.Nieder
kopiert
```

Listing 2.1: Beispiel der Datei CopyPolStatus.txt (Richtlinienpaket-Kopierprotokoll)

Wichtig

Befindet sich im Zielcontainer bereits ein Richtlinienpaket mit dem gleichen Namen, werden Sie befragt, ob Sie trotzdem kopieren wollen. Antworten Sie mit Ja, wird nicht überschrieben, sondern eine Kopie mit am Namen angehängtem numerischem Zähler erstellt (0001, 0002 etc.).

2.4.2 Richtlinien mit COPYPOL.EXE kopieren

Zum Kopieren von Richtlinienpaketen steht zusätzlich das Windows-Programm COPYPOL.EXE im Verzeichnis SYS\PUBLIC\MGMT\CONSOLEONE\1.2\BIN zur Verfügung.

- Starten Sie das Programm beispielsweise durch einen Doppelklick im Windows-Explorer.
- Wählen Sie im ersten Feld ein Richtlinienpaket aus, das Sie im eDirectory kopieren möchten. Alternativ können Sie einen Container angeben. Im letzteren Fall werden alle im Container gespeicherten Richtlinienpakete kopiert.
- Im Feld *Container* wählen Sie einen Zielcontainer aus, wohin die Richtlinie(n) kopiert werden soll(en). Klicken Sie auf HINZUFÜGEN. Sie können diesen Vor-

gang für weitere Zielcontainer so lange wiederholen, bis Sie fertig sind. Einzelne Einträge können in der Liste auch markiert und anschließend mit LÖSCHEN wieder entfernt werden.

- Klicken Sie zur Durchführung auf OK.

Das Programm ist über die *Eingabeaufforderung* auch mit Parametern nutzbar.

Befehlsaufbau zum Kopieren eines Richtlinienpakets von einem Container zu einem anderen:

```
copypol <richtlinienpaket-dn> /d <zielcontainer>
```

Befehlsaufbau zum Kopieren der Richtlinienpakete von einem Container zu einem anderen:

```
copypol <container-dn> /d <zielcontainer>
```

In der Tabelle werden die verfügbaren Parameter für COPYPOL.EXE beschrieben.

Parameter	Beschreibung
/h	Das Programm im versteckten Modus ausführen
/r	Im Zielcontainer die Richtlinienpakete mit dem gleichen Namen überschreiben
/t	Den Baum für das Kopieren der Richtlinien zusätzlich angeben
/v	Protokoll für das Kopieren der Richtlinienpakete zur Ergebniskontrolle anzeigen

Tabelle 2.7: Parameterbeschreibung zum Programm COPYPOL.EXE

2.5 Vorläuferrichtlinienpakete migrieren

Besitzen Sie ältere Richtlinienpakete (ZENworks 2.0), können Sie diese migrieren.

Wenn Sie ZfD installieren, ist nicht grundsätzlich eine Migration der alten Richtlinienpakete notwendig, da diese nicht entfernt werden und somit weiterhin funktionsfähig bleiben. Eine Migration kann dadurch ohne Zeitdruck durchgeführt werden. Dies sollte allerdings nachgeholt werden, da anschließend beispielsweise eine bessere Leistung vorliegt und eine einfachere Verwaltung möglich ist.

Ohne Migration müssen Sie auch weiterhin den NetWare-Administrator zur Konfiguration der alten ZENworks 2-Richtlinienpakete verwenden. Leider werden in der ConsoleOne auch bei den effektiven Richtlinien zu Benutzer- und Arbeitsstationsobjekten nur diejenigen von ZfD berücksichtigt. Daher sollten Sie eine gemischte Umgebung möglichst kurzfristig migrieren, um Probleme und Fehler zu vermeiden.

Die Systemrichtlinien für Benutzer und Computer (unter ZfD nicht mehr verfügbar) werden als individuelle Richtlinien migriert, die mithilfe von ZfD nicht bearbeitbar sind. Eine Änderung kann nur durch Deaktivierung der Richtlinien und anschließender Neukonfiguration über erweiterbare Richtlinien (Kapitel 6.6) durchgeführt werden.

Risiko

Nach der Migration der alten Systemrichtlinien ist weder eine Bearbeitung noch eine Anzeige möglich. Vergessen Sie daher auf keinen Fall, vorher zu notieren, welche Richtlinien Sie mit welchen Einstellungen angewendet haben.

Tipp

Als bessere Lösung bietet sich daher oft an, auf die Migration in diesem Fall zu verzichten und basierend auf den alten Richtlinien eine grundsätzliche Überarbeitung und Neukonfiguration bei den erweiterbaren Richtlinien von ZfD durchzuführen.

Rufen Sie zur Migration im Menü *Werkzeuge* (*Tools*) den Befehl *ZENworks-Programme\Vorläuferrichtlinienpakete migrieren* auf. Ist die Funktion nicht verfügbar, haben Sie vergessen, vorher einen Container in der ConsoleOne auszuwählen.

Wichtig

Eine Aktualisierung von Richtlinienpaketen, die mit ZfD 3.x erstellt wurden, ist nicht notwendig.

Vorsicht

Sie können die neuen Richtlinienpakete nicht auswählen, in denen die bisherigen Richtlinien untergebracht werden sollen.

- Wählen Sie als erstes den Container aus, in dem die Richtlinienpakete migriert werden sollen.
- Aktivieren Sie bei Bedarf zusätzlich die Option *Untercontainer einschließen*.
- Für die Ausführung empfiehlt sich unbedingt die Vorschau – aktivieren Sie dafür das Kontrollfeld *Nur Vorschau*. Sind Sie nach der Anzeige mit dem Ergebnis zufrieden, können Sie mit OK die Migration ausführen lassen.
- Zusätzlich gibt eine Reihe von Konfigurationsmöglichkeiten zur Benennung. Sie können entweder neue Paketnamen erstellen oder die alten beibehalten. In beiden Fällen müssen Sie aus den Dropdown-Listen eine Auswahl durchführen (bei der zweiten Option für die Fälle, in denen der alte Name nicht beibehalten werden kann). Sie haben die Auswahl zwischen der Anwendung der Standardbenennungskonvention und der Benutzereingabe der Namen während der Migration. Im Fall, dass die alten Paketnamen beibehalten werden sollen, stehen zusätzlich die Benennungsoptionen für die Verwendung der alten Paketnamen zur Verfügung.

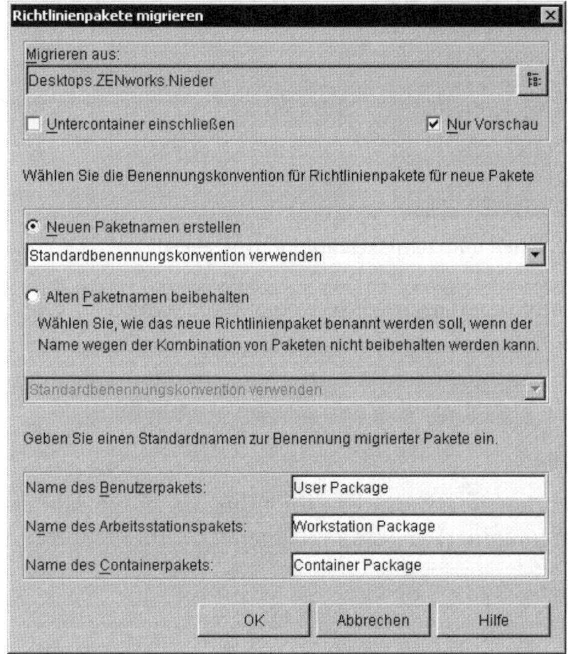

Abb. 2.7: Migration von alten Richtlinienpaketen

- Für die Anwendung der Standardbenennungskonvention müssen Sie in den letzten drei Feldern für Benutzerpakete, Arbeitsstationspakete und Containerpakete zusätzlich noch die Standardnamen eingeben, die zur Anwendung kommen sollen.
- Klicken Sie auf OK, um die Migration zu starten.
- Zum Abschluss wird ein Ergebnisbericht angezeigt, der als MIGRATEPOLICIES.TXT in Ihrem lokalen TEMP-Verzeichnis gespeichert wird.

Vorsicht

Nach einer Migration sollten Sie die neuen Richtlinienpakete überprüfen und diese ggf. überarbeiten. Insbesondere gilt das für die Richtlinienzeitpläne, da deren Konfiguration nicht migriert wird und somit die Standardvorgaben von Novell vorliegen, die sicherlich nicht immer Ihren Anforderungen genügen.

2.6 Bericht-Richtlinien und -Pakete

Es besteht die Möglichkeit, über Befehl *ZENworks-Programme\Bericht-Richtlinien und -Pakete* im Menü *Werkzeuge* zwei verschiedene Berichte erstellen zu lassen.

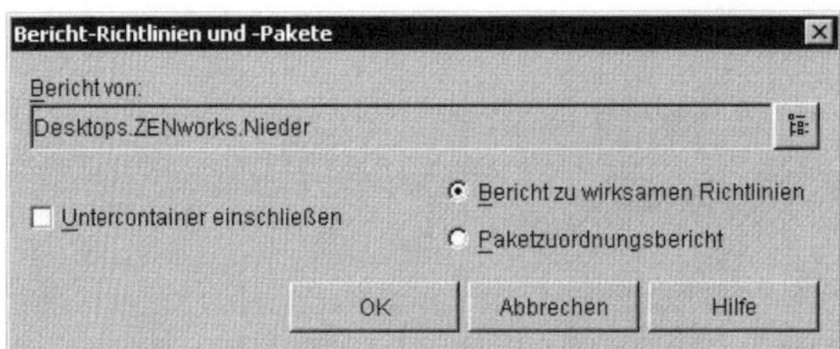

Abb. 2.8: Bericht zu wirksamen Richtlinien und der Paketzuordnung erstellen

Als erstes müssen Sie einen Container (Organization oder Organizational Unit) auswählen, auf den die Berichterstellung ausgeführt werden soll. Zusätzlich steht noch die Option *Untercontainer einschließen* zur Verfügung, um den gesamten Zweig in der NDS-Struktur für die Erstellung des Berichts einzuschließen.

- *Bericht zu wirksamen Richtlinien*

  Hiermit wird ein Bericht über die effektiven Richtlinien für den ausgewählten Container (und ggf. des Untercontainer) angezeigt. Folgende Elemente werden in einer kommaseparierten Liste angezeigt:

  - Version
  - Baum
  - Container (voll qualifizierter Name)
  - Objekt-DN (voll qualifizierter Name)
  - Plattform
  - effektive Richtlinien-DN (voll qualifizierter Name)

  Der Bericht wird in Ihrem TEMP-Verzeichnis mit dem Namen EFFECTIVEPOLICIES.TXT gespeichert.

- *Paketzuordnungsbericht*

  Mithilfe dieser Option erhalten Sie einen Bericht darüber, welches Richtlinienpaket mit welchem Objekt verknüpft ist. Wie in ZfD 3.x werden dabei leider nur Benutzer- und Arbeitsstationspakete berücksichtigt. Folgende Elemente werden in einer kommaseparierten Liste angezeigt:

  - Baum
  - Container (voll qualifizierter Name)
  - Paket-DN (voll qualifizierter Name)
  - Verknüpfung (voll qualifizierter Name, wohin verknüpft wurde)

  Der Bericht wird in Ihrem TEMP-Verzeichnis mit dem Namen PACKAGEASSOCIATIONS.TXT gespeichert.

## Kapitel 3

Containerpakete (Suchrichtlinien)

Das Containerpaket hat im Gegensatz zu anderen Richtlinienpaketen keine direkt erkennbaren Auswirkungen. Das Paket kann ausschließlich mit Containern verknüpft werden (Country, Locality, Organization und Organizational Unit).

Derzeit steht in Containerpaketen nur die Suchrichtlinie zur Verfügung. Diese Richtlinie wirkt sich auf das Verhalten von anderen Richtlinien aus, die für Benutzer, Arbeitsstationen usw. erstellt und zugewiesen wurden.

Die Dienste von ZfD (auch ZENworks for Servers und ZENworks for Handhelds) suchen im eDirectory-Baum in einer bestimmten Reihenfolge nach Richtlinien. Die Suche beginnt dabei immer beispielsweise beim Benutzer- oder Arbeitsstationsobjekt. Als nächstes wird überprüft, ob ein Containerpaket zugewiesen bzw. gültig ist. Das erste gefundene Containerpaket bzw. dessen Suchrichtlinie steuert anschließend die weitere Vorgehensweise für die Suche nach gültigen Richtlinien für das Objekt.

3.1 Erstellung eines Containerpakets

Wechseln Sie in der ConsoleOne zu dem Container, in dem Sie das Containerpaket erstellen möchten. Die Position des Containerpakets im Baum bezieht sich dabei nicht auf seine Gültigkeit, die über die spätere Verknüpfung definiert wird.

Platzieren Sie Containerpakete immer auf der höchsten benötigten Ebene im Baum (Verknüpfung). Achten Sie dabei jedoch darauf, die Standortgrenzen nicht zu überschreiten, um unnötige WAN-Last zu vermeiden.

- Klicken Sie entweder mit der rechten Maustaste und wählen Sie NEU sowie anschließend im Auswahlfeld RICHTLINIENPAKET oder benutzen Sie in der Symbolleiste das dazugehörige Symbol, um ein neues Paket zu erstellen.
- Damit wird der Assistent zur Erstellung eines Richtlinienpakets aufgerufen. In der linken Liste wählen Sie das *Containerpaket* aus (rechts werden die verfügbaren Richtlinien nur zu Ihrer Information angezeigt und eine Auswahl hat hier keinerlei Effekt).
- Nach einem Klick auf WEITER> haben Sie im nächsten Dialogfenster die Möglichkeit, den Standardnamen des Pakets sowie dessen Position im Baum zu ändern.

- Nach WEITER> gelangen Sie zum Abschlussfenster. Sie können durch Aktivieren der Option ZUSÄTZLICHE EIGENSCHAFTEN gleich zur Konfiguration des Pakets nach FERTIG STELLEN gelangen.

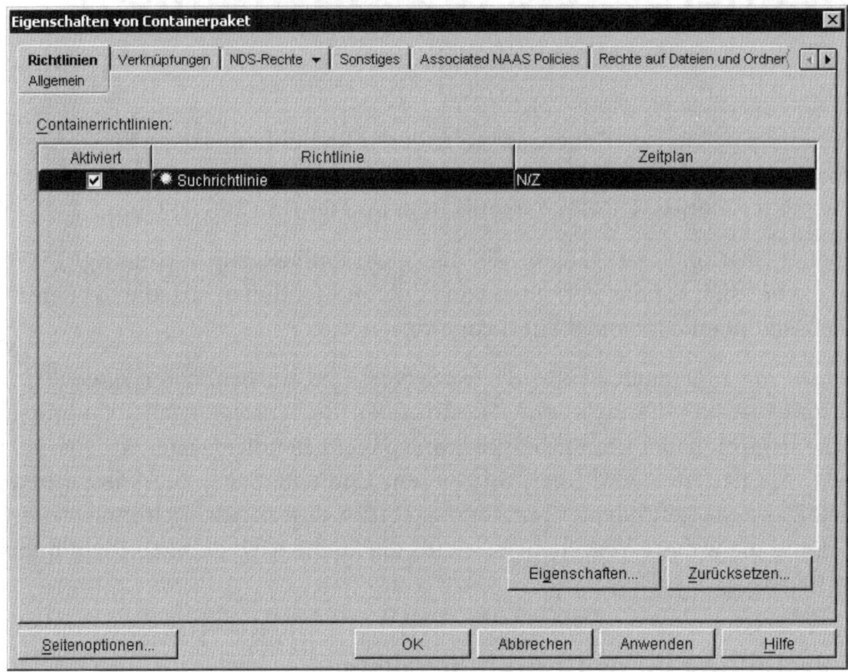

Abb. 3.1: Eigenschaften der Containerpakete

Es handelt sich hier um ein sehr wichtiges Richtlinienpaket. Unbedingt sinnvoll ist der Einsatz von Suchrichtlinien, um den Verkehr im eDirectory möglichst niedrig zu halten. Solange Sie keine tiefen Verschachtelungen im Baum verwenden oder die Suche sich über mehrere Partitionen erstreckt (hierbei muss bei einer Suche Kontakt mit dem jeweiligen Server aufgenommen werden), leidet die Performance nicht besonders. Die Suche über eine WAN-Strecke hinweg schlägt sich ebenfalls in der Geschwindigkeit nieder, in der eine Richtlinie beispielsweise dem Benutzer oder der Arbeitsstation bereitgestellt wird.

Die frühere Richtlinie (ZfD 2.0) für SNMP-Trap-Ziele befindet sich jetzt im Servicestandortpaket.

Containerpaket-Richtlinien	Beschreibung
Suchrichtlinie	Suchrichtlinie, um die Suchvorgänge für Richtlinien zu steuern/minimieren (Lastverminderung etc.)

Tabelle 3.1: Richtlinien im Containerpaket

- Vergessen Sie nicht, die Richtlinie in der ersten Spalte zu aktivieren (siehe Abb. 3.1).
- Wirksam wird die Containerrichtlinie erst, wenn Sie eine Verknüpfung festlegen.

3.2 Suchrichtlinien

Diese Richtlinie ist sehr wichtig, da Sie den Richtlinien-Suchaufwand im eDirectory teilweise sogar gravierend vermindern hilft (Lastverminderung im eDirectory).

Der ZENworks-Agent sucht im eDirectory beispielsweise für einen Benutzer oder eine Arbeitsstation nach Richtlinien immer durch den gesamten Baum (bis zur Root des Baums). Das führt in der Praxis dazu, dass in vielen Fällen auch WAN-Verbindungen über Partitionsgrenzen hinaus aufgebaut werden müssen. Wurde eine einzelne zutreffende Richtlinie gefunden, wird allerdings die Suche beendet (extrem wird es dadurch immer, wenn einzelne Richtlinien nicht verwendet werden).

Mithilfe von Suchrichtlinien können Sie den Suchaufwand je nach Komplexität des Baums im eDirectory spürbar vermindern.

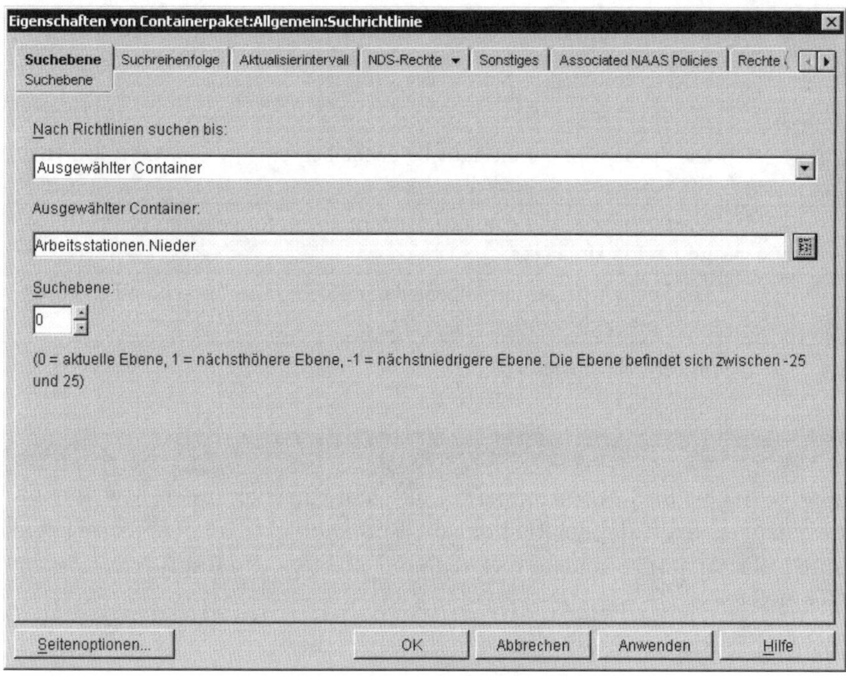

Abb. 3.2: Konfiguration der Suchebene für Richtlinien

Die wichtigsten Einstellungen nehmen Sie auf der Registerkarte SUCHEBENE vor (siehe Abb. 3.2). Sie legen hier fest, wie viele Ebenen im Baum nach verknüpften Richtlinien bzw. Richtlinienpaketen durchsucht werden sollen. Startpunkt der Suche ist dabei mit das betroffene Objekt (Benutzer, Arbeitsstation usw.).

Die Standardeinstellung für NACH RICHTLINIEN SUCHEN BIS (auch ohne Suchrichtlinie) ist immer `[Root]`. Sie können hier jedoch jeden anderen verfügbaren Container angeben.

Nach Richtlinie suchen bis	Beschreibung
Objektcontainer	Bis zum Parent-Container des Benutzer-, Server- oder Arbeitsstationsobjekts suchen
Partition	Bis zum Stamm einer Partition suchen
Ausgewählter Container	Die Suche erfolgt bis zum angegebenen Container im Feld AUSGEWÄHLTER CONTAINER
[Root]	Bis zum Stamm des Baums suchen

Tabelle 3.2: Nach Richtlinien suchen bis

Eine wichtige Einstellung stellt die SUCHEBENE dar, die standardmäßig auf 0 steht.

Suchebene	Beschreibung
0	Die Suche wird auf die aktuelle Ebene begrenzt (wie in NACH RICHTLINIE SUCHEN BIS festgelegt)
1 usw.	Die Suche wird auf eine Ebene oberhalb der festgelegten Ebene eingegrenzt (maximal 25)
-1 usw.	Die Suche wird bis zur angegebenen Ebene, aber ausschließlich dieser eingegrenzt (maximal –25)

Tabelle 3.3: Definition der Suchebenen

Hinweis

Beachten Sie für die Suchebene bzw. die Gültigkeit von Richtlinien bzw. Richtlinienpaketen, dass dabei die Position der Richtlinienobjekte im eDirectory keine Rolle spielt. Bezugspunkt sind immer die eingestellten Verknüpfungen für die Richtlinienpakete.

1. Beispiel

```
NPC
    Bayern
        München
        Augsburg
        Nürnberg
    Hessen
        Frankfurt
```

Listing 3.1: Beispielbaum 1 zu den Suchrichtlinien

Ist der angegebene Objekt-Container *München.Bayern.NPC* und befindet sich das Objekt in diesem Container, findet die Suche bei einer angegebenen Suchebene von *0* nur in diesem Container statt (ein Richtlinienpaket muss daher für den Kontext *München* verknüpft sein). Wird als Suchebene *2* angegeben, wird bis *NPC* gesucht. Bei *–1* als Suchebene wird keine Richtlinie gefunden, da sich der Objekt-Container über der angegebenen Suchebene befindet.

2. Beispiel

```
NPC
    Deutschland
        München
        Frankfurt
        Hamburg
        Stuttgart
        Berlin
```

Listing 3.2: Beispielbaum 2 zu den Suchrichtlinien

Wollen Sie für jeden Ort eigene Richtlinienpakete erstellen, können Sie für vorstehendes Beispiel mit einer einzigen Suchrichtlinie auskommen. Legen Sie eine Suchrichtlinie an und geben als ausgewählten Container das Land mit einer Suchebene von *–1* an. Dadurch werden nur die Richtlinienpakete für die einzelnen Geschäftsstellen in den verschiedenen Orten berücksichtigt. Selbstverständlich müssen Sie in diesem Fall Richtlinienpakete erstellen, die mit den einzelnen Orten verknüpft sind!

Hinweis

Beispielsweise Benutzer- oder Arbeitsstationsobjekten direkt zugeordnete Richtlinien haben immer höchste Priorität und es findet dafür keine Suche statt. Diese Standardeinstellung können Sie über die Registerkarte SUCHREIHENFOLGE ändern (siehe Abb. 3.3).

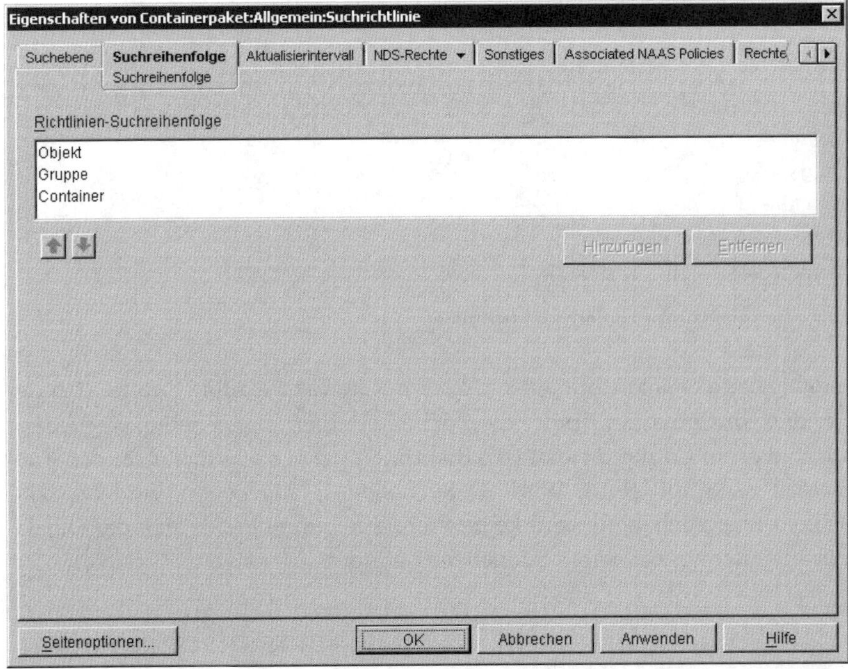

Abb. 3.3: Suchreihenfolge für Richtlinien

Die Registerkarte SUCHREIHENFOLGE (Abb. 3.3) bedarf sicherlich nur in sehr seltenen Ausnahmen einer Änderung. Standardmäßig werden erst dem Objekt direkt zugeordnete Richtlinien berücksichtigt, dann die den Gruppen zugeordneten, zu denen das Objekt gehört, und als Letztes werden die Richtlinien angewendet, die über Container (hier gilt die *Suchrichtlinie*) zugewiesen sind.

Hinweis

Beachten Sie, dass nach dem ersten Auffinden einer Richtlinie (nicht Richtlinienpaket) die Suche automatisch beendet wird!

Auf der Registerkarte AKTUALISIERUNGSINTERVALL (siehe Abb. 3.4) geben Sie an, wie häufig die Richtlinie aktualisiert werden soll. Die Standardeinstellung ist stündlich. Geben Sie in beiden Feldern 0 an, erfolgt keine Aktualisierung. Maximal kann 999 Tage und 23 Stunden angegeben werden.

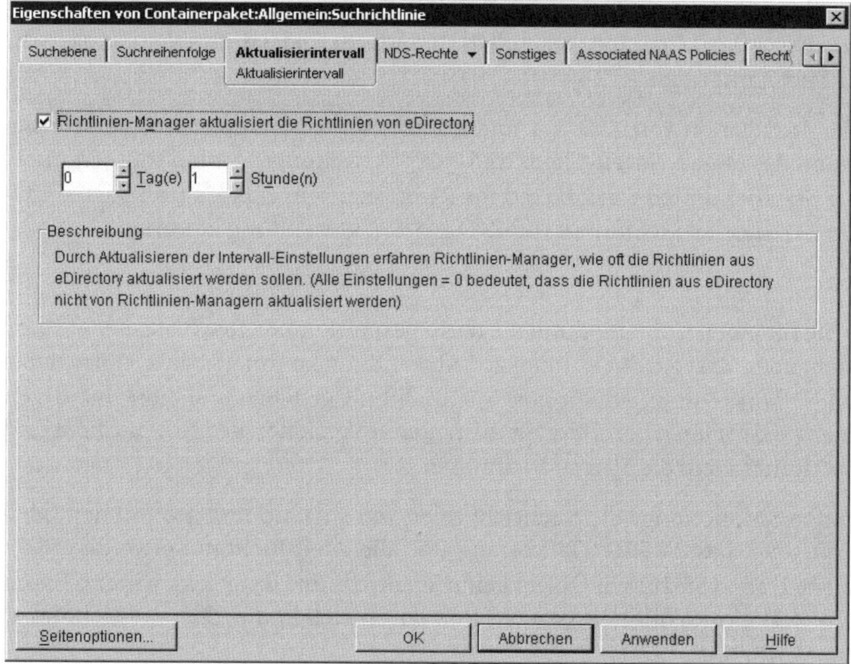

Abb. 3.4: Aktualisierungsintervall für Richtlinien

Änderungen an aktivierten Richtlinien werden immer erst dann erzwungen, wenn diese im festgelegten Intervall aktualisiert wurden. Mit dem folgenden Befehl können Sie an der Serverkonsole von ZENworks for Server eine Aktualisierung manuell erzwingen:

```
policy refresh
```

Beachten Sie auch die Einstellung beim Arbeitsstations-Manager auf den Clients. Die Standardeinstellung ist hier neun Stunden (540 Minuten).

Grundsätzlich werden die Richtlinien beim Hochfahren bzw. bei der Anmeldung eines Benutzers an einer Arbeitsstation auf Clients und Servern aktualisiert.

3.3 Kompatibilität zu ZfD 2.0

ZfD 4.0 ist kompatibel zu Richtlinien früherer Versionen von ZENworks. Dabei können alte und neue Richtlinien gleichzeitig zur Anwendung kommen. Das gilt insbesondere in Verbindung mit ZfD 2.0.

Dies erlaubt nach der Installation von ZfD 4.0 weiterhin die Nutzung von ZfD 2.0-Richtlinien, was die Migration wesentlich vereinfacht und dafür in der Praxis mehr Zeit zur Verfügung steht.

Nach der Installation von ZfD 4.0 und erneuerten Arbeitsstationsobjekten nach Installation des neuen Novell-Client und/oder Verwaltungsagenten müssen unbedingt die Suchrichtlinien von ZfD 2.0 für Richtlinien von ZfD 2.0 und Suchrichtlinien von ZfD 4.0 für Richtlinien von ZfD 4.0 zur Anwendung kommen.

Beispiel:

Wollen Sie für einen Container und die darin gespeicherten Objekte festlegen, dass die bestehenden ZfD 2.0-Richtlinien zur Anwendung kommen sollen, müssen Sie mit dem NetWare-Administrator eine Suchrichtlinie erstellen und diese auf diesen Container verknüpfen. Damit finden die neueren Versionen des Novell-Client und der Verwaltungsagent die älteren Richtlinien.

Verknüpfen Sie allerdings die Suchrichtlinien von ZfD 2.0 und 4.0 mit dem gleichen Container, besitzt ZfD 4.0 Vorrang und die alten Richtlinien werden nicht ausgeführt. Haben Sie für ein Objekt keine Suchrichtlinie festgelegt, wird im Baum nur nach ZfD 4.0-Richtlinien gesucht und damit stehen die ZfD 2.0-Richtlinien nicht zur Verfügung.

## Kapitel 4

Richtlinien für geplante Aktionen

In diesem Kapitel werden Sie darüber informiert, wie Sie eigene Richtlinien für geplante Aktionen *(Scheduled Action Policy)* erstellen können (beispielsweise zur Systemwartung). Ferner enthält dieses Kapitel eine Beschreibung zur Konfiguration des Standardzeitplanes für Richtlinienpakete und des Richtlinienzeitplans. Zusätzlich findet sich hier auch eine Beschreibung zum Planer, der auf den Arbeitsstationen ausgeführt wird.

Richtlinien für geplante Aktionen können Sie in Benutzer- und Arbeitsstationspaketen erstellen.

Wichtig

Bei der Zuweisung zu Arbeitsstationen werden die Aktionen bereits ausgeführt, bevor sich ein Benutzer anmeldet. Daher ist die einzige Voraussetzung für deren Ausführung ein eingeschalteter und hochgefahrener Computer. Allerdings werden eventuelle Dialoge oder Hinweisfelder nicht am Bildschirm angezeigt. Das bedeutet, dass diese Funktionalität nur für Hintergrundprozesse geeignet ist! Zusätzlich ist wichtig, dass als Identitätsannahme nur *System* zur Anwendung kommt, da sonst die Ausführung einer derartigen Aktion nicht möglich ist.

4.1 Neue Richtlinie

Wollen Sie eine eigene Richtlinie erstellen (für Arbeitsstationen oder Benutzer), klicken Sie nach Auswahl der Richtlinien-Plattform auf der ersten Registerkarte auf HINZUFÜGEN und geben anschließend einen Namen ein (Beispiel siehe Abb. 4.1).

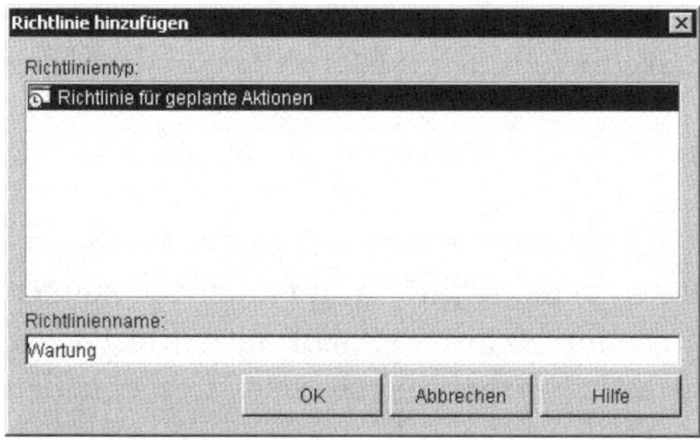

Abb. 4.1: Neue Richtlinie für geplante Aktionen hinzufügen

Nach einem Klick auf OK wird die neue Richtlinie in der Richtlinienliste für die Plattform angezeigt (Beispiel siehe Abb. 4.2).

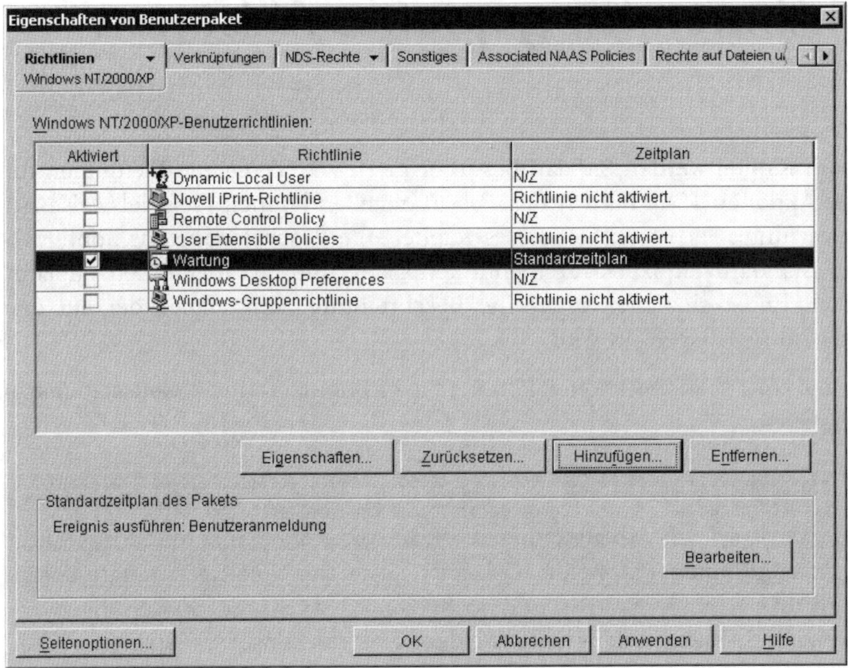

Abb. 4.2: Richtlinienliste für eine ausgewählte Plattform

Die neue Richtlinie muss anschließend nicht nur aktiviert (Kontrollfeld vor dem Eintrag aktivieren), sondern auch konfiguriert werden, damit diese Wirksamkeit erreicht.

Markieren Sie die neue Richtlinie in der Liste und klicken Sie zur Konfiguration auf die Schaltfläche EIGENSCHAFTEN.

Im Eigenschaftsfenster klicken Sie auf der ersten Registerkarte *(Aktionen)* die Schaltfläche HINZUFÜGEN, um eine ausführbare Datei hinzuzufügen. Geben Sie den Pfad und Namen eines Programms, zuzüglich Arbeitsverzeichnis und eventueller Parameter ein. Ferner kann bei Bedarf die Ausführungspriorität auf dem Zielsystem geändert werden.

- *Name*

  Ausführbare Datei (z.B. .EXE- oder .DLL-Dateien, ActiveX-Controls, JavaScript-Dateien), die aufgerufen werden soll, wenn die Richtlinie auf einer verwalteten Arbeitsstation entsprechend der Einstellung zum Zeitplan ausgeführt wird. Ggf. müssen Sie einen Pfad eingeben. Dabei ist zu beachten, dass dieser auf den Zielsystemen identisch mit den notwendigen Zugriffsberechtigungen verfügbar sein muss.

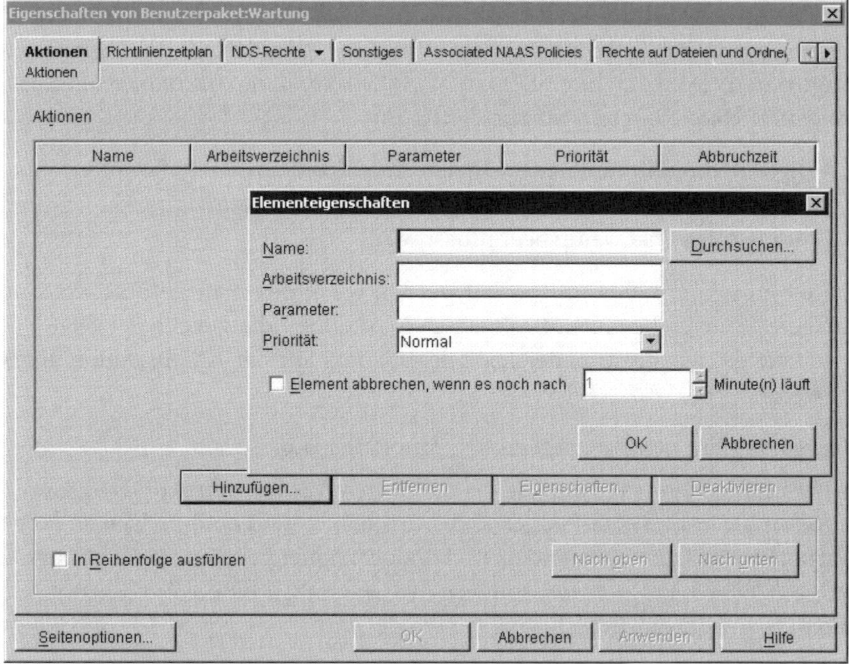

Abb. 4.3: Elementeigenschaften für eigene Richtlinien

Wollen Sie eine Stapeldatei aufrufen, muss die Eingabeaufforderung bzw. der entsprechende Befehlsprozessor (normalerweise CMD.EXE) aufgerufen werden (das Fenster wird nach Beendigung automatisch wieder geschlossen).

- Geben Sie als Name CMD.EXE ein.
- Das Feld für das Arbeitsverzeichnis kann normalerweise leer bleiben.
- Bei Parameter geben Sie /c <stapeldateiname>.cmd ein. Verwenden Sie statt /c den Parameter /k, wird das Eingabeaufforderungs-Fenster nach Beendigung nicht geschlossen.

Für eine genaue Beschreibung der Parameter zu CMD.EXE geben Sie in einer Eingabeaufforderung den Befehl `cmd /?` ein.

- *Arbeitsverzeichnis*

  Normalerweise wird dafür der Pfad der ausführbaren Datei automatisch verwendet. Hier können Sie bei Bedarf eine andere Pfadangabe machen.

- *Parameter*

  Zusatzparameter für den Aufruf der ausführbaren Datei. Beispielsweise können Sie hier auch die Datei angeben, die gleichzeitig mit dem Programm geöffnet werden soll, soweit dieses diese Parameterangabe unterstützt.

- *Priorität*

  Aktionen wie deren Elemente verfügen über die Möglichkeit, die Priorität zu konfigurieren. Dabei stehen als Option *Aktionsstandard, Überdurchschnittlich, Normal* und *Unter Durchschnitt* zur Verfügung.

  Für Aktionen, die während der normalen Arbeitszeit ausgeführt werden, sollte soweit möglich die Einstellung *Unter Durchschnitt* erhalten, damit die Leitung des Systems möglichst wenig beeinflusst wird.

  Aktionen mit einer höheren Priorität werden vor anderen ausgeführt, die eine niedrigere Priorität besitzen. Besitzen zwei Aktionen die gleiche Priorität, gilt die Reihefolge, wie diese in der Liste des Planers auf der Arbeitsstation angezeigt werden.

- *Element abbrechen, wenn es noch nach ... Minute(n) läuft*

  Angabe in Minuten, wie lange das Element bzw. die ausführbare Datei laufen darf, bevor sie vom System angehalten wird (sonst wird automatisch so lange gewartet, bis das Element beendet ist). Vorsicht ist hier geboten, da nicht nur die reine Laufzeit des Programms, sondern die Gesamtzeit für die Ausführung des Elements von ZfD zur Berechnung verwendet wird.

  Tritt diese Situation ein, wird das wie ein Fehler behandelt und es erfolgt eine Wiederholung gemäß den Einstellungen zum Richtlinienzeitplan bzw. in den dazugehörigen erweiterten Einstellungen.

Vorsicht

Bei der Auswahl einer ausführbaren Datei müssen Sie unbedingt darauf achten, dass sich diese auf dem Zielsystem im gleichen Pfad befindet, da die Aktion sonst ausfällt.

Vorsicht

Sie haben zusätzlich die Möglichkeit anzugeben, nach wie vielen Minuten ein noch laufendes Programm (Element) abgebrochen werden soll. Wenn Sie diese Option anwenden, sollten Sie bedenken, dass es vorkommt, dass eine Software unter bestimmten Bedingungen auf einem System zeitweise spürbar länger braucht, bevor es abgeschlossen wird (bei Bedarf austesten).

Sie können mehrere Programme durch eine Aktion ausführen lassen. Achten Sie bei Bedarf auf die korrekte Reihenfolge, die mit den beiden Schaltflächen NACH OBEN und NACH UNTEN auf der Registerkarte *Aktionen* geändert werden kann (dazu muss das Kontrollfeld zu *In Reihenfolge ausführen* aktiviert werden.

Einzelne Elemente einer Aktion können mithilfe der Schaltfläche DEAKTIVIEREN auch von der Ausführung ausgeschlossen werden (mit AKTIVIEREN wird ein deaktiviertes Element bei der Ausführung der Aktion künftig wieder berücksichtigt).

Legen Sie auf der Registerkarte *Richtlinienzeitplan* noch fest, zu welchem Zeitpunkt die Richtlinie auf den Clients ausgeführt werden soll. Zusätzlich können bei Bedarf auch noch individuelle Rechte auf den weiteren Registerkarten zugewiesen werden.

4.2 Planer

Soweit im Novell-Client aktiviert, findet der Anwender im Systray (bis Windows 2000) bzw. Infobereich (ab Windows XP) den Planer (siehe Abb. 4.4). Neben den servergelieferten Einträgen kann der Benutzer auch eigene Einträge erstellen, soweit diese Funktion im installierten Novell-Client für die Arbeitsstation nicht deaktiviert wurde.

Auf verwalteten Arbeitsstationen mit dem ZfD-Verwaltungsagenten jedoch keinen installierten Novell-Client, wird der Planer nicht mehr angezeigt. Allerdings ist dieser auf den Systemen noch verfügbar und kann beispielsweise über *Start\Ausführen* aufgerufen werden (WMSCHED.EXE).

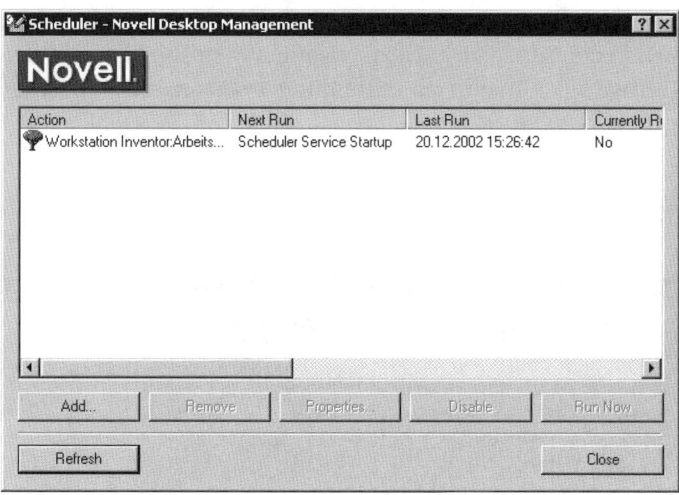

Abb. 4.4: Der Planer auf einer Arbeitsstation

Erfolgt die Anzeige der Aktionen nicht sofort nach dem Aufruf oder für eine Aktualisierung, klicken Sie auf AKTUALISIEREN (REFRESH).

Eine Änderung der vom eDirectory gelieferten Richtlinien ist einem Anwender selbst mit administrativen Rechten hier nicht möglich. Der Anwender kann sich lediglich die Eigenschaften einzelner Einträge anzeigen lassen und dabei eigene Aktionen auch hinzufügen und ändern.

Mit HINZUFÜGEN kann ein Benutzer eigene Aktionen für seine Arbeitsstation hinzufügen und es besteht auch die Möglichkeit, dass er eigene Aktionen sofort ausführen lässt (JETZT AUSFÜHREN bzw. RUN NOW). Sind Sie mit administrativen Rechten an einer verwalteten Arbeitsstation angemeldet, können Sie auch die vom eDirectory gelieferten Aktionen manuell ausführen.

Vorsicht

Zumindest in der vorliegenden Version ist im Planer das Hinzufügen, manuelle Ausführen, Deaktivieren, Aktivieren und Ändern nur möglich, soweit eine lokale administrative Anmeldung vorliegt. Das verwendete lokale NT-Konto muss Mitglied der Gruppe *Administratoren* sein. Gehört ein Benutzer dieser Gruppe nicht an und versucht diese Funktionen mit dem Planer auszuführen, erscheint eine Fehlermeldung (beim Hinzufügen leider erst, wenn versucht wird, die vorgenommenen Einstellungen beispielsweise mit OK zu speichern).

DEAKTIVIEREN (DISABLE) und AKTIVIEREN (ENABLE) stehen im Planer nur für eigene Aktionen zur Verfügung.

Die hier verwendeten Dialoge für eigene Aktionen sind vom Aussehen her zwar unterschiedlich zu denen in der ConsoleOne, aber es stehen weitestgehend die gleichen Optionen zur Verfügung. Für eine Beschreibung beachten Sie bitten die Abschnitte 4.1 und 4.3.

4.3 Zeitplanung für Richtlinien

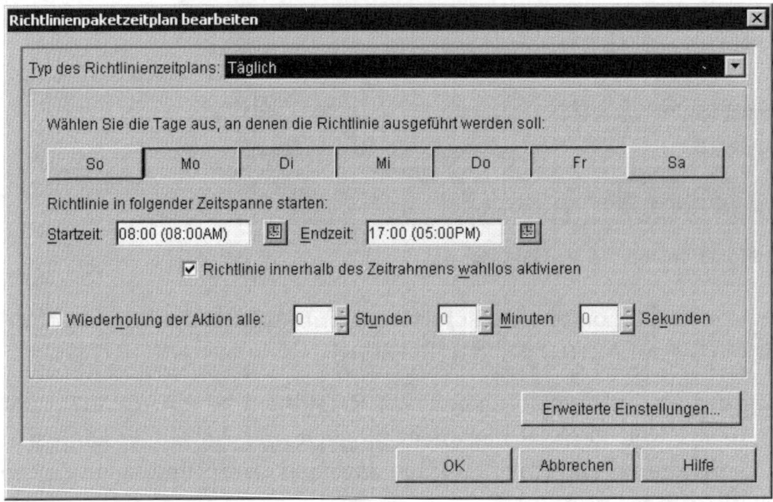

Abb. 4.5: Konfiguration des Richlinienzeitplans

An den verschiedensten Stellen (Benutzer- und Arbeitsstationspakete) können Sie den Zeitpunkt, zu welchem eine Aktion/Richtlinie ausgeführt werden soll, sehr detailliert steuern. Die richtige Einstellung hängt in jedem Fall von der geplanten Aktion und Ihren Bedürfnissen ab (eine Standardregel gibt es nicht).

Für Benutzer- und Arbeitsstations-Richtlinienpakete gibt es auch eine Standardeinstellung, die für alle Richtlinien gilt, wenn nicht zur jeweiligen Aktion/Richtlinie etwas anderes definiert wird.

Es gibt eine Reihe von Typen für den Richtlinienzeitplan (je nach Richtlinienpaket und Plattform sind nicht alle Ereignisse verfügbar):

```
Ereignis
Systemstart (nur für Arbeitsstationsrichtlinien)
Benutzeranmeldung
Benutzer-Desktop aktiv (nur Win NT/2000/XP)
Arbeitsstation ist gesperrt (nur Win NT/2000/XP)
Arbeitsstation ist entsperrt (nur Win NT/2000/XP)
Bildschirmschoner aktiviert
Benutzerabmeldung
System herunterfahren
Täglich
Wöchentlich
Monatlich
Jährlich
```

In den meisten Fällen bietet sich für die Anwendung bzw. Ausführung einer Richtlinie der Systemstart oder die Benutzeranmeldung als Ereignis an. Dabei sollten Sie allerdings bedenken, dass sich dabei in Spitzenzeiten eine durchaus spürbare Verzögerung beim Hochfahren bzw. der Anmeldung an den Arbeitsstationen ergeben kann. Überlegen Sie daher, ob für einzelne Richtlinien oder Aktionen nicht andere Ereignisse angewandt werden können.

- *Systemstart*

  Eine Richtlinie oder Aktion wird direkt nach dem Start des lokalen Planers auf einer Arbeitsstation gestartet (vor der Benutzeranmeldung). Als Identitätsannahme darf auf keinen Fall *Interaktiver Benutzer* eingestellt werden, da noch kein Benutzer angemeldet ist und somit die Richtlinie/Aktion nicht ausgeführt werden kann. Ein weiteres Problem stellen häufig Dialog- und Hinweisfelder dar, die selbst bei der Identitätsannahme *Nicht gesichertes System* oft nicht am Bildschirm angezeigt werden.

- *Benutzeranmeldung*

  Die Richtlinie/Aktion wird nach erfolgreicher Anmeldung durch den Benutzer ausgeführt, jedoch noch vor Ausführung eines eventuellen Anmeldeskripts.

- *Benutzer-Desktop aktiv*

  Die Ausführung erfolgt direkt nach dem Anmeldeskript. Nicht in Verbindung mit Windows 9x.

- *Arbeitsstation ist gesperrt*

  Die Richtlinie oder Aktion wird ausgeführt, nachdem der Benutzer die Arbeitsstation gesperrt hat. Nicht in Verbindung mit Windows 9x.

  Kann dazu führen, dass eine Richtlinie/Aktion niemals zur Ausführung kommt, wenn einzelne Benutzer ihre Arbeitsstationen nie sperren.

- *Arbeitsstation ist entsperrt*

  Die Ausführung erfolgt, nachdem eine Arbeitsstation entsperrt wurde. Nicht in Verbindung mit Windows 9x.

  Kann dazu führen, dass eine Richtlinie/Aktion niemals zur Ausführung kommt, wenn einzelne Benutzer ihre Arbeitsstationen nie sperren.

- *Bildschirmschoner aktiviert*

  Wird nur ausgeführt, wenn sich ein konfigurierter Bildschirmschoner aktiviert.

  Problematisch, wenn sich ein Bildschirmschoner nie aktiviert oder animierte sehr viele Systemressourcen benötigen.

- *Benutzerabmeldung*

  Die Richtlinie oder Aktion wird ausgeführt, wenn Benutzer sich abmelden oder herunterfahren, aber noch bevor die Benutzerabmeldung von der Arbeitsstation vollständig verarbeitet wurde.

- *System herunterfahren*

  Die Ausführung erfolgt, nachdem alle anderen Applikationen geschlossen wurden und bevor das System endgültig herunterfährt. Dabei kann die Identitätsannahme *Interaktiver Benutzer* nicht verwendet werden!

- *Täglich*

  Die Ausführung erfolgt täglich innerhalb des spezifizierten Zeitraums an den Wochentagen, die ausgewählt wurden (Standardvorgabe ist Montag bis Freitag).

  Zusätzlich können Sie festlegen, dass die Richtlinie bzw. Aktion innerhalb der definierten Zeitspanne von Stunden/Minuten/Sekunden wiederholt wird (fällt selbstverständlich teilweise aus, wenn sich die Zeiträume durch zu kleine Werte überlappen). Die angegebene Wiederholungszeit ist dabei die Zeitspanne, die das System wartet, bis die Ausführung wiederholt wird.

- *Wöchentlich*

  Ähnlich wie *Täglich*, nur dass Sie hier für jede Woche nur einen Tag auswählen können. Ferner gibt es hier keine Wiederholungsmöglichkeit.

- *Monatlich*

  Hier legen Sie fest, an welchem Tag eines jeden Monats die Ausführung erfolgen soll. Alternativ können Sie festlegen, dass die Richtlinie/Aktion immer am letzten eines Monats gestartet werden soll.

  Zusätzlich müssen Sie wie bei *Täglich* und *Wöchentlich* die Zeitspanne für den Tag angeben, innerhalb der die Richtlinie oder Aktion gestartet werden soll.

- *Jährlich*

  Sie können hier einstellen, an welchem Tag eines jeden Jahres die Richtlinie oder Aktion gestartet werden soll (Monat und Tag lassen sich mithilfe der kleinen Symbolschaltfläche an der rechten Seite des Feldes auswählen).

  Zusätzlich müssen Sie wie bei *Täglich, Wöchentlich* und *Monatlich* die Zeitspanne für den Tag angeben, innerhalb der die Richtlinie oder Aktion gestartet werden soll.

Über ERWEITERTE EINSTELLUNGEN lassen sich zusätzlich weitere, vereinzelt notwendige Einstellungen durchführen (die bei ZENworks 1.x verfügbare Registerkarte *Fortdauer* steht nicht mehr zur Verfügung).

Sie können auf diesem Dialogfeld (Abb. 4.6) festlegen, ob die Richtlinie/Aktion nach der erfolgreichen Ausführung auf einem Zielsystem deaktiviert werden soll (nur einmal ausführen). Wird das Kontrollfeld *(Aktion nach Abschluss deaktivieren)* nicht aktiviert, erfolgt die Ausführung der Richtlinie bzw. Aktion erneut entsprechend den Einstellungen zum Zeitplan.

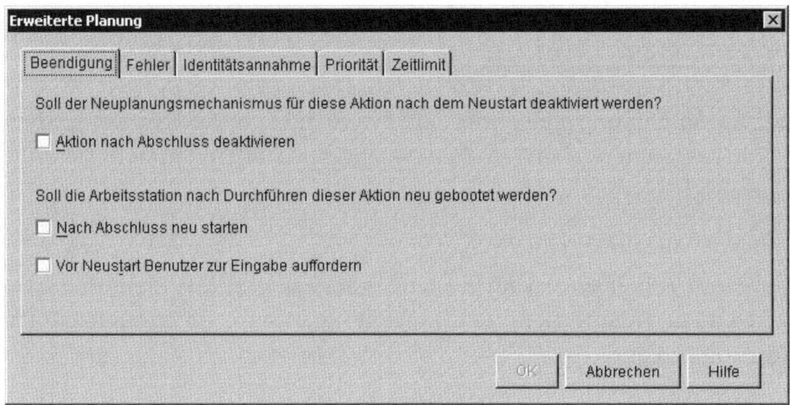

Abb. 4.6: Konfiguration des Verhaltens nach Ausführen einer Richtlinie/Aktion

Ferner besteht die Möglichkeit, auf dem Zielsystem nach der Ausführung automatisch einen Neustart durchzuführen. Selbstverständlich können Sie die Entscheidung darüber auch dem Anwender überlassen (letztes Kontrollfeld *Vor Neustart Benutzer zur Eingabe auffordern* aktivieren). Dies erscheint aber nur sinnvoll, wenn ein verschobener Neustart für die Stabilität unkritisch ist.

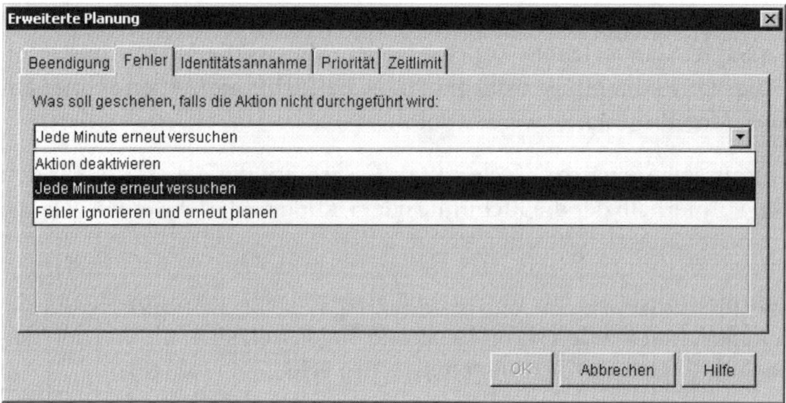

Abb. 4.7: Konfiguration des Verhaltens der Richtlinie/Aktion nach gescheiterter Ausführung

Für den Fall, dass bei der Ausführung einer Richtlinie/Aktion ein Fehler bzw. Ausfall auftritt und/oder diese nicht korrekt beendet hat, können Sie hier festlegen, wie sich das System dabei verhalten soll. Die Standardeinstellung ist in der Praxis nur vereinzelt empfehlenswert. In vielen Fällen erscheint eher die dritte Option zur erneuten Planung sinnvoll.

- *Aktion deaktivieren*

  Die Richtlinie bzw. Aktion wird auf der betroffenen Arbeitsstation deaktiviert. Eine Ausführung erfolgt so lange nicht mehr, bis eine erneute Aktivierung von Ihnen vorgenommen wird.

- *Jede Minute erneut versuchen*

  Das Zielsystem versucht die Richtlinie/Aktion alle 60 Sekunden erneut zu starten, bis eine erfolgreiche Ausführung gelingt.

  Der Einsatz dieser Option sollte gut bedacht werden, da beispielsweise bei fehlenden Voraussetzungen auf einem Zielssystem eine ständige Systemlast ohne Aussicht auf Erfolg erzeugt wird.

- *Fehler ignorieren und erneut planen*

  Der aufgetretene Fehler wird vom System ignoriert und die Richtlinie bzw. Aktion wird erneut entsprechend den Einstellungen zum Richtlinienzeitplan zur Ausführung geplant.

Tipp

Bei einer Zuweisung für Arbeitsstationen können Sie hier beispielsweise festlegen, dass die Aktion jede Minute wiederholt wird, bis ein Erfolg eintritt. Ist eine Arbeitsstation zur festgelegten Zeit für die Ausführung ausgeschaltet, wird es beispielsweise jede Minute erneut versuchen, bis das Zielsystem hochgefahren wird.

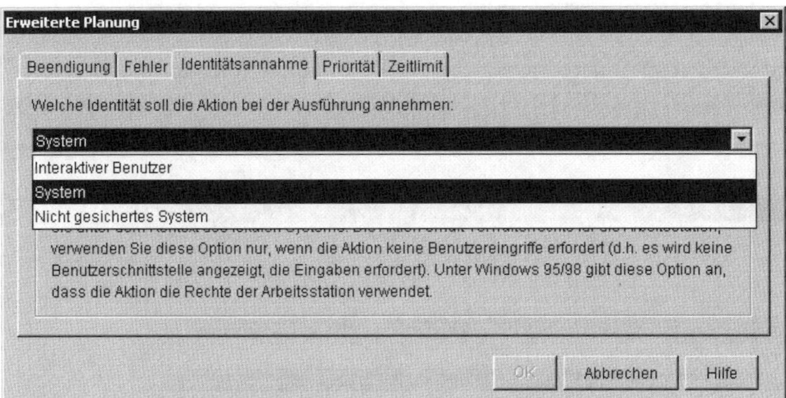

Abb. 4.8: Konfiguration der Ausführungsberechtigung

Auf dieser Registerkarte (Abb. 4.8) legen Sie den notwendigen Kontext fest, der zur Ausführung einer Richtlinie/Aktion benötigt wird (*System* ist die Standardeinstellung bei Arbeitsstationspaketen und *Interaktiver Benutzer* bei Benutzerpaketen). Diese Einstellung wird nur auf den Plattformen Windows NT/2000/XP berücksichtigt.

Wichtig

In Verbindung mit einigen Richtlinien wird eine bestimmte Identitätsannahme benötigt, damit eine korrekte oder überhaupt eine Ausführung erfolgt. Sie finden dazu in diesem Buch bei den einzelnen Richtlinien entsprechende Hinweise.

- *Interaktiver Benutzer*

  Die Ausführung wird mit dem Kontext des angemeldeten Benutzers durchgeführt. Die Richtlinie hat damit die gleichen Rechte, die dem Benutzerobjekt zugewiesen wurden.

- *System*

  Die Ausführung erfolgt im Hintergrund als lokaler Dienst (Systemkonto). Diese Auswahl darf nur verwendet werden, wenn sichergestellt ist, dass keine Benutzereingriffe erforderlich sind (auch keine Anzeigen am Bildschirm). Unter Windows 9x erfolgt die Ausführung mit den Rechten der Arbeitsstation.

- *Nicht gesichertes System*

  Nur für Windows NT/2000/XP. Wie bei *System* erfolgt die Ausführung im Hintergrund als lokaler Dienst (Systemkonto). Allerdings wird hier der Richtlinie/Aktion gestattet, eine Interaktion mit dem angemeldeten Benutzer durchzuführen. Diese Option sollte möglichst vermieden werden.

Wichtig

Die Richtlinien zu iPrint, den erweiterbaren Benutzerrichtlinien, die Desktop-Standardeinstellungen und die Gruppenrichtlinien können mit der Identität *System* nicht ausgeführt werden (*Interaktiver Benutzer* wird empfohlen).

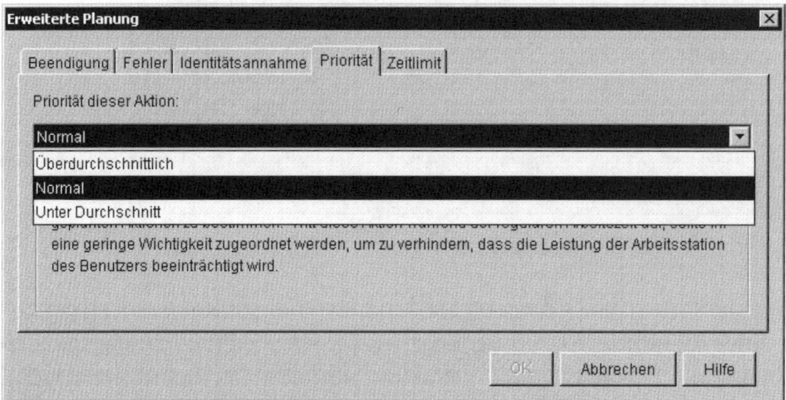

Abb. 4.9: Konfiguration der Ausführungspriorität

Ausführungspriorität für eine Richtlinie/Aktion (Abb. 4.9). Aktionen mit höherer Priorität werden zuerst ausgeführt. Haben zwei Aktionen die gleiche Priorität, wird die Aktion zuerst ausgeführt, die zuerst in die Aktionsliste (die Liste wird im Planer auf der Arbeitsstation angezeigt) eingetragen ist.

Wird eine Richtlinie/Aktion während der regulären Arbeitszeit ausgeführt, sollte die Einstellung *Unter Durchschnitt* zur Anwendung kommen, damit die Leistung der Arbeitsstation eines Benutzers nicht beeinträchtigt wird.

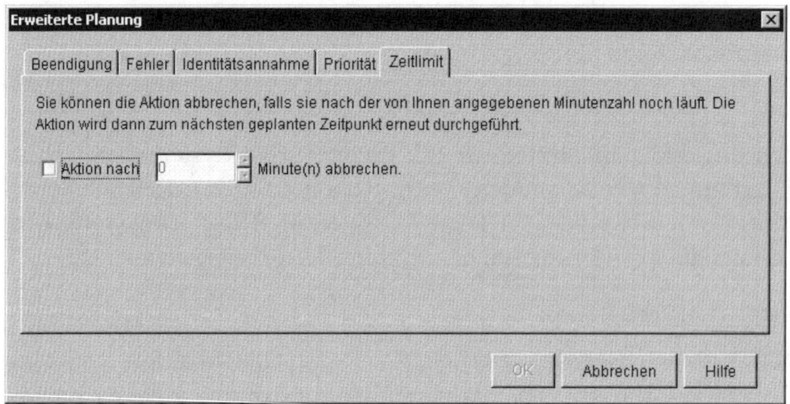

Abb. 4.10: Konfiguration eines Zeitlimits für die Ausführung einer Richtlinie/Aktion

Auf der Registerkarte *Zeitlimit* (Abb. 4.10) können Sie konfigurieren, ob eine Richtlinie/Aktion nach einer definierten Anzahl von Minuten automatisch abgebrochen wird, falls sie noch nicht beendet ist. Tritt dieser Fall ein, wird die Einstellung auf der Registerkarte *Fehler* (Abb. 4.7) nicht beachtet, sondern es erfolgt zum nächsten geplanten Zeitpunkt eine erneute Ausführung.

Vorsicht ist hier geboten, da nicht nur die reine Laufzeit der Aktion, sondern die Gesamtzeit für den Aufruf und die Ausführung von ZfD zur Berechnung verwendet wird.

Vorsicht

Wenn Sie diese Option anwenden, sollten Sie bedenken, dass es vorkommt, dass Software unter bestimmten Bedingungen auf einem System zeitweise spürbar länger braucht, bevor sie abgeschlossen wird (bei Bedarf austesten).

## Kapitel 5

Arbeitsstationen automatisch aufnehmen und entfernen

Mithilfe des Arbeitsstations-Registrierungsprogramms (im Novell-Client bzw. Verwaltungsagenten) meldet sich eine Arbeitsstation automatisch beim eDirectory und wird dort entsprechend der konfigurierten Richtlinien eingetragen bzw. entfernt.

Innerhalb einer Firewall wird die Registrierung direkt den Dienst auf dem ZfD-Server über eine DNS-Auflösung aufrufen. Außerhalb einer Firewall muss der ZfD-Middle-Tier-Server auflösen (er agiert hier als Proxy). Prüfen Sie daher unbedingt von diesem Server aus, ob Sie den Registrierungsdienst erreichen:

```
ping zenwsimport
```

- Meldet sich eine Arbeitsstation an und es existiert noch kein Objekt im eDirectory, wird der Dienst aufgerufen und aufgrund der Einstellungen in der Richtlinie wird ein Arbeitsstationsobjekt erstellt.
- Meldet sich eine Arbeitsstation an und das dazugehörige Objekt ist entweder umbenannt oder verschoben worden, wird eine Synchronisation durchgeführt.
- In allen anderen Fällen wird eine erneute Registrierung im Objekt durchgeführt und die Daten werden aktualisiert. Dabei wird der Import-Dienst nicht aufgerufen, was zu einer verminderten Netzwerklast führt.

Zumindest pro WAN-Segment sollte ein Import-Server existieren. Im Gegensatz dazu reicht es oft schon aus, insgesamt nur einen Server für die automatische Arbeitsstationsentfernung zu besitzen, da hier kein oder zumindest kein nennenswerter Netzwerkverkehr entsteht.

Wichtig

Sollte der im Folgenden beschriebenen Arbeitsstationsimport bei Ihnen nach der Installation nicht funktionieren, sollten Sie den betroffenen Server neu starten. Überprüfen Sie aber vorher noch, ob der Dienst auf dem Server während der Installation von ZENworks for Desktops implementiert wurde. Wenn nicht, muss dies mithilfe der Installationssoftware nachgeholt werden. Zusätzlich wird auf den Arbeitsstationen der Arbeitsstationsmanager benötigt.

Eine der ersten Schritte nach der Installation ist normalerweise die Aufnahme der Arbeitsstationen in das eDirectory (NDS). Bevor dies möglich ist, müssen Sie dazu erst eine Richtlinie erstellen. Danach lassen sich Richtlinien bzw. Funktionen wie Inventarisierung, Fernverwaltung etc. für Arbeitsstationen einsetzen.

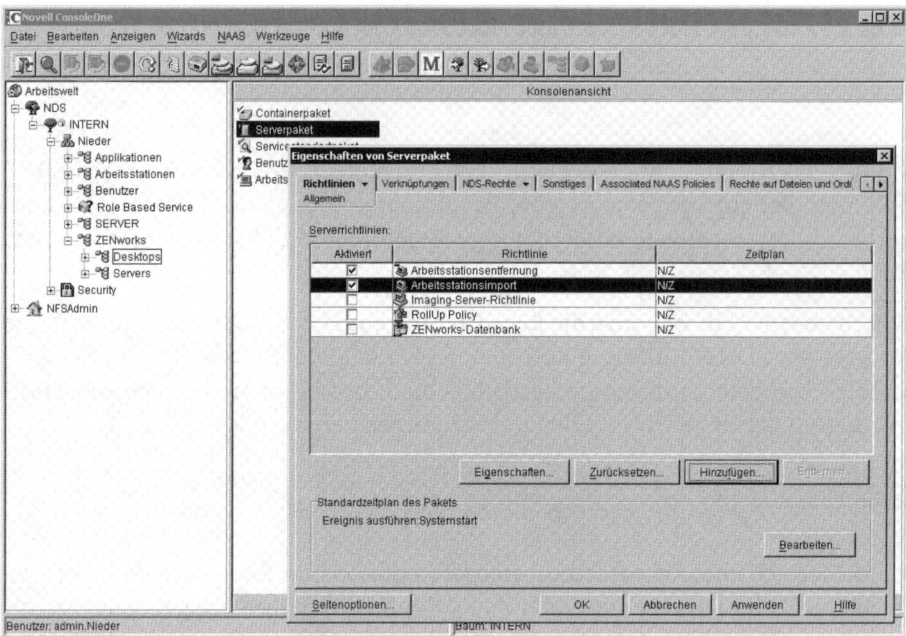

Abb. 5.1: Erstellen der Richtlinien für den Arbeitsstationsimport und die Arbeitsstationsentfernung

Richtlinienpakete können Sie, wie bereits in den vorherigen Kapiteln, Containern hinzufügen. Für unseren Fall benötigen wir ein *Serverpaket*. Erstellen Sie es neu, falls noch kein anwendbares vorhanden ist.

Ab ZfD 3.0 stehen ein automatischer Arbeitsstationsimport sowie eine automatische Arbeitsstationsentfernung in zwei getrennten Richtlinien zur Verfügung.

5.1 Konfiguration des DNS-Namens für den Dienst

Die Konfiguration von Richtlinien alleine ist für den automatischen Import von Arbeitsstationen in das eDirectory nicht ausreichend. Zusätzlich muss noch der DNS-Name festgelegt werden, den der automatische Arbeitsstationsimport verwenden kann.

Das kann ein DNS-Eintrag oder ein Eintrag in den lokalen HOSTS (in Windows NT/2000/XP beispielsweise bei %SystemRoot%\SYSTEM32\DRIVERS\ETC\HOSTS) sein:

```
192.168.250.136 zenwsimport
```

Die Möglichkeit über einen HOSTS-Eintrag ist relativ aufwendig und sollte nur in Ausnahmefällen genutzt werden.

Überprüfen Sie den DNS-Namen unbedingt mit folgendem Befehl:

```
ping zenwsimport
```

Dabei handelt es sich um die IP-Adresse des Servers (der angegebene zusätzliche Name ist ein DNS-Name und kein Servername), auf dem der automatische Arbeitsstationsimport ausgeführt wird. Sie können auf dem Server überprüfen, ob der automatische Arbeitsstationsimport ausgeführt wird:

```
java -show
```

Die Registrierung in Verbindung mit einer Arbeitsstation erfolgt in folgenden Situationen:

- Start des Planers (Windows 9x, NT, 2000 und XP)
- Benutzeranmeldung (Windows 9x, NT, 2000 und XP)
- Benutzerabmeldung (Windows NT, 2000 und XP)
- System herunterfahren (Windows 9x, NT, 2000 und XP)

Für die Ausführung der Registrierung sind folgende Dateien erforderlich:

- PROGRAMME\NOVELL\ZENWORKS\ZWSREG.EXE

  Aufzurufende ausführbare Datei für die Registrierung einer Arbeitsstation. Ruft ZENWSREG.DLL auf.

- PROGRAMME\NOVELL\ZENWORKS\ZENWSREG.DLL

  Diese Software führt die Registrierung durch.

- PROGRAMME\NOVELL\ZENWORKS\NLS\<sprache>\ZENWSRGR.DLL

  Sprachabhängige Elemente für die Software.

In der Tabelle 5.1 finden sich die möglichen Parameter für die Ausführung von ZWSREG.EXE.

Parameter	Beschreibung
-importserver <server-ip>	IP-Adresse des Import-Servers. Geben Sie *none* an, wenn kein Import-Server vorhanden ist – in diesem Fall muss *-importws* zwingend angegeben werden.

Tabelle 5.1: Parameter für ZWSREG.EXE

Parameter	Beschreibung
-importpolicy <policy-dn>	Damit legen Sie explizit fest, mit welcher Import-Richtlinie der Import durchgeführt werden soll.
-importws <arbeitsstations-dn>	Explizite Spezifikation der Arbeitsstations-DN, wodurch die Import-Richtlinie für Arbeitsstationen nicht berücksichtigt wird.
-version <3 oder 4>	Damit legen Sie fest, ob die Arbeitsstation als ZfD-3.x- oder ZfD-4-Arbeitsstation importiert werden soll.
-unreg	Die Registry bereinigen (Deregistrierung).

Tabelle 5.1: Parameter für `ZWSREG.EXE` (Forts.)

Beispiel:

Wollen Sie keinen Import-Server aufsetzen oder auf die Auflösung von `zenwsimport` mithilfe von DNS oder HOSTS verzichten, kann die Registrierung auch manuell erfolgen. Beispiel für die Eingabe:

```
zwsreg -importserver none -importws Arbeitsstationen.Nieder
```

Funktioniert die Registrierung nicht automatisch, kann ZWSREG.EXE auch manuell an der Eingabeaufforderung aufgerufen werden. Dabei wird eine Meldung ausgegeben, die beispielsweise auch Fehlerhinweise enthalten kann.

Tipp

Viele Unternehmen und Behörden besitzen DNS-Server, die mehrere WAN-Lokationen bedienen. In diesem Fall kann aber nur eine IP-Adresse für `zenwsimport` festgelegt werden. Trotz des geringen Verkehrsaufkommens für den automatischen Import empfiehlt es sich pro Lokation, einen Import-Server zu verwalten, wodurch aber eventuell kein DNS-Server verwendet werden kann. Um keinen oder einen speziellen Import-Server zu verwenden, sollten Sie nicht den mühsamen Weg mit dem Befehl ZWSREG.EXE und seinen Parameter zur Spezifikation des ZfD-Servers oder des Arbeitsstationsobjekts gehen.

In vorstehenden Fällen ist es meist am vernünftigsten, die notwendigen Parameter für die automatische Ausführung von ZWSREG.EXE in die Registry einzutragen. Erstellen Sie folgenden Schlüssel auf den Arbeitsstationen:

```
HKEY_LOCAL_MACHINE
   \SOFTWARE
      \Novell
         \Zenworks
            \ZENWSREG
```

Erstellen Sie nach Bedarf die in Tabelle 5.2 angegebenen Werte bei diesem Schlüssel.

Name	Typ	Wert	Beschreibung
ImportServer	REG_SZ	*none* oder IP-Adresse bzw. DNS-Name des Import-Servers	IP-Adresse des Import-Servers. Geben Sie *none* an, wenn kein Import-Server vorhanden ist – in diesem Fall muss *ImportWS* zwingend angegeben werden.
ImportWS	REG_SZ	Arbeitsstations-DN	Explizite Spezifikation der Arbeitsstations-DN, wodurch die Import-Richtlinie für Arbeitsstationen nicht berücksichtigt wird. In diesem Fall benötigt der Benutzer im Ziel-Container das Recht, das Objekt zu erstellen.
ImportPolicy	REG_SZ	Richtlinien-DN	Damit legen Sie explizit fest, mit welcher Import-Richtlinie der Import durchgeführt werden soll.
LogLevel	REG_DWORD	*0*, *1* oder *2*	Einschalten der lokalen Protokollierung in \PROGRAMME\NOVELL\ZENWORKS\ZWSREG.LOG. Normalerweise ist die Protokollebene *1* ausreichend.

Tabelle 5.2: Registry-Einträge für ZWSREG.EXE

Die aktuellen Versionen von DSREPAIR.NLM unterstützen den Parameter –WM. Sie sollten die Ausführung bei Problemen an allen Replica-Servern möglichst gleichzeitig durchführen, damit registrierte Arbeitsstationsobjekte bereinigt werden können. Rufen Sie dazu *Advanced Options\Repair Local DS Database* und setzen Sie *Check Local References* und *Rebuild Operational Schema* auf *Yes* bzw. *Ja* sowie alle anderen Optionen auf *No* bzw. *Nein*.

5.2 Protokollierung

Das automatische Importieren und Entfernen von Arbeitsstationen wird auf dem Server protokolliert. Sie finden die beiden Dateien unter SYS:ZENWORKS:

```
ZENWSIMP.LOG (automatischer Import)
ZENWSREM.LOG (automatische Entfernung)
```

Die Protokollierebene kann in den Dateien ZENWSIMP.NCF und ZENWS-REM.NCF (SYS:SYSTEM) geändert werden. Suchen Sie folgenden Eintrag:

```
-Dlogfile=sys:\zenworks\zenwsimp.log -Dlogfilelevel=2
```

Protokollierebene	Beschreibung
0	Keine Protokollierung
1	Kurzprotokollierung
2	Mittlere Protokollierung
3	Ausführliche Protokollierung

Tabelle 5.3: Konfiguration des Umfangs der Protokollierung für den automatischen Import und die Entfernung von Arbeitsstationen

Die Protokollierung kann in den beiden .NCF-Dateien zusätzlich auch für die Bildschirmausgabe konfiguriert werden. Ändern Sie bei *–Dloglevel* die Protokollebene (ein Wert von *1* ist normalerweise ausreichend).

Tipp

Sie können ZfD direkt an der Konsole eines NetWare-Servers starten und stoppen. Dazu stehen die Dateien ZFDSTART.NCF und ZFDSTOP.NCF zur Verfügung.

5.3 Arbeitsstationsgruppen

Zur Vereinfachung der Verwaltung von Arbeitsstationsobjekten steht zusätzlich das Objekt *Arbeitsstationsgruppe* zur Verfügung. Soweit möglich und sinnvoll, erstellen Sie das Objekt im gleichen Container wie die zu importierenden Arbeitsstationsobjekte.

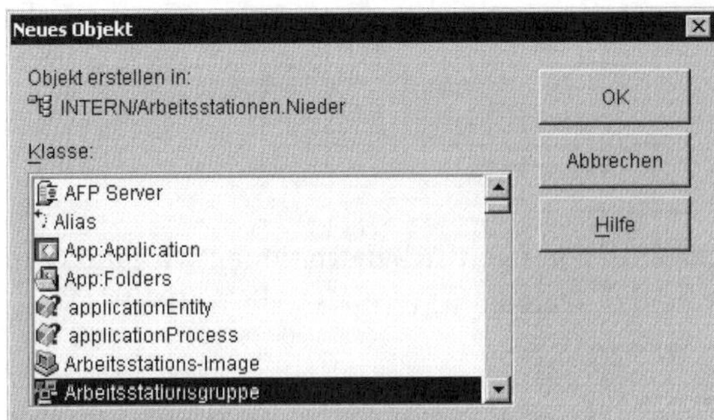

Abb. 5.2: Erstellen einer Arbeitsstationsgruppe

Mithilfe dieses Objekts lassen sich Gruppen von Arbeitsstationen beispielsweise für Arbeitsstationspakete definieren. Ferner besteht die eine der sicherlich interessantesten Möglichkeiten darin, Applikationen für Arbeitsgruppen zuzuweisen.

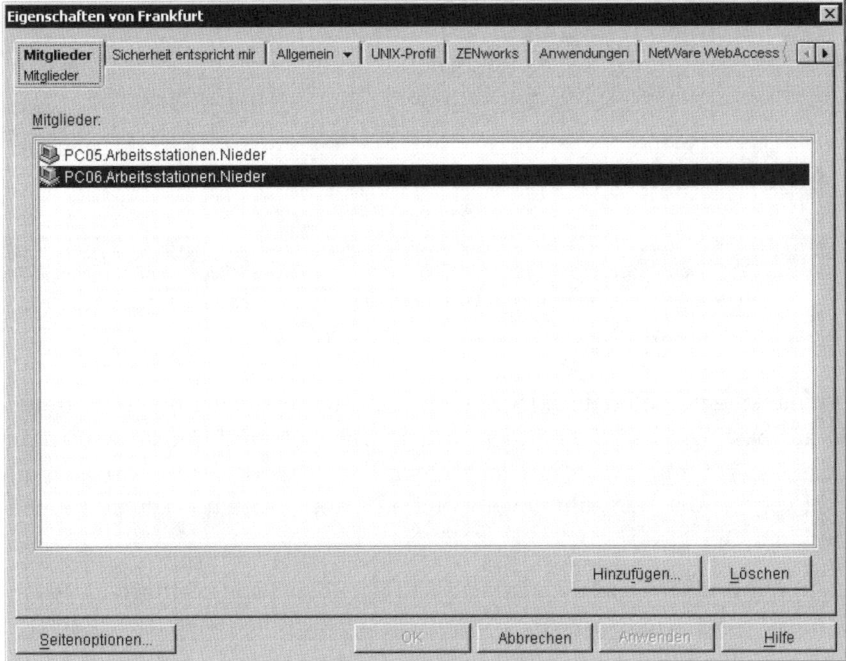

Abb. 5.3: Mitglieder einer Arbeitsstationsgruppe

Über die Eigenschaften eines Arbeitsstationsgruppen-Objekts lassen sich beispielsweise deren Mitglieder feststellen (Beispiel in Abb. 5.3). Sie können hier manuell bereits importierte Arbeitsstationen hinzufügen oder Einträge aus der Liste löschen.

Bei Konfiguration des Arbeitsstationsimports können Sie festlegen, dass die importierten Arbeitsstationen automatisch auch Mitglied einer Arbeitsstationsgruppe werden. Daher empfiehlt es sich, Arbeitsstationsgruppen frühzeitig zu planen und im eDirectory zu erstellen.

Zusätzlich können Sie eine Reihe von weiteren Maßnahmen zur Konfiguration durchführen. Dazu gehören insbesondere folgende Eigenschaften:

- *Sicherheit entspricht mir* (Liste der Objekte, deren Sicherheit äquivalent zur Sicherheit des aktuellen Objekts ist. Dazu gehören immer automatisch die Mitglieder der Arbeitsstationsgruppe.)
- ggf. ein *UNIX-Profil*
- eine explizite Zuweisung bzw. Verknüpfung von Richtlinienpaketen *(ZENworks\Verknüpfte Richtlinienpakete)*
- die explizite Verknüpfung von *Anwendungen* mit der Arbeitsstationsgruppe
- ggf. die explizite Zuweisung von benötigten Rechten auf Dateien und Ordner

Wichtig

Beachten Sie, dass immer erst Richtlinien zu einem Objekt berücksichtigt werden und erst anschließend Gruppen- und Container-Verknüpfungen.

5.4 Automatischer Arbeitsstationsimport

Wichtig

Im Gegensatz zu den früheren Versionen von ZENworks for Desktops (bis einschließlich Version 2.0) ist die Funktion jetzt serverorientiert.

Rufen Sie die Eigenschaften des Richtlinienpakets für einen oder mehrere Anmeldeserver auf bzw. erstellen Sie ein neues Richtlinienpaket für Server. Achten Sie darauf, dass die Verknüpfungen auf der zweiten Registerkarte des Serverpakets auf Server verweisen, die Beglaubigungen durchführen (alternativ Servergruppen- oder Container-Objekte).

Die Richtlinien von Serverpaketen lassen sich folgenden Serverplattformen zuweisen (vermeiden Sie widersprüchliche Einstellung zwischen *Allgemein* und den anderen Konfigurationen – am besten *Allgemein* anwenden):

- *Allgemein*
- *Windows*
- *NetWare*

Nach Aufruf der Eigenschaften eines Serverpakets aktivieren Sie die Richtlinie *Arbeitsstationsimport* und klicken auf EIGENSCHAFTEN.

5.4.1 Zielcontainerrechte

Auf der ersten Registerkarte (*Container*) geben Sie alle Container an, in denen automatisch Arbeitsstationsobjekte erstellt werden sollen. Damit weisen Sie das Recht zu, dass dies automatisch im eDirectory geschehen kann (das Recht *Erstellen*). Beachten Sie, dass das Recht automatisch an Untercontainer vererbt wird – wollen Sie das verhindern, müssen Sie bei Bedarf einen Filter für vererbte Rechte erstellen.

5.4.2 Konfiguration zur Plattform

Sie können die Einstellungen auf der Registerkarte *Plattformen* plattformindividuell *(WinNT, Win2000, Windows XP* oder *Win9x)* oder besser allgemeingültig vornehmen *(Allgemein)*. Es stehen für die einzelnen Plattformen jeweils die Registerkarten *Standort, Benennung* und *Gruppen* zur Verfügung.

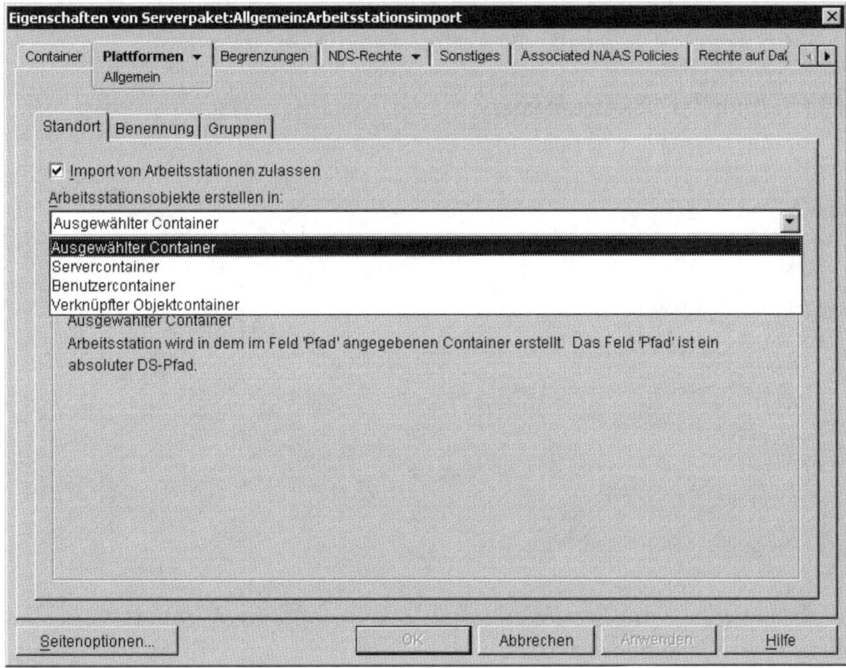

Abb. 5.4: Plattformspezifische Konfiguration für den automatischen Arbeitsstationsimport

Standortkonfiguration

Sie können auf der Registerkarte *Standort* (Abb. 5.4) für die Position der künftigen Arbeitsstationsobjekte im eDirectory zwischen *Servercontainer, Verknüpfter Objektcontainer, Ausgewählter Container* und *Benutzercontainer* wählen. Eine Auswahl ist erst nach Aktivierung des Kontrollfelds *Import von Arbeitsstationen zulassen* möglich. Je nach Auswahl müssen Sie im zweiten Feld (*Pfad*) noch den Container für das später importierte Arbeitsstationsobjekt spezifizieren.

Novell empfiehlt zwar, einen ausgewählten Container anzugeben, was jedoch gerade in größeren Umgebungen nicht immer sinnvoll ist.

Wichtig

Achten Sie bei der Auswahl von *Verknüpfter Objektcontainer* auf eine korrekte Pfadbezeichnung (klicken Sie auf die Schaltfläche mit den drei Punkten rechts neben dem Feld). Die relative Pfadangabe bezieht sich immer auf die Verknüpfung des Richtlinienpakets und nicht auf den Container des Benutzer- oder Richtlinienobjekts!

Arbeitsstationsobjekte sollten im gleichen Container wie die Benutzerobjekte angelegt werden, wenn deren Anzahl klein ist. Ansonsten empfiehlt sich ein eigener Container. Werden die Arbeitsstationsobjekte nur von den Administratoren verwendet, kann es vereinzelt sogar sinnvoll sein, eine eigene Partition zu erstellen (insbesondere, wenn die Kapazität der Partition an die Grenzen stößt).

Beispiel für Verknüpfter Objektcontainer

```
NPC
   Deutschland
      Server
      ZEN
      Arbeitsstationen
      Seminare
         Benutzer
      Verwaltung
         Benutzer
      Vertrieb
         Benutzer
```

Listing 5.1: Beispielstruktur im eDirectory

Das Serverpaket wurde mit *Server* verknüpft. Das Recht für den Import wurde auf den Container *Arbeitsstationen* gesetzt.

- Arbeitsstationscontainer: *Arbeitsstationen.Deutschland.NPC*
- Verknüpfung der Richtlinie: *Deutschland.NPC*
- Arbeitsstationsobjekte erstellen in: *Verknüpfter Objektcontainer*
- Pfad: *Arbeitsstationen*

Die Arbeitsstationsobjekte für alle Benutzer sollen im einzigen Container *Arbeitsstationen* erstellt werden. Als Verknüpfung der Richtlinie wurde der Container *Deutschland* festgelegt. Direkt darunter befindet sich der Container *Arbeitsstationen,* der als Pfad angegeben wurde.

Beispiel für Benutzercontainer

```
NPC
   Deutschland
      Server
      ZEN
      Frankfurt
         Seminare
            Benutzer
            Arbeitsstationen
         Verwaltung
            Benutzer
            Arbeitsstationen
```

```
    München
       Vertrieb
          Benutzer
          Arbeitsstationen
```

Listing 5.2: Beispielstruktur im eDirectory

Das Serverpaket wurde mit *Server* verknüpft. Das Recht für den Import wurde auf alle einzelnen Container *Arbeitsstationen* gesetzt (alternativ können Sie auch die einzeln Standorte oder *Deutschland* eintragen).

- Verknüpfung der Richtlinie: *Server.Deutschland.NPC*
- Arbeitsstationsobjekte erstellen in: *Benutzercontainer*
- Pfad: *Arbeitsstationen*

Die Arbeitsstationsobjekte für die Benutzer der einzelnen Abteilungen sollen im Container *Arbeitsstationen* (jede Abteilung besitzt einen) erstellt werden. Als relativer Pfad zu den Benutzercontainern wurde *Arbeitsstationen.* angegeben. Dadurch werden die Arbeitsstationsobjekte automatisch mit nur einer Richtlinie im jeweils korrekten Container der einzelnen Abteilungen erstellt. Die Einträge sehen Sie in Abb. 5.5.

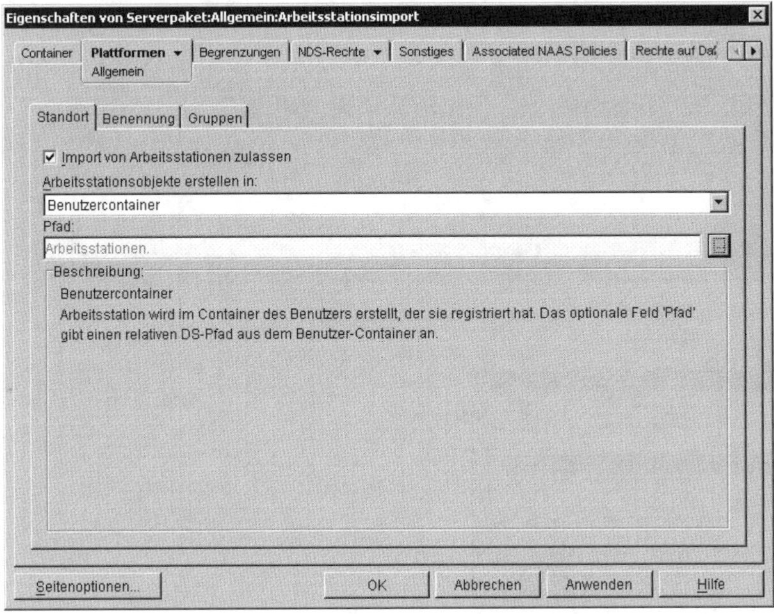

Abb. 5.5: Benutzerbezogene Container für Arbeitsstationsobjekte

Benennung der Arbeitsstationsobjekte

Als nächstes müssen Sie auf der Registerkarte *Benennung* angeben, wie die automatische Benennung der Arbeitsstationsobjekte im eDirectory in Verbindung mit der Richtlinie erfolgen soll (Beispiel in Abb. 5.6). Klicken Sie auf HINZUFÜGEN, können Sie weitere Einträge in der Liste zur Definition des Namens hinzufügen oder ENTFERNEN, um Einträge zu entfernen (nicht zu lange, aber eindeutig identifizierbare Namen definieren). Eventuell ist es schon ausreichend, den Computernamen der Arbeitsstation zu verwenden.

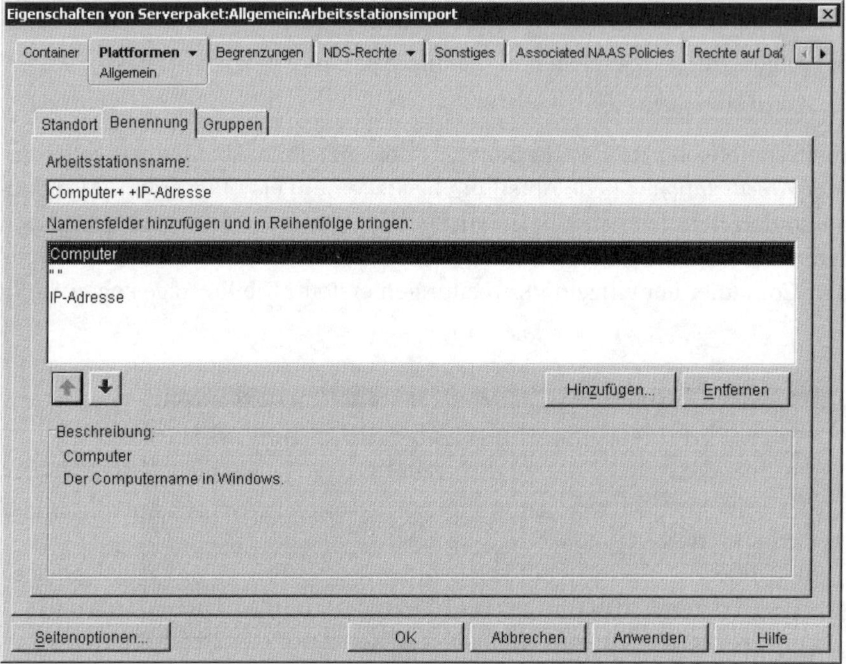

Abb. 5.6: Automatische Benennung neuer Arbeitsstationsobjekte

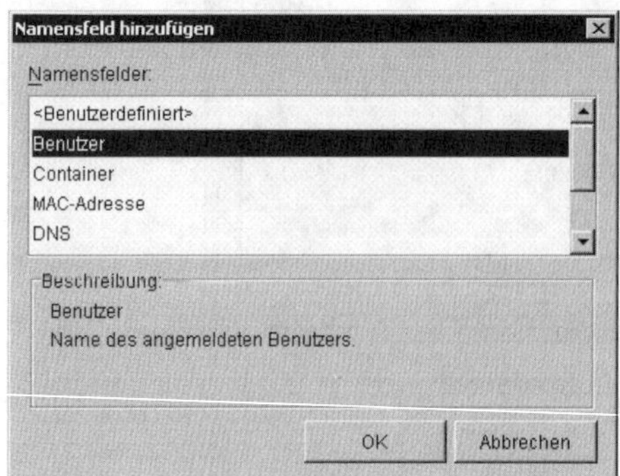

Abb. 5.7: Namensfelder für die automatische Arbeitsstationsbenennung wählen

Für die automatische Benennung von Arbeitsstationen stehen eine Reihe von Variablen zur Verfügung. *<Benutzerdefiniert>* bedeutet, dass Sie eine beliebige Zeichenkette als Konstante der Benennung hinzufügen können. Verwenden Sie nur in Objektnamen (DS-Namen) des eDirectory zulässige Zeichen. Dabei sind auch alle Sonderzeichen erlaubt, wobei vor +, = und . ein \ angegeben werden muss. Das Leerzeichen sowie der Unterstreichungsstrich werden zwar dargestellt, dienen jedoch nicht der Unterscheidung von Namen (innerhalb eines Containers muss eine eindeutige Namensgebung verwendet werden).

Klicken Sie in der Liste der verfügbaren Namensfelder auf einen Eintrag, wird im Abschnitt *Beschreibung* des Dialogfeldes eine Erläuterung angezeigt.

Neue Objekte automatisch Gruppen hinzufügen

Zusätzlich können Sie auf der Registerkarte *Gruppen* angeben, ob die Arbeitsstation(en) nach dem automatischen Import einer oder mehreren bestimmten Arbeitsstationsgruppen angehören sollen. Das lässt eine weitere Verringerung des künftigen administrativen Aufwands zu.

5.4.3 Zeitpunkt des automatischen Imports

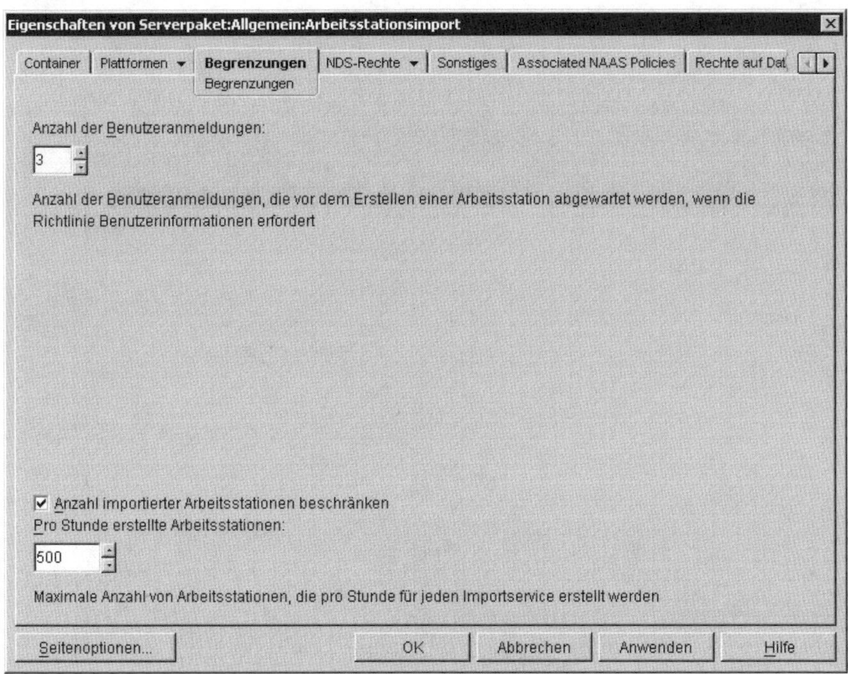

Abb. 5.8: Einschränkungen zum automatischen Arbeitsstationsimport

Zum Abschluss führen Sie noch die Einstellungen auf der Registerkarte *Begrenzungen* im Hauptdialog durch. Erfordert die Richtlinie Benutzerinformationen im Namen der Arbeitsstationen, sind drei Anmeldungen in der Regel wohl sinnvoll, bevor der automatische Import erfolgt (dies gilt insbesondere für neu installierte Arbeitsstationen). Bedenken Sie Ihre Einstellung hier sehr gut!

Als Beispiel seit hier erwähnt, dass insbesondere nach der automatisierten Installation (z.B. mit dem Imaging) häufig mehrfache Neustarts zur automatischen Konfiguration in der Praxis durchgeführt werden, bevor sich ein »echter« Benutzer anmeldet. Der Import sollte aber erst nach Abschluss der Installation erfolgen. Daher müssen Sie hier sehr genau darauf achten, zu welchem Zeitpunkt die automatische Aufnahme einer Arbeitsstation erfolgt.

Für sehr große Umgebungen besteht insbesondere aus Lastgründen die Möglichkeit, im unteren Bereich des Dialogfensters die Anzahl der stündlich maximal in das eDirectory importierbaren Arbeitsstationen zu begrenzen.

Um die Konfiguration zu speichern, klicken Sie zum Abschluss auf OK.

5.5 Arbeitsstationen automatisch entfernen

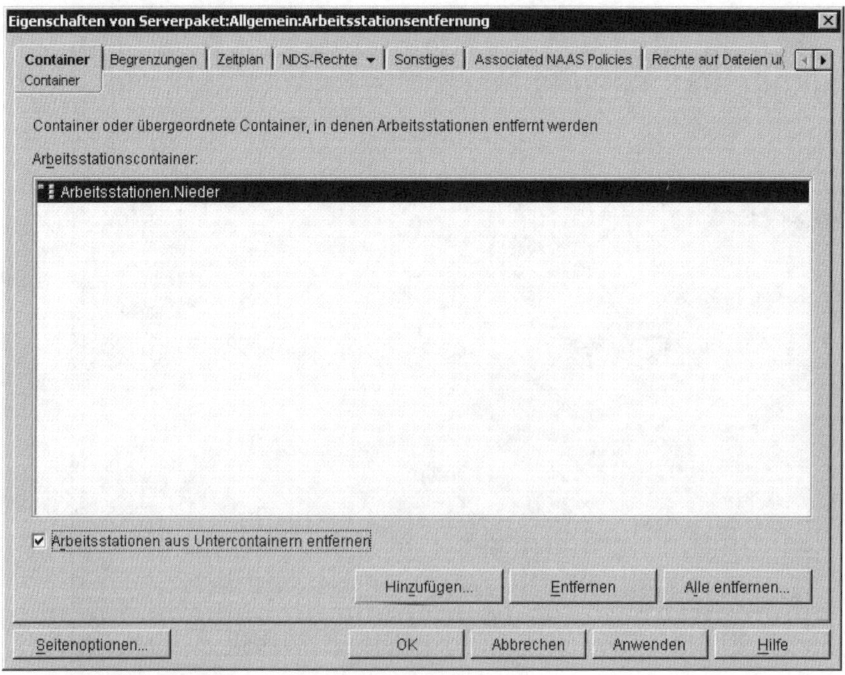

Abb. 5.9: Container für die automatische Arbeitsstationsentfernung festlegen

Aktivieren Sie die Server-Richtlinie *Arbeitsstationsentfernung* und klicken Sie auf EIGENSCHAFTEN. Die Richtlinie lässt sich allgemein auf alle gültigen Plattformen (NetWare und Windows) anwenden.

Auf der ersten Registerkarte (*Container*) geben Sie alle Container an, in denen automatisch Arbeitsstationsobjekte entfernt werden sollen (Abb. 5.9). Damit weisen Sie das Recht zu, dass dies automatisch geschieht. Beachten Sie, dass das Recht automatisch an Untercontainer vererbt wird, wenn Sie die entsprechende Option auf der Registerkarte setzen.

Auf der zweiten Registerkarte *Begrenzungen* geben Sie an, wie viele Tage ein Arbeitsstationsobjekt unbenutzt sein muss, bevor es automatisch aus dem eDirectory entfernt wird (Abb. 5.10). Wählen Sie den Zeitraum nicht zu kurz, damit nicht versehentlich Arbeitsstationsobjekte entfernt werden, die Sie noch benötigen. Berücksichtigen Sie ggf. auch längere Abwesenheitszeiten von Anwendern (langer Urlaub, längere Krankheit etc.).

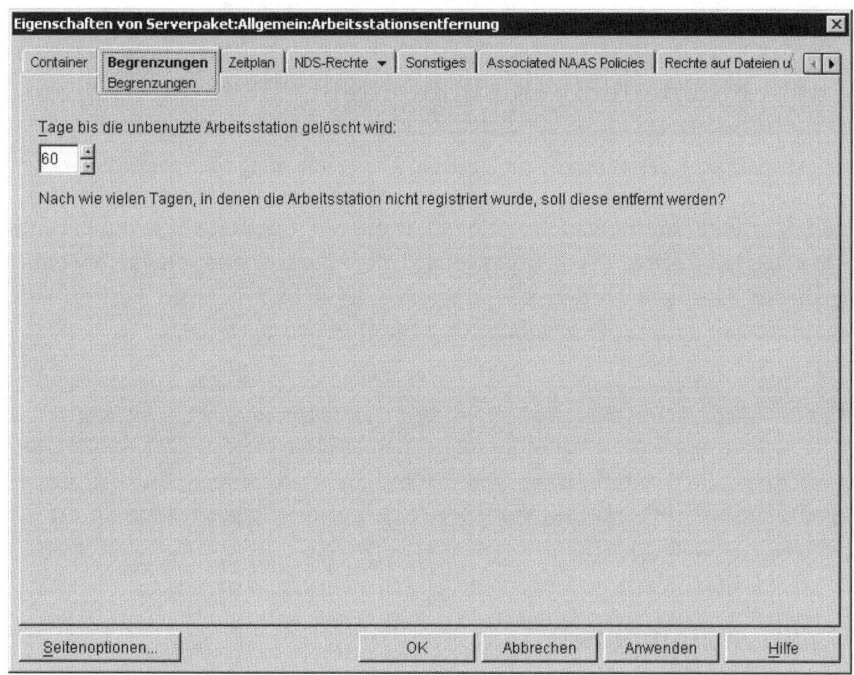

Abb. 5.10: Nach wie vielen Tagen ohne erneute Registrierung ein Arbeitsstationsobjekt automatisch entfernen?

Stellen Sie auf der Registerkarte *Zeitplan* ein (Abb. 5.11), wann die Richtlinie zum automatischen Entfernen von Arbeitsstationsobjekten ausgeführt werden soll. Wählen Sie hier am besten Zeiträume aus, zu denen möglichst viele Arbeitsstationen nicht benutzt werden (Zeitfenster).

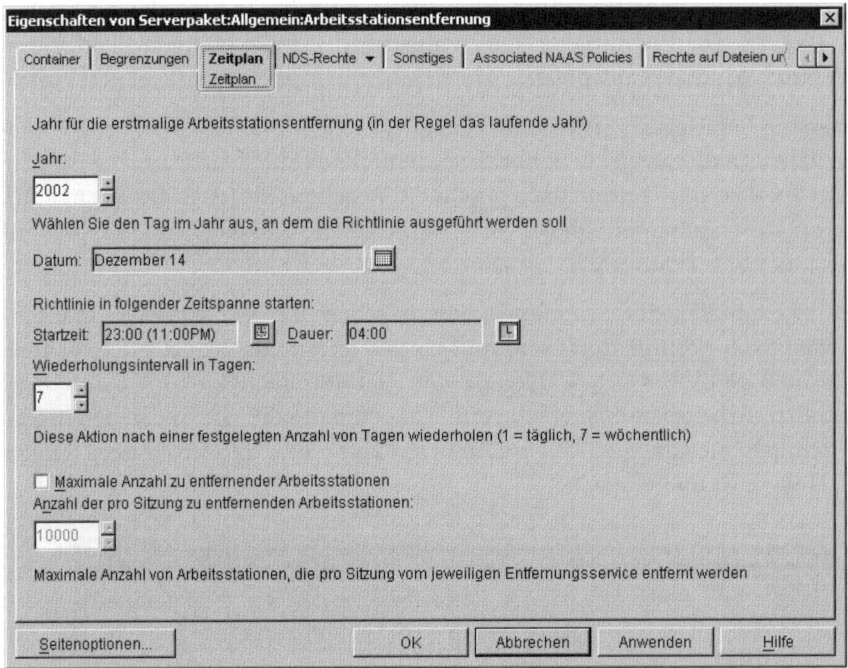

Abb. 5.11: Konfiguration des Zeitplans zur automatischen Entfernung von Arbeitsstationen

Sie können hier insbesondere auch festlegen, wann die Richtlinie bzw. die Bereinigung zum ersten Mal erfolgen soll und welche Intervalle anschließend angewendet werden. In der Abb. 5.11 wird das eDirectory alle sieben Tage auf entfernbare Arbeitsstationen ab dem 14. Dezember 2002 hin überprüft.

Risiko

Achten Sie unbedingt darauf, dass die regelmäßige Registrierung der Arbeitsstationen bei ihren Objekten im eDirectory erfolgt! Sie finden diese Information in den Eigenschaften von Arbeitsstationsobjekten auf der Registerkarte *Registrierungszeit* (siehe Abb. 5.14).

5.6 Weitere Funktionen

Sie können mithilfe eines Benutzerobjekts jederzeit einfach und schnell zur Arbeitsstation wechseln, an der der Benutzer angemeldet ist. Klicken Sie dazu auf der Registerkarte *ZENworks\Angemeldete Arbeitsstationen* auf die Schaltfläche DETAILS (Beispiel siehe Abb. 5.14).

Beachten Sie, dass Arbeitsstationen hier nicht bereits bei der ersten Anmeldung eines Benutzers nach der Erstellung des Arbeitsstationsobjekts eingetragen werden. Meist funktioniert dies aber nach der zweiten Anmeldung.

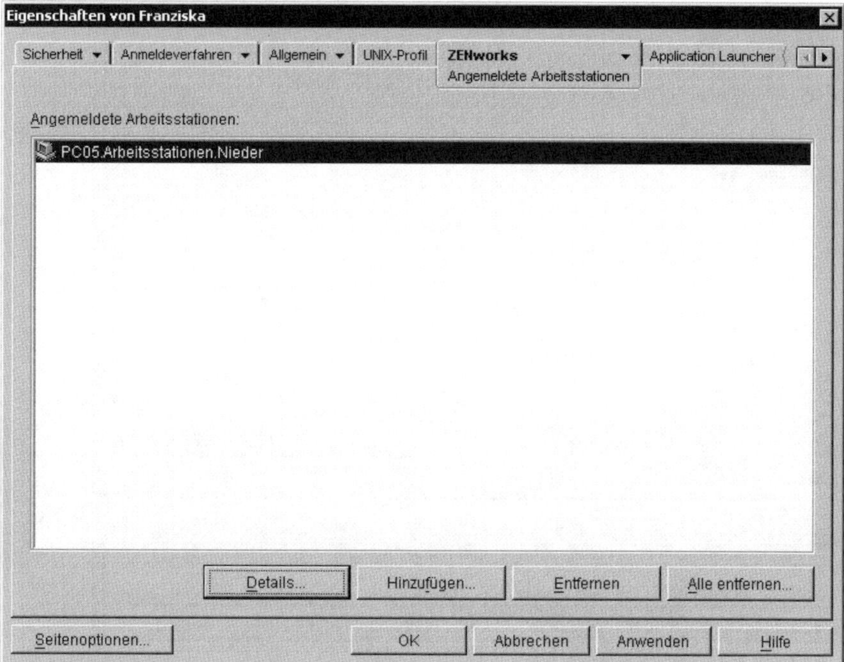

Abb. 5.12: Liste der Arbeitsstationen, an der ein Benutzer derzeit angemeldet ist

Fügen Sie die möglichen Arbeitsstationen auf der Seite *Verknüpfte Arbeitsstationen* (Registerkarte *ZENworks*) hinzu, wenn Sie diese Funktion benötigen. Sie können damit feststellen, auf welchen Arbeitsstationen sich ein Anwender anmelden darf.

Sie können bei Bedarf mithilfe der Schaltfläche HINZUFÜGEN auch manuell Arbeitsstationsobjekte hinzufügen (nicht besonders empfehlenswert).

Wichtig

Damit lässt sich auch feststellen, ob ein Benutzerkonto derzeit an mehreren Arbeitsstationen verwendet wird. Leider funktioniert das aber nicht richtig, da ein Eintrag nach dem Abmelden oder Herunterfahren in Verbindung mit einem Novell-Client leider nicht automatisch aus der Liste entfernt wird (ist lediglich der Verwaltungsagent installiert, gibt es mit dieser Funktion keine Probleme). Dies bereitet in der Praxis durchaus Probleme im Support. Somit bleibt insbesondere nur der Effekt, dass damit feststellbar ist, an welchen Arbeitsstationen sich der Benutzer in letzter Zeit angemeldet hat.

Eine weitere Möglichkeit ist die Anzeige des Benutzerverlaufs auf einer Arbeitsstation. Auf der Registerkarte *Benutzerverlauf* eines Arbeitsstationsobjekts finden Sie neben der Historie der bisher angemeldeten Anwender zusätzlich die Information zum letzten Benutzer und den Namen des Servers, der zuletzt zur Beglaubigung (Anmeldeserver) verwendet wurde (Beispiel in Abb. 5.13).

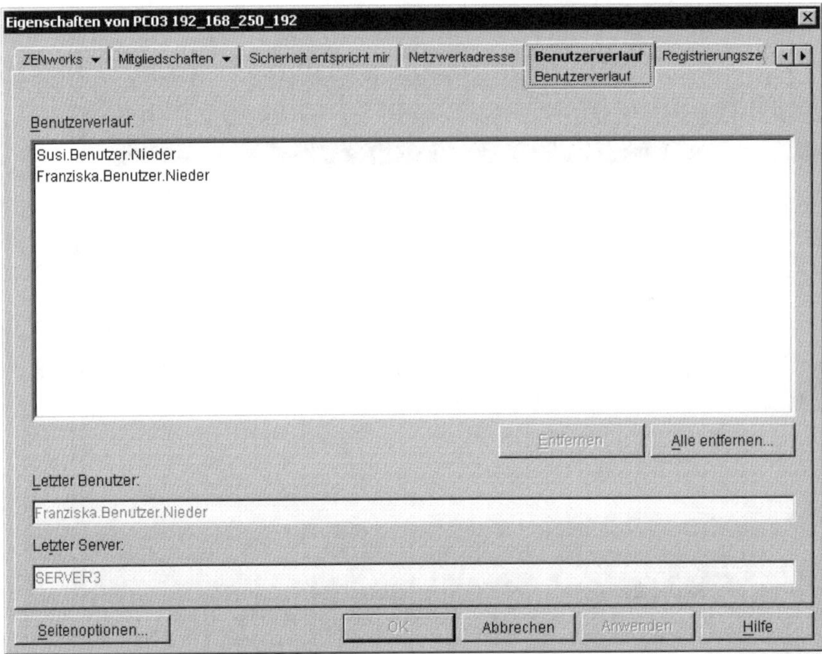

Abb. 5.13: Benutzerverlauf auf einer Arbeitsstation

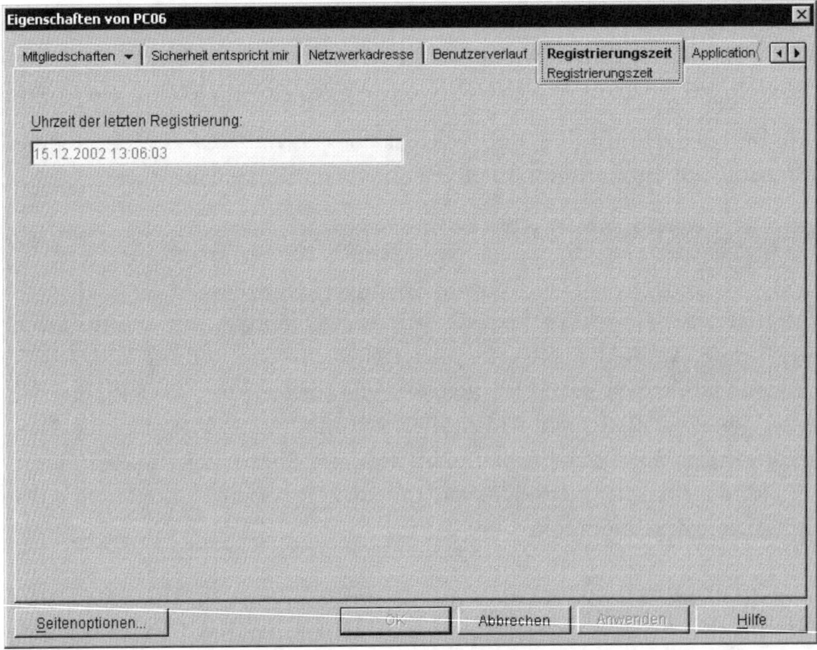

Abb. 5.14: Uhrzeit der letzten Registrierung durch die Arbeitsstation

up ...

... up ... update

Nutzen Sie den UPDATE-SERVICE des mitp-Teams bei vmi-Buch.

Registrieren Sie sich JETZT!

Unsere Bücher sind mit großer Sorgfalt erstellt. Wir sind stets darauf bedacht, Sie mit den aktuellsten Inhalten zu versorgen, weil wir wissen, dass Sie gerade darauf großen Wert legen. Unsere Bücher geben den top-aktuellen Wissens- und Praxisstand wieder.

Um Sie auch über das vorliegende Buch hinaus regelmäßig über die relevanten Entwicklungen am IT-Markt zu informieren, haben wir einen besonderen Leser-Service eingeführt.

Lassen Sie sich professionell, zuverlässig und fundiert auf den neuesten Stand bringen.
Registrieren Sie sich jetzt auf www.mitp.de oder **www.vmi-buch.de** und Sie erhalten zukünftig einen E-Mail-Newsletter mit Hinweisen auf Aktivitäten des Verlages wie zum Beispiel unsere aktuellen, kostenlosen Downloads.

Ihr Team von mitp

Insbesondere zum Troubleshooting für die Richtlinien ist die Zeit der letzten Registrierung durch den Agenten bzw. Dienst wichtig (siehe Abb. 5.14). Wurde diese länger nicht durchgeführt, können auch aktuellere Änderungen in den Richtlinienpaketen nicht zum Zuge kommen. Überprüfen Sie in diesem Fall die Datei SYS:\SYSTEM\ZENWSIMP.LOG auf eventuelle Hinweise, versuchen Sie mit PING den zuständigen Server zu erreichen und überprüfen Sie, ob *zenwsimport* von der Arbeitsstation aus korrekt aufgelöst wird.

## Kapitel 6

Benutzer- und Arbeitsstationsmanagement

Dieses Kapitel befasst sich mit dem Benutzer- und Arbeitsstationsmanagement (weiterhin nur noch als Arbeitsstationsmanagement bezeichnet), soweit nicht einzelne Bereiche, wie beispielsweise die Inventarisierung in anderen Abschnitten des Buches, beschrieben sind.

Das Arbeitsstationsmanagement von ZfD hilft Ihnen, Kosten und Komplexität der Konfiguration und Verwaltung von Arbeitsstationen in Ihrem Netzwerk zu reduzieren. Dabei bieten Ihnen die Richtlinien eine automatische Verwaltung von Server- (dies findet sich primär allerdings in ZENworks for Servers), Benutzer- und Arbeitsstationskonfigurationen. Das wichtigste Werkzeug für den Alltag mit ZfD ist dabei die ConsoleOne.

Tipp

Bevor Sie mit diesem Kapitel arbeiten, sollten Sie unbedingt das Kapitel 2 zu den Richtlinien durcharbeiten.

Mit dem Arbeitsstationsmanagement können Sie Folgendes leisten (soweit einzelne Teile hier nicht oder nur kurz behandelt werden, ist das Kapitel mit der umfassenden Beschreibung in Klammern angegeben):

- Einrichten von serverbasierenden Benutzerprofilen
- Standard-Desktopeigenschaften für Anwender konfigurieren
- Mithilfe der erweiterbaren Systemrichtlinien *(Extensible Policies)* automatisch Einstellungen in der Registry ändern
- Fernverwaltung, wie Fernsteuerung und Fernansicht (Kapitel 8)
- Einstellungen für das Arbeitsstations-Imaging vornehmen (Kapitel 13)
- Verwaltung der notwendigen lokalen Benutzerkonten für Windows NT/2000/XP
- Konfiguration der Parameter zur Inventarisierung von Hard- und Software (Kapitel 12)
- Einstellungen für den automatischen Import und die Entfernung von Arbeitsstationen im eDirectory (Kapitel 5)

- Richtlinien für Netzwerkdrucker *(iPrint)* definieren (Kapitel 7)
- Terminal-Server-Verbindungen konfigurieren (Kapitel 11)

6.1 Komponenten und Eigenschaften

Das Arbeitsstationsmanagement besteht aus folgenden Komponenten:

- Module, die auf den Arbeitsstationen resident sind

  Diese Module beglaubigen den Benutzer bei Windows NT/2000/XP gegenüber der Arbeitsstation und dem Netzwerk. Sie übertragen Konfigurationsinformationen zum und vom eDirectory. Unter Windows NT/2000/XP wird das Arbeitsstationsmanagement mit administrativen Privilegien ausgeführt, die es erlauben, dynamisch lokale Benutzerkonten zu erstellen und zu löschen. Gleichzeitig bietet es die Möglichkeit, mit dem eDirectory zu kommunizieren.

- Snap-Ins für die ConsoleOne

  Bei den Snap-Ins handelt es sich um Java-Dateien, die für das Erstellen, Anzeigen und Konfigurieren der Arbeitsstationsmanagement-Objekte im eDirectory über die ConsoleOne verantwortlich sind. Eine detaillierte Beschreibung zur ConsoleOne finden Sie bei `http://www.novell.com/documentation`.

Die Eigenschaften des Arbeitsstationsmanagements ermöglichen Ihnen das Speichern und Konfigurieren von Windows 98/NT/2000/XP-Desktoprichtlinien über das eDirectory. Diese Einstellungen werden auf die Clients heruntergeladen, um dort zu wirken.

6.1.1 Umfangreiche Plattformunterstützung

Das Arbeitsstationsmanagement erlaubt es, die gesamte Benutzerkontoverwaltung sowie Desktopinformationen für Windows 98/NT/2000/XP mithilfe des eDirectory zentral zu verwalten. Das geschieht mit der ConsoleOne als einziges administratives Werkzeug (Single Point of Administration).

Die Konfigurationsinformationen werden in Richtlinienpaketobjekten plattformabhängig gespeichert. Es gibt beispielsweise Richtlinienpaketobjekte, die Richtlinien für NetWare, Windows 98 und Windows NT/2000/XP enthalten, die auf die Arbeitsstationen heruntergeladen werden können.

Rüsten Sie von einer früheren Version von ZfD auf und führen Sie Windows 95 aus, unterstützt ZfD 4.0 auch noch die existierenden Windows-95-Richtlinien.

Wie in Abb. 6.1 erkennbar ist, können Benutzerpakete für eine Reihe von Plattformen individuell oder auch plattformunabhängig *(Allgemein)* konfiguriert werden. Das Gleiche gilt für Arbeitsstationspakete, nur dass hier selbstverständlich die Terminalserver-Plattformen fehlen (Abb. 6.2).

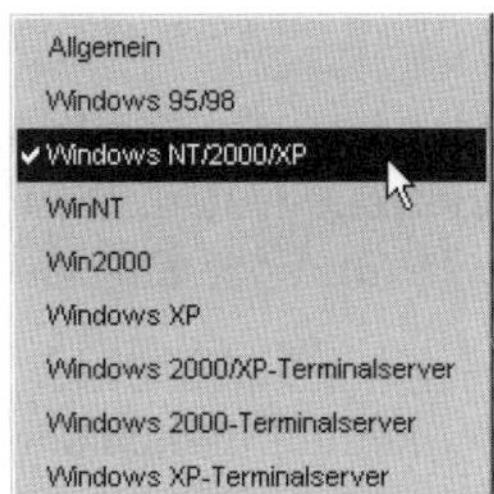

Abb. 6.1: Unterstützte Plattformkonfigurationen für Benutzerpakete

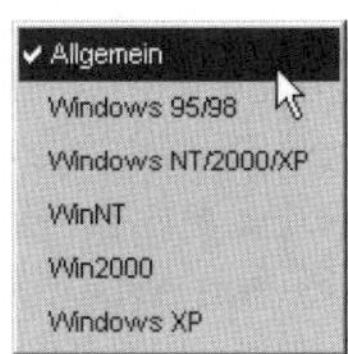

Abb. 6.2: Unterstützte Plattformkonfigurationen für Arbeitsstationspakete

6.1.2 Die Unterstützung von Windows NT/2000/XP

Für Umgebungen mit Windows NT/2000/XP ermöglicht das Arbeitsstationsmanagement, auf das Einrichten von Domänen oder einer großen Anzahl von Benutzerkonten in den lokalen SAM (Security Access Manager) der Arbeitsstationen zu verzichten.

Die Windows-Gruppenrichtlinien sind eine Erweiterung der bisherigen Systemrichtlinien für Windows 2000/XP und das Active Directory. ZfD unterstützt die Gruppenrichtlinien, ohne dass ein Active Directory eingesetzt werden muss.

Das Arbeitsstationsmanagement speichert Benutzerinformationen, Desktopkonfigurationen, Betriebssystemkonfigurationen und Arbeitsstationsinformationen im eDirectory. Für Windows-NT/2000/XP-Benutzer bedeutet dies, dass sie auf das Netzwerk mit einer beliebigen Windows-NT/2000/XP-Arbeitsstation, die mit dem Arbeitsstationsmanagement konfiguriert wurde, auf das Netzwerk zugreifen können.

Besitzt ein Benutzer auf der Arbeitsstation, auf der er sich anmelden möchte, kein Windows-NT/2000/XP-Konto, steht über das Arbeitsstationsmanagement die Möglichkeit zur Verfügung, dieses Konto während der Anmeldung automatisch erstellen zu lassen. Nach der Anmeldung im Netzwerk werden die verknüpften Richtlinien auf die Arbeitsstation heruntergeladen und bieten einen konsistenten Desktop auf jeder benutzten Arbeitsstation.

6.1.3 Profilverwaltung für Arbeitsstationen

Sie können verbindliche (obligatorische) Benutzerprofile (Mandatory) verwalten und damit Schnittstelleneinstellungen für Benutzer unter Kontrolle halten. Dazu gehören insbesondere Konfigurationseinstellungen zur *Anzeige* und der *Eingabeaufforderung*.

Haben Sie Einstellungen vorgenommen, haben Ihre Benutzer keine Möglichkeit, die Vorgaben zu ändern, außer Sie besitzen entsprechende Berechtigungen.

6.1.4 Geplante Updates

Diese Eigenschaft ermöglicht Ihnen, Softwareupdates zu einer vorgegebenen Zeit auf die Arbeitsstationen zu verteilen (z.B. während der Abendstunden). Diese Aktualisierungen können durchgeführt werden, ohne dass ein Benutzer im Netzwerk oder an der Arbeitsstation angemeldet sein muss. Solange die betroffenen Arbeitsstationen eingeschaltet sind und das Arbeitsstationsmanagement die Arbeitsstationen im eDirectory beglaubigen kann, ist die Ausführung der Softwareverteilung möglich.

6.1.5 Server- und Client-Richtlinien

ZfD benutzt Richtlinien für die Verwaltung von Server- und Client-Prozessen. Richtlinien können für den automatisierten Import und die Entfernung von Arbeitsstationen im eDirectory sowie die Verwaltung von Benutzern und Arbeitsstationen erstellt werden. Ferner besteht die Möglichkeit einer Inventarisierung von Arbeitsstationen.

6.1.6 Speicher für Systemrichtlinien im eDirectory (Abschnitt 6.6)

Mithilfe des Arbeitsstationsmanagements (als Frontend wird die ConsoleOne verwendet) können Sie Systemrichtlinien konfigurieren und benötigen daher kein POLEDIT.EXE (Microsoft Systemrichtlinien-Editor) mehr. Das bedeutet für Sie drei Vorteile:

1. Eliminiert die Erfordernis, Richtlinien in das Verzeichnis SYS:\PUBLIC eines jeden Servers im Netzwerk zu kopieren (war in den bisherigen Versionen von ZfD notwendig), was auch weniger Last bedeutet.
2. Da die Richtlinien im eDirectory gespeichert werden, müssen Änderungen nur einmal vorgenommen werden, was für Sie einen geringeren Aufwand bedeutet.
3. Jede Änderung wird automatisch über das gesamte Netzwerk repliziert, auch wenn es mehrere Partitionen darin gibt. Automatisch erhalten Sie damit auch Fehlertoleranzen.

6.1.7 Berichtswesen

ZfD bietet Ihnen vorgefertigte Berichte für effektive Richtlinien und Richtlinienpaket-Verknüpfungen (Kapitel 2.6). Beide Berichte können für einen ausgewählten Container und optional auch für dessen Untercontainer erstellt werden.

6.2 ZENworks-Datenbank

Die ZENworks-Datenbank wird von ZfD insbesondere für die Aufzeichnung von Berichtsinformationen und Inventarisierungsdaten verwendet. Das bedeutet, dass Sie für die Erstellung von Berichten mithilfe des Arbeitsstationsmanagements eine konfigurierte Datenbank benötigen. Das dazugehörige Datenbankobjekt muss mit einer ZfD-Datenbankrichtlinie verknüpft sein.

Weitere Informationen zur Datenbank, insbesondere deren Installation, Konfiguration usw., finden Sie vor allem im Kapitel zur Inventarisierung (Kapitel 12).

Verwenden Sie eine Sybase-Datenbank, werden die meisten Objekte und Einstellungen zur Konfiguration für Sie bereits automatisch vom System während der Installation erstellt. Haben Sie während der Installation keine Datenbank erstellt, kann dies später nachgeholt werden (Kapitel 12).

6.3 Richtlinien und Richtlinienpakete

Eine Übersicht der verfügbaren Richtlinien und Richtlinienpakete mit Beschreibung finden Sie im Kapitel 2. Um das ZfD-Arbeitsstationsmanagement vollständig nutzen zu können, müssen die Richtlinienpakete bzw. darin enthaltene Richtlinien mithilfe von ConsoleOne konfiguriert, aktiviert und verknüpft werden.

Folgende Richtlinien sind in ZfD 4.0 nicht mehr enthalten:

- die Konfiguration des Novell-Client
- die RAS-Konfiguration
- Anmeldebeschränkungen
- Vorgängerrichtlinien für ZfD-Drucker

Wenn Sie eine Vorgängerversion von ZENworks for Desktops aktualisieren und diese Richtlinien bisher verwendet haben, werden sie von ZfD 4.0 unterstützt.

Windows-9x-Richtlinien aus einer früheren Installation von ZfD, die mit Windows-95-Computern oder -Benutzern verknüpft sind, funktionieren in ZfD 4.0 weiterhin. Neue Richtlinien für Windows-95-Computer oder -Benutzer können jedoch in dieser Version nicht erstellt werden.

Richtlinien sind für die einfachere Verwaltung in Richtlinienpaketen zusammengefasst. Mit der ConsoleOne können Sie Richtlinienpakete erstellen und verwalten. Auf der Seite Richtlinien der einzelnen Pakete findet sich, wie bereits in Abschnitt 6.1.1 beschrieben, die Plattformauswahl. Dabei gelten aktivierte Richtlinien für die Plattformauswahl *Allgemein* grundsätzlich für alle unterstützten Plattformen!

Folgende Richtlinienpakete stehen für das Arbeitsstationsmanagement mit ZfD zur Verfügung:

- Containerpakete

  Identisch mit dem Richtlinienpaket in ZENworks for Servers.

- Serverpakete

  Dieses Paket gibt es auch bei ZENworks for Servers, enthält dort jedoch unterschiedliche Richtlinien.

- Servicestandortpakete

  Identisch mit dem Richtlinienpaket in ZENworks for Servers.

- Benutzerpakete

  Nur in ZENworks for Desktops verfügbar.

- Arbeitsstationspakete

  Nur in ZENworks for Desktops verfügbar.

Damit eine Richtlinie wirken kann, muss diese aktiviert werden. Klicken Sie dazu auf der ersten Registerkarte eines Richtlinienpakets auf das Kontrollfeld vor der Bezeichnung. Damit wird dieses als aktiv angezeigt:

Allerdings ist dies nicht gleichbedeutend damit, dass die in der Richtlinie anschließend vorgenommenen Einstellungen nach OK bzw. ANWENDEN auch irgendwo ausgeführt werden. Wenn Richtlinien nicht wirksam werden, liegt dies in der Praxis oft daran, dass vergessen wurde, eine Verknüpfung des Richtlinienpakets vorzunehmen (einzelne Richtlinien können nicht individuell verknüpft werden). Also legen Sie auf der zweiten Registerkarte fest, für wen das Richtlinienpaket gelten soll (Beispiel in Abb. 6.3). Damit können Sie Container und je nach Richtlinienpaket auch andere Objekte der Liste hinzufügen. Beachten Sie bei der Verknüpfung mit Containern, dass sich die Richtlinieneinstellungen auch auf die Untercontainer vererben. Weitere Information dazu finden sich insbesondere im Kapitel 2.

Vergessen Sie nicht, dass einzelne Richtlinien durchaus auch noch wirken können, wenn eine Richtlinie wieder deaktiviert wird. Dies gilt insbesondere auch für die in diesem Kapitel beschriebenen erweiterbaren Richtlinien (Abschnitt 6.6).

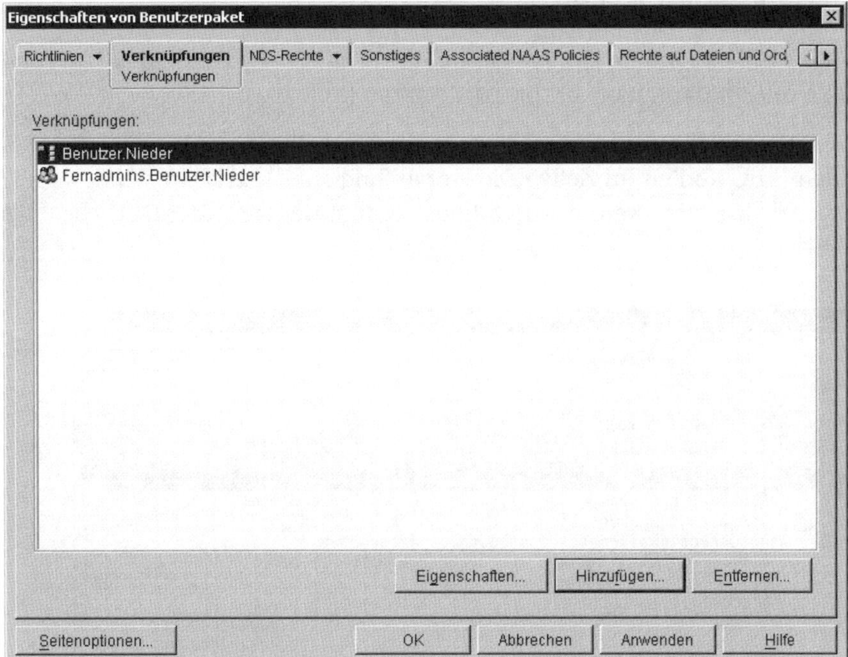

Abb. 6.3: Nur über Verknüpfungen können Richtlinien auch wirken

6.4 Windows-NT/2000/XP-Benutzerkonto

Verwenden Sie den so genannten dynamisch lokalen Benutzer (DLU – *Dynamic Local User*), übernimmt das eDirectory die Verwaltung der notwendigen Windows-NT/2000/XP-Benutzerkonten auf den verwalteten Arbeitsstationen und den Terminal-Servern (zuständig ist der Arbeitsstations-Manager-Dienst auf dem Client). Das automatisch verwaltete Benutzerkonto wird nach der Beglaubigung durch das eDirectory konfiguriert.

Bei einem dynamisch lokalen Benutzer handelt es sich um ein Benutzerobjekt, das temporär oder permanent in der SAM (Security Access Manager Database) einer Arbeitsstation erstellt wird. Ein temporärer Benutzer bzw. ein temporäres Konto wird auch als »volatile user« bezeichnet. Die »Lebensdauer« eines unbenutzten Kontos in Tagen wird durch einen Administrator festgelegt. Diese Art von Konto sorgt dafür, dass im Laufe der Zeit nicht zu viele Kontoeinträge in der lokalen SAM entstehen.

Wurde von Ihnen für einen Benutzer keine DLU-Richtlinie zugewiesen und verfügt dieser über kein Konto auf seiner Arbeitsstation, ist eine Anmeldung nicht möglich. Sind der Benutzer und seine Arbeitsstation Mitglied einer Microsoft-Domäne, ist eine Anmeldung für den Benutzer kein Problem (eine lokale Anmeldung ist nicht möglich).

6.4.1 Erstellung der Richtlinie

Aktivieren Sie die Richtlinie *Dynamischer lokaler Benutzer* (*Dynamic Local User*) und klicken Sie zur Konfiguration auf EIGENSCHAFTEN (Abb. 6.4).

Diese Funktion kann nicht verwendet werden, wenn die Benutzer Domänenkonten verwenden (bzw. Konten im Active Directory)! Sind auf der lokalen Windows-NT/2000/XP-Arbeitsstation Kennwortrichtlinien konfiguriert, wird der DLU ebenfalls nicht aktiv!

Abb. 6.4: Aktivieren der Benutzerrichtlinie »Dynamic Local User«

Um an einer Windows-NT/2000/XP-Arbeitsstation arbeiten zu können, ist eine Windows-Anmeldung notwendig. Dazu ist entweder ein Konto auf einem PDC bzw. im Active Directory (DC/ADS) oder der lokalen Arbeitsstation notwendig. Das Einrichten kann entweder während der Installation einer Arbeitsstation manuell oder automatisiert erfolgen oder Sie verwenden die vom Novell Arbeitsstations-Manager verfügbaren automatischen Prozeduren, die auf der Registerkarte *Dynamischer lokaler Benutzer* auf der Seite *Dynamischer lokaler Benutzer* konfiguriert werden (spart eine Menge Arbeit).

6.4.2 Konfiguration des lokalen Kontos

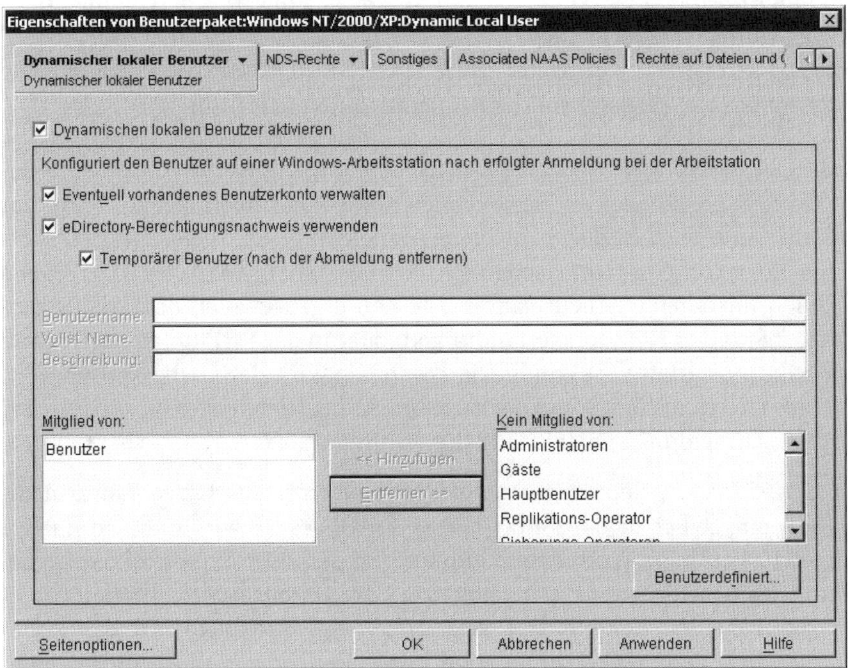

Abb. 6.5: Konfiguration der Einstellungen zum lokalen Benutzerkonto für Windows NT/2000/XP-Arbeitsstationen

Aktivieren Sie als erstes das Kontrollfeld *Dynamischen lokalen Benutzer aktivieren.* Damit erstellt die NWGINA während der Anmeldung automatisch ein lokales Benutzerkonto temporär oder permanent in der lokalen SAM oder dem Terminalserver (sonst muss ein Konto bereits angelegt sein, das im Anmeldedialog auf der Registerkarte *Windows NT/2000/XP* angegeben werden muss). Nur wenn ein entsprechendes Benutzerkonto lokal noch nicht existiert, wird es automatisch in der SAM bzw. der lokalen Benutzerdatenbank oder dem lokalen Terminalserver angelegt. Das klappt aber nur, wenn lokal keine Windows-NT/2000/XP-Kennwortbeschränkungsrichtlinien definiert wurden.

Aktivieren Sie *Eventuell vorhandenes Benutzerkonto verwalten,* verwaltet der Arbeitsstations-Manager ein eventuell bereits vorhandenes, lokales Konto und es werden die hier definierten Einstellungen verwendet (lokale Einstellungen zum Konto werden überschrieben).

Bei *eDirectory-Berechtigungsnachweis verwenden* werden die gleichen Referenzen verwendet, die zur Beglaubigung im eDirectory benutzt werden (Anmeldename, vollständiger Name, Beschreibung und das Kennwort ist das Gleiche wie im eDirectory).

Vorsicht

Die Funktion für die Übernahme der Kontobezeichnung bzw. des Benutzernamens kann nur verwendet werden, wenn der Anmeldename im eDirecotry nicht länger als 48 Zeichen ist. Normalerweise ist diese Bedingung in der Praxis erfüllt, trotzdem sollten Sie dies kurz vor der Implementation überprüfen.

Verwenden Sie *Temporärer Benutzer (nach der Abmeldung entfernen)*, wird ein temporäres Konto angelegt oder ein bestehendes Konto von unbefristet auf temporär abgeändert (Konto wird in der SAM beim Abmelden wieder gelöscht – entsprechend den Einstellungen zum Cache beim Arbeitsstations-Manager). Der Cache kann auf den verwalteten Arbeitsstationen in den Eigenschaften des Arbeitsstations-Managers (in den Netzwerkverbindungen) oder in der Richtlinie zum Verwaltungsagenten (Abschnitt 6.8) konfiguriert werden. Wird der Cache konfiguriert, wird ein temporäres lokales Konto bei der Abmeldung nicht gelöscht, sondern bei der nächsten Anmeldung entsprechend der Konfiguration.

Werden die eDirectory-Referenzen nicht verwendet, ist das lokale Konto nicht eigenständig einsetzbar, da das Kennwort per Zufall gesetzt wird und damit nicht bekannt ist. In Verbindung mit einem temporären Benutzerkonto wird die Cache-Einstellung des Arbeitsstations-Managers bzw. Verwaltungsagenten für den Client auch hierbei beachtet. Beim Ablauf der Cache-Tage wird nicht nur das Konto gelöscht, sondern auch das dazugehörige lokale Benutzerprofil – dies bedeutet auch, dass bei späterer erneuter Anmeldung durch den gleichen Benutzer ein neues Benutzerprofil aus DEFAULT USER gebildet wird.

Vorsicht

In der aktuellen Version funktioniert vorstehend beschriebenes leider nicht korrekt. Verwenden Sie keine eDirectory-Referenzen, wird das in der Richtlinie konfigurierte Konto bei der Abmeldung auf der verwalteten Arbeitsstation immer gelöscht, wenn keine Cache-Tage konfiguriert sind. Konfigurieren Sie Cache-Tage, wird das Konto bei der Abmeldung nicht gelöscht, aber anschließend kann keine lokale Anmeldung mehr erfolgen. Um dieses Problem zu umgehen, muss zum DLU die Option *Eventuell vorhandenes Benutzerkonto verwalten* aktiviert werden.

Am besten verwendet man ein temporäres Benutzerkonto, damit lokal im Laufe der Zeit nicht viele Konten in der lokalen Datenbank von Windows gespeichert werden. Ein temporäres Konto wird ferner immer nur verwendet, wenn eine Beglaubigung durch das eDirectory erfolgt ist (ohne eDirectory geht hierbei also nichts, außer Sie melden sich beispielsweise lokal als Administrator an!).

Sie können hier Kombinationen von Optionen wählen. Ohne *eDirectory-Berechtigungsnachweis verwenden* müssen Sie unbedingt in den unteren drei Feldern Eingaben durchführen *(Benutzername, Vollst. Name* und *Beschreibung)*. Werden die ersten beiden Kontrollfelder deaktiviert, ist selbstverständlich ebenfalls eine Eingabe in die drei Felder erforderlich.

- *Benutzername*

  Name des Benutzerkontos für Windows NT/2000/XP. Der Namen muss weniger als 20 Zeichen lang sein.

- *Vollst. Name*

  Vollständer Name des Benutzers.

- *Beschreibung*

  Zusätzlicher Beschreibungstext zur Identifikation des Benutzers.

Zum Abschluss müssen Sie noch festlegen, welchen lokalen Windows-NT/2000/XP-Benutzergruppen das Benutzerkonto angehören soll (die Gruppen in der Liste bei *Mitglied von* gelten). Rechts, bei *Kein Mitglied von,* werden alle verfügbaren Gruppen angezeigt, denen der Benutzer derzeit nicht angehört. Mithilfe der Schaltflächen HINZUFÜGEN und ENTFERNEN zwischen den beiden Listenfeldern können Sie vorher markierte Gruppen zwischen den Listen verschieben.

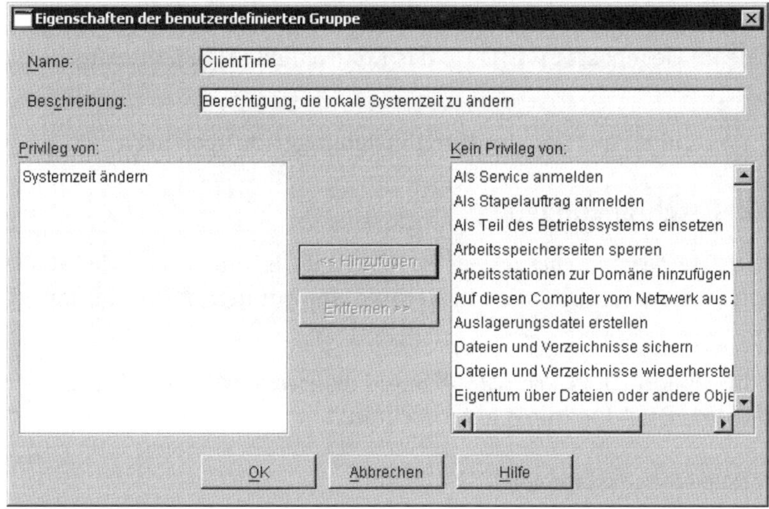

Abb. 6.6: Eigenschaften (Benutzerrechte) einer benutzerdefinierten Gruppe festlegen

Zusätzlich besteht die Möglichkeit, eigene Gruppen anzulegen. Klicken Sie auf BENUTZERDEFINIERT (vorher unbedingt auf ANWENDEN klicken, wenn Sie Änderungen im Dialog durchgeführt haben) und wählen entweder im nachfolgenden Dialog eine benutzerdefinierte Gruppe aus (Abb. 6.7) und ändern diese über

EIGENSCHAFTEN oder klicken auf NEU (ab ZfD 3.2 haben sich die Dialogfelder im Vergleich zu den Vorgängerversionen unwesentlich verändert – die Funktionalität ist jedoch identisch zu beispielsweise ZfD 3.0).

Geben Sie einen Namen und eine Beschreibung für eine neue Gruppe ein und weisen Sie die Benutzerrechte zu, die diese auf den Windows-NT/2000/XP-Systemen benötigen.

Wichtig

Es stehen insbesondere in Verbindung mit den Versionen von Windows 2000/XP nicht unbedingt alle Benutzerrechte zur Verfügung.

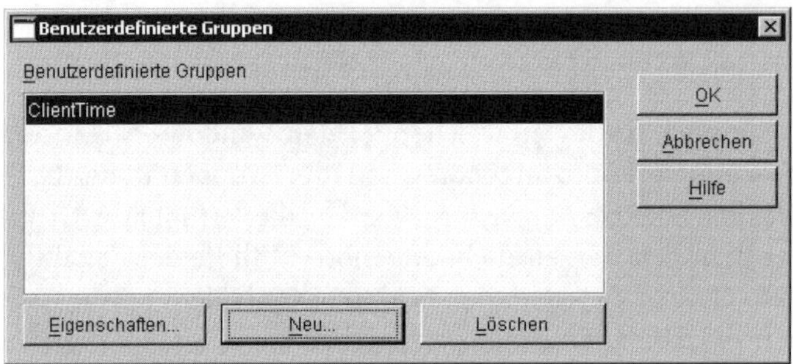

Abb. 6.7: Verwaltung benutzerdefinierter Sicherheitsgruppen

Ab ZfD 3.2 wurde im Gegensatz zu ZfD 3.0 das Kontrollfeld (Abb. 6.7) entfernt, da es überflüssig ist.

Klicken Sie zum Abschluss auf OK, um Ihre Einstellungen zu speichern.

6.4.3 Anmeldebeschränkungen

Auf der Registerkarte *Dynamischer lokaler Benutzer* gibt es eine zweite Seite. Sie können hier Anmeldebeschränkungen in Verbindung mit dem DLU konfigurieren.

Aktivieren Sie die Option *Anmeldebeschränkungen aktivieren,* wird der Zugang der Benutzer, für die eine DLU-Richtlinie gilt, beschränkt.

Nicht angeschlossene Arbeitsstationen

Einträge in der linken Liste können mit den Schaltflächen HINZUFÜGEN und LÖSCHEN hinzugefügt und entfernt werden. Geben Sie hier Container und/oder einzelne Arbeitsstationen an (Arbeitsstationsgruppen können leider nicht verwendet werden), an denen sich Benutzer, für die eine DLU-Richtlinie gilt, nicht anmelden können. Im Falle von Containern wirkt sich die Einstellung auf alle Arbeitsstationen aus, deren Objekte sich im angegebenen und allen darunter liegenden Containern befinden.

Vorsicht

Vorsicht, eine Anmeldung ist möglich, wenn zusätzlich nach Abfrage eine lokale Anmeldung erfolgt oder ein Konto mit gleichem Namen und Kennwort wie im eDirectory existiert. Damit ist also eine Anmeldung an einer hier aufgeführten Arbeitsstation für Benutzer nicht grundsätzlich ausgeschlossen. Vorsicht ist hier insbesondere dann geboten, wenn bisher bereits eine DLU-Richtlinie und Cache-Tage wirksam waren und erst später eine Ausschlussliste definiert wurde, da lokal noch ein »passendes« Konto vorhanden ist.

Angeschlossene Arbeitsstationen

In der rechten Liste können Sie Container und/oder Arbeitsstationen angeben, an denen sich Benutzer, für die eine DLU-Richtlinie gilt, anmelden dürfen. Im Falle von Containern wirkt sich die Einstellung auf alle Arbeitsstationen aus, deren Objekte sich im angegebenen und allen darunterliegenden Containern befinden.

Wechselwirkungen

Schließen Sie einen Container von der Anmeldung aus, können Sie in der rechten Liste einzelne Arbeitsstationen angeben, an denen trotzdem eine Anmeldung ermöglicht wird. Das ganze funktioniert auch umgekehrt.

Es ist nicht möglich, die gleichen Container und/oder Arbeitsstationen in beiden Listen anzugeben.

Vorsicht

Damit die Funktion korrekt ausgeführt werden kann, sollten Sie möglichst vermeiden, dass Benutzer mehreren Benutzergruppen angehören, die unterschiedliche DLU-Richtlinien verwenden. Dies kann zu unabsehbaren Problemen führen!

6.5 Gruppenrichtlinien

System- bzw. Gruppenrichtlinien sind sehr starke und nützliche Komponenten von Windows 9x und Windows NT/2000/XP. Sie konfigurieren die Clients automatisch ohne dass die Anwender einen Einfluss haben.

Für die Erstellung und Bearbeitung von Systemrichtlinien stellt Microsoft für Windows NT 4.0 das Programm POLEDIT.EXE zur Verfügung und ab Windows 2000 funktioniert das über die Gruppenrichtlinien (Verwaltung über ein SnapIn zur Management-Konsole). Dabei lassen sich auf Server-Systemen Standardrichtlinien an einer festgelegten Position (NETLOGON auf Windows -NT 4.0-Servern oder beispielsweise SYS:\PUBLIC\WINNT auf NetWare-Servern) mit dem Namen NTCONFIG.POL speichern oder auch individuell an eigener Position mit beliebigem Namen. Dies hat sich ab Windows 2000 mit den Gruppenrichtlinien (lokale Richtlinien und Gruppenrichtlinien im Active Directory) geändert.

Mithilfe von ZENworks lassen sich Systemrichtlinien sehr einfach verwalten. Dabei muss zwischen Richtlinien für Benutzer (HKEY_CURRENT_USER) und für Arbeitsstationen (HKEY_LOCAL_MACHINE) unterschieden werden. Ab ZENworks 2 sind die erweiterten Systemrichtlinien hinzugekommen (Abschnitt 6.6), die mithilfe derer so genannte Vorlagendateien) eingebunden werden können. Ab ZfD 3.0 stehen nur noch die erweiterten Systemrichtlinien zur Verfügung.

Vorsicht

Mit den Systemrichtlinien ändern Sie die Registry Ihrer Clients – gehen Sie mit den Einstellungen sehr vorsichtig um, damit Sie nicht eine größere Anzahl Clients arbeitsunfähig machen! Also immer erst in einem Testnetz ausprobieren, ob Ihre neue Einstellung auch wirklich so funktioniert, wie Sie sich das vorstellen (laufen danach noch alle Applikationen?). Dies ist deshalb besonders wichtig, da einige Einstellungen Site-Effekte besitzen.

Benutzer-Systemrichtlinien (*NT User System Policies*) für Windows NT 4.0 können hier nicht mehr direkt bearbeitet werden. Haben Sie derartige Richtlinien mit ZENworks 2 erstellt und mithilfe von *Werkzeuge\ZENworks-Programme\Vorläuferrichtlinienpakete migrieren* migriert, wirken diese weiterhin, wenn Sie die Richtlinie aktiviert haben.

Eine Bearbeitung ist künftig nur noch über erweiterbare Benutzerrichtlinien (*User Extensible Polices*) mithilfe der Originalvorlagen (COMMON.ADM, WINNT.ADM etc.) möglich. Beachten Sie dazu den Abschnitt 6.6 mit einer Beschreibung.

6.5.1 Einführung

Gruppenrichtlinien stehen nur in Verbindung mit Windows 2000/XP zur Verfügung. Dabei handelt es sich letztlich um eine Erweiterung der bisherigen so genannten erweiterten Systemrichtlinien.

Die erweiterten Richtlinien (Abschnitt 6.6) werden von Microsoft ab Windows XP nicht mehr unterstützt.

Wichtig

Für die hier zur Konfiguration notwendigen Pfadangaben dürfen nur UNC-Pfadbezeichnungen verwendet werden. Zum einen, da sich Laufwerksverknüpfungen (die Zuweisung von Laufwerksbuchstaben zu Netzwerkpfaden) ändern können, aber insbesondere, da sich Arbeitsstationen oft früher erfolgreich mit dem Netzwerk verbinden als Benutzerobjekte und damit häufig die Laufwerksverknüpfungen noch nicht zur Verfügung stehen, wenn die Gruppenrichtlinien für Arbeitsstationsobjekte zur Verarbeitung abgeholt werden. Solange Server und Netzwerk verfügbar sind, funktionieren UNC-Pfadangaben, was bei der Verwendung von Laufwerksverknüpfungen nicht sichergestellt ist.

Seit der Einführung der Gruppenrichtlinienkonfiguration mit ZfD 3.0, haben sich diese signifikant verändert. Merkmale:

- Gruppenrichtlinien sind additiv

  Sind für einen Benutzer oder eine Arbeitsstation mehrere Gruppenrichtlinien zugewiesen, wirken diese kumulativ. Die Richtlinienverarbeitung unter Windows 2000/XP startet bei der Verarbeitung mit den lokalen Gruppenrichtlinien und anschließend werden diejenigen aus dem Netzwerk verarbeitet. Dabei gilt die Regel, dass der letzte gewinnt. Bei widersprüchlichen Einstellungen wirkt daher immer die Konfiguration der letzten verarbeiteten Gruppenrichtlinie. Daher haben lokale Gruppenrichtlinien immer eine sehr schwache Wirkung.

Wichtig

Dazu ist besonders zu beachten, dass im Gegensatz zum sonst üblichen Grundsatz nicht beim Auffinden des ersten Gruppenrichtlinienobjekts im eDirectory mit der Suche aufgehört wird. Es werden also immer alle verknüpften bzw. wirksamen Gruppenrichtlinien für Benutzer und Arbeitsstationen berücksichtigt. Alle wirksamen Richtlinien werden auch bei deren Überprüfung angezeigt (*Wirksame Richtlinien* – siehe Abschnitt 6.9.1).

  Dabei gibt es jedoch eine Besonderheit: Die Sicherheitseinstellungen sind nicht additiv, sondern werden ausschließlich durch die letzte wirksame effektive Richtlinie bestimmt.

- Es erfolgt eine Versionsprüfung

  Gruppenrichtlinien zeichnen die Version der Richtlinien auf, die auf einer verwalteten Arbeitsstation wirken. Solange die Liste der effektiven Gruppenrichtlinien und ihre Version unverändert bleibt, erfolgt keine erneute Übertragung und es werden nur die zwischengespeicherten Gruppenrichtlinien verwendet.

Wichtig

Jedes Mal, wenn Sie auf RICHTLINIEN BEARBEITEN (EDIT POLICIES) klicken, wird die Versionsnummer der Gruppenrichtlinien automatisch geändert und wirkt sich damit auf die Zielobjekte aus. Während des nächsten Verarbeitungszyklus werden die Einstellungen von den Clients erneut gelesen und verarbeitet. Dies gilt auch dann, wenn Sie keine Änderungen in den Einstellungen vorgenommen haben!

- Bereits ausgeführte Richtlinien werden zwischengespeichert (Cache)

  Die letzte ausgeführte Gruppenrichtlinie aus dem Netzwerk wird lokal auf den Arbeitsstationen zwischengespeichert. Netzwerklast entsteht bei der Ausführung der Gruppenrichtlinien daher nur, wenn diese sich geändert haben.

Meldet sich ein Benutzer an einem anderen System zum ersten Mal an, werden die wirksamen Gruppenrichtlinien vollständig ausgeführt und auf der Arbeitsstation zwischengespeichert.

Meldet sich ein Benutzer an einer Arbeitsstation an, die vorher von einem anderen Benutzer verwendet wurde, für den die gleichen Gruppenrichtlinien wirksam sind, werden die zwischengespeicherten Daten übernommen und es erfolgt keine Übertragung über das Netzwerk.

Ändert sich die wirksame Gruppenrichtlinie oder deren Version, werden die Gruppenrichtlinien erneut übertragen.

- Sie unterstützen permanente und temporäre Einstellungen

  Standardmäßig werden Gruppenrichtlinien temporär behandelt. Die Einstellungen vor den wirksamen Gruppenrichtlinien für einen Anwender werden nach der Abmeldung des Benutzers bzw. dem Herunterfahren des Systems wieder hergestellt.

  Permanente Einstellungen gelten auch dann, wenn ein Benutzer sich an einer Arbeitsstation anmeldet, nicht jedoch im Netzwerk.

6.5.2 Benutzer-Gruppenrichtlinien

Wichtig

Sie können Gruppenrichtlinien nicht auf einem Windows 2000-Domänen-Controller mithilfe von ConsoleOne konfigurieren. Die Bearbeitung ist mithilfe von ConsoleOne nur auf einer Arbeitsstation mit Windows 2000/XP möglich!

Benutzer-Gruppenrichtlinien werden über Benutzerpakete konfiguriert. Aktivieren Sie nach Einstellung der Plattform auf der Registerkarte *Richtlinien* die Richtlinie *Windows-Gruppenrichtlinie* und klicken Sie auf EIGENSCHAFTEN (Abb. 6.8).

Damit wird im neuen Dialogfenster auf der Registerkarte *Arbeitsstations-Manager-Richtlinien* die Seite *Windows-Gruppenrichtlinien* angezeigt (Abb. 6.9).

Damit Gruppenrichtlinien für Windows-2000/XP-Systeme bearbeitet werden können, müssen Sie ein notwendiges zentrales Richtlinienverzeichnis erstellen und auf *Arbeitsstations-Manager-Richtlinien\Windows-Gruppenrichtlinien* angeben (der Pfad muss für alle Benutzer gleich sein – unbedingt eine UNC-Pfadangabe durchführen).

Achten Sie darauf, dass die Zielbenutzer für den angegebenen Netzwerkstandort Leserechte besitzen.

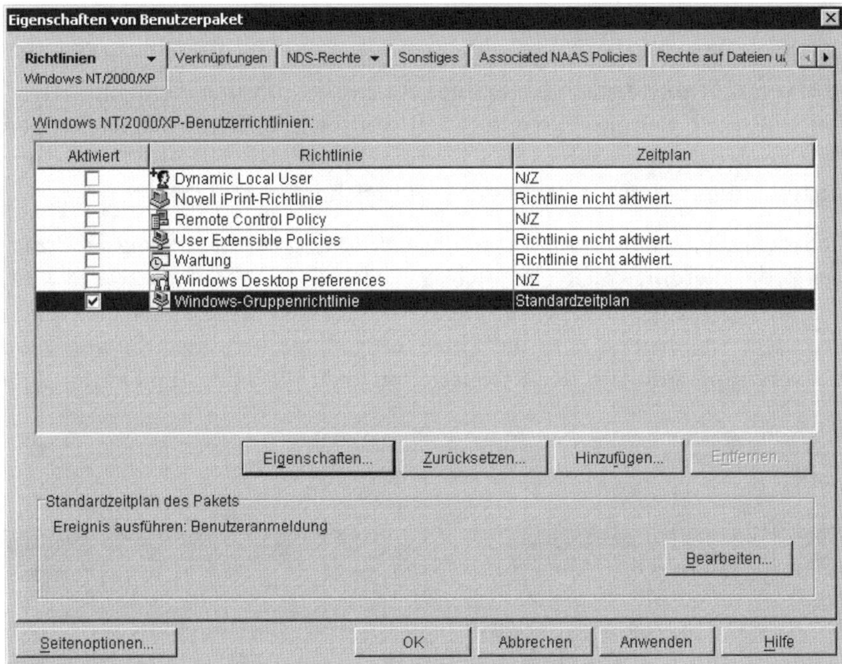

Abb. 6.8: Aktivieren der Windows-Gruppenrichtlinie für verknüpfte Benutzer

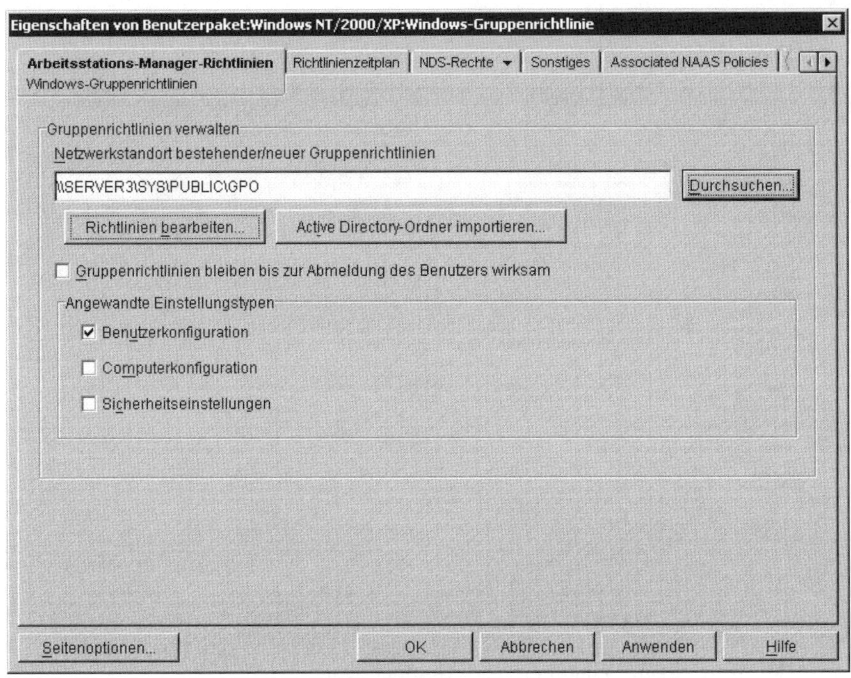

Abb. 6.9: Konfiguration zu den Benutzer-Windows-Gruppenrichtlinien

Optionen

Sie haben die Möglichkeit anzugeben, ob in Verbindung mit dem Gruppenrichtlinienobjekt von ZfD entsprechend dem Zeitplan zur Ausführung die Benutzerkonfiguration und/oder Computerkonfiguration und/oder Sicherheitseinstellungen ausgeführt werden. Vorgegeben ist hier für neue Richtlinien, dass das System nur die Benutzerkonfigurationseinstellungen berücksichtigt.

Zusätzlich steht die Option *Gruppenrichtlinien bleiben bis zur Abmeldung des Benutzers wirksam*, die allerdings nicht ganz richtig wiedergibt, was damit bezweckt wird. Aktivieren Sie das dazugehörige Kontrollfeld, werden die Einstellungen als permanent behandelt. Das beutet, dass die Einstellungen für Benutzer, die auf diese Richtlinie verknüpft sind, auf der Arbeitsstation auch nach der Abmeldung aktiv bleiben.

Konfiguration

Risiko

Bearbeiten Sie Gruppenrichtlinien für Windows 2000/XP nur auf einem System mit Windows XP! Setzen Sie auf den Arbeitsstationen nur Windows 2000 ein, kann wahlweise zur Konfiguration Windows 2000 oder Windows XP angewendet werden. Erfolgt eine wechselnde Bearbeitung durch Windows 2000 und Windows XP, besteht die Gefahr, dass es zu einer Beschädigung der Gruppenrichtlinien kommt.

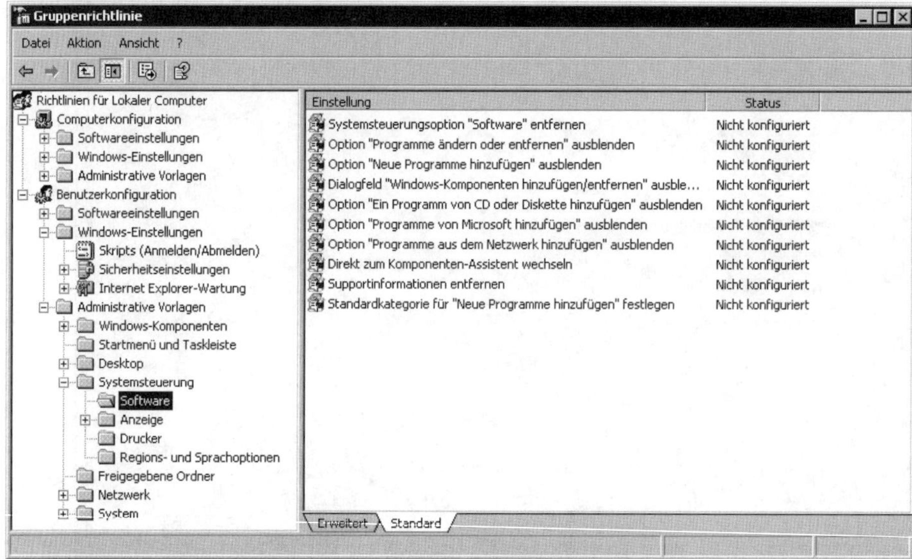

Abb. 6.10: MMC-Fenster zur Konfiguration der Gruppenrichtlinien

Klicken Sie auf RICHTLINIEN BEARBEITEN, wird die MMC (Microsoft Management Console) zur Bearbeitung der Gruppenrichtlinien aufgerufen (Abb. 6.10). Führen Sie alle notwendigen Einstellungen durch und beenden Sie das Fenster mithilfe der Schließen-Schaltfläche rechts oben im Dialogfenster. Damit werden Ihre Einstellungen automatisch im vorher definierten Netzwerkstandort gespeichert.

Eine umfassende Beschreibung zu den Gruppenrichtlinien ist beispielsweise über die Site von Microsoft im Internet verfügbar. Eine Beschreibung zu den einzelnen Richtlinien findet sich auch direkt im Werkzeug bei jeder einzelnen Richtlinie, die Sie zur Bearbeitung doppelklicken können.

Im Fenster der MMC können Sie die Benutzer- und Computerkonfiguration bearbeiten, unabhängig davon, ob die Konfiguration für einen Benutzer (Benutzerpaket) oder eine Arbeitsstation (Arbeitsstationspaket) erfolgt.

Vorsicht

In Verbindung mit Windows XP können derzeit die folgenden Sicherheitsoptionen in den Windows-Einstellungen mit ZfD nicht bearbeitet werden: die Kennwortrichtlinien für komplexe Anforderungen und die reversible Verschlüsselung sowie für den Netzwerkzugriff die Richtlinie zur Erlaubnis für anonyme SID/Namensübersetzung.

Wichtig

Die Gruppenrichtlinien zur Internet-Explorer-Wartung werden grundsätzlich nicht berücksichtigt. Daher wirken die in diesem Bereich vorgenommenen Einstellungen nicht auf den Zielsystemen!

Auf Arbeitsstationen existiert das Verzeichnis %SystemRoot%\SYSTEM32\GROUPPOLICY (hier sind die lokalen Microsoft-Gruppenrichtlinien gespeichert). Beim ersten Aufruf wird der Inhalt nach %SystemRoot%\SYSTEM32\GPTMP000 kopiert (die Zahl kann sich erhöhen, wenn der Ordner schon besteht). Existiert der angegebene Netzwerkpfad bereits, wird der lokale Ordner wieder gelöscht und die Verzeichnisstruktur vom Server kopiert.

Nach der Bearbeitung der Gruppenrichtlinien werden diese wieder ins Netzwerk zurückkopiert und der lokale Ordner automatisch gelöscht und damit der Ursprungszustand wieder hergestellt.

Werden Gruppenrichtlinien auf Zielsystemen zum ersten Mal ausgeführt, erstellt das System als erstes den Pfad GROUPPOLICY.WMORIGINAL. Dorthin werden die lokalen Original-Gruppenrichtlinien einer Arbeitsstation kopiert.

Dann erst werden die serverbasierenden Gruppenrichtlinien auf dem Client ausgeführt. Enthält ein Benutzerpaket Gruppenrichtlinien, wird ein neuer Ordner mit dem Namen GROUPPOLICY.USERCACHE erstellt. Dann wird GROUPPOLICY\WMORIGINAL überprüft und die Summe von allem wird zum Inhalt der wirksamen Gruppenrichtlinien in GROUPPOLICY. Das Gleiche gilt für Arbeitsstationspakete – hier nennt sich der Ordner GROUPPOLICY.WKSCACHE.

Die temporären Ordner werden bei der Abmeldung bzw. dem Herunterfahren je nach Konfiguration wieder gelöscht.

Klicken Sie auf ACTIVE DIRECTORY-ORDNER IMPORTIEREN, können Sie Gruppenrichtlinien in das Verzeichnis am Netzwerkstandort importieren (Abb. 6.11). Geben Sie dazu das Quellverzeichnis der Gruppenrichtlinien auf einem Domänen-Controller an (am besten verwenden Sie dazu die Schaltfläche DURCHSUCHEN).

Abb. 6.11: Import von Gruppenrichtlinien aus dem Active Directory

Auf einem Domänen-Controller befinden sich die Verzeichnisse für Gruppenrichtlinien des Active Directory standardmäßig bei %SystemRoot%\SYSVOL\<domänenname>\POLICIES\<guid der gruppenrichtlinie>. Die GUID einer Gruppenrichtlinie können Sie mithilfe des Werkzeugs *Active Directory-Benutzer und -Computer* von Microsoft feststellen (über die Eigenschaften einer Gruppenrichtlinie).

Das Zielverzeichnis am Netzwerkstandort muss nicht noch einmal eingegeben werden, da es aus dem Hauptdialog übernommen wurde. Klicken Sie zum Abschluss auf ORDNER IMPORTIEREN, damit die Gruppenrichtlinien übernommen bzw. migriert werden. Besteht das Zielverzeichnis noch nicht, wird es jetzt automatisch erstellt.

Risiko

Vorsicht beim Zielpfad, da dort automatisch alle eventuell vorhandenen Dateien und Unterverzeichnisse vor dem Kopieren unwiederbringlich gelöscht werden. Es sollten sich vor Ausführung dort daher möglichst keine Daten befinden, da diese sonst verloren sind.

Richtlinienzeitplan

Vergessen Sie nicht, bei Bedarf den Richtlinienzeitplan noch zu ändern. Dabei kann die Standardeinstellung des Pakets oder ein *Ereignis, Täglich, Wöchentlich, Monatlich* oder *Jährlich* verwendet werden. Beachten Sie, dass in den erweiterten Einstellungen die Identitätsannahme nicht verändert werden darf. Nur in Verbindung mit der Einstellung *Interaktiver Benutzer* funktioniert die Richtlinie korrekt.

6.5.3 Computer-Gruppenrichtlinien

Wichtig

Sie können Gruppenrichtlinien nicht auf einem Windows-2000-Domänen-Controller mithilfe von ConsoleOne konfigurieren. Die Bearbeitung ist mithilfe von ConsoleOne nur auf einer Arbeitsstation mit Windows 2000/XP möglich!

Für Arbeitsstationen gilt das zu den Benutzerrichtlinien beschriebene gleichermaßen. Der primäre Unterschied ist hier, dass sich die Einstellungen auf Arbeitsstationsobjekte beziehen.

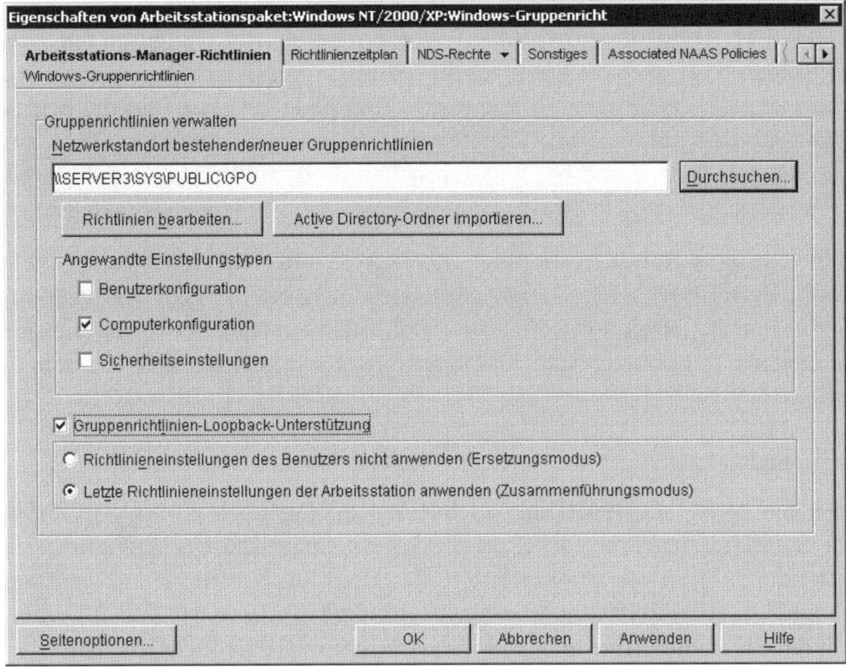

Abb. 6.12: Konfiguration der Arbeitsstations-Windows-Gruppenrichtlinien

Sie haben die Möglichkeit anzugeben, ob in Verbindung mit dem Gruppenrichtlinienobjekt von ZfD entsprechend dem Zeitplan zur Ausführung die Benutzerkonfiguration und/oder Computerkonfiguration und/oder Sicherheitseinstellungen ausgeführt werden. Vorgegeben ist hier für neue Richtlinien, dass das System nur die Computerkonfigurationseinstellungen berücksichtigt.

Loopback-Verarbeitung

Meldet sich ein Benutzer an einem Computer an, für dessen Arbeitsstation diese Option aktiviert wurde, werden alternative Benutzereinstellungen angewendet. Es stehen hier zwei Optionen zur Verfügung.

- *Richtlinieneinstellungen des Benutzers nicht anwenden (Ersetzungsmodus)*

  Die in den Gruppenrichtlinien für diesen Computer festgelegten Einstellungen ersetzen die Benutzereinstellungen, die normalerweise gelten. Das bedeutet, dass die Benutzerkonfiguration für die Arbeitsstation angewendet wird statt der Benutzerkonfiguration für das Benutzerobjekt.

- *Letzte Richtlinieneinstellungen der Arbeitsstation anwenden (Zusammenführungsmodus)*

  Die in den Gruppenrichtlinien für diesen Computer festgelegten Einstellungen und die Benutzergruppenrichtlinien werden gemeinsam angewendet. Bei einem Konflikt ersetzen die Benutzereinstellungen in den Computerrichtlinien die normalen Einstellungen des Benutzers. Das bedeutet, dass hier die Benutzerkonfiguration für das Arbeitsstationsobjekt und das Benutzerobjekt zur Anwendung kommen und bei Widersprüchen die Benutzerkonfiguration aus dem Arbeitsstationsobjekt gewinnt. Diese Einstellung ist in ZfD voraktiviert.

Diese Einstellung wurde für Computer mit besonderem Zweck geschaffen, wie z. B. Computer in Bibliotheken, Labors oder Klassenzimmern, wo die Benutzereinstellungen je nach Computer geändert werden müssen. Dies betrifft häufig nur Fälle, in denen sich Benutzer- und Arbeitsstationsobjekt in verschiedenen Containern befinden.

Richtlinienzeitplan

Vergessen Sie nicht, bei Bedarf den Richtlinienzeitplan noch zu ändern. Dabei kann die Standardeinstellung des Pakets oder ein *Ereignis, Täglich, Wöchentlich, Monatlich* oder *Jährlich* verwendet werden. Beachten Sie, dass in den erweiterten Einstellungen die Identitätsannahme nicht verändert werden darf. Nur in Verbindung mit der Einstellung *Interaktiver Benutzer* funktioniert die Richtlinie korrekt.

Vorsicht

Aufgrund der Tatsache, dass die Dateien für den Windows-Desktop ausgeführt werden, bevor die Gruppenrichtlinien geladen wurden, kann es hierbei vorkommen, dass Einstellungen hier erst nach der nächsten Anmeldung durch den Benutzer wirken. Dies passiert jedoch nur, wenn als Richtlinienzeitplan die Benutzeranmeldung verwendet wird. Verwenden Sie daher ein früheres Ereignis (am besten *Systemstart* verwenden oder *Täglich*).

6.6 Erweiterbare Richtlinien (Extensible Policies)

Hinweis

Beachten Sie bitte unbedingt, dass erweiterbare Richtlinien auf verwalteten Arbeitsstationen mit Microsoft Windows XP nicht mehr ausgeführt werden. In diesem Fall können nur noch Gruppenrichtlinien eingesetzt werden.

In Benutzer- und Arbeitsstations-Richtlinienpaketen stehen so genannte erweiterbare Richtlinien (*Extensible Policies*) zur Verfügung. Damit benötigt man nicht mehr POLEDIT.EXE von Microsoft zu Windows NT 4.0, sondern kann direkt Vorlagendateien (.ADM-Dateien) auf den verwalteten Arbeitsstationen verarbeiten lassen (diese benötigen zumindest Lesezugriff auf die verwendeten Vorlagendateien).

Mit erweiterbaren Richtlinien können Sie Registryeinstellungen beliebiger Applikationen und weitgehend auch des Betriebssystems kontrollieren. Mit ZfD können Sie erweiterbare Richtlinien verwalten und über das gesamte Netzwerk verteilen, um gewünschte bzw. notwendige Konfigurationen zu erzwingen.

Vorsicht

Systemrichtlinien bzw. POLEDIT.EXE gibt es zwar nur bis Windows NT 4.0, aber hier vorgenommene Einstellungen werden auch von Arbeitsstationen mit Windows 2000 verarbeitet!

6.6.1 Wie funktionieren erweiterbare Richtlinien?

Die erweiterbaren Richtlinien von ZfD funktionieren etwas anders als die Systemrichtlinien von Microsoft bis Windows NT 4.0.

Wird die Richtlinie auf den verwalteten Arbeitsstationen ausgeführt, liest der Novell-ZfD-Richtlinieneditor (WMPOLSNP.EXE) die in der Richtlinie angegebenen .ADM-Dateien (Vorlagendateien) und führt mit den im eDirectory definierten Einstellungen die gewünschten Änderungen in der Registry durch.

Vorsicht

Mit den Systemrichtlinien ändern Sie die Registry Ihrer Clients – gehen Sie mit den Einstellungen sehr vorsichtig um, damit Sie nicht eine größere Anzahl Clients arbeitsunfähig machen! Also immer erst in einem Testnetz ausprobieren, ob Ihre neue Einstellung auch wirklich so funktioniert, wie Sie sich das vorstellen (laufen danach noch alle Applikationen?). Dies ist deshalb besonders wichtig, da einige Einstellungen Site-Effekte besitzen.

Vorsicht

Heben Sie die Verknüpfung einer erweiterbaren Richtlinie auf, bleiben die damit durchgeführten Registry-Änderungen in den verwalteten Arbeitsstationen erhalten. Das bedeutet, dass der ursprüngliche Zustand der Registry auf den Clients nicht wiederhergestellt wird.

6.6.2 Vorlagedateien (.ADM-Dateien)

.ADM-Dateien sind statische Vorlagendateien für die Erstellung von Systemrichtlinien. Wenn Sie mit ZfD-Systemrichtlinien bearbeiten, werden vorgenommene Einstellungen nicht in der .ADM-Datei, sondern im eDirectory gespeichert.

Für die Ausführung von Systemrichtlinien auf den verwalteten Arbeitsstationen werden auch die .ADM-Dateien benötigt. Sorgen Sie daher dafür, dass die Zielsysteme zumindest über Leserecht auf die Dateien verfügen und löschen Sie diese nicht, solange die Richtlinie angewendet wird.

Standardmäßig werden eine Reihe von Vorlagendatein mitgeliefert, die bei SYS:\PUBLIC\MGMT\CONSOLEONE\1.2\BIN\ZEN\ADM gespeichert werden. Sie können selbst weitere .ADM-Dateien erstellen und diese in diesem Verzeichnis speichern. Einige wenige Hersteller stellen für Ihre Applikationen ebenfalls .ADM-Dateien zur Verfügung (z.B. für Microsoft Office sind derartige Dateien für die verschiedenen Versionen verfügbar – in der Regel über das Resource Kit verfügbar).

In Verbindung mit Benutzerpaketen stehen nur die Konfigurationen für den Registryteil HKEY_CURRENT_USER und in Verbindung mit Arbeitsstationspaketen nur HKEY_LOCAL_MACHINE zur Verfügung.

ZENworks 2.0

Arbeiten Sie bisher mit ZENworks 2, stehen Ihnen keine *Systemrichtlinien*-Richtlinien mehr zur Verfügung. Diese wurde in die erweiterbaren Richtlinien integriert.

In Verbindung mit Windows NT/2000 verwenden Sie hier ersatzweise COMMON.ADM und WINNT.ADM (immer die neueste Version von Microsoft verwenden, die sich normalerweise im aktuellen Service Pack befinden). Zusätzlich steht für diese Clients noch ZAKWINNT.ADM zur Verfügung (wird von Novell mitgeliefert oder aus dem Zero Administration Kit von Windows NT 4.0 übernehmen). Bei Systemen mit Windows 95/98 nutzen Sie die Datei ADMIN.ADM.

Haben Sie die Richtlinien von ZENworks 2 migriert, werden die Systemrichtlinien weiterhin auf die Clients angewendet, können aber nicht mehr geändert, sondern nur noch komplett deaktiviert werden. Eine Änderung ist nur noch mithilfe der erweiterbaren Richtlinien von ZfD 4.0 möglich.

6.6.3 Richtlinie aktivieren

Aktivieren Sie die Richtlinie im Benutzer- oder Arbeitsstationspaket und rufen den Eigenschaftsdialog auf (Abb. 6.13). Sie gelangen sofort zur Seite *Erweiterbare Benutzerrichtlinien* bzw. *Erweiterbare Computerrichtlinien* zur Konfiguration.

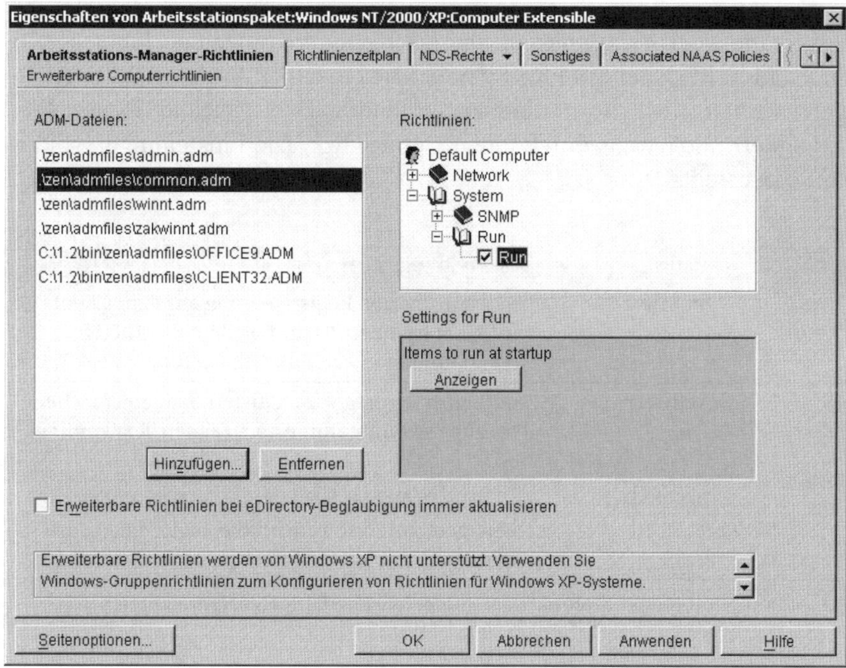

Abb. 6.13: Erweiterbare Richtlinien mithilfe von .ADM-Dateien konfigurieren (bei den Pfadangaben handelt es sich hier um einen häufigen Fehler in der Praxis)

Mithilfe von HINZUFÜGEN können Sie hier Vorlagen-Dateien hinzufügen (.ADM). Novell liefert bereits eine Reihe von .ADM-Dateien mit. Sie finden die hier angezeigten und weitere standardmäßig im Unterverzeichnis ZEN\ADMFILES der CONSOLEONE.EXE auf dem Server. Sie können hier sehr einfach weitere und aktuellere .ADM-Dateien hinzukopieren, die beispielsweise von Microsoft insbesondere über Service Packs und Resource Kits zur Verfügung gestellt werden.

Wählen Sie in der linken Spalte eine .ADM-Datei aus, werden rechts unter *Richtlinien* die verfügbaren Systemrichtlinien zur Konfiguration angezeigt. In Verbindung mit Benutzerrichtlinienpaketen werden automatisch nur die Einträge zu

HKEY_CURRENT_USER (Registry des Benutzerprofils) und in Verbindung mit Arbeitsstationsrichtlinienpaketen nur die Einträge zu HKEY_LOCAL_MACHINE angezeigt.

Wichtig

Verwenden Sie hier möglichst nur UNC-Pfadangaben und achten Sie auf die Zugriffsrechte für die Benutzer auf diesen Pfad. Am besten legen Sie auf dem oder den Servern einen eigenen Ordner für die Vorlagen an und verwenden nicht den Pfad der .ADM-Dateien der ConsoleOne. Pfadangaben wie in Abb. 6.13 sind häufig zu beobachtende Fehler in der Praxis und unbedingt zu vermeiden.

Zur Konfiguration der Richtlinien öffnen Sie rechts die einzelnen Kategorieeinträge durch einen Klick auf ein Plus-Symbol. Die einzelnen Systemrichtlinieneinstellungen werden über Kontrollfelder gesteuert. Den Zustand dieser Kontrollfelder ändern Sie jeweils durch einen Doppelklick. Die Einstellungen sind in Tabelle 6.1 dargestellt.

Kontrollfeld	Status	Beschreibung
	Ignorieren	Der dazugehörige Registryeintrag auf dem Client wird nicht geändert. Damit bleibt der vorherige Registryeintrag unverändert aktiviert oder deaktiviert.
	Aktiviert	Der Registryeintrag wird aktiviert bzw. entsprechend dem zur Systemrichtlinie angezeigten Text konfiguriert.
	Deaktiviert	Der Registryeintrag wird deaktivert bzw. entsprechend dem zur Systemrichtlinie angezeigten Text negiert.

Tabelle 6.1: Konfiguration der Kontrollfelder zu den erweiterbaren Systemrichtlinien

Zu einer Reihe von Systemrichtlinien gibt es im unteren Abschnitt (*Settings*) weitere Einstellungen, die vorgenommen werden müssen (Beispiel siehe Abb. 6.13).

Vorsicht

Ein häufiges Problem stellt der Wunsch dar, eine bestehende Systemrichtlinie »auszuschalten«. Schaltet man diese in den Status »ignorieren« um, bleibt diese jedoch unverändert aktiviert bzw. deaktiviert. Daher muss in diesem Fall ggf. der Status zwischen »aktiviert« und »deaktiviert« geändert werden und erst später kann die Systemrichtlinie »ausgeschaltet« werden.

6.6.4 Ausführung der Richtlinie

Im Zusammenhang mit der Ausführung der Registryänderungen über die erweiterbaren Richtlinien spielt die Konfiguration des Richtlinienzeitplans auf der zweiten Registerkarte eine sehr wichtige Rolle.

Sie können hier zwischen der Vorgabe *Paketzeitplan* und *Ereignis, Täglich, Wöchentlich, Monatlich* und *Jährlich* wählen. Vorsicht ist bei Windows 98 geboten, da hier beispielsweise geänderte Desktop-Einstellungen erst nach der nächsten Anmeldung wirksam werden.

Beispiel:

Konfigurieren Sie über die erweiterbaren Richtlinien ein Hintergrundbild für den Desktop und werden die Richtlinien bei jeder Benutzeranmeldung ausgeführt, können die Benutzer diese Einstellung ggf. jederzeit ändern. Sperren Sie nicht den Zugriff auf die Anzeigeeigenschaften der Arbeitsstationen, ist dort die Rekonfiguration des Hintergrundbilds durch einen Anwender jederzeit möglich. Allerdings wird der von Ihnen eingestellte Systemstandard bei der nächsten Anmeldung automatisch wieder hergestellt und die Benutzereinstellung überschrieben.

Risiko

Das bedeutet, dass Sie bei der Anwendung der erweiterten Richtlinien immer auch darauf achten sollten, ob Benutzer das Recht besitzen, Ihre Einstellungen wieder zu ändern und ggf. weitere Teile wie beispielsweise einzelne Applets in der Systemsteuerung sperren. Dies kann teilweise entweder über weitere erweiterbare Richtlinien erfolgen oder im Fall der Systemsteuerung können Sie die zugehörige .CPL-Datei auf den Arbeitsstationen entweder löschen oder die Berechtigungen im NTFS so ändern, dass außer Administratoren niemand Zugriffsrechte besitzt.

Tipp

Setzen Sie auf den Arbeitsstationen Windows 2000/XP ein, sollten Sie möglichst auf erweiterbare Richtlinien verzichten und Gruppenrichtlinien einsetzen, da diese normalerweise nur temporär wirken. Das bedeutet, dass nach deaktivieren einer Gruppenrichtlinie wieder die alten Einstellungen auf den Arbeitsstationen wirken.

6.7 Benutzerprofile (Mandatories bzw. obligatorische Profile)

Über die Richtlinie *Desktop-Standardeinstellungen* (*Windows Desktop Preferences*) können Sie zum einen einige Einstellungen für die Systemsteuerung der Clients vorgeben und des Weiteren serverbasierende Benutzerprofile definieren. Die Richtlinie steht nur über Benutzerpakete zur Verfügung.

Wählen Sie in einem Benutzerpaket die benötigte Plattform, aktivieren die Richtlinie *Windows Desktop Preferences* und klicken Sie auf EIGENSCHAFTEN.

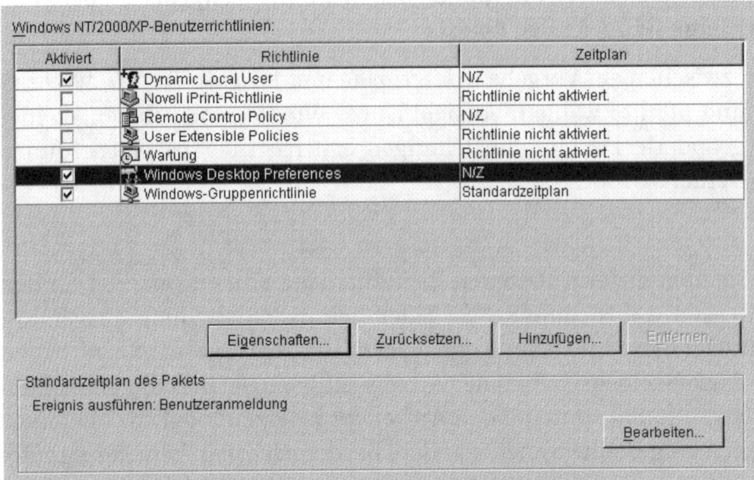

Abb. 6.14: Benutzerrichtlinie für serverbasierende Profile und Desktop-Standardeinstellungen

6.7.1 Desktop-Einstellungen

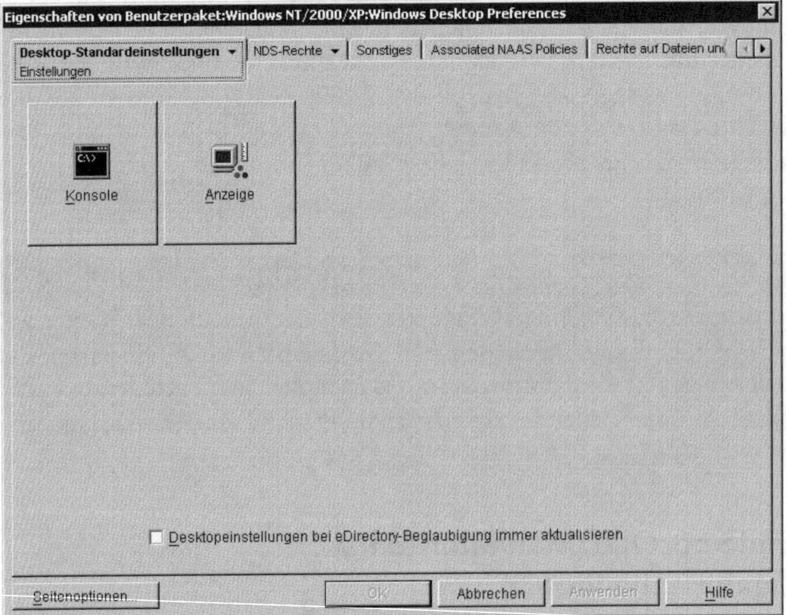

Abb. 6.15: Einstellungen zum Desktop erzwingen

Auf der Seite *Einstellungen* der Registerkarte *Desktop-Standardeinstellungen* können einige wenige Konfigurationsschritte zum Desktop der Clients durchgeführt werden (Abb. 6.15).

In Verbindung mit den Plattformen Windows NT/2000/XP können Sie einige Eigenschaften der Eingabeaufforderung (*Konsole*) und der Anzeigeeigenschaften (*Anzeige*) konfigurieren. Zur Plattform Windows 95/98 steht nur die Konfiguration der Anzeigeeigenschaft (*Anzeige*) zur Verfügung.

Ab ZfD 3.2 kann hier festgelegt werden, dass bei jeder Beglaubigung im eDirectory eine Aktualisierung des Clients erfolgt.

Führen Sie einen Klick auf eines der Symbole aus, lässt sich die Konfiguration durchführen, mit der die Einstellungen auf den Clients bei Anmeldung eines zugewiesenen Benutzers überschrieben werden.

Vorsicht

Beispielsweise kann nicht jedes .BMP als Hintergrundbild verwendet werden – also immer erst testen! Andere Bilder benötigen einen aktiven Desktop. Positiv ist, dass Bilder auch von einem Server heruntergeladen werden können, falls diese auf den betroffenen Arbeitsstationen nicht vorhanden sind (Konfigurationsbeispiel in Abb. 6.16).

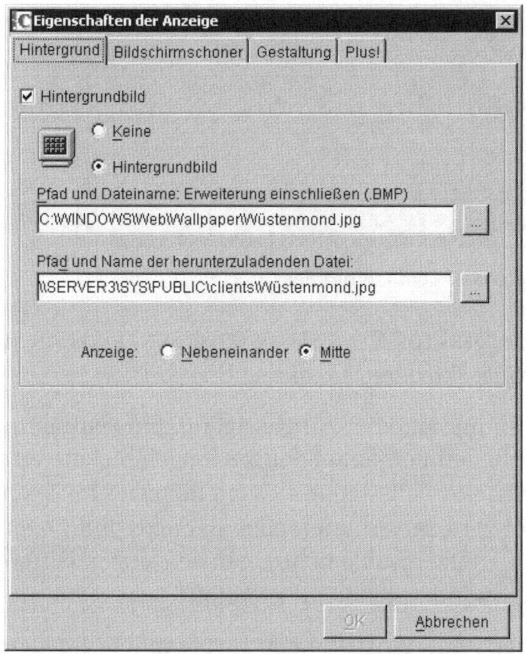

Abb. 6.16: Erzwingen eines vorgegebenen Hintergrundbilds für Clients

Je nach Plattform können über *Anzeige* das Hintergrundbild, der Bildschirmschoner, das Farbschema (*Gestaltung*) und optische Einstellungen (*Plus!*) konfiguriert werden.

In Verbindung mit der Eingabeaufforderung bzw. dem DOS-Fenster (*Konsole*) besteht die Möglichkeit, die Farben, das Layout und einige Konsolenoptionen vorzugeben.

6.7.2 Serverbasierende Benutzerprofile

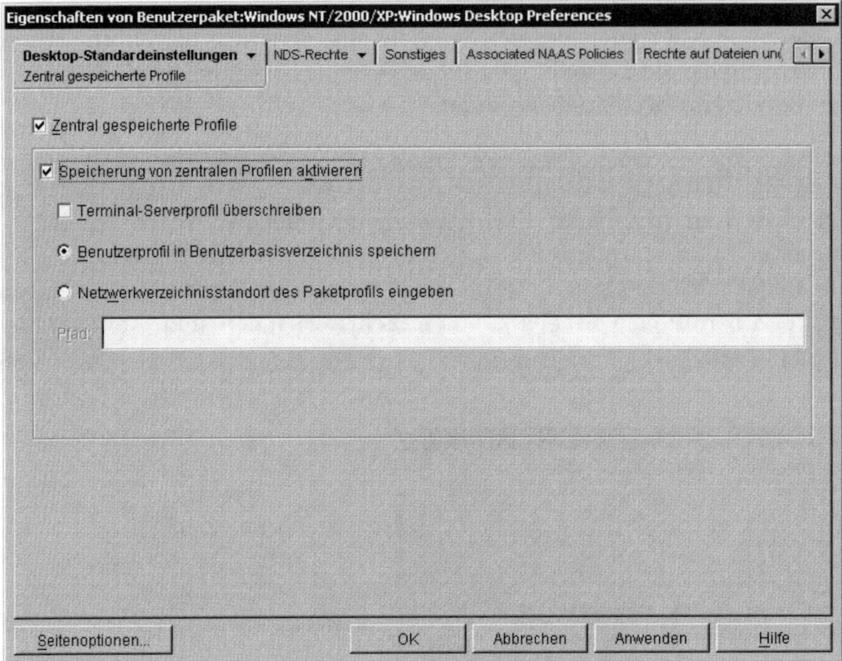

Abb. 6.17: Konfiguration von serverbasierenden Benutzerprofilen

Auf der ersten Seite der Registerkarte DESKTOP-STANDARDEINSTELLUNGEN können Sie zentral gespeicherte Benutzerprofile aktivieren *(Roaming User Profiles)*.

Normalerweise gilt ein Benutzerprofil nur an einer Arbeitsstation. Ein zentral im Netzwerk gespeichertes Benutzerprofil definiert eine Benutzerumgebung, die verfügbar ist, unabhängig davon, an welcher Arbeitsstation sich ein Benutzer im Netzwerk anmeldet. Ein derartiges Profil wird serverbasierendes Benutzerprofil oder Roaming Profile genannt. Derartige Benutzerprofile nehmen in den letzten Jahren an Bedeutung zu, da es immer mehr »wandernde Benutzer« gibt.

Damit »folgenden« einem Anwender seine Einstellungen insbesondere für den Desktop und die Applikationen.

Eine Variante davon sind die obligatorischen oder zwingenden Benutzerprofile (Mandatories). Auch derartige Profile werden zentral gespeichert, sind aber zwingend. Das bedeutet, dass der Benutzer keine eigenen Einstellungen durchführen kann bzw. diese bei der Abmeldung verloren gehen (daher oft auch zwingend bezeichnet). Im Regelfall werden derartige Profile von einem Administrator für eine Gruppe von Benutzern definiert – es werden hier in der Regel keine benutzerindividuellen Profilpfade zur Verfügung gestellt.

Vorsicht

In einer NetWare-Umgebung, in der auf Arbeitsstationen kein Novell-Client installiert wurde, können Sie keine serverbasierenden Benutzerprofile konfigurieren. Verwenden Arbeitsstationen für den Zugriff einen ZfD-Middle-Tier-Server und ist zu diesem Zweck der Verwaltungsagent installiert, müssen Sie zusätzlich den Novell-Client installieren, wenn Sie zentrale Benutzerprofile anwenden möchten.

- *Zentral gespeicherte Profile* (*Roaming Profiles*)

  Nur wenn Sie dieses Kontrollfeld aktivieren, sind die weiteren Optionen auf der Seite verfügbar. Damit werden die serverbasierenden Benutzerprofile aktiviert. Zusätzlich sind weitere Optionen unbedingt anzugeben.

- *Speicherung von zentralen Profilen aktivieren* (*Enable Storage of Roaming Profiles*)

  Zusätzlich muss dieses Kontrollfeld unbedingt aktiviert werden, damit eine zentrale Speicherung der Benutzerprofile erfolgt.

- *Terminal-Serverprofil überschreiben* (*Override Terminal Server Profile*)

  Greift ein Benutzer auf einen Terminal-Server zu und besitzt ein eigenes Benutzerprofil, kann mit dieser Option Terminal-Server-Profil überschrieben werden. Dabei wird das im Benutzerbasisverzeichnis oder an einem anderen Netzwerkstandort gespeicherte Profil erzwungen bzw. verwendet.

- *Benutzerprofil in Benutzerbasisverzeichnis speichern* (*Store User Profile in User's Home Directory*)

  Sollen die Home-Directories (Basisverzeichnisse) der Benutzer für das Speichern der Benutzerprofile (Pfad *Windows NT 4.0 Workstation Profile* bei Windows NT 4.0, *Windows NT 5.0 Workstation Profile* bei Windows 2000 oder *Windows NT 5.1 Workstation Profile* bei Windows XP) verwendet werden, müssen Sie diese Option aktivieren und unbedingt darauf achten, dass für alle betroffenen Konten Basisverzeichnisse angelegt wurden. Wenn nicht, erhält ein Benutzer bei der Anmelden eine entsprechende Fehlermeldung.

  Wechselt ein Benutzer das Betriebssystem, müssen Sie beachten, dass durch die verwendete Benennung die Profilpfade unterschiedlich benannt sind und somit das alte Benutzerprofil nicht mehr verfügbar ist.

Normalerweise ist diese Option die vorteilhafteste, da Benutzer auf das Basisverzeichnis ständigen Zugriff besitzen. Allerdings kann diese Einstellung nur für serverbasierende, nicht jedoch für obligatorische Benutzerprofile verwendet werden.

- *Netzwerkverzeichnisstandort des Paketprofils eingeben (Enter Network Directory Location of Package Profile)*

  Diese Option kann für serverbasierende und obligatorische Benutzerprofile verwendet werden. Alternativ zum Basisverzeichnis kann hier ein Netzwerkpfad für ein Benutzerprofil angegeben werden.

  Ein sinnvoller Einsatz ist hierbei jedoch nur die Anwendung in Verbindung mit obligatorischen Benutzerprofilen, da sonst für jeden Benutzer eine eigene Pfadangabe im nächsten Feld notwendig ist. Handelt es sich um kein obligatorisches Benutzerprofil und verwenden mehrere Benutzer den gleichen Pfad, werden die Einstellungen gegenseitig überschrieben (der letzte gewinnt).

  Beachten Sie, dass hier selbstverständlich der angegebene Netzwerkpfad für alle Benutzer des Benutzerpakets gültig ist – alle verwenden das gleiche Profil.

  Serverbasierende und obligatorische Benutzerprofile sind grundsätzlich identisch. Wollen Sie ein Profil obligatorisch machen, benennen Sie lediglich die Datei NTUSER.DAT nach NTUSER.MAN um. Damit können Anwender den Inhalt des Profils auf dem Server nicht mehr überschreiben. Spätestens bei der nächsten Anmeldung erhalten Benutzer immer wieder das vorgegebene Benutzerprofil. Entsprechend der Berechtigungen und der Verfügbarkeit von Funktionen können Anwender jedoch beispielsweise Desktopeinstellungen ändern (diese gelten bis zur nächsten Anmeldung).

- *Pfad (Path)*

  Geben Sie in diesem Feld einen Pfad ein (UNC-Pfadangabe ist empfehlenswert), wenn Sie die vorherige Option zum Netzwerkstandort aktiviert haben. Im angegebenen Verzeichnis wird das Benutzerprofil gespeichert (obligatorische müssen Sie hier vor der ersten Anmeldung zur Verfügung stellen). Achten Sie auf entsprechende Zugriffsberechtigungen für die Zielbenutzer.

Vorsicht

TID 10059488: In Verbindung mit Windows 2000 kann bei zentral gespeicherten Profilen eine Fehlermeldung erscheinen, wenn abgemeldet bzw. neu gestartet wird. Dabei ist eine Aktualisierung eines servergespeicherten Benutzerprofils nicht möglich. Die Antwort findet sich in der Knowledgebase von Microsoft (Q273473). Die Ursache liegt in schreibgeschützten Dateien. Das Problem sollte lt. Microsoft mit dem Service Pack 2 zu Windows 2000 behoben sein.

6.8 ZfD-Verwaltungsagenten konfigurieren

Mit der *ZENworks für Desktops-Verwaltungsagentenrichtlinie* können Sie den ZfD-Verwaltungsagenten zentral konfigurieren. Mit dem ZfD-Verwaltungsagenten können Sie ZfD 4.0 auf Arbeitsstationen auch ohne Novell-Client verwenden. Weitere Informationen, insbesondere zur Installation, finden Sie im Kapitel 1.

Mit dem ZfD-Verwaltungsagenten können Benutzer mittels DNS-Namen oder IP-Adressen auf den ZENworks für Desktops Middle-Tier-Server zugreifen.

Rufen Sie die Eigenschaften eines Arbeitsstationspakets auf oder erstellen Sie bei Bedarf ein solches neu.

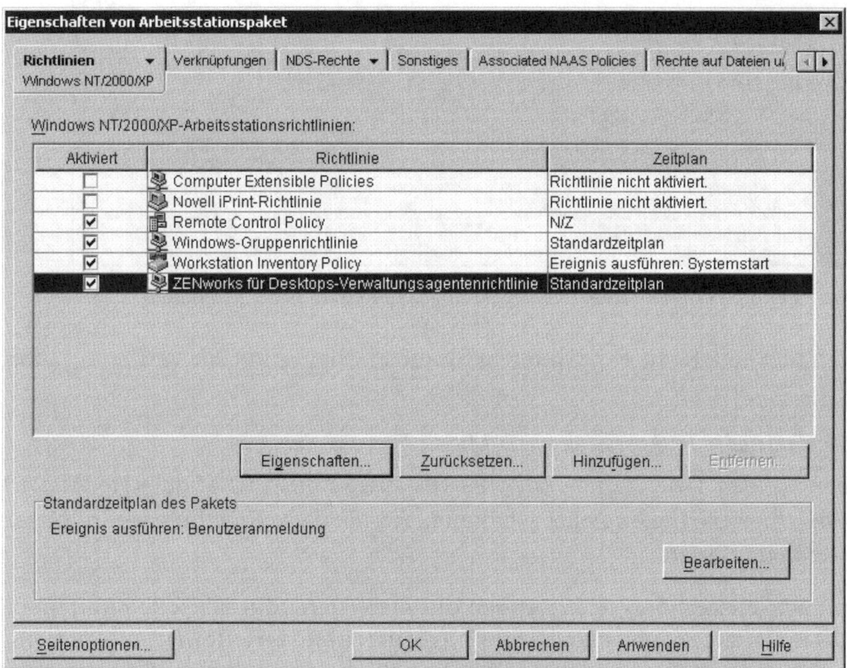

Abb. 6.18: Konfiguration des Verwaltungsagenten mithilfe eines Arbeitsstationspakets

Aktivieren Sie die Richtlinie *ZENworks für Desktops-Verwaltungsagentenrichtlinie (ZfD Management Agent Policy)* und klicken Sie zur Konfiguration auf EIGENSCHAFTEN (Abb. 6.18).

Außer der Konfiguration des Richtlinienzeitplans finden Sie alle Einstellungen auf der ersten Registerkarte *(ZENworks für Desktops-Verwaltungsagentenrichtlinie)*, die nur eine Seite besitzt (Abb. 6.19).

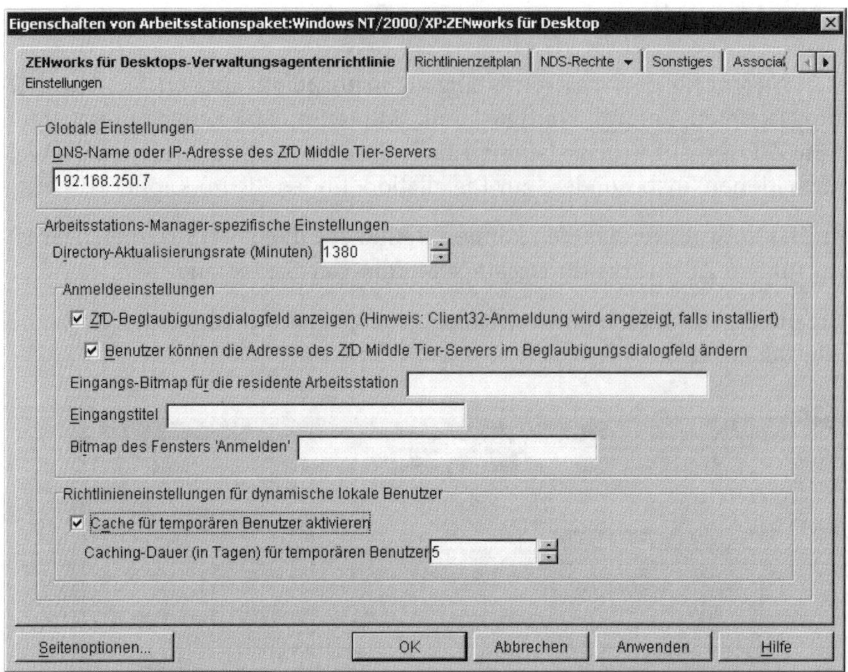

Abb. 6.19: Zentrale Konfiguration des Verwaltungsagenten für Arbeitsstationen

Es stehen hier eine Reihe von Optionen für die Konfiguration zur Verfügung (Abb. 6.19):

- *DNS-Name oder IP-Adresse des ZfD-Middle-Tier-Servers*

  Geben Sie den DNS-Namen oder die IP-Adresse des ZfD-Middle-Tier-Servers ein, den die verwalteten Arbeitsstationen, für die diese Richtlinie verknüpft ist, verwenden müssen.

  Den angegebenen Server verwenden die Zielsysteme für alle ZfD-Komponenten (Arbeitsstationsinventarisierung, Arbeitsstationsverwaltung, Applikationsverwaltung und Fernverwaltung), wenn die Funktionalität außerhalb einer Firewall verfügbar ist.

  Bleibt das Feld leer, erfolgt keine Konfiguration dieser Einstellung auf den verknüpften Arbeitsstationen.

  Ändern Sie später den Eintrag, wird dieser beim nächsten Neustart der verknüpften Arbeitsstationen übertragen. Der bisherige Server bzw. DNS-Name oder die IP-Adresse müssen daher noch so lange zur Verfügung stehen, bis die geänderte Richtlinienkonfiguration auf alle betroffenen Zielsysteme übertragen wurde.

Risiko

Achten Sie hier unbedingt auf eine korrekte Eingabe! Es können sich die betroffenen verwalteten Arbeitsstationen nicht mehr mit dem ZfD-Middle-Tier-Server in Verbindung setzen. In diesem Fall besteht keinerlei Möglichkeit mehr, eine Anmeldung im eDirectory durchzuführen. Der Anwender kann bestenfalls noch die Adresse des Servers im Anmeldedialog ändern, wenn diese Option verfügbar ist (dürfte wohl in den seltensten Fällen möglich sein). Einzige Lösungsmöglichkeit ist, dass man sich als lokaler Administrator anmeldet, den ZfD-Verwaltungsagenten deinstalliert und danach erneut installiert (die Installationsoption *Programm ändern* funktioniert leider nicht als Lösung).

- *Directory-Aktualisierungsrate (Minuten)*

  Im angegebenen Intervall überprüfen die verwalteten Arbeitsstationen, ob im eDirectory aktualisierte Informationen zur Verfügung stehen (z.B. neue oder geänderte Richtlinien). Der Standardwert ohne Änderung in der Richtlinie ist 1380 Minuten (23 Stunden). Unabhängig davon erfolgt selbstverständlich immer beim Start von Arbeitsstationen eine Überprüfung auf Änderungen.

  Den Wert, den Sie hier verwenden, hängt wesentlich davon ab, wie oft Änderungen an den Richtlinien durchgeführt werden und wie schnell diese auf den Arbeitsstationen wirksam werden müssen. Als weiterer Aspekt ist hier die für Aktualisierungen benötigte Bandbreite (auch Kosten) im WAN. Ein hoher Wert, wie die vorher angegebenen 1380 Minuten, ist in der Praxis sicherlich für die meisten Fälle sinnvoll. Normalerweise will man hier primär die Fälle abdecken, in denen Anwender ihre Computersysteme nie oder nur selten Neustarten.

- *ZfD-Beglaubigungsdialogfeld anzeigen*

  Diese Option wirkt nur auf den verknüpften Arbeitsstationen, auf denen kein Novell-Client zur Verfügung steht (in diesem Fall wird grundsätzlich immer der Anmeldebildschirm des Novell-Clients auf den Arbeitsstationen verwendet).

  Nur wenn das Kontrollfeld aktiviert wird, erfolgt die Anzeige des ZfD-Beglaubigungsdialogfeldes. In diesem Fall können Sie für den auf den Clients angezeigten Dialog zusätzlich im Folgenden beschriebene, weitere Optionen im Abschnitt konfigurieren.

  Deaktivieren Sie die Option, verwenden die verwalteten Arbeitsstationen den Microsoft-Anmeldedialog. Entsprechen Konto und Kennwort für die Microsoft-Anmeldung (lokal) nicht einem Konto im eDirectory, wird nach kurzer Wartezeit zusätzlich ein Novell-Anmeldedialog angezeigt (nur die Eingabefelder für Benutzername und Kennwort sind verfügbar).

- *Benutzer können die Adresse des ZfD-Middle-Tier-Servers im Beglaubigungsdialogfeld ändern*

  Aktivieren Sie diese Option (siehe auch Kapitel 1 zur Installation), können Benutzer bei Bedarf in den Optionen des Anmeldedialogs des Verwaltungsagenten die DNS- oder IP-Adresse des ZfD-Middle-Tier-Servers ändern.

  Diese Möglichkeit kann sinnvoll sein, wenn Benutzer unterschiedliche ZfD-Middle-Tier-Server verwenden (beispielsweise mit Notebooks an verschiedenen Standorten).

- *Eingangs-Bitmap für die residente Arbeitsstation*

  Sie können hier eine Bitmap-Datei angeben, die auf dem Willkommens-Bildschirm (Dialogfeld, in dem `Strg`+`Alt`+`Entf` zur Anmeldung gedrückt werden muss) nach dem Start einer Arbeitsstation angezeigt wird (nur Windows NT/2000/XP). Die Datei muss lokal auf dem System verfügbar sein (Pfadangabe nicht vergessen).

  Wenn Sie kein spezielles Bild wünschen, lassen Sie das Feld leer. Diese Option wird nicht ausgeführt, wenn der Microsoft-Anmeldedialog statt dem ZfD-Beglaubigungsdialog ausgeführt wird.

- *Eingangstitel*

  Geben Sie auf Wunsch einen Text ein, der als Titel im Willkommens-Bildschirm (Dialogfeld, in dem `Strg`+`Alt`+`Entf` zur Anmeldung gedrückt werden muss) nach dem Start einer Arbeitsstation angezeigt wird (Windows NT/2000/XP). Diese Option wird nicht ausgeführt, wenn der Microsoft-Anmeldedialog statt dem ZfD-Beglaubigungsdialog ausgeführt wird.

- *Bitmap des Fensters 'Anmelden'*

  Sie können hier eine Bitmap-Datei angeben, die im Anmeldefenster nach dem Start einer Arbeitsstation angezeigt wird (nur Windows NT/2000/XP). Die Datei muss lokal auf dem System verfügbar sein (Pfadangabe nicht vergessen).

  Wenn Sie kein spezielles Bild wünschen, lassen Sie das Feld leer. Diese Option wird nicht ausgeführt, wenn der Microsoft-Anmeldedialog statt dem ZfD-Beglaubigungsdialog ausgeführt wird.

- *Cache für temporären Benutzer aktivieren*

  Hier können Sie den Cache für den DLU (dynamisch lokaler Benutzer – Abschnitt 6.4) aktivieren. Ist für die Richtlinie zum dynamisch lokalen Benutzer die Option *Temporärer Benutzer* (Abb. 6.5) aktiviert worden, legen Sie damit fest, nach wie vielen Tagen das lokal zwischengespeicherte Benutzerkonto automatisch gelöscht werden soll. Damit werden diese Konten auf den Arbeitsstationen nicht mehr bei jeder Ab- bzw. Anmeldung entfernt.

Ein Vorteil ist beispielsweise, dass die Anmeldung schneller verarbeitet werden kann, da nicht jedes Mal ein neues Benutzerprofil auf den Arbeitsstationen erstellt werden muss. Ferner kann ggf. ein Benutzer noch arbeiten, wenn er nicht mit dem Netzwerk verbunden ist (es werden dabei die lokal zwischengespeicherten Werte verwendet).

- *Caching-Dauer (in Tagen) für temporären Benutzer*

  Hier geben Sie die Zwischenspeicher-Tage an. Damit wird festgelegt, nach wie vielen Tagen, an denen ein temporäres lokales Konto nicht verwendet wurde, dieses bei der nächsten Anmeldung eines beliebigen Benutzers automatisch entfernt werden soll.

Die Änderungen werden hier auf den betroffenen Clients während des nächsten Anmeldeprozesses bzw. zu den von Ihnen vorgenommenen Einstellungen auf der Registerkarte *Richtlinienzeitplan* ausgeführt.

Wichtig

Änderungen in dieser Richtlinie wirken sich erst nach einer oder sogar zwei Neustarts auf den verwalteten Arbeitsstationen aus.

6.9 Troubleshooting

Die häufigsten Ursachen, warum die hier beschriebenen Richtlinien nicht funktionieren, sind Fehler bei der Konfiguration der Suchrichtlinie oder bei der Verknüpfung der Richtlinienpakete.

Das gilt insbesondere auch dann, wenn mit mehreren »gleichen« Richtlinienpaketen gearbeitet wird (z.B. mehrere Arbeitsstationsrichtlinienpakete) und diese unter Umständen für die gleichen Containerbereiche gelten. Bei der Suche nach Richtlinien wird im eDirectory immer aufgehört, wenn beispielsweise für einen Benutzer oder eine Arbeitsstation die erste verknüpfte Richtlinie gefunden wird.

6.9.1 Effektive Richtlinien

Funktionieren Richtlinien nicht oder nicht so, wie Sie sich das vorstellen, ist eine der ersten Fehlersuchaufgaben die Nutzung der Funktion *Wirksame Richtlinien* bei Arbeitsstations- und Benutzerobjekten.

Rufen Sie die Eigenschaften eines Benutzer- oder Arbeitsstationsobjekts im eDirectory (ConsoleOne) auf und wechseln Sie auf die Seite *Wirksame Richtlinien* der Registerkarte *ZENworks*. Klicken Sie auf die Schaltfläche WIRKSAME RICHTLINIEN, wird das eDirectory nach den aktuell für die Arbeitsstation oder den Benutzer wirksamen Richtlinien untersucht (Abb. 6.20).

Haben Sie in der gültigen Suchrichtlinie die Standardreihenfolge nicht geändert, werden als erstes die direkt dem ausgewählten Objekt zugeordneten Richtlinienpakete gesucht. Wird eine aktive Richtlinie gefunden, erfolgt keine weitere Suche nach einer derartigen Richtlinie (keine Richtlinienkumulation)! Das gilt auch für die weitere Richtliniensuche.

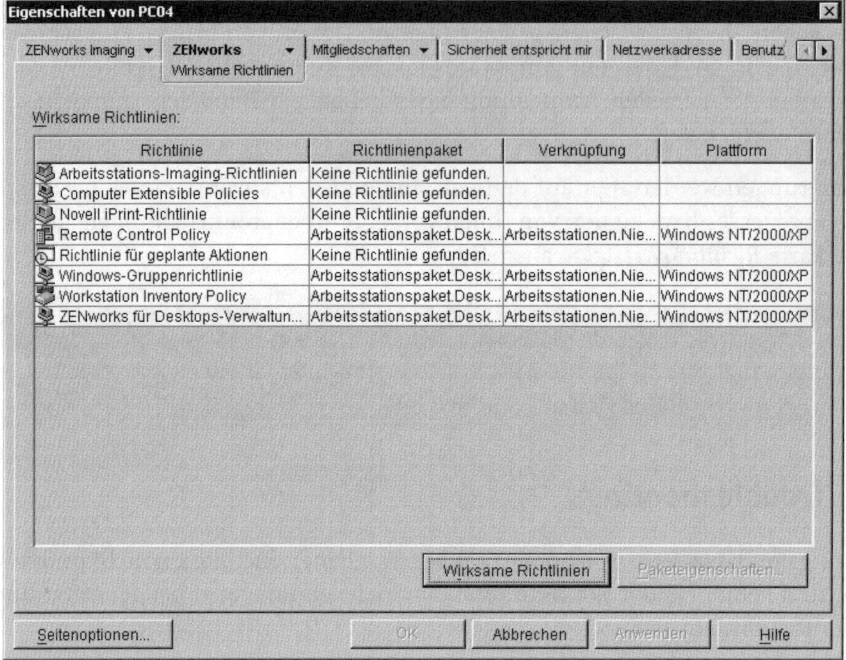

Abb. 6.20: Suche nach den wirksamen Richtlinien bzw. Richtlinienpaketen für eine Arbeitsstation

Wichtig

Gibt es mehr als eine wirksame Windows-Gruppenrichtlinie, werden diese hier jeweils in eigenen Zeilen angezeigt. Beachten Sie, dass es bei widersprüchlichen Konfigurationen zu Problemen bzw. nicht zum gewünschten Effekt auf den verwalteten Arbeitsstationen kommt.

Als nächstes wird überprüft, welchen Benutzer- bzw. Arbeitsstationspaketen das Objekt angehört. Für alle Gruppen wird auf verknüpfte Richtlinienpakete geprüft und darin aktive Richtlinien werden zugeordnet, außer es wurde bereits eine wirksame Richtlinie gefunden.

Zum Abschluss werden entsprechend der Suchrichtlinie die den Containern zugeordneten Richtlinienpakete gesucht.

In der Liste werden alle möglichen Richtlinien für das entsprechende Objekt im eDirectory angezeigt. Zu jeder gefundenen wirksamen Richtlinie wird dessen Paket, die Paketverknüpfung und die Plattform angezeigt.

Klicken Sie auf einen Eintrag in der Liste und anschließend auf PAKETEIGENSCHAFTEN, gelangen Sie direkt in das ausgewählte Richtlinienpaket und können insbesondere die Verknüpfung und die Konfiguration der einzelnen Richtlinien einsehen und ggf. bearbeiten.

Risiko

Risiken ergeben sich immer, wenn mit vielen Richtlinien bzw. Richtlinienpaketen gearbeitet wird und Sie diese in den gleichen Containerbereichen des Baums verknüpfen. Gibt es für ein Objekt mehrere aktivierte Richtlinien, kann dies leicht dazu führen, dass nicht die gewünschte, sondern eine andere Richtlinie wirkt, da diese zuerst gefunden wurde. Das kann beispielsweise vorkommen, wenn Sie über Container und Gruppen verschiedene Richtlinien zuordnen und damit nur die aktive über die Gruppe wirkt.

6.9.2 Alte Richtlinien

Wichtig

Führen Sie ein Upgrade von ZfD 3.x durch, ist keine Migration von Richtlinienpaketen erforderlich.

Für Richtlinien, die mit ZENworks 2 erstellt wurden, ist eine Migration notwendig. Eine Beschreibung dazu finden Sie im Kapitel 2.5. Dabei können keine einzelnen Richtlinien oder Richtlinienpakete, sondern nur Container angegeben werden.

Ohne Migration müssen Sie auch weiterhin den NetWare-Administrator zur Konfiguration der alten ZENworks 2-Richtlinienpakete verwenden. Leider werden in der ConsoleOne auch bei den effektiven Richtlinien zu Benutzer- und Arbeitsstations-Objekten nur diejenigen von ZfD berücksichtigt.

6.9.3 Effektive Richtlinien bei ZENworks 2 und ZfD

Wichtig

Beachten Sie, dass die wirksamen Richtlinien von ZfD 4.0 und ZENworks 2 mit dem gleichen Objekten verknüpft sein können. Dadurch sind durchaus widersprüchliche Einstellungen möglich. Derartige Situationen sollten selbstverständlich möglichst vermieden werden.

In der folgenden Tabelle finden Sie Hinweise darauf, welche Richtlinien wirksam sind, wenn Verknüpfungen desselben Objekts auf Richtlinien von ZENworks 2 und ZfD vorliegen. V2 bedeutet in der folgenden Tabelle ZENworks 2 und V3 bedeutet ZfD ab Version 3.0.

	Schema=V2 Suchrichtlinie=V2	Schema=V3 Suchrichtlinie=V2	Schema=V3 Suchrichtlinie=V3
Effektive Richtlinien für ZfD-Arbeitsstationen	ZENworks 2	ZENworks 2	ZfD ab 3.0
Effektive Richtlinien für ZENworks 2-Arbeitsstationen	ZENworks 2	ZENworks 2	ZENworks 2
Bericht zu wirksamen Richtlinien für ZfD	ZENworks 2	ZENworks 2 und ZfD ab 3.0	ZENworks 2 und ZfD ab 3.0
ConsoleOne Snap-In für ZfD	./.	ZfD ab 3.0	ZfD ab 3.0
NetWare-Administrator Snap-In für ZENworks 2	ZENworks 2	ZENworks 2	ZENworks 2

Auf einer ZENworks 2-Arbeitsstation wird ein älterer Novell-Client mit den Diensten von ZENworks 2 ausgeführt. Eine ZfD-Arbeitsstation führt bereits die Dienste bzw. Agenten von ZfD 3.x bzw. 4.0 aus.

Solange keine ZfD-Suchrichtlinie mit einem Benutzer- und/oder Arbeitsstations-Objekt verknüpft ist, wird keine ZfD-Richtlinie wirksam!

6.9.4 Berichtswesen

Sie können sich einen Paketzuordnungsbericht oder einen Bericht zu den wirksamen Richtlinien von ConsoleOne ausgeben lassen. Eine Beschreibung finden Sie im Kapitel 2.6.

## Kapitel 7

Druckermanagement

Grundsätzlich ist das Druckermanagement nur in Verbindung mit Netzwerkdruckern möglich. Das galt auch schon für die bisherigen Versionen von ZENworks. Allerdings stellt die Management-Software die Möglichkeit zur Verfügung, Netzwerkdrucker für Benutzer und Arbeitsstationen zu nutzen (der Treiber kommt automatisch mit). Hierfür sind Druckerobjekte im eDirectory erforderlich (auch für iPrint/NDPS).

Tipp

Lokale Drucker: Erstellen Sie ein SnAppShot (Kapitel 9) der Treiber für die lokal angeschlossenen Drucker. Verteilen Sie die daraus erstellten Applikationsobjekte mithilfe des NAL und System-Rechten an die Arbeitsstationen. Beachten Sie, dass die Drucker in diesem Fall erst nach einem Neustart in der Druckerumgebung sichtbar sind und zur Verfügung stehen. Ab Windows 2000 sollte dies nicht mehr erforderlich sein, da Plug&Play auch für lokale Drucker zur Verfügung steht und diese automatisch beim Einschalten erkennt und die notwendigen Treiber installiert werden.

Selbstverständlich können Sie wie bisher mit den alten Druckerobjekten (Drucker-Server, Druckerobjekt und Warteschlange) arbeiten oder das bisherige NDPS nutzen (Konfiguration ab Abschnitt 7.4). ZfD unterstützt allerdings mit seinen Richtlinien nur noch iPrint. Diese Funktionalität ist ab NetWare 6 SP2 bzw. NetWare 5.1 SP5 verfügbar.

7.1 Einführung zu iPrint

Mithilfe von iPrint können mobile Mitarbeiter, Geschäftspartner und Kunden von einem beliebigen Standort aus auf Ihre Netzwerkdrucker zugreifen. Dabei werden verfügbare Internetverbindungen genutzt.

Mithilfe eines Webbrowsers können Anwender auf eine Web-Seite zugreifen, auf der alle verfügbaren Drucker angezeigt werden. Wird auf einen Drucker geklickt, wird der iPrint-Client installiert (falls nicht bereits vorhanden) sowie der Druckertreiber heruntergeladen und installiert. Damit ist der Drucker von der Arbeitsstation aus nutzbar.

iPrint benutzt das IPP (Internet Printing Protocol). Dabei handelt es sich um einen Industriestandard, der die Komplexität des Druckens über das Internet beseitigt. Vorteile:

- Benutzung eines einfachen Protokolls
- breite Herstellerunterstützung
- funktioniert im lokalen Netzwerk und über das Internet
- bietet Verschlüsselung für Druckdaten (SSL und TLS)
- Bietet ein Standard-Druckprotokoll für alle Plattformen (Windows, Macintosh, Linux, UNIX usw.)

Tipp

Weitere Informationen über IPP sind auch über die Web-Site der Printer Working Group verfügbar (`http://www.pwg.org/ipp/index.html`).

Zusätzlich zu den Vorteilen von IPP, bietet die Implementation von Novell's iPrint folgende Vorteile:

- OneNet-Drucken für globalen Zugriff
- Herunterladen und Installieren von Druckertreibern
- standortbasierendes Drucken
- browserfähige Druckerschnittstelle
- konfigurierbare Benutzerschnittstelle
- sicherer Transport der Informationen

Mobile Benutzer finden schnell und einfach mithilfe einer Internet-Browsers den Namen und den Kontext eines benötigten Druckers und erhalten automatisch den notwendigen, aktuellen Druckertreiber, der auch gleich installiert wird.

Durch die Integration von iPrint mit dem eDirectory wird sichergestellt, dass nur autorisierte Benutzer Zugriff auf den jeweiligen Drucker besitzen. Ein weiterer Bonus ist, dass die zu druckenden Daten verschlüsselt werden und damit sensible Daten auch vor Veränderungen sicher sind.

Novell iPrint basiert auf dem schon bekannten NDPS (Novell Distributed Print Services). Eine Beschreibung zur Implementation und Konfiguration im Netzwerk finden Sie ab Abschnitt 7.4). Das IPP von Novell umfasst folgende drei Komponenten:

- Einen Print-Provider und einen Satz von Browser-Plug-Ins, die auf der Arbeitsstation des Benutzers installiert werden. Dazu ist kein Novell-Client erforderlich.
- Das Programm IPPSRVR.NLM wird auf einem NetWare-Server ausgeführt. Wenn ein NDPS-Drucker als IPP-Drucker konfiguriert wird, lädt der Print-Service-Manager auf dem Server automatisch dieses .NLM.

- Einen Satz von HTML-Seiten, den die Installation der iPrint-Client-Software und Drucker bietet, wie auch die Anzeige und Verwaltung der Druckjobs. Diese Seiten können bei Bedarf angepasst werden.

Nach der Implementation von iPrint in Ihrem Netzwerk besteht die Unterstützung für die im Folgenden dargestellten Szenarien.

7.1.1 Drucken über das Internet

Ein Mitarbeiter, der zu Hause arbeitet, möchte ein Dokument auf einem Drucker im Büro ausdrucken. Er hat zwar Zugriff auf das Internet, weiß aber nicht, wie er sich in die Firma einwählen kann.

1. Nachdem ein Administrator iPrint implementiert hat, muss er einen Anschluss in der Firewall für den Zugriff auf das Intranet der Firma vom Internet aus öffnen. Aus Gründen der Sicherheit sollte der Anschluss 443, welcher von SSL genutzt wird, öffnen. Der Anschluss 443 erfordert eine Beglaubigung durch die Benutzer mit ihrem Kontonamen und dem Kennwort im eDirectory. Hat der Benutzer kein Konto im eDirectory, kann der Administrator den ungesicherten Anschluss 631 verwenden.
2. Mitarbeiter zu Hause geben im Browser die folgende URL ein:

```
http://<server_ip_adresse oder dns_name>:443/ipp
```

3. Von der Web-Seite wählt der Mitarbeiter den gewünschten Drucker aus. Der iPrint-Client wird, soweit noch nicht vorhanden, heruntergeladen und auf seinem Computer installiert. Anschließend wird der Druckertreiber heruntergeladen und auf der Arbeitsstation installiert.
4. Ab sofort kann der Mitarbeiter von seinem Computer zu Hause aus auf den Drucker im Büro ausdrucken. Der Drucker steht in der gleichen Form für Ausgaben zur Verfügung, wie beispielsweise lokale Drucker, und kann daher in Verbindung mit jeder beliebigen Applikation genutzt werden.

7.1.2 Mobile Benutzer

Ein Mitarbeiter ist mit seinem Notebook in einer Filiale und muss eine Druckausgabe durchführen. Er weiß weder, wo sich der Drucker befindet, noch, welchen Kontext er im eDirectory besitzt. Allerdings ist ihm bekannt, dass die Drucker über iPrint im Intranet des Unternehmens verfügbar sind.

1. Der Mitarbeiter verbindet seinen Notebook mit dem Firmennetzwerk und klickt auf die iPrint-Verknüpfung auf der Intranet-Homepage. Anschließend klickt er auf den Namen der Filiale, in der er sich gerade befindet. Ein Plan der Filiale mit den iPrint-Druckern wird angezeigt.
2. Im Plan sucht der Mitarbeiter den Raum, in dem er sich gerade befindet und lokalisiert den nächsten verfügbaren iPrint-Drucker.

3. Er klickt auf das Druckersymbol und der Treiber wird auf seinen Notebook heruntergeladen und installiert (wenn der iPrint-Client noch nicht installiert ist, wird dieser automatisch vorher heruntergeladen und installiert).
4. Damit ist der Druckertreiber zur Aufgabe auf den Filialdrucker verfügbar und kann von jeder Applikation genutzt werden.

7.1.3 Drucken statt Faxe versenden

Ein Mitarbeiter sitzt im Hotel und muss einen farbigen Verkaufsbericht per Fax zu einem Vorgesetzten senden. Das Ganze soll selbstverständlich in bester Qualität und möglichst kostengünstig durchgeführt werden.

1. Mithilfe eines Internet-Browsers ruft der Mitarbeiter die Homepage des Unternehmens auf und wechselt dort in das Intranet. Er benutzt jetzt die iPrint-Seite und sucht sich den Farbdrucker im Büro seines Vorgesetzten aus.
2. Nach dem Herunterladen und Installieren des Druckertreibers sendet der Mitarbeiter mithilfe seiner Applikation auf dem Notebook die Druckausgabe über das Internet zum Farbdrucker seines Chefs.
3. Auf der iPrint-Seite seiner Firma klickt er jetzt erneut auf das Druckersymbol, um die Drucker-Verwaltungsoptionen anzuzeigen. Er sucht seine Druckausgabe, um sicherzustellen, dass diese komplett und fehlerfrei erfolgt ist.
4. Anschließend sendet der Mitarbeiter eine E-Mail an seinen Vorgesetzten, um ihm mitzuteilen, dass der Bericht an seinem Drucker ausgegeben wurde.

7.2 iPrint implementieren

iPrint basiert auf der bekannten NDPS-Architektur. Bevor iPrint benutzt werden kann, muss NDPS installiert und konfiguriert werden (eine Beschreibung zu NDPS finden Sie in Abschnitt 7.4).

7.2.1 Installation von iPrint/NDPS auf Servern

Wenn während der Installation von NetWare 6 iPrint/NDPS bereits ausgewählt wurde, ist es bereits automatisch installiert worden. Im anderen Falle müssen Sie diese Komponente nachträglich installieren.

- Ist die grafische Oberfläche am NetWare-Server nicht geladen, rufen Sie diese an der Konsole mit `startx` auf.
- Klicken Sie links unten auf *Novell* und anschließend im Menü auf *Installieren.*
- Wenn *iPrint/NDPS* in der Liste (*Derzeit installierte Programme*) aufgeführt ist, sind die Komponenten bereits installiert. Im anderen Fall klicken Sie auf HINZUFÜGEN bzw. ADD.
- Legen Sie die *NetWare 6 Operating System CD* ein.

- Suchen Sie im Hauptverzeichnis der CD nach PRODUCT.NI.
- Beachten Sie für den weiteren Fortschritt die Anweisungen am Bildschirm.

Die Installation ist einfach und benötigt normalerweise nur einige Minuten. Die Konfiguration von NDPS finden Sie ab Abschnitt 7.4.

7.2.2 Voraussetzungen für iPrint

Bevor Sie mit der Implementation von iPrint beginnen können, müssen einige Voraussetzungen erfüllt sein:

- Konfiguration mindestens eines *NDPS Broker* (Abschnitt 7.4.1). Bietet Netzwerkunterstützungsdienste.
- Mindestens ein Druckdienst-Manager (*NDPS Manager*) muss eingerichtet werden (Abschnitt 7.4.2). Er bietet eine Plattform für die Druckeragenten. Wenn IPP-Drucken für einen Drucker konfiguriert wird, lädt der NDPS-Manager die IPP-Software (IPPSRVR.NLM). Dem NDPS-Manager sollte beim Start unbedingt auch eine DNS-Adresse zugewiesen werden!
- *NDPS-Printer*-Objekte für alle benötigten Drucker müssen eingerichtet werden (Abschnitt 7.4.5). Diese repräsentieren die Drucker und sind mit Druckeragenten verknüpft, die die Funktionen der bisherigen Drucker, Drucker-Warteschlangen, Druck-Server und Spooler kombinieren.
- Der *iManager* bietet die browserbasierende Verwaltung des Novell eDirectory. Mindestvoraussetzung ist der Internet Explorer 5.5 mit Service Pack 2.
- Es wird auf den Arbeitsstationen ein Web-Browser mit Java Script benötigt. Mindestens die Version Internet-Explorer 5.0 oder Netscape 4.76 (Netscape 6 wird leider nicht unterstützt).

7.2.3 Konfiguration von iPrint

Für die Verwaltung von eDirectory-Objekten steht auch iManager als webbasierendes Werkzeug zur Verfügung (beachten Sie dazu den *Novell iManager Administration Guide*, der zur Dokumentation von NetWare 6 gehört).

Wenn der iManager installiert und konfiguriert ist, können Sie iPrint verwalten. Diese umfasst die Möglichkeit, Drucker und andere NDPS-Objekte zu erstellen, zu entfernen und zu ändern.

Erscheint bei der Arbeit mit dem iManager die Meldung *Page not found*, prüfen Sie Folgendes:

- Wird mindestens Internet-Explorer 5.5 mit Service Pack 2 ausgeführt?
- Rufen Sie im Internet-Explorer *Extras\Internetoptionen\Erweitert* auf. Deaktivieren Sie hier die Option *Kurze HTTP-Fehlermeldungen anzeigen (Friendly http Error Messages)*.

Führen Sie die folgenden Schritte für Drucker aus, die bereits mit NDPS implementiert wurden:

1. Klicken Sie im iManager auf *iPrint Management\Manage Printer.*
2. Wählen Sie einen Drucker aus.
3. Aktivieren Sie auf der Seite *IPP Support* der Registerkarte *Client Support* die Option *Enable IPP access.*
4. Im Feld *Accepted IPP URL(s)* wird die URL angezeigt, wenn der Drucker von einer Arbeitsstation aus angesprochen wird.
5. Optional können Sie für sicheres Drucken noch das Kontrollfeld zu *Require SSL and user authentication* aktivieren. In diesem Fall benötigen die Benutzer den Namen und das Kennwort für ihr Konto im eDirectory.
6. Klicken Sie auf APPLY, um die Einstellungen zu speichern.

Um iPrint für einen Drucker nicht mehr zuzulassen, muss lediglich die Option *Enable IPP access* wieder deaktiviert werden.

Einfacher funktioniert das Aktivieren und Deaktivieren von iPrint über den NDPS-Manager:

- Klicken Sie im iManager unter *iPrint Management* den Eintrag *Enable iPrint Access* an.
- Wählen Sie den benötigten NPDS-Manager aus und klicken Sie auf OK.
- Eine Liste der verfügbaren NPDS-Drucker-Agenten wird angezeigt.
- Sie können in der Spalte *Enabled* für einzelne oder über das erste Kontrollfeld für alle Drucker iPrint aktivieren bzw. deaktivieren.
- Optional kann in der Spalte *Secure* das »sichere Drucken« entsprechend aktiviert bzw. deaktiviert werden.
- Klicken Sie auf APPLY, um die Einstellungen zu speichern.

7.2.4 iPrint auf Arbeitsstationen installieren

Benutzer können iPrint nur verwenden, wenn die Client-Software auf der Arbeitsstation verfügbar ist. Wählt der Benutzer einen iPrint-Drucker aus, wird als erstes überprüft, ob der iPrint-Client installiert ist. Wenn nicht, wird dieser vor dem Herunterladen und installieren des Druckertreibers als erstes implementiert.

iPrint-Client wie Druckertreiber können über eine Web-Seite (Beispiel in Abb. 7.1) oder ZfD verteilt werden. Eine Beschreibung zur iPrint-Richtlinie von ZfD 4.0 finden Sie im Abschnitt 7.3.

Damit Anwender iPrint nutzen können, benötigen Sie von Ihnen die erforderliche URL. Diese lautet:

```
http://<serverip oder dnsname>:631/ipp
```

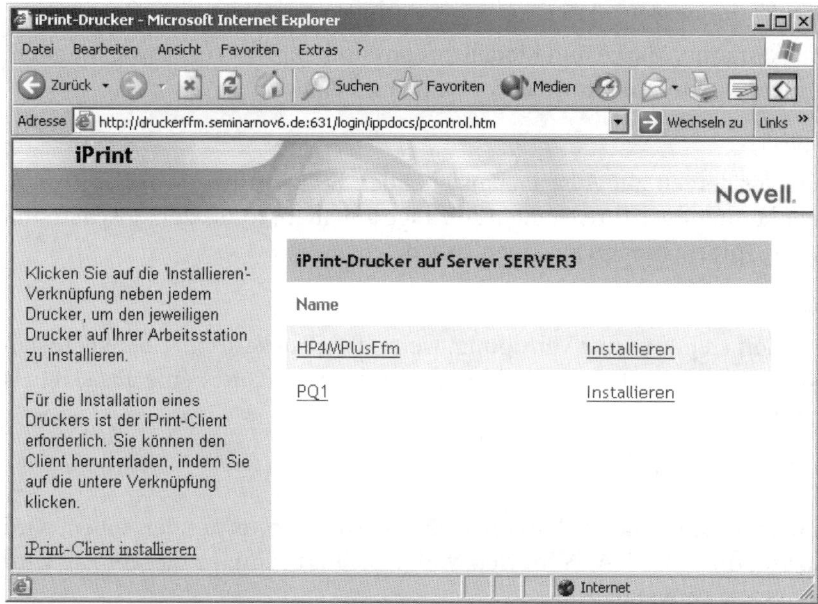

Abb. 7.1: Auf der Arbeitsstation die verfügbaren iPrint-Drucker installieren

Versuchen Anwender, einen Drucker bei nicht vorhandenem iPrint-Client zu installieren, erscheint eine Aufforderung, erst den Client zu installieren.

Bei SYS:LOGIN\IPPDOCS steht die Datei IPRINT.INI zur Verfügung. Darin finden Sie weitere Konfigurationseinstellungen insbesondere auch zum automatischen Update, falls eine neuere Version des iPrint-Clients zur Verfügung steht. Hier können Sie auch konfigurieren, ob sich die Arbeitsstationen auf Benutzerbasis das Kennwort im Falle von SSL bzw. sicherem Drucken merken sollen.

Wird ein Drucker bzw. Treiber installiert, der auf der Arbeitsstation bereits vorhanden ist, wird der bisherige Treiber automatisch überschrieben (auch wenn dieser neuer war).

Klicken Sie im Browser auf den Druckernamen (Beispiel siehe Abb. 7.1), wird eine neue Seite mit Druckeroptionen angezeigt. Folgende Optionen sind für Benutzer verfügbar:

- *Drucker installieren*

  Diese Option ist nur verfügbar, wenn der Drucker auf der Arbeitsstation noch nicht installiert wurde.

- *Druckerstatus*

  Der Druckername, der Status, die Statusursache, die Druckerstatusnachricht, ob der Drucker Aufträge annimmt und die derzeitige Anzahl Druckeraufträge zur Ausgabe werden angezeigt.

- *Druckerinformationen*

  Der Druckername, Marke und Modell des physischen Druckers sowie eventuell unterstützte Dokumentenformate werden angezeigt.

- *Auftragsliste*

  Die Liste der derzeit zur Ausgabe anstehenden Druckaufträge wird angezeigt. Benutzer können hier Ihre eigenen Aufträge anhalten, fortsetzen, löschen und zusätzliche Informationen anzeigen lassen.

- *Drucktestseite*

  Diese Option steht nur zur Verfügung, wenn der Druckertreiber bereits installiert wurde. Klickt ein Benutzer diese Option an, wird sofort eine Testseite als Druckauftrag generiert.

Sicheres Drucken mit SSL

Wenn Benutzer einen sicheren Anschluss für das Drucken verwenden sollen, wird SSL benutzt (dafür muss NAAS im Netzwerk installiert sein). In diesem Fall wird der Anschluss 443 verwendet:

```
https://<serverip oder dnsname>:443/ipp
```

In diesem Fall muss sich ein Benutzer am eDirectory mit seinem Konto und Kennwort anmelden. Die Druckdaten werden verschlüsselt und die gesamte Druckerkommunikation wird über den Anschluss 443 abgewickelt.

Das sichere Drucken steht in direktem Zusammenhang mit der eingestellten Sicherheitsebene (Security Level) der einzelnen NDPS-Drucker-Objekte (siehe Tabelle 7.1).

Sicherheitsstufe	ohne SSL	mit SSL
Niedrig	Voller Zugriff	Anmeldung beim eDirectory notwendig
Medium	Effektive Rechte des Benutzers werden geprüft	Anmeldung beim eDirectory notwendig und Überprüfung der effektiven Rechte des Benutzers
Hoch	Benutzer müssen SSL benutzen und sich am eDirectory anmelden	Anmeldung beim eDirectory notwendig, Überprüfung der effektiven Rechte des Benutzers und Überprüfung der Verbindung

Tabelle 7.1: Sicherheitsstufen für NDPS-Drucker und SSL

iPrint Map Designer

Mit diesem Werkzeug können Sie einfach und schnell beispielsweise Karten mit den Standorten der verfügbaren Drucker erstellen. Benötigen Sie Links zu Karten, erstellen Sie mit einem anderen Werkzeug eine Datei mit einem Frameset. Zeigen Sie die Datei mit einer Karte in einem Frame an und Ihre Linkliste in einem anderen Frame.

1. Kopieren Sie Ihre Hintergrundbilder (.JPEG, .GIF oder .BMP) nach SYS:LOGIN\IPPDOCS\IMAGES\MAPS auf den Server. Diese Hintergrundbilder sollten die Grundrisse Ihres Unternehmens wiedergeben. Später werden davor die Positionen der Drucker mit entsprechenden Druckersymbolen bezeichnet.
2. Öffnen Sie die Datei SYS:LOGIN\IPPDOCS\MAPTOOL.HTM mit dem Microsoft Internet-Explorer.
3. Wählen Sie links unten aus der aufklappbaren Liste einen *Hintergrund* aus.
4. Um der Karte einen Drucker hinzuzufügen, wählen Sie bei *Druckersymbol* einen Eintrag aus (es stehen verschiedener Druckerartensymbole in diversen Größen zur Verfügung).
5. Ziehen Sie das gewählte Druckersymbol an die Position auf der Karte, an der sich der physische Drucker befindet.
6. Klicken Sie bei Bedarf auf das Durchsuchensymbol rechts neben dem Feld *Druckerliste* und geben Sie die IP-Adresse oder den DNS-Namen des Servers ein, auf dem der NDPS-Manager ausgeführt wird (kann etwas dauern, bis die Druckerliste als Ergebnis verfügbar ist).

   Es muss hier nicht unbedingt eine Eingabe erfolgen. Allerdings ist es in diesem Fall dann notwendig, dass die Drucker-URL von Ihnen selbst eingegeben wird (siehe Punkt 8).

7. Wählen Sie aus der *Druckerliste* den NDPS-Drucker aus, der mit dem aktiven Druckersymbol verknüpft werden soll (es werden nur die Drucker angezeigt, für die IPP aktiviert wurde – siehe Abschnitt 7.2.3).

   Benötigen Sie Drucker von verschiedenen Servern, stellt dies kein Problem dar. Sie müssen lediglich zwischendurch den Server (siehe Punkt 6) wechseln, um eine andere Druckerliste verfügbar zu haben, von der Sie Drucker der Karte hinzufügen möchten.

8. Die *Drucker-URL* und *Maus über Text* werden vom System automatisch ausgefüllt. Wenn der Mauszeiger auf das Druckersymbol zeigt, wird der Text angezeigt, der bei *Maus über Text* definiert wurde (die Vorgabe kann durch Sie geändert werden).

   Haben Sie aus der Druckerliste keinen Drucker ausgewählt, muss hier die URL von Ihnen selbst eingegeben werden. Beispiel:

```
ipp://druckerffm.seminarnov6.de/ipp/HP4MplusFfm
```

Sie finden diese URL im iManager bei *Manage Printer* auf der Registerkarte *Client Support*.

9. Optional können Sie einen Text bei *Druckername* eingeben, der in der Karte unter dem Druckersymbol angezeigt wird. Mithilfe des Menüpunkts *Schrift* können Sie die Schriftgröße, Farbe usw. Ihren Wünschen anpassen.
10. Wiederholen Sie die Punkte 4 bis 9 so lange, bis Sie alle Drucker auf der Karte konfiguriert haben.
11. Sie können einzelne Einträge sehr einfach bearbeiten, indem Sie lediglich das Symbol anklicken und die zugewiesenen Werte in der Bearbeitungsleiste links ändern.
12. Klicken Sie auf den Menüeintrag *Speichern* und speichern Sie die Karte im Verzeichnis SYS:LOGIN\IPPDOCS.

Vorsicht

Es erfolgt zwischendurch keine automatische Speicherung und wenn Sie den Internet Explorer schließen, ohne vorher zu speichern, war all die schöne Arbeit umsonst! Vergessen Sie daher nie, auch zwischendurch, Ihren Entwurf zu speichern.

HTML-Dateien ändern

Sie können die verfügbaren HTML-Dateien frei ändern oder komplett neue nach Ihren Bedürfnissen erstellen. Bei SYS:LOGIN\IPPDOCS\EXAMPLES finden Sie zwei Beispiele von Novell in den Unterverzeichnissen EXAMPLE1 und EXAMPLE2, die mit INNERWEB.HTM gestartet werden können.

Bei dem ersten Beispiel handelt es sich um eine komplexe Variante mit Grafikhintergründen und im zweiten Beispiel um eine einfache Form, die mit relativ wenig Aufwand hergestellt werden kann.

Die von iPrint verwendeten HTML-Dateien befinden sich im Verzeichnis SYS:LOGIN\IPPDOCS. Eine Beschreibung finden Sie im Anhang des *iPrint Administration Guide* von Novell. Beachten Sie, dass für diese Arbeiten zumindest Grundkenntnisse zur HTML-Programmierung und Java notwendig sind.

Verwendung eigener HTML-Seiten auf Arbeitsstationen

Wie Sie iPrint über den Browser aufrufen können, habe ich Ihnen bereits auf Seite 150 (Abschnitt 7.2.4) beschrieben. Dabei wird im Browser folgende Adresse verwendet (Beispiel):

```
http://druckerffm.seminarnov6.de:631/login/ippdocs/pcontrol.htm
```

Verwenden Sie eigene HTML-Seiten, die Sie im Verzeichnis IPPDOCS speichern, benutzen Ihre Anwender lediglich eine URL wie oben, jedoch mit Ihrer Eingangs-HTML-Datei. Beispiel:

```
http://druckerffm.seminarnov6.de:631/login/ippdocs/nieder.htm
```

7.3 Die Novell iPrint-Richtlinie

Mit der neuen Novell iPrint-Richtlinie lassen sich der Novell-iPrint-Client auf Benutzer-Arbeitsstationen ebenso installieren wie darüber verfügbare Druckertreiber. Danach können die Benutzer mithilfe ihres Webbrowsers auf ihren Arbeitsstationen Drucker installieren. Das Drucken ist dann über Anwendungen auf iPrint-Druckern ebenso möglich wie auf anderen Druckern, unabhängig vom physikalischen Standort der Drucker. Diese Richtlinie ersetzt die Druckerrichtlinien aller Vorgängerversionen von ZENworks for Desktops.

Haben Sie ein Upgrade einer bisherigen Version von ZfD durchgeführt, werden die bisher konfigurierten Druckerrichtlinien weiterhin unterstützt.

Wichtig

Wollen Sie den iPrint-Client einsetzen, benötigen Sie mindestens einen NetWare-Server (iPrint steht nicht in Verbindung mit einem Windows-2000-Server zur Verfügung). Ferner wird auf den verwalteten Arbeitsstationen der ZfD-Verwaltungsagent benötigt (der Novell-Client ist nicht ausreichend). Der iPrint-Client kann auf einem Terminal-Server derzeit nicht eingesetzt werden, was jedoch für die nahe Zukunft geplant ist.

Die Konfiguration der Richtlinie kann alternativ über Benutzer- und Arbeitsstationspakete erfolgen.

7.3.1 Benutzerdrucker

Genauso wie Arbeitsstationen Drucker zugewiesen werden (siehe Abschnitt 7.3.3), funktioniert es auch für Benutzer, was sicherlich für Netzwerkdrucker eher die Ausnahme sein wird, außer es handelt es sich um mobile Systeme.

- Rufen Sie die Eigenschaften eines Benutzerpakets in der ConsoleOne auf (bei Bedarf muss vorher ein neues Benutzerpaket erstellt werden).
- Wählen Sie auf der Registerkarte *Richtlinien* die Plattform aus, für die Sie die iPrint-Richtlinie erstellen wollen (Abb. 7.2).
- Aktivieren Sie den Eintrag *Novell iPrint-Richtlinie* und klicken Sie auf die Schaltfläche EIGENSCHAFTEN.

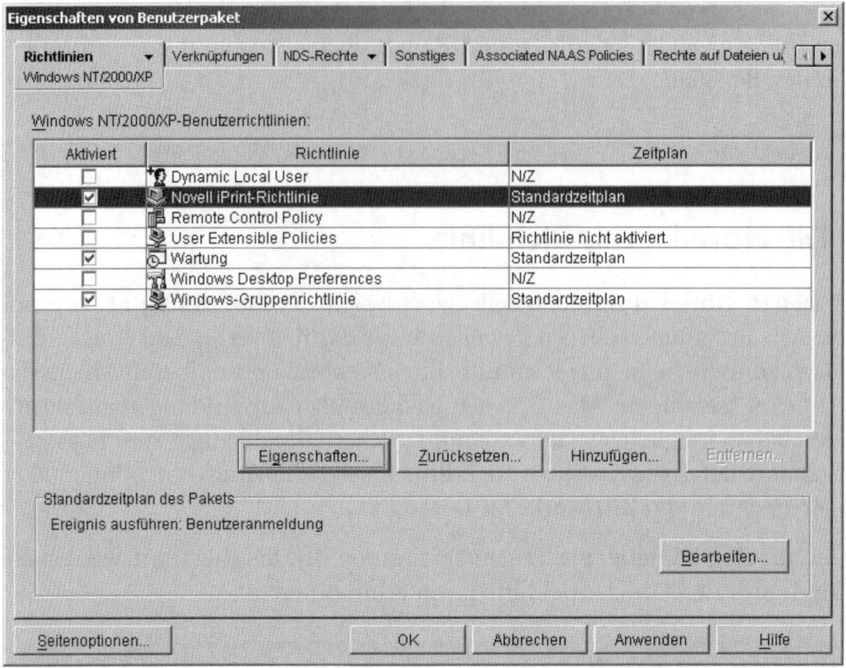

Abb. 7.2: Novell iPrint-Richtlinie für Benutzer

Auf der Registerkarte *Novell iPrint-Richtlinie* stehen zwei Seiten, jeweils eine für den iPrint-Client (Abb. 7.3) und eine zweite für zu verteilende Druckertreiber (Abb. 7.4), zur Verfügung.

- *Installationspfad für Novell iPrint Client*

  In diesem Feld muss der Pfad zur Installationsdatei SETUP.EXE für den iPrint-Client eingegeben werden.

  In Verbindung mit NetWare 6 ab Support Pack 2 und NetWare 5.1 ab Support Pack 5 steht die Datei \\<servername>\LOGIN\IPPDOCS\NIPP.EXE zur Verfügung. Diese muss mithilfe von beispielsweise WinZip entpackt werden. Dadurch entsteht das Unterverzeichnis DISK1, wo sich die Datei SETUP.EXE befindet.

- *Sprache*

  Wählen Sie die gewünschte Sprache aus der Liste aus.

- *Version*

  Die Versionsnummer entspricht hier nicht der des iPrint-Clients, sondern verwaltet Ihre Installationsupdates. Erhöhen Sie die Versionsnummer, erfolgt auf den Arbeitsstationen für die Benutzer eine erneute Ausführung der Richtlinie.

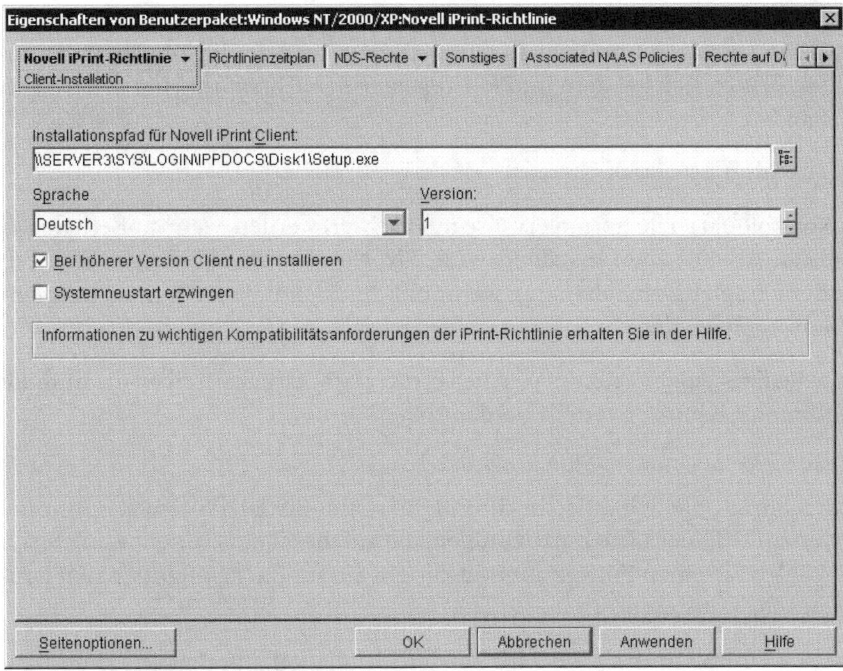

Abb. 7.3: iPrint-Client automatisch auf Arbeitsstationen installieren

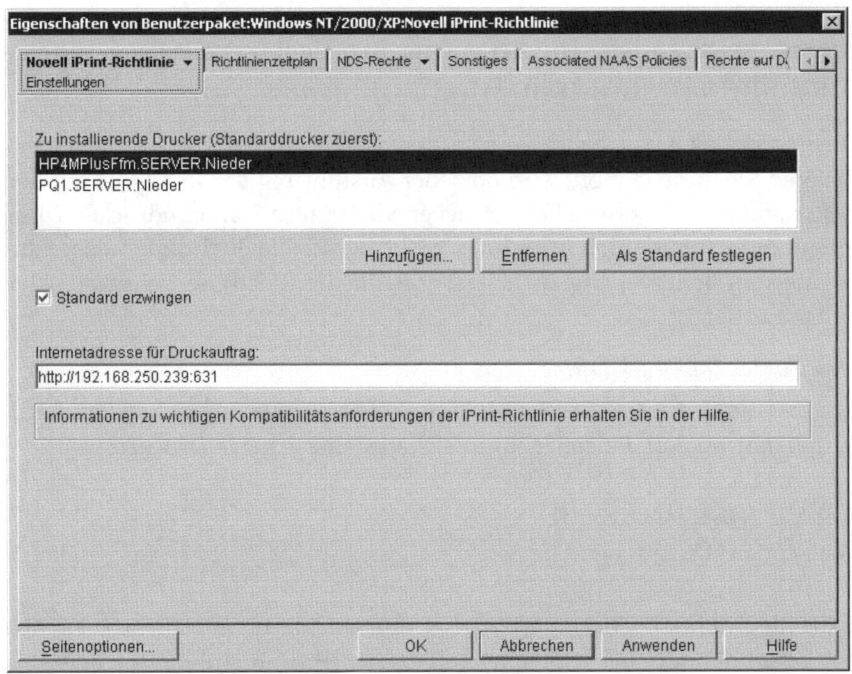

Abb. 7.4: Druckertreiber automatisch auf Arbeitsstationen für Benutzer verteilen

- *Bei höherer Version Client neu installieren*

  Aktivieren Sie das Kontrollfeld zu dieser Option, wird der iPrint-Client überinstalliert, falls es sich bei dem im Pfad angegebenen Client um eine neuere Version handelt.

- *Systemneustart erzwingen*

  Das Kontrollfeld sollte normalerweise nur aktiviert werden, wenn außerhalb der normalen Arbeitszeiten installiert wird. Ein Neustart ist allerdings vereinzelt erforderlich (plattformabhängig), wenn mit der Richtlinie auch neue Druckertreiber verteilt werden.

Auf der Seite *Einstellungen* geht es um die Drucker bzw. Druckertreiber, die mithilfe der Richtlinie an Benutzer verteilt werden sollen.

- *Zu installierende Drucker (Standarddrucker zuerst)*

  Klicken Sie auf die Schaltfläche HINZUFÜGEN, um die NDPS-Drucker (nur bei aktiviertem IPP) der Liste hinzuzufügen, die auf die Clients verteilt werden sollen. Wählen Sie einen Eintrag aus und klicken Sie auf ENTFERNEN, wird ein Drucker aus der Liste entfernt.

  Der erste Eintrag in der Liste wird bei der Installation automatisch zum Standarddrucker für die Benutzer auf den Arbeitsstationen. Anwender können diese Einstellung allerdings jederzeit für die auf ihren Systemen installierten Drucker ändern. Wählen Sie in der Liste einen Eintrag aus und klicken Sie auf ALS STANDARD FESTLEGEN, wird der Drucker automatisch an die erste Position verschoben und damit zum Standarddrucker.

- *Standard erzwingen*

  Aktivieren Sie diese Option, wird bei jeder Ausführung der Richtlinie auf den Arbeitsstationen der vorgegebene Drucker wieder zum Standarddrucker. Diese Konfiguration funktioniert allerdings nicht, wenn die Richtlinie ausgeführt wird und kein Benutzer angemeldet ist (z.B. bei der Richtlinienzeitplaneinstellung Systemstart).

- *Internetadresse für Druckauftrag*

  Hier muss die IP-Adresse des Servers eingegeben werden, an den die Druckaufträge gesandt werden. Beispiele für unsicheres und sicheres Drucken:

  ```
  http://192.168.250.239:631
  https://192.168.250.239:443
  ```

- Auf der Registerkarte *Richtlinienzeitplan* müssen Sie noch festlegen, zu welchem Zeitpunkt oder bei welchem Ereignis die iPrint-Richtlinie für Benutzer auf deren Arbeitsstationen angewandt werden soll.

- Klicken Sie auf OK oder ANWENDEN, damit die Einstellungen gespeichert werden.

Bei Bedarf müssen Sie die Einstellungen für verschiedene Plattformen zur iPrint-Richtlinie durchführen. Zum Abschluss dürfen Sie auf keinen Fall vergessen, für das Benutzerpaket Verknüpfungen durchzuführen, falls dies nicht bereits geschehen ist.

Wichtig

Unter Windows 98 wirkt die iPrint-Client-Installation für alle Benutzerprofile auf der Arbeitsstation. Wurden vor der Installation schon Benutzerprofile angelegt, erscheint der iPrint-Client im Default-User-Startmenü und nicht in denen der einzelnen Benutzer. Der dort befindliche Deinstallationsaufruf kann auch in *Systemsteuerung\Software* durchgeführt werden. Unter Windows NT/2000/XP wird der Client korrekt im *Startmenü* der betroffenen Benutzer unter *Programme* angezeigt.

7.3.2 Windows Terminalserver-Richtlinien

Es gibt in diesen Richtlinien einige wichtige Einstellungen, die hier beachtet werden müssen. Rufen Sie die Eigenschaften der verwendeten *Windows Terminalserver-Richtlinien* im Benutzerpaket auf.

Wechseln Sie auf die Seite *Anmelden* der Registerkarte *Terminal-Konfiguration*. Der Abschnitt *Client-Geräte* kontrolliert die Laufwerks- und Druckerverknüpfungen. Aktivieren Sie die Kontrollfelder nicht, sind die Geräte zwar nach wie vor verfügbar, müssen aber manuell verknüpft werden.

- *Client-Laufwerke bei der Anmeldung verbinden*

  Die Laufwerke der Arbeitsstationen werden automatisch bei der Anmeldung mit Laufwerksbuchstaben verknüpft.

- *Client-Drucker bei der Anmeldung verbinden*

  Die Drucker der Arbeitsstationen werden bei der Anmeldung automatisch zugeordnet (nur für Systeme mit Windows). Es werden nur Drucker zugeordnet, die bereits im Druckerordner auf den Arbeitsstationen konfiguriert waren. DOS-Drucker müssen manuell verknüpft werden.

- *Hauptdrucker des Clients voreinstellen*

  Der Standarddrucker wird automatisch zum Standarddrucker für die ICA-Sitzung.

Alle weiteren Einstellungen zu iPrint konfigurieren Sie für Terminalserver in einem Benutzerpaket (Terminalserver-Plattformen) mit der Richtlinie *Novell-iPrint-Richtlinie* (Beschreibung siehe Abschnitt 7.3.1).

7.3.3 Computerdrucker

Der häufigste Fall für LAN-Arbeitsstationen dürfte in der Praxis die Bindung eines Windows NT/2000/XP-Treibers für Druckerobjekte an Arbeitsstationen sein.

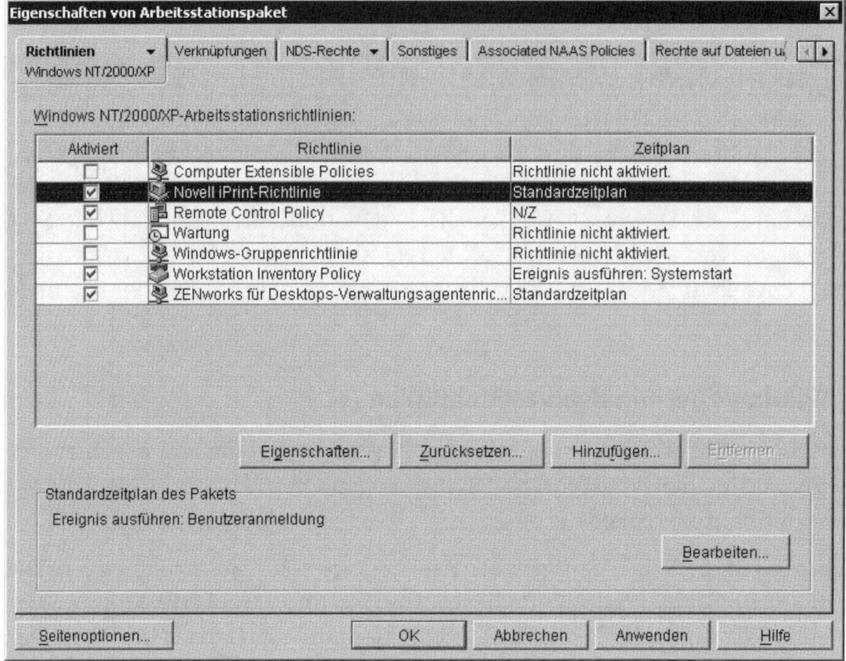

Abb. 7.5: Novell-iPrint-Richtlinie für Arbeitsstationen

- Rufen Sie die Eigenschaften eines Arbeitsstationspakets in der ConsoleOne auf (bei Bedarf muss vorher ein neues Arbeitsstationspaket erstellt werden).
- Wählen Sie auf der Registerkarte *Richtlinien* die Plattform aus, für die Sie die iPrint-Richtlinie erstellen wollen (Abb. 7.5).
- Aktivieren Sie den Eintrag *Novell-iPrint-Richtlinie* und klicken Sie auf die Schaltfläche EIGENSCHAFTEN.
- *Installationspfad für Novell-iPrint-Client*

  In diesem Feld muss der Pfad zur Installationsdatei SETUP.EXE für den iPrint-Client eingegeben werden.

  In Verbindung mit NetWare 6 ab Support Pack 2 und NetWare 5.1 ab Support Pack 5 steht die Datei \\<servername>\LOGIN\IPPDOCS\NIPP.EXE zur Verfügung. Diese muss mithilfe von beispielsweise WinZip entpackt werden. Dadurch entsteht das Unterverzeichnis DISK1, wo sich die Datei SETUP.EXE befindet.

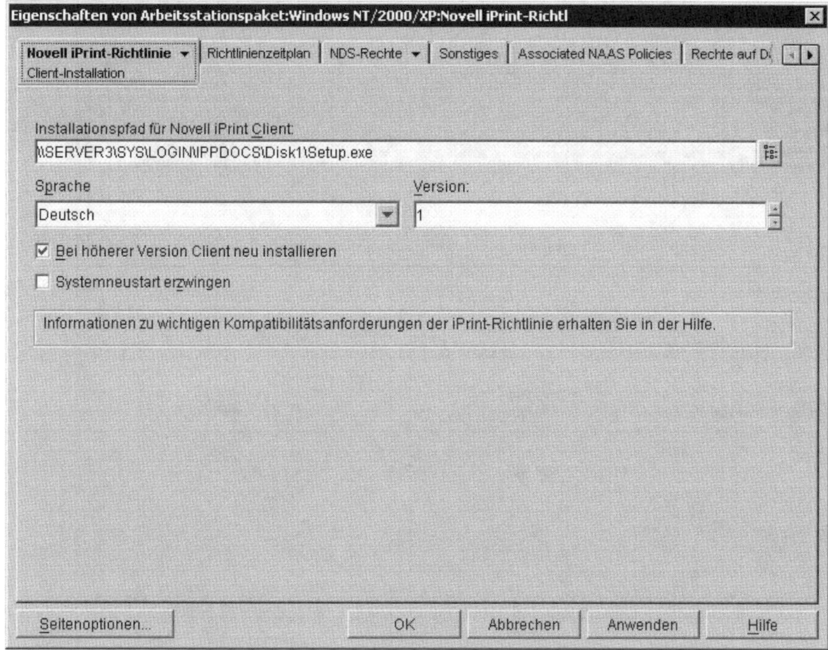

Abb. 7.6: Konfiguration zur iPrint-Client-Installation für Arbeitsstationen

- *Sprache*

  Wählen Sie die gewünschte Sprache aus der Liste aus.

- *Version*

  Die Versionsnummer entspricht hier nicht der des iPrint-Clients, sondern verwaltet Ihre Installationsupdates. Erhöhen Sie die Versionsnummer, erfolgt auf den Arbeitsstationen eine erneute Ausführung der Richtlinie.

- *Bei höherer Version Client neu installieren*

  Aktivieren Sie das Kontrollfeld zu dieser Option, wird der iPrint-Client überinstalliert, falls es sich bei dem im Pfad angegebenen Client um eine neuere Version handelt.

- *Systemneustart erzwingen*

  Das Kontrollfeld sollte normalerweise nur aktiviert werden, wenn außerhalb der normalen Arbeitszeiten installiert wird. Ein Neustart ist allerdings vereinzelt erforderlich (plattformabhängig), wenn mit der Richtlinie auch neue Druckertreiber verteilt werden.

Auf der Seite *Einstellungen* geht es um die Drucker bzw. Druckertreiber, die mithilfe der Richtlinie an Benutzer verteilt werden sollen.

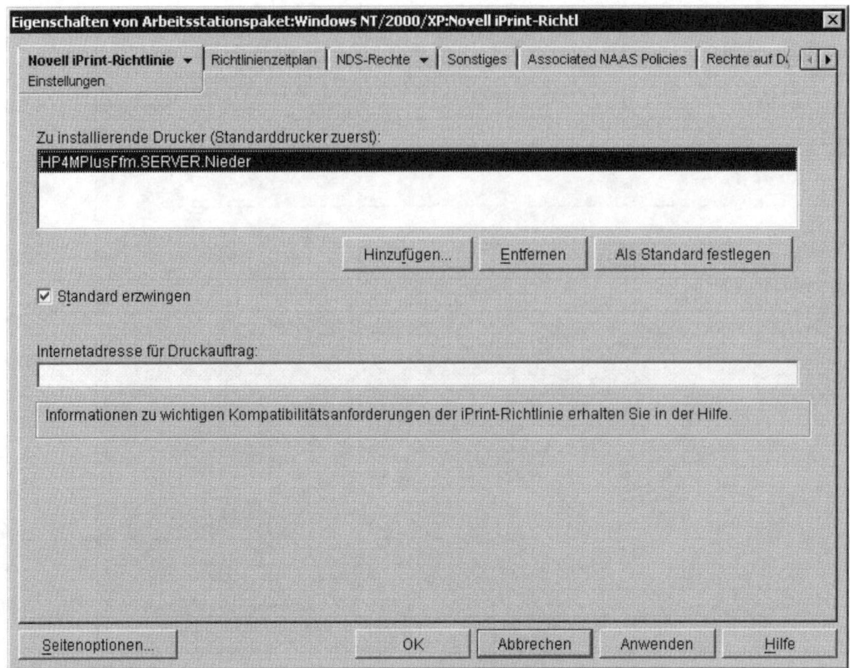

Abb. 7.7: Druckertreiber automatisch auf Arbeitsstationen installieren

- *Zu installierende Drucker (Standarddrucker zuerst)*

  Klicken Sie auf die Schaltfläche HINZUFÜGEN, um die NDPS-Drucker (nur bei aktiviertem IPP) der Liste hinzuzufügen, die auf die Clients verteilt werden sollen. Wählen Sie einen Eintrag aus und klicken Sie auf ENTFERNEN, wird ein Drucker aus der Liste entfernt.

  Der erste Eintrag in der Liste wird bei der Installation automatisch zum Standarddrucker auf den Arbeitsstationen. Anwender können diese Einstellung allerdings jederzeit für die auf ihren Systemen installierten Drucker ändern. Wählen Sie in der Liste einen Eintrag aus und klicken Sie auf ALS STANDARD FESTLEGEN, wird der Drucker automatisch an die erste Position verschoben und damit zum Standarddrucker.

- *Standard erzwingen*

  Aktivieren Sie diese Option, wird bei jeder Ausführung der Richtlinie auf den Arbeitsstationen der vorgegebene Drucker wieder zum Standarddrucker. Diese Konfiguration funktioniert allerdings nicht, wenn die Richtlinie ausgeführt wird und kein Benutzer angemeldet ist (z.B. bei der Richtlinienzeitplan-Einstellung Systemstart).

- *Internetadresse für Druckauftrag*

  Hier muss die IP-Adresse des Servers eingegeben werden, an den die Druckaufträge gesandt werden. Beispiele für unsicheres und sicheres Drucken:

```
http://192.168.250.239:631
https://192.168.250.239:443
```

- Auf der Registerkarte *Richtlinienzeitplan* müssen Sie noch festlegen, zu welchem Zeitpunkt oder bei welchem Ereignis die iPrint-Richtlinie auf Arbeitsstationen angewandt werden soll.
- Klicken Sie auf OK oder ANWENDEN, damit die Einstellungen gespeichert werden.

Bei Bedarf müssen Sie die Einstellungen für verschiedene Plattformen zur iPrint-Richtlinie durchführen. Zum Abschluss dürfen Sie auf keinen Fall vergessen, für das Arbeitsstationspaket Verknüpfungen durchzuführen, falls dies nicht bereits geschehen ist.

Wichtig

Unter Windows 98 wirkt die iPrint-Client-Installation für alle Benutzerprofile auf der Arbeitsstation. Wurden vor der Installation bereits Benutzerprofile angelegt, erscheint der iPrint-Client im Startmenü der einzelnen Benutzer. Der dort befindliche Deinstallationsaufruf muss daher bei Bedarf über *Systemsteuerung\Software* durchgeführt werden. Unter Windows NT/2000/XP wird der Client korrekt im *Startmenü* der Benutzer unter *Programme* angezeigt.

7.3.4 Das Ergebnis

Meldet sich ein Benutzer das nächste Mal an bzw. wird die Arbeitsstation das nächste Mal hochgefahren (je nachdem, wie der Richtlinienzeitplan konfiguriert ist, auch zu anderen Zeiten bzw. Ereignissen), steht der verknüpfte und zugewiesene Drucker bzw. Druckertreiber im Druckerordner von Windows 9x/NT/2000/XP zur Verfügung. Vorsicht, insbesondere wenn Sie mit einem ZfD-Middle-Tier-Server arbeiten, kann es durchaus Verzögerungen bei der Verfügbarkeit geben.

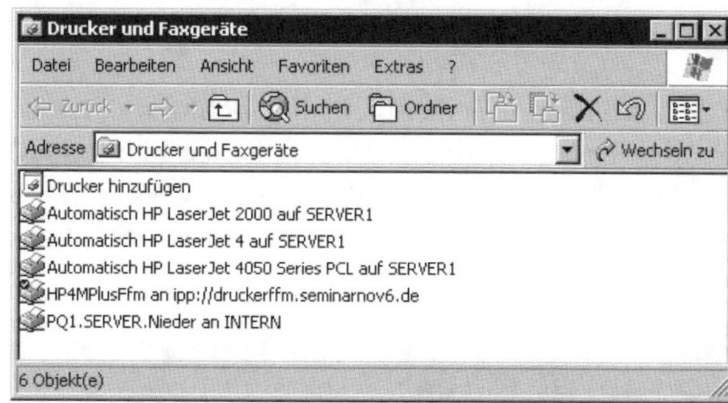

Abb. 7.8: Der Druckordner einer Arbeitsstation mit einem per iPrint-Richtlinie gelieferten Drucker

Tipp

Mithilfe des Werkzeugs NCCPPR32 (im Novell Consulting Toolkit enthalten) können Sie die Benutzer den Druckerordner öffnen lassen und zusätzlich über ZfD-Richtlinien den Zugriff auf die Systemsteuerung sperren, was in der Praxis häufig gefordert wird.

Wichtig

Es ist nicht möglich, die per Richtlinie gelieferten Treiber zu konfigurieren, soweit nicht entsprechende Optionen über iPrint bzw. NDPS verfügbar sind (Beschreibung ab Abschnitt 7.4). Diese Möglichkeit steht nur über ein Applikationsobjekt zur Verfügung (Registry-Änderungen verteilen) oder die Benutzer konfigurieren ihre Drucker selbst.

7.4 Novell Distributed Print Service

Für eine umfangreiche Beschreibung beachten Sie auch den *Administration Guide* zu *Novell Distributed Print Services* von Novell. Es würde den Rahmen dieses Buches sprengen, wenn ich Ihnen zusätzlich die generelle Funktionsweise hier beschreiben würde. Daher beschränke ich mich weitgehend auf die technische Implementation und Konfiguration.

Wichtig

Können Sie keine Konfiguration für NDPS-Drucker vornehmen, benötigen Sie ein spezielles Update NDPSF1A, das kostenlos bei Novell heruntergeladen werden kann. Kopieren Sie die Dateien DPNA*.* nach CONSOLEONE\1.2\BIN, NDPS.JAR nach CONSOLEONE\1.2\LIB\CORE und die restlichen Dateien (PRT*.*) in das Verzeichnis CONSOLEONE\1.2\SNAPINS\ZEN. Beachten Sie auch die laufenden Aktualisierungen von Novell zu NDPS bzw. eNDPS sowie iPrint.

Die verteilten Novell-Druck-Services NDPS sind seit langem die Nachfolger des bisherigen Warteschlangen-basierenden Druckens (beide Mechanismen können auf den gleichen Servern und im Netzwerk koexistieren). Ab NetWare 5 wird NDPS zusammen mit NetWare ausgeliefert. Künftig steht hier zusätzlich das iPrint zur Verfügung.

Wichtig

Die Verwaltung von NDPS kann mithilfe von iManager erfolgen. Dabei handelt es sich um das webbasierende Werkzeug von Novell.

Das Einrichten gestaltet sich nicht allzu kompliziert:

- Installation der Server-Komponenten entweder direkt während der Installation von NetWare oder nachträglich – am einfachsten über die grafische Oberfläche am Server oder mithilfe von NWCONFIG an der Konsole.

  Sehen Sie bei Novell nach, ob es ein neues Patch oder Support Pack gibt.
- Erstellen des NDPS-Brokers, wenn noch keines eingerichtet wurde
- Erstellen des NDPS-Manager
- Erstellen der Drucker-Agenten für die vorhandenen Netzwerk-Drucker
- Nacharbeiten zur Konfiguration
- Installation des Clients auf den Arbeitsstationen

  Wollen Sie iPrint verwenden, wird der iPrint-Client benötigt (ein Satz von Browser-Plug-Ins). In diesem Fall ist die Installation eines Novell-Clients nicht erforderlich. Eine Beschreibung finden Sie ab Abschnitt 7.2.

  Für die Verwendung unter UNIX oder Macintosh beachten Sie bitte die Beschreibung im *NDPS Administration Guide* von Novell.

  Wollen Sie iPrint nicht verwenden, ist die Installation des Novell-Clients mit der Option *Verteilte Novell Druck-Services (Novell Distributed Print Services)* notwendig. Haben Sie komplett umgestellt und funktioniert alles, sollten Sie auch noch eventuell vorhandene Befehle zur Ausführung von CAPTURE auf den Arbeitsstationen entfernen.

Risiko

Die manuelle Installation auf dem Server durch Kopieren der Dateien sollten Sie möglichst vermeiden, da dies fehlerträchtig ist (die genaue Vorgehensweise ist in der Novell Knowledgebase, TID 2942680, beschrieben) – sie ist nur notwendig, wenn die automatische Installation fehlschlägt.

Wichtig

Die Server-Konsole wird später normalerweise nur noch benötigt, wenn ein neuer Broker oder NDPS-Manager im eDirectory erstellt wird. Die Module müssen an der Konsole geladen und in die Datei AUTOEXEC.NCF eingetragen werden.

Die Verwaltung für die NDPS-Broker-, Manager- und Druckerobjekte erfolgt mithilfe des NWAdmin oder iManager (in der ConsoleOne ist eine Bearbeitung nicht möglich).

Tipp

In jedem LAN sollte wegen der ökonomischen Nutzung von WAN-Verbindungen ein eigener Broker und auf jedem Drucker-Server (der Druckservices bearbeiten soll) ein eigener NDPS-Manager zur Verfügung stehen.

7.4.1 NDPS-Broker

Auf dem Server werden drei Dienste vom Broker (BROKER.NLM) ausgeführt, die in Verbindung mit dem alten Warteschlangen-basierenden Drucker nicht verfügbar waren – pro Subnetz sollte ein NDPS-Broker installiert werden. Die Dienste sind nur für Administratoren verfügbar und für Anwender nicht sichtbar.

- *Service-Registrierung* (SRS – Service Registry Service)

  Speichert Informationen über Drucker mit öffentlichem Zugriff im Netzwerk einschließlich Typ, Netzwerkadresse, Hersteller und Modell. Es handelt sich dabei um Drucker, die bereits einen eingebetteten NDPS-Agenten enthalten und sich selbst konfigurieren. Sie veröffentlichen sich selbst und können so von Administratoren und Benutzern gefunden werden.

  Es wird hier nicht mehr das SAP-Protokoll verwendet, damit weniger Netzwerklast entsteht. Wird ein Drucker mit öffentlichem Zugang installiert, registriert er mit SRS. Benötigt eine Applikation oder ein Benutzer einen Drucker, wird SRS kontaktiert und eine Liste mit verfügbaren Druckern geliefert. Für IPX benutzt SRS SAP Type 8202 und für IP wird Multicast verwendet.

  Werden im Netzwerk mehrere SRS ausgeführt, synchronisieren diese sich automatisch untereinander. Damit sind neue Drucker immer sehr schnell nach dem Anschluss verfügbar.

- *Ressourcen-Management* (RMS – Resource Management Service)

  Zentralisierte Verwaltung von Drucker-Ressourcen, wie Treiber, Schriftart-Dateien, Banner-Seiten und Drucker-Definitionsseiten (NPD).

  Die Ressourcen werden zentral gespeichert und bei Bedarf auf Arbeitsstationen, Drucker usw. heruntergeladen. Der RMS unterstützt das Hinzufügen, Anzeigen und Ersetzen von Ressourcen (Abb. 7.9).

  Die Beschreibung, wie Sie Bannerseiten erstellen und hinzufügen können, finden Sie im Abschnitt 7.4.7.

  Druckertreiber werden nur in der englischsprachigen Version mitgeliefert. Auch die Anzahl der Treiber für die verschiedenen Betriebssystemplattformen ist nicht gerade groß. Daher ist es in der Praxis häufig notwendig, weitere Treiber hinzuzufügen. Eine Beschreibung dazu finden Sie in den Abschnitten 7.4.8 und 7.4.9. Beachten Sie unbedingt, dass es durchaus einige Druckertreibern, gibt, die nicht netzwerkfähig sind oder in Verbindung mit NDPS bzw. RMS nicht eingesetzt werden können. Kontaktieren Sie in diesem Fall den Druckerhersteller. Ggf. kann die .INF-Datei des Treibers selbst umgeschrieben werden, aber dafür ist ein sehr spezielles Wissen notwendig. Werden vom Treiber Unterverzeichnisse verwendet, funktionieren diese deshalb nicht mit NDPS. Soweit Sie dazu in der Lage sind, führen Sie die notwendigen Dateien in einem Verzeichnis zusammen und schreiben Sie die .INF-Datei um.

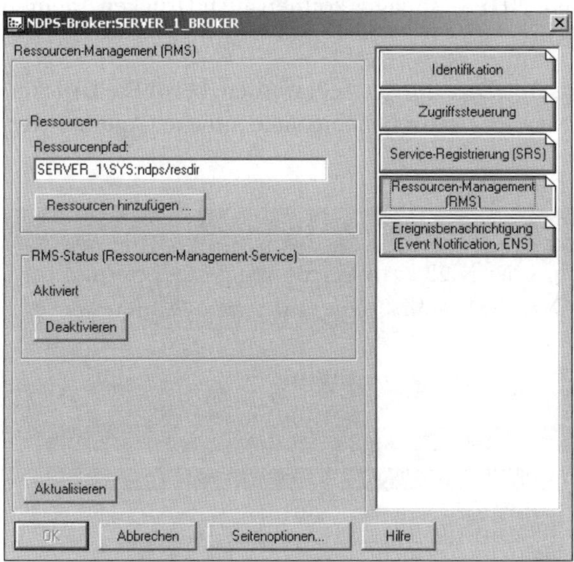

Abb. 7.9: NDPS-Broker-Objekt im eDirectory

- *Ereignisbenachrichtigung* (ENS – Event Notification Service)

  Kann angepasste Meldungen über Druckerereignisse und den Drucker-Status an Administratoren und Benutzer senden (beispielsweise über leere Papierschächte oder zu wenig Toner). Der Versand kann insbesondere per E-Mail (SMTP), Nachrichtendienst (Pop-up) oder mithilfe von Protokolldateien erfolgen. Durch eine offene Architektur von NDPS können Dritthersteller zusätzlich Methoden integrieren.

Anzahl und Platzierung der NDPS-Broker

Der Broker sollte möglichst auf dem gleichen Server ausgeführt werden, auf dem auch der NDPS-Manager läuft. An jedem Standort (LAN) sollte zumindest ein Broker ausgeführt werden. Aus Gründen der Fehlertoleranz empfehlen sich zwei Server, auf dem ein Broker gestartet wird.

Verschieben des NDPS-Broker-Objekts

Mithilfe von NWAdmin können Sie ein NDPS-Broker-Objekt im eDirectory in einen anderen Container verschieben. Vorher sollten Sie den Broker auf dem betroffenen Server stoppen und nach dem Verschieben wieder starten (nicht vergessen den Eintrag zum Start in der Datei AUTOEXEC.NCF zu ändern).

7.4.2 NDPS-Manager

Ermöglicht die Kommunikation mit den Modulen, die auf dem Server ausgeführt werden (NDPSM.NLM) – pro NDPS-Server sollte ein NDPS-Manager installiert werden (ein Manager kann immer nur auf einem Server und pro Server kann nur ein Manager geladen werden). Es kann eine beliebige Anzahl von Druckern in einem Netzwerk verwaltet werden. NDPS-Manager können auch Drucker-Agenten verwalten.

Ein NDPS-Manager-Objekt muss im eDirectory erstellt werden, bevor Sie Drucker-Agenten erstellen können. Ein Manager kann beliebig viele Drucker-Agenten verwalten.

Wichtig

Schließen Sie einen Drucker, der über NDPS zur Verfügung gestellt werden soll, an einem Server lokal an, muss NDPSM.NLM auf diesem Server geladen werden!

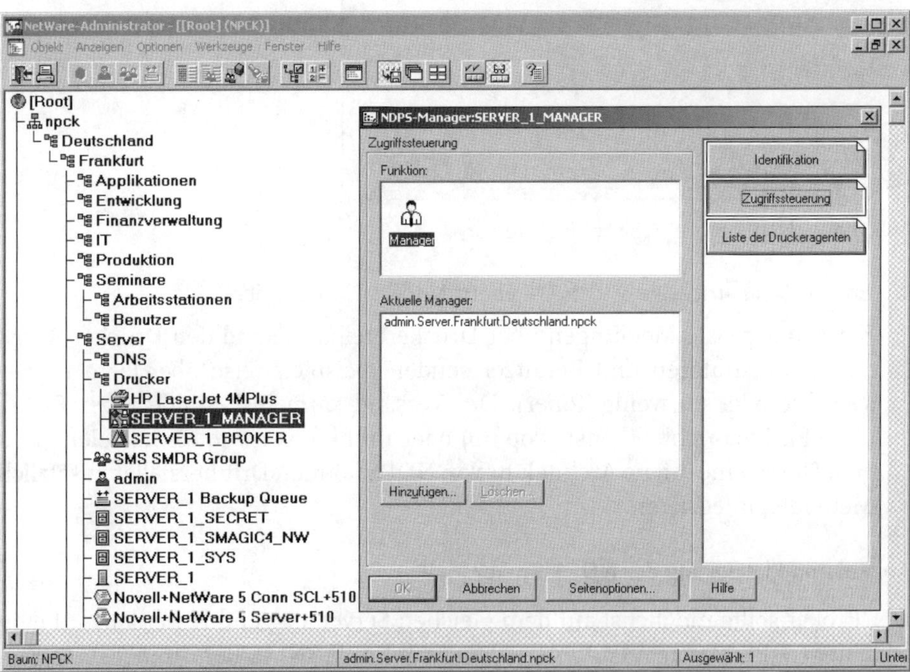

Abb. 7.10: NDPS Manager-Objekt im eDirectory

Beachten Sie für die notwendigen NDPS-Manager folgende Regeln:

- Nur ein NDPS-Manager kann pro Server geladen werden.
- Schließen Sie an einen Server lokal einen Drucker an, muss auf diesem System ein NDPS-Manager geladen werden, der den dazugehörigen Drucker-Agenten bedient.

- Soweit irgend möglich, sollten Sie den NDPS-Manager im gleichen LAN-Segment platzieren, wie die verwalteten Drucker (aus Gründen der Leistung).
- Soweit sinnvoll und möglich, sollten Sie die Drucker-Agenten mehr als einem NDPS-Manager zuweisen, damit sich die Last auf mehrere Server verteilt (zusätzlich steht damit Fehlertoleranz zur Verfügung)

7.4.3 Drucker-Gateways

Dabei handelt es sich um Software-Module, die die Kommunikation zwischen NDPS und den Druckern verwalten. Anfragen oder Befehle werden in die druckerspezifische Sprache des physischen Druckers übersetzt.

Ein Gateway ist nur notwendig, wenn Drucker im Netzwerk zum Einsatz kommen, die nicht NDPS-aware sind (siehe Abschnitt 7.4.4).

Die Module werden von Novell oder Druckerherstellern (bieten mehr Optionen als das Novell-Gateway) zur Verfügung gestellt. Von Novell werden derzeit folgende Gateways mit NDPS ausgeliefert (nur über NWAdmin verfügbar):

```
Novell-Drucker-Gateway
Hewlett-Packard IP/IPX-Drucker-Gateway
Xerox Drucker-Gateway (IP/IPX)
Axis Gateway Configuration
EpsonNet NDPS Gateway (english)
KYOCERA MITA NDPS-Gateway-Konfiguration
Lexmark IP-Drucker-Gateway
Gestetner NDPS Printer Gateway
LANIER NDPS Printer Gateway
MINOLTA-QMS Gateway Configuration
NRG NDPS Printer Gateway
RICOH NDPS Printer Gateway
SAVIN NDPS Printer Gateway
IPP-Gateway
```

Die Auswahl und Konfiguration eines Gateways erfolgt bei der Erstellung eines neuen Drucker-Agenten-Objekts im eDirectory.

Das Novell-Gateway unterstützt folgende Möglichkeiten und sollte nur verwendet werden, wenn vom Hersteller kein NDPS-Embedded-Drucker oder ein Gateway zur Verfügung steht:

- LPR/LPD-Drucken
- IPP-Drucken
- lokale und entfernte Drucker
- NPRINTER oder Warteschlangen-basierende Technologie

- RP-Mode (Legacy Remote Printer) aktiviert in IPX-Umgebungen
- LPR-Mode aktiviert in TCP/IP-Umgebungen

Dritthersteller-Gateways

Teilweise gibt es von Druckerherstellern Gateways, die mit NPDS ausgeführt werden können. Beachten Sie dazu auch eine von Novell verfügbare Site:

```
http://developer.novell.com/devres/nest/ndpsdown.htm
```

Leider gibt es mit Gateways immer wieder Probleme. Gehen Sie also umsichtig vor und testen Sie eine neue Implementation ggf. vorher in einer Testumgebung. Sehr gute Erfahrungen habe ich mit dem Novell-Gateway gemacht. Allerdings verfügt man darüber leider nicht über die volle Funktionalität der Netzwerkdrucker. Aber wenn gar nichts anderes klappt, sollten Sie dieses Gateway versuchen.

7.4.4 NDPS-Embedded-Drucker

Es handelt sich hierbei um Drucker, in denen die NDPS-Drucker-Agenten von den Herstellern in die Firmware integriert sind. Administratoren und Benutzer können direkt mit den Druckern kommunizieren.

7.4.5 Drucker-Agenten

Die Agenten stellen das Herz der NDPS dar. Für jeden physischen Drucker wird ein Drucker-Agent benötigt. Agenten kombinieren die Funktionen Druck-Server, Warteschlange, Drucker und Spooler.

Folgende Druckertypen können für NDPS verwendet werden:

- Drucker, die direkt mit dem Netzwerk verbunden sind und ein Gateway verwenden, das vom Hersteller des Druckers zur Verfügung gestellt wird
- entfernte Drucker, die RP, LPR oder ein Warteschlangen-basierendes Protokoll verwenden
- lokale Drucker, die direkt mit einem Server verbunden sind

Ein Drucker-Agent stellt folgende Dienste zur Verfügung:

- Er verwaltet die Ausführung von Druckeraufträgen und vielen weiteren Operationen, die durch einen Drucker ausgeführt werden können.
- Er beantwortet Abfragen von Netzwerkclients über Druckaufträge, Dokumente und die für einen Drucker verfügbaren Attribute.
- Er generiert Ereignisbenachrichtigungen über die Ausführung von Druckaufträgen, zu Druckerproblemen, Fehler oder Wechsel des Status eines Druckauftrags, Dokuments oder Druckers.

7.4.6 Installation und Konfiguration

In diesem Abschnitt beschreibe ich die Installation und Konfiguration der einzelnen NDPS-Objekte im eDirectory. Sie können für diese Arbeiten derzeit entweder noch den NWAdmin oder den iManager verwenden. Wurden bisher in diesem Buch Abbildungen in Verbindung mit NWAdmin verwendet, so wird in diesem Abschnitt nur die Vorgehensweise mit iManager beschrieben, da es sich hier um die modernere Technologie handelt.

iManager

Für diese Verwaltungssoftware beachten Sie die Dokumentation *iManager Administration Guide* von Novell mit einer detaillierten Beschreibung. Derzeit lassen sich bereits eine Reihe von Aufgaben mit diesem Werkzeug erledigen. Dazu gehören insbesondere die Verwaltung von DNS und DHCP, die Lizenzverwaltung, das iPrint-Management und die Verwaltung von Benutzern, Gruppen und Container in eingeschränkter Form.

Der Aufruf erfolgt über einen Browser mit folgendem Format:

```
https://<serverip>:2200/eMFrame/iManager.html
```

Beispiel:

```
https://192.168.250.239:2200/eMFrame/iManager.html
```

Anschließend müssen Sie sich beglaubigen lassen. Dazu sind der Benutzername, das Kennwort, der Kontext und der Baumname zur Eingabe erforderlich.

NDPS-Broker-Objekte erstellen

Die Installation erfolgt am besten bereits während der Installation des Servers (oder nachträglich beispielsweise über die GUI). Dabei wird bereits ein NDPS-Broker-Objekt in der NDS erstellt. Achten Sie darauf, dass der oder die Broker mithilfe von AUTOEXEC.NCF beim Serverstart geladen werden. Beispiel:

```
BROKER "SERVER_1_BROKER.Drucker.Frankfurt.Deutschland.NPCK"
```

Wichtig

Vergessen Sie beim Verschieben des Objekts nicht, die AUTOEXEC.NCF mit dem Standort des Broker-Objekts zu ändern und den Broker zu entladen und erneut zu laden. Der Server muss nicht erneut gestartet werden.

- Öffnen Sie im iManager *iPrint Management.*
- Klicken Sie auf *Broker erstellen.*
- Geben Sie den Namen, den Container und das Volume (normalerweise kann problemlos SYS verwendet werden, da nur relativ wenig Kapazität benötigt wird) für das Ressourcen-Management ein.
- Klicken Sie auf BROKER ERSTELLEN.
- Der Broker kann anschließend noch über *Broker verwalten* gestartet werden (vergessen Sie nicht, den Brokerstart auch in die Datei AUTOEXEC.NCF aufzunehmen).

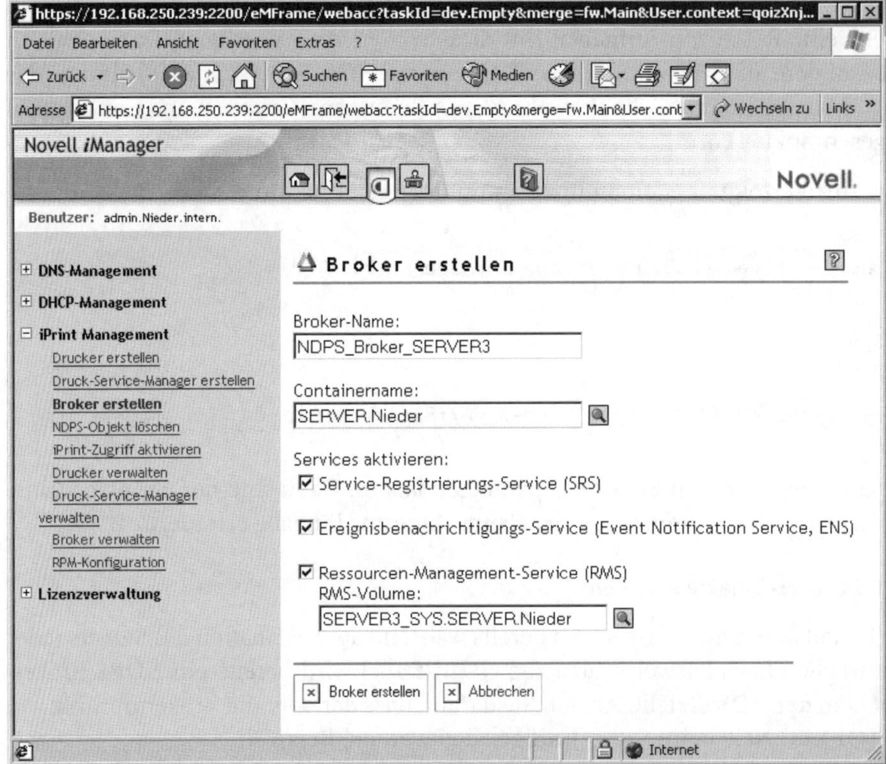

Abb. 7.11: Einen neuen NDPS-Broker erstellen

NDPS-Broker verwalten

- Das Hinzufügen von Druckertreibern wird in den Abschnitten 7.4.8 und 7.4.9 beschrieben.
- Eine Beschreibung zu den Bannerseiten finden Sie im Abschnitt 7.4.7.
- Die ausführbaren Dateien für die Lieferung von Ereignisnachrichten ist .ENM. Diese Dateien müssen auf dem Server im Verzeichnis SYS:SYSTEM verfügbar

sein. Doppelklicken Sie im NWAdmin ein NDPS-Broker-Objekt und wechseln Sie auf die Seite *Ereignisbenachrichtigung*. Klicken Sie auf LADEN und geben Sie den Namen der hinzuzufügenden .ENM-Datei ein.

Vorsicht

Entladen Sie nicht die RPC- und SPX-Programmbenachrichtigung, da diese für die Kommunikation zwischen Druckern und dem Drucker-Manager auf den Arbeitsstationen benötigt werden (z.B. für das Herunterladen von Druckertreibern).

- Sie können einzelne Dienste eines NDPS-Brokers deaktivieren oder wieder aktivieren. Das kann entweder mithilfe des iManagers (auf der Seite *Broker Control* das jeweilige Kontrollfeld deaktivieren) oder NWAdmin (auf der jeweiligen Diensteseite DEAKTIVIEREN anklicken) erfolgen. Benutzen NDPS-Drucker-Agenten einen Dienst und ist dieser deaktiviert, suchen diese automatisch im Netzwerk nach einem anderen Broker, der den Service bietet. Achten Sie darauf, dass für jeden Dienst zumindest ein NDPS-Broker im Netzwerk verfügbar ist.

  Wollen Sie einen bevorzugten NDPS-Broker für einen NDPS-Drucker einstellen, verwenden Sie NWAdmin. Klicken Sie auf der Seite *Druckersteuerung* auf die Schaltfläche FUNKTIONEN. Klicken Sie im Fenster auf SERVICES. Sie können im Dialogfeld anschließend für den Benachrichtigungs- und Ressourcen-Service einen beliebigen NDPS-Broker im Netzwerk wählen, der den Dienst zur Verfügung stellen soll. Vorsicht, fällt der bevorzugte NDPS-Broker aus, verwenden die NDPS-Drucker ihn erst wieder, wenn entweder der/die NDPS-Manager oder NDPS-Drucker entladen und wieder geladen werden!

Tipp

Kann RMS nicht aktiviert werden, besitzt der NDPS-Broker nicht ausreichend Zugriffsrechte (Supervisor-Recht erforderlich) auf das Verzeichnis NDPS\RESDIR oder der Verzeichnisname ist länger als acht Zeichen bzw. besitzt ungültige Zeichen im Namen.

Wollen Sie den Ressourcenpfad für RMS verschieben (z.B. aus Platzgründen), verwenden Sie den Eigenschaftsdialog des NDPS-Brokers im NWAdmin. Wechseln Sie auf die Seite *Ressourcen-Management* und geben Sie bei *Ressourcenpfad* einen neuen Pfad ein. Die Zielverzeichnisstruktur muss unbedingt vorher bereits erstellt worden sein und der NDPS-Broker benötigt Supervisor-Rechte darauf.

Für den Aufruf des NDPS-Brokers am Server stehen eine Reihe von Parametern zur Verfügung (Tabelle 7.2).

Parameter	Beschreibung
`noui`	Es wird keine Benutzerschnittstelle nach dem Laden des Brokers angezeigt.
`noipx`	Das IPX-Protokoll wird nicht unterstützt.
`noip`	Das IP-Protokoll wird nicht unterstützt.
`allowdup`	Das .NLM prüft nicht, ob bereits ein Broker für das gleiche Broker-Objekt im eDirectory geladen ist.

Tabelle 7.2: Parameter für den Aufruf des NDPS-Brokers

NDPS-Manager-Objekte erstellen

Als nächstes muss ein NDPS-Manager-Objekt im eDirectory erstellt werden, bevor Sie Drucker-Agenten anlegen können.

- Öffnen Sie im iManager *iPrint Management*.
- Klicken Sie auf *Druck-Service-Manager erstellen*.
- Geben Sie den Namen des Objekts, den Zielcontainer und das Volume (normalerweise kann problemlos SYS verwendet werden, da es sich nur um wenige Mbytes für Druckertreiber und Konfiguration handelt) für die NDPS-Datenbank an.
- Klicken Sie auf MANAGER ERSTELLEN.

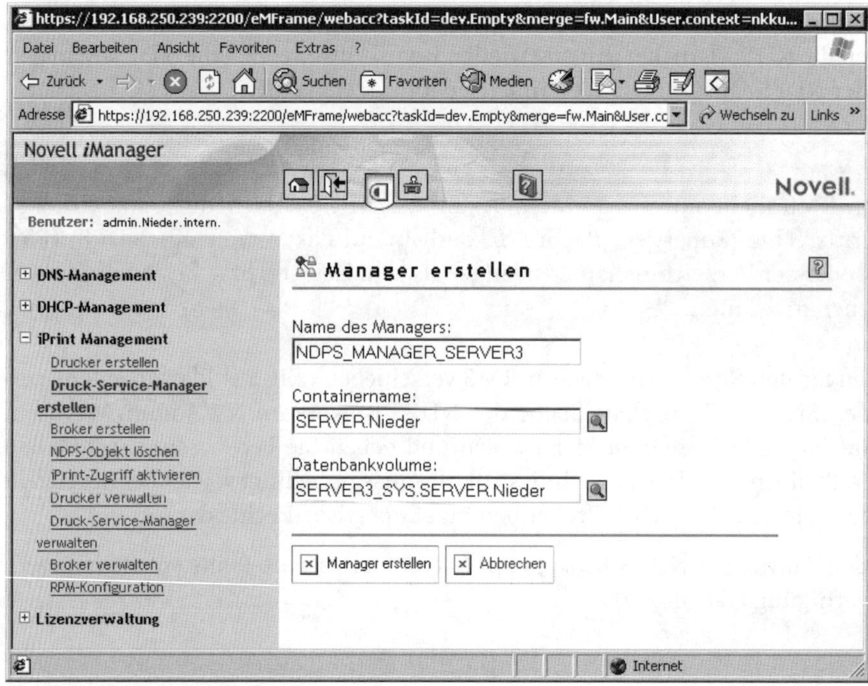

Abb. 7.12: Einen neuen NDPS-Manager erstellen

- Die Verwaltung kann anschließend noch über *Druck-Service-Manager verwalten* erfolgen.

Nach der Erstellung des Objekts sollten Sie auf der zweiten Seite der Verwaltung für die Zugriffskontrolle noch die Administratoren für die Verwaltung festlegen. Fügen Sie der AUTOEXEC.NCF noch den Ladebefehl für den nächsten Neustart des Servers hinzu und laden Sie den Manager (an der Konsole oder in der Verwaltung). Beispiel:

```
NDPSM ".SERVER_1_MANAGER.Drucker.Frankfurt.Deutschland.NPCK"
```

Vorsicht

Vorsicht beim Löschen eines Managerobjekts, da dabei auch alle zugewiesenen Druckerobjekte gelöscht werden!

Jeder Server, der einen NDPS-Manager ausführt und für IPP konfiguriert wird, lädt IPPSRVR.NLM. Vor der Konfiguration der Drucker für iPrint sollten Sie den DNS-Namen für jeden dieser Server konfigurieren. Damit kann der NDPS-Manager auf einen anderen Server verschoben werden, während Sie die iPrint-URLs für die zugeordneten Drucker verwalten. Ohne DNS-Zuordnung funktioniert dies nicht.

Risiko

Ist DNS für die NDPS-Manager nicht konfiguriert und Sie verschieben einen solchen auf einen anderen Server, müssen die Benutzer ihre iPrint-Drucker neu installieren (ebenso funktionieren verknüpfte lokale Drucker-Agenten nicht mehr). Fügen Sie einen DNS-Namen nach dem Aufsetzen von iPrint hinzu, wird dies so lange nicht beachtet, bis der NDPS-Manager neu gestartet wird. Installieren Anwender Drucker vor dem Hinzufügen eines DNS-Namens, funktionieren diese so lange, bis sich die IP-Adresse des Servers ändert (danach müssen die Druckertreiber auf den Arbeitsstationen neu installiert werden).

Um einen DNS-Namen für den NDPS-Manager zu konfigurieren, muss lediglich bei dessen Start ein zusätzlicher Parameter angegeben werden. Beispiel (die Eingabe muss unbedingt in einer einzigen Zeile erfolgen, was hier nicht darstellbar war):

```
NDPSM ".SERVER_1_MANAGER.Drucker.Frankfurt.Deutschland.NPCK" /dns-
      name=druckerffm.seminarnov6.de
```

Wichtig

Vergessen Sie nicht, den DNS-Namen mithilfe der *DNS/DHCP Management-Konsole* auf der Registerkarte *DNS-Service* als Ressourcendatensatz hinzuzufügen (als Typ A-Hostadresse).

NDPS-Manager verwalten

Der NDPS-Manager benutzt eine Datenbank, in der er Informationen über seine Drucker speichert. Die Datenbank wird regelmäßig gesichert (standardmäßig einmal täglich) und in das eDirectory repliziert.

Die Konfiguration der Datenbank kann über die Serverkonsole erfolgen:

- Wechseln Sie an der Serverkonsole zur Seite des NDPS-Managers.
- Wählen Sie bei *Verfügbare Optionen* den Eintrag *Status und Steuerung des NDPS-Managers.*
- Setzen Sie den Fokus auf *Datenbankoptionen* und drücken Sie [Enter].
- Bei *Datenbankoptionen sichern* können Sie einige Einstellungen ändern (Abb. 7.13)

Abb. 7.13: Datenbankoptionen des NDPS-Managers

Es stehen hier noch eine Reihe von weiteren Optionen zur Verfügung. Der NDPS-Manager besitzt für den direkten Aufruf an der Konsole eine Reihe von Parametern (siehe Tabelle 7.3).

Risiko

Vorsicht in vielen Fällen muss der NDPS-Manager beendet werden und insbesondere beim Verschieben gehen auch alle eventuell noch vorhandenen Druckaufträge verloren!

Parameter	Beschreibung
`dbvolume=<dn des volume>`	Wiederherstellung der Datenbank aus dem eDirectory und die Zeiger auf den lokalen Server verbinden. Nützlich für das Verschieben eines NDPS-Managers.
`dbvolume=nocheck`	Der NDPS-Manager prüft nicht auf ein gültiges lokales Datenbank-Volume. Im Falle von Clustering verwenden.
`dnsname=<dnsname>`	DNS-Name für das NDPS-Manager-Objekt setzen. Beachten Sie dazu auch den Abschnitt zur Erstellung eines NDPS-Manager-Objekts.
`iprinton`	Das IPP-Attribut wird für alle Drucker, die mit dem NDPS-Manager verbunden sind, aktiviert.
`nodatabase`	NDPS-Manager laden, ohne die Datenbank zu öffnen. Anschließend wird das Menü zu den Datenbankoptionen angezeigt, um beispielsweise eine Datensicherung durchzuführen.
`noip`	Das IP-Protokoll nicht unterstützen.
`noipx`	Das IPX-Protokoll nicht unterstützen.
`qloadbalance`	Der NDPS-Manager verteilt die wartenden Druckaufträge an verfügbare Drucker (Druckerpool für die Lastverteilung).
`setens=<broker>`	Den Ereignisbenachrichtigungsdienst des angegebenen NDPS-Brokers für alle Drucker des NDPS-Managers verwenden.
`setrms=<broker>`	Das Ressourcen-Management des angegebenen NDPS-Brokers für alle Drucker des NDPS-Managers verwenden.

Tabelle 7.3: Parameter des NDPS-Managers an der Serverkonsole

NDPS-Drucker-Agenten erstellen (iManager)

Als nächstes muss ein Drucker-Agenten-Objekt im eDirectory erstellt werden (NDPS-Drucker).

NDPS-Drucker können über öffentlichem oder kontrolliertem Zugriff verfügen. Es empfiehlt sich aus Gründen der Sicherheit, für alle Drucker einen kontrollierten Zugriff zu konfigurieren.

	Öffentlicher Zugriff	Kontrollierter Zugriff
Integration mit dem eDirectory	Nicht mit einem eDirectory-Drucker-Objekt verknüpft.	Verknüpft mit einem eDirectory-Drucker-Objekt.
Verfügbarkeit	Sofort für jedem im Netzwerk verfügbar. Kann automatisch über Dritthersteller-Gateways oder eingebettete Möglichkeiten verfügbar gemacht werden.	Nur für Netzwerkbenutzer mit zugewiesenen Rechten verfügbar.

Tabelle 7.4: Vergleich zwischen Drucker mit öffentlichem und kontrolliertem Zugriff

	Öffentlicher Zugriff	Kontrollierter Zugriff
Verwaltung	Erfordert nur minimalen Verwaltungsaufwand.	Erstellt und verwaltet als ein eDirectory-Objekt.
Netzwerksicherheit	Keine Netzwerksicherheit.	Alle Optionen des eDirectories zur Netzwerksicherheit stehen zur Verfügung.
Ereignisbenachrichtigung	Ereignisbenachrichtigung nur für Druckjobs verfügbar.	Alle Formen der Ereignisbenachrichtigung (zum Druckerstatus und den Ereignissen) sind möglich. Benachrichtigung per E-Mail, Pop-up-Fenster, Protokolle sowie Drittherstellermethoden wie Beeper und Fax.

Tabelle 7.4: Vergleich zwischen Drucker mit öffentlichem und kontrolliertem Zugriff (Forts.)

NDPS-Drucker, die mithilfe von iManager oder NWAdmin dem eDirectory hinzugefügt werden, besitzen kontrollierten Zugriff.

Wichtig

Als Voraussetzung zur Erstellung von Drucker-Agenten-Objekten muss Ihr Benutzerkonto als Manager beim NDPS-Manager eingetragen sein (Zugriffssteuerung). Ferner benötigen Sie im Zielcontainer des eDirectory Lese-, Änderungs- und Erstellungsrechte.

- Öffnen Sie im iManager *iPrint Management.*
- Klicken Sie auf *Drucker erstellen.*
- Geben Sie den Namen des Objekts, den Zielcontainer und den Namen des NDPS-Managers ein (Container und Manager sollten mithilfe der rechten Symbolschaltfläche ausgewählt werden) – ein voll qualifizierter DN muss angegeben werden.
- Im letzten Feld ist die Auswahl eines Gateway erforderlich. Ist ein Drittsteller-Gateway für den am Netzwerk angeschlossenen Drucker in der Liste verfügbar, wählen Sie dieses hier aus. Für lokale und dezentrale Drucker sowie solche, die direkt am Netzwerk angeschlossen im RP-Modus laufen (Legacy Remote Printer), wählen Sie das Novell-Gateway aus.

  UNIX, Macintosh und andere LPR-Clients können iPrint-Drucker mit LPR verwenden. Dabei darf der Druckername auf keinen Fall Leerzeichen enthalten.

  Beachten Sie, dass in iManager derzeit nur das Novell-Gateway verfügbar ist! Ggf. verwenden Sie hier NWAdmin, da über dieses Werkzeug eine ganze Reihe von Gateways zur Konfiguration zur Verfügung stehen.

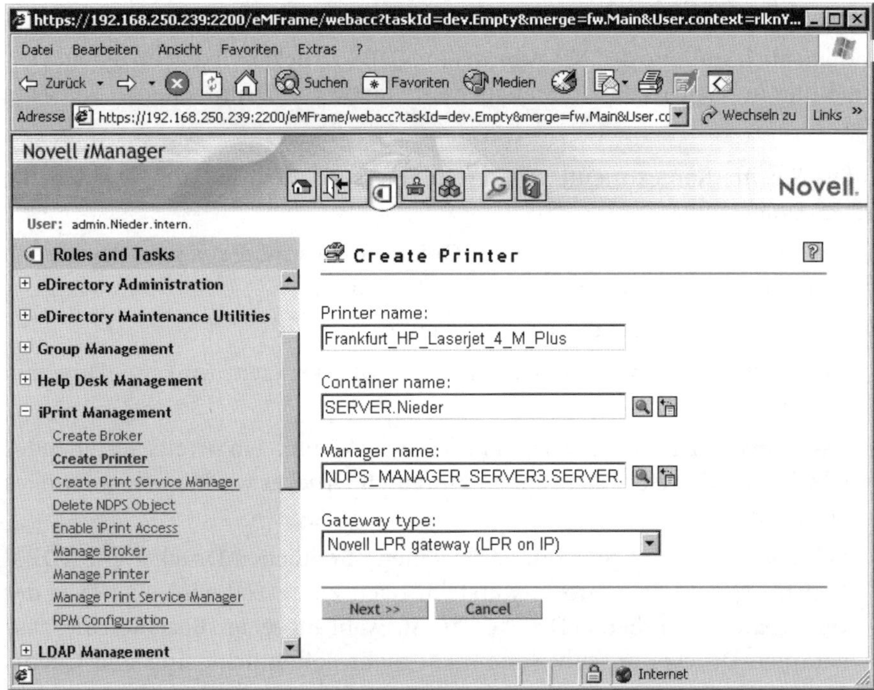

Abb. 7.14: Einen neuen Drucker-Agenten im eDirectory erstellen

- Klicken Sie auf NEXT.
- Im nächsten Dialog geben Sie die IP-Adresse oder den Hostnamen des Druckers im Netzwerk ein (den Druckernamen lassen Sie unverändert, außer es erfolgt eine Ausgabe unter UNIX oder eine alte Warteschlange).
- Klicken Sie auf NEXT, werden die verfügbaren Treiber geladen.
- Wählen Sie für jede Plattform auf den Arbeitsstationen den benötigten Druckertreiber aus. Es stehen hier die drei Plattformen Windows 2000/XP, Windows NT 4 und Windows 95/98/Me zur Verfügung. Nicht verfügbare Treiber können mithilfe von RMS (NDPS-Broker-Verwaltung) hinzugefügt werden. Steht kein Treiber zur Verfügung, wählen Sie *None* aus. In diesem Fall wird der Benutzer künftig zur Installation nach einer Treiberdiskette befragt.

  Die ausgewählten Treiber werden automatisch auf die Arbeitsstationen heruntergeladen, wenn Benutzer künftig den Drucker »installieren«.

- Klicken Sie NEXT und zum Abschluss OK.

Die Verwaltung und weitere Konfiguration kann später mit *Drucker verwalten* (*Manage Printer*) erfolgen.

Drucker erstellen (NWAdmin)

Sie können auch mithilfe des NWAdmin ein NDPS-Drucker-Objekt erstellen. Derzeit sind hier im Gegensatz zu iManager eine Reihe von Drittherssteller-Gateways verfügbar.

- Rufen Sie im Kontextmenü eines Containers *Erstellen* auf und wählen Sie *NDPS-Drucker* aus.
- Geben Sie einen Namen für das neue Objekt ein (wenn LPR verwendet werden soll, darf kein Leerzeichen im Namen vorkommen).
- Wählen Sie die Herkunft des Druckeragenten aus:
  - *Neuen Druckeragenten erstellen*: Ein neuer Druckeragent wird im eDirectory erstellt.
  - *Bestehendes NDPS-Druckerobjekt in NDS*: Sie können ein bereits bestehendes Objekt im eDirectory auswählen. Für einen Drucker wird dabei ein zweites Objekt angelegt.
  - *Öffentlicher Drucker*: Sie können für einen öffentlichen Drucker ein NDPS-Drucker-Objekt im eDirectory erstellt. Nach ERSTELLEN wird eine Liste der verfügbaren öffentlichen Drucker zur Auswahl angezeigt. Beachten Sie, dass derartige Drucker anschließend nicht mehr »öffentlich« sind und Clients den Drucker erneut installieren müssen.
- Normalerweise wählen Sie die erste Option aus und klicken auf ERSTELLEN.

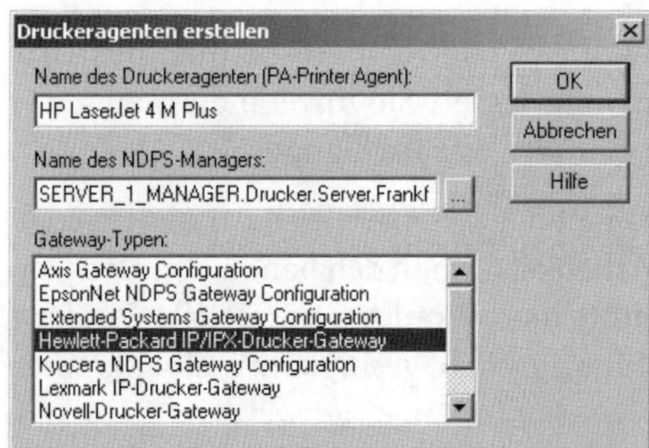

Abb. 7.15: Erstellen eines neuen Drucker-Agenten mit NWAdmin

Als nächstes müssen ein NDPS-Manager angegeben und ein Gateway-Typ ausgewählt werden (Abb. 7.15). Verwenden Sie Novell-Drucker-Gateway, wenn der Drucker direkt am Server oder einer Arbeitsstation angeschlossen ist oder die Ausgabe an eine existierende NetWare Drucker-Warteschlange erfolgen soll. Je nach Gateway unterscheiden sich die folgenden Konfigurationsdialoge. Im Folgenden die einzelnen Dialogfelder in Verbindung mit einem AXIS-Printserver als Beispiel.

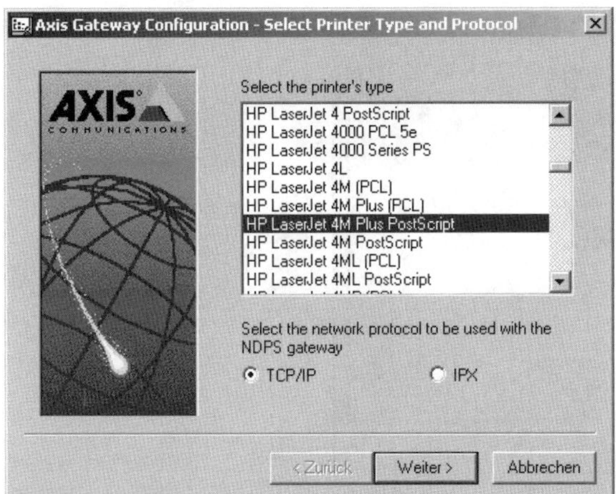

Abb. 7.16: Drucker und Netzwerkprotokoll für einen AXIS-Druckerserver auswählen

Fehlt ein passender Druckertyp, wählen Sie *[None]* oder einen generischen Treiber aus der Liste (Abb. 7.16). Wichtig ist auch die Angabe des korrekten Netzwerkprotokolls.

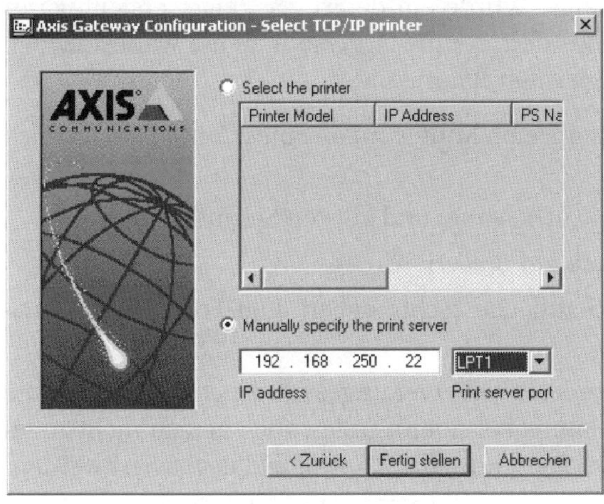

Abb. 7.17: Den Druckserver auswählen oder angeben

Wählen Sie ein gefundenes Druckermodell aus der Liste oder geben Sie beispielsweise die Netzwerkadresse und *Print server port* an (Abb. 7.17). Mit FERTIG STELLEN wird der NDPS-Drucker-Agent im eDirectory erstellt.

Wurde der Druckeragent erstellt, werden zum Abschluss noch die Druckertreiber für die Clients im Netzwerk benötigt. Dazu wählen Sie die Registerkarte für die jeweils benötigte Plattform und wählen einen Druckertreiber in der angezeigten Liste aus (Abb. 7.18). Zum Abschluss klicken Sie auf WEITER, womit der Vorgang abgeschlossen wird.

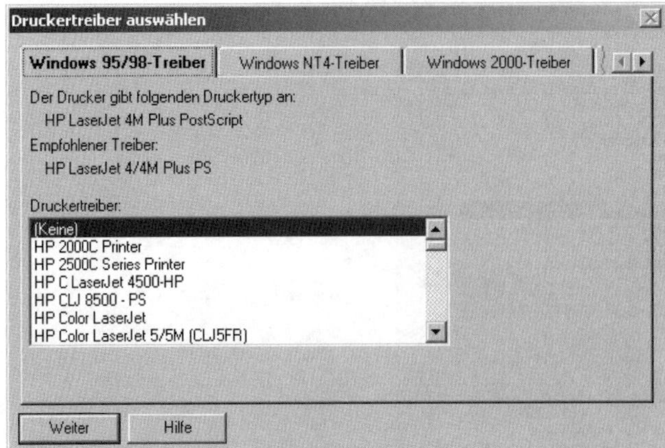

Abb. 7.18: Auswahl der Druckertreiber für die einzelnen Plattformen

Verweis auf Bindery-Warteschlangen

Diese werden benötigt, um Zugriff auf Drucker zu erhalten, die von NetWare-3-Servern oder von NetWare-4/5-Servern in anderen Bäumen kontrolliert werden. Ein Verweis auf eine Bindery-Warteschlange ist nichts anderes als ein Zeiger auf eine reale NetWare-Druckerwarteschlange. Wurde ein derartiger Zeiger erstellt, kann ein NDPS-Drucker-Agent erstellt werden, der die Druckjobs an die Warteschlange sendet, als befände diese sich im gleichen Baum.

- Starten Sie NWAdmin und rufen Sie im Kontextmenü eines Containers *Erstellen* auf.
- Wählen Sie die Klasse *Druckerwarteschlange* und klicken Sie auf OK.
- Aktivieren Sie die Option *Verweis auf Bindery-Warteschlange.*
- Klicken Sie auf die Symbolschaltfläche rechts neben dem Feld *Server\Warteschlange.*
- In einem neuen Dialogfeld werden alle Server angezeigt (auch diejenigen, die sich außerhalb des aktuellen Baums befinden). Sollen auch derzeit nicht angeschlossene Server angezeigt werden, muss das Kontrollfeld deaktiviert werden. Vorsicht, es kann sehr lange dauern, bis alle Server angezeigt werden.
- Wählen Sie einen Server aus, werden im rechten Feld die darauf verfügbaren Warteschlangen angezeigt. Wählen Sie eine Warteschlange aus und klicken Sie auf OK.
- Der ausgewählte Server und die Warteschlange werden im Feld Server/Warteschlange angezeigt (Abb. 7.19).
- Für die Bindery-Warteschlange wird der gleiche Name wie für die Zielwarteschlange vorgegeben. Diesen Namen können Sie im ersten Feld (*Name der Druckwarteschlange*) auf Wunsch auch ändern.

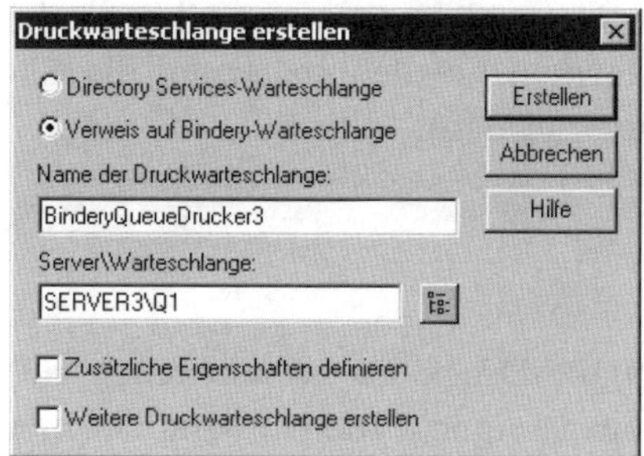

Abb. 7.19: Erstellen einer Bindery-Warteschlange

Jetzt müssen Sie nur noch die Verbindung mit einem NDPS-Drucker-Agenten herstellen (siehe folgender Abschnitt).

Konfiguration Warteschlangen-basierender Drucker

Es besteht die Möglichkeit, Druckausgaben über NDPS an alte Warteschlangen zur Ausgabe weiterzuleiten. Gehen Sie wie folgt vor:

- Erstellen Sie mit dem NWAdmin in einem Container ein neues NDPS-Drucker-Objekt.
- Im ersten Dialogfeld geben Sie den Namen des Objekts ein und wählen Sie die Option für die Erstellung eines neuen Druckeragenten.
- Klicken Sie auf ERSTELLEN.
- Im nächsten Dialogfeld geben Sie den NDPS-Manager an und wählen Sie als Gateway den Eintrag *Novell-Drucker-Gateway*.
- Klicken Sie auf OK.
- Wählen Sie den Druckertyp und den Typ der Anschlussbehandlung aus.
- Klicken Sie auf OK.
- Im Abschnitt Verbindungstyp des nächsten Dialogfelds wählen Sie die Option *Aufträge an eine Warteschlange weiterleiten* aus.
- Klicken Sie auf WEITER.
- Geben Sie den Namen der Warteschlange ein oder wählen Sie diese aus (klicken Sie dazu rechts neben dem Feld auf die kleine Schaltfläche mit den drei Punkten).
- Zusätzlich muss ein Warteschlangenbenutzer angegeben werden, der volle Rechte für die Verwaltung der Warteschlange besitzt (ein eventuell notwendiges Kennwort muss an der Serverkonsole eingegeben werden, da sonst der Agent nicht gestartet werden kann).
- Klicken Sie auf BEENDEN.
- Benötigt der Warteschlangenbenutzer ein Kennwort, ist dessen Eingabe jetzt auf Anforderung an der Serverkonsole erforderlich.

- Als nächstes erscheint das Dialogfeld für die Auswahl der Druckertreiber für die einzelnen benötigten Betriebssystem-Plattformen (werden später auf die Clients bzw. Arbeitsstationen bei Bedarf heruntergeladen).
- Klicken Sie zum Abschluss auf OK.

NDPS-Drucker verwalten/konfigurieren

Die Verwaltung und Konfiguration von NDPS-Druckern ist entweder mit NWAdmin (bietet mehr Optionen) oder iManager möglich. Die Nutzung der hier verfügbaren Möglichkeiten kann zu mehr Effizienz und zufriedeneren Anwendern führen. Bei der Erstellung der Objekte wurde automatisch bereits eine Standardkonfiguration zugewiesen, die Sie später Ihren Bedürfnissen anpassen können.

Wird ein Druckauftrag übergeben, erbt dieser automatisch die konfigurierten Eigenschaften für den NDPS-Drucker. Anschließend kann allerdings die Konfiguration eines Druckauftrags so lange noch geändert werden, bis dessen Druckausgabe beginnt (Abschnitt 7.4.12).

Konfiguration mit dem iManager

- Wählen Sie im iManager *Drucker verwalten (Manage Printer)*.
- Geben Sie den voll qualifizierten DN des NDPS-Drucker-Agenten ein oder wählen Sie einen mithilfe der rechts befindlichen Symbolschaltflächen aus.
- Wollen Sie LPR aktivieren, wechseln Sie auf die Registerkarte *Client Support* und dort auf die Seite *LPR Support* (Abb. 7.20). Aktivieren Sie die Option *Enable LPR/LPD client support*. Optional können Sie noch den Filter für die Zeilenwechsel aktivieren und IP-Adressebereiche angeben, auf die der Druckerzugriff beschränkt wird.
- Ist die Ausgabe über ein herkömmliches Warteschlangenobjekt notwendig, kann dies auf der Seite *QMS Support* konfiguriert werden. Eine Konfiguration ist hier normalerweise nur notwendig, wenn im Netzwerk Clients vorhanden sind, die nur mit herkömmlichen Warteschlangen arbeiten können (z.B. Macintosh und OS/2). Diese geben in Warteschlangen aus, die über die Konfiguration hier mit dem NDPS zusammenarbeiten.
- Wechseln Sie auf die Registerkarte *Configuration*. Im iManager steht hier nur die Standardkonfiguration zur Änderung zur Verfügung. Mit NWAdmin können Sie weitere Konfigurationen erstellen, zwischen denen die Benutzer später beim Herunterladen und Installieren des Druckers wählen können.
- Auf der Seite *Defaults* können Sie die Standardanzahl Kopien sowie die maximal durch die Benutzer einstellbare Anzahl Kopien angeben. Auch die Standardpriorität für Druckeraufträge und höchste einstellbare Priorität kann festgelegt werden. Banner und Medium lassen sich für Anwender unveränderbar *(Lock)* oder veränderbar einstellen.

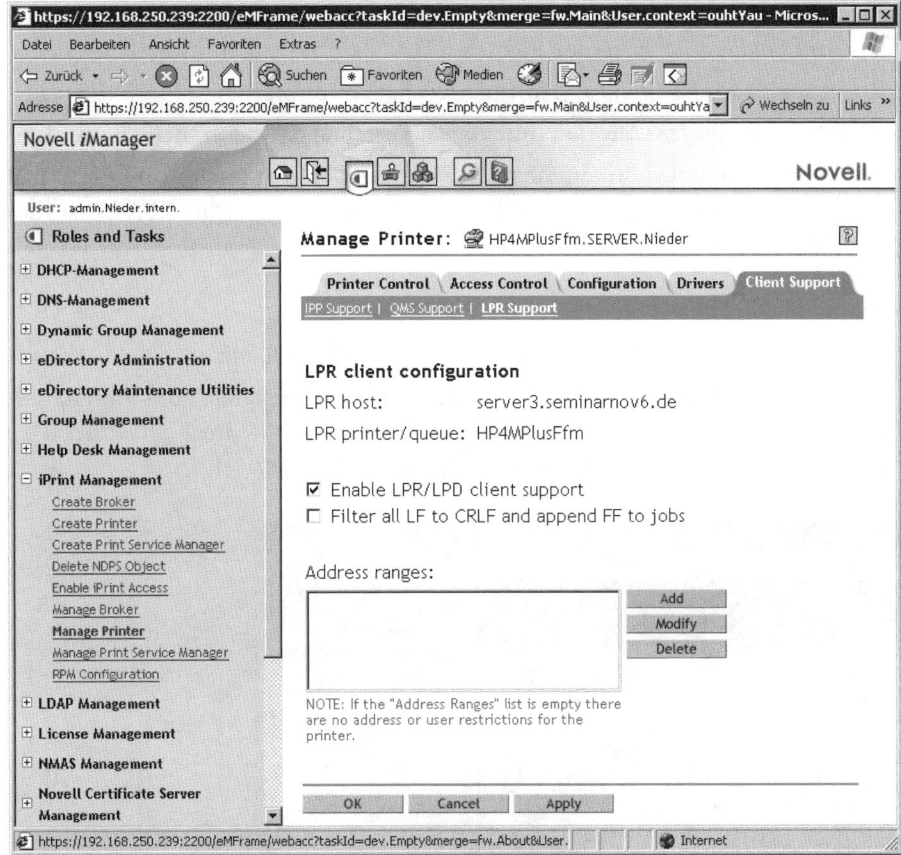

Abb. 7.20: LPR-Konfiguration für einen Druckeragenten

- Das Anhalten von Druckaufträgen können Sie auf der Seite *Job Holds* konfigurieren. Sie können festlegen, dass Druckeraufträge nicht sofort ausgegeben werden, sondern erst, wenn diese ein Operator oder der Besitzer freigeben. Ferner lässt sich festlegen, wie lange die Druckaufträge nach der Ausgabe beibehalten werden sollen, bevor diese gelöscht werden (es kann zusätzlich auch die maximale Zeitdauer eingestellt werden).
- Auf der Seite *Spooling* konfigurieren Sie den Standort des Spoolers (Volume) festlegen. Zusätzlich besteht die Möglichkeit, den maximal verfügbaren Speicherplatz für Druckaufträge und für nach der Ausgabe beibehaltene Druckaufträge festzulegen (der derzeit verfügbare Platz auf dem Datenträger wird angezeigt). Eine weitere Einstellmöglichkeit betrifft die Ausgabereihenfolge des Spoolers. In der mir vorliegenden Version werden allerdings falsche Einträge angezeigt. Normalerweise kann zwischen folgenden Optionen gewählt werden (in NWAdmin werden die Optionen korrekt dargestellt):

- *First In, First Out* (den ältesten Druckauftrag zuerst ausgeben)
- *Print Smallest Job First* (den kleinsten Druckauftrag zuerst ausgeben)
- *Minimize Media Changes* (Formularwechsel minimieren)
- *Print Only Current Medium* (nur Druckausgaben für das aktuelle Formular)

- Auf der letzten Seite können Sie zusätzlich noch die Parameter für den Aufruf des verwendeten Gateways modifizieren (beispielsweise die IP-Adresse des Druckers, wenn sich diese geändert hat).

Konfiguration mit NWAdmin

- Doppelklicken Sie im NWAdmin ein NDPS-Drucker-Objekt.
- Auf der ersten Seite haben Sie Zugriff auf den Druckerstatus, Funktionen, Aufträge etc. zur Fernverwaltung des Druckers (Abb. 7.21) – im Kontextmenü zu *Aufträge* kann hier auch der Spooler konfiguriert werden.

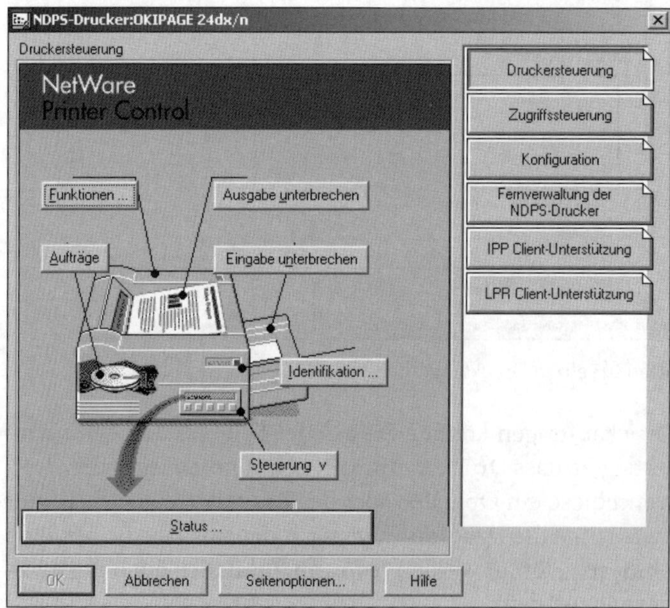

Abb. 7.21: Druckersteuerung im NWAdmin

- Auf der Seite *Konfiguration* können Sie einen Eintrag auswählen und bearbeiten. Hier stehen eine Reihe von Konfigurationsmöglichkeiten zur Verfügung. Dabei besteht auch die Möglichkeit, Benutzern auf einige Konfigurationseinstellungen den Zugriff zu verweigern (als geschlossenes Schloss dargestellt). Sie können hier auch die Treiber für die Clients konfigurieren.

  Zumindest eine nicht löschbare Konfiguration ist hier immer verfügbar (wurde bei der Erstellung des Objekts automatisch vorkonfiguriert). Nur diese Druckerkonfiguration kann mit dem iManager bearbeitet werden. Vorsicht, die Standardkonfiguration enthält einige Einstellungen, die zusätzliche Druckerkonfigurationen nicht enthalten (z.B. die verwendeten Treiber) – also auch hier konfigurieren.

Haben Sie mehrere Konfigurationen erstellt (ERSTELLEN klicken und Name eingeben), wählt der Benutzer bei der Installation des Druckers auf seiner Arbeitsstation die Konfiguration aus, die er benutzen möchte.

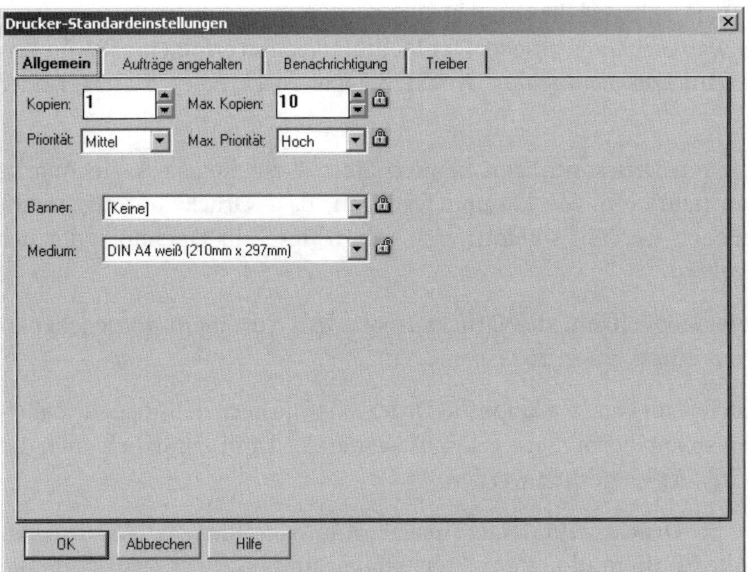

Abb. 7.22: Konfiguration der Drucker-Standardeinstellungen

Wichtig

Einträge, die rechts mit einem Vorhängeschloss gekennzeichnet sind, können für Benutzer zur Änderung gesperrt werden (rot und geschlossenes Vorhängeschloss bedeutet, dass Benutzer die Einstellung nicht ändern können). Diese Einstellung kann durch einen Doppelklick auf das Symbol geändert werden. Beachten Sie, dass einige Sperren auch vom Administrator nicht entsperrt werden können (z.B. die maximale Anzahl Kopien). Die Sperren gelten auch für zusätzliche Konfigurationen, die Sie mit dem NWAdmin erstellen können.

- Auf der Registerkarte *Allgemein* können Sie die Standardanzahl Kopien sowie die maximal durch die Benutzer einstellbare Anzahl Kopien angeben. Auch die Standardpriorität für Druckeraufträge und höchste einstellbare Priorität kann festgelegt werden *(Niedrig, Medium, Hoch)*. Banner und Medium lassen sich für Anwender unveränderbar *(Lock)* oder veränderbar definieren.

Bannerseiten werden am Beginn einer Druckausgabe gedruckt. Bei mehreren Kopien erfolgt die Ausgabe nur einmalig vor der ersten Kopie. Mit einer Bannerseite kann es Probleme geben, wenn Client, Drucker und Server nicht die gleiche Sprachversion verwenden (in diesem Fall möglichst auf Bannerseiten verzichten).

Ist das ausgewählte Medium (Formular) am Drucker nicht gemounted, pausiert der Drucker für 15 Minuten (dieser Wert – Auftragswartezeit – kann an der Serverkonsole geändert werden) bzw. bis das entsprechende Medium gemounted ist. Nach der Wartezeit wird die Druckausgabe angehalten und der Druckauftrag zurück in die Warteschlange gesetzt. Der Mediumwechsel erfolgt im NWAdmin auf der Seite *Druckersteuerung* des Druckerobjekts durch einen Manager oder Operator.

- Das Anhalten von Druckaufträgen können Sie auf der Registerkarte *Auftrag angehalten* konfigurieren. Sie können festlegen, dass Druckeraufträge nicht sofort ausgegeben werden, sondern erst, wenn diese ein Operator oder der Besitzer freigeben.

  Es besteht die Möglichkeit, die Druckausgabe erst zu einem vorgegebenen Datum/Uhrzeit durchführen zu lassen.

  Ferner lässt sich festlegen, wie lange die Druckaufträge nach der Ausgabe beibehalten werden sollen, bevor diese gelöscht werden (es kann zusätzlich auch die maximale Zeitdauer eingestellt werden).

  Insbesondere für Drucker, auf denen Ausgaben auf verschiedenen Vordrucken erfolgen, ist die Konfiguration zum Anhalten vor und nach der Druckausgabe interessant (eine Operatormeldung wird versendet). Vorsicht, erfolgt innerhalb von 15 Minuten kein Eingriff (Standardwert für die Auftragswartezeit kann an der Serverkonsole geändert werden), setzt der Drucker seine Arbeit automatisch fort.
- Auf der Registerkarte *Benachrichtigung* steht eine große Anzahl von Ereignissen zur Verfügung, für die eine Ereignisbenachrichtigung erfolgen kann. Hier kann nur die Konfiguration für den Versand von Pop-up-Nachrichten erfolgen.
- Die Treiber für die unterschiedlichen Plattformen können Sie auf der letzten Registerkarte *(Treiber)* ändern. Wählen Sie lediglich eine Betriebssystemplattform aus und klicken Sie den gewünschten Treiber an. Im oberen Bereich werden der bisherige und der neu gewählte Treiber angezeigt.

Das Spooling kann über die Seite *Druckersteuerung* (Abb. 7.21) im Kontextmenü der Schaltfläche AUFTRÄGE im NWAdmin konfiguriert werden (Abb. 7.23).

- Standardmäßig befindet sich der Spoolingbereich auf dem gleichen Volume wie die Datenbank für den zuständigen NDPS-Manager. Diese Einstellung kann im Feld *Standort des Spool-Betriebs* geändert werden.

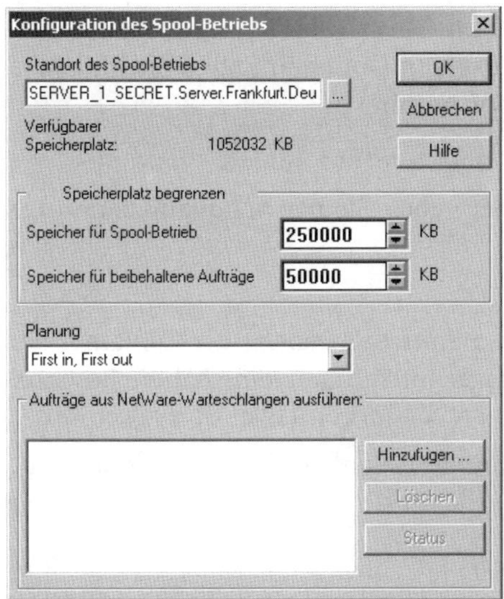

Abb. 7.23: Konfiguration des Spool-Betriebs im NWAdmin

Sie können den Speicherplatz für den Spool-Betrieb und die beibehaltenen Druckaufträge (Teilmenge gesamten Spoolspeichers) auf dem Volume beschränken. Der derzeit verfügbare Speicherplatz wird zur Information angezeigt.

Zusätzlich kann Ausgabereihenfolge der Druckaufträge geändert werden. Die Standardreihenfolge ist immer *First in, First out*:

First In, First Out (den ältesten Druckauftrag zuerst ausgeben)

Print Smallest Job First (den kleinsten Druckauftrag zuerst ausgeben)

Minimize Media Changes (Formularwechsel minimieren)

Print Only Current Medium (nur Druckausgaben für das aktuelle Formular)

- Es besteht hier im letzten Abschnitt auch die Möglichkeit, die Ausgabe über ein herkömmliches Warteschlangenobjekt durchzuführen. Eine Konfiguration ist hier normalerweise nur notwendig, wenn im Netzwerk Clients vorhanden sind, die nur mit herkömmlichen Warteschlangen arbeiten können (z.B. Macintosh und OS/2). Diese geben in Warteschlangen aus, die über die Konfiguration hier mit dem NDPS zusammenarbeiten.

Zugriffssteuerung konfigurieren

Die Zugriffssteuerung kann mithilfe von iManager oder NWAdmin konfiguriert werden. Leider steht über iManager die Option zur Konfiguration der Benachrichtigung nicht zur Verfügung.

Konfiguration mit dem iManager

Eine ausführliche Beschreibung zu den einzelnen Optionen finden Sie im nächsten Abschnitt zur Konfiguration mit dem NWAdmin.

- Klicken Sie im iManager unter *iPrint Management* auf *Manage Printer.*
- Wählen Sie den NDPS-Drucker aus oder geben Sie den vollqualifizierten DN ein und klicken auf OK.
- Wechseln Sie zu *Access Control.*
- Mithilfe von ADD können Sie Benutzer, Benutzergruppen oder Container den Listen der Benutzer, Operator und Manager hinzufügen (eine nähere Beschreibung finden Sie bei der Verwendung von NWAdmin im nächsten Abschnitt).
- Die Sicherheitsstufe für den Drucker können Sie auf der Seite *Security* ändern.
- Übernehmen Sie Ihre Änderungen mit APPLY.

Konfiguration mit dem NWAdmin

- Wählen Sie den NDPS-Drucker durch einen Doppelklick auf das Objekt aus.
- Wechseln Sie auf die Seite *Zugriffssteuerung* (Abb. 7.24).
- Mithilfe von HINZUFÜGEN können Sie Benutzer, Benutzergruppen oder Container den Listen der Benutzer, Operator und Manager hinzufügen (vorher muss die Funktion im ersten Abschnitt ausgewählt werden)

Tipp

Benötigen Sie für einen physischen Drucker unterschiedliche Zugriffslisten bzw. unterschiedliche Konfigurationen, können Sie mehrere NDPS-Drucker-Agenten für den gleichen Drucker erstellen.

- *Manager* dürfen das NDPS-Drucker-Objekt modifizieren und haben eDirectory-Rechte auf Verwaltungsfunktionen. Sie richten Operatoren oder Benutzer für einen Drucker ein, fügen andere Manager hinzu und können die Druckerkonfiguration ändern. Fügen Sie Benutzer hinzu, werden diese automatisch auch den Listen der Operatoren und Benutzer hinzugefügt und können dort nicht entfernt werden.
- *Operatoren* haben das Recht, den Drucker über das eDirectory anzuhalten oder neu zu starten. Sie dürfen alle Funktionen auf der Seite *Druckersteuerung* nutzen, Drucker anhalten, fortsetzen und reinitialisieren, Druckaufträge in eine andere Reihenfolge bringen, einzelne Aufträge löschen, kopieren oder verschieben, Standardkonfigurationen für Drucker ändern und das Spooling konfigurieren.

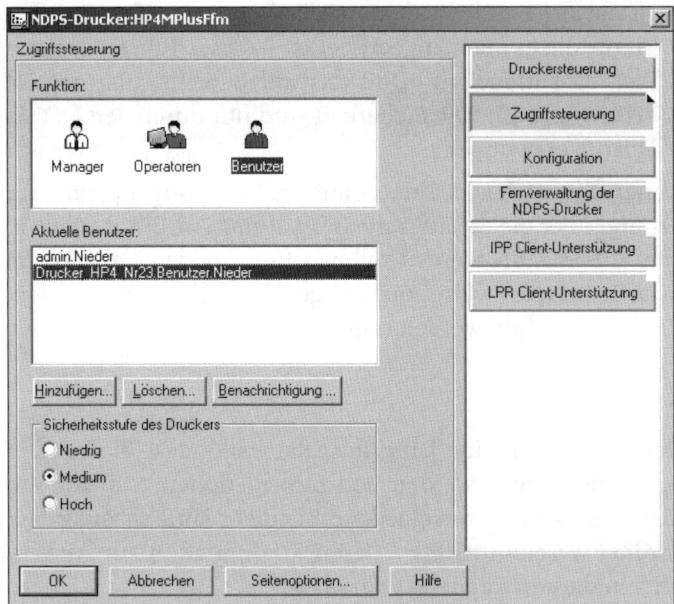

Abb. 7.24: Konfiguration der Zugriffssteuerung auf einem NDPS-Drucker

- *Benutzer* letztlich besitzen das Recht, Druckaufträge aufzugeben und ihre eigenen Aufträge zu verwalten (nicht jedoch zu kopieren oder zu verschieben). Vorsicht, nach der Erstellung des NDPS-Drucker-Objekts befindet sich in der Liste automatisch der Container, in der das Objekt im eDirectory angelegt wurde!

In den Eigenschaften von Benutzerobjekten können Sie die Zugriffssteuerung für NDPS-Drucker-Objekte ebenfalls konfigurieren. Rufen Sie ein Benutzerobjekt im NWAdmin auf und wechseln Sie auf die Seite *Zugriffssteuerung des NDPS-Druckers (NDPS Printer Access Control)*. Wählen Sie im ersten Feld den Kontext von NPDS-Drucker-Agenten aus. Klicken Sie zur Konfiguration der Zugriffssteuerung auf die einzelnen Drucker in der Liste und weisen Sie Mitgliedschaften des Benutzers zu *Manager*, *Operator* und *Benutzer* nach Bedarf zu, in dem Sie das Kontrollfeld dazu aktivieren. Zusätzlich können Sie für den Benutzer die Benachrichtigungsoptionen einstellen.

- Zusätzlich kann die Sicherheitsebene für den NDPS-Drucker eingestellt werden:
  - Bei *Niedrig (Low)* akzeptiert NDPS jeden Benutzer, auch wenn er nur als Gast angemeldet ist. Die Sicherheit wird nur durch Client-Anforderungen erzwungen.
  - Bei *Medium* (Standardeinstellung) dürfen alle drucken, wenn sie im eDirectory angemeldet sind. Die Sicherheit wird durch den NDPS-Manager erzwungen, sobald die Integrität der Druckdaten betroffen ist. Ansonsten wird die Sicherheit nur durch die Client-Anforderungen erzwungen.

  - Nur bei *Hoch (High)* ist sichergestellt, dass nur die Benutzer einen Drucker verwenden können, für die er auch zugeordnet ist – dieses führt jedoch zu einer zusätzlich Last, da laufend im eDirectory auf Berechtigung geprüft wird (siehe auch TID 10021048). Die Sicherheit wird nur durch den NDPS-Manager für alle Abläufe erzwungen.
- Auf dieser Seite können Sie auch einzelne Benutzer, Benutzergruppen oder Container auswählen und über die Schaltfläche BENACHRICHTIGUNG festlegen, wem welches Ereignis »übersandt« werden soll (per Protokolldatei, als Pop-up usw.). Damit lassen sich beispielsweise zuständige Mitarbeiter informieren, wenn Papier oder Toner nachgefüllt werden muss.

7.4.7 Bannerseiten

Bei Bannerseiten handelt es sich um eine Druckausgabe von Seiten, die vor den einzelnen Druckaufträgen ausgegeben werden und Informationen zum Auftrag enthalten (wichtig für Drucker, an den verschiedene Benutzer laufend Ausgaben durchführen, die zugeordnet werden müssen). Deren Konfiguration zur Anwendung wurde bisher bereits in diesem Kapitel beschrieben.

Bannerseiten können in NDPS für PostScript, PCL und das Textformat (Generic Text) konfiguriert werden (für PostScript-Drucker können selbstverständlich nur PostScript-Bannerseiten verwendet werden). Auf jeder verfügbaren Bannerseite finden Sie am Seitenende den Namen des Druckauftrags, den Namen des Besitzers sowie Datum und Uhrzeit der Druckausgabe.

Tipp

Sind Clients, Drucker und Server nicht für die gleiche Sprache konfiguriert, kann es zu Problemen mit den Bannerseiten kommen (beispielsweise fehlerhafte Namen von Druckaufträgen). In diesem Fall sollten Sie auf die Anwendung von Bannerseiten verzichten.

Hinzufügen einer neuen Bannerseite

Bei Verwendung des iManagers:

- Rufen Sie unter *iPrint Management* den Eintrag *Manage Broker* auf.
- Wechseln Sie auf die Registerkarte *Resource Management Service*.
- Auf der Seite *Banners* können Sie mithilfe von ADD neue Bannerseiten hinzufügen.

Bei Verwendung von NWAdmin:

- Doppelklicken Sie den NDPS-Broker.
- Wechseln Sie auf die Seite *Ressourcen-Management*.
- Klicken Sie auf RESSOURCEN HINZFÜGEN.

- Wählen Sie im Abschnitt *Ressourcentypen* den Eintrag *Banner*.
- Mit HINZUFÜGEN können Sie der Liste neue Bannerseiten hinzufügen.

Eigene Bannerseiten erstellen

Sie müssen auf die korrekte Namenserweiterung achten:

- .PCL für Bannerseiten zu PCL-Druckern
- .PS für Bannerseiten zu PostScript-Druckern
- .TXT für Bannerseiten im Generic-Textformat

Der einfachste Weg, eine Bannerseite selbst zu erstellen, ist die Verwendung eines Textprogramms. Lassen immer etwa ein Drittel der Seite am unteren Rand frei, damit NDPS die Informationen zum Druckauftrag hinzufügen kann.

- Formatieren Sie die Seite gemäß Ihren Wünschen (Firmenname etc.).
- Führen Sie eine Druckausgabe durch, die Sie in eine Datei umleiten.
- Entfernen Sie mithilfe eines Binär- oder Hexeditors alle Befehle zum Seitenwechsel oder Reset aus der Datei, da diese von NDPS hinzugefügt werden.

  In PCL ist ein Seitenwechsel dezimal 12 bzw. hexadezimal 0C, das Resetkommando ist dezimal 27, 69 bzw. hexadezimal 1B, 45. Ferner müssen bei PCL folgende Universal Exit-Befehle (UEL) entfernt werden: dezimal 27, 37, 45, 49, 50, 51, 52, 53, 88 bzw. hexadezimal 1B, 25, 2D, 31, 32, 33, 34, 35, 58.

  In PostScript-Dateien entfernen Sie den Befehl `showpage`. Vorsicht, häufig kommt `showpage` mehrmals vor und darf nicht überall entfernt werden. Ohne Kenntnisse der PostScript-Sprache ist es etwas schwierig oder Sie probieren es so lange, bis es funktioniert.

  Ein Banner im Generic-Textformat kann in einer beliebigen Druckersprache formatiert werden. NDPS fügt keine weiteren Informationen zum Seitenwechsel hinzu.

7.4.8 Druckertreiber mit iManager hinzufügen

Mithilfe von iManager können Sie zusätzlich benötigte Druckertreiber für eine der unterstützten Plattformen hinzufügen.

- Wählen Sie unter *iPrint Management* den Eintrag *Manage Broker*.
- Geben Sie den voll qualifizierten DN des benötigten NDPS-Brokers ein.
- Wechseln Sie auf die Registerkarte *Resource Management Service*.
- Klicken Sie auf die Plattform, zu der Sie einen Treiber hinzufügen möchten (z.B. *Windows 2000/XP Drivers*).
- Sie haben jetzt mehrere Möglichkeiten, Treiber hinzuzufügen oder zu entfernen.

Wollen Sie einen Treiber aus der angezeigten Liste löschen, wählen Sie dessen Eintrag aus und klicken auf DELETE.

Um der Liste einen neuen Treiber hinzuzufügen, stehen Ihnen zwei Möglichkeiten zur Verfügung. Sie können entweder einen Treiber des Systems (auch von der Original-CD), auf dem Sie den Browser ausführen, hinzufügen oder von Datei – in diesem Fall müssen Sie die Druckertreiber-Dateien einschließlich der .INF-Datei in einem Verzeichnis oder auf einem Datenträger verfügbar haben.

- Klicken Sie auf ADD FROM SYSTEM, wird die Liste der Treiber zum installierten Betriebssystem ausgewertet und angezeigt. Nach einer Auswahl werden die Treiberdateien kopiert. Ggf. erscheint noch einmal ein Auswahlfeld für die Angabe des Quellpfads zu den Treiberdateien (z.B. das Verzeichnis I386).
- Klicken Sie auf Add From File, um einen Treiber hinzuzufügen, wechseln Sie im angezeigten Dialog in das Verzeichnis (Datenträger), wo sich die .INF-Datei des Druckertreibers befindet und klicken auf ÖFFNEN.
- Damit die Änderungen wirken, müssen Sie zum Abschluss auf APPLY oder OK klicken.

7.4.9 Druckertreiber mit NWAdmin hinzufügen

Rufen Sie das NDPS-Broker-Objekt auf und wechseln Sie auf die Seite RESSOURCEN-MANAGEMENT. Klicken Sie hier auf die Schaltfläche RESSOURCEN HINZUFÜGEN. Das Dialogfeld *Ressourcen verwalten* wird angezeigt.

Wählen Sie bei *Ressourcentypen* die Betriebssystemplattform aus, für die Sie einen neuen Druckertreiber hinzufügen möchten. Prüfen Sie anschließend im Abschnitt *Aktuelle Ressourcen*, ob der Treiber nicht doch schon zur Verfügung steht.

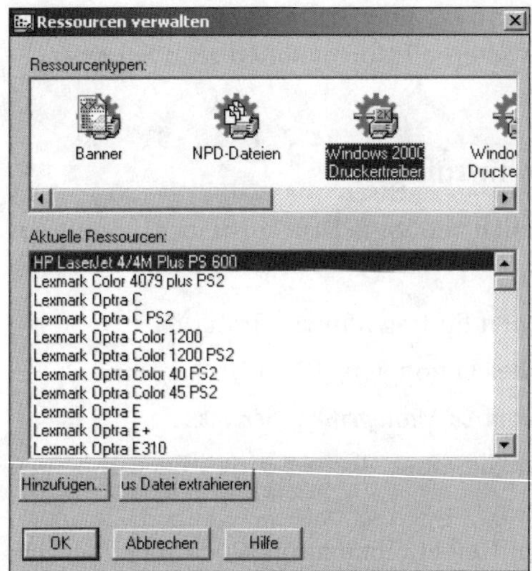

Abb. 7.25: Neue Druckertreiber mit NWAdmin hinzufügen

Klicken Sie auf HINZUFÜGEN und anschließend auf DURCHSUCHEN (BROWSE), um die .INF-Datei für einen Druckertreiber auszuwählen. Im unteren Abschnitt des Dialogfelds wird die Bezeichnung des Druckers angezeigt. Nach OK wird der Druckertreiber übernommen. Die Dateien finden Sie anschließend im folgenden Pfad:

```
SYS:NDPS\RESDIR\ENGLISH\PRNDRV\WIN2000 oder NT4 oder WIN95
```

Wichtig

Viele NDPS-Funktionen benötigen Bidirektionale Unterstützung vom Druckertreiber. Ist dies nicht gegeben, werden vom Agenten viele Funktionen nicht unterstützt. Eine Installation ist nur möglich, soweit für den Treiber eine .INF-Datei vorliegt. Besitzen Sie keinen derartigen Treiber, steht dieser normalerweise zumindest über die Download-Seiten des Herstellers im Internet zur Verfügung.

Mit AUS DATEI EXTRAHIEREN können Sie Treiber aus einer .CAB-Datei extrahieren. Wählen Sie dort für das ausgewählte Betriebssystem den benötigten Treiber für die Clients zum Hinzufügen aus. Beachten Sie, dass dies nur für das Betriebssystem funktioniert, das Sie gerade ausführen!

Funktioniert das Einpflegen eines neuen Treibers nicht, legen Sie auf dem Server selbst ein neues Unterverzeichnis an (Verzeichnisname maximal acht Zeichen lang) und kopieren dorthin die entpackten Treiberdateien. Da auch das keine Garantie für die Lauffähigkeit bietet, ist es besser, Sie versuchen es vorher erst noch mit iManager (Abschnitt 7.4.8).

7.4.10 Druckertreiber installieren

Drucker bzw. Druckertreiber können Sie auf Arbeitsstationen auf verschiedene Weise installieren:

- automatisch mithilfe des iManager *(RPM Configuration)*
- automatisch mithilfe von NWAdmin *(Fernverwaltung der NDPS-Drucker)*
- Sie können Benutzern auf Arbeitsstationen erlauben, mit der Funktion *Drucker hinzufügen* (Druckerordner) selbst einen Drucker auszuwählen und zu installieren.
- Sie können iPrint benutzen, um Drucker automatisch zu verteilen. Am besten verwenden Sie hierzu die iPrint-Richtlinie von ZfD (Abschnitt 7.3).
- Mithilfe von iPrint bzw. IPP kann ein Benutzer einen Druckertreiber auch über einen Browser erhalten.

Risiko

Mit einigen Treibern, insbesondere ältere, gibt es Probleme, wenn Drucker- bzw. Anschlussname länger als 32 Zeichen ist. Dabei gilt immer der volle Pfad (Format \\<baum>\<server>\<druckername>). Dazu gibt es den Registry-Eintrag HKEY_LOCAL_MACHINE\SOFTWARE\NDPS\RPM\TruncatePrinterName. Der Standardwert ist `0` (lange Namen benutzen). Sie können den Wert auf `1` ändern, wodurch Druckernamen hinter dem 31. Zeichen abgeschnitten werden.

Administratoren können mithilfe der Drucker-Fernverwaltung konfigurieren, dass Drucker bzw. Druckertreiber automatisch auf Arbeitsstationen heruntergeladen und installiert werden. Zusätzlich können zugewiesene Drucker wieder entfernt und Drucker als Standarddrucker definiert werden. Auch das automatisch Update von Druckertreibern stellt kein Problem dar.

Die Konfiguration wird im eDirectory abgelegt und beim nächsten Neustart der betroffenen Arbeitsstationen bzw. der Anmeldung durch die Benutzer vergleicht die Client-Komponente von NDPS bzw. iPrint den Zeitstempel des ggf. bereits installierten Druckertreibers mit dem eDirectory. Ist der Zeitstempel unterschiedlich oder der Treiber auf der Arbeitsstation noch nicht verfügbar, wird dieser heruntergeladen und installiert. Dabei werden auch nicht mehr verfügbare Drucker auf dem Client deinstalliert. Hat der Administrator zusätzlich die Einstellung zum Standarddrucker geändert, wird diese ebenfalls übernommen.

Wichtig

Verwenden Sie die Fernverwaltung zur automatischen Installation von Druckertreibern, werden die Druckernamen zur Installation automatisch auf 31 Zeichen gekürzt, was jedoch zu keinen Problemen führt (viele Applikationen können keine längeren Druckernamen verwenden).

Automatische Installation mit iManager konfigurieren

Zur automatischen Verteilung und Installation von Druckern bzw. Druckertreibern steht im iManager unter *iPrint Management* die Funktion *RPM Configuration* zur Verfügung.

- Wählen Sie als erstes das Objekt aus, für das Sie die Fernverwaltung der NDPS-Drucker durchführen möchten. Dabei können Benutzer-, Benutzergruppen- oder Container-Objekte verwendet werden.
- Damit gelangen Sie zur Fernverwaltungs-Konfiguration für das ausgewählte eDirectory-Objekt (Beispiel in Abb. 7.26).
- Arbeitsstationen nicht aktualisieren (*Do not update workstations*)

  Keine der eventuell auf der Seite vorgenommenen Änderungen wird auf den Arbeitsstationen zu einer Aktualisierung führen, bis das dazugehörige Kontrollfeld deaktiviert wird.

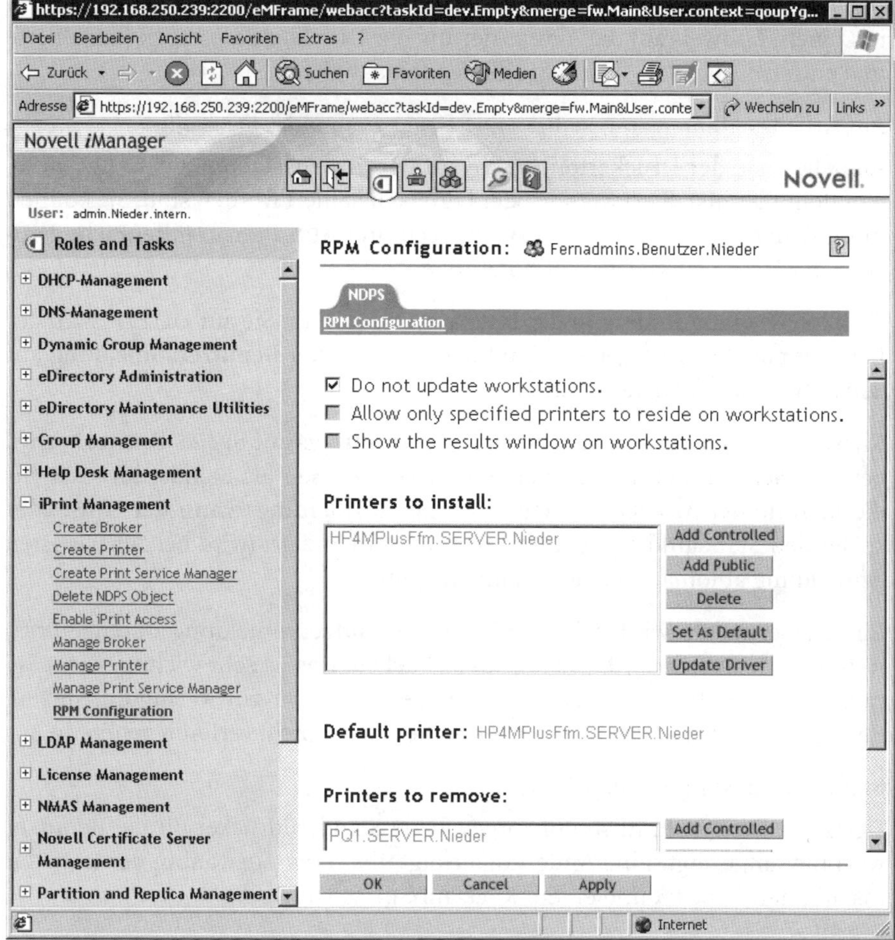

Abb. 7.26: RPM-Konfiguration zur automatischen Verteilung und Installation von Druckern

Die folgenden Optionen im iManager sind zur Konfiguration nur verfügbar, wenn Sie das erste Kontrollfeld deaktivieren.

- Nur angegebene Drucker auf Arbeitsstationen zulassen (*Allow only specified printers to reside on workstations*)

  Aktivieren Sie das Kontrollfeld, können Benutzer keine anderen NDPS-Drucker auf Ihrer Arbeitsstation installieren und nur die RPM-gelieferten sind verfügbar. Allerdings zeigt diese Funktion nicht die volle Wirkung, da nach der Benutzeranmeldung sehr wohl noch weitere NDPS-Drucker hinzugefügt werden können. Allerdings »verschwinden« diese automatisch mit der nächsten Anmeldung wieder.

- Ergebnisfenster auf Arbeitsstationen anzeigen (*Show the results window on workstations*)

Nach der Benutzeranmeldung an einer Arbeitsstation wird ein Ergebnisfenster mit einem Hinweis auf die Aktualisierung der Druckliste angezeigt (installierte und entfernte Objekte), wenn Sie die Option aktivieren.

- Auf Arbeitsstationen zu installierende Drucker (*Printers to install*)

  Aktuelle Liste der Druckertreiber, die auf den Arbeitsstationen der zugewiesenen Benutzer installiert werden oder bereits installiert worden sind. Sie können mithilfe der Schaltfläche ADD CONTROLLED und ADD PUBLIC (öffentliche Drucker) der Liste weitere Drucker hinzufügen.

  Wählen Sie einen Eintrag in der Liste aus und klicken Sie auf DELETE, wird der Drucker aus der Liste gelöscht und bei der nächsten Benutzeranmeldung auf den Arbeitsstationen deinstalliert.

  Klicken Sie nach der Auswahl eines Druckereintrags auf SET AS DEFAULT, wird bei der nächsten Benutzeranmeldung dieser Drucker als Standarddrucker für die betroffenen Arbeitsstationen erzwungen. Allerdings kann der Anwender später den Standarddrucker auf seinem System ändern (wird bei der nächsten Anmeldung automatisch wieder aufgehoben).

  Ein Treiberupdate wird bei der nächsten Benutzeranmeldung durchgeführt, wenn Sie zusätzlich auf UPDATE DRIVER klicken. Das ist sehr wichtig, wenn Sie mithilfe des RMS (im Broker) einen neueren Treiber zur Verfügung stellen. Etwaige Konfigurationseinstellungen sollten dabei nicht verloren gehen.

- Standarddrucker (*Default printer*)

  Der aktuell vom Administrator vorgegebene Standarddrucker für die Benutzer wird hier angezeigt. Eine Änderung erfolgt über eine Auswahl in der Liste der installierten Drucker und einem Klick auf SET AS DEFAULT.

  Leider gibt es hier nur die Möglichkeit, den Standarddrucker einzustellen oder zu ändern. Nachträglich kann auf einen Standarddrucker nicht verzichtet werden. Das funktioniert nur, wenn Sie den Standarddrucker aus der Liste löschen und ihn sofort wieder hinzufügen. Danach gibt es zumindest vorerst keinen Standarddrucker mehr.

  Arbeiten die Clients mit mehreren Druckern, muss sehr umsichtig mit der Einstellung zum Standarddrucker umgegangen werden, da der letzte immer gewinnt!

- Von Arbeitsstationen zu entfernende Drucker (*Printers to remove*)

  Wollen Sie auf Arbeitsstationen NDPS-Drucker deinstallieren, löschen Sie den Eintrag als erstes aus der Liste der installierten Drucker (soweit dort verfügbar). Klicken Sie als nächstes auf die Schaltfläche ADD CONTROLLED oder ADD PUBLIC neben der Liste der zu entfernenden Drucker und wählen einen Drucker aus. Mithilfe von DELETE können Sie einen Eintrag aus der Liste wieder entfernen.

Automatische Installation mit NWAdmin konfigurieren

Mit NWAdmin können Sie NDPS-Druckertreiber auf Benutzer-, Benutzergruppen- oder Container-Objekten zuweisen. Rufen Sie das NDPS-Drucker-Objekt im eDirectory auf und wechseln Sie auf die Seite *Fernverwaltung der NDPS-Drucker* (Abb. 7.27).

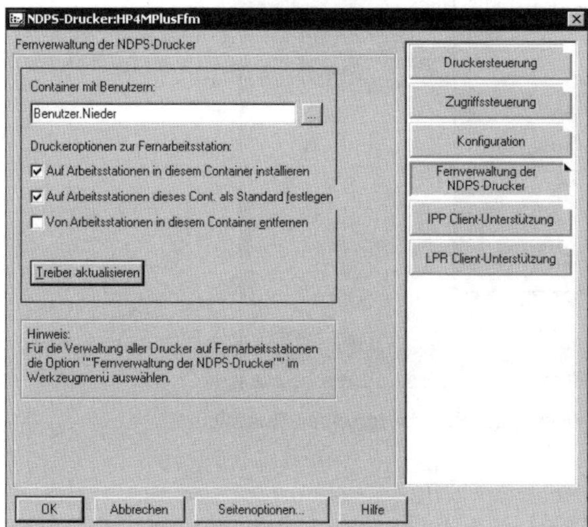

Abb. 7.27: Verwaltung für die automatische Druckerinstallation mit NWAdmin

Leider kann hier die Zuweisung nur auf Container erfolgen. Zusätzlich steht die Seite *Fernverwaltung der NDPS-Drucker* auch zu Benutzer-, Benutzergruppen- und Container-Objekten zur Verfügung. Bei Containern ist zu beachten, dass es bei der Druckerzuweisung keine Vererbung auf Untercontainer gibt.

Eine Zuweisung erscheint hier insbesondere über Benutzergruppen für die Praxis in den meisten Fällen am praktikabelsten (Beispiel siehe Abb. 7.28).

- *Arbeitsstationen nicht aktualisieren*

  Keine der eventuell auf der Seite vorgenommenen Änderungen wird auf den Arbeitsstationen zu einer Aktualisierung führen, bis das dazugehörige Kontrollfeld deaktiviert wird.

- *Nur angegebene Drucker auf Arbeitsstationen zulassen*

  Aktivieren Sie das Kontrollfeld, können Benutzer keine anderen NDPS-Drucker auf Ihrer Arbeitsstation installieren. Allerdings zeigt diese Funktion nicht die volle Wirkung, da nach der Benutzeranmeldung sehr wohl noch weitere NDPS-Drucker hinzugefügt werden können. Allerdings »verschwinden« diese automatisch mit der nächsten Anmeldung wieder.

  Öffentliche Drucker können hier leider nicht hinzugefügt werden. Diese Möglichkeit bietet nur der bereits beschriebene iManager.

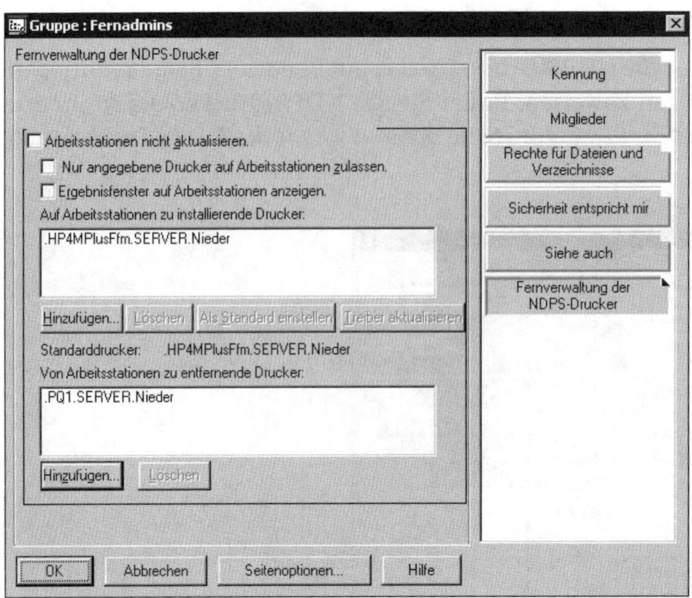

Abb. 7.28: Zuweisung von NDPS-Druckern auf Benutzergruppen (Beispiel)

- *Ergebnisfenster auf Arbeitsstationen anzeigen*

  Nach der Benutzeranmeldung an einer Arbeitsstation wird ein Ergebnisfenster mit einem Hinweis auf die Aktualisierung der Druckliste angezeigt, wenn Sie die Option aktivieren.

- *Auf Arbeitsstationen zu installierende Drucker*

  Aktuelle Liste der Druckertreiber, die auf den Arbeitsstationen der zugewiesenen Benutzer installiert werden oder bereits installiert worden sind. Sie können mithilfe der Schaltfläche HINZUFÜGEN der Liste weitere Drucker hinzufügen.

  Wählen Sie einen Eintrag in der Liste aus und klicken Sie auf LÖSCHEN, wird der Drucker aus der Liste gelöscht und bei der nächsten Benutzeranmeldung auf den Arbeitsstationen deinstalliert.

  Klicken Sie nach der Auswahl eines Druckereintrags auf ALS STANDARD EINSTELLEN, wird bei der nächsten Benutzeranmeldung dieser Drucker als Standarddrucker für die betroffenen Arbeitsstationen erzwungen. Allerdings kann der Anwender später den Standarddrucker auf seinem System ändern (wird bei der nächsten Anmeldung automatisch wieder aufgehoben).

  Ein Treiberupdate wird bei der nächsten Benutzeranmeldung durchgeführt, wenn Sie zusätzlich auf TREIBER AKTUALISIEREN klicken. Das ist sehr wichtig, wenn Sie mithilfe des RMS (im Broker) einen neueren Treiber zur Verfügung stellen. Etwaige Konfigurationseinstellungen sollten dabei nicht verloren gehen.

- *Standarddrucker*

  Der aktuell vom Administrator vorgegebene Standarddrucker für die Benutzer wird hier angezeigt. Eine Änderung erfolgt über eine Auswahl in der Liste der installierten Drucker und einem Klick auf ALS STANDARD EINSTELLEN.

  Leider gibt es hier nur die Möglichkeit, den Standarddrucker einzustellen oder zu ändern. Nachträglich kann auf einen Standarddrucker nicht verzichtet werden. Das funktioniert nur, wenn Sie den Standarddrucker aus der Liste löschen und ihn sofort wieder hinzufügen. Danach gibt es zumindest vorerst keinen Standarddrucker mehr.

  Arbeiten die Clients mit mehreren Druckern, muss sehr umsichtig mit der Einstellung zum Standarddrucker umgegangen werden, da der letzte immer gewinnt!

- *Von Arbeitsstationen zu entfernende Drucker*

  Wollen Sie auf Arbeitsstationen NDPS-Drucker deinstallieren, löschen Sie den Eintrag als erstes aus der Liste der installierten Drucker (soweit dort verfügbar). Klicken Sie als nächstes auf die Schaltfläche HINZUFÜGEN unter der Liste der zu entfernenden Drucker und wählen einen Drucker aus.

Alternativ können Sie die *Fernverwaltung der NDPS-Drucker (NDPS Remote Printer Management)* auch über das Menü *Werkzeuge* des NWAdmin aufrufen.

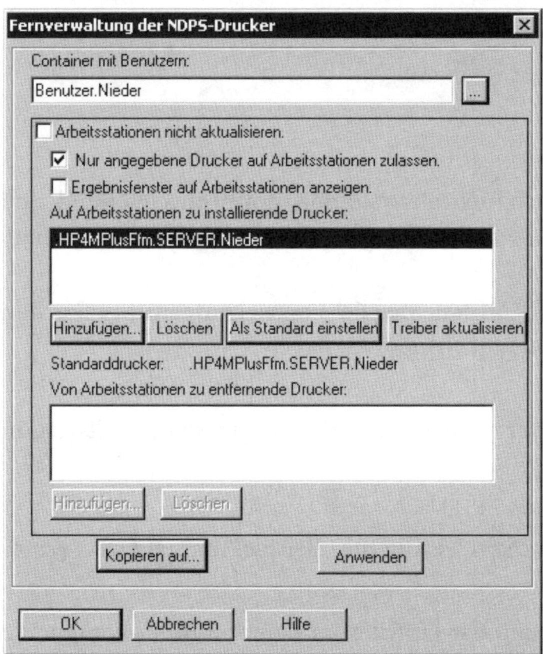

Abb. 7.29: Fernverwaltung der NDPS-Drucker für Container

Der einzige Unterschied in diesem Dialogfeld sind die folgenden Schaltflächen:

- KOPIEREN AUF

  Kopieren der Konfiguration zur Fernverwaltung der NDPS-Drucker vom aktuellen Container zu einem anderen, den Sie angeben müssen.

- ANWENDEN

  Die Änderungen auf der Seite im eDirectory speichern, ohne durch OK das Dialogfeld gleichzeitig auch zu schließen.

Wichtig

Werden eine hohe Anzahl Drucker beispielsweise einem Container zugeordnet, zeigt der Dialog ab dem nächsten Öffnen nur 24 bzw. 25 Einträge an. Funktionieren tut es trotzdem. Vermeiden Sie die Zuordnung einer zu großen Anzahl Drucker insbesondere durch Verwendung von Gruppen und Benutzern statt Containern.

Installation/Konfiguration auf dem Client

Achten Sie darauf, bei der Installation des Novell-Clients die Option für NDPS zu aktivieren, da sonst eine Nutzung nicht möglich ist. Dies ist nicht zwingend erforderlich, falls Sie mit iPrint arbeiten möchten (ab Abschnitt 7.1).

Benutzer können selbst Drucker mithilfe des Druckerordners hinzufügen, soweit sie dazu das Recht besitzen:

- Klicken Sie auf das Symbol *Drucker hinzufügen*.
- Klicken Sie auf WEITER.
- Wählen Sie die Option *Netzwerkdrucker*.
- Zur Verbindung stehen je nach Betriebssystemplattform anschließend drei Optionen zur Verfügung. Sie können beispielsweise *Drucker suchen* wählen. Anschließend auf WEITER klicken.
- Öffnen Sie *NDPS-Drucker* und öffnen Sie die Verzweigungen, bis Sie den gewünschten Drucker gefunden und ausgewählt haben.
- Klicken Sie auf WEITER.
- Geben Sie an, ob der Drucker der neue Standarddrucker auf der Arbeitsstation werden soll.
- Klicken Sie auf WEITER und FERTIG STELLEN.
- Der neue Drucker steht ab sofort zur Verfügung (Beispiel für den Druckerordner in Abb. 7.30).

Beispielsweise über das Kontextmenü der Drucker im Druckerordner können Sie Druckereinstellungen und die Eigenschaften konfigurieren. In den Eigenschaften finden sich eine Reihe von Registerkarten in Verbindung mit NDPS (Beispiel siehe Abb. 7.31).

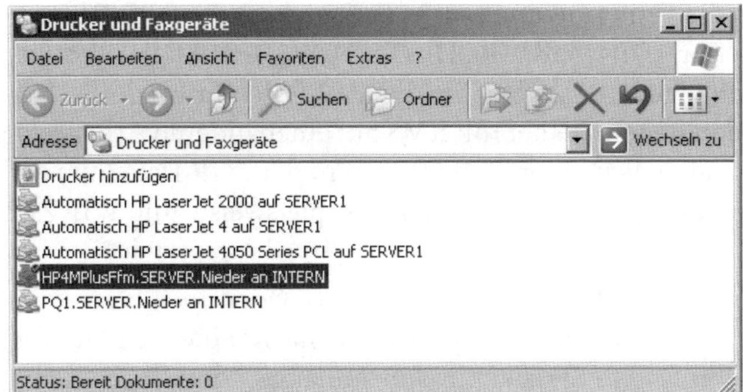

Abb. 7.30: Druckerordner einer Arbeitsstation mit installierten NDPS-Druckern

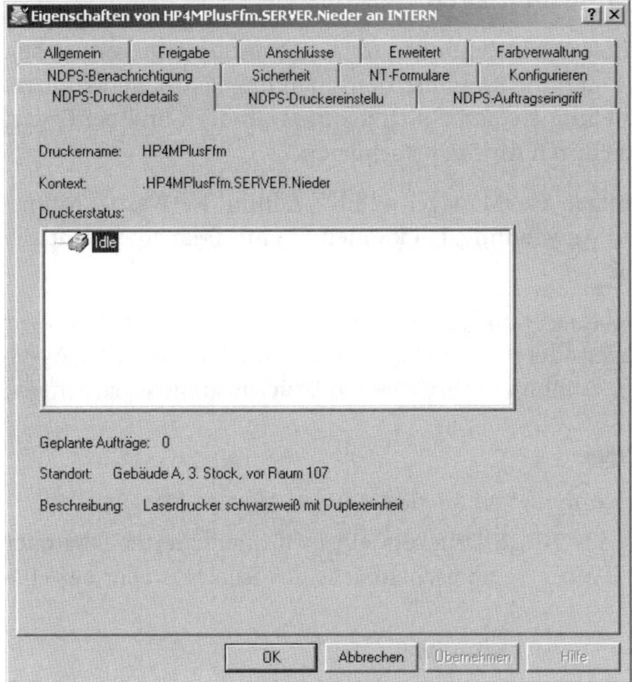

Abb. 7.31: Eigenschaften eines NDPS-Druckers auf einer Arbeitsstation

7.4.11 Troubleshooting und Tipps

- Alternativ können Sie die Verteilung von Druckertreibern ab ZENworks for Desktops 3.0 mithilfe einer Richtlinie durchführen. Der Druckerrichtlinie fügen Sie einen oder mehrere NDPS-Agenten hinzu, wodurch die Verteilung erfolgt.

  Ab ZfD 4.0 steht nur noch iPrint zur Verfügung. Beachten Sie dazu in diesem Kapitel die Beschreibung ab Abschnitt 7.1.

- Erhalten Sie vom RMS die Fehlermeldung, dass (Beispiel) SYS:NDPS/REDIR/DEUTSCH/PRNDRV/NT4/3DB55828/ARCHIVES/NDPSDRVR.ZIP nicht geöffnet werden kann (Fehlercode 1). Öffnen Sie die .ZIP-Datei. Entweder es fehlen Dateien (fügen Sie den neuen Treiber mit RMS auf einer anderen Arbeitsstation hinzu) oder es befinden sich lange Dateinamen in der .ZIP-Datei, die auf 8.3 gekürzt wurden (in die langen Dateinamen beispielsweise mit WINZIP ändern).
- Weitere Hinweise finden Sie auch in der TID 10017436. Oder noch besser, Sie sehen bei *http://support.novell.com/products/psMenu.jsp* nach. Einen umfangreichen Troubleshooting-Teil finden Sie auch in den Anhängen des *NDPS Administration Guide* von Novell.

7.4.12 Verwaltung von Druckaufträgen

In NDPS können eine Reihe von Einstellungen für die Druckausgabe vorgegeben werden, wodurch Benutzer oft ohne Konfigurationsänderungen arbeiten können. Vorgegebene Standardeinstellungen lassen sich durch Sie ändern und bei Bedarf einige auch vor Änderungen durch Anwender schützen.

Für die Konfiguration benötigen Sie iManager und NWAdmin (NetWare Administrator). Je nach Version und Anwendungsfall können Sie mit iManager nicht alle Einstellungen durchführen.

Die im Folgenden beschriebenen Konfigurationsaufgaben können nur Benutzer durchführen, die als Manager oder Operator im jeweiligen NDPS-Drucker-Agenten definiert sind. Benutzer können nur ihre eigenen Druckaufträge »bearbeiten«.

Informationen zu Druckaufträgen

- Klicken Sie im iManager unter *iPrint Management* auf *Manage Printer.*
- Geben Sie den Namen des NPDS-Druckers ein (voll qualifizierter DN) oder wählen Sie diesen mithilfe der Symbolschaltfläche des Selectors oder der History aus.
- Klicken Sie auf OK.
- Auf der Registerkarte *Printer Control* klicken Sie auf *Jobs.*
- Eine Liste der Druckaufträge mit Besitzer, Status, Größe und Datum wird am Bildschirm angezeigt (Abb. 7.32).

Druckaufträge löschen

- Klicken Sie im iManager unter *iPrint Management* auf *Manage Printer.*
- Geben Sie den Namen des NPDS-Druckers ein (voll qualifizierter DN) oder wählen Sie diesen mithilfe der Symbolschaltfläche des Selectors oder der History aus.

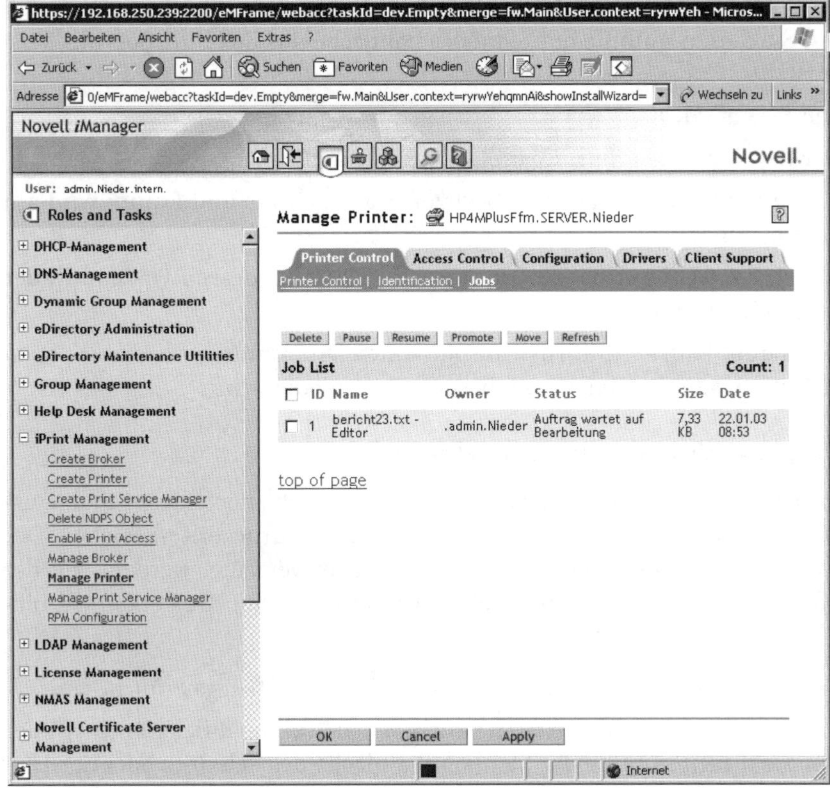

Abb. 7.32: Verwaltung der Druckaufträge mithilfe des iManagers

- Klicken Sie auf OK.
- Auf der Registerkarte *Printer Control* klicken Sie auf *Jobs.*
- Eine Liste der Druckaufträge mit Besitzer, Status, Größe und Datum wird am Bildschirm angezeigt.
- Aktivieren Sie das Kontrollfeld vor dem Druckauftrag, der gelöscht werden soll.
- Klicken Sie auf die Schaltfläche DELETE über der *Job List.*

Ändern der Reihenfolge der Druckaufträge

Bei Bedarf können beispielsweise Druckaufträge für einen Drucker vorgezogen werden. Manager und Operator können Druckaufträge in der Liste nach oben oder unten verschieden und Benutzer können ihre eigenen Druckaufträge nur nach unten verschieben. Selbstverständlich kann die Reihenfolge der zu erledigenden Druckaufträge nur verschoben werden, soweit deren Ausgabe nicht bereits begonnen hat.

- Klicken Sie im iManager unter *iPrint Management* auf *Manage Printer.*

- Geben Sie den Namen des NPDS-Druckers ein (voll qualifizierter DN) oder wählen Sie diesen mithilfe der Symbolschaltfläche des Selectors oder der History aus.
- Klicken Sie auf OK.
- Auf der Registerkarte *Printer Control* klicken Sie auf *Jobs.*
- Eine Liste der Druckaufträge mit Besitzer, Status, Größe und Datum wird am Bildschirm angezeigt.
- Aktivieren Sie das Kontrollfeld vor dem Druckauftrag, dessen Position in der Liste verändert werden soll.
- Klicken Sie auf PROMOTE, um den ausgewählten Druckauftrag weiter nach oben in der Liste zu verschieben, damit dieser früher erledigt wird.

Druckaufträge zwischen Druckern verschieben

Operatoren und Besitzer von Druckaufträgen können einen noch nicht für die Ausgabe gestarteten Druckauftrag zu einem anderen NDPS-Drucker verschieben. Der Zieldrucker muss mit dem gleichen NDPS-Manager verwaltet werden, wie der aktuelle für die Ausgabe definierte Drucker. Ferner muss eine Treiberkompatibilität vorliegen.

- Klicken Sie im iManager unter *iPrint Management* auf *Manage Printer.*
- Geben Sie den Namen des NPDS-Druckers ein (voll qualifizierter DN) oder wählen Sie diesen mithilfe der Symbolschaltfläche des Selectors oder der History aus.
- Klicken Sie auf OK.
- Auf der Registerkarte *Printer Control* klicken Sie auf *Jobs.*
- Eine Liste der Druckaufträge mit Besitzer, Status, Größe und Datum wird am Bildschirm angezeigt.
- Aktivieren Sie das Kontrollfeld vor dem Druckauftrag, der auf einen anderen Drucker verschoben werden soll.
- Klicken Sie auf MOVE, um den ausgewählten Druckauftrag zu einem anderen Druckeragenten in der angezeigten Liste zu verschieben (Drucker auswählen und zum Verschieben auf OK klicken).

Ändern von Druckaufträgen

Konfigurationsänderungen für Drucker durch Benutzer an der Arbeitsstation wirken wie gewohnt immer erst ab dem nächsten durchgeführten Druckauftrag.

Wurden Druckaufträge versandt, werden die Konfigurationseigenschaften für den installierten Drucker grundsätzlich vererbt. Die Konfiguration eines Druckauftrags (nur, solange die Druckausgabe noch nicht begonnen hat) kann bei Bedarf durch den Besitzer oder einen Druck-Operator geändert werden.

Die Änderung der Konfiguration für einen einzelnen Druckauftrag ist nur mithilfe des NetWare-Administrators möglich.

- Rufen Sie NWAdmin auf und führen Sie einen Doppelklick auf das Objekt des NDPS-Drucker-Agenten aus.

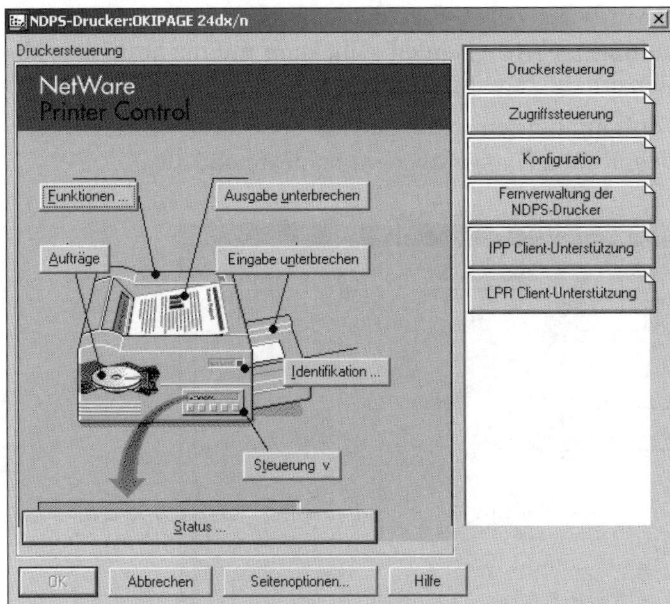

Abb. 7.33: Druckersteuerung für NDPS-Drucker im NWAdmin

- Auf der Seite *Druckersteuerung* klicken Sie links auf AUFTRÄGE (Abb. 7.33).
- Klicken Sie im Kontextmenü auf *Auftragsliste*.
- Eine Liste der Druckaufträge für den ausgewählten Drucker wird angezeigt.
- Wählen Sie einen Druckauftrag in der Liste aus, dessen Ausgabe noch nicht begonnen hat.
- Klicken Sie auf INFORMATIONEN, werden Detailinformationen für den ausgewählten Druckauftrag angezeigt.
- Durch einen Klick auf die Schaltfläche AUFTRAGSOPTIONEN wird eine Kontextmenü mit folgenden Optionen angezeigt:
  - *Neu sortieren*: die Position des Auftrags in der Liste verändern
  - *Kopieren*: eine Kopie des Druckauftrags zu einem anderen NDPS-Drucker senden, der nach Aufruf der Funktion ausgewählt werden muss
  - *Verschieben*: den ausgewählten Druckauftrag zu einem anderen NDPS-Drucker verschieben, der nach Aufruf der Funktion ausgewählt werden muss
  - *Löschen*: den ausgewählten Druckauftrag für die Ausgabe löschen

- *Anhalten/Fortsetzen*: die Ausgabe des ausgewählten Druckauftrags anhalten bzw. einen angehaltenen Druckauftrag fortsetzen
- *Konfiguration*: Rekonfiguration einiger Parameter des ausgewählten Druckauftrags
- *Neu drucken*: Gibt es beibehaltene Druckaufträge (diese wurden bereits gedruckt, jedoch wurde festgelegt, dass der Auftrag danach nicht aus der Liste der Druckaufträge gelöscht werden soll), kann mit die Druckausgabe mit dieser Funktion erneut durchgeführt werden.

- Zur Änderung der Konfigurationseinstellungen für einen ausgewählten Druckauftrag wählen Sie den Eintrag *Konfiguration* im Kontextmenü aus.

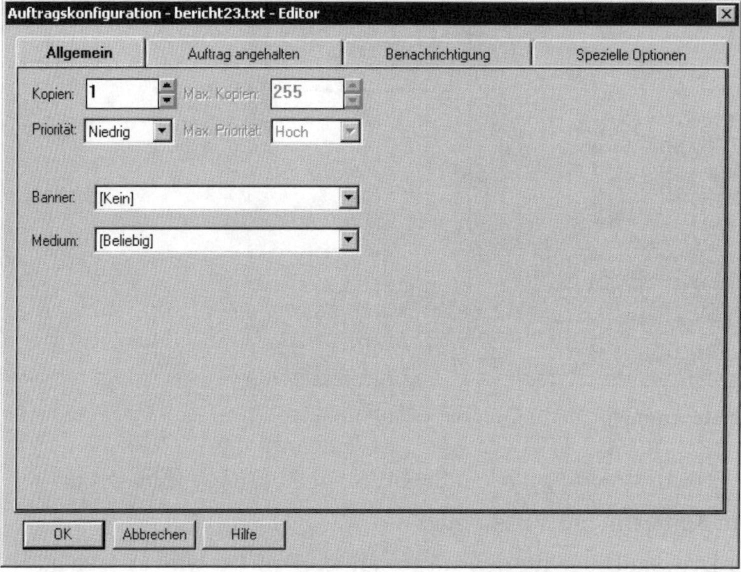

Abb. 7.34: Konfiguration von Druckaufträgen mit NWAdmin

- Auf der Registerkarte *Allgemein* können Sie die Anzahl der Kopien (die maximal erlaubte Anzahl wird rechts im Feld angezeigt), die Ausgabepriorität (die maximal erlaubte Priorität wird rechts im Feld angezeigt), das Banner und das Medium (Formular) für den ausgewählten Druckauftrag ändern.

Risiko

Wenn Client, Drucker und Server nicht für die gleiche Sprache konfiguriert sind, kann es zu Problemen bei der Ausgabe von Bannerseiten kommen (z.B. der Beschädigung des Auftragsnamens). In derartigen Umgebungen sollte auf Bannerseiten verzichtet werden.

- Die Registerkarte *Auftrag angehalten* enthält eine Reihe von Konfigurationsoptionen für Auftragseingriffe. Sind die Optionen *Angehalten durch Operator* oder *Angehalten durch Benutzer* aktiv, erfolgt die Druckausgabe erst, wenn diese durch einen Operator bzw. den Besitzer des Druckauftrags freigegeben werden.

  Aktivieren Sie *Drucker bei Auftragsstart anhalten*, wird der Druck vor der Druckausgabe angehalten (z.B. für Formularwechsel am Drucker) und die angegebene Mitteilung an den Operator gesandt. Nur dieser kann die Unterbrechung beenden. Vorsicht, der Druckvorgang wird standardmäßig nach 15 Minuten fortgesetzt, soweit die Auftragswartezeit an der Serverkonsole nicht geändert wurde!

  Die Druckunterbrechung kann nicht nur vor der Ausführung eines Druckauftrags konfiguriert werden, sondern auch für das Auftragsende. Dies ist beispielsweise praktisch für Formularwechsel.

  Zusätzlich besteht die Möglichkeit eine Druckverzögerung zu konfigurieren (Druckausgabe erst zu einem bestimmten Datum/Uhrzeit). Ferner ist es möglich, eine Zeitspanne anzugeben, wie lange ein Druckauftrag beibehalten werden soll, bevor dieser gelöscht wird.
- Auf der Registerkarte *Benachrichtigung* können Sie umfangreiche Einstellungen zur Ereignisbenachrichtigung zum ausgewählten Druckauftrag konfigurieren. In der Regel erscheint es jedoch sinnvoller, diese Konfiguration möglichst generell für einen Drucker und nicht für einzelne Druckaufträge vorzunehmen.
- Über eine Reihe von Eigenschaften und deren Werte zum ausgewählten Druckauftrag werden Ihnen auf der Registerkarte *Spezielle Optionen* dargestellt.

7.4.13 Konfiguration von Remote Printer mit NPRINTER

Sie können NDPS für Drucker verwenden, die direkt an einer Arbeitsstation oder einem entfernten Server angeschlossen sind und mit NPRINTER.EXE oder NPRINTER.NLM verwaltet werden.

1. Erstellen Sie mit NWAdmin ein neues NPDS-Drucker-Objekt.
2. Geben Sie einen Namen für das neue Objekt ein und klicken Sie auf ERSTELLEN.
3. Wählen Sie den benötigten NDPS-Manager aus und achten Sie darauf, dass das *Novell-Drucker-Gateway* ausgewählt ist.
4. Klicken Sie auf OK.
5. Wählen Sie den Druckertyp und die Anschlussbehandlung aus.
6. Klicken Sie auf OK.
7. Wählen Sie *Dezentral (rprinter auf IPX)* und den Anschlusstyp.
8. Klicken Sie auf WEITER.
9. Geben Sie den SAP-Namen und die Druckernummer ein (bei Bedarf auch eine Netzwerkadress-Beschränkung eingeben).
10. Klicken Sie auf WEITER.

11. Wählen Sie, soweit notwendig, den Controller-Typ und den IRQ.
12. Bei COM-Schnittstellen sind jetzt noch die Schnittstellenparameter notwendig.
13. Klicken Sie auf BEENDEN.
14. Wählen Sie nach kurzer Wartezeit für die benötigten Betriebssystemplattformen die Druckertreiber aus.
15. Klicken Sie auf WEITER und anschließend auf OK.
16. An der Arbeitsstation oder dem Server mit dem angeschlossenen Drucker starten Sie NPRINTER und geben Sie den festgelegten SAP-Namen ein.

7.4.14 Konfiguration von Remote Printer im RP-Modus

Diese Beschreibung verwenden Sie für direkt an das Netzwerk angeschlossene Drucker, die im RP-Modus ausgeführt werden (ausgenommen HP-Drucker). Für Drucker, die derzeit im Warteschlangen-Server-Modus betrieben werden, empfiehlt sich die Rekonfiguration in den RP-Modus, um mit NDPS arbeiten zu können.

Sie können wie bereits im Abschnitt 7.4.13 beschrieben vorgehen (Punkt 16 entfällt hier jedoch), allerdings können Sie auch ein anderes Gateway auswählen.

7.4.15 Konfiguration von Remote Printer im LPR-Modus

Beachten Sie, dass LPR nur funktioniert, wenn TCP/IP korrekt konfiguriert wurde.

- Gehen Sie wie in Abschnitt 7.4.13 beschrieben bis Punkt 6 vor.
- Wählen Sie die Option *Dezentral (LPR auf IP)*.
- Klicken Sie auf WEITER.
- Geben Sie die IP-Adresse oder den Hostnamen des Druckers ein.
- Klicken Sie auf BEENDEN.
- Wählen Sie nach kurzer Wartezeit für die benötigten Betriebssystemplattformen die Druckertreiber aus.
- Klicken Sie auf WEITER und anschließend OK.

## Kapitel 8

Remotemanagement (Fernverwaltung)

Tipp

Für die Fernverwaltung von Windows-NT/2000-Servern können Sie die Fernverwaltung bzw. das Remotemanagement von ZENworks for Servers (ZfS) verwenden.

8.1 Einführung

In diesem Abschnitt werden die Möglichkeiten und Neuerungen von ZfD in kurzer Form darstellt.

8.1.1 Funktionen (Aktionen)

Die Fernverwaltungsfunktion von ZfD 4.0 stellen Ihnen folgende Möglichkeiten zur Verfügung (Zielsystem kann Windows 98, Windows NT/2000/XP installiert haben):

- Fernreaktivierung (Wake on LAN-Dienst) heruntergefahrener, verwalteter Arbeitsstationen

  Diese Funktion ermöglicht Ihnen, eine einzelne oder eine Gruppe heruntergefahrener Arbeitsstationen einzuschalten und damit hochzufahren (eine entsprechende Netzwerkkarte und aktives Wake on LAN müssen auf den Arbeitsstationen konfiguriert sein).

  Damit können beispielsweise Wartungsaufgaben automatisiert und außerhalb von Arbeitszeiten gelegt werden. Dazu gehört beispielsweise auch die Verteilung von neuer umfangreicher Software.

- Fernansicht des Desktops von verwalteten Arbeitsstationen

  Ein Fernoperator besitzt damit die Möglichkeit, sich mit einer entfernten Arbeitsstation zu verbinden und sich den Desktop anzeigen zu lassen (die Anzeige wird während der Sitzung laufend aktualisiert). Eine Fernsteuerung ist mit dieser Verbindungsform nicht möglich.

- Fernverwaltung (Remote Control) verwalteter Arbeitsstationen

  Damit besteht die Möglichkeit, eine verwaltete Arbeitsstation von der Verwaltungskonsole aus zu steuern. Damit kann einem Anwender an einem entfernten Computer Assistenz und Hilfe bei Problemen gewährt werden. Für den Fernoperator besteht die Ansicht auf den entfernten Desktop sowie die Möglichkeit, Maus und Tastatur zu benutzen.

- Ausführung von Programmen auf verwalteten Arbeitsstationen

  Sie können mit dieser Funktion auf der entfernten Arbeitsstation von der Verwaltungskonsole aus ein Programm zur Ausführung aufrufen.

- Übertragen von Dateien zwischen der Fernverwaltungskonsole und verwalteten Arbeitsstationen

  Mit der Dateiübertragung steht Ihnen ein Werkzeug ähnlich dem Windows-Explorer zur Verfügung. Er ermöglicht einem Fernoperator den Zugriff auf die lokalen und entfernten Laufwerke (keine Wechseldateienträger). Es können Dateien zwischen der Verwaltungskonsole und der entfernten Arbeitsstation kopiert oder verschoben werden. Ferner bestehen die folgenden Möglichkeiten:

  - Dateien umbenennen
  - Dateien löschen
  - neue Verzeichnisse erstellen
  - Eigenschaften von Dateien und Verzeichnissen anzeigen lassen
  - Öffnen von Dateien, die mit einer Applikation auf der Verwaltungskonsole verknüpft sind

- Anzeige einer Diagnoseinformation zu verwalteten Arbeitsstationen in Problemfällen

  Die Diagnose hilft einem Fernoperator dabei, Probleme in kürzerer Zeit zu lösen. In vielen Fällen kann dadurch ein Vorortbesuch beim Anwender eingespart werden. Dadurch kann die Produktivität von Anwendern verbessert werden. Diagnoseinformationen sind nur über das TCP/IP-Protokoll verfügbar.

  Die Diagnose stellt aktuelle Informationen (Real-Time) zur Verfügung. Folgende Informationen sind in Verbindung mit Windows NT/2000/XP verfügbar:

  - Hauptspeicher
  - Umgebungsvariablen
  - Netzwerkprotokolle
  - Name-Space-Provider
  - Ereignisprotokolle
  - Gerätetreiber und Dienste

- Protokollieren von Überwachungsinformationen zu Fernverwaltungssitzungen auf verwalteten Arbeitsstationen

  Diese Funktion generiert Überwachungsprotokolleinträge für jede Fernsitzung auf einer verwalteten Arbeitsstation.

- In der Ereignisanzeige werden Fernsitzungen protokolliert

  Auf Arbeitsstationen mit Windows NT/2000/XP steht das Ereignisprotokoll zur Verfügung *(Anwendung, Sicherheit und System)*, das es beispielsweise Applikationen möglich macht, Ereignisse einzutragen. Mit der Ereignisanzeige können Sie sich diese Protokolle anzeigen lassen.

  Die Ereignisse in Verbindung mit der Fernverwaltung werden in das Anwendungsprotokoll eingetragen.

- Ausblenden der Bildschirmanzeige auf verwalteten Arbeitsstationen während einer Fernverwaltungssitzung
- Sperren von Maus und Tastatur während einer Fernverwaltungssitzung auf verwalteten Arbeitsstationen

Mit der Fernverwaltung kann der Desktop eines Anwenders insbesondere ferngesteuert werden. Unter anderem ist aus Gründen des Datenschutzes in Deutschland aber zumindest vorab eine Zustimmung des Benutzers notwendig.

Damit die Möglichkeiten zur Verfügung stehen, muss bei der Installation der Client-Software (Novell-Client oder Verwaltungsagent) das *ZFD Remote Management* bzw. die *Fernverwaltung* mitinstalliert werden. Dies kann allerdings nachgeholt werden (Installation der Client-Software wiederholen).

Die Fernverwaltung (Remote Management) ist ein sehr nützliches Werkzeug insbesondere für den Support bzw. Benutzerservice, kommt es doch nicht gerade selten vor, dass man zu einer Arbeitsstation bzw. einem Benutzer kommt und das Problem innerhalb kürzester Zeit einfach durch ein paar Klicks gelöst ist. Viele derartige Wege lassen sich insbesondere durch die Fernsteuerung vermeiden.

Aus Gründen der Sicherheit und Netzlast (andere Fernverwaltungssoftware verwendet häufig Broadcasts im Netzwerk) scheuen jedoch viele Unternehmen und Behörden den Einsatz derartiger Software. Da Novell hier eine Beglaubigung über das eDirectory verwendet und die Client-Adressen kennt, entschärft sich diese Problematik erheblich. Nur wer innerhalb des eDirectory die erforderlichen Rechte für den Zugriff auf eine Arbeitsstation bzw. die Fernverwaltung hat (kann individuell konfiguriert werden), kann die Fernsteuerung nutzen.

Ist der Dienst auf einer Arbeitsstation aktiv, finden Sie im Statusfeld (*Systray* oder *Infobereich*) der Task-Leiste auf den Clients ein entsprechendes Symbol.

Beachten Sie, dass die Richtlinie allgemein oder individuell für Windows NT/2000/XP oder Windows 98 gesetzt werden kann.

Risiko

Wird auf einer verwalteten Arbeitsstation ein DOS- bzw. Eingabeaufforderungsfenster im Vollbild-Modus ausgeführt, ist keine Fernverwaltung möglich. Wird auf dem Zielsystem ein 3-D-Bildschirmschoner ausgeführt, gibt es häufig Probleme (z.B. wird dem Administrator ein schwarzer Bildschirm angezeigt oder es geht alles extrem langsam). Sind an der verwalteten Arbeitsstation mehrere Monitore angeschlossen, steht für die Fernverwaltung nur der primäre Monitor zur Verfügung.

8.1.2 Neuerungen

Setzen Sie bisher bereits eine ältere Version von ZfD ein, ergeben sich je nach bisheriger Version insbesondere folgende Neuerungen für Sie:

- Die Fernverwaltung ist ab ZfD 4.0 nicht mehr vom Novell-Client abhängig. Fernverwaltungsoperationen können Sie auch für Arbeitsstationen starten, auf denen kein Novell-Client installiert ist.
- Fernverwaltungsoperationen lassen sich jetzt auch mithilfe der Kennwort-basierenden Fernverwaltung ausführen. Arbeitsstationen müssen dazu nicht in das eDirectory importiert oder registriert werden.
- Leistungsverbesserungen insbesondere bei der Fernsteuerung.
- Fernverwaltungsaktionen können mithilfe eines Benutzer- oder Arbeitsstationsobjekts gestartet werden.
- Die Wake-on-LAN-Richtlinie kann so konfiguriert werden, dass eine geplante Fernreaktivierung von einer Gruppe von verwalteten Arbeitsstationen ausgeführt wird.
- Fernverwaltungsaktionen funktionieren jetzt auch über eine Firewall hinweg. Dazu muss in der Firewall der Port (Anschluss) 1761 für Fernverwaltungsoperationen offen sein.
- ZfD 4.0 verfügt mit dem so genannten Revisionsprotokoll über zentralisierte Revisionsinformationen. Alle Revisionsinformationen der Fernverwaltung werden in einer zentralen Inventardatenbank gespeichert. Die Revisionsdatensätze der Arbeitsstationen können mithilfe der ConsoleOne angezeigt werden. Dazu lässt sich auch ein Bericht erstellen.

8.2 Terminologie

In Verbindung mit der Fernverwaltung gibt es eine Reihe von Begriffen und Komponenten, die hier kurz beschrieben werden:

- **Verwaltete Arbeitsstation (Managed Workstation)**

  Eine Arbeitsstation, die Sie fernsteuern und fernverwalten möchten. Auf derartigen Arbeitsstationen muss der Fernverwaltungsagent installiert sein (über den Novell-Client oder den Verwaltungsagenten).

- **Verwaltungsserver (Management Server)**

  Ein Server, auf dem das Novell eDirectory installiert ist.

- **Verwaltungskonsole (Management Console)**

  Eine Windows-Arbeitsstation, auf der die ConsoleOne ausgeführt wird. Die Verwaltungskonsole bietet Ihnen eine Schnittstelle, von der aus Sie Ihr Netzwerk verwalten können.

- **Fernoperator (Remote Operator)**

  Normalerweise ein Benutzer im Benutzerservice (Helpdesk), dem es erlaubt ist, die Fernverwaltung, Fernansicht usw. von Arbeitsstationen durchzuführen.

- **Administrator**

  Ein Mitarbeiter, der das Recht besitzt, die Fernverwaltung zu installieren und zu konfigurieren. Alle Administratoren sind automatisch Fernoperatoren, aber alle Fernoperatoren sind nicht automatisch Administratoren.

- **Fernverwaltungs-Agent (Remote Management Agent)**

  Dabei handelt es sich um eine ZfD-Komponente, die auf einer verwalteten Arbeitsstation installiert werden muss, damit ein Fernoperator einen Fernzugriff auf die Arbeitsstation durchführen kann. Der Agent startet automatisch beim Hochfahren eines Computers. Wird eine Fernsitzung gestartet, prüfen der Agent, ob ausreichend Rechte dafür vorhanden sind. Wenn ja, wird die Fernsitzung vom Fernverwaltungs-Agenten gestartet.

- **Anzeigefenster (Viewing Window)**

  Ein Fenster der Verwaltungskonsole, in dem der Desktop der entfernten Arbeitsstation angezeigt wird, wenn eine Fernverwaltungssitzung erfolgreich gestartet wurde.

- **Registrierte Arbeitsstation (Registered Workstation)**

  Eine importierte Arbeitsstation, die durch ein Arbeitsstationsobjekt im eDirectory repräsentiert wird.

8.3 Kompatibilität

8.3.1 ZENworks for Desktops 2.0 und 3.x

Für die folgenden Funktionen besteht eine Rückwärtskompatibilität zu den Fernverwaltungsagenten von ZfD 2.0, ZfD 3.0 SP1 und ZfD 3.2 auf Arbeitsstationen:

- Fernsteuerung
- Fernansicht
- Dateiübertragung
- Fernausführung
- Diagnose
- Fernreaktivierung

Voraussetzung ist dabei, dass an der Verwaltungskonsole ZfD 4.0 zum Einsatz kommt.

8.3.2 ZENworks for Servers

ZfD 4.0 ist interoperabel mit ZfS 3 und ZfS 3 mit SP1.

8.4 Implementation der Fernverwaltung

In diesem Abschnitt sind die möglichen und notwendigen Schritte zur Konfiguration auf den Arbeitsstationen und im eDirectory beschrieben.

Bevor ein Fernoperator auf eine Arbeitsstation zugreifen kann, muss der Fernverwaltungsagent installiert worden sein (entweder über den Novell-Client oder den ZfD-Verwaltungsagenten). Den Agenten finden Sie als Dienst mit der Bezeichnung *Novell ZFD Remote Management* beispielsweise in der Computerverwaltung oder der Systemsteuerung.

Dieser Dienst startet automatisch, wenn eine Arbeitsstation hochgefahren wird.

Initiiert ein Fernoperator eine Sitzung mit einer verwalteten Arbeitsstation, überprüft der Agent, ob der Fernoperator entsprechende Rechte besitzt. Wenn ja, wird die Sitzung gestartet.

8.4.1 Kennwortbasierende Fernverwaltung

Wird die kennwortbasierende Fernverwaltung eingesetzt, spielt es keine Rolle, ob die verwaltete Arbeitsstation als Objekt in das eDirectory importiert wurde oder nicht!

Es handelt sich hier um eine sichere Beglaubigung durch den Fernverwaltungsagenten. Hat der Fernoperator einen *Single-sign-on*-Zugriff mit der Arbeitsstation eingerichtet, kann er eine automatische Fernoperation ausführen, ohne erneut das Kennwort eingeben zu müssen.

- Auf den Arbeitsstationen wird für die kennwortbasierende Fernverwaltung kein *Arbeitsstations-Manager* benötigt.
- Die kennwortbasierende Fernverwaltung muss in der Richtlinie *Remote Control Policy* eines Arbeitsstationspakets konfiguriert werden.

- Der Benutzer muss für die Fernverwaltung auf seiner Arbeitsstation ein Kennwort festlegen. Dazu muss das Kontextmenü des Fernverwaltungsagenten (im Systray bzw. Infobereich) aufgerufen werden. Wenn im Untermenü *Sicherheit* der Eintrag *Passwort festlegen* angeklickt wird, erscheint ein kleines Dialogfeld (Abb. 8.1) für die Eingabe eines Kennworts für die Fernsitzungen (es kann kein leeres Kennwort verwendet werden).

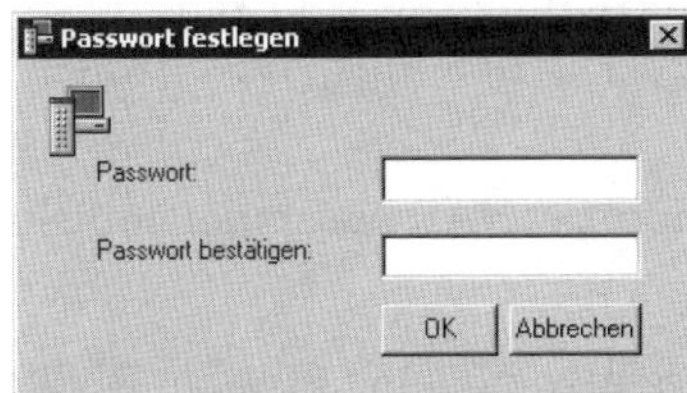

Abb. 8.1: Passwort für kennwortbasierende Fernverwaltung festlegen

- Wurde bereits früher ein Kennwort (*Passwort*) festgelegt, wird abgefragt, ob dieses geändert werden soll. Dazu ist es nicht erforderlich, das alte Kennwort zu kennen.

Ein auf der verwalteten Arbeitsstation festgelegtes Kennwort kann jederzeit auf die gleiche Art mit dem Befehl *Passwort löschen* entfernt werden (auch hierfür wird das bisher verwendete Kennwort nicht benötigt).

Anwendung der kennwortbasierenden Fernverwaltung

Dies funktioniert nur in folgenden Fällen:

- Rufen Sie im Kontextmenü eines Benutzerobjekts den Eintrag Fernwaltung auf, können Sie entweder die kennwortbasierende oder eDirectory-basierende Fernverwaltung verwenden (siehe Seite 227).
- Wählen Sie im Menü *Werkzeuge* den Eintrag *Fernverwaltung\Windows*. Es öffnet sich ein Konfigurationsdialog.

  Haben Sie vorher ein Arbeitsstationsobjekt ausgewählt, wird im ersten Feld die IP-Adresse angezeigt. In jedem Fall können Sie hier entweder die IP-Adresse oder den DNS-Namen der zu verwaltenden Arbeitsstation eingeben, mit der Sie eine Fernsitzung durchführen wollen.

  Im zweiten Feld müssen Sie das Kennwort für die Sitzung eingeben und im dritten Feld wählen Sie die Art der Sitzung aus (*Aktion*).

Klicken Sie zum Start der Sitzung auf OK. Ist in der Remote Control Policy oder dem betroffenen Arbeitsstations- oder Benutzerobjekt festgelegt, dass der Benutzer eine Fernsitzung zulassen muss, erfolgt diese Abfrage, bevor anschließend die eigentliche Sitzung startet. Dies entfällt selbstverständlich, wenn die entfernte Arbeitsstation nicht in das eDirectory importiert wurde.

8.4.2 eDirectory-basierende Fernverwaltung

Wird die eDirectory-basierende Fernverwaltung eingesetzt, muss die verwaltete Arbeitsstation als Objekt in das eDirectory importiert und registriert sein.

Es handelt sich hier um eine Beglaubigung, die über das eDirectory erfolgt. Hat der Fernoperator ausreichend Rechte, kann er eine Fernoperation ausführen.

- Auf den Arbeitsstationen wird für die eDirectory-basierende Fernverwaltung ein *Arbeitsstations-Manager* und der *Fernverwaltungsagent* benötigt (Novell-Client oder ZfD-Verwaltungsagent).
- Die zu verwaltenden Arbeitsstationen müssen importiert (Arbeitsstationsobjekt im eDirectory) und registriert sein.
- Die Richtlinie *Remote Control Policy* eines Arbeitsstationspakets muss konfiguriert und für die verwalteten Arbeitsstationen verknüpft sein. Alternativ kann die Konfiguration statt mithilfe einer Richtlinie auch für ein einzelnes Arbeitsstations- oder Benutzerobjekt erfolgen.

Ein spezielles Kennwort ist hier nicht erforderlich.

8.5 Konfiguration der Richtlinie

Die Konfiguration erfolgt über ein Arbeitsstationspaket und/oder ein Benutzerpaket. Aktivieren Sie dort die *Fernverwaltungsrichtlinie* (*Remote Control Policy*) und nehmen Sie die erforderlichen Konfigurationseinstellungen vor.

Die Richtlinie ermöglicht Fernoperatoren, die verschiedensten Arten von Sitzungen mit Arbeitsstationen entfernt durchzuführen. Die Richtlinien können plattformabhängig konfiguriert werden:

- *Allgemein* (gültig für alle Plattformen)
- *Windows 95/98*
- *Windows NT/2000/XP*
- *Windows NT* (nicht für Arbeitsstation mit ZfD 2.0 und 3.x)
- *Windows 2000* (nicht für Arbeitsstation mit ZfD 2.0 und 3.x)
- *Windows XP* (nicht für Arbeitsstation mit ZfD 2.0 und 3.x)
- *Windows-2000/XP-Terminalserver* (nicht für Arbeitsstation mit ZfD 2.0 und 3.x und nur über ein Benutzerpaket verfügbar)
- *Windows-2000-Terminalserver* (nicht für Arbeitsstation mit ZfD 2.0 und 3.x und nur über ein Benutzerpaket verfügbar)
- *Windows-XP-Terminalserver* (nicht für Arbeitsstation mit ZfD 2.0 und 3.x und nur über ein Benutzerpaket verfügbar)

Öffnen Sie in der ConsoleOne ein Arbeitsstations- oder Benutzerpaket oder legen Sie bei Bedarf ein neues Paket an. Damit werden die Eigenschaften des Pakets angezeigt. Wählen Sie oben auf der Registerkarte *Richtlinien* die gewünschte Plattform aus (Abb. 8.2).

Aktivieren Sie die *Remote Control Policy* durch Aktivieren des Kontrollfelds am Zeilenanfang (Abb. 8.2) und klicken Sie zur Konfiguration auf EIGENSCHAFTEN (alternativ ist auch ein Doppelklick auf den Eintrag möglich).

Wichtig

Vergessen Sie nicht, das Arbeitsstationspaket mit einem Container oder einer Arbeitsstationsgruppe zu verknüpfen. Im Falle eines Benutzerpakets muss die Verknüpfung mit einem Container oder einer Benutzergruppe erfolgen. Selbstverständlich sind auch mehrere Verknüpfungen möglich.

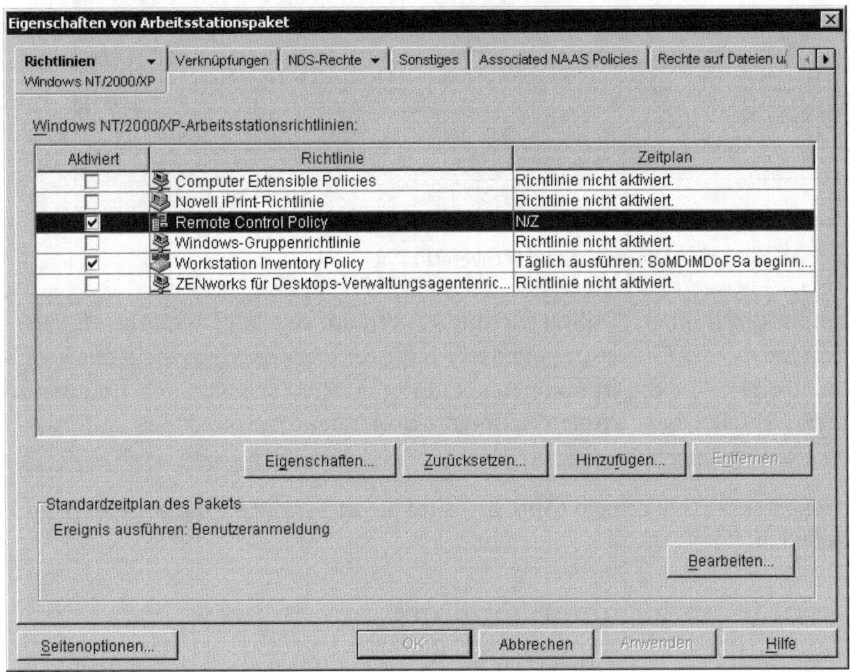

Abb. 8.2: Aktivieren der Richtlinie Remote Control Policy in einem Arbeitsstationspaket

Auf der Registerkarte *Fernverwaltung* steht ein eigener Registerdialog zur Konfiguration zur Verfügung (Abb. 8.3).

8.5.1 Allgemeine Optionen

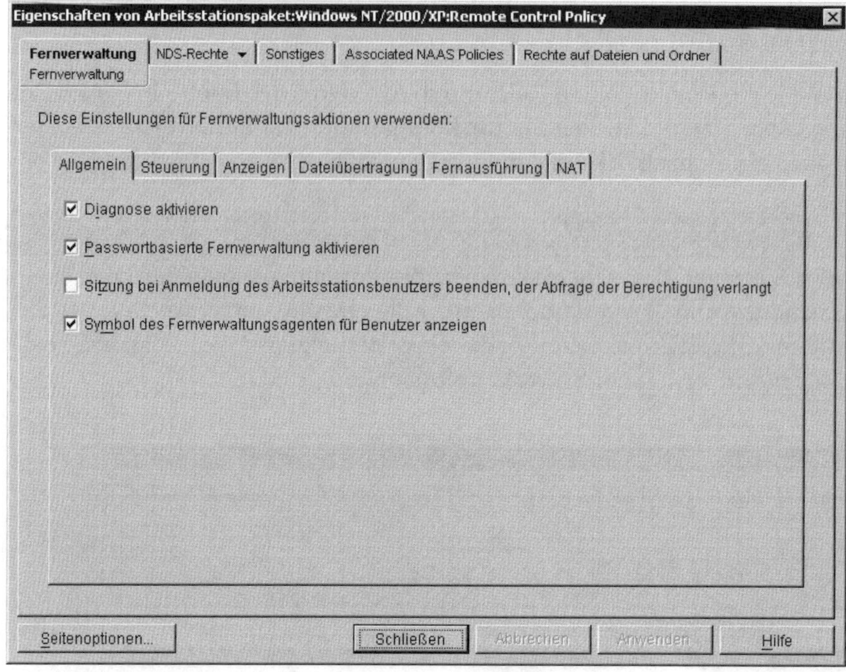

Abb. 8.3: Allgemeine Optionen für die Fernverwaltung

In Verbindung mit einer Benutzerrichtlinie steht auf der Registerkarte *Allgemein* die Option *Symbol des Fernverwaltungsagenten für Benutzer anzeigen* nicht zur Verfügung. Im Übrigen sind die Optionen bei Richtlinien zu Arbeitsstations- und Benutzerpaketen sowie bei Arbeitsstations- und Benutzerobjekten auf allen Registerkarten identisch.

Auf der Registerkarte *Allgemein* (Abb. 8.3) sind die in Tabelle 8.1 dargestellten Optionen verfügbar.

Option	Beschreibung
Diagnose aktivieren	Erlaubt dem Fernoperator die Diagnose der verwalteten Arbeitsstation abzurufen.
Passwortbasierende Fernverwaltung aktivieren	Ein Fernoperator kann bei aktiver Option eine kennwortbasierende Fernverwaltung mit der Arbeitsstation ausführen.
Sitzung bei Anmeldung des Arbeitsstationsbenutzers beenden, der Abfrage der Berechtigung verlangt	Aktivieren Sie diese Option, wird eine bestehende Sitzung abgebrochen, wenn sich an der Arbeitsstation ein anderer eDirectory-Benutzer anmeldet. Eine Abfrage erscheint, ob mit dem neuen Benutzer eine neue Sitzung aufgebaut werden soll.

Tabelle 8.1: Allgemeine Optionen zur Fernverwaltung

Option	Beschreibung
Symbol des Fernverwaltungsagenten für Benutzer anzeigen	Auf den Arbeitsstationen wird das Symbol des Fernverwaltungsagenten im Systray bzw. Infobereich angezeigt, wenn Sie diese Option aktivieren.

Tabelle 8.1: Allgemeine Optionen zur Fernverwaltung (Forts.)

Ändern Sie die Einstellung zur Anzeige des Symbols zum Fernverwaltungsagenten, wirkt sich diese erst aus, wenn der Fernverwaltungsagent neu gestartet wird.

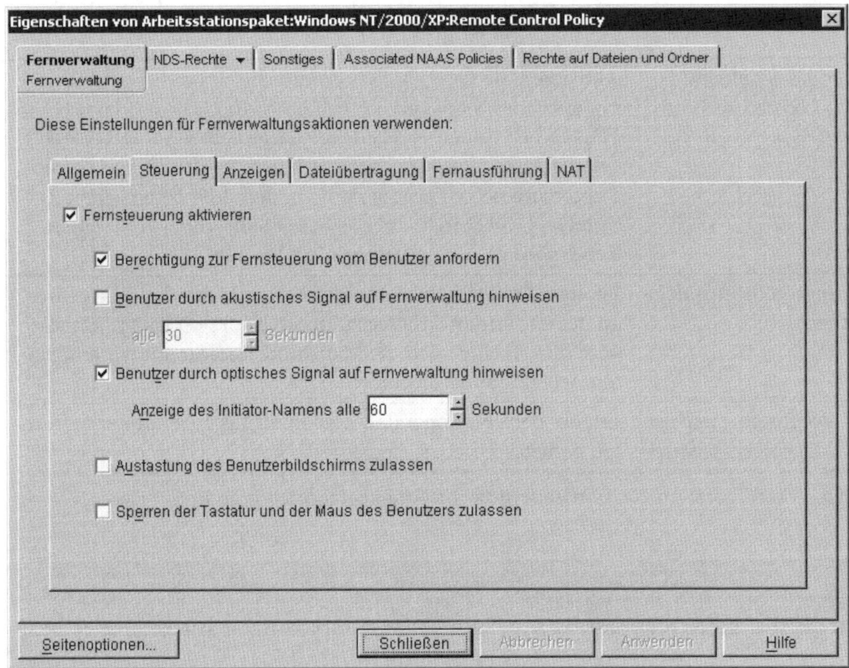

Abb. 8.4: Konfiguration der Fernsteuerung von Arbeitsstationen

8.5.2 Konfiguration der Fernsteuerung

Auf der Registerkarte *Steuerung* (Abb. 8.4) sind die in Tabelle 8.2 dargestellten Optionen zur Fernsteuerung von Arbeitsstationen verfügbar.

Option	Beschreibung
Fernsteuerung aktivieren	Nur wenn diese Option aktiv ist, können die weiteren Einstellungen vorgenommen werden und eine Fernsteuerung der Arbeitsstationen ermöglichen.

Tabelle 8.2: Konfiguration zur Fernsteuerung von Arbeitsstationen

Option	Beschreibung
Berechtigung zur Fernsteuerung vom Benutzer anfordern	Versucht ein Fernoperator, eine Fernsteuerungssitzung aufzubauen, muss der gerade angemeldete Benutzer explizit mit der Bestätigung einer Anfrage am Bildschirm seiner Arbeitsstation zustimmen. Lehnt er ab, wird die Sitzung nicht zugelassen.
Benutzer durch akustisches Signal auf Fernverwaltung hinweisen	Die Verwaltungskonsole sendet im hier festgelegten Zeitintervall ein akustisches Signal an die verwaltete Arbeitsstation, wenn eine Fernsteuerungssitzung aktiv ist. Gehen Sie mit dieser Option umsichtig um, da dies sehr lästig sein kann. Ferner ist nicht sichergestellt, ob das Zielsystem das akustische Signal ausgeben kann.
Benutzer durch optisches Signal auf Fernverwaltung hinweisen	Aktivieren Sie diese Option, sendet die Verwaltungskonsole ein optisches Signal an die Arbeitsstation, das als kleines Fenster nur mit einer Titelleiste dargestellt wird. Dabei wechselt die Anzeige zwischen *Fernsteuerung durch* und dem Kontonamen des Fernoperators in dem hier festgelegten Zeitintervall. Klickt man auf das Schließensymbol am rechten Rand, wird die Fernsitzung sofort beendet.
Austastung des Benutzerbildschirms zulassen	Ist diese Option aktiv, kann der Fernoperator den Bildschirm an der entfernten Arbeitsstation »schwarz« schalten. Dabei wird gleichzeitig auch die Maus und Tastatur auf der entfernten Arbeitsstation blockiert.
Sperren der Tastatur und der Maus des Benutzers zulassen	Erlaubt dem Fernoperator, Maus und Tastatur auf der entfernten Arbeitsstation zu blockieren.

Tabelle 8.2: Konfiguration zur Fernsteuerung von Arbeitsstationen (Forts.)

Wichtig

Achten Sie auf geltendes Gesetz und Betriebsvereinbarungen Ihres Landes bzw. Unternehmens. Normalerweise muss die Berechtigung für den Fernzugriff vom Benutzer angefordert werden. Ferner muss der Initiator für den Anwender erkennbar sein und der Anwender muss die Fernsitzung jederzeit abbrechen können.

Ist die Austastung des Benutzerbildschirms zugelassen, kann während einer Fernsitzung der Bildschirm des Benutzers »schwarz« geschaltet werden (funktioniert nicht in jedem Fall – insbesondere, wenn die Grafikkarte nicht 100%ig VGA-kompatibel ist!). Zusätzlich besteht die Möglichkeit, Maus und Tastatur bei Bedarf für den entfernten Benutzer temporär zu deaktivieren. Beim Beenden der Fernsitzung werden diese Maßnahmen vom System automatisch aufgehoben. Vorsicht, in Verbindung mit einigen Grafikkarten kann es auf dem Zielsystem zu einem »Hänger« bzw. Absturz kommen. Bekannt sind hier insbesondere folgende Grafikkarten:

- ATI Rage Pro Turbo AGP
- ATI Technologies Inc. 3D Rage Pro AGP 2X

- ATI Technologies Inc. 3D Rage Pro Turbo AGP 3X
- ATI Technologies Inc. 3D Rage Pro (ATI Graphics Accelerator)
- ATI Graphics Pro Turbo PCI (mach 64 GX)
- ATI Graphics Pro Turbo PCI (mach 64 VT)
- Matrox MAG Ultima/Impression (PCI)
- MAG Compatible Display Adapter (Qvision 2000)
- Compaq Qvision, 2000, 2000 + (MAG)
- Diamond Fire GL 1000 PRO

8.5.3 Konfiguration der Fernansicht

Auf der Registerkarte *Anzeigen* (Abb. 8.5) sind die in Tabelle 8.3 dargestellten Optionen zur Fernansicht des Desktops von Arbeitsstationen verfügbar.

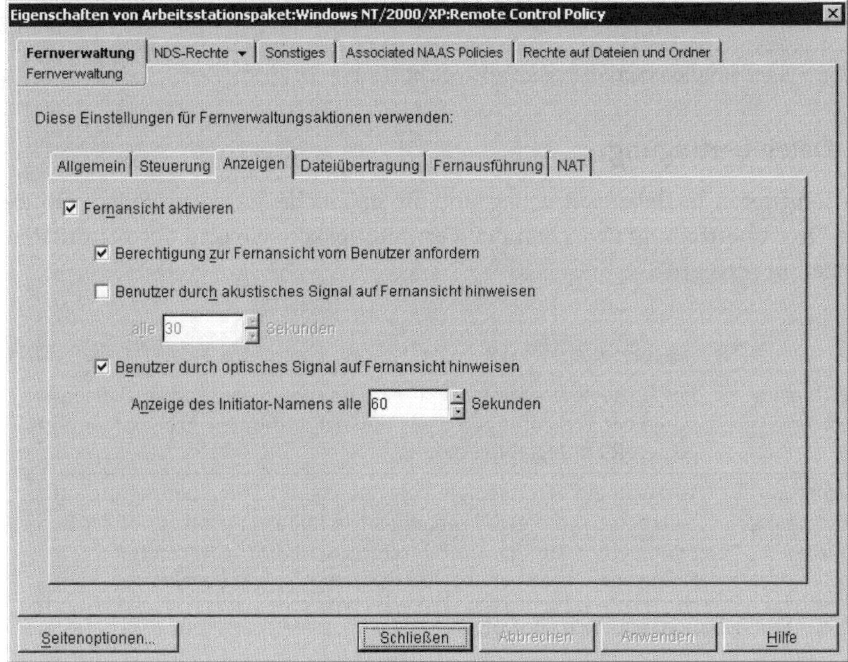

Abb. 8.5: Die Fernansicht konfigurieren

Option	Beschreibung
Fernansicht aktivieren	Nur wenn diese Option aktiv ist, können die weiteren Einstellungen vorgenommen werden. Ein Fernoperator hat damit die Möglichkeit, eine Fernansicht des Desktops einer Arbeitsstationen zu erhalten.

Tabelle 8.3: Konfigurationsoptionen zur Fernansicht

Option	Beschreibung
Berechtigung zur Fernansicht vom Benutzer anfordern	Versucht ein Fernoperator eine Fernansichtssitzung aufzubauen, muss der gerade angemeldete Benutzer explizit mit der Bestätigung einer Anfrage am Bildschirm seiner Arbeitsstation zustimmen. Lehnt er ab, wird die Sitzung nicht zugelassen.
Benutzer durch akustisches Signal auf Fernansicht hinweisen	Die Verwaltungskonsole sendet im hier festgelegten Zeitintervall ein akustisches Signal an die verwaltete Arbeitsstation, wenn eine Fernansichtssitzung aktiv ist. Gehen Sie mit dieser Option umsichtig um, da dies sehr lästig sein kann. Ferner ist nicht sichergestellt, ob das Zielsystem das akustische Signal ausgeben kann.
Benutzer durch optisches Signal auf Fernansicht hinweisen	Aktivieren Sie diese Option, sendet die Verwaltungskonsole ein optisches Signal an die Arbeitsstation, das als kleines Fenster nur mit einer Titelleiste dargestellt wird. Dabei wechselt die Anzeige zwischen *Fernansicht durch* und dem Kontonamen des Fernoperators in dem hier festgelegten Zeitintervall. Klickt man auf das Schließensymbol am rechten Rand, wird die Fernsitzung sofort beendet.

Tabelle 8.3: Konfigurationsoptionen zur Fernansicht (Forts.)

8.5.4 Dateiübertragung

Auf der Registerkarte *Dateiübertragung* sind die in Tabelle 8.4 dargestellten Optionen zur Dateiübertragung zwischen der Verwaltungskonsole und der verwalteten Arbeitsstation verfügbar.

Option	Beschreibung
Dateiübertragung aktivieren	Ein Fernoperator kann mit dieser Funktion insbesondere Dateien zwischen der Verwaltungskonsole und der entfernten Arbeitsstation in beiden Richtungen übertragen.
Berechtigung zur Dateiübertragung vom Benutzer anfordern	Versucht ein Fernoperator, eine Sitzung zur Dateiübertragung aufzubauen, muss der gerade angemeldete Benutzer explizit mit der Bestätigung einer Anfrage am Bildschirm seiner Arbeitsstation zustimmen. Lehnt er ab, wird die Sitzung nicht zugelassen.

Tabelle 8.4: Konfigurationsoptionen zur Dateiübertragung

8.5.5 Fernausführung

Auf der Registerkarte *Fernausführung* sind die in Tabelle 8.5 dargestellten Optionen zur Fernausführung von Programmen verfügbar.

Option	Beschreibung
Fernausführung aktivieren	Ist diese Option aktiv, kann ein Fernoperator von der Verwaltungskonsole aus auf der entfernten Arbeitsstation ein Programm starten.
Berechtigung zur Fernausführung vom Benutzer anfordern	Versucht ein Fernoperator, eine Sitzung zur Fernausführung aufzubauen, muss der gerade angemeldete Benutzer explizit mit der Bestätigung einer Anfrage am Bildschirm seiner Arbeitsstation zustimmen. Lehnt er ab, wird die Sitzung nicht zugelassen.

Tabelle 8.5: Konfigurationsoptionen zur Fernausführung

8.5.6 Netzwerkadressübersetzung (NAT)

Auf der Registerkarte *NAT* sind die in Tabelle 8.6 dargestellten Optionen zur Netzwerkadressübersetzung verfügbar (NAT – Network Address Translation).

Option	Beschreibung
NAT-Verbindungen akzeptieren	Verbindet sich die Verwaltungskonsole über eine NAT-Verbindung mit einer Arbeitsstation, wird dies nur zugelassen, wenn diese Option aktiv ist.
Berechtigung des Benutzers zum Akzeptieren von NAT-Verbindungen abfragen	Versucht ein Fernoperator, eine Fernsitzung aufzubauen, muss der gerade angemeldete Benutzer explizit mit der Bestätigung einer Anfrage am Bildschirm seiner Arbeitsstation zustimmen. Lehnt er ab, wird die Sitzung nicht zugelassen.

Tabelle 8.6: Konfigurationsoptionen zu NAT-Verbindungen

8.6 Arbeitsstations- und Benutzerobjekte

Auf der Registerkarte *Fernverwaltung* für Arbeitsstations- und Benutzerobjekte können Sie mit höherer Priorität individuelle Einstellungen vornehmen. An dieser Stelle kann bei Arbeitsstationsobjekten auch die Fernverwaltung aufgerufen werden (Schaltfläche FERNVORGÄNGE).

Bei Arbeitsstations- und Benutzerobjekten können Sie mit höherer Priorität eine individuelle Konfiguration der Fernverwaltung vornehmen (sollte man vermeiden, da der Verwaltungsaufwand bzw. Änderungsdienst sehr hoch ist). Dafür muss auf der gleichen Seite allerdings eine eventuell aktive Richtlinie für das betroffene Objekt deaktiviert werden *(Diese Einstellungen verwenden und Fernverwaltungsrichtlinie ignorieren)*.

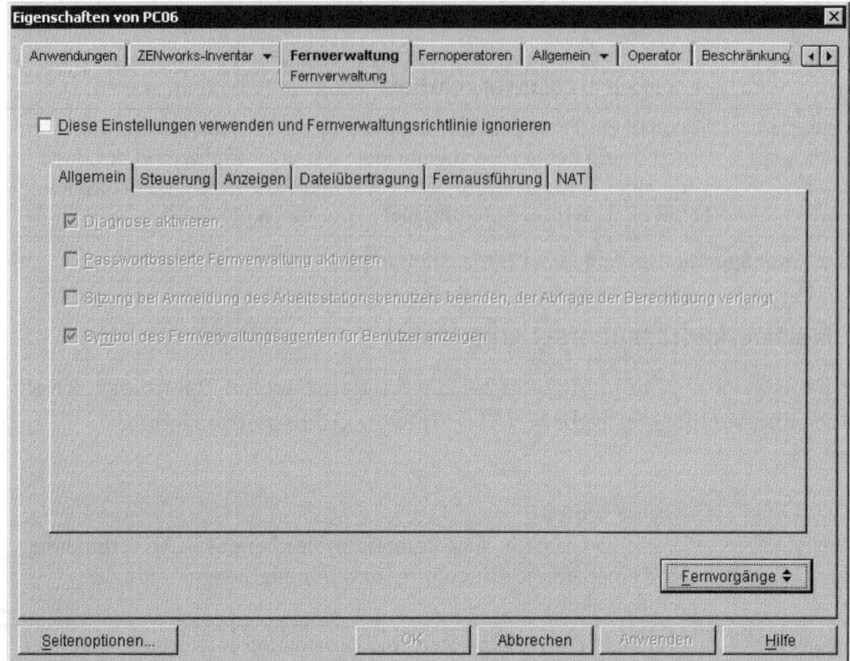

Abb. 8.6: Individuelle Konfiguration zur Fernverwaltung einer Arbeitsstation

Über das Kontextmenü (Abb. 8.7) sind verschiedene Funktionen zur Fernverwaltung verfügbar. Klicken Sie auf eine Funktion, um eine Sitzung einzuleiten.

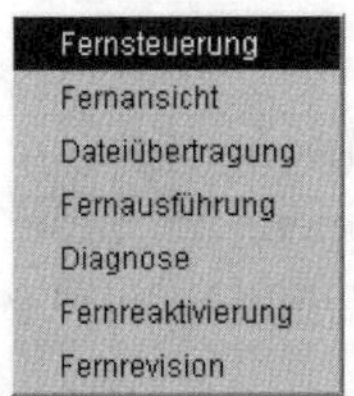

Abb. 8.7: Kontextmenü zum Aufruf einer Fernsitzung

Nutzbar sind die Funktionen mithilfe von ConsoleOne von jeder Station aus. Erforderlich sind aber die entsprechenden Rechte. Diese können Sie beispielsweise im Menü *Werkzeuge* mithilfe von *Fernoperator verwalten* durch einen Administrator einem beliebigen Benutzer erteilt werden. Ferner kann die Einstellung individuell auch bei den Arbeitsstationsobjekten vorgenommen werden.

Hier oder nach dem Markieren einer Arbeitsstation im eDirectory über das Menü *Datei\Aktionen* bzw. im Kontextmenü zu Arbeitsstationen *(Aktionen)* lässt sich die Fernverwaltung starten (Abb. 8.8).

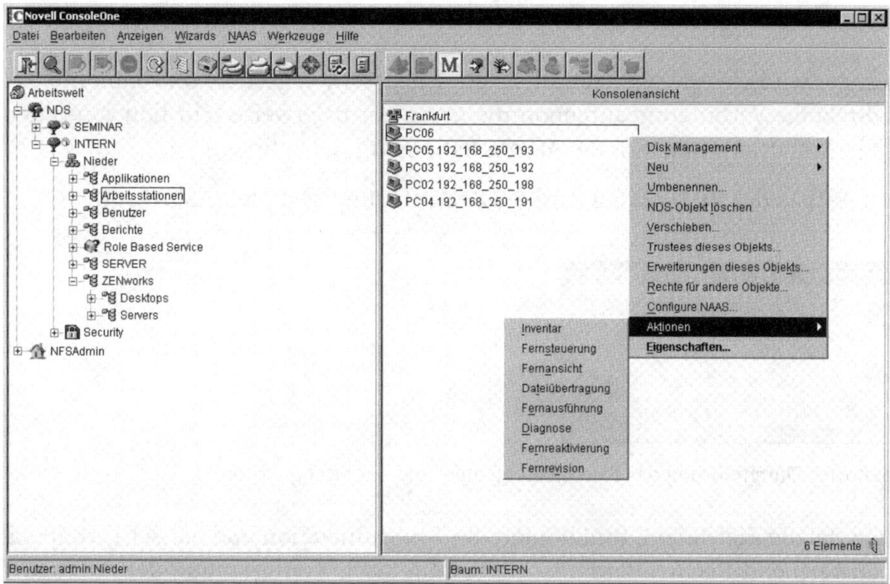

Abb. 8.8: Fernverwaltungsfunktionen über das Kontextmenü einer Arbeitsstation aufrufen

Die Fernverwaltung kann auch mithilfe eines Benutzerobjekts gestartet werden. Klicken Sie im Kontextmenü eines Benutzerobjekts auf *Fernverwaltung*. Ein Fernverwaltungsdialog für weitere Einstellungen wird angezeigt (Abb. 8.9).

Abb. 8.9: Starten einer Fernverwaltung mithilfe eines Benutzerobjekts

Im ersten Auswahlfeld (*Arbeitsstation*) wird die IP-Adresse der Arbeitsstation angezeigt, an dem der ausgewählte Benutzer angemeldet ist. Wird das ausgewählte Konto auf mehreren Arbeitsstationen verwendet, müssen Sie eine der angezeigten IP-Adressen auswählen. Als nächstes wählen Sie die gewünschte Aktion aus. Wählen Sie zum Abschluss, ob für die Fernsitzung eine eDirectory-Beglaubigung oder eine kennwortbasierende Beglaubigung erfolgen soll. Die zweite Option führt nur zum Erfolg, falls diese Option in der Richtlinie oder dem Objekt aktiviert ist und der Benutzer ein Kennwort festgelegt hat. Nach OK wird die Fernsitzung gestartet.

8.7 Sitzungsstart und -ende

Als erstes wird die Adresse der entfernten Arbeitsstation gesucht und dann mit dieser direkt die Verbindung aufgenommen, was normalerweise sehr flott vonstatten geht (zumindest, wenn sich die Arbeitsstation im LAN befindet).

Nach Aufbau der Verbindung wird die Beglaubigung gestartet (Abb. 8.10).

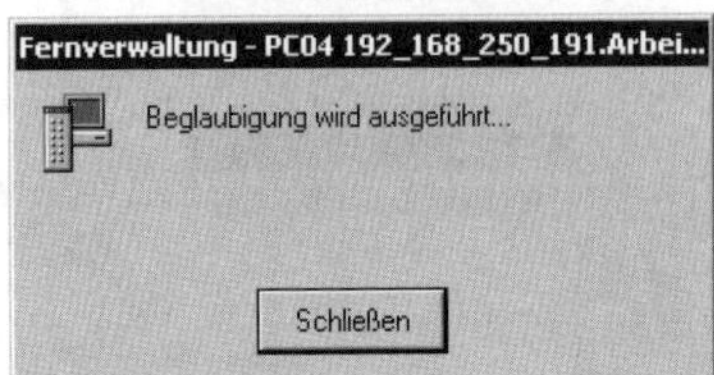

Abb. 8.10: Durchführung der Beglaubigung aufgrund der Konfiguration

Antwortet die Zielstation, funktioniert die Kommunikation und hat der Fernoperator ausreichend Rechte, wird anschließend je nach Konfiguration der Anwender gefragt, ob dem angezeigten Benutzer die gewünschte Art der Fernverwaltung ermöglicht werden soll (Abb. 8.11).

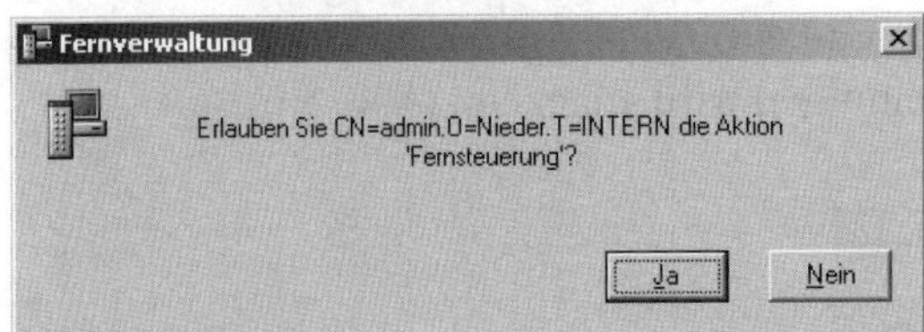

Abb. 8.11: Der Benutzer muss der Fernsitzung zustimmen

Hat der Fernoperator, der den Fernzugriff versucht, nicht ausreichend Rechte, erhält er eine entsprechende Fehlermeldung.

Stimmt der betroffene Anwender dem Fernzugriff zu, erscheint auf der Verwaltungskonsole ein Fenster entsprechend der gewählten Funktion.

Eine Sitzung kann durch den Fernoperator oder dem Anwender an der verwalteten Arbeitsstation jederzeit und sofort beendet werden:

- Wird ein visuelles Signal angezeigt, ist lediglich ein Klick auf dessen Schließen-schaltfläche notwendig.
- Im Kontextmenü des Fernverwaltungsagenten (im Systray bzw. Infobereich der Taskleiste) auf *Fernverwaltungssitzung beenden* klicken.
- Wenn der Fernoperator das Fenster schließt, wird die Sitzung ebenfalls sofort beendet.

8.8 Fernverwaltung mithilfe der ConsoleOne durchführen

In diesem Abschnitt werden die einzelnen Funktionen beschrieben, die eine Fernverwaltung mithilfe von ConsoleOne und ZENworks for Desktops ermöglichen.

Im Menü *Datei* der ConsoleOne sowie im Kontextmenü für Arbeitsstationen findet sich das Untermenü *Aktionen*. Sie finden hier zahlreiche Möglichkeiten für die Fernverwaltung, die auch auf der Seite *Fernverwaltung* für Arbeitsstationen zur Verfügung stehen. Siehe hierzu insbesondere Abschnitt 8.6.

8.8.1 Fernsteuerung (Remote Control)

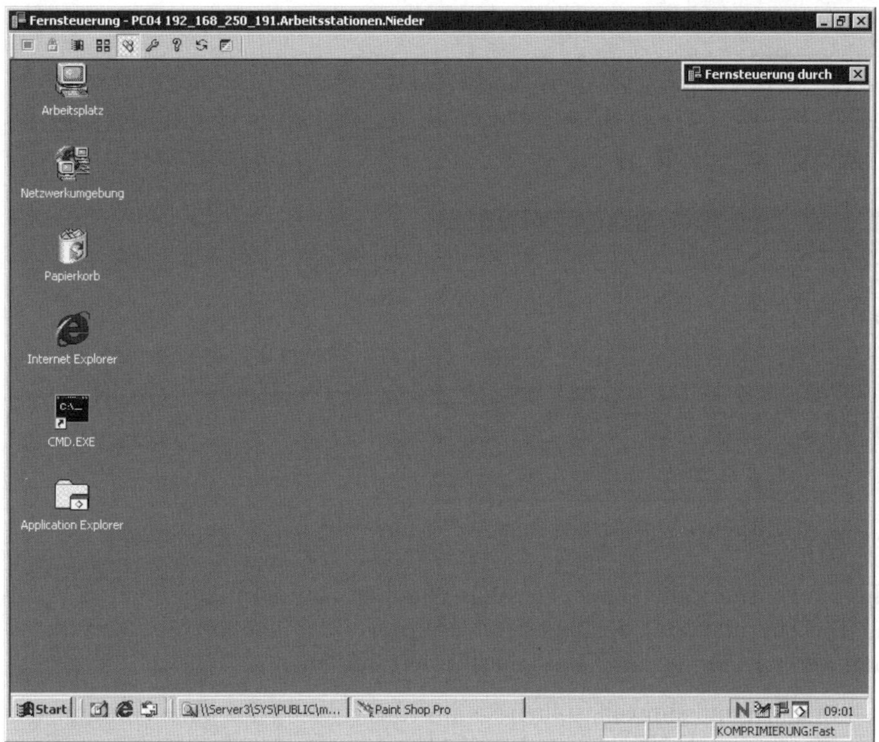

Abb. 8.12: Bespiel einer Fernsteuerungssitzung

Die Fernsteuerung stellt eine gemeinsame Konsole zur Bedienung eines entfernten Systems zur Verfügung. Somit können Fernoperator und Anwender gleichzeitig mit der Konsole arbeiten (Desktop, Maus und Tastatur). Eine weit verbreitete Möglichkeit, Benutzern ohne Vorortbesuch direkt zu helfen (bei Bedienproblemen, der Konfiguration usw.).

Dem Fernoperator stehen im Fenster mit dem entfernten Desktop eine Reihe von Optionen für die Konfiguration und Steuerung zur Verfügung (diese sind auch in der Fernansicht verfügbar – Abschnitt 8.8.2).

Konfiguration für das Fenster zum entfernten Desktop

Die Konfiguration und Steuerung kann über das Systemmenü (Menü des Symbols links oben im Fenster – Abb. 8.13) und die Symbolleiste erfolgen.

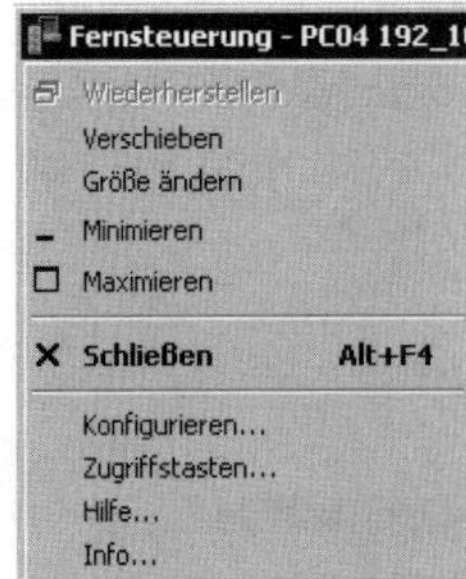

Abb. 8.13: System zum Fenster des entfernten Desktops

Konfigurieren (Abb. 8.14)

Abb. 8.14: Konfigurieren einer Fernsitzung

In diesem Fenster stehen einige wichtige Parameter zur Konfiguration zur Verfügung. Die Zugriffstasten, die über den Menüpunkt *Zugriffstasten* (Abb. 8.13) konfiguriert werden, können auf Wunsch deaktiviert werden.

Soweit möglich und sinnvoll, sollten Sie im 16-Farben-Modus ohne Hintergrundbild des Desktops arbeiten, was auch im LAN zu weniger Netzlast und einer besseren Leistung bei der Fernsteuerung und Fernansicht führt. Bei einem vorhandenen Hintergrundbild auf der entfernten Arbeitsstation führt die Unterdrückung (während der Sitzung wird das Hintergrundbild auch auf dem System des Anwenders nicht angezeigt) zu einer unter Umständen sogar spürbaren Leistungsverbesserung.

Mit der *Systemtastenübergabe* legen Sie fest, ob `Alt`-Sequenzen in der Verwaltungskonsole (inaktives Kontrollfeld) oder auf dem entfernten Desktop wirken (aktives Kontrollfeld).

Haben Sie Änderungen vorgenommen, die nicht nur für die aktuelle Sitzung gelten sollen, dürfen Sie nicht vergessen, *Beim Beenden speichern* zu aktivieren.

Stellen Sie die Option *Netzwerktyp* korrekt ein, da dies zu einer Leistungsverbesserung für die Fernverwaltung führt. Gegenüber früheren Versionen wurde die Leistung generell durch eine höhere Komprimierung bei der Übertragung verbessert.

Zugriffstasten

Haben Sie vorher das Kontrollfeld *Zugriffstasten aktivieren* aktiviert, können Sie in diesem Konfigurationsdialog die verfügbaren Tastenkombinationen kennen lernen und auf Wunsch Änderungen vornehmen (vergessen Sie in diesem Fall nicht, *Beim Beenden* zu aktivieren, bevor Sie auf OK klicken).

Bildschirmaustastung (Strg+B)

Die Funktion ist nur verfügbar, wenn diese in der *Remote Control Policy* oder im Arbeitsstations- oder Benutzerobjekt zugelassen wird. Nach Aufruf erscheint eine Abfrage, ob der Vorgang durchgeführt werden soll. Wenn ja, wird der Bildschirm des Anwenders »schwarz« geschaltet. Der Benutzer hat damit keine Möglichkeit mehr zu sehen, was der Fernoperator durchführt.

Vorsicht, wie bereits beschrieben (Abschnitt 8.5.2), funktioniert dies nicht in Verbindung mit allen Grafikkarten und kann sogar zum Absturz der verwalteten Arbeitsstation führen.

Maus- und Tastatursperre (Strg+L)

Die Funktion ist nur verfügbar, wenn diese in der *Remote Control Policy* oder im Arbeitsstations- oder Benutzerobjekt zugelassen wird. Normalerweise können Anwender wie Fernoperator gleichzeitig mit Maus und Tastatur arbeiten. Das kann zu unbeabsichtigten Fehlern in der Bedienung der verwalteten Arbeitsstation führen, wenn beide die Möglichkeit gleichzeitig nutzen. Um dem vorzubeugen, sollte die Funktion bei Bedarf genutzt werden, wodurch nur noch der Fernoperator mit Maus und Tastatur auf der entfernten Arbeitsstation arbeiten kann.

Systemstart (Strg+S)

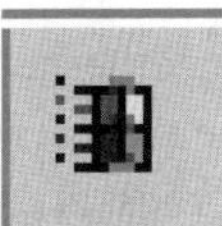

Klicken Sie auf diese Schaltfläche, wird auf der verwalteten Arbeitsstation das Startmenü aus der Taskleiste geöffnet (Strg+ESC).

Anwendungsumschalter (Strg+T)

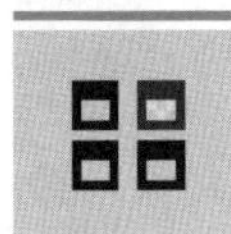

Klicken Sie auf diese Schaltfläche so lange, bis das gewünschte Programmfenster ausgewählt ist, und betätigen Sie dann Tab, um die Funktion auszuführen.

Systemtastenübergabe (Strg+Alt+S)

Damit kann die Systemtastenübergabe während der Sitzung ein- und ausgeschaltet und damit die Standardkonfiguration geändert werden (Abb. 8.14).

Strg+Alt+Entf

Durch einen Klick auf dieses Symbol wird die Tastenkombination an die verwaltete Arbeitsstation gesandt. Es meldet sich die Windows- bzw. NetWare-Sicherheit, um beispielsweise die verwaltete Arbeitsstation zu sperren oder den Task-Manager aufzurufen.

Aktualisieren (Strg+Alt+R)

Führt zur Aktualisierung der Bildschirmanzeige an der Verwaltungskonsole.

Vollbildabruf (Strg+P)

Der Inhalt des gesamten Bildschirms auf der verwalteten Arbeitsstation wird neu ausgetastet und komplett an die Verwaltungskonsole übertragen.

8.8.2 Fernansicht (Remote View)

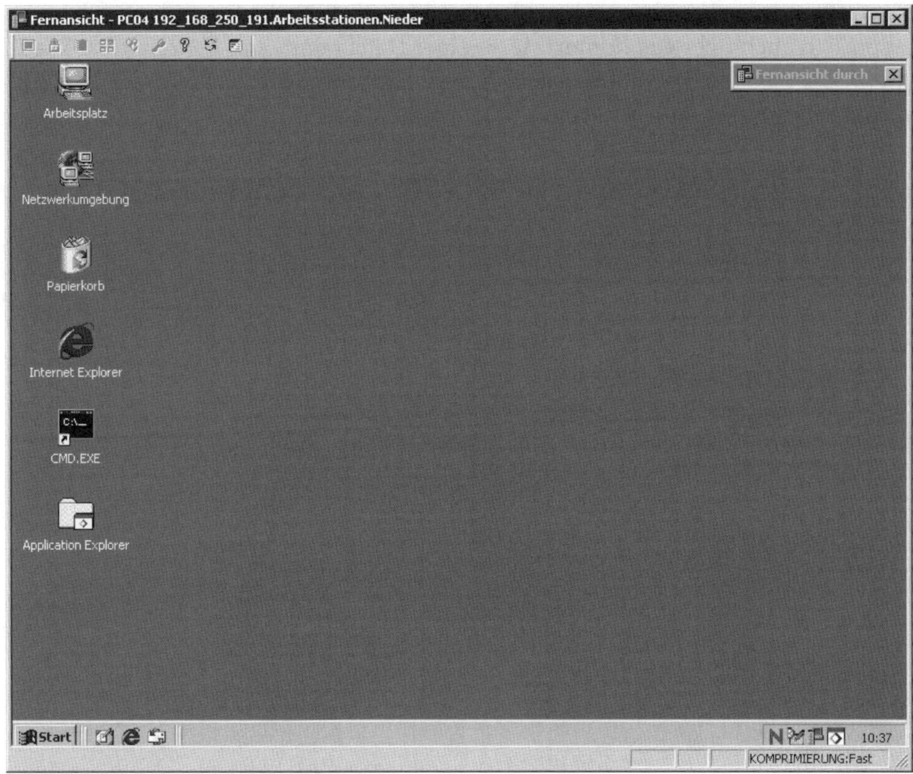

Abb. 8.15: Beispiel zur Fernansicht

Im Gegensatz zur Fernsteuerung erfolgt hier nur die Anzeige des Bildschirminhalts der fernverwalteten Arbeitsstation (Abb. 8.15). Der Fernoperator hat hier selbst keine Möglichkeit, Eingaben durchzuführen, sondern kann diese nur beispielsweise mithilfe des Telefons als Anweisung an den Anwender veranlassen.

Bezüglich der Konfiguration und Steuerung beachten Sie bitte die Beschreibung im Abschnitt Fernsteuerung unter 8.8.1. Da es sich hier um keine Fernsteuerung, sondern nur eine Fernansicht handelt, können hier nicht alle Optionen verwendet werden.

8.8.3 Dateiübertragung

Mit dieser Funktion können Dateien in beide Richtungen übertragen werden. Ferner können Sie Ordner anlegen, Ausschneiden, Kopieren, Einfügen, Objekteigenschaften abrufen etc.

Vorsicht

Ist auf der verwalteten Arbeitsstation der FTP-Dienst eines Drittherstellers installiert, kann es zu Problemen kommen. Diese Software sollte nach Möglichkeit vor der Anwendung der Dateiübertragung von ZfD deinstalliert werden.

Die im Fenster verwendeten Symbole haben folgende Bedeutung (die Funktionen lassen sich auch über das Kontextmenü einer Datei oder eines Verzeichnisses aufrufen). Die meisten Operationen beziehen sich wahlweise auf die Verwaltungskonsole und die entfernte Arbeitsstation (vorher auswählen).

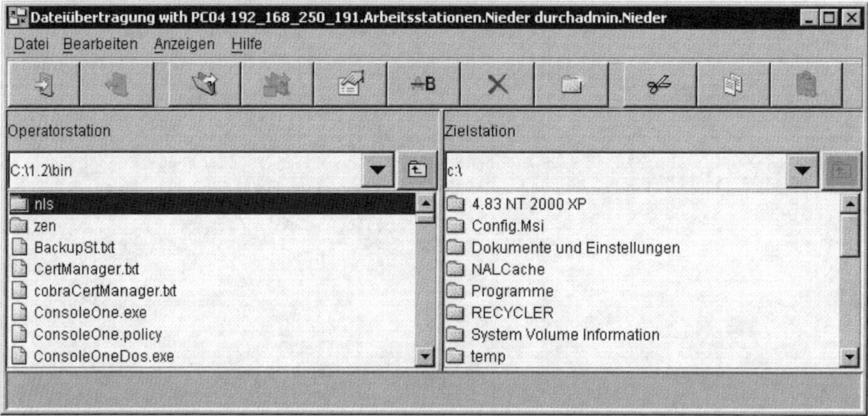

Abb. 8.16: Beispiel zur Dateiübertragung

Mit der ersten Schaltfläche können Sie eine oder mehrere vorher ausgewählte Dateien oder Verzeichnisse von der Verwaltungskonsole zur entfernten Arbeitsstation übertragen (nicht vergessen, vorher das Zielverzeichnis in der rechten Fensterhälfte auszuwählen).

Eine oder mehrere vorher ausgewählte Dateien oder Verzeichnisse von der entfernten Arbeitsstation zur Verwaltungskonsole übertragen (nicht vergessen, vorher das Zielverzeichnis in der linken Fensterhälfte auszuwählen).

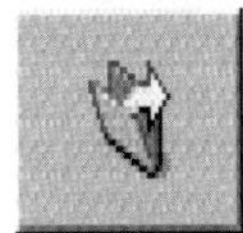

Die ausgewählte Datei wird mit Notepad (Editor) oder Wordpad geöffnet. Handelt es sich bei dem markierten Eintrag in der Verzeichnisliste um einer Unterverzeichnis, erfolgt ein Verzeichniswechsel.

Hierbei handelt es sich um die Funktion *Öffnen mit*. Für die vorher ausgewählte Datei in der linken oder rechten Fensterhälfte wird ein Dialogfenster angezeigt, in dem Sie die Applikation auswählen müssen (DURCHSUCHEN), mit der die Datei geöffnet werden soll.

Anzeige der Eigenschaften einer Datei (Dateiname, Dateigröße und Datum/Uhrzeit der letzten Änderung) oder eines Verzeichnisses (Verzeichnisname und Datum/Uhrzeit der letzten Änderung).

Den Namen einer Datei oder eines Verzeichnisses ändern.

Die vorher ausgewählten Dateien und/oder Verzeichnisse löschen. Vor der Ausführung erfolgt für jeden ausgewählten Eintrag eine Bestätigungsabfrage.

Ein neues Verzeichnis im ausgewählten Verzeichnis erstellen. Der Name wird nach dem Aufruf der Funktion abgefragt.

Die ausgewählten Dateien und Verzeichnisse ausschneiden. Diese können an einer anderen Position durch die Einfügen-Funktion eingefügt werden. Dabei ist auch eine Übertragung zwischen den beiden beteiligten Systemen möglich.

Die ausgewählten Dateien und Verzeichnisse kopieren. Diese können an einer anderen Position durch die Einfügen-Funktion eingefügt werden. Dabei ist auch eine Übertragung zwischen den beiden beteiligten Systemen möglich.

Vorher ausgeschnittene Dateien und/oder Verzeichnisse an der ausgewählten Position der Verwaltungskonsole oder der verwalteten Arbeitsstation einfügen. Besteht eine Datei oder ein Verzeichnis gleichen Namens bereits, wird eine neue Bezeichnung vor dem Einfügen abgefragt.

In der Verzeichnishierarchie eine Ebene in der Anzeige nach oben wechseln.

Dateiübertragung beenden

Die Sitzung kann über *Datei\Beenden* oder einen Klick auf die Schließenschaltfläche rechts oben im Fenster beendet werden.

Alles markieren

Über *Bearbeiten\Alle markieren* werden alle Einträge (Dateien und Verzeichnisse) des aktuellen Verzeichnisses für eine nachfolgende Operation markiert.

Markierung löschen

Eine getroffene Auswahl mit *Alle markieren* in einem Verzeichnis kann über *Bearbeiten\Alles abbrechen* aufgehoben werden.

Aktualisieren

Die beiden Fensterhälften mit den Dateien der Verwaltungskonsole und der verwalteten Arbeitsstation können bei Bedarf aktualisiert werden (*Anzeigen\Aktualisieren* – F5). Dies ist sinnvoll, da keine ständige automatische Aktualisierung der Einträge erfolgt.

8.8.4 Fernausführung

Dieser Befehl stellt eine Eingabezeile in einem Dialogfeld zur Verfügung (Abb. 8.17). Geben Sie einen Befehl ein (Parameter können zusätzlich angegeben werden), wird er auf dem entfernten System ausgeführt. Ist keine erfolgreiche Ausführung möglich, wird eine Fehlermeldung angezeigt. Achten Sie auf eventuell notwendige Pfadangaben.

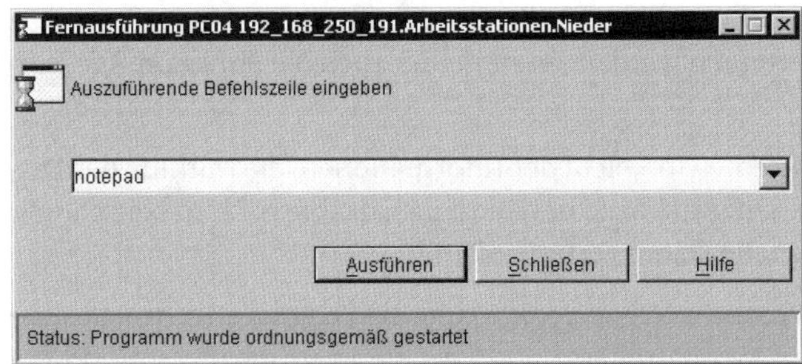

Abb. 8.17: Fernausführung eines Befehls

Nach einem Klick auf AUSFÜHREN wird in der Statuszeile angezeigt, ob dies mit Erfolg funktioniert hat.

8.8.5 Diagnose

Die Diagnose bietet einen Überblick über Treiber und Dienste, die Ereignisanzeige usw. Was Sie hier nicht finden, ist eine Übersicht der auf dem Client installierten Hard- und Software. Diese Information muss mit der Funktion *Inventar* abgerufen werden und steht auch nur dann zur Verfügung, wenn die Inventarisierung installiert wurde (Kapitel 12).

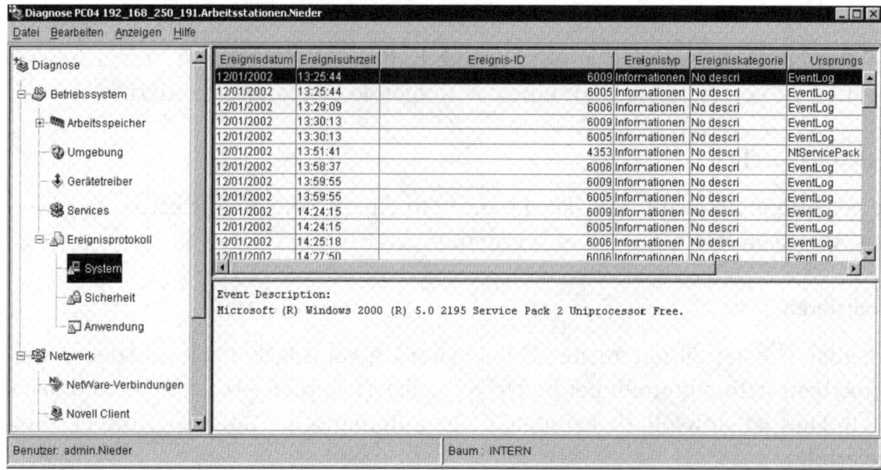

Abb. 8.18: Beispiel zum Diagnosefenster für eine entfernte Arbeitsstation

Wichtig

Wurde auf der verwalteten Arbeitsstation kein Novell-Client installiert, sind die Informationen zu den NetWare-Verbindungen, dem Novell-Client, Netzwerklaufwerke, offene Netzwerkdateien und Druckumleitungen in der Diagnose nicht verfügbar.

Die Informationen in der rechten Fensterhälfte können über das Menü *Bearbeiten* in die Zwischenablage übertragen werden (es steht hier auch die Funktion *Alle markieren* zur Verfügung).

In der Tabelle 8.7 finden Sie eine Übersicht der Informationen, die mithilfe der Diagnose erreicht werden können. Bitte beachten Sie dabei, dass je nach Arbeitsstation und Plattform nicht immer alle Daten verfügbar sind.

Nur in Verbindung mit Windows NT/2000/XP sind die Diagnose-Informationen zum Ereignisprotokoll, den Gerätetreibern und Diensten verfügbar. Zu Windows 95/98 werden zusätzlich die Win32-Module und -Prozesse angezeigt.

Bereich	Informationen
Arbeitsspeicher (soweit nicht anders angeben, handelt es sich bei allen Werten um Angaben in MByte)	Speicherauslastung in Prozent Gesamter physikalischer Arbeitsspeicher Freier physikalischer Arbeitsspeicher Gesamtgröße der Auslagerungsdatei Freier Speicher in der Auslagerungsdatei Adressraum insgesamt Freier Benutzerraum im Speicher

Tabelle 8.7: Übersicht zu den Informationen der Arbeitsstations-Diagnose

Bereich	Informationen
Umgebung	System- und Benutzerumgebungsvariablen (letztere befinden sich am Ende der Anzeige) mit den Namen der Variablen und deren Wert.
Gerätetreiber	Es werden alle in der Registry von Windows NT/2000/XP verfügbaren Gerätetreiber angezeigt (soweit verfügbar, wird dazu der Anzeigename verwendet). Zusätzlich findet sich hier die Information, ob ein Treiber ausgeführt wird (*Läuft*) oder nicht (*Gestoppt*).
Services	Es werden alle unter Windows NT/2000/XP installierten Dienste angezeigt. Zusätzlich findet sich hier die Information, ob ein Dienst gerade ausgeführt wird (*Läuft*) oder nicht (*Gestoppt*).
Win32-Module	Liste der Module unter Windows 9x die mit einem Prozess verknüpft sind. Dazu werden eine Reihe von Detailinformationen angezeigt, wie beispielsweise der Pfad auf der Festplatte und die Modulgröße in KByte.
Win32-Prozesse	Liste der Prozesse unter Windows 9x. Dazu werden eine Reihe von Detailinformationen angezeigt, wie beispielsweise der Pfad zur ausführbaren Datei auf der Festplatte und die Prozess-ID. Ein Doppelklick auf einen Eintrag zeigt die mit dem Prozess verknüpften Win32-Module an.
Ereignisprotokoll	Es stehen die Einträge im Ereignisprotokoll System, Sicherheit und Anwendung für Windows NT/2000/XP zur Verfügung. Hier handelt es sich sicherlich für den Bereich der Problemlösung um die wichtigsten Informationen in der Diagnose. Klicken Sie einen Eintrag an, werden in der unteren Fensterhälfte die Detailinformationen zu einem Ereignis angezeigt. Es werden das Datum und die Uhrzeit des Ereignisses, die Ereignis-ID, der Ereignistyp und die -kategorie, der Ursprungsname und der Computername dargestellt.
NetWare-Verbindungen	Servername Benutzername (CN) Verbindungsnummer des Benutzers Beglaubigungsstatus (Novell eDirectory oder Bindery) Novell-e-Directory-Baumname Transporttyp Netzwerkadresse des Servers Ressourcentyp (identifiziert den primären Server)
Novell-Client	Bevorzugter Server Bevorzugter Baum Nameskontext des Benutzers Erstes Netzlaufwerk Version des Novell-Client

Tabelle 8.7: Übersicht zu den Informationen der Arbeitsstations-Diagnose (Forts.)

Bereich	Informationen
Netzlaufwerke	Liste der auf der Arbeitsstation verknüpften Laufwerke (es werden nur Novell-Verknüpfungen berücksichtigt). Folgende Informationen stehen zur Verfügung: Laufwerksbuchstabe Server\Pfad auf dem NetWare-Server Dateisystem auf dem Server Effektive Rechte (R = Lesen, W = Schreiben, C = Erstellen, D = Löschen, O = Eigentümer, F = Durchsuchen, M = Ändern) – Rechte, die nicht gegeben sind, werden als Bindestrich dargestellt Größe der langen Dateinamen in Byte Sektorgröße in Byte Sektoren pro Cluster Cluster insgesamt Freie Cluster
Offene Netzwerkdateien	Es werden die auf einem NetWare-Server geöffneten Dateien mit der Verbindungs-ID des verknüpften Laufwerks angezeigt. Folgende Informationen sind verfügbar: Dateiname Volume-Name Servername Benutzername Verbindungs-ID
Druckumleitung	Für LPT1 bis LPT9 werden die umgeleiteten Warteschlangen angezeigt.
Netzwerkprotokolle	Es werden die aktiven Netzwerkprotokolle mithilfe von WinSock angezeigt. Folgende Informationen sind je Protokoll verfügbar: Eigenschaften (spezifiziert die Charakteristika des Protokolls) Adressfamilie (z.B. INET oder NETBIOS) Socket-Typ (Stream, Datagram, Raw Socket, Seq. Packet, RDM Socket oder unbekannt) Protokoll-ID (z.B. TCP, UDP oder unbekannt) Maximal unterstützte Nachrichtengröße in Byte (ist das Protokoll Stream-orientiert, ist die Größe nicht relevant) Protokollname
Namespace-Anbieter	Voraussetzung ist der Einsatz von WinSock 2 auf der Arbeitsstation. Folgende Informationen sind verfügbar: Namespace (z.B. DNS, SAP, SLP, CAIRO, Novell eDirectory) Verbunden oder nicht Version Service-Anbieter

Tabelle 8.7: Übersicht zu den Informationen der Arbeitsstations-Diagnose (Forts.)

8.8.6 Fernrevision

Rufen Sie diese Aktion auf, wird eine Fernverwaltungsrevision angezeigt (Abb. 8.19), in der sich die Einträge der Fernsitzungen befinden. Daraus gehen insbesondere auch die Art, Dauer und der Name (*Konsolenbenutzer*) sowie die Arbeitsstation (*Konsolencomputer*) des Fernoperators hervor.

Fernrevision

Fernverwaltungsrevision fürCN=PC04 192_168_250_191.OU=Arbeitsstationen.O=Nieder.T=INTERN

Zeitpunkt der Operation	Dauer	Konsolencomputer	Konsolenbenutzer	Aktion	Status
30 Dec 2002 07:48:10 GMT	0 hrs 3 mins 30 secs	PC06.Arbeitsstationen.Nieder.INTERN	CN=admin.O=Nieder...	REMOTE CONTROL	Durchgeführt
30 Dec 2002 07:55:27 GMT	0 hrs 1 mins 58 secs	PC06.Arbeitsstationen.Nieder.INTERN	CN=admin.O=Nieder...	REMOTE CONTROL	Durchgeführt
30 Dec 2002 07:57:41 GMT	0 hrs 3 mins 54 secs	PC06.Arbeitsstationen.Nieder.INTERN	CN=admin.O=Nieder...	REMOTE CONTROL	Durchgeführt
30 Dec 2002 08:11:30 GMT	0 hrs 2 mins 55 secs	PC06.Arbeitsstationen.Nieder.INTERN	CN=admin.O=Nieder...	DIAGNOSTICS	Durchgeführt
30 Dec 2002 08:15:33 GMT	0 hrs 0 mins 29 secs	PC06.Arbeitsstationen.Nieder.INTERN	CN=admin.O=Nieder...	REMOTE VIEW	Durchgeführt
30 Dec 2002 14:59:17 GMT	0 hrs 0 mins 12 secs	PC06.Arbeitsstationen.Nieder.INTERN	CN=admin.O=Nieder...	REMOTE VIEW	Durchgeführt
30 Dec 2002 15:02:03 GMT	0 hrs 0 mins 2 secs	PC06.Arbeitsstationen.Nieder.INTERN	CN=admin.O=Nieder...	REMOTE VIEW	Durchgeführt
30 Dec 2002 15:02:38 GMT	0 hrs 0 mins 3 secs	PC06.Arbeitsstationen.Nieder.INTERN	CN=admin.O=Nieder...	REMOTE VIEW	Nicht abgeschlossen
30 Dec 2002 15:03:05 GMT	0 hrs 0 mins 6 secs	PC06.Arbeitsstationen.Nieder.INTERN	CN=admin.O=Nieder...	REMOTE VIEW	Durchgeführt
30 Dec 2002 16:09:11 GMT	0 hrs 0 mins 3 secs	PC06.Arbeitsstationen.Nieder.INTERN	CN=admin.O=Nieder...	REMOTE VIEW	Durchgeführt
30 Dec 2002 16:09:29 GMT	0 hrs 0 mins 11 secs	PC06.Arbeitsstationen.Nieder.INTERN	CN=admin.O=Nieder...	REMOTE VIEW	Durchgeführt
30 Dec 2002 16:10:32 GMT	0 hrs 0 mins 2 secs	PC06.Arbeitsstationen.Nieder.INTERN	CN=admin.O=Nieder...	REMOTE VIEW	Durchgeführt

Datensätze gesamt:12

Schließen

Abb. 8.19: Fernrevision der Sitzungen

8.8.7 Inventar

Hier finden Sie Informationen zur installierten Hard- und Software auf dem entfernten System (Abb. 8.20). Diese Aktion ist nur verfügbar, wenn die Inventarisierung installiert und konfiguriert ist. Weitere Informationen dazu finden Sie im Kapitel 12.

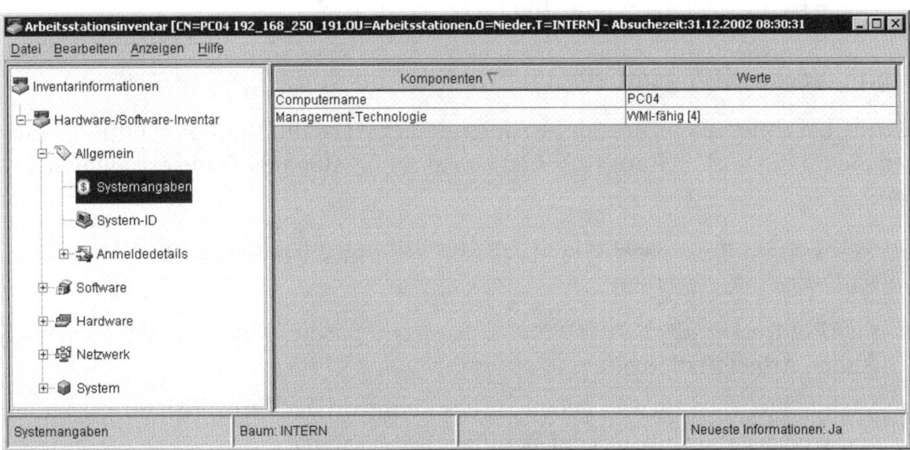

Abb. 8.20: Inventar einer verwalteten Arbeitsstation

8.9 Fernverwaltung ohne ConsoleOne

Tipp

Die Fernverwaltung ist auch ohne verfügbare ConsoleOne möglich. Allerdings empfiehlt es sich hier ggf., auf ein Dritthersteller-Werkzeug zurückzugreifen, da die von Novell mitgelieferte Funktion nicht gerade komfortabel ist.

Für die Fernverwaltung ohne ConsoleOne wird die Applikation DESKTOP4.EXE zu ZfD 4.0 mitgeliefert. Dieses Programm bietet folgende Fernverwaltungsfunktionen:

- Fernsteuerung
- Fernansicht
- Fernausführung
- Dateiübertragung
- Diagnose
- Fernaktivierung
- kann auch für Inventarberichte verwendet werden (Kapitel 12)

Auf der Companion-CD zu ZfD 4.0 befindet sich das Programm als DESKTOP.ZIP-Datei. Beachten Sie zur Installation folgende Punkte:

- Haben Sie bei der Installation von ZfD 4.0 auch die ConsoleOne Snap-Ins installiert, befindet sich das Programm bereits im Verzeichnis \1.2\BIN.
- Sie können die Applikation nachträglich installieren. Entpacken Sie dazu von der Companion-CD \DESKTOP\DESKTOP.ZIP. Die Datei DESKTOP4.EXE findet sich anschließend im Unterverzeichnis BIN.

8.9.1 Vorbereitungsarbeiten

Wurde bei Ihnen die eDirectory-basierende Fernverwaltung implementiert, müssen Sie für die Vorbereitungsarbeiten als Administrator am eDirectory angemeldet sein.

Im Fall der kennwortbasierenden Fernverwaltung muss die Datei \BIN\REMAGENT.INI geändert werden:

- Als IP-Adresse zu `AGENT_IPADDRESS=` geben Sie die IP-Adresse der zu verwaltenden Arbeitsstation ein.
- Nach `AGENT_PASSWORD=` geben Sie das Kennwort des Fernverwaltungsagenten der Arbeitsstation ein, das der Benutzer festgelegt hat.
- Nach `AUTHENTICATION_MODE=` geben Sie `PASSWORD` an. Für die eDirectory-basierende Fernverwaltung ist hier die Angabe `DS` notwendig.

```
# Novell Inc.
AGENT_IPADDRESS=192.168.250.239
AGENT_PASSWORD=novell
AUTHENTICATION_MODE=PASSWORD
PROTOCOL=TCPIP
```

Listing 8.1: Beispiel zu REMAGENT.INI (zu DESKTOP4.EXE)

Für die eDirectory-basierenden Fernverwaltung müssen Sie lediglich darauf achten, dass zu `AUTHENTICATION_MODE=` der Wert `DS` angegeben ist.

8.9.2 Durchführung einer Fernverwaltung

Sie können jetzt DESKTOP4.EXE über eine Eingabeaufforderung ausführen (am besten erstellen Sie für den Aufruf eine Stapeldatei – .BAT- oder .CMD-Datei). Eine Reihe von Parametern müssen für den Aufruf verwendet werden (Tabelle 8.8).

Parameter	Beschreibung
-w"<vollqualifizierter dn>"	Voll qualifizierter DN der zu verwaltenden Arbeitsstation
-n"<baumname>"	Baumname im eDirectory
-c"<aktion>"	Der Typ der Aktion muss angegeben werden (die Werte in Klammern dienen lediglich der Beschreibung): *Remote Control* (Fernsteuerung) *Remote View* (Fernansicht) *Remote Execute* (Fernausführung) *Remote Wakeup* (Fernaktivierung) *File Transfer* (Dateiübertragung) *Diagnostics* (Diagnose)

Tabelle 8.8: Parameter zur Fernverwaltung für das Programm DESKTOP4.EXE

```
desktop4 -w"CN=PC06.OU=Arbeitsstationen.O=Nieder" -n"INTERN"
-c"Diagnostics"
```

Listing 8.2: Beispiel zum Start einer Fernsteuerung mit DESKTOP4.EXE

Am besten erstellen Sie für den Aufruf eine Stapeldatei (Beispiel in Listing 8.3).

```
desktop4 -w"CN=%1.OU=Arbeitsstationen.O=Nieder" -n"INTERN"
-c"Diagnostics"
```

Listing 8.3: Beispiel einer Stapeldatei zum Start einer Fernsteuerungssitzung

Benennen Sie die Stapeldatei DIAG.BAT und wollen Sie mit einer Arbeitsstation, deren Name PC06 ist, einer Fernsteuerungssitzung aufbauen, geben Sie folgenden Befehl an der Eingabeaufforderung ein:

```
diag PC06
```

Probleme gibt es hier allerdings mit dem Parameter, wenn sich Leerzeichen im Namen der Arbeitsstation befinden.

Wichtig

Wollen Sie die kennwortbasierende Fernverwaltung durchführen, müssen Sie entsprechend REMAGENT.INI konfigurieren und bei DESKTOP4.EXE beim Parameter `-w` eine leere Angabe machen (`-w""`).

8.10 Fernoperatoren verwalten

Es besteht die Möglichkeit, die Berechtigung zur Anwendung der Fernverwaltung detailliert zu konfigurieren.

8.10.1 Konfiguration mit dem Assistenten

Unter anderem steht ein Assistent zur Konfiguration zur Verfügung. Rufen Sie diesen im Menü *Werkzeuge* über *Fernoperator verwalten* auf.

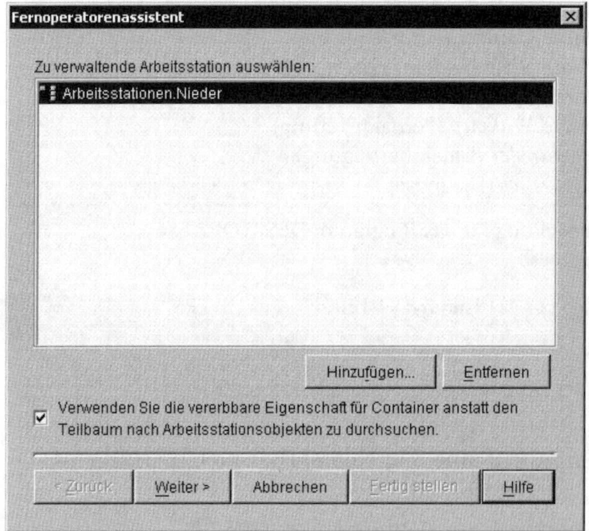

Abb. 8.21: Arbeitsstationen für die Fernoperatoren festlegen

Als erstes müssen Sie den Container oder die Arbeitsstationen bzw. Arbeitsstationsgruppen angeben, für die Sie die Fernoperatoren konfigurieren möchten (Abb. 8.21). Klicken Sie auf HINZUFÜGEN, um der Liste weitere Objekte hinzuzufügen. Mit ENTFERNEN können Sie markierte Einträge aus der Liste wieder entfernen.

Aktivieren Sie das Kontrollfeld zu *Verwenden Sie die vererbbare Eigenschaft für Container anstatt den Teilbaum nach Arbeitsstationsobjekten zu durchsuchen*, erben später importierte Arbeitsstationen automatisch die Rechte, die Sie für Fernoperatoren auf den Container gesetzt haben.

Nach WEITER> legen Sie fest, welche Fernverwaltungsvorgänge für die betroffenen Arbeitsstationen möglich sein sollen (Abb. 8.22). Vor den angegebenen Fernverwaltungsaktionen befinden sich kleine Felder, die bei einem Mausklick darauf zwischen den drei möglichen Zuständen umschalten. Standardeinstellung ist, dass die aktuellen Rechte beibehalten werden. Für jede einzelne Aktion können Sie jetzt die Rechte für die noch festzulegenden Fernoperatoren erteilen oder entziehen.

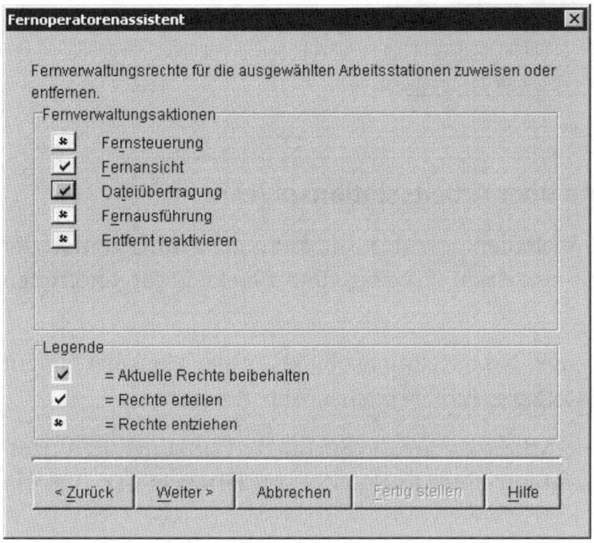

Abb. 8.22: Explizite Fernverwaltungsrechte konfigurieren

Nur wenn Sie bei den Rechten eine Änderung vorgenommen haben, können Sie auf WEITER> klicken (sonst hat die Konfiguration der Fernoperator hier wenig Sinn).

Zum Abschluss legen Sie noch fest, wer diese Rechte erhalten soll (Container, Benutzergruppen oder Benutzer). Ein Beispiel finden Sie in Abb. 8.23.

Nach WEITER> klicken Sie im Dialogfeld mit der Zusammenfassung Ihrer Konfiguration auf die Schaltfläche FERTIG STELLEN, damit die Einstellungen angewendet werden.

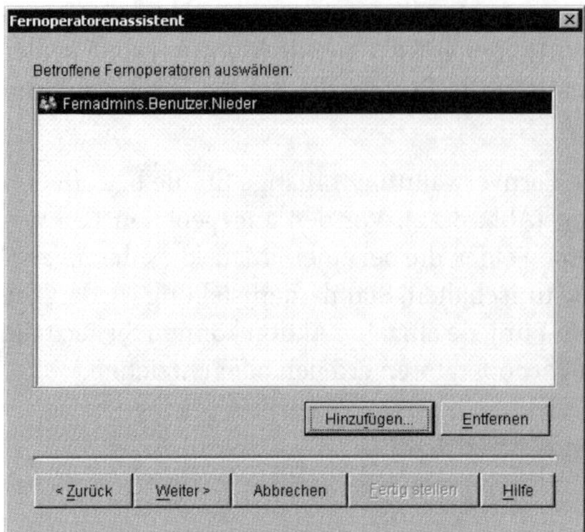

Abb. 8.23: Fernoperatoren festlegen

8.10.2 Zuweisen der Rechte über Arbeitsstationsobjekte

Etwas aufwendiger, aber in Einzelfällen ggf. sinnvoll, kann die Konfiguration der Fernoperatorenrechte auch zu einzelnen Arbeitsstationsobjekten vorgenommen werden.

Rufen Sie die Eigenschaften eines Arbeitsstationsobjekts in der ConsoleOne auf und wechseln Sie auf die Registerkarte *Fernoperatoren* (Abb. 8.24).

Sie können hier explizit für eine Arbeitsstation die Rechte für Container, Benutzergruppen und/oder Benutzer konfigurieren. Klicken Sie auf HINZUFÜGEN, um ein Objekt auszuwählen.

Gibt es zu einem Eintrag vererbte Rechte, werden dazu die Häkchen mit grauem Hintergrund angezeigt und eine Änderung ist hier nicht möglich (Sie können lediglich den gesamten Eintrag entfernen, was jedoch an der Rechtevererbung nichts ändert). Setzen Sie durch einen Mausklick Häkchen in die Kontrollfelder, für die das angegebene Objekt explizite Rechte erhalten soll (pro Aktion eine Spalte – die Symbole sind im Fenster – siehe Abb. 8.24 – unten beschrieben). Leere Kontrollfelder bedeuten, dass dem Objekt explizit keine Rechte für die Aktion in der Spalte zugewiesen sind.

Nur wenn Sie das Kontrollfeld zu *Verwenden Sie die vererbbare Eigenschaft für Container anstatt den Teilbaum nach Arbeitsstationsobjekten zu durchsuchen* bei der Konfiguration der Rechte mit dem Assistenten gesetzt haben, erscheinen die Container, Benutzergruppe und/oder Benutzer nicht in der angezeigten Liste.

In diesem Fenster ist die Vererbung weitgehend nicht berücksichtigt. Wollen Sie feststellen, wer effektiv welche Fernoperatorenrechte auf die Arbeitsstation besitzt, klicken Sie auf ANZEIGEN (Abb. 8.25).

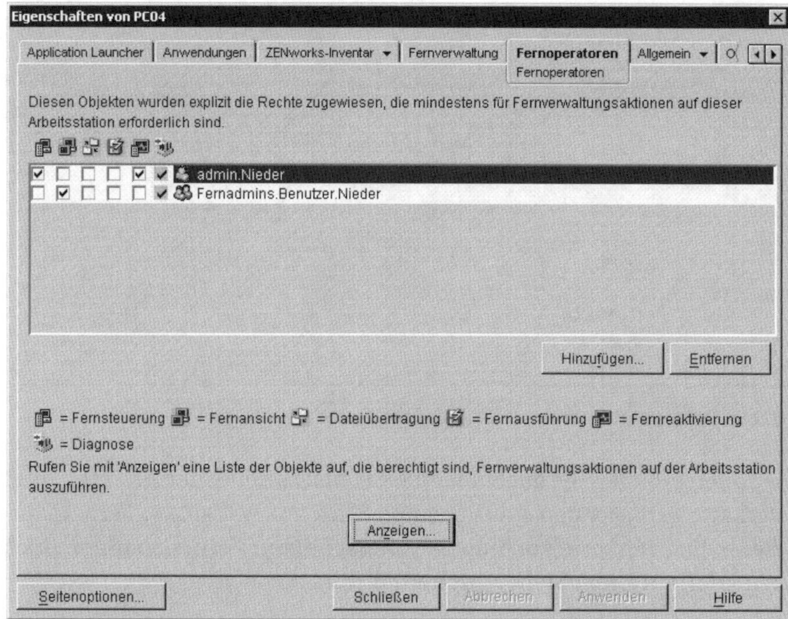

Abb. 8.24: Konfiguration der Fernoperatoren im Arbeitsstationsobjekt

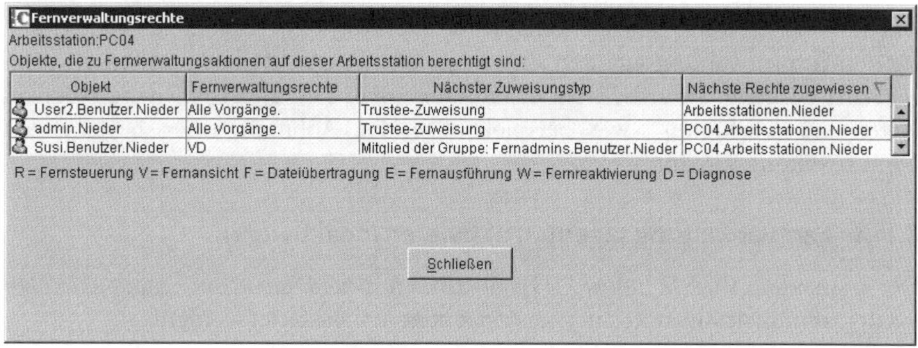

Abb. 8.25: Effektive Fernoperatorenrechte zu einer Arbeitsstation

8.10.3 Fernoperatorenrechte (Menü *Werkzeuge*)

Die Fernoperatorenrechte lassen sich schnell und einfach für eine einzelne Arbeitsstation feststellen. Wählen Sie in der ConsoleOne ein Arbeitsstationsobjekt aus und rufen Sie anschließend im Menü *Werkzeuge* den Eintrag *Fernoperatorenrechte* auf.

In einem Dialogfeld wird angezeigt, wer auf die ausgewählte Arbeitsstation welche Fernverwaltungsrechte besitzt (Abb. 8.26).

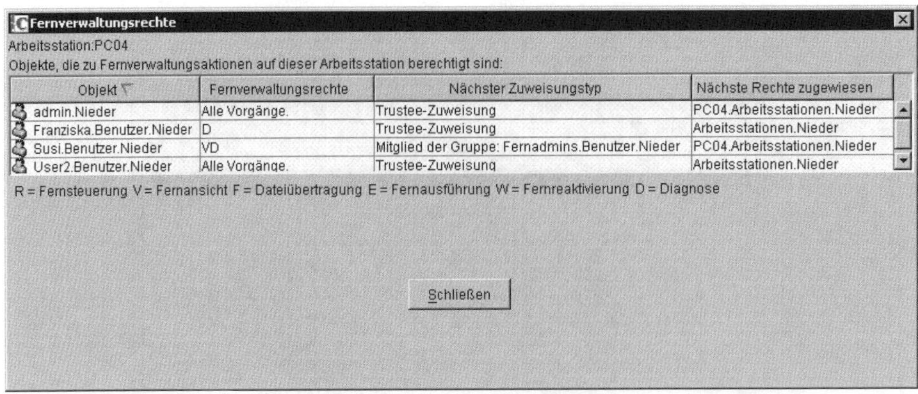

Abb. 8.26: Effektive Fernoperatorenrechte für eine Arbeitsstation

Diese Informationen erhalten Sie auch über die Eigenschaften einer Arbeitsstation auf der Registerkarte *Fernoperatoren* durch einen Klick auf ANZEIGEN. Ferner können Sie auf dieser Registerkarte auch die bevollmächtigten Fernoperatoren eines Systems explizit konfigurieren. Siehe Abschnitt 8.10.2.

8.11 Fernverwaltungsinformationen auf Arbeitsstationen

Auf den verwalteten Arbeitsstationen wird im Systray bzw. Infobereich das Symbol für den Fernverwaltungsagenten angezeigt, falls dies nicht über eine *Remote Control Policy* deaktiviert wurde. Über das Kontextmenü stehen verschiedene Möglichkeiten zur Verfügung, wie beispielsweise der Abbruch einer bestehenden Fernverwaltungssitzung.

8.11.1 Fernverwaltungsagenten aktivieren/deaktivieren

Der Dienst kann bei Windows NT/2000/XP nur als Dienst mit entsprechenden lokalen administrativen Rechten gestoppt oder neu gestartet werden!

Die Dienste finden Sie bei Windows NT 4.0 in der Systemsteuerung. Klicken Sie auf den Dienst *Novell ZFD Remote Management* und stoppen Sie ihn mit BEENDEN. Der Start erfolgt auf die gleiche Weise mithilfe der Schaltfläche STARTEN.

Bei Windows 2000/XP finden Sie die Dienste in der Verwaltung. Rufen Sie im Kontextmenü des Dienstes *Novell ZFD Remote Management* den Eintrag *Beenden* bzw. *Starten* auf.

Vergessen Sie nicht, dass ein auf diese Weise beendeter Dienst beim nächsten Start der Arbeitsstation automatisch wieder gestartet wird!

Zum Starten und Beenden des Fernverwaltungsagenten bei Windows 9x beachten Sie bitte den Abschnitt 8.11.2.

8.11.2 Informationen

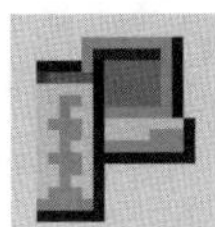

Wenn nicht in der *Remote Control Policy* deaktiviert, wird ein geladener und gestarteter Fernverwaltungsagent auf einer Arbeitsstation immer mit einem Symbol im Systray bzw. dem Infobereich in der Taskleiste angezeigt. Diese Visualisierung bedeutet auch, dass ein Fernoperator mit entsprechenden Rechten eine Fernsitzung mit der verwalteten Arbeitsstation initiieren kann.

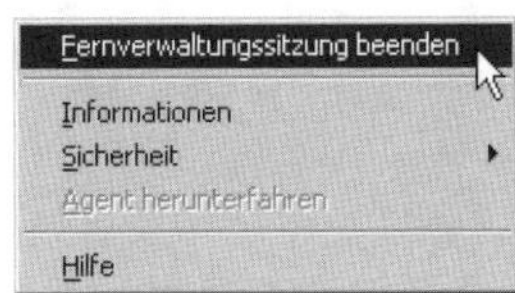

Abb. 8.27: Kontextmenü des Fernverwaltungsagenten auf einer Arbeitsstation

Der Benutzer kann das Kontextmenü des Symbols aufrufen (Abb. 8.27) und es stehen ihm dadurch die in Tabelle 8.9 dargestellten Optionen zur Verfügung.

Option	Beschreibung
Fernverwaltungssitzung beenden	Klickt man auf diesen Eintrag, wird eine bestehende Fernsitzung sofort und ohne weitere Rückfrage beendet. Auf der Verwaltungskonsole wird anschließend eine entsprechende Meldung angezeigt.
Informationen	Es werden Informationen zu einer aktiven Fernsitzung sowie zur Sicherheit bzw. der geltenden Einstellungen zur Fernverwaltung mit der Arbeitsstation (z.B. aus *der Remote Control Policy*) angezeigt. Beispiele in und .
Sicherheit	Im Kontextmenü befinden sich die beiden Befehle zum Festlegen und Löschen eines Kennworts für die Fernverwaltung (siehe auch Abschnitt).
Agent herunterfahren	Unter Windows 9x kann mit diesem Befehl der Fernverwaltungsagent beendet werden. Ein Neustart ist durch Eingabe des Befehls ZENREM32.EXE (im Verzeichnis \PROGRAMME\NOVELL\ZENWORKS\REMOTEMANAGEMENT\RMAGENT).

Tabelle 8.9: Optionen des Fernverwaltungsagenten auf einer Arbeitsstation

Die Registerkarte *Allgemein* enthält Informationen zum Status der derzeit laufenden Fernverwaltungssitzung (Abb. 8.28). Dabei wird die Art der Fernverwaltung angezeigt, wer auf die Arbeitsstation zugreift (Kontext des Fernoperators im eDirectory) und das verwendete Netzwerkprotokoll (z.B. TCP/IP).

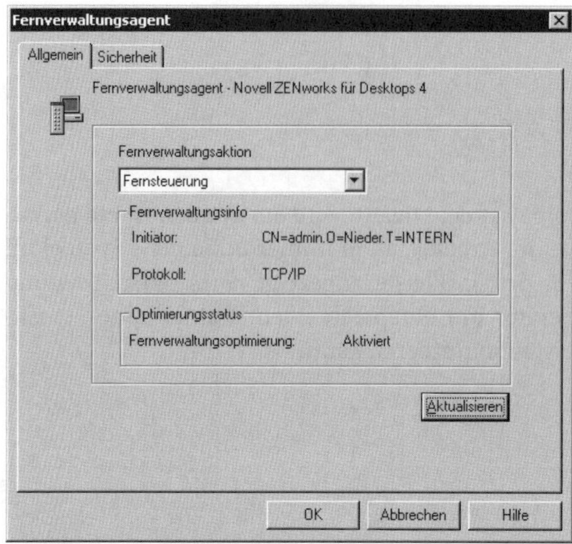

Abb. 8.28: Informationen zur aktuellen Fernsitzung auf der Arbeitsstation

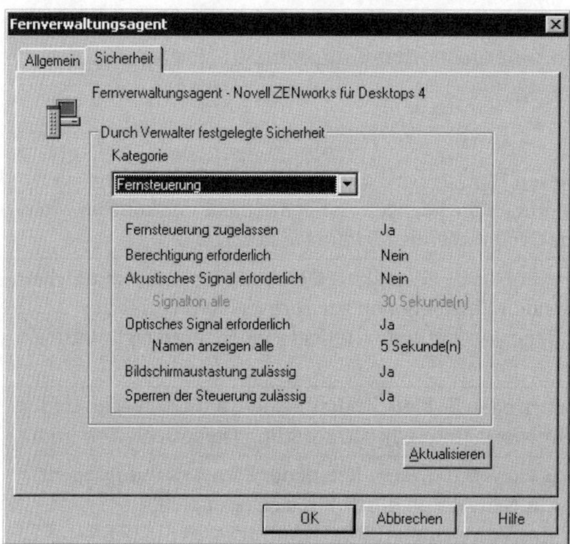

Abb. 8.29: Informationen zu den Einstellungen für die einzelnen Fernverwaltungskategorien

Zusätzlich findet sich hier die Information, ob die Fernverwaltungsoptimierung aktiv ist. Die Leistung des Fernverwaltungsagenten wird für die Grafikkarte der verwalteten Arbeitsstation optimiert. Allerdings muss die Grafikkarte dazu mit dem entsprechenden Leistungserweiterungstreiber kompatibel sein (wenn nicht, wird hier *Deaktiviert* angegeben).

Die Registerkarte *Verlauf* der bisherigen ZfD-Versionen ist nicht mehr verfügbar.

Auf der Registerkarte *Sicherheit* finden Sie die für die Arbeitsstation im eDirectory konfigurierten Einstellungen zu den einzelnen Aktionen der Fernverwaltung (Abb. 8.29). Dieser Dialog dient ausschließlich der Information und ermöglicht keinerlei Änderung in der Konfiguration.

8.12 Protokollierung zur Fernverwaltung

Neben sehr ausführlichen Protokolldateien zu Fernsitzungen werden diese auch im Ereignisprotokoll von verwalteten Arbeitsstationen eingetragen.

8.12.1 Ereignisprotokoll

Fernverwaltungssitzungen werden im Ereignisprotokoll *Anwendung* der verwalteten Arbeitsstationen aufgezeichnet. Bei sehr vielen Einträgen sollten Sie den Filter der Ereignisanzeige verwenden und nur solche Einträge anzeigen lassen, die als Quelle den *Fernverwaltungsagenten* besitzen.

Folgende Kategorien werden aufgezeichnet:

- *Beglaubigungsereignis*
- *Sitzungsbeginnereignis*
- *Sitzungsabbruchereignis*

Die Details finden Sie jeweils in den Eigenschaften (z.B. Doppelklick auf einen Eintrag) der Protokolleinträge. Dabei erhalten Sie je nach Kategorie folgende Informationen:

- *Aktion*

  Art der Fernsitzung: *Fernsteuerung, Fernansicht, Diagnose, Dateiübertragung* und *Fernausführung.*

- *Fernoperator*

  DN des Kontos oder Kontext der Arbeitsstation des Fernoperators im eDirectory. *UNKNOWN* wird angegeben, wenn der Fernzugriff mithilfe von DESKTOP4.EXE und kennwortbasierender Beglaubigung erfolgt.

- *Konsolenadresse*

  Kontext der Arbeitsstation des Fernoperators.

- *Ereignismeldung*

  Beglaubigung erfolgreich

  Ungültige NDS-Beglaubigungsinformationen

  Sitzung gestartet

Sitzung normal beendet

Passwort für diesen Computer wurde festgelegt

Am Datum und der Uhrzeit der Einträge in das Ereignisprotokoll können Sie Beginn und Ende der jeweiligen Sitzungen erkennen.

8.12.2 Protokolldateien

Die Protokollierung auf einer verwalteten Arbeitsstation beginnt automatisch immer sofort, wenn versucht wird, per Fernverwaltung zuzugreifen. Auf der Arbeitsstation, auf der ein Fernverwaltungsagent ausgeführt wird, erfolgt die Protokollierung in der Datei AUDITLOG.TXT. Die Datei finden Sie unter Windows NT/2000/XP im Systemverzeichnis SYSTEM32 und unter Windows 9x im Systemverzeichnis SYSTEM.

Die Protokollierung erfolgt nur zu Zeiten, in der keine Fernsitzung aktiv ist. Die Aufzeichnung beginnt in der Datei ab der vierten Zeile (maximal werden die letzen 100 Sitzungen gespeichert) mit folgenden Informationen und enthält pro Sitzung eine Zeile:

- Startzeit (kodiert)
- Dauer (kodiert)
- DN der Verwaltungskonsole
- DN des Fernoperators
- Operationskode

  1 = Fernsteuerung

  2 = Fernansicht

  3 = Dateiübertragung

  5 = Fernausführung

  6 = Diagnose
- Operationsstatus (0 steht für erfolglos und 1 steht für erfolgreich)

Zentrales Protokoll

Das Protokoll kann bei installierter und aktiver Inventarisierung (Kapitel 12) zusätzlich auch zentral verwaltet werden. Zur Konfiguration gehen Sie wie folgt vor:

- Rufen Sie in der ConsoleOne im Kontextmenü eines Datenbankobjekts im eDirectory die Eigenschaften auf.

- Auf der Registerkarte RM-Revision stellen Sie die maximale Anzahl der Datensätze pro Arbeitsstation (Standardwert sind 100 Sitzungen) und die Ablaufzeit der Datensätze in Tagen ein (Standardwert ist 180 Tage).

Mit den Informationen in der Datenbank können Sie Berichte erstellen (Voraussetzungen und Installation des Berichtswesen finden Sie im Kapitel 12). Für die Erstellung eines Berichts gehen Sie wie folgt vor:

- Klicken Sie in der ConsoleOne auf ein Server-Objekt (Datenbankserver).
- Rufen Sie im Menü *Werkzeuge* den Eintrag *ZENworks Berichte* auf.
- In den verfügbaren Berichten klicken Sie unter *RM-Revisionsberichte* auf *Fernverwaltungsbericht*.
- Der Umfang des Berichts kann durch die Eingabe einiger Auswahlkriterien eingeschränkt werden:

  Datum, ab welchem Einträge angezeigt werden sollen

  DN der Verwaltungskonsole

  DN des Fernoperators

  DN der verwalteten Arbeitsstation

  Aktion (FTP bzw. Dateiübertragung, REMOTE_CONTROL bzw. Fernsteuerung, REMOTE_EXECUTE bzw. Fernausführung, DIAGNOSTICS, REMOTE_VIEW bzw. Fernansicht)

  Aktionsstatus (erfolgreiche Sitzung oder nicht)

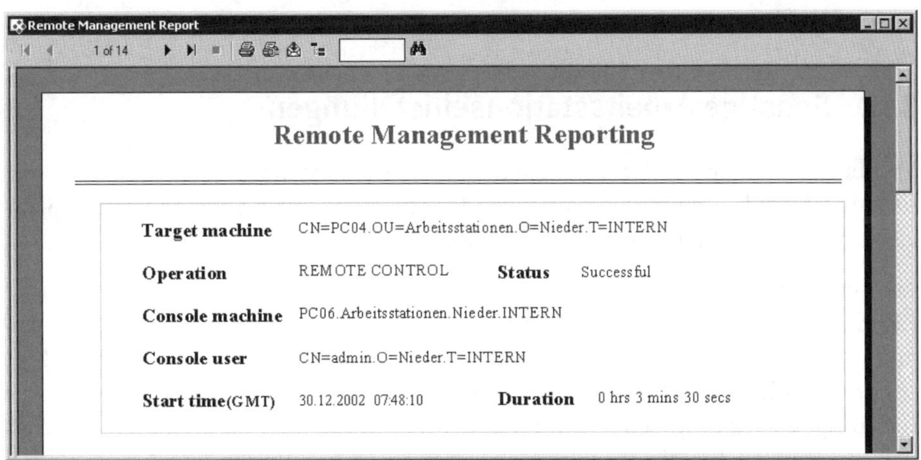

Abb. 8.30: Zentraler Bericht zu Fernverwaltungssitzungen

- Klicken Sie zur Erstellung des Berichts auf AUSGEWÄHLTEN BERICHT AUSFÜHREN.

Bei den Eingaben können Sie das Jokerzeichen * (Stern) verwenden, das jedoch nur für alphanumerische Felder verwendet werden kann.

Der Bericht kann im angezeigten Fenster (Abb. 8.30), wie in Kapitel 12 beschrieben, auch gedruckt und/oder exportiert werden. Leider ist die Darstellung nicht gerade platzsparend. Pro Seite werden nur drei Sitzungen protokolliert.

8.13 Troubleshooting Fernverwaltung

Kann eine Fernsitzung nicht aufgebaut werden, gehen Sie wie folgt vor:

- Ist die Fernverwaltung auf dem Server installiert?
- Wird auf den beteiligten Arbeitsstationen der Fernverwaltungsagent als Dienst ausgeführt?
- Eventuell gibt es Probleme mit dem Arbeitsstationsobjekt. Entfernen Sie das Objekt im eDirectory, damit es automatisch neu erstellt werden kann.
- Überprüfen Sie, ob die Richtlinie aktiviert, konfiguriert und korrekt zugewiesen (*Effektive Richtlinien* im Arbeitsstationsobjekt prüfen) ist.
- Besitzt der Fernoperator für die Sitzung die entsprechenden Rechte (Abschnitt 8.10)?
- Ist bei kennwortbasierender Fernverwaltung auf der Arbeitsstation ein Kennwort vom Benutzer festgelegt worden (Abschnitt 8.4.1)?
- Sind bei Bedarf eventuell notwendige Konfigurationsdateien, wie diese in diesem Kapitel beschrieben wurden, korrekt geändert?
- Finden sich Hinweise zum Problem in der Ereignisanzeige oder den Protokollen (Abschnitt 8.12)?

8.14 Sonstige Arbeitsstationseinstellungen

Es gibt noch einige weitere wichtige Seiten in Arbeitsstations-objekten, die in diesem Abschnitt hier kurz vorgestellt werden, da diese unter Umständen beispielsweise bei auftretenden Problemen von Bedeutung sind.

Auf der Registerkarte *ZENworks\Wirksame Richtlinien* lässt sich erkennen, welche Richtlinien für die Arbeitsstation gelten (Abb. 8.31). Wählt man einen Eintrag aus und klickt auf PAKETEIGENSCHAFTEN, wird das Richtlinienpaket aufgerufen und Sie können die Einstellungen direkt prüfen und bei Bedarf ändern. Diese Registerkarte ist häufig wichtig, um schnell und einfach bei Problemen zu erkennen, welches Richtlinienpaket für die einzelnen angewendeten Richtlinien zur Arbeitsstation zum Einsatz kommt.

Sie können Arbeitsstationen Applikationen direkt zuweisen (Abb. 8.32 und Kapitel 10). Damit kann die so genannte Vorab-Installation genutzt werden, die bereits ausgeführt wird, wenn sich die Arbeitsstation selbst angemeldet hat.

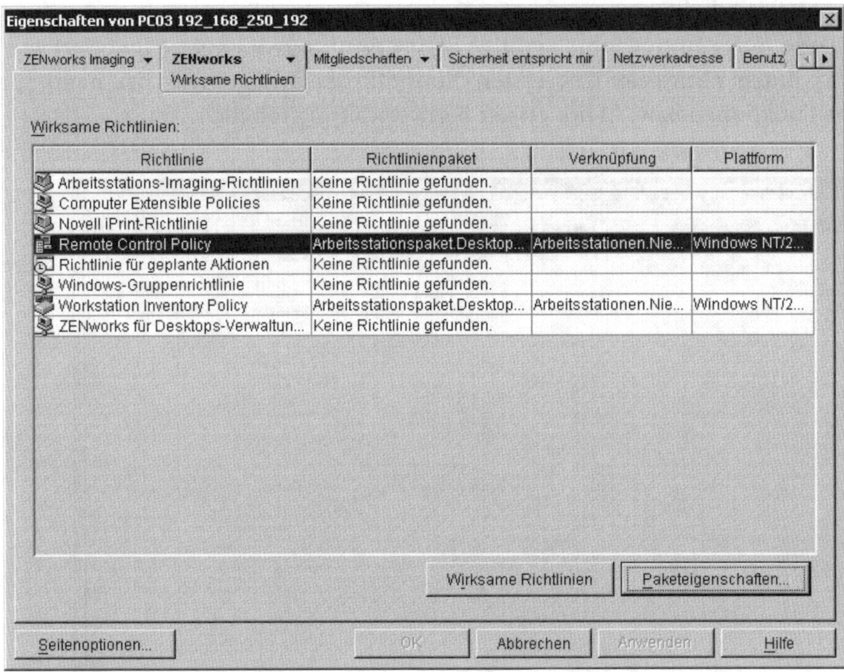

Abb. 8.31: Wirksame Richtlinien für eine Arbeitsstation

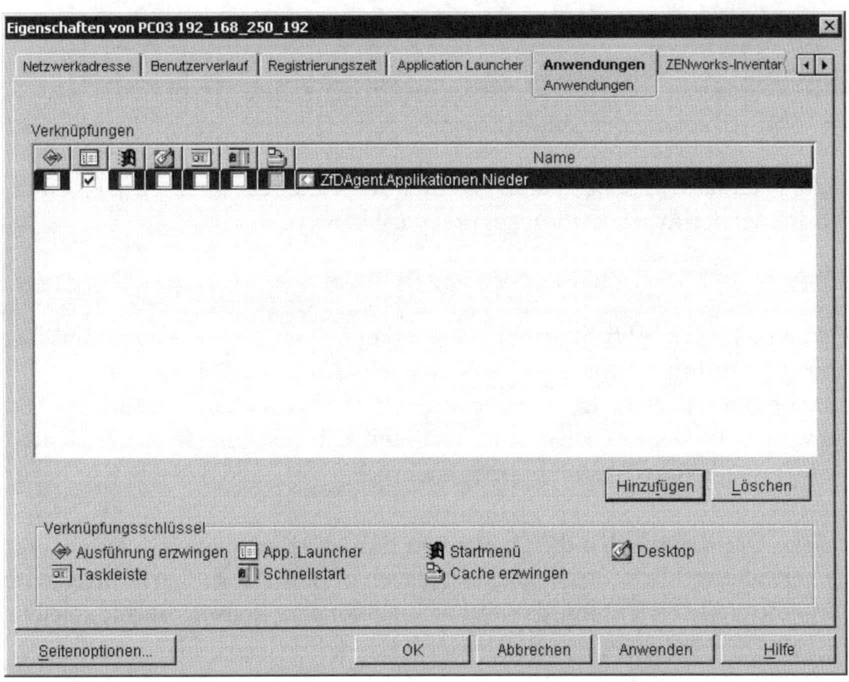

Abb. 8.32: Applikationen mithilfe eines Arbeitsstationsobjekts verteilen

Sie können für Arbeitsstationen eigene Einstellungen zur *Fernverwaltung* konfigurieren. Dazu muss eine eventuell gültige Fernverwaltungs-Richtlinie ignoriert werden, was durch aktivieren des ersten Kontrollfelds erfolgt. Dies ist nicht für einzelne Funktionen bzw. Aktionen der Fernverwaltung möglich.

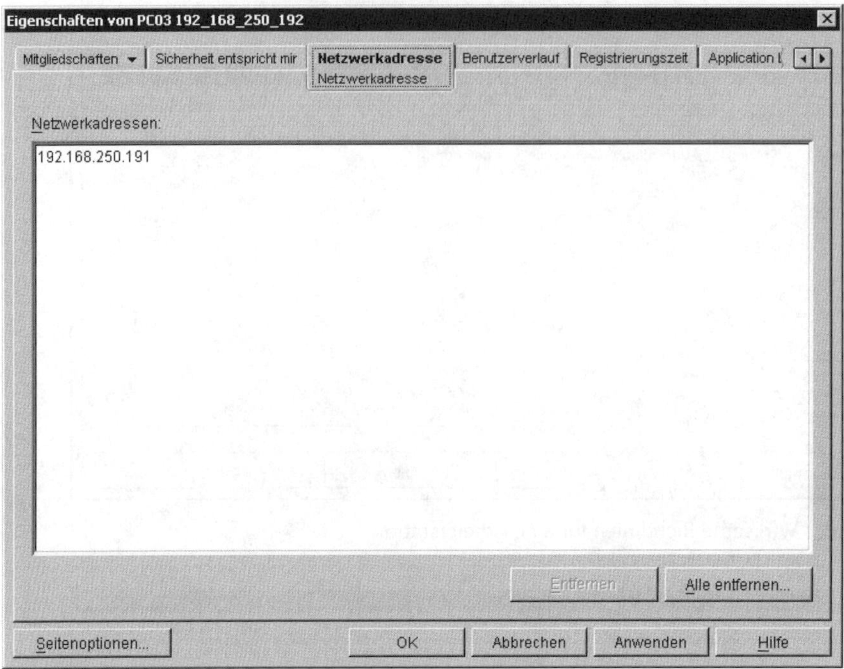

Abb. 8.33: Netzwerkadresse einer Arbeitsstation

Auf der Registerkarte *Netzwerkadresse* werden die Netzwerkadressen (IPX- und/ oder IP-Adresse) der Arbeitsstation angezeigt (Abb. 8.33).

Wichtig

Wie in dem Beispiel in Abb. 8.33 sehr gut zu erkennen ist, führt die automatische Benennung beim Import von Arbeitsstationsobjekten unter Umständen zu sehr ungünstigen Namen, wenn beispielsweise die MAC-Adresse oder wie hier die IP-Adresse verwendet werden. Diese Daten können sich während der Lebensdauer einer Arbeitsstation durchaus vereinzelt ändern.

Auf der Seite *Operator* werden die Operatoren für die Arbeitsstation angezeigt, die spezielle Verwalterrechte besitzen. Dies hat jedoch primär nur für Serverobjekte im eDirectory eine große Bedeutung, da sich hier insbesondere Konsolenrechte ableiten.

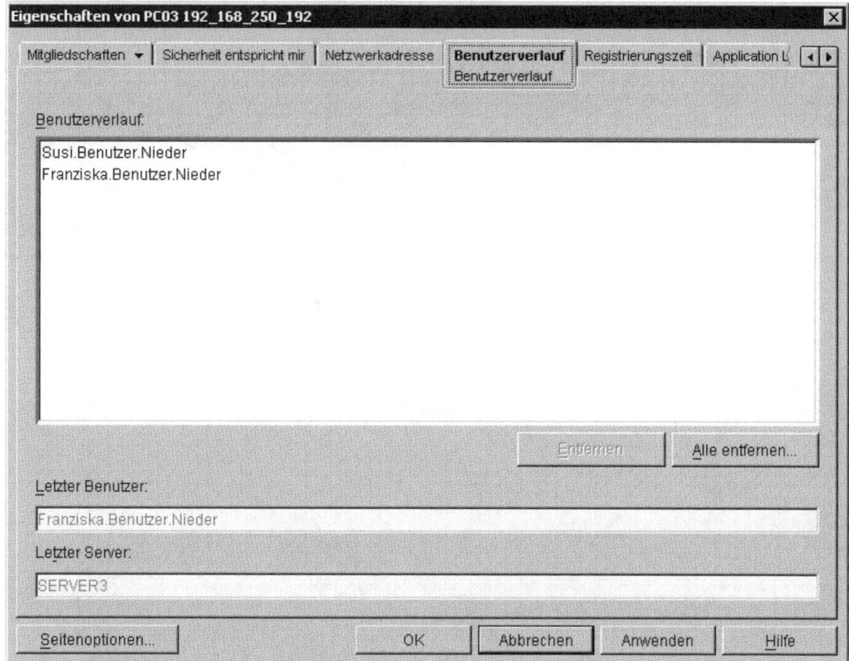

Abb. 8.34: Benutzerverlauf auf einer Arbeitsstation

Auf der Registerkarte *Benutzerverlauf* finden Sie die Namen der Benutzerobjekte, die sich bisher auf der Arbeitsstation angemeldet haben (Abb. 8.34). Zusätzlich wird unterhalb der Liste über den zuletzt angemeldeten Benutzer und den zuletzt verwendeten Anmeldeserver informiert. In früheren Versionen von ZfD wurden hier häufig auch die Arbeitsstationsobjekte selbst gelistet, was glücklicherweise jetzt korrigiert wurde.

Auf der Registerkarte *Registrierungszeit* finden Sie die Information, wann die Arbeitsstation zuletzt registriert wurde. Es handelt sich hier um eine wichtige Information, um festzustellen, ob sich eine Arbeitsstation regelmäßig über den lokalen Workstation Registration/Synchroner Agent registriert.

Liegt das angegebene Datum bzw. die Uhrzeit schon länger als einen Tag zurück, muss sofort geprüft werden, was die Ursache ist, da dies sonst zu Problemen in Verbindung mit ZfD-Operationen bzw. -Informationen führen kann.

Auf der Registerkarte *Beschränkungen\Adressbeschränkungen* können Sie die Anmeldung von Arbeitsstationen durch Angabe von Netzwerkadressen-Masken auf bestimmte Netzwerksegemente beschränken. Mögliche Masken können für IP, IPX, SDLC, Ethernet/Token-Ring, OSI, AppleTalk, UDP und TCP angegeben werden.

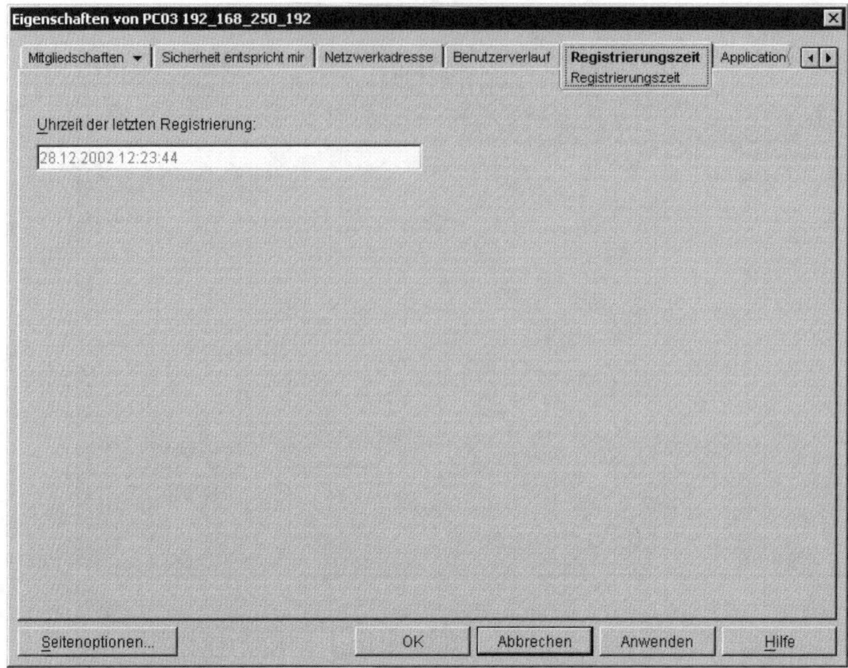

Abb. 8.35: Datum und Uhrzeit der letzten Registrierung der Arbeitsstation im eDirectory

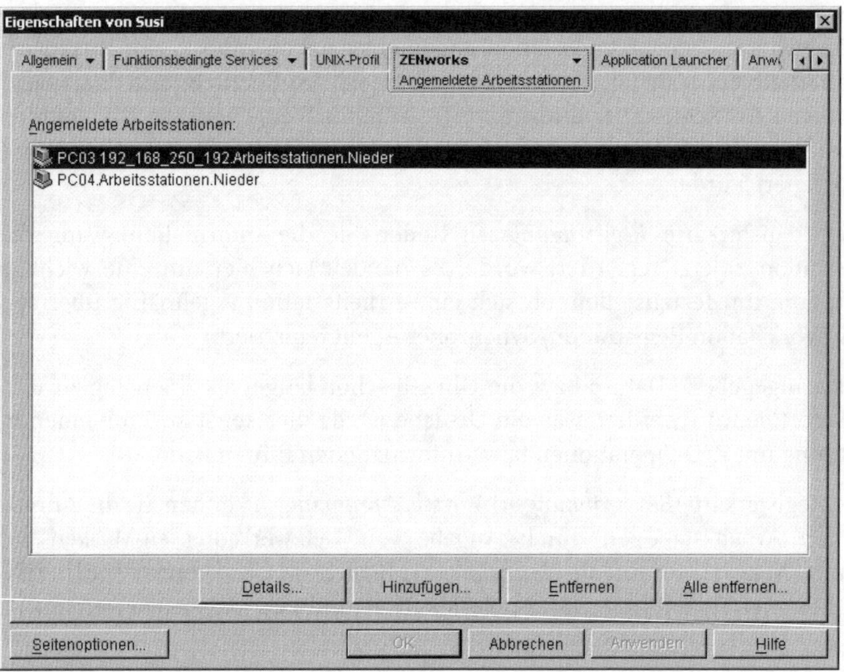

Abb. 8.36: Arbeitsstationen, an denen sich der Benutzer zuletzt angemeldet hat

Weisen Sie Benutzerobjekten auf der Registerkarte *ZENworks\Verknüpfte Arbeitsstationen* Arbeitsstationen zu, können Sie von dort aus direkt das Arbeitsstationsobjekt aufrufen (erfolgt normalerweise automatisch bei der ersten Anmeldung). Zusätzlich gibt es noch die Seite *Angemeldete Arbeitsstationen* (Abb. 8.36), auf der Sie die Arbeitsstationen ersehen, an der dieser Benutzer sich zuletzt angemeldet hat (die Einträge werden auch dann angezeigt, wenn sich der Benutzer zwischenzeitlich bereits wieder abgemeldet hat oder die Arbeitsstation heruntergefahren ist).

8.15 Wake-on-LAN (Fernreaktivierung)

Die Fernreaktivierung unterstützt die so genannte Magic-Packet-Technologie. Wenn ein ausgeschalteter Knoten (Arbeitsstation), der für Wake-on-LAN konfiguriert wurde, ein Magic-Packet über das Netzwerk erhält, fährt das System hoch.

8.15.1 Voraussetzungen für den Einsatz

Bevor mit dieser Funktion von ZfD gearbeitet werden kann, müssen Sie überprüfen, ob Ihre Arbeitsstationen und das Netzwerk alle Voraussetzungen erfüllen bzw. entsprechende Änderungen durchführen, damit diese erfüllt werden.

- Auf einem Server muss der Wake-on-LAN-Service ausgeführt werden.
- Auf den Arbeitsstationen muss der Dienst *Novell ZFD Wake on LAN Status Agent* installiert sein. Dies geschieht automatisch, wenn Sie den Fernverwaltungsagenten installieren.
- Stellen Sie sicher, dass die Arbeitsstationen über eine Netzwerkkarte verfügen, die Wake-on-LAN unterstützt (ggf. muss die Netzwerkkarte im Gerätemanager bzw. Treiber noch für Wake-on-LAN aktiviert werden). Zusätzlich muss die Netzwerkkarte mit einem entsprechenden Kabel mit dem Anschluss für Wake-on-LAN auf der Hauptplatine verbunden sein. In Verbindung mit Windows 9x funktioniert Wake-on-LAN trotzdem leider nicht immer korrekt.
- Das Netzteil im Computer muss 600 mA (Milliampere) Standby liefern, was häufig nicht gewährleistet ist.
- Überprüfen Sie das BIOS der Arbeitsstationen, dass die Wake-on-LAN-Funktion aktiviert ist. Gegebenenfalls muss ein BIOS-Update durchgeführt werden.
- Die Funktion Soft-Off muss im BIOS der Arbeitsstationen aktiviert sein.
- Die Arbeitsstationen müssen sich im Status Soft-Off befinden, damit die Fernreaktivierung erfolgen kann. In diesem Status ist zwar die CPU abgeschaltet, aber die Netzwerkkarte wird noch mit Strom versorgt. Die Stromversorgung des Systems bleibt in diesem Fall erhalten, auch wenn das System heruntergefahren wird.

  Wählen Sie beim Herunterfahren einer Arbeitsstation die Einstellung *Herunterfahren* oder *Ruhezustand*, funktioniert keine Fernreaktivierung. Anwender müssen immer mit der Einstellung *Standbymodus* herunterfahren! Bei modernen

Systemen sollten Sie ggf. in den *Energieoptionen* des Betriebssystems konfigurieren, dass bei Betätigung des Netzschalters automatisch in den Standbymodus gewechselt wird. Zum Herunterfahren müssen die Anwender damit künftig nur noch den Netzschalter am Computer drücken.

- Die Arbeitsstationen müssen in das eDirectory importiert sein.
- Stellen Sie sicher, dass die Router im Netzwerk für die Weiterleitung von Subnetzorienterten Übertragungen (subnet-oriented broadcasts) konfiguriert sind.
- Es muss eine Netzwerkverbindung zwischen der Verwaltungskonsole und den Knoten (Arbeitsstationen) bestehen.

8.15.2 Konfiguration der Objekte und Richtlinien

Es gibt zwei Objekte, die im eDirectory konfiguriert werden müssen: das Wake-on-LAN-Service-Objekt und die Wake-on-LAN-Richtlinie.

Wake-on-LAN-Service

Dieser Dienst erlaubt es, Arbeitsstationen »aufzuwecken« und damit automatisch und unbeaufsichtigt aufgrund der Wake-on-LAN-Richtlinie hochzufahren.

- Rufen Sie die Eigenschaften des Wake-on-LAN-Service-Objekts auf. Es befindet sich normalerweise im gleichen Container wie der Server. Der Standardname ist *<servername>_WOLService*.
- Auf der Registerkarte *Wake-on-LAN-Zeitplan* legen Sie fest, in welchen Intervallen die Arbeitsstationen die Wake-on-LAN-Richtlinie lesen sollen (Sie können zwischen *Täglich, Monatlich* und *Jährlich* wählen).
- Bei Änderungen müssen Sie den Dienst auf dem Server neu starten, damit diese wirksam werden. Mit `stopwol` und `startwol` können Sie den Dienst an der Konsole eines NetWare-Servers beenden und starten. Auf einem Server mit Windows 2000 müssen Sie den Dienst *Novell ZfD Wake-on-LAN Service* entsprechend beenden oder starten.

Wake-on-LAN-Richtlinie

Mit Konfiguration der Richtlinie ist damit auch die Konfiguration abgeschlossen.

- Rufen Sie in der ConsoleOne die Eigenschaften eines Serverpakets auf oder erstellen Sie ein solches neu. Das Serverpaket muss entweder mit dem Server-Objekt, auf dem ZfD installiert ist, oder dessen Container verknüpft werden.
- Auf der Seite *Allgemein* der Registerkarte *Richtlinien* klicken Sie auf die Schaltfläche HINZUFÜGEN.
- Wählen Sie im Dialogfenster *Wake on LAN Policy* und geben Sie für die Richtlinie einen neuen Namen ein (Abb. 8.37). Klicken Sie auf OK, um das Fenster zu schließen. Sie können auf diesem Weg eine oder mehrere Richtlinien zu Wake-on-LAN erstellen.

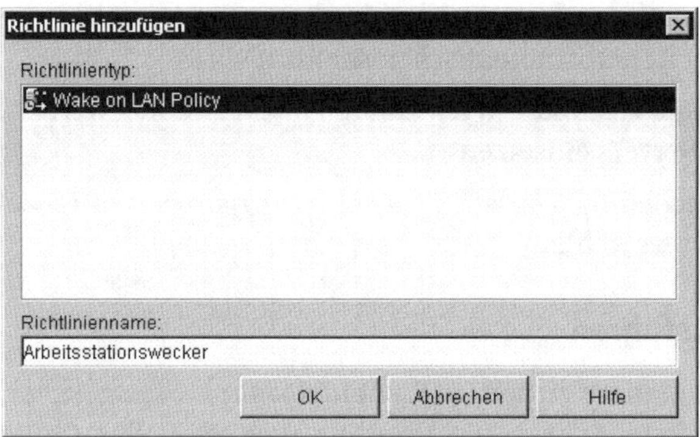

Abb. 8.37: Die Richtlinie für die Fernreaktivierung hinzufügen

- Aktivieren Sie die neue Richtlinie und klicken Sie auf EIGENSCHAFTEN (alternativ kann ein Doppelklick auf den Richtlinieneintrag ausgeführt werden).
- Auf der Registerkarte *Zielliste* müssen Sie jetzt noch die Arbeitsstationen hinzufügen (Abb. 8.38). Sie können hier Container, Arbeitsstationsgruppen oder Arbeitsstationen in die Liste eintragen.

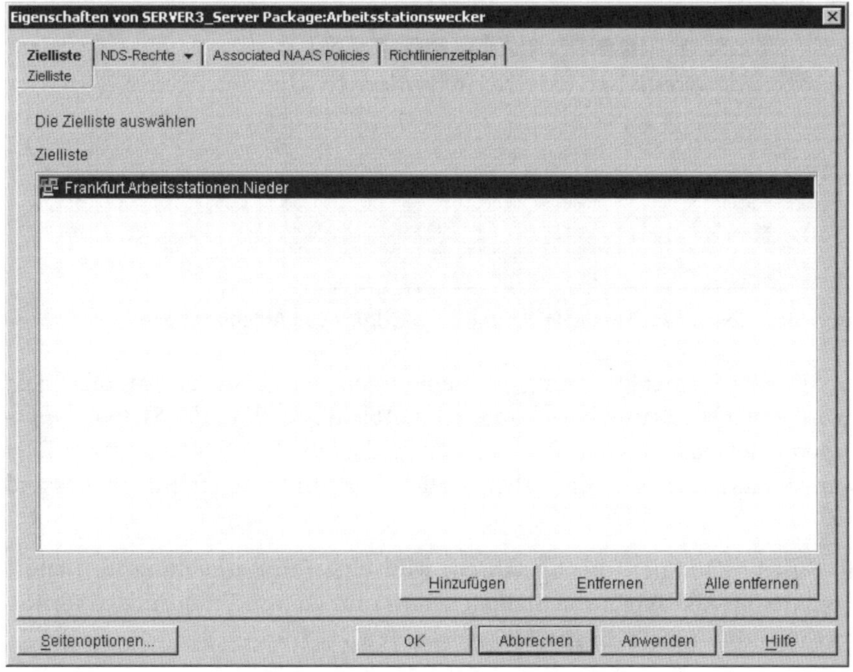

Abb. 8.38: Die Liste der Arbeitsstationen für die automatische Fernreaktivierung erstellen

- Zum Abschluss ist jetzt noch die Registerkarte *Richtlinienzeitplan* einzustellen. Folgende Zeitplantypen stehen zur Verfügung:
  - *Paketzeitplan* (es gelten die Zeitplaneinstellungen für das Serverpaket)

- *Täglich, Wöchentlich, Monatlich* oder *Jährlich* (hier legen Sie fest, dass die Richtlinie zu festgelegten Zeiten automatisch ausgeführt wird)
- *Relativ, Sofort ausführen, Intervall* und *Uhrzeit* können nur verwendet werden, wenn Sie ZENworks for Servers einsetzen.
- *Ereignis* (Sie können zwischen *Systemstart, System herunterfahren* und *ID des benutzerdefinierten Ereignisses* wählen)

8.15.3 Fernreaktivierung ausführen

Die Fernreaktivierung wird automatisch zu den im Richtlinienzeitplan festgelegten Zeiten durchgeführt. Alternativ kann die Fernreaktivierung auch manuell mithilfe der ConsoleOne durchgeführt werden.

Rufen Sie im Kontextmenü einer verwalteten Arbeitsstation, einer Arbeitsstationsgruppe oder eines Containers (es werden automatisch auch alle Untercontainer berücksichtigt) unter *Aktionen* den Eintrag *Fernreaktivierung* auf.

Im Falle eines Containers oder einer Arbeitsstationsgruppe wird ein Fenster mit einer Statusverfolgung angezeigt, das ständig aktualisiert wird, solange Sie es nicht schließen (Abb. 8.39).

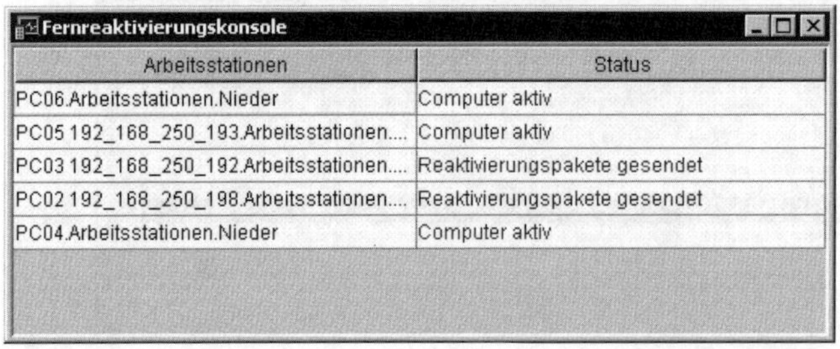

Fernreaktivierungskonsole

Arbeitsstationen	Status
PC06.Arbeitsstationen.Nieder	Computer aktiv
PC05 192_168_250_193.Arbeitsstationen....	Computer aktiv
PC03 192_168_250_192.Arbeitsstationen....	Reaktivierungspakete gesendet
PC02 192_168_250_198.Arbeitsstationen....	Reaktivierungspakete gesendet
PC04.Arbeitsstationen.Nieder	Computer aktiv

Abb. 8.39: Statusfenster zur Fernreaktivierung einer Gruppe von Arbeitsstationen

Führen Sie die Fernreaktivierung auf einem einzelnen Arbeitsstationsobjekt durch, wird einfaches Statusfenster angezeigt (Abb. 8.40). Wird der Status *Computer aktiv* gemeldet, bedeutet das nicht unbedingt, dass die Fernreaktivierung erfolgreich war, sondern dass sich die Arbeitsstation jetzt im hochgefahrenen Zustand befindet.

Sind die Arbeitsstation(en) hochgefahren, wird eine Erfolgsmeldung im Statusfenster angezeigt. Alle Typen von Statusfenstern müssen von Ihnen an der Verwaltungskonsole immer manuell geschlossen werden.

Ist eine Arbeitsstation hochgefahren, befindet sie sich im Modus *Arbeitsstation gesperrt*. Sie kann jetzt manuell Vorort entsperrt werden.

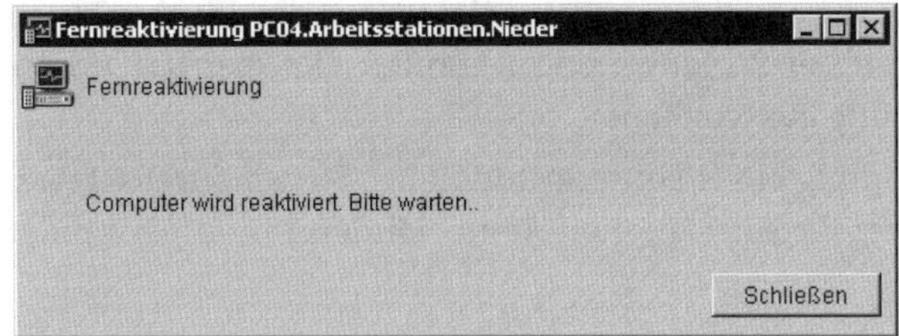

Abb. 8.40: Manuelle Fernreaktivierung einer Arbeitsstation

Soll die Arbeitsstation später wieder automatisch heruntergefahren werden, müssen Sie selbst dafür sorgen (beispielsweise mithilfe des Hilfsprogramms SHUTDOWN.EXE von Microsoft aus dem Resource Kit bzw. ab Windows XP auf jeder Arbeitsstation standardmäßig verfügbar).

8.15.4 Protokolle

Auf dem Server befindet sich bei SYS:\ die Protokolldatei WOLSTATUS.LOG (unter Windows 2000 bei \REMMGMT\SERVER\BIN) mit Informationen zum Wake-on-LAN.

8.16 Tipps zur Leistungssteigerung

Zum Abschluss des Themas Fernverwaltung noch ein paar Tipps, wie die Leistung verbessert werden kann.

- Soweit möglich und sinnvoll, sollten bei den verwalteten Arbeitsstationen mit einer Bildschirmauflösung von 800 x 600 gearbeitet werden.
- Setzen Sie die Auflösung an der Verwaltungskonsole höher, als auf den verwalteten Arbeitsstationen.
- Können Sie bei der Fernsteuerung und Fernansicht nicht mit der Einstellung von 16 Farben arbeiten, da zumindest eine Applikation sonst keine brauchbaren Ergebnisse bietet, konfigurieren Sie die verwalteten Arbeitsstationen zumindest mit einer möglichst geringen noch akzeptablen Farbtiefe (256 Farben oder maximal 16 Bit Farbtiefe, da mehr meist sowieso nichts mehr bringt).
- Bei 32 Bit Farbtiefe auf einer Arbeitsstation sollte der Fernverwaltungsagent automatisch 16 Bit für die Übertragung verwenden. Sie können die Farbtiefeneinstellung auch auf den verwalteten Arbeitsstationen direkt konfigurieren. Ändern Sie dazu in der Datei \PROGRAMME\NOVELL\ZENWORKS\REMOTEMANAGEMENT\RMAGENT\RMCFG.INI den Wert `AgentColorSetting`.
- Deaktivieren Sie auf den verwalteten Arbeitsstationen bei Windows 2000 und insbesondere bei Windows XP die visuellen Effekte, wie beispielsweise den Mausschatten. Bei Windows XP rufen Sie dazu die *Systemeigenschaften* auf und wechseln auf die Registerkarte *Erweitert*. Dort klicken Sie bei *Systemleistung* auf

EINSTELLUNGEN und deaktivieren alle visuellen Effekte, auf die Sie verzichten können. Den Mausschatten bei Windows 2000 können Sie über das Applet Maus in der Systemsteuerung ausschalten.

- Vermeiden Sie die Übertragung eines Hintergrundbildes. Soweit durchsetzbar, sollten auf den verwalteten Arbeitsstationen keine Hintergründe verwendet werden.
- Schließen Sie auf der Arbeitsstation einen eventuell geöffneten Task-Manager oder minimieren Sie diesen zumindest.
- Schließen oder minimieren Sie gerade nicht benötigte kontextlose Dialogfenster und andere Fenster.
- Verwenden Sie für das Blättern in Anzeigen auf einer Arbeitsstation nicht die Maus, sondern die Tasten `Bild auf` und `Bild ab`.
- Beim Betrieb über WAN-Strecken sollten Sie für die Fernsteuerung und Fernansicht unbedingt 16 Farben für die Sitzungen konfigurieren! Ferner sollte im Sitzungsfenster bei den Steuerparametern der *Netzwerktyp* auf *Langsam (Slow Link)* eingestellt werden.
- Installieren Sie den Fernverwaltungsagenten auf einer Arbeitsstation mit installierter Software SoftIce, ist der Optimierungstreiber für die Fernverwaltung deaktiviert. Installieren Sie SoftIce nach dem Fernverwaltungsagenten, wird SoftIce nicht funktionieren.

## Kapitel 9

SnAppShot

Mit dem Programm SnAppShot (Systemdifferenz-Utility), das entweder über das Startprogramm oder direkt über PUBLIC\SNAPSHOT\SNAPSHOT.EXE aufgerufen werden kann, besteht die Möglichkeit, Applikationsobjekte zu erstellen und diese anschließend den Benutzern über das eDirectory zur Verfügung zu stellen.

Die Software kann in Verbindung mit Windows 9x/NT/2000/XP eingesetzt werden.

Wichtig

SnAppShot funktioniert nicht in Verbindung mit .MSI-Dateien, die mithilfe des Microsoft Windows Installer installiert werden. Dazu gehören beispielsweise Microsoft Office 2000/XP. In diesem Fall müssen Sie .MSI-Installationen als Applikationsobjekte verteilen (siehe Kapitel 10).

Das Programm zeichnet Änderungen auf, die insbesondere von der Installationsprozedur einer Applikation auf der Festplatte und in der Registry durchgeführt werden. Dazu wird eine Momentaufnahme des Systems vor und nach der Installation durchgeführt. Die Differenz zwischen den beiden Zuständen wird als Installationspaket für eine Applikation in einem Verzeichnis zur Verfügung gestellt:

- Template des Applikationsobjekts (.AOT oder .AXT)
- Dateien (.FIL)
- Definitionsdatei für Dateien (FILEDEF.TXT)

Risiko

In Verbindung mit Windows 2000, aber insbesondere bei Windows XP ergeben sich häufig große Probleme mit dem Ergebnis einer Aufzeichnung. Insbesondere im Bereich der Registry finden sich anschließend in nicht geringem Umfang Einträge, die nicht zur Applikation gehören und auf den Zielsystemen unter Umständen erhebliche Probleme bereiten. Eine nachträgliche Überprüfung und Bereinigung ist zwar sehr komplex und erfordert insbesondere im Bereich der Registry einen hohen Wissensstand, ist aber regelmäßig nicht vermeidbar.

9.1 Ergebnis einer Ausführung

Die Ergebnisse von SnAppShot werden in einem von Ihnen anzugebenden Verzeichnis normalerweise auf einem Server gespeichert.

9.1.1 Applikationsobjekt-Template

Aus der Template-Datei (auch Schablone genannt) wird im eDirectory später das Applikationsobjekt erstellt. Es werden zwei Dateien hergestellt, in denen sich die gleichen Informationen befinden. Dabei handelt es sich bei der .AOT-Datei um die binäre Variante und bei der .AXT-Datei um die Text-Variante, die nachbearbeitet werden kann. Folgende Informationen sind in den Dateien verfügbar:

- der künftige Name des Objekts im eDirectory
- der Verknüpfungsname für die Arbeitsstationen
- Registry-Einstellungen, INI-Änderungen usw.
- Definitionen der Makros, die während der Installation auf den Arbeitsstationen benötigt werden
- eine Liste der Dateien und Verzeichnissen, die auf den Arbeitsstationen installiert werden müssen (dabei wird immer Quell- und Zielverzeichnis angegeben)
- Es werden auch Dateien und Verzeichnisse angegeben, die während der Aufzeichnung gelöscht wurden (die Löschung wird auch während der künftigen Installation auf den Zielsystemen durchgeführt)

Spätere Änderungen am Objekt werden nicht in der .AOT- oder .AXT-Datei gespeichert, sondern nur im eDirectory. Eine Änderung in der .AXT-Datei wirkt sich erst bei der nächsten Erstellung eines Applikationsobjekts aus, wenn die .AXT-Datei als Quelle verwendet wird.

9.1.2 Quelldateien

Alle Dateien, die während der Aufzeichnung mit SnAppShot gefunden werden, speichert die Software mit einer laufenden Nummer und der Namenserweiterung .FIL im gleichen Verzeichnis wie die Template-Dateien (z.B. 1.FIL). Dabei werden die Verzeichnisse, in denen sich die Dateien befinden, nicht berücksichtigt (diese Information findet sich in den Template-Dateien und FILEDEF.TXT).

Bei der Installation eines Applikationsobjekts auf einer Arbeitsstation werden diese Dateien kopiert und in die Originalnamen umbenannt.

9.1.3 Applikationsdateien-Definitionsdatei

Alle .FIL-Dateien werden in der Datei FILEDEF.TXT aufgezeichnet. Dabei findet sich auch die Originalposition im Dateisystem wieder, wodurch Sie in die Lage versetzt werden, jede .FIL-Datei exakt zu identifizieren. Beispiel:

```
1.fil=C:\PROGRAMME\ADOBE\ACROBAT 5.0\READER\ACRORD32.EXE
```

9.2 Arbeitsstation für SnAppShot

Sie sollten für die Ausführung des Programms einige wichtige Voraussetzungen beachten:

- Sie sollten eine so genannte saubere Installation verwenden. Dabei handelt es sich um eine Arbeitsstation (Referenzsystem), auf der nur das Betriebssystem und der Novell-Client oder der ZfD-Verwaltungsagent installiert sind.
- Installieren Sie die gleichen Service Packs und Updates für das System wie diejenigen, die Sie auf Ihren Arbeitsstationen verwenden.
- Kann eine Applikation nur installiert bzw. ausgeführt werden, wenn vorher eine andere Applikation verfügbar ist (z.B. Microsoft Office), muss diese zuvor zusätzlich installiert und ggf. konfiguriert werden.
- Handelt sich bei dem aufzuzeichnenden Programm um eine hardwareabhängige Software, muss das Referenzsystem den künftigen Arbeitsstationen entsprechen.
- Es empfiehlt sich unbedingt, für jede Aufzeichnung ein neu installiertes System einzusetzen. Daher erstellen Sie am besten vorher ein Image, das Sie jederzeit wieder installieren können (siehe Kapitel 13).

Tipp

Die Ergebnisse unter Windows XP bringen sehr häufig Probleme mit sich und teilweise ist eine intensive und komplexe Nacharbeitung notwendig, die auch versierten Spezialisten durchaus Schwierigkeiten bereiten kann. Die Ursache liegt hier im Betriebssystem. Um das Problem zu minimieren, können Sie versuchen, das Referenzsystem mit Windows NT 4.0 oder zumindest mit Windows 2000 zu betreiben. Ist die aufzuzeichnende Software auf einer oder beiden Plattform lauffähig, ergeben sich dabei sauberere Pakete, die jedoch trotzdem umfassend unter Windows XP getestet werden müssen.

Benötigen Sie mehrere Varianten einer Applikation, können Sie diese entweder nachträglich manuell durch Änderung der .AXT-Datei oder des Applikationsobjekts erstellen oder Sie zeichnen verschiedene Pakete auf.

Tipp

Sind die Varianten sehr stark unterschiedlich, empfehlen sich mehrere Aufzeichnungsvorgänge. Meist gibt es in der Praxis nur geringfügigere Abweichungen. Daher ist es oft am besten, man zeichnet die Vorgänge auf, die allen Varianten gemeinsam sind, und erstellt anschließend für jede Abweichung ein eigenes kleines Paket. Diese Methode hat sich bei vielen Administratoren in der Vergangenheit bewährt. Für kleinere Unterschiede kann auch die .AXT-Datei kopiert werden und Sie führen die Änderungen in den Dateien manuell aus.

9.3 Ablauf

Zur Herstellung eines Applikationspakets mithilfe von SnAppShot sind folgende Schritte erforderlich:

- Das Programm erstellt eine Art Image des Referenzsystems, in dem es die Verzeichnisstruktur und Dateien, Registry-Einträge usw. aufzeichnet.
- Anschließend führen Sie die Installation und ggf. Konfiguration einer Applikation durch. Selbstverständlich können Sie stattdessen oder zusätzlich auch einfache Konfigurationsaufgaben für das Betriebssystem, Applikationen usw. durchführen.
- Das SnAppShot-Utility führt eine zweite Überprüfung des Referenzsystems durch und zeichnet wiederum alles in einer Art Image auf.
- Zum Abschluss werden die beiden Images verglichen und die Unterschiede im Zielverzeichnis gespeichert.

9.4 Ausführung

In diesem Abschnitt beschreibe ich Ihnen den Aufruf und die Ausführung des Programms. Die Vorgehensweise ist im Prinzip sehr einfach, jedoch sollte dabei sehr sorgfältig vorgegangen werden. Vermeiden Sie insbesondere jegliche Verwendung von GUI-Programmen, wie beispielsweise des Windows-Explorers oder *Start\Ausführen* (am besten Sie verwenden ausschließlich die Eingabeaufforderung, die zwischendurch nicht geschlossen werden sollte).

1. Nach der Vorbereitung des Referenzsystems (siehe Abschnitt 9.2) rufen Sie das Programm SNAPSHOT.EXE auf, das Sie bei SYS:PUBLIC\SNAPSHOT finden. Für den Aufruf stehen bei Bedarf zwei Parameter zur Verfügung:

```
/u:<einstellungsdatei>
```

Haben Sie nach einer früheren Ausführung des Programms die Einstellungen gespeichert, können Sie diese für die aktuelle Sitzung verwenden. Geben Sie für `<einstellungsdatei>` lediglich Pfad und Name der Datei an, in der die Einstellungen gespeichert wurden.

```
/slow
```

Sie sollten den Parameter für Double-Byte-Betriebssysteme einsetzen (z.B. wenn der Unicode-Zeichensatz zum Einsatz kommt). Dabei werden die Absuchevorgänge für Double-Byte-Zeichen optimiert, was den gesamten Vorgang allerdings verlangsamt.

2. Nach dem Aufruf müssen Sie als erstes eine Option bzw. einen Modus für die Ausführung auswählen.

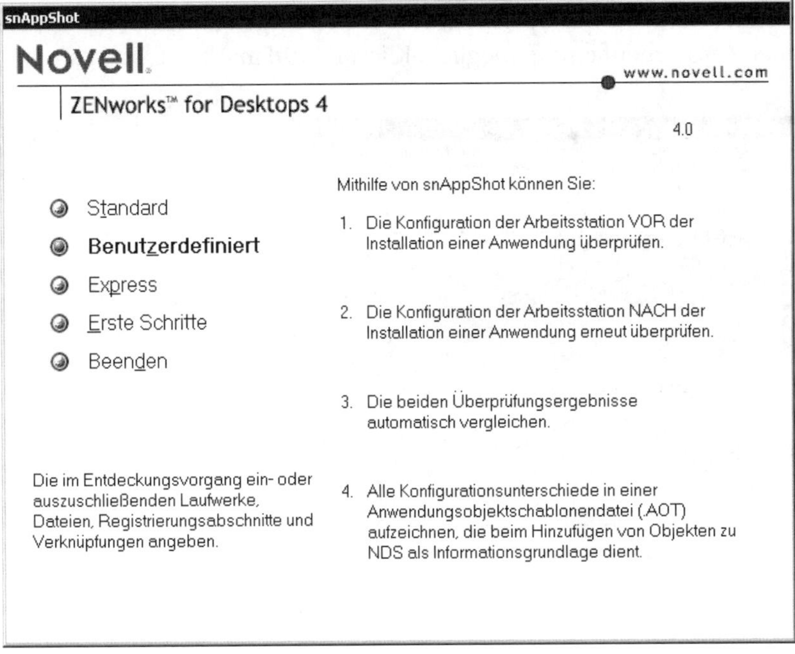

Abb. 9.1: Auswahl des SnAppShot-Modus

Standard

Es werden die Standardvorgaben für die Ausführung der Entdeckungsvorgänge verwendet. Diese Einstellungen sind in den meisten Fällen ausreichend.

Benutzerdefiniert

Sie können auf eine frühere Einstellungsdatei zurückgreifen oder Sie verwenden die Standard-Einstellungsdatei. Allerdings lassen sich die Einstellungen im benutzerdefinierten Modus ändern und auf Ihre speziellen Bedürfnisse anpassen. Da der zeitliche Aufwand nur unwesentlich höher ist, als bei den anderen beiden Modi, empfiehlt sich immer dieser Modus. Im restlichen Kapitel wird dieser Modus besprochen.

Express

Eine früher gespeicherte Einstellung kann geladen werden. Während des weiteren Ablaufs sind keine Änderungen möglich.

3. Entweder Sie verwenden im Dialogfeld in der Abb. 9.2 die Standardeinstellungen oder eine früher bereits gespeicherte Einstellung (was in der Regel nicht notwendig sein dürfte, da meist die gleichen oder fast identischen Einstellungen verwendet werden). Das Speichern von Einstellungen ist später im Dialogfeld mit der Zusammenfassung möglich. Klicken Sie danach auf WEITER>.

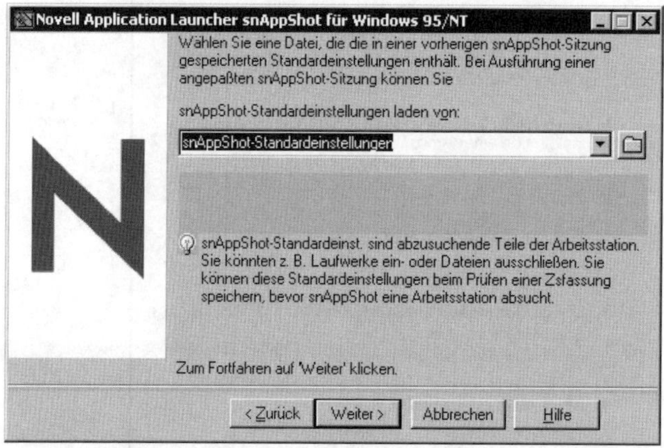

Abb. 9.2: Einstellungen laden

Das temporäre Verzeichnis für das Zwischenspeichern der Snappshots kann über eine derartige Datei manuell angepasst werden (`SnapShotWorkingDrive`).

4. Geben Sie den Objektnamen für das Applikationsobjekt im eDirectory und den Namen für das Anwendungssymbol in die beiden Felder des Dialogfelds in Abb. 9.3 ein (kann später im Applikationsobjekt noch geändert werden). Fahren Sie danach mit einem Klicken auf WEITER> fort.

Drücken Sie nach der Eingabe des Objektnamens auf [Tab] wird der Name automatisch in das zweite Feld übernommen. Sie können diese Bezeichnung hier übernehmen oder eine Änderung vornehmen.

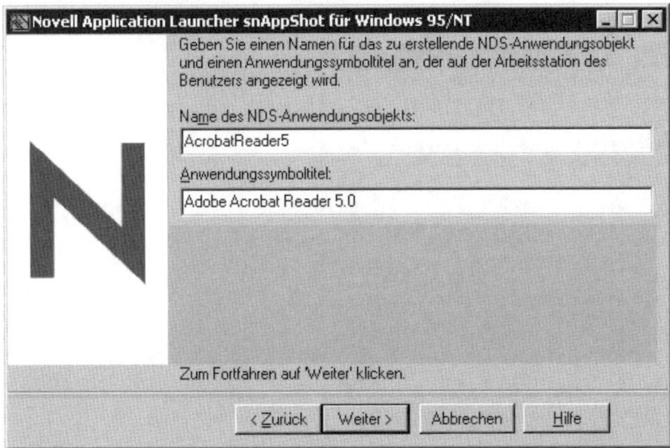

Abb. 9.3: Objekt- und Applikationsbezeichnung eingeben

5. Die Einstellungen und Dateien müssen zentral für die Arbeitsstationen zur Installation zur Verfügung gestellt werden. Um Probleme zu vermeiden, sollten Sie im folgenden Dialog nur UNC-Pfadangaben verwenden (Abb. 9.4). Für jedes Applikationsobjekt sollte ein eigenes Verzeichnis auf einem Server angegeben werden.

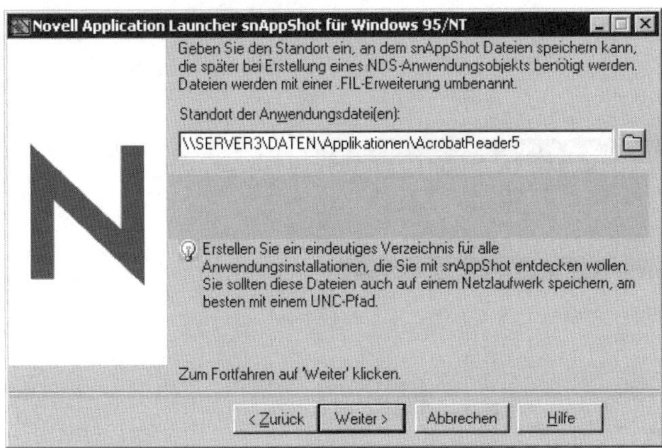

Abb. 9.4: Serverpfad für die Applikationsdateien

Klicken Sie zur Fortsetzung auf WEITER>. Existiert das Zielverzeichnis noch nicht, werden Sie zur Erstellung um Bestätigung gebeten. Klicken Sie auf JA, wenn die Pfadangabe korrekt ist.

6. Als nächstes muss der Pfad und Name für das Application Object Template (.AOT) angegeben werden (Abb. 9.5). Am besten verwenden Sie den gleichen Pfad wie unter 5. – dieser wird automatisch vom Programm als Vorgabe angezeigt. Klicken Sie zur Fortsetzung auf WEITER>.

Abb. 9.5: Name und Standort der .AOT-Datei für das Applikationsobjekt

7. Im nächsten Dialogfeld müssen Sie angeben, welche Elemente SnAppShot durchsuchen soll (Abb. 9.6). Dabei lassen sich für einzelne Bereiche mit ANPASSEN weitere Einstellungen definieren:
   - Ordner und Dateien (einschließlich .INI-Dateien und Verknüpfungen bzw. Shortcuts)
   - Systemkonfigurations-Textdateien (AUTOEXEC.BAT und CONFIG.SYS)
   - Registry

Abb. 9.6: Konfiguration des Absuchevorgangs

Gehen Sie bei der Konfiguration in Abb. 9.6 sehr vorsichtig vor, da hier ein kleiner Programmierfehler verhindert, dass die Auswahl aktiviert bzw. deaktiviert angezeigt wird. Wird die Schaltfläche ANPASSEN zu einer Auswahl aktiv angezeigt, ist die Option aktiviert.

Für *Dateien und Ordner*, *INI-Dateien* und *Windows-Verknüpfungen* wird durch einen Klick auf ANPASSEN das gleiche Dialogfeld angezeigt (Abb. 9.7). Sie können hier Änderungen beim Ausschluss von Verzeichnissen (Ordnern) und Dateien vornehmen. In der Standardvorgabe befinden sich die wichtigsten Einträge für Windows 9x/NT/2000/XP. Meist ist diese Vorgabe ausreichend. Beachten Sie, dass insbesondere bei später erforderlichen Neustarts nach der Installation einer Applikation die Aufzeichnung des TEMP-Ordners sehr wichtig sein kann.

Weitere Ausschlüsse sollten Sie insbesondere dann hinzufügen, wenn Sie in einem lokalen Ordner beispielsweise Quelldateien zur Installation speichern. In diesen Pfaden ändert sich nichts, aber deren Ausschluss beschleunigt den gesamten Ablauf unter Umständen erheblich.

Gibt es auf einem Server individuelle Bereiche, die zusätzlich aufgezeichnet werden müssen, können Sie hier ebenfalls bei Bedarf einen teilweisen Ausschluss vornehmen.

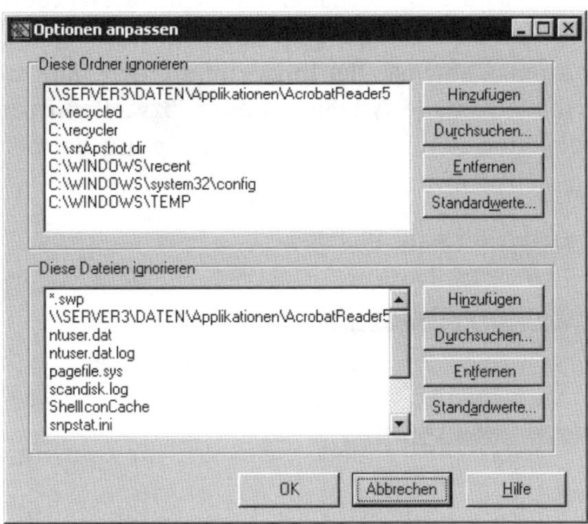

Abb. 9.7: Ignorieren von Verzeichnissen und Dateien für den Absuchevorgang

Standardmäßig werden die Inhalte der Textdateien AUTOEXEC.BAT und CONFIG.SYS zur Systemkonfiguration berücksichtigt. Sie können hier bei Bedarf weitere Konfigurationsdateien hinzufügen, bei denen es sich um keine .INI-Dateien handelt.

Für die Registry können Sie angeben, ob HKEY_LOCAL_MACHINE und/oder HKEY_CURRENT_USER berücksichtigt werden sollen. Normalerweise sollten beide Bereiche berücksichtigt werden. Eine weitere Steuerung für die spätere Verteilung auf die Arbeitsstationen ist über das Applikationsobjekt im eDirectory möglich (Kapitel 10).

Vorsicht

Bei Windows XP wurde insbesondere bei HKEY_USERS eine erhebliche Erweiterung in der Registry von Microsoft durchgeführt. Benutzen Installationsprogramme diese Registry-Elemente, kann es vorkommen, dass das Utility nicht alles erkennt. Dies kann jedoch bei systemnahen Programmen (insbesondere Treiber und Dienste) auch für Windows NT/2000 vorkommen. Hier sind genaue Tests und Überprüfungen des fertigen Objekts zwingend erforderlich!

8. Als nächstes müssen Sie angeben, welche Laufwerke beim Absuchen bzw. Scan berücksichtigt werden sollen (Abb. 9.8). Vorgegeben ist das Laufwerk, auf dem sich der %SystemRoot%-Ordner befindet (z.B. C:\WINNT bzw. C:\WINDOWS). Vorsicht ist insbesondere bei zusätzlich notwendigen Netzwerklaufwerken geboten. Klicken Sie auf HINZUFÜGEN, stehen nur solche Pfade zur Auswahl zur Verfügung, denen lokal ein Laufwerksbuchstabe zuordnet wurde.

   Greifen Programme auf Server über eine UNC-Pfadangabe zu, müssen dort eventuell erstellte individuelle Verzeichnisse und Dateien nachträglich dem Objekt manuell hinzugefügt werden. Dabei ist allerdings zu beachten, dass in den meisten Fällen die Serverpfade für alle Arbeitsstationen bzw. Benutzer gemeinschaftlich genutzt werden und somit eine Berücksichtigung bei der Absuche und spätere Verteilung nicht notwendig ist.

   Klicken Sie zum Abschluss des ersten Teils auf WEITER>.

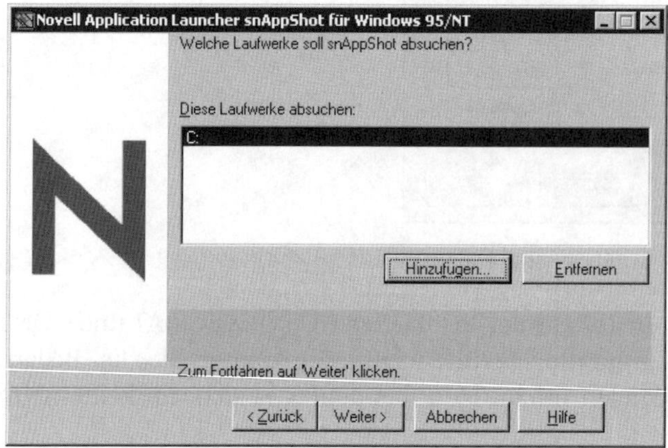

Abb. 9.8: Auswahl der abzusuchenden Laufwerke

9. Die fertigen Einstellungen, die als Zusammenfassung angezeigt werden, können Sie für die künftige Verwendung durch einen Klick auf EINSTELL. SPEICH. speichern. Dabei können Sie Pfad und Bezeichnung frei wählen.

   Prüfen Sie die vorgenommene Einstellung (insbesondere die Einstellungen ab *Durchsuchoptionen*) und klicken Sie auf <ZURÜCK, um ggf. nachträglich noch Änderungen durchzuführen.

10. Mit einem Klick auf WEITER> startet der erste Absuchvorgang (Abb. 9.9). Je nach Umfang und Geschwindigkeit des Systems dauert dieser Vorgang meist maximal nur wenige Minuten und oft nur Sekunden. Entsprechend Ihrer Einstellungen wird die Systemumgebung untersucht und aufgezeichnet.

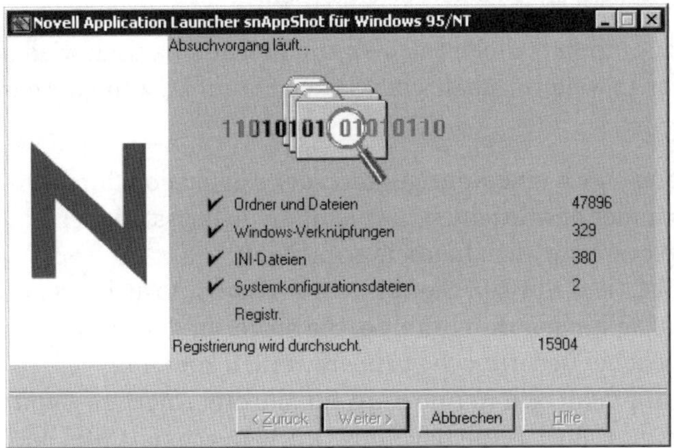

Abb. 9.9: Ausführung des ersten Absuchvorgangs

11. Jetzt kann beispielsweise die Applikation installiert werden, für die das Applikationsobjekt erstellen werden soll. Verwenden Sie zum Aufruf der Installationsprozedur möglichst nur die Schaltfläche INSTALLATION DURCHFÜHREN oder noch besser, die Eingabeaufforderung. Ändern Sie keinerlei Parameter in der Systemumgebung, die sich später nicht auch auf den Arbeitsstationen widerspiegeln sollen (Windows-Explorer, Systemsteuerung, Startmenü, andere Anwendungen usw. auf keinen Fall aufrufen!), um keine unliebsamen Ergebnisse zu erhalten.

    Installieren Sie die Software auf dem Referenzsystem, das weitgehend Ihren Clients entspricht, wie die Anwendung später auf die Zielsysteme verteilt werden soll.

    Insbesondere empfiehlt es sich in Verbindung mit Windows 2000/XP alle Neustarts zu vermeiden! Verlegen Sie diese auf die Zielsysteme, soweit sie erforderlich sind.

> **Tipp**
>
> Konfigurationseinstellungen in der Registry, für die Desktop-Umgebung, wie beispielsweise den Windows-Explorer, können mit diesem Werkzeuge komfortabel in eigenen Objekten aufgezeichnet und verteilt werden. Dies gilt beispielsweise auch für die verschiedenen notwendigen Konfigurationsvarianten zu Applikationen.

12. Nur soweit absolut unumgänglich, ist zum Ende der Installation ein Neustart des Computers durchzuführen (ausprobieren, ob er vermieden werden kann – besser später auf der Arbeitsstation durchführen, was insbesondere ab Windows 2000 gilt!). Während dieses Vorgangs meldet sich SnAppShot und Sie müssen mit JA bestätigen, dass ein Neustart erfolgen soll.

    Nach dem Neustart des Computers meldet sich SnAppShot automatisch wieder zurück und fragt nach, ob er weitermachen soll. Klicken Sie auf JA, wenn Sie das wünschen.

13. Bei Bedarf können Sie jetzt noch eine Konfiguration der Applikation durchführen, damit diese später in der gewünschten Form auf die Arbeitsstationen verteilt wird (Windows-Explorer usw. auch hierbei vermeiden!).
14. Nach einem Klick auf WEITER> müssen Sie vor dem nächsten Absuchvorgang noch einige Standardeinstellungen durchführen, die später in der .AXT-Datei und im Applikationsobjekt bei Bedarf noch geändert werden können.
15. In den meisten Fällen empfiehlt sich in Abb. 9.10 für alle drei Angaben *Immer kopieren* bzw. *Immer erstellen*. Eine Feineinstellung pro Verzeichnis/Datei oder Eintrag können Sie später bei Bedarf im Applikationsobjekt vornehmen.

    Klicken Sie auf WEITER>.

Abb. 9.10: Einstellungen zur späteren Übertragung von Dateien und Einträgen

16. Achten Sie für den Installationspfad (Abb. 9.11) unbedingt auf eine korrekte Pfadangabe (es muss der aktuell verwendete Installationspfad eingegeben bzw. ausgewählt werden)!

    Die Angabe wird verwendet, um ein Makro (Variable) für die spätere Installation auf den Arbeitsstationen zu erstellen. Das Programm ersetzt im Ergebnis des Absuchvorgangs alle Angaben mit dem vorgegebenen Pfad durch die Makrobezeichnung. Das bietet die Möglichkeit, später im Applikationsobjekt auf der Seite *Makros* der Registerkarte *Allgemein* eine Änderung des Pfads durchzuführen, ohne beispielsweise jeden Datei- und Registry-Eintrag überprüfen und ändern zu müssen.

Vorsicht

In einzelnen Fällen funktioniert diese Flexibilität allerdings nicht. Das gilt immer dann, wenn die Installationsprozedur einer Applikation Pfadangaben zusätzlich in eigenen Konfigurationsdateien speichert, bei denen es sich häufig um Binärdateien handelt.

Abb. 9.11: Lokaler Installationspfad für die Applikation

17. Nach WEITER> finden Sie noch einmal den vorher eingegebenen Zielpfad (Abb. 9.12). Eine detaillierte Beschreibung zu Makros finden Sie im Kapitel 10 zum Applikationsmanagement.

    Sie finden hier bereits die beiden Makros TARGET_PATH (Installationspfad aus dem vorhergehenden Dialogfeld) und SHORT_TARGET_PATH (8.3-Name des Installationspfads).

    Eventuell zusätzlich benötigte Makros müssen Sie hier hinzufügen. Systempfade müssen hier nicht zusätzlich angegeben werden, da diese von ZfD später automatisch zur Verfügung stehen. Sie definieren hier nur Makros für Angaben, die Sie später flexibel bei der Konfiguration von Applikationsobjekten im eDirectory benötigen (Änderungen erfolgen über die ConsoleOne). Makroname wie Wert müssen unbedingt eindeutig angegeben werden, damit es zu keinen Fehlern kommt.

Damit werden im Objekt nicht mehr absolute Pfade bzw. Werte, sondern die von Ihnen angegebenen Makros verwendet, was die Installation auf den Arbeitsstationen sehr viel flexibler macht. Dabei verwendet SnAppShot bereits die Makros, die es auf dem Referenzsystem in der Registry findet (z.B. bei HKEY_CURRENT_USER\Software\Microsoft\Windows\CurrentVersion\Explorer\Shell Folders). Für jeden Eintrag wird automatisch ein eigenes Makro mit dem Namen und Wert erstellt. Diese Makros werden im Dialogfeld in der Abb. 9.12 nicht angezeigt.

Abb. 9.12: Konfiguration der Makroeinstellungen

Vereinzelt kann es vorkommen (z.B. bei Versionen des Internet-Explorers ab 4.0 in Verbindung mit Windows NT 4.0), dass erst durch die Installation der Applikation weitere Einträge an vorstehendem Pfad in der Registry erstellt werden. Bei Internet-Explorer Version 4.0 sind dies beispielsweise *Favorites, Personal* und *AppData*. Diese gelangen dadurch in die .AOT- bzw. .AXT-Datei. Diese Werte stehen jedoch nicht als Makro zur Verfügung, weil Sie eben vorher nicht vorhanden sind und damit nicht auf den Arbeitsstationen benutzt werden können.

Am besten Sie ändern die .AXT-Datei, bevor Sie das Applikationsobjekt im eDirectory erstellen. Ändern Sie die Werte mit der Suchen/Ersetzen-Funktion eines Editors und hängen beispielsweise am Namensanfang »Mein« an. Anschließend müssen die Makros noch in der Datei erstellt werden. Beispiel:

```
[Macro]
Name=MeinFavorites
Value=%*WinDir%\Profiles\%CN%\Favorites
```

18. Es erfolgt sofort nach einem Klick auf WEITER> ein erneuter Absuchvorgang (Abb. 9.13), um festzustellen, was beispielsweise die Installationsprozedur der Applikation auf dem System installiert hat und welche Einstellungen zur Konfiguration Sie ggf. noch durchgeführt haben (wird später als Bestandteil der Applikation verteilt). Denken Sie daran, Konfigurationen ggf. separat aufzuzeichnen, was insbesondere sinnvoll ist, wenn mehrere Varianten für die Softwareverteilung erforderlich sind.

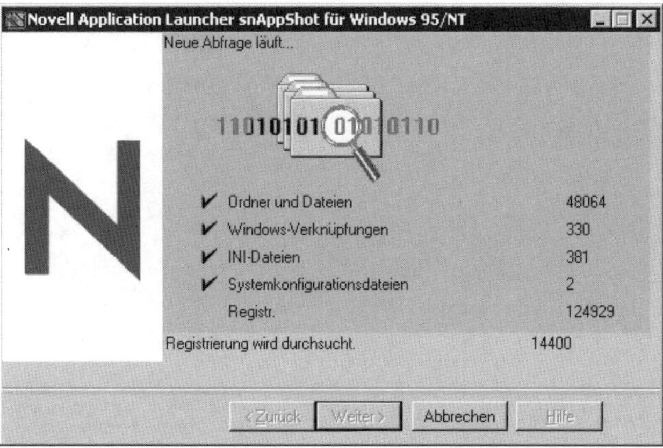

Abb. 9.13: Ausführung des zweiten Absuchvorgangs

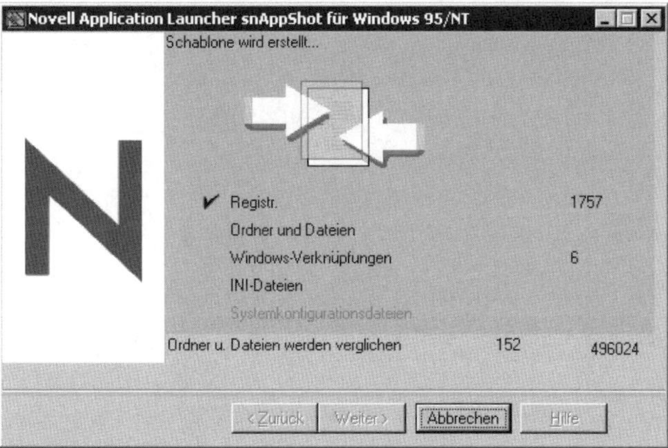

Abb. 9.14: Herstellung der Template- sowie der .FIL-Dateien

19. Aus dem Unterschied zwischen dem ersten und zweiten Absuchvorgang wird anschließend die Schablone (Template) generiert (Abb. 9.14).

    Zum Abschluss wir noch ein Protokoll in einem Ergebnisdialog angezeigt sowie die weitere Vorgehensweise beschrieben. Ist man noch nicht so erfahren, sollte man die Informationen mit einem Klick DRUCKEN ausdrucken.

    Damit ist SnAppShot fertig und Sie müssen mit ConsoleOne fortsetzen und ein Applikationsobjekt im eDirectory erstellen (bei Bedarf vorher noch die .AXT-Datei ändern, wie dies bereits in diesem Kapitel beschrieben wurde), dem Sie das gespeicherte Ergebnis des SnAppShot zuordnen (siehe Kapitel 10). Diese Aufgabe sollten Sie unbedingt ebenfalls auf dem Referenzsystem, auf dem Sie die Installation der Applikation ausgeführt haben durchführen, da unter Umständen Zugriff auf einige Dateien notwendig ist.

## Kapitel 10

Applikationsmanagement

Ein wesentlicher Vorteil von ZENworks for Desktops ist, dass es eine zentrale Verwaltung von Informationen für Anwendungen, Equipment, Systemrichtlinien und Benutzern im Netzwerk ermöglicht. Anwendungen können auf einem oder mehreren Servern auch als »Image« abgelegt werden.

Der NAL (Novell Application Launcher) ist eine arbeitsstationsbasierende Software, die für die Lieferung von Software auf eine Arbeitsstation zuständig ist. Es handelt sich dabei um einer 32-Bit-Applikation für Windows 9x/NT/2000/XP. Sie liest das eDirectory und bietet damit Zugriff auf Applikationen für den angemeldeten Benutzer und die Arbeitsstation – sind diese am eDirectory nicht beglaubigt, wird der lokale Zwischenspeicher (Cache) verwendet, in dem sich die Applikationsobjekte befinden.

10.1 Neuerungen in der Anwendungsverwaltung

Mit ZfD 4.0 wurden eine Reihe von neuen Funktionen zum Applikationsmanagement eingeführt.

- Der NAL (Novell Application Launcher) ist jetzt nicht mehr von einem installierten Novell-Client abhängig. Ist dieser jedoch installiert, wird er für den Zugriff auf NetWare-Server und eDirectory verwendet.

  Im anderen Falle wird auf den Arbeitsstationen der ZfD-Verwaltungsagent benötigt oder der Zugriff erfolgt über einen ZfD-Middle-Tier-Server (siehe Kapitel 1).

- Es gibt jetzt drei Ansichten des Novell Application Launcher (NAL) – diese sind auch für den Start von verteilten Applikationen zuständig. Dabei wurden auch die Begriffe leicht geändert, damit eine bessere Unterscheidung möglich ist.
  - *Application-Window*: Dabei handelt es sich um die älteste Form der NAL-Anzeige, die bisher als Application-Launcher-Fenster bezeichnet wurde. Dabei handelt es sich um ein eigenständiges Dialogfenster, das eine gewisse Ähnlichkeit mit dem Windows-Explorer aufweist.
  - *Application-Explorer*: Hier handelt es sich ebenfalls um ein eigenständiges Fenster, aber hier einschließlich Startmenü, Desktop, Taskleiste und Taskleistenintegration. Bei diesem Fenster handelt es sich letztlich um nichts anderes als den Windows-Explorer, der zusätzlich eine eigene Ordnerstruktur für die verfügbaren vom eDirectory gelieferten Applikationen besitzt.

  - *Application-Browser*: Diese Ansicht ist neu. Es handelt sich um eine Webbrowser-Ansicht mit den verfügbaren vom eDirectory gelieferten Applikationen. Die darüber verfügbaren Programme können direkt im Webbrowser gestartet werden.

- Mit der Installation des ZfD-Verwaltungsagenten werden die NAL-Dateien auf einer Arbeitsstation installiert und ein Eintrag im Startmenü erstellt. Somit sind über das Startmenü das Application-Window sowie der Application-Explorer verfügbar (*Start\Programme\ZENworks für Desktops 4*). Zusätzlich wird in den Systray bzw. den Infobereich der Taskleiste sowie der Symbolleiste des Webbrowsers ein Symbol für den Application-Explorer eingefügt.
- Mithilfe des Webbrowsers können Benutzer Applikationen von einem Webserver herunterinstallieren. Hierbei gibt es jedoch die Einschränkung, dass nur die Applikationsobjekte verfügbar sind, die dem Benutzer direkt oder indirekt zugewiesen wurden. Die Ursache liegt darin, dass in dieser Verbindung kein Arbeitsstations-Manager und Arbeitsstations-Helper installiert sind.

  Ist der Application-Launcher-Service nicht installiert, benötigt der Benutzer Administratorrechte, um den Dienst zu installieren und auszuführen.

- Der NAL unterstützt jetzt drei Modi. Die Konfiguration erfolgt in der ConsoleOne bei den Eigenschaften von Containern auf der Registerkarte *Application Launcher* (siehe Abschnitt 10.6).
  - *Lokaler Modus:* Dieser Modus wird verwendet, wenn der NAL über eine schnelle Verbindung mit dem eDirectory verfügt (z.B. eine LAN-Verbindung).
  - *Fernmodus:* Wird verwendet, wenn der NAL über eine langsame Verbindung, wie beispielsweise einem Modem, mit dem eDirectory verbunden ist. Im Fernmodus können Terminalserver- und Webanwendungen verwendet werden, die bei langsameren Verbindungen besser funktionieren.
  - *Offline:* Besteht für den NAL kein Zugriff auf das eDirectory, wird dieser Modus verwendet. Der Benutzer hat zusätzlich die Möglichkeit, diesen Modus zu erzwingen. Dabei werden die gesamten Verzeichnisinformationen aus dem lokalen Cache der Arbeitsstation abgerufen.

  Sic können konfigurieren, welcher Modi verwendet bzw. unter welchen Bedingungen beispielsweise eine langsame Verbindung erkannt werden soll.

- Die Erstellung und Konfiguration von Applikationsobjekten für Terminalserver- und Webanwendungen wurde vereinfacht.
- Die Funktion Checkpoint-Neustart liefert Benutzern eine Zeitberechnung zur Dauer für das Herunterladen (nur für den Fernmodus) einer Applikation während der Verteilung. Dabei wird es Benutzern ermöglicht, den Vorgang zeitlich zu verschieben. Wird ein verschobener Vorgang gestartet, beginnt das Herunterladen nicht von Anfang an, sondern wird an dem Punkt fortgesetzt, an dem abgebrochen wurde.

- In Applikationsobjekten besteht jetzt die Möglichkeit, für den Fernbetrieb ein alternatives Applikationsobjekt zu konfigurieren. Dieses wird immer dann verwendet, wenn sich Benutzer im Fernmodus befinden. Im lokalen Modus kann beispielsweise eine Serverinstallation ausgeführt und im Fernmodus der Zugriff zur Ausführung auf einen Terminalserver erfolgen.
- In den *Ausführungsoptionen* eines Applikationsobjekts können *Anwendungsabhängigkeiten* konfiguriert werden. Diese werden durch eine zu erstellende Liste von Applikationsobjekten festgelegt. Erst wenn alle in der Liste angegebenen Objekte installiert wurden, wird das konfigurierte Applikationsobjekt auf einer Arbeitsstation ausgeführt. Stellt das System also bei der Ausführung einer Installation fest, dass Objekte aus der Liste noch nicht installiert sind, wird dies als erstes nachgeholt (beispielsweise häufig wichtig, wenn neuere Service Packs für Applikationen verteilt werden).

  Diese Funktionalität war in den bisherigen Versionen nur indirekt vorhanden, wodurch es jetzt mit der Konfiguration erheblich einfacher wird.
- Berichte zur Installation, Deinstallation usw. können jetzt auch im XML-Format erzeugt und über HTTP oder HTTPS an eine angegebene Ziel-URL versandt werden. ZfD enthält ein Applikationsverwaltungs-Berichts-Servlet (Java), das XML-Berichte empfangen, analysieren und in eine SQL-Abfrage für die ZENworks-Datenbank umwandeln kann.
- Für Verteilungs- und Startskripte zu Applikationen können neben der Novell-Skript-Engine jetzt auch andere Skript-Engines verwendet werden.
- Applikationsobjekten für den Windows Installer (Installation von .MSI-Dateien) können während der Verteilung anzuwendende Patches (.MSP) hinzugefügt werden. Zusätzlich lassen sich eine Reihe von Aktionen definieren, die bei der Überprüfung (Reparaturmodus) einer Applikation berücksichtigt werden.
- Nach seinem Start liest der NAL sofort das eDirectory, um auf Informationen zu Applikationen für den Benutzer zu prüfen. Neu ist die Option einer beliebigen Aktualisierung. Dabei liest der NAL beim Start Informationen aus dem lokalen Cache und aktualisiert erst zu einem späteren Zeitpunkt aus dem eDirectory. Diese Option ist in vielen Netzwerken sehr willkommen, da dadurch insbesondere die Anmeldespitzenzeiten entlastet werden können.
- Mit der Funktion zur Fremdprozessverwaltung kann festgestellt werden, welche Anwendungsprozesse nicht vom NAL gestartet wurden. Diese Prozesse können anschließend auch angehalten werden.

10.2 NAL-Ansichten

Der NAL bietet drei verschiedene Ansichten, die für die Anzeige, Verwaltung und Ausführung von Applikationen auf Arbeitsstationen verfügbar sind. Sie können entweder nur eine der Ansichten oder sogar alle drei gleichzeitig verwenden.

10.2.1 Application-Window

Es handelt sich dabei um ein eigenständiges, zweigeteiltes Fenster (Abb. 10.1). Im linken Bereich werden die Ordner und im rechten die Einträge im ausgewählten Ordner angezeigt. Die Ansicht kann auch in einer Form konfiguriert werden, die keine Ordneransicht darstellt (Abschnitt 10.6).

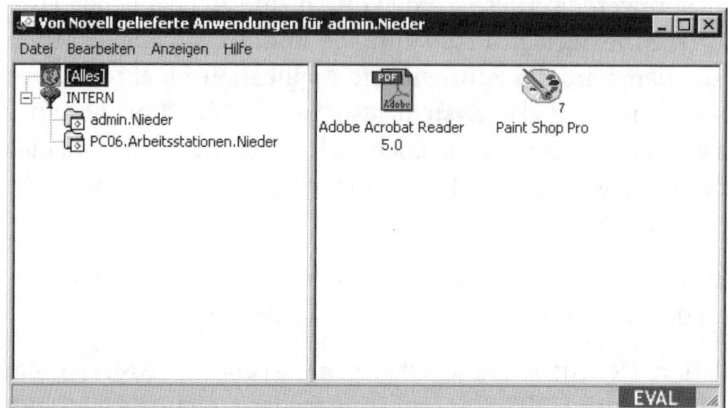

Abb. 10.1: Application-Window

Warum Application-Window?

Das Fenster bietet eine umfassende Kontrolle über den Benutzer-Desktop. Diese Form der Ansicht ist insbesondere in Umgebungen interessant, in denen der Desktop komplett gesperrt werden soll (das Application-Window kann auch als Shell eingesetzt werden).

Tipp

Ein gesperrter Desktop ist insbesondere interessant, da dadurch eine nicht unerhebliche Kosteneinsparung insbesondere für den Benutzerservice einhergeht. Dadurch ist es Anwendern auch nicht mehr so leicht möglich, lokal Daten zu speichern, wodurch die Systeme einfacher und kostengünstiger austauschbar sind.

Ordner und Nutzung

In der Ordneransicht stehen je nach Konfiguration drei verschiedene Arten zur Verfügung:

- **[Alles]:** Alle Applikationsobjekte, die mit dem Benutzer oder der Arbeitsstation verknüpft sind.
- **Baumansicht:** Jeder Baum enthält die Applikationsordner und Applikationsobjekte, die innerhalb des angegebenen Baums mit dem Benutzer oder der Arbeitsstation verknüpft sind. Es werden nur die Bäume angezeigt, an denen der Benutzer und die Arbeitsstation beglaubigt sind.

- **Persönliche Ordner:** Dieser Ordnerbereich steht nur zur Verfügung, wenn dies explizit konfiguriert wurde (Abschnitt 10.6). Unter dem Ordner *Persönlich* kann der Benutzer eigene Ordner anlegen und damit die verfügbaren Applikationsobjekte für neu organisieren. Es können verfügbare Objekte aus den anderen Bereichen des Fensters hierher kopiert und hier selbstverständlich auch wieder gelöscht und verschoben werden.

Die Benutzer können mit dem Application-Window eine Reihe von Aufgaben ausführen:

- Der Benutzer kann ein Programm beispielsweise durch einen Doppelklick starten (je nach Konfiguration wird es dabei als erstes installiert, wenn dies vorher noch nicht erfolgt ist).
- Anzeige der Eigenschaften eines Applikationsobjekts. Dazu werden der Pfad und Name des Objekts, die verfügbare Beschreibung, Kontaktinformationen (Ansprechpartner im Benutzerservice) und der Zeitplan angezeigt.
- Über das Kontextmenü einer installierten Applikation kann der Befehl *Überprüfen* aufgerufen werden (Reparaturfunktion). Entsprechend der Einstellungen im Applikationsobjekt wird eine Redistribution der Applikation durchgeführt.
- Soweit nicht deaktiviert (Standardeinstellung), kann der Benutzer eine Applikation deinstallieren.
- Soweit nicht deaktiviert (Standardeinstellung), eigene, persönliche Ordner erstellen und damit die verfügbaren Applikationen nach eigenen Wünschen organisieren.
- Anmeldung am eDirectory über den Novell-Client oder dem ZfD-Verwaltungsagenten über den ZfD-Middle-Tier-Server.
- Umschalten in den Offline-Modus und damit den NAL vom eDirectory trennen (kann vom Administrator konfiguriert werden). Dabei erfolgt keine Abmeldung des Benutzers vom eDirectory.

10.2.2 Application-Explorer

Dabei handelt es sich um eine Integration des NAL mit dem Windows-Explorer. In der Fensteransicht präsentiert sich der Application-Explorer ähnlich wie das Application-Window. Durch einen Klick auf *Ordner* in der Symbolleiste wird in die Windows-Explorer-Ansicht umgeschaltet (Abb. 10.2). Die Ordner des NAL werden zusätzlich auch im oberen Bereich des Startmenüs auf dem Desktop angezeigt.

Der Application-Explorer bietet die gleichen Möglichkeiten wie das Application-Window.

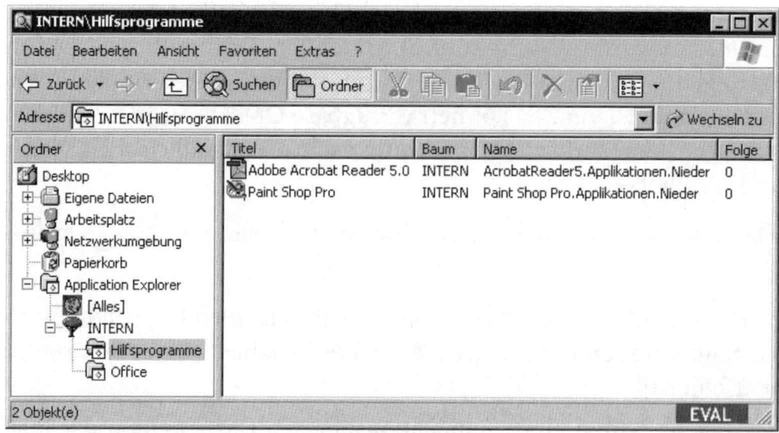

Abb. 10.2: Application-Explorer

Warum Application-Explorer?

Wollen Sie Benutzern den »normalen« Desktop zur Verfügung stellen und benötigen Sie keine komplette Kontrolle, empfiehlt sich der Application-Explorer, da er sich hervorragend in den Windows-Explorer integriert.

> **Tipp**
>
> Arbeiten Ihre Anwender mit dem »normalen« Desktop von Microsoft, sollten Sie insbesondere die Möglichkeiten nutzen, die Applikationsobjekte bei der Verknüpfung zur Visualisierung bieten. Beispielsweise kann ein Anwendungssymbol auch direkt beispielsweise in das Startmenü oder auf dem Desktop als Verknüpfung geliefert werden.

10.2.3 Application-Browser

Dabei handelt es sich um eine Webbrowser-Ansicht (Abb. 10.3), die ähnlich aufgebaut ist wie das Application-Window (siehe Abschnitt 10.2.1).

Warum Application-Browser?

Der Hauptzweck des Application-Browsers ist die Möglichkeit, Applikationen in einer Browser-Umgebung zur Verfügung zu stellen. Das erlaubt beispielsweise eine Integration in einem Web-Portal (z.B. Novell Portal Services), wodurch Applikationen für Benutzer über das Web verfügbar sind.

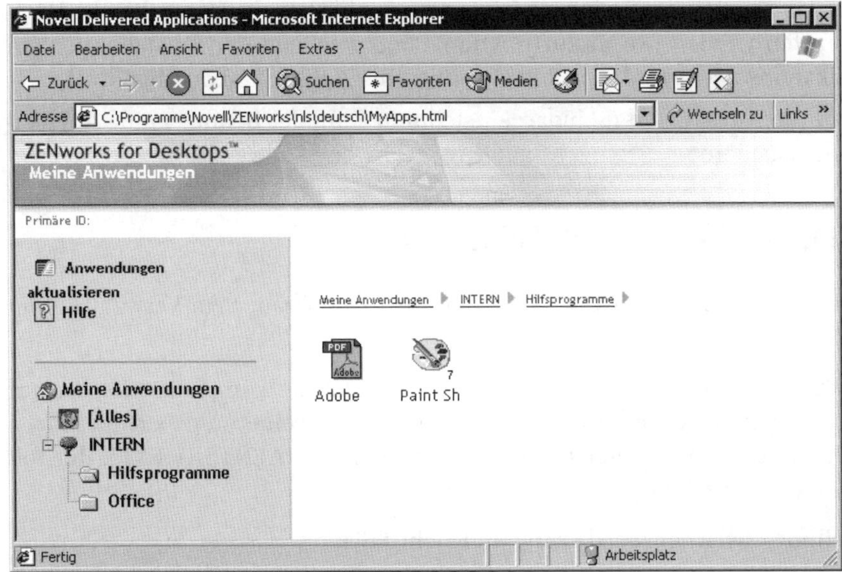

Abb. 10.3: Application-Browser

Ordner und Nutzung

In der Ordneransicht unter *Meine Anwendungen* stehen je nach Konfiguration drei verschiedene Arten zur Verfügung:

- **[Alles]:** Alle Applikationsobjekte, die mit dem Benutzer oder der Arbeitsstation verknüpft sind.
- **Baumansicht:** Jeder Baum enthält die Applikationsordner und Applikationsobjekte, die innerhalb des angegebenen Baums mit dem Benutzer oder der Arbeitsstation verknüpft sind. Es werden nur die Bäume angezeigt, an denen der Benutzer und die Arbeitsstation beglaubigt sind.
- **Persönliche Ordner:** Dieser Ordnerbereich steht nur zur Verfügung, wenn dies explizit konfiguriert wurde (Abschnitt 10.6). Unter dem Ordner *Persönlich* kann der Benutzer keine eigenen Ordner anlegen und damit die verfügbaren Applikationsobjekte für neu organisieren (dazu muss das Application-Window oder der Application-Explorer verwendet werden).

Die Benutzer können mit dem Application-Browser eine Reihe von Aufgaben ausführen:

- Der Benutzer kann ein Programm durch einen einfachen Klick starten (je nach Konfiguration wird es dabei als erstes installiert, wenn dies vorher noch nicht erfolgt ist).
- Anzeige der Eigenschaften eines Applikationsobjekts. Dazu werden der Pfad und Name des Objekts, die verfügbare Beschreibung, Kontaktinformationen (Ansprechpartner im Benutzerservice) und der Zeitplan angezeigt.

- Über das Kontextmenü einer installierten Applikation kann der Befehl *Verify* aufgerufen werden (Reparaturfunktion). Entsprechend der Einstellungen im Applikationsobjekt wird eine Redistribution der Applikation durchgeführt.
- Soweit nicht deaktiviert (Standardeinstellung) kann der Benutzer eine Applikation deinstallieren.

10.3 Der NAL-Dienst für Windows

Der NAL kann unter Windows 98 alle erforderlichen Aufgaben zur Verwaltung von Applikationen durchführen.

Unter Windows NT/2000/XP haben Benutzer nicht die kompletten Rechte auf Arbeitsstationen, die erforderlich sind, damit der NAL seine Aufgaben ausführen kann. Dafür steht ein eigener Dienst zur Verfügung (NALNTSRV.EXE), der folgende Funktionen erfüllt:

- **Verteilung, Zwischenspeicherung und Deinstallation**

  Unabhängig vom angemeldeten Benutzer und seinen Rechten kann der NAL Software installieren, Applikationsobjekte in seinem Zwischenspeicher auf einem Datenträger verwalten und Software wieder deinstallieren.
- **Ausführung**

  Diese Funktion ermöglicht Ihnen, Applikationen so zu konfigurieren, dass diese mit Systemrechten auf einer Arbeitsstation ausgeführt werden können.

10.4 Der NAL-Arbeitsstations-Helper

Der NAL und der NAL-Dienst verwalten alle Aufgaben für Applikationen, die mit einem angemeldeten Benutzer verknüpft sind.

Applikationsobjekte können Sie auch mit Arbeitsstationen verknüpfen. Damit dies möglich ist, müssen die Arbeitsstationen im eDirectory über ein Objekt verfügen (siehe Kapitel 5 zum automatischen Arbeitsstationsimport). Zusätzlich muss auf der Arbeitsstation der Arbeitsstations-Manager ausgeführt werden.

Wenn der Arbeitsstations-Manager startet, lädt er den NAL-Arbeitsstations-Helper (ZENAPPWS.DLL). Dieser beglaubigt sich beim eDirectory als Arbeitsstation über das Arbeitsstations-Objekt.

Der Helper durchsucht das eDirectory und findet die mit der Arbeitsstation verknüpften Applikationsobjekte, die er anschließend ausführt.

Der Helper verfügt über keine eigene Benutzerschnittstelle. Daher stehen die Applikationen für Arbeitsstationen nur zur Verfügung, wenn der NAL selbst ausgeführt wird. Startet der NAL, erhält er vom Helper eine Liste der verfügbaren Applikationen und führt die Visualisierung durch.

Der Helper liest das eDirectory, wenn der NAL startet, eine manuelle Aktualisierung durchgeführt wird und im eingestellten Zyklus zur Aktualisierungshäufigkeit (siehe Abschnitt 10.6).

10.5 Aufruf des Startprogramms (NAL)

In diesem Abschnitt finden Sie Informationen zur Installation und zum Start des NALs. Der NAL wird auf jeder Arbeitsstation benötigt, für die Sie eine Softwareverteilung benötigen.

10.5.1 Installation

Es gibt drei Möglichkeiten zur Installation des NAL (siehe auch Kapitel 1):

- **Novell-Client**

  Bei der Installation des Novell-Clients können Sie die Option zu Installation des ZENworks Application Launcher aktivieren.

- **ZfD-Verwaltungsagent**

  Dabei werden nicht nur der Agent, sondern auch der NAL, der Arbeitsstations-Manager und ggf. weitere ZfD-Komponenten auf einer Arbeitsstation installiert. Danach sind alle drei NAL-Ansichten sowie der NAL-Dienst und -Helper für Windows NT/2000/XP verfügbar (Application-Window, Application-Explorer und Application-Browser).

- **NAL-Installationsprogramm**

  Das Programm ZFDWEBSW.EXE installiert den NAL ohne Application-Window. Es stehen danach nur der Application-Explorer und Application-Browser ohne NAL-Dienst und -Helper für Windows NT/2000/XP zur Verfügung. Es werden auch keine weiteren ZfD-Komponenten, wie beispielsweise der Arbeitsstations-Manager, installiert. Hauptsächlich gibt es zwei Gründe für die Anwendung dieses Installationsprogramms:

  - um webbasierende Installationen für Benutzer zur Verfügung zu stellen, die auf ihren Arbeitsstationen über ausreichend Rechte verfügen, Applikationen zu installieren
  - um Basisfunktionalität von NAL zur Verfügung zu stellen, damit Benutzer installierte Applikationen ausführen können

  Im Regelfall dürfte diese Variante in der Praxis nur eine geringfügige Rolle spielen, da gerade beim Einsatz von Windows NT/2000/XP häufig mehr Rechte für die Installation erforderlich sind, als Benutzer mit ihrem Konto besitzen.

Während der Installation des ZfD-Middle-Tier-Servers wird die Datei ZFDWEBSW.EXE für die NAL-Installation auf den Web-Server kopiert. Auf einem NetWare-Server befindet sich diese zusammen mit MYAPPS.HTML bei <web-server-root>\NWDOCS und auf einem Windows-2000-Server bei INETPUB\WWWROOT. Achten Sie darauf, dass berechtigte Benutzer Zugriffsrechte auf diese Pfade besitzen.

Ruft ein Benutzer MYAPPS.HTML auf und ist der NAL auf dem Computer noch nicht installiert, erfolgt dies automatisch als erstes (der Benutzer muss diesen Vorgang bestätigen).

Der Zugriff über einen Web-Browser erfolgt in einfacher Form über folgende URL:

```
http://<serveradresse>/myapps.html
```

Führen Sie auf keinen Fall das Programm ZFDWEBSW.EXE direkt aus!

10.5.2 Ausführung des NAL

In diesem Abschnitt geht es erst um erforderliche Rechte und Berechtigung. Danach finden Sie eine Beschreibung zum Aufruf des NALs und den verfügbaren Steuerparametern.

Die Art und Weise des Aufrufs wurde bei ZfD 4.0 im Vergleich zu den Vorgängerversionen geändert. Der automatische Start erfolgt entweder über einen Befehlsaufruf in einem Anmeldeskript oder Sie fügen den Aufruf dem Autostart-Ordner der Arbeitsstationen hinzu. Das Einfügen in der Autostart-Ordner kann auch automatisiert werden. Dazu muss lediglich das Startprogramm entsprechend in der ConsoleOne konfiguriert werden (Abschnitt 10.6).

Erforderliche Rechte und Berechtigungen

Unter Windows NT/2000/XP benötigt der Benutzer im lokalen Dateisystem bei folgenden Pfaden die angegebenen Zugriffsberechtigungen:

- Vollzugriff auf den NAL-Zwischenspeicher (normalerweise C:\NALCACHE)
- Vollzugriff zum TEMP-Verzeichnis
- Schreib-/Leserechte in der Registry bei folgendem Pfad:

```
HKEY_CURRENT_USER
  \Software
    \NetWare
      \NAL
        \1.0
```

- Leserechte in der Registry bei folgenden beiden Pfaden:

```
HKEY_LOCAL_MACHINE
  \SOFTWARE
    \NetWare
      \NAL
        \1.0
HKEY_LOCAL_MACHINE
  \SOFTWARE
    \Novell
      \Zenworks
```

Im eDirectory erhalten verknüpfte Benutzer und Arbeitsstationen automatisch die erforderlichen Trustees zugewiesen. In Verbindung mit Windows 98 müssen Sie allerdings bei einer Verknüpfung auf Arbeitsstationen den Benutzern manuell noch die Trustee-Rechte zuweisen (auf der Seite *Trustees dieses Objekts* der Registerkarte *NDS-Rechte* im Applikationsobjekt). Die Ursache liegt darin, dass in Verbindung mit Windows 98 immer das Benutzerobjekt für den Zugriff auf das eDirectory verwendet wird.

Die Berechtigungen können auch über Gruppenmitgliedschaften gewährt werden. Unter Windows NT muss der Benutzer mindestens Mitglied der Gruppe *Benutzer* sein und unter Windows 2000/XP Mitglied der Gruppe *Hauptbenutzer*. Zusätzlich muss das Systemkonto Vollzugriff auf alle Bereiche einer Arbeitsstation besitzen, damit der NAL-Dienst Software installieren und ausführen kann, da er im System-Kontext arbeitet.

Application-Window

Sie können entweder NALWIN32.EXE bei C:\PROGRAMME\NOVELL\ZENWORKS aufrufen, über *Start\Programme\ZENworks für Desktops 4\Application-Window* starten oder NAL.EXE bei SYS:PUBLIC starten. Die letzte Form ist nur aus Gründen der Rückwärtskompatibilität insbesondere für Skripte noch vorhanden. Dies funktioniert jedoch nur, soweit auf der Arbeitsstation der NAL bereits installiert wurde, da NAL.EXE keine Dateien mehr kopiert.

Das Application-Window kann auch als Shell verwendet werden und ersetzt damit den »normalen« Desktop:

- In Windows 98 bearbeiten Sie in C:\WINDOWS\SYSTEM.INI den Eintrag `SHELL=` und geben danach den Eintrag C:\PROGRAMME\NOVELL\ZENWORKS\NALWIN32.EXE an.
- Unter Windows NT/2000/XP müssen Sie den Wert `shell` in der Registry bei folgendem Schlüssel ändern (geben Sie den gleichen Wert zur Shell an wie für Windows 98):

```
HKEY_LOCAL_MACHINE
  \SOFTWARE
    \Microsoft
      \Windows NT
        \CurrentVersion
          \Winlogon
```

Für den Aufruf stehen eine Reihe von Parametern zur Verfügung, die Sie in Tabelle 10.1 finden.

Parameter	Beschreibung
:	Der Eingangsbildschirm wird nicht angezeigt.
/a="<baumname>:.<appobjdn>"	Installiert und startet eine Applikation. Es muss dazu der Baum im eDirectory sowie der vollqualifizierte DN des Applikationsobjekts angegeben werden. Die doppelten Anführungszeichen sind nur notwendig, wenn sich ein Leerzeichen im Parameter befindet.
/c="<fenstertitel>"	Statt der Standardbezeichnung den angegebenen Titelleistentext verwenden. Dafür können Sie auch Makros (Variablen) wie beispielsweise %CN% für den Benutzernamen, verwenden.
/f	Der NAL liest nicht das eDirectory (wenn beispielsweise /a verwendet wird, nur um ein Programm zu installieren). Zusätzlich muss /h angegeben werden.
/h	Das Application-Window nicht anzeigen. Notwendig, wenn Sie /h verwenden und empfehlenswert in vielen Fällen bei /c, /l und /v.
/l="<baumname>:.<appobjdn>"	Deinstalliert eine Applikation. Es muss dazu der Baum im eDirectory sowie der vollqualifizierte DN des Applikationsobjekts angegeben werden.
/max	Das Fenster wird im Vollbildmodus angezeigt.
/min	Das Fenster wird im minimierten Modus in der Taskleiste angezeigt.
/n	Das Fenster wird im Fenstermodus angezeigt.
/nd	Die Warnmeldung für eine eingehende Wählverbindung nicht anzeigen.
/p="<parameter>"	Die angegebenen Parameter werden an die aufzurufende Applikation weitergeleitet. Nur wirksam zusammen mit /a und /v.
/singletree="<baumname>"	Liest nur den angegebenen Baum, unabhängig davon, ob der Benutzer auch noch an weiteren Bäumen authentifiziert ist.

Tabelle 10.1: Parameter zu NALWIN32.EXE

Parameter	Beschreibung
`/s`	Macht das Application-Window zu einer Art Windows-Shell. Im Dateimenü führt der Beenden-Befehl zum Herunterfahren der Arbeitsstation. Wird das Fenster minimiert, steht allerdings dahinter der ganz normale Desktop zur Verfügung.
`/u`	Beendet alle NAL-Applikationen, das Application-Window und den NAL selbst.
`/v="<baumname>:.<appobjdn>"`	Überprüfen und Starten der angegebenen Applikation.

Tabelle 10.1: Parameter zu NALWIN32.EXE (Forts.)

Application-Explorer

Sie können entweder NALDESK.EXE bei C:\PROGRAMME\NOVELL\ZENWORKS aufrufen, über *Start\Programme\ZENworks für Desktops 4\Application-Explorer* starten oder NALEXPLD.EXE bei SYS:PUBLIC starten. Die letzte Form ist nur noch aus Gründen der Rückwärtskompatibilität insbesondere für Skripte vorhanden. Dies funktioniert jedoch nur, soweit auf der Arbeitsstation der NAL bereits installiert wurde, da NALEXPLD.EXE keine Dateien mehr kopiert.

Für den Aufruf stehen eine Reihe von Parametern zur Verfügung, die Sie in Tabelle 10.2 finden.

Parameter	Beschreibung
`/nd`	Die Warnmeldung für eine eingehende Wählverbindung nicht anzeigen.
`/ns`	Der Eingangsbildschirm wird nicht angezeigt.
`/singletree="<baumname>"`	Liest nur den angegebenen Baum, unabhängig davon, ob der Benutzer auch noch an weiteren Bäumen authentifiziert ist.

Tabelle 10.2: Parameter zu NALDESK.EXE

Application-Browser

Klicken Sie im Web-Browser auf die NAL-Symbolschaltfläche.

10.6 Konfiguration des Startprogramms

Das Startprogramm (NALWIN32.EXE, NALDESK.EXE usw.) können Sie in Benutzer-, Arbeitsstations- und Containerobjekten konfigurieren. Wenn der NAL bzw. der NAL-Helper startet, beginnt er mit der Suche nach Einstellungen beim Benutzer- bzw. Arbeitsstationsobjekt. Danach wird die Suche im Container zum Objekt fortgesetzt und weiter, bis der oberste Container im Baum bzw. der Container erreicht ist, der als oberste Ebene des Konfigurationsbaums konfiguriert ist. Für Einstellungen, die nicht festgelegt werden, benutzt der NAL Standardeinstellungen.

Am besten Sie konfigurieren über Containerobjekte und behandeln lediglich Ausnahmen über Benutzer- und Arbeitsstationsobjekte.

Rufen Sie die Eigenschaften eines Benutzer-, Arbeitsstations- oder Containerobjekts auf und wechseln Sie auf die Registerkarte *Application Launcher.*

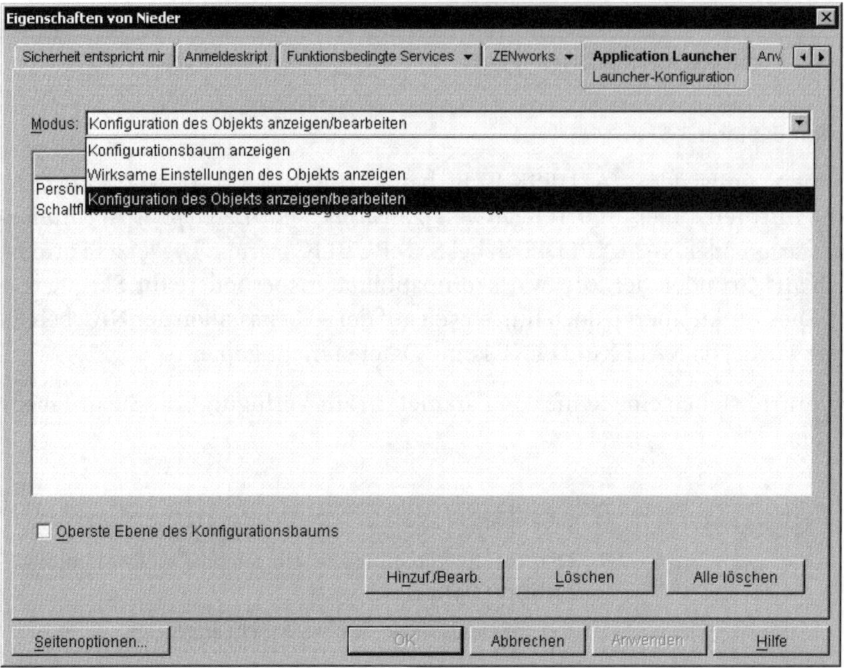

Abb. 10.4: Konfiguration des Startprogramms (NAL)

Wollen Sie spezielle Einstellungen durchführen, wählen Sie *Konfiguration des Objekts anzeigen/bearbeiten* bzw. *View/Edit object's custom configuration* (hier werden die vorgenommenen Änderungen als Liste angezeigt) und klicken Sie anschließend auf HINZUF./BEARB., um die Einstellungen an Ihre Bedürfnisse anzupassen (Abb. 10.4).

Das Kontrollfeld *Oberste Ebene des Konfigurationsbaums* unterdrückt eine Vererbung vom übergeordneten Container. Diese Option sollten Sie unbedingt anwenden, damit die Suche nicht immer bis zum obersten Container erfolgt. Dies kann auch für die Konfiguration in Arbeitsstations- und Benutzerobjekten wichtig sein, wenn diese unabhängig von den Containereinstellungen individuell konfiguriert werden und eine Vererbung aus dem Containerbereich nicht gewünscht ist.

Wählen Sie *Konfigurationsbaum anzeigen* (Abb. 10.5), wird der eDirectory-Baum mit den hier gültigen Einstellungen bzw. Änderungen angezeigt (der Vererbungsweg wird grafisch dargestellt).

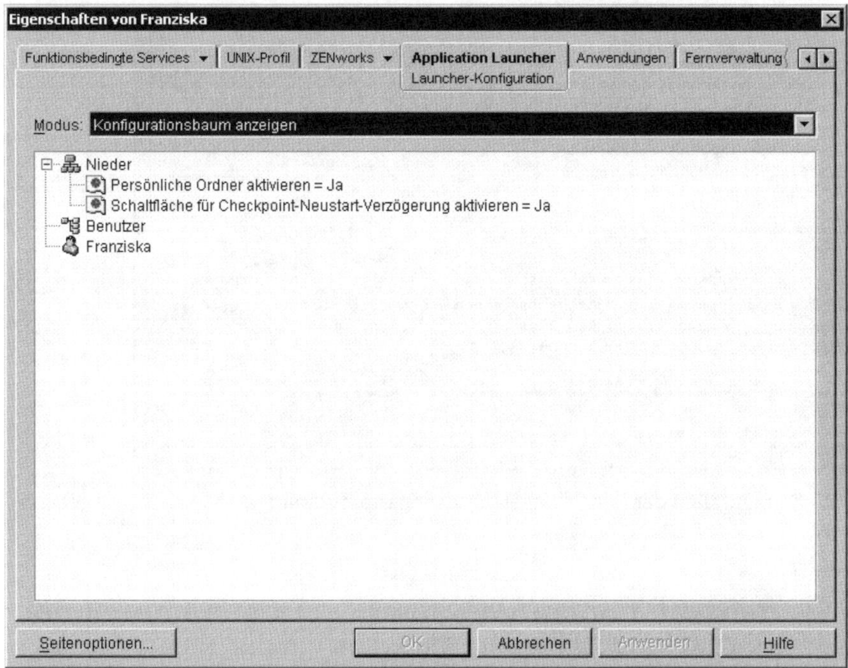

Abb. 10.5: Konfigurationsbaum mit Vererbung und geänderten Einstellungen

Hinweis

Die Einstellung ** *Nicht festgelegt* ** (** *Unset* **) bedeutet in der Konfiguration, dass der Wert aus übergeordneten Containern berücksichtigt wird. Nur wenn bis zum obersten Container bzw. der obersten Konfigurationsebene keine Einstellungen gefunden werden, verwendet das System Standardwerte.

Wollen Sie die derzeit wirksamen Einstellungen für alle Optionen anzeigen lassen, wählen Sie den Modus *Wirksame Einstellungen des Objekts anzeigen.* Damit finden Sie schnell und einfach auch die Standardwerte heraus (diese und weitere Informationen finden Sie selbstverständlich auch in der Hilfe zu den einzelnen Einstellungen), wenn Sie selbst keine Konfiguration vorgenommen haben.

Das Dialogfenster (Abb. 10.6) zur *Launcher-Konfiguration* unterscheidet sich in Abhängigkeiten vom Benutzer-, Arbeitsstations- und Containerobjekt. Nur das Containerobjekt enthält alle Einstellungen:

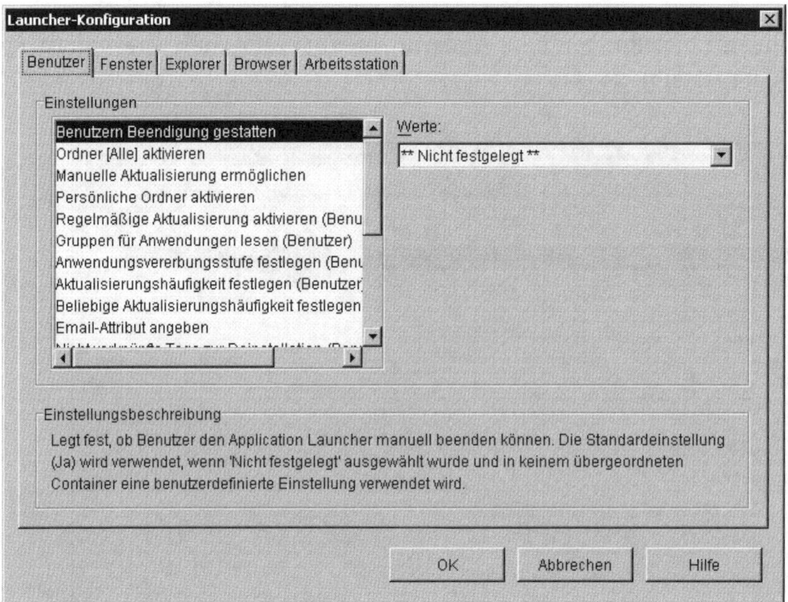

Abb. 10.6: Konfiguration der Einstellungen für das Startprogramm

- *Benutzer*

  Benutzerbezogene Einstellungen unabhängig von Application-Window, Application-Explorer und Application-Browser.

- *Fenster*

  Einstellungen zum Application-Window.

- *Explorer*

  Einstellungen zum Application-Explorer.

- *Browser*

  Einstellungen zum Application-Browser.

- *Arbeitsstation*

  Arbeitsstationsbezogene Einstellungen für den NAL-Helper. Diese Einstellungen werden nur beachtet, wenn eine Arbeitsstation importiert ist und der Arbeitsstations-Manager ausgeführt wird.

10.6.1 Benutzereinstellungen

Auf der Registerkarte *Benutzer* werden die benutzerbezogenen Einstellungen für das Startprogramm festgelegt.

- *Benutzern Beendigung gestatten*

  Bei *Ja* (Standardeinstellungen) hat der Benutzer die Möglichkeit, im Dateimenü Application-Window und Application-Explorer zu beenden.

- *Ordner [Alle] aktivieren*

  In allen drei Ansichten steht bei *Ja* (Standardeinstellung) der Ordner `[Alle]` zur Verfügung, in dem alle verfügbaren Applikationsobjekte entsprechend deren Konfiguration zur Verknüpfung angezeigt werden (unabhängig vom Baum und Ordner).

- *Manuelle Aktualisierung ermöglichen*

  Mit der Standardeinstellung *Ja* hat der Benutzer die Möglichkeit, unabhängig von einer automatischen Aktualisierung (Lesen des eDirectory nach Änderungen für den NAL) selbst den Befehl *Aktualisieren* auszuführen.

  Bedenken Sie, dass beim Start immer automatisch eine Aktualisierung vom NAL erfolgt und daher in der Praxis relativ selten eine manuelle oder automatische Aktualisierung während der Sitzungszeit erfolgen muss.

- *Persönliche Ordner aktivieren*

  Damit wird eine Ordnerstruktur für die Benutzer zur Verfügung gestellt, in denen diese sich zusätzlich ihre Applikationsobjekte in eigenen Ordnern organisieren können. Der Standardwert ist *Nein*.

- *Regelmäßige Aktualisierung aktivieren (Benutzer)*

  Normalerweise werden die Informationen nur beim Start des NAL aus dem eDirectory gelesen. Spätere Änderungen bis zum nächsten Neustart sind nur verfügbar, wenn manuell oder automatisiert eine Aktualisierung stattfindet. Mit dieser Option können Sie eine regelmäßige automatische Aktualisierung aktivieren (Standardwert ist *Nein*). Zusätzlich sollte noch die Option zur Aktualisierungshäufigkeit konfiguriert werden.

- *Aktualisierungshäufigkeit festlegen (Benutzer)*

  Haben Sie die regelmäßige Aktualisierung aktiviert, wird hier festgelegt, wie häufig dies zu geschehen hat. Werte zwischen 0 und 999999999 Sekunden sind möglich (Standardwert ist 43200 Sekunden, was 12 Stunden entspricht).

  Diese Optionen sind insbesondere interessant, wenn es bei Ihnen Benutzer gibt, die nicht mindestens einmal pro Tag einen Neustart durchführen, sondern beispielsweise abends lediglich die Arbeitsstation sperren. Geben Sie aus Gründen der Netzwerklast keinen zu kleinen Wert an.

- *Beliebige Aktualisierungshäufigkeit festlegen*

  Der Standardwert *(0)* ist, dass sofort beim Start das eDirectory nach verfügbaren Applikationsobjekten durchsucht wird. Sie können hier einen benutzerdefinierten Wert festlegen. Geben Sie einen Wert größer als Null ein, wird beim

Start der lokale NAL-Cache (Zwischenspeicher) ausgelesen. Für eine erste Aktualisierung aus dem eDirectory wird der hier angegebene Wert in Sekunden übernommen und ein Zufallswert zwischen 0 und diesem Wert gebildet, nach dem eine Aktualisierung mithilfe des eDirectory erfolgt.

Damit kann zu Spitzenzeit für Anmeldungen das Netzwerk entlastet werden.

- *Gruppen für Anwendungen lesen (Benutzer)*

  Applikationsobjekte können mit Benutzern auch über deren Gruppenzugehörigkeit verknüpft werden. Standardmäßig werden diese Verknüpfungen beim Lesen des eDirectory durch den NAL berücksichtigt. Der Nachteil ist, dass dies zu einer spürbaren Leistungsverschlechterung führen kann. Aus diesem Grund haben Sie hier die Möglichkeit, die Berücksichtigung von Gruppen zu deaktivieren, wenn Sie *Nein* auswählen.

Tipp

Die Verknüpfung von Applikationen über Gruppen ist eine organisatorisch einfache und beliebte Methode in der Praxis. Sie sollten dies aber noch einmal bedenken, da insbesondere in größeren Netzwerken dadurch eine spürbare Mehrbelastung entsteht.

- *Anwendungsvererbungsstufe festlegen (Benutzer)*

  Die Einstellungen –1 (bis zur [Root] suchen) sowie 1 (Standardwert) bis 999 sind möglich. Mit einem positiven Wert legen Sie fest, wie viele Parent-Container-Ebenen nach verknüpften Applikationsobjekten durchsucht werden sollen.

- *E-Mail-Attribut angeben*

  Wählen Sie hier das E-Mail-Attribut aus, das beim Einblenden von E-Mail-Namen auf der Registerkarte *Kontakte für Hilfe* in den Eigenschaften von Applikationsobjekten verwendet wird. Der Standardwert ist die Internet-E-Mail-Adresse.

- *Nicht verknüpfte Tage zur Deinstallation (Benutzer)*

  Sie können hier angeben, wie lange eine Applikation dem Benutzer noch zur Verfügung steht, bevor sie automatisch deinstalliert wird, nachdem diese dem Benutzer nicht mehr zur Verfügung steht. Bei der Angabe –1 erfolgt niemals eine Deinstallation. Sie können hier einen Wert zwischen 0 und 730 Tagen angeben.

  Diese Option erfordert, dass für die Applikationsobjekte eine Deinstallation in den Eigenschaften konfiguriert wurde.

- *Autostart Application Launcher*

  Sie können einstellen, dass der NAL automatisch im Autostart-Ordner eingefügt wird und somit immer startet (wichtig insbesondere bei mobilen Benutzern, da unterwegs kein Anmeldeskript ausgeführt wird). Der Standardwert ist *Nein*. Aktivieren Sie die Option, wird immer die Ansicht in den Autostart-Ordner eingetragen, die bei der Ausführung gerade aktiv ist (Application-Window oder Application-Explorer).

- *Lesen von Cache-Wechseldatenträgern aktivieren*

  Sie können hier festlegen, ob der NAL Informationen aus einem Zwischenspeicher (Cache) lesen kann, der sich auf einem Wechseldatenträger wie CD, Jaz oder Zip befindet. Standardmäßig ist diese Option aktiviert.

  Legen Sie *Nein* fest, besteht gleichzeitig keine Möglichkeit mehr, im verbindungslosen Modus zu arbeiten. In diesem Modus kann sonst beispielsweise eine Autostart-CD mit Applikationsobjekten eingelegt und vom NAL gelesen bzw. verarbeitet werden.

- *Schreiben in Cache aktivieren*

  Der Standardwert ist *Ja*. Deaktivieren Sie diese Funktion, kann der NAL nichts mehr im lokalen Zwischenspeicher ablegen. Damit besteht der Zugriff auf neue und geänderte Applikationsobjekte nur noch über das eDirectory und einem Zwischenspeicher auf einem Wechseldatenträger.

  Ohne Cache stehen eine Reihe von Funktionen nicht mehr zur Verfügung:

  - Deinstallation einer Applikation
  - beliebige Aktualisierungshäufigkeit
  - Checkpoint-Neustart-Verzögerung

- *Schaltfläche für Checkpoint-Neustart-Verzögerung aktivieren*

  Diese Option hat nur Bedeutung, wenn der Benutzer im Fernmodus arbeitet. Der Standardwert ist *Ja*. Damit kann ein Anwender die Verteilung einer Applikation verzögern, indem er auf die Schaltfläche VERSCHIEBEN klickt, die jedoch nur angezeigt wird, wenn es sich um eine langsame Verbindung handelt. Die Verteilung und Installation erfolgt dann zu einem späteren Zeitpunkt (wurde bereits ein Teil lokal gespeichert, wird beim nächsten Start nur der noch fehlende Teil übertragen).

- *Verweise immer prüfen*

  Der Standardwert ist *Nein*. Sie legen hier fest, ob für ein Applikationsobjekt immer die erste gefunden Replika (Reproduktion) oder die am besten verfügbare verwendet werden soll (Einstellung *Ja*).

- *Automatische Symbolbereinigung aktivieren*

  Der Standardwert *Ja* definiert, dass beim Beenden des NAL immer alle NAL-Verknüpfungen beispielsweise vom Desktop entfernt werden sollen. Die Einstellung *Nein* ist wichtig, wenn mehrere Terminalserver-Benutzer mit dem gleichen Konto im eDirectory arbeiten und einer davon den NAL beendet (bei der Einstellung *Ja*, würden in diesem Fall die Applikationsverknüpfungen des NALs bei allen verschwinden).

- *Fernzugriff-Erkennungsmethode konfigurieren*

  Hier legen Sie fest, wie der NAL erkennen soll, ob der angemeldete Benutzer lokal oder per Fernzugriff arbeitet. Der Standardwert ist *Benutzer arbeitet immer lokal.* Wenn der NAL erkennen kann, dass es sich um eine aktive Wählverbindung handelt, startet er immer im Fernmodus. Wenn nicht, geben Sie hier die Konfiguration an.

  - *Benutzer arbeitet immer lokal:* Der NAL funktioniert immer so, als würde der Benutzer lokal arbeiten.
  - *Benutzer arbeitet immer per Fernzugriff:* Der NAL funktioniert immer so, als würde der Benutzer im Fernmodus arbeiten.
  - *Eingabeaufforderung:* Der Benutzer wird abgefragt, ob er im lokalen Modus oder im Fernmodus arbeitet.
  - *Autom. Erkennung mit maximaler Schnittstellengeschwindigkeit:* Sie müssen in einem zusätzlichen Feld einen Schwellenwert in Byte pro Sekunde eingeben. Die Verbindung wird als lokal erkannt, wenn deren Geschwindigkeit über dem angegebenen Schwellenwert liegt. Dabei wird die Datei SENSAPI.DLL benutzt, die zusammen mit dem Internet-Explorer 6 installiert wird.
  - *Erkennung über Netzwerk-ID:* Ob ein Benutzer lokal arbeitet oder nicht, wird in diesem Fall über eine Netzwerk-ID gesteuert. Dabei kann festgelegt werden, dass der Benutzer lokal arbeitet, wenn die Netzwerk-ID gleich oder nicht gleich ist. Um die Netzwerk-ID festzustellen, führen Sie eine bitweise UND-Operation der IP-Adresse und Subnet-Maske durch. Beispiel (die Netzwerk-ID ist 129.56.176.0):

```
129.56.189.41     10000001 00111000 10111101 00101001
255.255.240.0     11111111 11111111 11110000 00000000
129.56.176.0      10000001 00111000 10110000 00000000
```

- *Alle Popup-Fenster in den Vordergrund stellen*

  Der Standardwert *Ja* definiert, dass alle Popup-Fenster automatisch im Vordergrund angezeigt werden.

- *Middle Tier-Anmeldung aktivieren*

  Mit dem Standardwert *Ja* wird festgelegt, dass im Menü *Datei* immer ein Befehl zur Anmeldung über den ZfD-Middle-Tier-Server angezeigt wird, wenn noch keine ZfD-Middle-Tier-Sitzung geöffnet wurde.

10.6.2 Arbeitsstationseinstellungen

Die benutzertunabhängigen Einstellungen für Arbeitsstationen nehmen Sie auf der Registerkarte *Arbeitsstation* bzw. *Workstation* vor. Eine kurze Beschreibung der Funktionen finden Sie jeweils nach der Auswahl in der unteren Hälfte des Fensters.

- *Helper aktivieren (Arbeitsstation)*

  Standardmäßig lädt der Arbeitsstations-Manager den Arbeitsstations-Helper für die Applikationsverwaltung und fügt diesen zum Arbeitsstations-Manager-Planer hinzu. Dies ist unbedingt erforderlich, wenn Applikationsobjekt auf Arbeitsstations-Objekte verknüpft werden.

- *Regelmäßige Aktualisierung aktivieren (Arbeitsstation)*

  Normalerweise werden die Informationen nur beim Start des Arbeitsstations-Helpers aus dem eDirectory gelesen. Spätere Änderungen bis zum nächsten Neustart sind nur verfügbar, wenn manuell oder automatisiert eine Aktualisierung stattfindet. Mit dieser Option können Sie eine regelmäßige automatische Aktualisierung aktivieren (Standardwert ist *Nein*). Zusätzlich sollte noch die Option zur Aktualisierungshäufigkeit konfiguriert werden.

  Im Gegensatz zur Konfiguration für Benutzer werden bei der periodischen Aktualisierung keine neuen Applikationsobjekte zur Verfügung gestellt. Dies geschieht für Arbeitsstationen nur beim Start. Es werden nur Änderungen an bereits verfügbaren Objekten durchgeführt.

- *Aktualisierungshäufigkeit festlegen (Arbeitsstation)*

  Haben Sie die regelmäßige Aktualisierung aktiviert, wird hier festgelegt, wie häufig dies zu geschehen hat. Werte zwischen 0 und 999999999 Sekunden sind möglich (Standardwert ist 43200 Sekunden, was 12 Stunden entspricht).

  Diese Optionen sind insbesondere interessant, wenn es bei Ihnen Benutzer gibt, die nicht mindestens einmal pro Tag einen Neustart durchführen, sondern beispielsweise abends lediglich die Arbeitsstation sperren. Geben Sie aus Gründen der Netzwerklast keinen zu kleinen Wert an.

- *Gruppen für Anwendungen lesen (Arbeitsstation)*

  Applikationsobjekte können Arbeitsstationen auch über deren Gruppenzugehörigkeit verknüpfen. Standardmäßig werden diese Verknüpfungen beim Lesen des eDirectory durch den Helper berücksichtigt. Der Nachteil ist, dass dies zu einer spürbaren Leistungsverschlechterung führen kann. Aus diesem Grund haben Sie hier die Möglichkeit, die Berücksichtigung von Gruppen zu deaktivieren, wenn Sie *Nein* auswählen.

- *Anwendungsvererbungsstufe festlegen (Arbeitsstation)*

  Die Einstellungen –1 (bis zur [Root] suchen) sowie 1 (Standardwert) bis 999 sind möglich. Mit einem positiven Wert legen Sie fest, wie viele Parent-Container-Ebenen nach verknüpften Applikationsobjekten durchsucht werden sollen.

- *Nicht verknüpfte Tage zur Deinstallation (Arbeitsstation)*

  Sie können hier angeben, wie lange eine Applikation der Arbeitsstation noch zur Verfügung steht, bevor sie automatisch deinstalliert wird, nach dem diese der Arbeitsstation nicht mehr zur Verfügung steht. Bei der Angabe –1 erfolgt niemals eine Deinstallation. Sie können hier einen Wert zwischen 0 und 730 Tagen angeben.

  Diese Option erfordert, dass für die Applikationsobjekte eine Deinstallation in den Eigenschaften konfiguriert wurde.

10.6.3 Application-Window (*Fenster*)

Für das Application-Window-Fenster stehen einige zusätzliche Optionen auf der Registerkarte *Fenster* zur Verfügung:

- *Ordneransicht aktivieren*

  Damit legen Sie fest, ob im Application-Window links eine Ordneransicht angezeigt werden soll. Der Standardwert ist *Ja*. Bei *Nein* werden alle Einträge ohne Ordnerstruktur angezeigt, was bei sehr vielen Applikationen für den Benutzer schnell unterübersichtlich wird.

- *Anmeldung aktivieren*

  Wirkt nur, wenn der Novell-Client verfügbar ist. Bei *Ja* ist im Menü *Datei* ein Eintrag zur Anmeldung bei eDirectory verfügbar *(Client32-Anmeldung)*. Dazu muss LOGINW32.EXE auf der Arbeitsstation verfügbar sein (%SystemRoot%\SYSTEM32). Der Standardwert ist *Nein*.

- *Ordneransicht beim Start erweitern*

  Die angezeigte Ordnerstruktur in der linken Fensterhälfte wird komplett erweitert (Standardeinstellung ist *Nein*). Wirkt sich selbstverständlich nur aus, wenn *Ordneransicht aktivieren* auf *Ja* konfiguriert ist.

- *Fenstergröße und -position speichern*

  Bei *Ja* (Standardwert) merkt sich das System die Fensterkoordinaten beim Beenden und stellt diese beim nächsten Aufruf automatisch wieder her.

- *Wasserzeichen-Anzeigeeigenschaft*

  Für die Anzeige ohne Ordner bzw. mit Ordner im rechten Fensterteil können Sie ein Hintergrundbild (Wasserzeichen) festlegen. Dafür können Sie beispielsweise .BMP-, .GIF- oder .JPEG-Dateien verwenden, die beim *Wasserzeichen-*

Ursprungspfad angegeben werden muss. Die Anzeige beginnt immer links oben (das ist der Standardwert *Standard*). Füllt das Bild den Hintergrund nicht komplett aus, können Sie das Bild mit der Einstellung *Nebeneinander (Tile)* wiederholen lassen.

- *Wasserzeichen-Ursprungspfad*

  Wollen Sie ein Wasserzeichen (Hintergrundbild) verwenden, müssen Sie hier *Benutzerdefiniert* auswählen sowie den Pfad und Dateinamen eingeben, der auf den Arbeitsstationen verwendet werden soll (die Benutzer müssen zumindest Leserechte besitzen). Sie können eine URL, einen UNC-Pfadnamen oder eine Laufwerksverknüpfung angeben. Es können nur Grafikdateien verwendet werden, die als Hintergrundbild für das Betriebssystem geeignet sind (z.B. .BMP-, .GIF- und .JPEG-Dateien).

  Vorsicht, der ZfD-Verwaltungsagent unterstützt hier eine Netzlaufwerksverknüpfungen oder UNC-Pfadangaben! Bei Bedarf sollte hier die Datei mit dem Hintergrundbild mit einem Applikationsobjekt auf die Arbeitsstation übertragen werden.

10.6.4 Application-Explorer (*Explorer*)

Für den Application-Explorer gibt es einige wenige zusätzliche Konfigurationseinstellungen auf der Registerkarte *Explorer*. Änderungen wirken sich erst nach dem nächsten Neustart des Application-Explorers aus.

- *Symbol auf Desktop anzeigen*

  Legen Sie hier fest, ob ein Symbol für den Application-Explorer auf dem Desktop der Benutzer angezeigt werden soll (Standardeinstellung ist *Ja*). Damit lässt sich das Application-Explorer-Fenster durch die Anwender öffnen.

  Vorsicht, stellen Sie hier *Nein* ein, wird im Windows-Explorer auch kein Eintrag mehr zum Application-Explorer angezeigt.

- *Symbol auf Desktop benennen*

  Die Standardbenennung auf dem Desktop und im Windows-Explorer ist *Application-Explorer*. Sie können hier eine benutzerdefinierte Benennung eingeben.

- *Symbol in der Taskleiste anzeigen*

  Standardmäßig wird im Systray bzw. Infobereich der Taskleiste ein Symbol für den Application-Explorer angezeigt. Stellen Sie hier *Nein* ein, erfolgt keine Anzeige mehr.

Wenn Sie das Symbol des Application-Explorers anzeigen lassen möchten, sollten Sie zusätzlich unbedingt die Einstellung zum Beenden auf der Registerkarte *Benutzer* konfigurieren, da es im Regelfall sicherlich nicht wünschenswert ist, dass Anwender über das Kontextmenü oder im Fenster über das Menü Datei den NAL beenden können.

10.6.5 Grafische Elemente ändern

Für Application-Window und Application-Explorer lassen sich einige grafische Elemente ändern. Dazu sind lediglich einige Dateien erforderlich, die Sie nach C:\PROGRAMME\NOVELL\ZENWORKS\GRAPHICS kopieren müssen, damit sie berücksichtigt werden (Tabelle 10.3).

Datei	Beschreibung
`SPLASH.BMP`	Willkommensbildschirm beim Start.
`DESKTOP.ICO`	Symbol für den Desktop (für den verbundenen Modus).
`OFFLINEDESKTOP.ICO`	Symbol für den Desktop (für den Offline- bzw. verbindungslosen Modus).
`SYSTRAY.ICO`	Symbol für den Systray bzw. Infobereich der Taskleiste (Anzeige im Leerlauf).
`OFFLINESYSTRAY.ICO`	Symbol für den Systray bzw. Infobereich der Taskleiste (im Offline-Modus).
`REFRESH1.BMP bis REFRESH12.BMP`	Symbole für den Systray bzw. Infobereich der Taskleiste. Diese werden der Reihe nach angezeigt, wenn das eDirectory gelesen wird.
`PROGRESS.AVI`	Für die Visualisierung der Verteilungs- und Zwischenspeicherprozesse.
`UNINSTALL.AVI`	Für die Visualisierung der Deinstallation.
`MINIBANNER.BMP`	Novell-Banner.

Tabelle 10.3: Grafische Elemente für Application-Window und Application-Explorer

Am einfachsten ist es, Sie erstellen ein kleines Applikationsobjekt, mit dem die Dateien auf die Arbeitsstationen verteilt werden.

10.6.6 Application-Browser (*Browser*)

Auf der Registerkarte *Browser* steht derzeit nur ein Eintrag zur Verfügung. Sie legen mit der Einstellung *Application Launcher beim Beenden des Browsers schließen* fest, ob ein gestarteter NAL beim Schließen des Web-Browsers mit der *Application-Browser*-Ansicht beendet werden soll. Die Standardeinstellung ist *Nein*.

Sie sollten hier nur *Ja* wählen, wenn kein Application-Windows oder Application-Explorer verwendet wird, da diese beim Beenden des NAL ebenfalls beendet werden. Dies dürfte zumindest im Regelfall nicht gewünscht sein.

10.6.7 Anpassen des Application-Browsers

Zur Konfiguration und Anpassung des Application-Browsers werden die Dateien MYAPPS.HTML, REFRESH.HTML und HF_STYLE.CSS benötigt. Vorsicht, das System verwendet noch weitere Dateien, die normalerweise zur Anpassung nicht benötigt werden. Die Dateien REFRESH.HTML und HF_STYLE.CSS existieren nicht, bevor Sie diese nicht selbst erstellt haben.

Wichtig

Sie benötigten zumindest Grundkenntnisse zur Programmierung mit HTML, Style-Sheets und Java, da es sonst sehr schwierig oder kaum möglich ist, insbesondere auftretende Probleme zu lösen.

MYAPPS.HTML kontrolliert, auf welchen ZfD-Middle-Tier-Server der Zugriff erfolgt, ob die Ansicht Web-Portal-aktiviert ist oder nicht, die Banner-Grafik, die Banner-Höhe, ob die Anzeige den Ordnerbaum umfasst und wie die Applikationssymbole angezeigt werden. Die Datei finden Sie auf dem ZfD-Middle-Tier-Server im Verzeichnis <webserverroot>\NWDOCS (NetWare) bzw. \WWWROOT (Windows 2000). Auf der lokalen Arbeitsstation wird die Datei bei C:\PROGRAMME\NOVELL\ZENWORKS\NLS\ENGLISH (bzw. anderes Sprachverzeichnis) gespeichert.

REFRESH.HTML enthält die Meldung, die im Application-Browser angezeigt wird, wenn der NAL startet und das eDirectory nach Informationen durchsucht wird. HF_STYLE.CSS enthält alle Styles, die für die Anzeige der HTML-Dateien verwendet werden. Die Dateien müssen entweder auf dem ZfD-Middle-Tier-Server im Verzeichnis <webserverroot>\NWDOCS\NAL_HTML (NetWare) bzw. \WWWROOT\NAL_HTML (Windows 2000) oder auf der lokalen Arbeitsstation bei C:\PROGRAMME\NOVELL\ZENWORKS\NAL_HTML erstellt werden.

MYAPPS.HTML

Die Datei findet sich auf dem ZfD-Middle-Tier-Server und auf den Arbeitsstationen und stellt das »Hauptprogramm« des Application-Browsers dar. Die Installation auf den Arbeitsstationen erfolgt entweder durch das ZfD-Verwaltungsagenten-Installationsprogramm oder durch NAL-Installationsprogramm ZFDWEBSW.EXE (siehe Abschnitt 10.5.1).

Starten Benutzer die Datei vom Server, wird diese automatisch auf die Arbeitsstation heruntergeladen, wodurch Änderungen später auch beim lokalen Aufruf verfügbar sind. Arbeiten Ihre Benutzer nur mit der lokalen Variante, müssen Sie Änderungen auf die Arbeitsstation verteilen.

Beim Start der Datei wird das ActiveX-Control AXNALSERVER.DLL geladen, die zur Generierung der Application-Browser-Ansicht verwendet wird. Zur Anpassung müssen Sie die Parameter in MYAPPS.HTML ändern, die an das Control weitergegeben werden (sind in der Datei ausführlich kommentiert). Alle oder zumindest die meisten Parameter sind auskommentiert, wodurch das System die Standardwerte anwendet. Folgende Parameter stehen zur Verfügung (entgegen der Darstellung hier muss jeder Parameter vollständig in einer Zeile angegeben werden):

```
param name=\"MiddleTierAddress\" value=\"192.168.250.11:80\"
param name=\"PortalView\" value=\"false\"
param name=\"BannerURL\" value=\"http://www.firma.de/banner.html\"
param name=\"BannerHeight\" value=\"80\"
param name=\"ShowTree\" value=\"true\"
param name=\"AppDisplayType\" value=\"0\"
```

- Entfernen Sie als erstes die Kommentierungsbefehle. Das sind am Anfang die Zeichen `!--` und am Ende `--`.
- Als nächstes müssen Sie zur Änderung von Einstellungen die Angaben zwischen `value=\`" und `\`" am Ende modifizieren.
  - `MiddleTierAddress`: Nur notwendig, wenn der ZfD-Middle-Tier-Server für den Zugriff auf das eDirectory konfiguriert wurde. Die hier angegebene IP-Adresse des Servers wird nur verwendet, wenn diese im der Registry des Clients nicht gespeichert ist, was automatisch erfolgt, wenn der ZfD-Verwaltungsagent installiert wird.
  - `PortalView`: Geben Sie hier `true` an, wird der Bannerabschnitt in der Application-Browser-Ansicht nicht angezeigt.
  - `BannerURL`: Dieser Parameter wird nur beachtet, wenn `PortalView` auf `false` eingestellt ist. Sie können hier einen URL für einen eigenen Banner angeben (z.B. mit Ihrem Firmenlogo, statt dem von Novell). Die URL muss auf eine .HMTL- oder Grafik-Datei zeigen.
  - `BannerHeight`: Dieser Parameter wird nur beachtet, wenn `PortalView` auf `false` eingestellt ist und eine `BannerURL` spezifiziert wurde. Als Bannerhöhe können Sie einen Wert zwischen 5 und 200 angeben. Kleinere bzw. größere Werte werden automatisch auf 5 auf- bzw. auf 200 abgerundet.
  - `ShowTree`: Bei Angabe von `true` wird im linken Bereich die Ordneransicht dargestellt und bei `false` nicht.
  - `AppDisplayType`: Hier legen Sie fest, wie die Applikationssymbole im rechten Bereich des Browsers angezeigt werden. Bei `0` (Standardeinstellung) werden große Symbole verwendet und bei `1` erfolgt die Anzeige im Listenformat.
- Speichern Sie zum Abschluss die Datei.

REFRESH.HTML

Erstellen Sie diese Datei, wird nicht mehr die mitgelieferte Version verwendet, die sich auf den Arbeitsstationen befindet. Verwalten Sie die Datei auf dem Server, wird diese automatisch heruntergeladen, wenn der Benutzer auf MYAPPS.HTML des Servers zugreift.

Während der NAL die Daten aus dem eDirectory liest, wird im Browser die folgende Meldung angezeigt:

```
In Progress: Your application list is being generated.
```

bzw.

```
In Progress: Ihre Anwendungsliste wird erstellt.
```

Mit der Datei REFRESH.HTML kann diese Meldung auf Ihre Wünsche angepasst werden.

- Die Datei kann Text, Grafiken und andere HTML-Elemente enthalten.
- Verwenden Sie als Standort nicht den Server, muss unbedingt immer eine absolute statt relative URL für Dateien verwendet werden.
- Alle Dateien werden vom Server heruntergeladen, wenn auf diesen zugegriffen wird (MYAPPS.HTML). Dies gilt aber nur für direkt referenzierte Dateien in REFRESH.HTML.

HF_STYLE.CSS

Erstellen Sie diese Datei, wird nicht mehr die mitgelieferter Version NOVDOCMAIN.CSS verwendet, die sich auf den Arbeitsstationen befindet. Verwalten Sie die Datei auf dem Server, wird diese automatisch heruntergeladen, wenn der Benutzer auf MYAPPS.HTML des Servers zugreift.

Ein komplettes Beispiel für HF_STYLE.CSS finden Sie im Administration Guide zu ZfD 4.0 von Novell.

10.6.8 Berechtigungen

Der NAL benötigt Zugriff auf das eDirectory, das lokale Dateisystem der Arbeitsstationen und auf das Dateisystem des Servers.

eDirectory

Für die Beglaubigung beim eDirectory kann der NAL den installierten Novell-Client verwenden. Alternativ kann der ZfD-Verwaltungsagent verwendet werden. Ist der Benutzer am eDirectory nicht angemeldet, wird vom NAL der lokal verfügbare NAL-Cache verwendet.

Dateisystem

Für die Installation, Ausführung, Zwischenspeicherung (Caching) und zum deinstallieren von Applikationen, benötigt der NAL Zugriff auf das lokale Dateisystem und ggf. auch auf das Dateisystem verschiedener Server.

Der Zugriff auf das lokale Dateisystem erfolgt über den angemeldeten Benutzer oder das Systemkonto. Beachten Sie für die notwendigen Berechtigungen die Angaben im Abschnitt 10.5.2.

Die notwendigen Zugriffsrechte auf Server werden über den Novell- (Novell-Client oder ZfD-Verwaltungsagent) und Microsoft-Client definiert.

Verwenden Sie den ZfD-Verwaltungsagenten, um über einen ZfD-Middle-Tier-Server auf das Dateisystem auf einem Server zuzugreifen, können Dateien kopiert, aber nicht direkt ausgeführt werden (limitierter Dateizugriff). Daher kann in einer derartigen Umgebung der NAL keine Applikation starten, die sich auf dem Dateisystem eines Servers befindet. .MSI-Applikationen können nur installiert werden, wenn in deren Applikationsobjekten die Option *Cache erzwingen* bzw. *Force Cache* aktiviert ist. Dabei werden die Applikationen erst in den lokalen NAL-Cache übertragen und anschließend von dort aus installiert.

10.7 Möglichkeiten der Anwendungsverteilung

Mit der ZfD-Anwendungsverwaltung können Sie folgende Aufgaben ausführen:

- Verteilung und Ausführung von Applikationen, Web-Applikationen und Terminalserver-Applikationen
- Applikationen auf Arbeitsstationen verteilen (installieren), deren Benutzer im eDirectory beglaubigt ist
- .MSI-basierende Anwendungen verteilen (installieren)
- Applikationen auf neue Images von Arbeitsstationen im Rahmen des Imaging-Vorgangs verteilen (Zusatz-Image – siehe Kapitel 13)
- Installation und Ausführung von Anwendungen auf Arbeitsstationen, die vom Netzwerk getrennt sind (die Anwendungen müssen sich zur Installation und Überprüfung in einem verborgenen lokalen Verzeichnis als NAL-Cache befinden, wohin sie über das Netz vor der Trennung oder per Wechselmedium übertragen werden)
- Ausführung von bereits lokal oder auf einem Server installierten Applikationen
- Deinstallation von Applikationen

10.8 Caching von Applikationen (Zwischenspeichern)

Das Caching ermöglicht, dass Benutzer Anwendungen installieren, ausführen und überprüfen können, insbesondere, wenn keine Verbindung zum eDirectory besteht.

10.8.1 Standort

Dazu wird das versteckte Verzeichnis C:\NALCACHE auf den einzelnen Arbeitsstationen durch den NAL erstellt. In diesem Verzeichnis werden insbesondere die zur Ausführung einer Anwendung notwendigen Informationen gespeichert, die benutzt werden, wenn das eDirectory nicht verfügbar ist.

Anwendungsobjekte können für das automatische Caching konfiguriert werden, wenn Sie einem Benutzer oder einer Arbeitsstation zugewiesen werden. In diesem Fall werden die Anwendungs-Ursprungsdateien auf den Client heruntergeladen und komprimiert in einer Verzeichnisstruktur gespeichert (siehe auch Abschnitt 10.8.2):

```
NALCACHE
  <baumname>
    <applikationsobjekt>
      INSTALL
```

Sie können den Pfad für den NALCACHE in der Registry der Arbeitsstationen ändern. Erstellen Sie an nachfolgendem Registry-Pfad den Wert `MasterCache` (REG_SZ) und geben Sie den neuen Pfad an (z.B. `C:\NOVELL\NALCACHE`). Anschließend muss der NAL aktualisiert oder neu gestartet werden.

```
HKEY_LOCAL_MACHINE
  \SOFTWARE
    \NetWare
      \NAL
        \1.0
```

Hinweis

Der alte Pfad für den Zwischenspeicher wird bei Verlegung nicht automatisch entfernt oder gelöscht! Dies müssen Sie bei Bedarf später selbst manuell oder automatisiert nachholen (beispielsweise kann der alte Ordner mithilfe eines Applikationsobjekts entfernt werden).

Die meisten notwendigen Schritte werden im Abschnitt 10.9 zur Konfiguration von Applikationsobjekten und im Abschnitt 10.6 zum Startprogramm beschrieben.

Der NAL-Cache bietet folgende Funktionalität:

- Installieren, Anzeigen, Ausführen und Überprüfen von Applikationen, wenn der Benutzer oder die Arbeitsstation beim eDirectory nicht beglaubigt sind
- Deinstallation von Software, die über den NAL installiert wurde
- verzögertes Lesen des eDirectory nach dem Systemstart
- Fortsetzung des Herunterladens von Applikationen im Fernmodus
- verminderte Netzwerklast durch Minimieren der eDirectory-Zugriffe für den Zugriff auf Applikationsobjekte

10.8.2 Struktur und Inhalt des NALCACHE

Das Verzeichnis NALCACHE enthält eine Reihe von Dateien mit Informationen für den NAL, damit dieser Applikationsobjekte verteilen/installieren, ausführen, deinstallieren usw. kann. Erfolgte noch keine Installation, enthält dieser Zwischenspeicher nur die Informationen zur Anzeige. Die Tabelle 10.4 enthält eine Übersicht der gepackten binären Dateien. Beachten Sie, dass immer nur die für ein Objekt notwendigen Dateien verfügbar sind.

Datei	Beschreibung
`COMPLETE.BIN`	Vollqualifizierter Name des Applikationsobjekts im eDirectory.
`DSATTR.BIN`	Alle eDirectory-Attribute des Objekts.
`DELTA.BIN`	Markiert den Zwischenspeicher als Delta-Cache. Das bedeutet, dass der Speicher nur die Informationen enthält, die vom NAL für die Anzeige des Objekts benötigt werden. Nach Verteilung bzw. Installation wird die Datei entfernt.
`FILES.BIN`	Enthält die Datei-Vitals für die zwischengespeicherten Dateien.
`FOLDERS.BIN`	Enthält eine Liste der Ordner, wo das Applikationsobjekt angezeigt werden soll (Application-Window, Startmenü usw.).
`STRM1.BIN`	Enthält das Symbol für das Applikationsobjekt.
`STRM2.BIN`	Enthält alle Modifikationen für Textdateien.
`STRM3.BIN`	Eine Liste aller Dateien, die auf die Arbeitsstation kopiert werden müssen. Davon ausgenommen sind Dateien, die bei jeder Aktualisierung des NAL erneut verteilt werden müssen.
`STRM4.BIN`	Registry-Änderungen für die Installation. Davon ausgenommen sind die Einträge, die bei jeder Aktualisierung des NAL erneut verteilt werden müssen.

Tabelle 10.4: Dateien im NALCACHE

Datei	Beschreibung
STRM5.BIN	Enthält Änderungen für .INI-Dateien zum Installationszeitpunkt. Davon ausgenommen sind die Einträge, die bei jeder Aktualisierung des NAL erneut verteilt werden müssen.
STRM6.BIN	Änderungen für Verknüpfungen zum Installationszeitpunkt. Davon ausgenommen sind die Änderungen, die bei jeder Aktualisierung des NAL erneut verteilt werden müssen.
STRM7.BIN	Makro-Informationen.
STRM8.BIN	Zeitplan-Informationen.
STRM9.BIN	Informationen zu den Systemanforderungen an die Arbeitsstationen.
STRM10.BIN	Verwalterhinweise.
STRM11.BIN	Skript für das Beenden.
STRM12.BIN	Skript für das Starten.
STRM13.BIN	Registry-Änderungen, die bei jedem Aufruf der Applikation durchgeführt werden müssen. Davon ausgenommen sind die Einträge, die bei jeder Aktualisierung des NAL erneut verteilt werden müssen.
STRM14.BIN	.INI-Änderungen, die bei jedem Aufruf der Applikation durchgeführt werden müssen. Davon ausgenommen sind die Änderungen, die bei jeder Aktualisierung des NAL erneut verteilt werden müssen.
STRM15.BIN	Dateien, die bei jedem Aufruf der Applikation kopiert werden müssen. Davon ausgenommen sind die Einträge, die bei jeder Aktualisierung des NAL erneut verteilt werden müssen.
STRM16.BIN	Änderungen zu Textdateien, die bei jedem Aufruf der Applikation durchgeführt werden müssen. Davon ausgenommen sind die Änderungen, die bei jeder Aktualisierung des NAL erneut verteilt werden müssen.
STRM17.BIN	Symboländerungen, die bei jedem Aufruf der Applikation durchgeführt werden müssen. Davon ausgenommen sind die Symbole, die bei jeder Aktualisierung des NAL erneut verteilt werden müssen.
STRM18.BIN	Konfiguration von Umgebungsvariablen.
STRM19.BIN	Skript, das vor Verteilung ausgeführt werden soll.
STRM20.BIN	Skript, das nach Verteilung ausgeführt werden soll.
STRM21.BIN	Enthält Informationen zur Vorab-Installation.

Tabelle 10.4: Dateien im NALCACHE (Forts.)

Im Unterverzeichnis INSTALL befinden sich die Quelldateien zur Installation oder Überprüfung einer Applikation auf der Arbeitsstation. Die Dateien werden hier nur abgelegt, wenn die Option *Cache erzwingen (Force Cache)* zu einem Applikationsobjekt aktiviert wurde. Sie finden diese Option im Applikationsobjekt auf der Registerkarte *Verknüpfungen* (findet sich auch in Benutzer-, Gruppen- und Containerobjekten).

Trotzdem die Dateien hier in komprimierter Form abgelegt werden, benötigen sie immer noch viel Platz. Die Ablage ist im verbindungslosen Modus nur dann erforderlich, wenn die Installation oder Überprüfung einer Applikation durchgeführt werden soll.

10.8.3 Wechseldatenträger

Ist eine Arbeitsstation vom eDirectory getrennt, können Sie beispielsweise eine CD oder einen anderen Wechseldatenträger verwenden, um eine Applikation zur Verfügung zu stellen.

- Erstellen Sie einen notwendigen Wechseldatenträger mithilfe der ConsoleOne. Wählen Sie im Menü *Werkzeuge* den Befehl *Application Launcher-Werkzeuge\Virtuelle CD erstellen.*
- Fügen Sie im ersten Dialogfenster die benötigten Applikationsobjekte hinzu (Sie sollten unbedingt auch *Cache erzwingen* aktivieren). Ein Beispiel finden Sie in Abb. 10.7. Aktivieren Sie alle gewünschten Optionen zur Darstellung und Ausführung auf den Zielsystemen.
- Klicken Sie auf WEITER>.

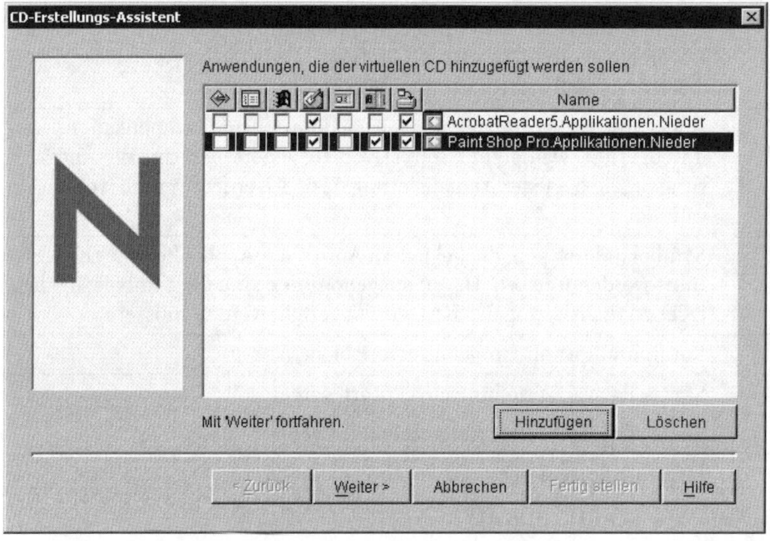

Abb. 10.7: Applikationsobjekte für einen Wechseldatenträger zusammenstellen

- Auf der zweiten Seite geben Sie als erstes ein leeres Verzeichnis an, in dem die virtuelle CD gespeichert werden kann. Sie können auch einen Wechseldatenträger angeben (speichern Sie dabei im Hauptverzeichnis, wenn dieser später als Original verwendet werden soll).

Aktivieren Sie das Kontrollfeld zu *Frist für Aufhebung der Verknüpfung nach Entnahme der CD,* wenn die damit verteilten Applikationsobjekte nur für einen bestimmten Zeitraum benutzt werden dürfen. Ohne diese Option zu aktivieren, stehen diese unbegrenzt zur Verfügung bzw. entsprechend der Einstellungen im einzelnen Applikationsobjekt. Der Standardwert sind 30 Tage und Sie können einen Wert zwischen 0 und 65535 Tage eingeben. Der Zeitraum beginnt nach Entnahme des Wechseldatenträgers. Bei 0 wird die Applikation entfernt, wenn nach der Entnahme des Wechseldatenträgers zum ersten Mal durch den NAL aktualisiert wird.

Aktivieren Sie *CD-Autostart-Dateien erstellen* (AUTORUN.INF), erfolgt eine automatische Verteilung/Installation sofort nach Einlegen des Wechseldatenträgers in die Arbeitsstation. Ohne diese Option erfolgt die Verteilung bzw. Installation erst, wenn der Benutzer manuell mit dem NAL aktualisiert bzw. dieser Vorgang automatisch erfolgt.

- Klicken Sie auf WEITER>, wird eine Zusammenfassung angezeigt.
- Klicken Sie auf FERTIG STELLEN, wird die virtuelle CD erstellt.

  Damit werden die notwendigen Dateien exportiert, was je nach Umfang der Dateien einige Zeit in Anspruch nimmt. Gleichzeitig werden die Dateien zum automatischen Start erstellt bzw. kopiert, falls Sie die entsprechende Option aktiviert haben. Ohne diese Option wird beim Client erst auf die CD zugegriffen, wenn der NAL automatisch oder manuell aktualisiert wird.

  Es wird insbesondere ein verstecktes Unterverzeichnis mit der Bezeichnung NALCACHE erstellt.

- Soll die Verteilung an die Benutzer über eine CD erfolgen, müssen Sie zum Abschluss den Inhalt des erstellten Verzeichnisses auf eine CD brennen.

Legt der Anwender den Wechseldatenträger ein, startet automatisch die AUTORUN.INF (vorausgesetzt, Sie haben diese Option auf den Arbeitsstationen nicht deaktiviert), wodurch beim NAL eine Aktualisierung ausgelöst wird und die Applikationsobjekte anzeigt werden.

10.9 Applikationsobjekte im eDirectory erstellen

Die Verteilung von Applikationen auf Arbeitsstationen kann in fünf wesentliche Aufgaben zusammengefasst werden:

1. Erstellen Sie auf einem Server ein Verzeichnis mit den notwendigen Dateien für eine Applikation.
2. Erstellen Sie ein Applikationsobjekt im eDirectory. Dieses dient der Konfiguration und Verwaltung der Applikation.

3. Definieren Sie im Applikationsobjekt die Systemvoraussetzungen für die Zielsysteme, damit eine Verteilung nur an geeignete Arbeitsstationen erfolgt.
4. Überprüfen Sie, ob die Benutzer oder Arbeitsstationen über ausreichend Rechte im eDirectory und im Dateisystem des oder der Server besitzen.
5. Verknüpfen Sie das Applikationsobjekt mit den Benutzern oder Arbeitsstationen, an die eine Verteilung erfolgen soll.

Haben Sie eine Applikation für die Verteilung vorbereitet (siehe Punkt 1), muss ein Applikationsobjekt im eDirectory erstellt werden.

- Rufen Sie die ConsoleOne auf und setzen den Fokus auf den Container, in dem Sie das neue Applikationsobjekt erstellen wollen. Rufen Sie im Kontextmenü zum Container den Befehl *Neu\Objekt* auf. Im Fenster *Neues Objekt* wählen Sie das Objekt *App:Application* aus (Abb. 10.8).

  Bedenken Sie, dass Sie die Applikationsobjekte immer in einem »passenden« Container speichern. Für die Erstellung meldet sich jetzt ein Assistent, der Sie im weiteren Verlauf unterstützt.

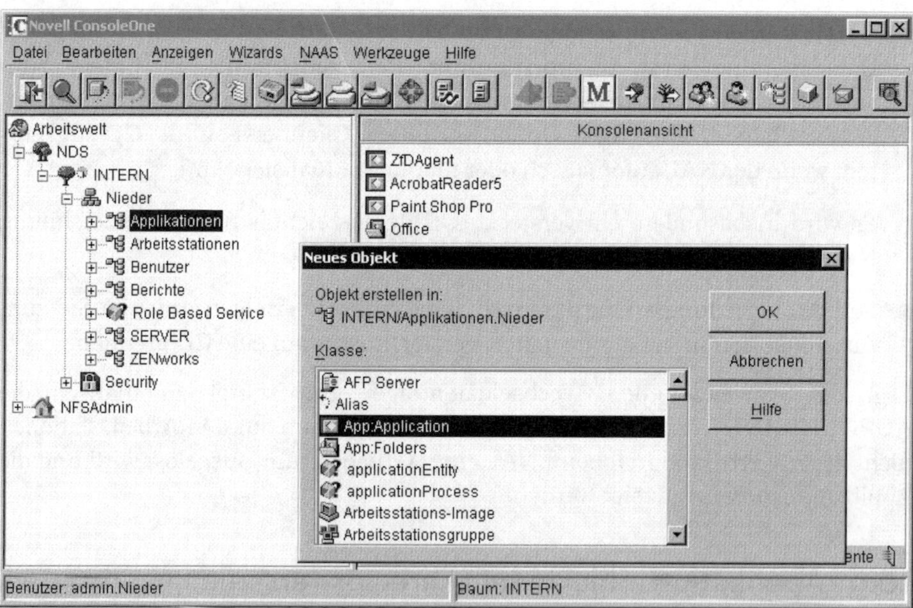

Abb. 10.8: Ein neues Applikationsobjekt erstellen

- Auf dem ersten Dialogfeld wählen Sie eine Option für die Erstellung des neuen Applikationsobjekts aus (Abb. 10.9).

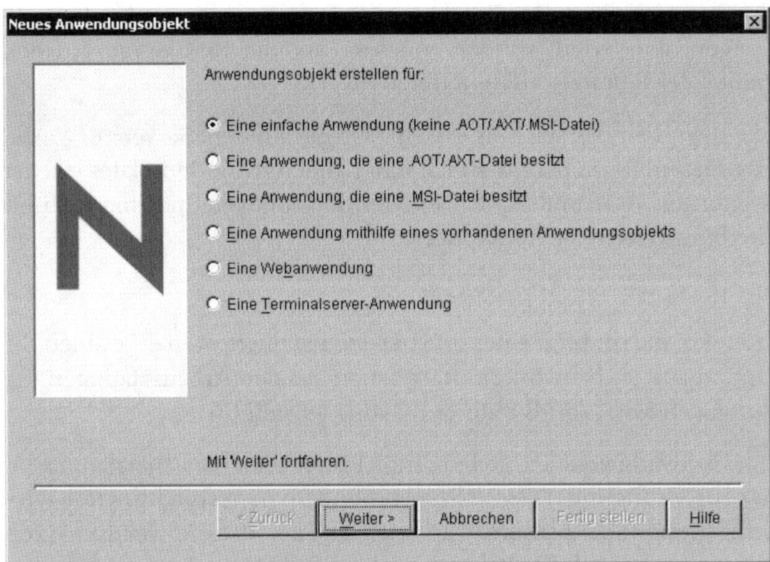

Abb. 10.9: Auswahl der Art des Applikationsobjekts

- *Eine einfache Anwendung (keine .AOT/.AXT/.MSI-Datei)*

Bei der ersten Option müssen Sie alle Angaben selbst im Objekt für eine Applikation angeben (eventuell wollen Sie nur einige Dateien kopieren, nur eine Anwendung starten, einige Registry-Einträge ändern usw.). Es wird keine .AOT-, .AXT- oder .MSI-Datei als Ausgangsbasis verwendet.

Ein Beispielfall aus der Praxis wäre die Installation einer kompletten Office-Suite mit einem Applikationsobjekt. Zusätzlich werden einfache Applikationsobjekte je für das Textprogramm, die Tabellenkalkulation usw. erstellt, die lediglich die installierte Software ausführen. Damit können jedem Benutzer nur die Teilfunktionen zugewiesen werden, die er für seine tägliche Arbeit benötigt.

Eventuell notwendige Dateien, die mit dem Objekt verteilt werden müssen, stellen Sie auf dem Server in einem Verzeichnis zur Verfügung (die Benutzer benötigen Leserechte). Wird eine Applikation vom Server ausgeführt und das Objekt enthält nur den Aufruf, benötigen die Benutzer Ausführungsrechte.

- *Eine Anwendung, die eine .AOT/.AXT-Datei besitzt*

Diese Option ist für die Vorbereitung zur Verteilung komplexerer Applikationen bzw. Installationen wichtig, wenn keine .MSI-Datei zur Verfügung steht. Klassisch gehören dazu zumindest viele Dateien und Registry-Einträge.

Selbst wenn es sich um kleinere Applikationen handelt, lässt sich oft nur schwer feststellen, beispielsweise welche Dateien und Registry-Einträge zur Installation gehören. In diesem Fall können Sie SnAppShot verwenden (Kapitel 9), das eine Installation aufzeichnet. Das Ergebnis sind Dateien sowie die Konfigurationseinstellungen, die verteilt werden müssen, um die Installation auf den Arbeitsstationen der Benutzer zu reproduzieren.

Mit SnAppShot wird ein Verzeichnis erstellt, das Sie auf dem Server zur Verfügung stellen müssen. Darin befinden sich unter anderem die Templates mit der Namenserweiterung .AOT und .AXT. Weitere Informationen und eine ausführliche Beschreibung finden Sie im Kapitel 9

- *Eine Anwendung, die eine .MSI-Datei besitzt*

Bei Applikationen, die mithilfe einer .MSI-Datei installiert werden, wählen Sie die dritte Option aus. Dabei wird die Installation auf den Arbeitsstationen der Benutzer durch den Microsoft-Windows-Installer ausgeführt.

Immer mehr Softwarehersteller stellen Ihre Programme zur Installation im .MSI-Format zur Verfügung. Dies stellt insbesondere in Verbindung mit Windows XP die wesentlich bessere Variante dar als die Verwendung von SnAppShot (siehe dazu auch Kapitel 9).

Bei der Verteilung von .MSI-Dateien über den NAL können Sie im Applikationsobjekt eine Reihe von Eigenschaften kontrollieren.

Kopieren Sie die Dateien zur Verteilung bzw. Installation in ein eigenes Verzeichnis auf den Server. Einige Programme sollten dort mit einem administrativen Parameter installiert werden (z.B. bei Microsoft Office das SETUP.EXE mit Parameter `/a` aufrufen). Beachten Sie dazu die Dokumentation des Softwareherstellers. Beachten Sie, dass in vielen Fällen nicht nur eine .MSI-Datei, sondern weitere Dateien und Verzeichnisse zum Paket gehören und über den Server verfügbar sein müssen.

Sie können für ein konventionelles Programm auch selbst eine .MSI-Installation herstellen. Dazu benötigen Sie beispielsweise den Wise InstallTailor, der sich auf der ZfD Begleit-CD im Verzeichnis \WISE befindet. Allerdings »kämpfen« Sie hierbei meist mit den gleichen Problemen wie mit SnAppShot.

- *Eine Anwendung mithilfe eines vorhandenen Anwendungsobjekts*

Die vierte Option dupliziert zwar das Applikationsobjekt im eDirectory, nicht jedoch das beispielsweise durch den SnAppShot erstellte Verzeichnis mit den Dateien, das als Ausgangsbasis für das zusätzliche Applikationsobjekt verwendet wird.

- *Eine Webanwendung*

Eine Webanwendung ist ein Programm, das per URL aufgerufen und in einem Web-Browser ausgeführt werden kann. Die Applikation muss dazu selbstverständlich auf dem entsprechenden Web-Server installiert sein.

Die Verteilung erfordert, dass der NAL das Symbol für die Applikation anzeigt. Bei der Ausführung wird der Web-Browser auf der Arbeitsstation gestartet und die Webanwendung angezeigt. Dabei werden keine Dateien kopiert und Konfigurationseinstellungen sind nicht erforderlich.

Im Grunde handelt es sich hier lediglich um eine Verknüpfung auf eine URL.

- *Eine Terminalserver-Anwendung*

Die Verteilung erfordert, dass der NAL das Symbol für die Applikation anzeigt. Bei der Ausführung wird eine Clientsitzung mit dem Terminalserver geöffnet und die Applikation gestartet. Wollen Sie bei der Ausführung keine neue Sitzung öffnen (ggf. besteht bereits eine Terminalserver-Sitzung), müssen Sie die Option für die Erstellung einer einfachen Anwendung benutzen.

Die Applikation muss bereits auf dem Microsoft-Terminalserver oder dem Citrix-MetaFrame-Server installiert sein. Achten Sie darauf, dass der Benutzer über ein entsprechendes Konto mit den notwendigen Berechtigungen für die Ausführung der Applikation besitzt.

10.9.1 Objekt für eine einfache Anwendung

Hier wird nur die Erstellung des Objekts beschrieben. Die spätere Anpassung im eDirectory mit der ConsoleOne finden Sie im Abschnitt 10.10. Sie können alle mit dem Assistenten festgelegten Einstellungen nachträglich wieder ändern.

- Wählen Sie die Option *Eine einfache Anwendung* und klicken Sie auf WEITER>.
- Geben Sie den eindeutigen Namen für das Applikationsobjekt im eDirectory ein. Diese Name wird als Vorgabe auch für das Symbol der Applikation beim Anwender benutzt. Klicken Sie auf WEITER>.
- Geben Sie den Pfad zu einer ausführbaren Datei ein (das Feld kann bei Bedarf auch leer bleiben). Hier ist der Pfad anzugeben, wie dieser später auf den Arbeitsstationen zum Start des Programms benötigt wird. Sie können mit Laufwerksbuchstaben und UNC-Pfadangaben arbeiten.

  Beachten Sie, dass der ZfD-Verwaltungsagent in Zusammenhang mit dem ZfD-Middle-Tier-Server das Öffnen und Ausführen von Daten von einem Server nicht unterstützen. In diesem Fall können Sie aber beispielsweise die notwendigen Dateien herunterkopieren und lokal ausführen.

  Verwenden Sie eine UNC-Pfadangabe und erfolgt der Start sehr langsam, beachten Sie den Knowledgebase-Artikel Q150807 von Microsoft.
- Klicken Sie auf WEITER> und legen Sie in einer Liste fest, welche Voraussetzungen eine Arbeitsstation erfüllen muss, damit sie das Applikationsobjekt erhalten kann. Sie müssen mindestens die Betriebssystemplattform definieren, da sonst

keine Verteilung erfolgt. Das gilt selbstverständlich nur für die im Folgenden verknüpften Arbeitsstationen. Eine ausführliche Beschreibung erfolgt im Abschnitt 10.10.

- Als nächstes legen Sie fest, welche Benutzer und Arbeitsstationen mit dem Applikationsobjekt verknüpft werden. Klicken Sie auf HINZUFÜGEN und wählen Sie Benutzer, Benutzergruppen, Arbeitsstationen, Arbeitsstationsgruppen oder Container aus, die das Applikationsobjekt erhalten sollen, falls die vorher festgelegten Voraussetzungen erfüllt sind.

  Zu jeder Verknüpfung müssen Sie die Kontrollfelder zu den gewünschten Merkmalen aktivieren. Eine detaillierte Beschreibung finden Sie im Abschnitt 10.10.

- Mit einem Klick auf WEITER> gelangen Sie zur Zusammenfassung. Klicken Sie auf FERTIG STELLEN, um die Erstellung des Applikationsobjekts durchzuführen.

Sollen zusätzlich Dateien kopiert, Registry-Einträge durchgeführt werden usw., müssen Sie jetzt noch die Eigenschaften des Objekts bearbeiten (siehe Abschnitt 10.10).

10.9.2 Objekt für ein ZfD-SnAppShot

Haben Sie mit SnAppShot die Installation einer Applikation aufgezeichnet, erstellen Sie das Applikationsobjekt in folgender Form mit dem Assistenten.

- Bei Bedarf sollten Sie vorher noch die .AXT-Datei Ihren Bedürfnissen anpassen (siehe Kapitel 9).
- Wählen Sie die Option *Eine Anwendung, die eine .AOT/.AXT-Datei besitzt* und klicken Sie auf WEITER>.
- Geben Sie den Pfad und Namen einer .AXT- oder .AOT-Datei ein. Hier ist der Pfad anzugeben, wie dieser später auf den Arbeitsstationen zur Ausführung durch den NAL benötigt wird. Verwenden Sie insbesondere dann die .AXT-Datei, wenn Sie diese nach der Aufzeichnung mit SnAppShot noch mit einem Texteditor geändert haben.

  Sie können mit Laufwerksbuchstaben und UNC-Pfadangaben arbeiten. Achten Sie darauf, dass Sie möglichst UNC-Pfadangaben verwenden, damit Sie unabhängig von eventuellen Laufwerkszuweisungen bleiben. Ferner müssen alle betroffenen Clients auf den angegebenen Ordner und die Dateien zumindest Leserechte besitzen.

- Im nächsten Dialogfenster werden der Objektname sowie die Makros SOURCE_PATH und TARGET_PATH angezeigt. Diese Daten haben Sie bereits mit SnAppShot festgelegt (Kapitel 9). Achten Sie insbesondere darauf, dass der Objektname im Container des eDirectory eindeutig ist. Änderungen sind hier noch möglich.

- Klicken Sie auf WEITER> und legen Sie in einer Liste fest, welche Voraussetzungen eine Arbeitsstation erfüllen muss, damit sie das Applikationsobjekt erhalten kann. Sie müssen mindestens die Betriebssystemplattform definieren, da sonst keine Verteilung erfolgt. Das gilt selbstverständlich nur für die im Folgenden verknüpften Arbeitsstationen. Eine ausführliche Beschreibung erfolgt im Abschnitt 10.10.

  Hier werden bereits die vom SnAppShot erkannten Voraussetzungen als Vorgabe angezeigt. Einträge zur Datenträgergröße, die relativ klein sind, sollten entfernt werden, da dies später nur zu einer Leistungsverschlechterung ohne Effekt führt.

- Als nächstes legen Sie fest, welche Benutzer und Arbeitsstationen mit dem Applikationsobjekt verknüpft werden. Klicken Sie auf HINZUFÜGEN und wählen Sie Benutzer, Benutzergruppen, Arbeitsstationen, Arbeitsstationsgruppen und/oder Container aus, die das Applikationsobjekt erhalten sollen, falls die vorher festgelegten Voraussetzungen erfüllt sind.

  Zu jeder Verknüpfung müssen Sie die Kontrollfelder zu den gewünschten Merkmalen aktivieren. Wenn Sie den Mauszeiger über die Spalten bewegen, wird unter der Liste eine kurze Beschreibung zur Identifikation angezeigt. Eine detaillierte Beschreibung finden Sie im Abschnitt 10.10.

- Mit einem Klick auf WEITER> gelangen Sie zur Zusammenfassung. Klicken Sie auf FERTIG STELLEN, um die Erstellung des Applikationsobjekts durchzuführen.

Für weitere Einstellungen und Änderungen müssen Sie jetzt noch die Eigenschaften des Objekts bearbeiten (siehe Abschnitt 10.10).

Hinweis

Insbesondere in Verbindung mit Windows 2000/XP sind derart aufgezeichnete Objekte oft problematisch und können auf den Zielsystemen zu Problemen führen. Überprüfen und bereinigen Sie daher spätestens jetzt insbesondere die Liste der Dateien und Registry-Einträge im Applikationsobjekt. Abschließend sollten Sie ausführliche Test durchführen.

10.9.3 Objekt für eine .MSI-Datei

Für Applikationen, die mithilfe einer .MSI-Datei durch den Microsoft-Windows-Installer installiert werden, erstellen Sie das Applikationsobjekt mit dem Assistenten auf folgende Weise.

Wichtig

Leider kommt es vereinzelt vor, dass .MSI-Dateien Probleme bereiten. Dies gilt für einige die Fälle, in denen die Installation mit einer SETUP.EXE gestartet wird. Auch ein Repackaging führt hier oft nicht zum gewünschten Ergebnis. Führen die Tests einer Verteilung der .MSI-Datei hier nicht zu einem korrekten Ergebnis, versuchen Sie es mit einem Applikationsobjekt für eine einfache Anwendung und führen Sie eine unbeaufsichtigte Installation aus (vorausgesetzt, diese Möglichkeit wird geboten). Für den Aufruf der installierten Applikation erstellen Sie zusätzlich ein eigenes einfaches Applikationsobjekt.

- Wählen Sie die Option *Eine Anwendung, die eine .MSI-Datei besitzt,* und klicken Sie auf WEITER>.
- Geben Sie den Pfad und Namen einer .MSI-Datei ein. Hier ist der Pfad anzugeben, wie dieser später auf den Arbeitsstationen zur Verteilung durch den NAL benötigt wird.

  Sie können mit Laufwerksbuchstaben und UNC-Pfadangaben arbeiten. Achten Sie darauf, dass Sie möglichst UNC-Pfadangaben verwenden, damit Sie unabhängig von eventuellen Laufwerkszuweisungen bleiben. Ferner müssen alle betroffenen Clients auf den angegebenen Ordner und die Dateien zumindest Leserechte besitzen.
- Im nächsten Dialogfenster werden der Objektname sowie das Makro SOURCE_PATH angezeigt. Den Objektnamen müssen Sie noch eingeben. Achten Sie darauf, dass der Name im Container des eDirectory eindeutig ist. Verwenden Sie für den Quellpfad, der aus dem vorherigen Dialog übernommen wurde, auch hier möglichst nur UNC-Pfadangaben.
- Klicken Sie auf WEITER> und legen Sie in einer Liste fest, welche Voraussetzungen eine Arbeitsstation erfüllen muss, damit sie das Applikationsobjekt erhalten kann. Sie müssen mindestens die Betriebssystemplattform definieren (bereits als Standardeinstellung vorgegeben), da sonst keine Verteilung erfolgt. Das gilt selbstverständlich nur für die im Folgenden verknüpften Arbeitsstationen. Eine ausführliche Beschreibung erfolgt im Abschnitt 10.10.
- Als nächstes legen Sie fest, welche Benutzer und Arbeitsstationen mit dem Applikationsobjekt verknüpft werden. Klicken Sie auf HINZUFÜGEN und wählen Sie Benutzer, Benutzergruppen, Arbeitsstationen, Arbeitsstationsgruppen und/oder Container aus, die das Applikationsobjekt erhalten sollen, falls die vorher festgelegten Voraussetzungen erfüllt sind.

  Zu jeder Verknüpfung müssen Sie die Kontrollfelder zu den gewünschten Merkmalen aktivieren. Wenn Sie den Mauszeiger über die Spalten bewegen, wird unter der Liste eine kurze Beschreibung zur Identifikation angezeigt. Eine detaillierte Beschreibung finden Sie im Abschnitt 10.10.

Beachten Sie, dass der ZfD-Verwaltungsagent in Zusammenhang mit dem ZfD-Middle-Tier-Server das Öffnen und Ausführen von .MSI-Dateien von einem Server nicht unterstützen. In diesem Fall können Sie die notwendigen Dateien lokal zwischenspeichern, damit sie aus dem NALCACHE heraus ausgeführt werden können (Merkmal *Cache erzwingen* bzw. *Force Cache*).

- Mit einem Klick auf WEITER> gelangen Sie zur Zusammenfassung. Klicken Sie auf FERTIG STELLEN, um die Erstellung des Applikationsobjekts durchzuführen.

Für weitere Einstellungen und Änderungen müssen Sie jetzt noch die Eigenschaften des Objekts bearbeiten (siehe Abschnitt 10.10).

10.9.4 Objekt von einem bestehenden Objekt erstellen

Vereinzelt werden von einem Objekt verschiedene Ausprägungen bzw. Varianten benötigt. In diesem Fall können Sie ein neues Applikationsobjekt aus einem bereits bestehenden Objekt erstellen.

- Wählen Sie die Option *Eine Anwendung mithilfe eines vorhandenen Anwendungsobjekts* und klicken Sie auf WEITER>.
- Wählen Sie mithilfe der Symbolschaltfläche für das Durchsuchen im eDirectory das Applikationsobjekt aus, das Sie kopieren wollen.
- Im nächsten Dialogfenster werden der Objektname (hier wird eine laufende Nummer wie #1 angehängt) sowie die Makros SOURCE_PATH und TARGET_PATH angezeigt. Diese Daten wurden aus dem Quellobjekt übernommen und können hier bei Bedarf geändert werden. Achten Sie insbesondere darauf, dass der Objektname im Container des eDirectory eindeutig ist.
- Klicken Sie auf WEITER> und legen Sie in einer Liste fest, welche Voraussetzungen eine Arbeitsstation erfüllen muss, damit sie das Applikationsobjekt erhalten kann. Sie müssen mindestens die Betriebssystemplattform definieren, da sonst keine Verteilung erfolgt. Das gilt selbstverständlich nur für die im Folgenden verknüpften Arbeitsstationen. Eine ausführliche Beschreibung erfolgt im Abschnitt 10.10.

  Hier werden bereits die konfigurierten Voraussetzungen des kopierten Applikationsobjekts angezeigt und können ggf. geändert werden.

- Als nächstes legen Sie fest, welche Benutzer und Arbeitsstationen mit dem Applikationsobjekt verknüpft werden. Klicken Sie auf HINZUFÜGEN und wählen Sie Benutzer, Benutzergruppen, Arbeitsstationen, Arbeitsstationsgruppen und/oder Container aus, die das Applikationsobjekt erhalten sollen, falls die vorher festgelegten Voraussetzungen erfüllt sind.

  Zu jeder Verknüpfung müssen Sie die Kontrollfelder zu den gewünschten Merkmalen aktivieren. Wenn Sie den Mauszeiger über die Spalten bewegen, wird unter der Liste eine kurze Beschreibung zur Identifikation angezeigt. Eine detaillierte Beschreibung finden Sie im Abschnitt 10.10.

- Mit einem Klick auf WEITER> gelangen Sie zur Zusammenfassung. Klicken Sie auf FERTIG STELLEN, um die Erstellung des Applikationsobjekts durchzuführen.

Für weitere Einstellungen und Änderungen müssen Sie jetzt noch die Eigenschaften des Objekts bearbeiten (siehe Abschnitt 10.10).

10.9.5 Objekt für eine Web-Anwendung

Für Web-Applikationen erstellen Sie das Applikationsobjekt mit dem Assistenten auf die in diesem Abschnitt beschriebene Weise.

- Wählen Sie die Option *Eine Webanwendung* und klicken Sie auf WEITER>.
- Im nächsten Dialogfenster müssen Sie einen Objektnamen eingeben. Achten Sie darauf, dass der Name im Container des eDirectory eindeutig ist.
- Nach einem Klick auf WEITER> müssen Sie den URL zur Web-Applikation eingeben. Der URL kann dabei derjenige der Web-Applikation sein oder der einer Site, die den Zugriff auf eine Applikation ermöglicht.

  Klicken Sie auf die Schaltfläche URL TESTEN, um Ihren Web-Browser mit der angegebenen URL zu starten, damit Sie überprüfen können, ob Ihre Eingabe korrekt war.

  Alle betroffenen Clients müssen auf den angegebenen Pfad und die Dateien entsprechende Zugriffsrechte besitzen.

- Klicken Sie auf WEITER> und legen Sie in einer Liste fest, welche Voraussetzungen eine Arbeitsstation erfüllen muss, damit sie das Applikationsobjekt erhalten kann. Sie müssen mindestens die Betriebssystemplattform definieren (bereits als Standardeinstellung vorgegeben), da sonst keine Verteilung erfolgt. Das gilt selbstverständlich nur für die im Folgenden verknüpften Arbeitsstationen. Eine ausführliche Beschreibung erfolgt im Abschnitt 10.10.
- Als nächstes legen Sie fest, welche Benutzer und Arbeitsstationen mit dem Applikationsobjekt verknüpft werden. Klicken Sie auf HINZUFÜGEN und wählen Sie Benutzer, Benutzergruppen, Arbeitsstationen, Arbeitsstationsgruppen und/oder Container aus, die das Applikationsobjekt erhalten sollen, falls die vorher festgelegten Voraussetzungen erfüllt sind.

  Zu jeder Verknüpfung müssen Sie die Kontrollfelder zu den gewünschten Merkmalen aktivieren. Wenn Sie den Mauszeiger über die Spalten bewegen, wird unter der Liste eine kurze Beschreibung zur Identifikation angezeigt. Eine detaillierte Beschreibung finden Sie im Abschnitt 10.10.

- Mit einem Klick auf WEITER> gelangen Sie zur Zusammenfassung. Klicken Sie auf FERTIG STELLEN, um die Erstellung des Applikationsobjekts durchzuführen.

10.9.6 Objekt für eine Terminalserver-Applikation

Für eine Terminalserver-Applikation erstellen Sie das Applikationsobjekt mit dem Assistenten auf die in diesem Abschnitt beschriebene Weise.

- Wählen Sie die Option *Eine Terminalserver-Anwendung* und klicken Sie auf WEITER>.
- Im nächsten Dialogfenster müssen Sie einen Objektnamen eingeben. Achten Sie darauf, dass der Name im Container des eDirectory eindeutig ist.
- Nach einem Klick auf WEITER> müssen Sie auswählen, ob es sich um eine ICA- (Citrix) oder RDP-Sitzung (Microsoft) handelt. Geben Sie im Felder *Server* die IP-Adresse oder den Namen des Servers ein.

  Als nächstes müssen Sie wählen, ob der Windows-Desktop für den Anwender angezeigt oder direkt eine Applikation gestartet werden soll. Für die ausführbare Datei müssen Sie einen vollqualifizierten Pfad eingeben.
- Klicken Sie auf WEITER> und legen Sie in einer Liste fest, welche Voraussetzungen eine Arbeitsstation erfüllen muss, damit sie das Applikationsobjekt erhalten kann. Sie müssen mindestens die Betriebssystemplattform definieren (bereits als Standardeinstellung vorgegeben), da sonst keine Verteilung erfolgt. Das gilt selbstverständlich nur für die im Folgenden verknüpften Arbeitsstationen. Eine ausführliche Beschreibung erfolgt im Abschnitt 10.10.
- Als nächstes legen Sie fest, welche Benutzer und Arbeitsstationen mit dem Applikationsobjekt verknüpft werden. Klicken Sie auf HINZUFÜGEN und wählen Sie Benutzer, Benutzergruppen, Arbeitsstationen, Arbeitsstationsgruppen und/ oder Container aus, die das Applikationsobjekt erhalten sollen, falls die vorher festgelegten Voraussetzungen erfüllt sind.

  Zu jeder Verknüpfung müssen Sie die Kontrollfelder zu den gewünschten Merkmalen aktivieren. Wenn Sie den Mauszeiger über die Spalten bewegen, wird unter der Liste eine kurze Beschreibung zur Identifikation angezeigt. Eine detaillierte Beschreibung finden Sie im Abschnitt 10.10.
- Mit einem Klick auf WEITER> gelangen Sie zur Zusammenfassung. Klicken Sie auf FERTIG STELLEN, um die Erstellung des Applikationsobjekts durchzuführen.

Verteilung von Software auf Terminalserver

Neben der Erstellung von Applikationsobjekten für die Ausführung von Anwendungen auf Terminalservern für Benutzer, besteht auch die Möglichkeit, Applikationen auf Terminalserver zu verteilen und installieren.

Die Vorgehensweise ist hier die Gleiche wie die in diesem Abschnitt bereits beschriebene für Arbeitsstationen. Sie können hier ein Verknüpfung auf Benutzer und Arbeitsstationen durchführen, für die folgende Voraussetzungen zu beachten sind:

- Bei einer Benutzerverknüpfung muss der NAL auf einem Terminalserver installiert sein. Zusätzlich benötigen Sie ein Benutzerobjekt im eDirectory für den Terminalserver. Dieser Benutzer muss auf dem Terminalserver Mitglied der Gruppe der Administratoren sein.
- Bei einer Arbeitsstationsverknüpfung müssen Sie auf einem Terminalserver den NAL und den Arbeitsstationsmanager installieren. Dazu kommt, dass ein Terminalserver als Arbeitsstationsobjekt in das eDirectory importiert sein muss.

Damit .MSI-Applikationen für Multisession-Zugriff installiert werden, muss vor der Installation der Befehl `change user /install` und nach der Installation `change user /execute` in einer Eingabeaufforderung ausgeführt werden. Dadurch wird eine Applikation in der SystemRoot installiert statt im Basisverzeichnis eines Benutzers. Zusätzlich sollten Sie sicherheitshalber bei den Voraussetzungen (Seite *Systemanforderungen* auf der Registerkarte *Verfügbarkeit*) festlegen, dass die Installation nur auf einem Terminalserver erfolgt.

10.10 Eigenschaften von Applikationsobjekten

Bisher habe ich Ihnen beschrieben, wie Sie neue Applikationsobjekte erstellen können. In diesem Abschnitt geht es um die Konfiguration einer Reihe von wichtigen Aspekten von Applikationen.

Rufen Sie dazu in der ConsoleOne die Eigenschaften des zu bearbeitenden Applikationsobjekts auf. Beachten Sie, dass alle vorgenommenen Änderungen im eDirectory gespeichert werden. Es ist daher durchaus sinnvoll, vor der Erstellung des Objekts eine .AXT- (mit einem Texteditor) oder .MSI-Datei (z.B. mit dem Wise InstallTailor, der sich auf der ZfD-Begleit-CD befindet) zu bearbeiten.

10.10.1 Identifikation

Auf dieser Registerkarte befinden sich eine Reihe wichtiger Einstellungen, die jedoch etwas unterschiedlich für .MSI-Dateien sind (siehe auch Abschnitt 10.11).

Paketinformationen

Diese Seite (Abb. 10.10) steht nur in Verbindung mit .MSI-Applikationen zur Verfügung. Es werden Informationen zum Paketpfad und aus der .MSI-Datei angezeigt (Programmversion, Hersteller, Ländereinstellung und Support-URL des Herstellers).

Diese Informationen in der .MSI-Datei können Sie mit einer geeigneten Software wie dem Wise InstallTailer ändern.

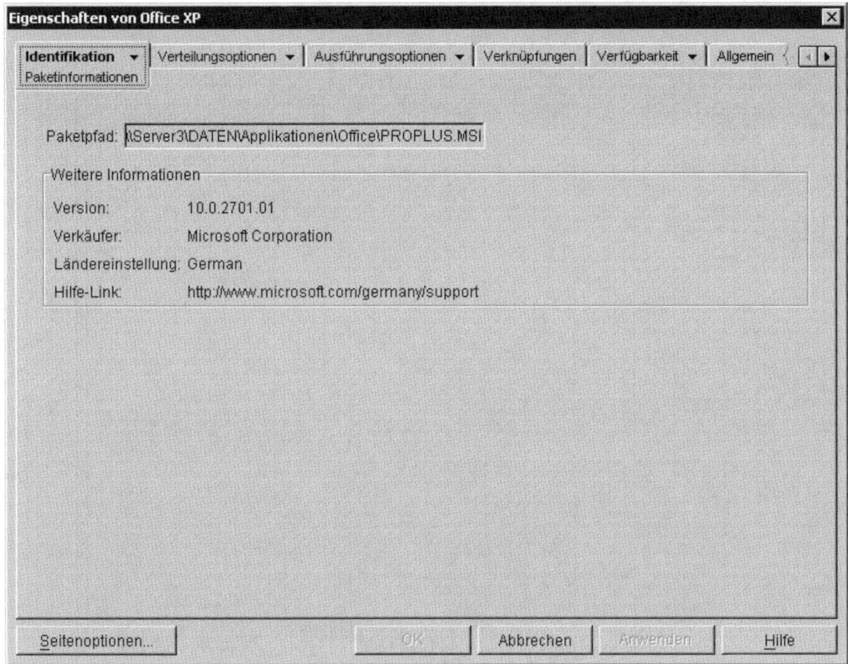

Abb. 10.10: Paketinformationen für .MSI-Applikationen

Symbol (Abb. 10.11)

Im oberen Bereich legen Sie das Symbol und dessen Titel für die Anzeige auf den Arbeitsstationen fest. Wählen Sie kein Symbol aus, wird meist das Standardsymbol der Applikation verwendet.

Mit *Trennbar* bzw. *Disconnectable* erreichen Sie, dass das Objekt auch ausgeführt werden kann, wenn keine Verbindung zum eDirectory besteht. Damit dies problemlos möglich ist, sollten bei den Verknüpfungen *Cache erzwingen* und/oder *Ausführung erzwingen* aktiviert werden.

Aktivieren Sie *Erzwungene Ausführung verzögern (Wait on Force Run)*, wenn die Option *Ausführung erzwingen* (Registerkarte *Verknüpfungen*) zur Anwendung gelangt, damit der Vorgang korrekt abläuft! Damit erreicht man, dass mit der Ausführung so lange gewartet wird, bis das Applikationsobjekt davor beendet (terminiert) ist – ohne diese Option wartet die Distribution bzw. Ausführung nicht auf das Beenden (Terminieren) des vorher gestarteten Applikationsobjekts. Eventuelle Neustarts werden so lange gesammelt, bis die letzte Applikation beendet (terminiert) ist.

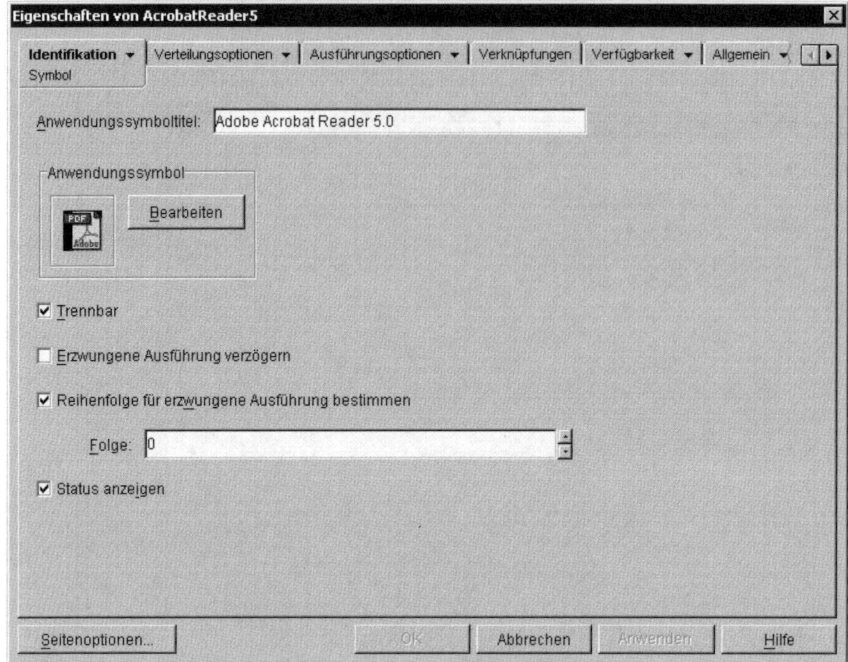

Abb. 10.11: Konfiguration zur Verteilung, der Ausführung und dem Applikationssymbol

Als nächstes muss noch die Reihenfolge für die erzwungene Ausführung festgelegt werden (z.B. erst die Applikation und anschließend Service Packs). Zahlen zwischen 0 und 9999999 können eingegeben werden. Dabei wird das Applikationsobjekt mit 0 als erstes ausgeführt. Es muss nicht auf lückenlose Nummerierung geachtet werden.

Mit aktiver Option *Status anzeigen* (*Show progress*) wird die Verteilung, Installation und Deinstallation beim Client visualisiert. Für kleinere Pakete sollte diese Option deaktiviert werden.

Achtung

Deaktivieren Sie diese Option und es ist ein Neustart der Arbeitsstation erforderlich, erfolgt keine Abfrage an den Benutzer, auch wenn dies konfiguriert ist. Die Zielstation führt immer sofort und ohne weitere Rückfrage einen Neustart durch. Das Gleiche gilt entsprechend für eine Deinstallation!

Für .MSI-Applikationen steht noch ein Auswahlfeld für die *Benutzerschnittstellenebene* zur Verfügung. Vorsicht ist hier geboten, da nur die Einstellungen wirken, die in der .MSI-Datei vom Hersteller konfiguriert bzw. verfügbar sind. Für diese Applikationen wird keine Statusanzeige durch den NAL durchgeführt, da die Ausführung der Installation durch den Microsoft-Windows-Installer erfolgt (die Auswahl wird vom NAL an den Windows-Installer als Parameter weitergegeben):

- *Standard* (*Default*)

  Zeigt eine Benutzerschnittstelle an, wie diese im Windows-Installer festgelegt ist. Diese Form sollten Sie bei Bedarf immer testen, ob sie Ihren Wünschen entspricht.

- *Automatisch* (*Silent*)

  Es wird nichts angezeigt.

- *Status* (*Progress*)

  Es erfolgt nur die Anzeige des Fortschritts, der Fehlermeldungen und eventueller Benutzereingabeaufforderungen.

- *Reduziert* (*Reduced*)

  Eine volle Benutzerschnittstelle wird ohne Assistenten-Dialogfelder angezeigt. Soll diese Option zum Einsatz kommen, sollten Sie einen Test durchführen, ob dies wirklich Ihren Anforderungen entspricht.

- *Voll* (*Full*)

  Der vollständige Installationsdialog wird angezeigt (Assistenten-Dialogfelder, Fortschrittsanzeigen, Feldermeldungen, Aufforderungen für Eingaben usw.).

Beschreibung

Auf dieser Seite können Sie eine Beschreibung zum Objekt speichern (bei .MSI-Applikationen wird hier eine eventuelle Vorgabe des Herstellers angezeigt). Diese kann vom Anwender über den Eigenschaftsdialog des Applikationssymbols abgerufen werden.

Haben Sie die Verteilungsoption *Vor Verteilung bestätigen* und/oder die Deinstallationsoption *Deinstallation durch Benutzer bestätigen lassen* aktiviert, wird diese Beschreibung im Abfragedialog angezeigt.

Ordner

Auf der Seite *Ordner* bzw. *Folders* können Sie Unterordner für das Startmenü und die Ordneransicht des NALs konfigurieren (Abb. 10.12). Zusätzlich besteht die Möglichkeit, über eigene Applikationsordnerobjekte im eDirectory Gruppen von Applikationen zusammenzustellen. Diese Vorgehensweise empfiehlt sich, da nur damit eine verständliche und übersichtliche Struktur für die Arbeitsstationen zur Verfügung steht, insbesondere wenn eine größere Anzahl von Applikationen verteilt wird.

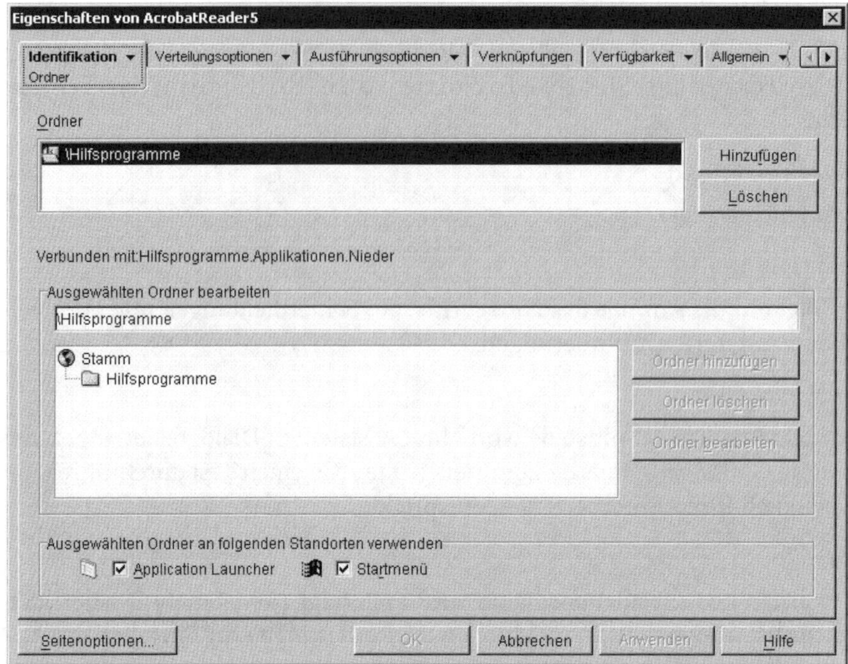

Abb. 10.12: Konfiguration der Ordner für die Verknüpfung des Applikationsobjekts

Erstellen Sie hier einen Ordner *(Benutzerdefinierter Ordner)*, wird dieser ausschließlich für dieses Applikationsobjekt verwendet. Bei gleichen Namen werden diese allerdings beim Benutzer zusammengefasst. Sie können im unteren Bereich der Seite zusätzliche Unterordner erstellen, die aber nur noch für diese Applikation verwendet werden.

Es ist sinnvoller mit eigenen Applikationsordnerobjekten *(App:Folders)* im eDirectory zu arbeiten und die Applikationsobjekte dort zuzuordnen. Diese Vorgehensweise ist einfacher, übersichtlicher und sicherer vor Tippfehlern.

Im unteren Bereich des Fensters können Sie noch angeben, wo die konfigurierten Ordner angewendet werden sollen. Vorher wählen Sie in der Liste *Ordner* einen Eintrag aus, da die Optionen für jeden Eintrag individuell gesetzt werden können.

Kontakte (Contacts)

Auf der Seite zu den Kontakten können Sie angeben, wer für das Applikationsobjekt in der IT zuständig ist. Diese Information ist für die Benutzer über die Objekteigenschaften zugänglich. Es können hier ein oder mehrere Benutzerobjekte aus dem eDirectory hinzugefügt werden.

Damit beim Benutzer die E-Mail-Adresse und die Telefonnummer angezeigt werden kann, benötigt er entsprechende Leserechte auf die hier verknüpften Benutzerobjekte.

Verwalterhinweise (Administrator Notes)

Auf der letzten Seite können Sie administrative Notizen einfügen, die nur im Objekt zur Verfügung stehen (beispielsweise wer wann welche Änderungen am Objekt durchgeführt hat).

10.10.2 Verteilungsoptionen

Symbole/Verknüpfungen (Icons/Shortcuts)

Die Seite steht für .MSI-Applikationen, Webanwendungen und Terminalserver-Applikationen nicht zur Verfügung.

Überlegen Sie gut, ob Sie die Einträge auf dieser Seite wirklich benötigen. Die Verknüpfungen werden entsprechend der Konfiguration (BEARBEITEN) dargestellt. Wenn Sie den Desktop verwenden, kann es somit beispielsweise zu unerwünschten Mehrfachdarstellungen kommen.

Normalerweise wird zur Darstellung von Verknüpfungen bzw. den dazugehörigen Symbolen der NAL verwendet (an roten Verknüpfungspfeilen erkennbar). Damit besteht auch auf die Ausführung die volle Kontrolle durch den NAL.

Wenn Sie das Applikationsmanagement allerdings nur zur Verteilung und Installation von Anwendungen verwenden, benötigen Sie die »normalen« Verknüpfungen, damit Benutzer die Möglichkeit haben, diese auszuführen.

- Über die DATEI-Schaltfläche können Sie Verknüpfungen aus anderen .AOT- und .AXT-Dateien importieren.
- Mithilfe von HINZUFÜGEN können Sie in einer Programmgruppe bei *Start\Programme* einen neuen Verknüpfungseintrag bzw. ein *Programmgruppenelement* hinzufügen (es werden alle auf Ihrem System verfügbaren Programmgruppen zur Auswahl angezeigt). Ferner lässt sich bei *Start\Programme* eine neue Programmgruppe erstellen. Diese beiden Funktionen stehen nur in Verbindung mit Windows 9x zur Verfügung.

  Sie können selbstverständlich eine frei konfigurierbare Verknüpfung an jeder anderen beliebigen Stelle des Systems erstellen lassen.

  Wollen Sie mit dem Applikationsobjekt eine Verknüpfung auf den Arbeitsstationen entfernen lassen, geben Sie den Verknüpfungsnamen und Standort ein und wählen im Feld Verknüpfungsoption *Löschen* aus.
- Mit BEARBEITEN und LÖSCHEN lässt sich eine vorher ausgewählte Verknüpfung aus der Liste ändern oder entfernen.

Achten Sie auf die Option *Verteilung pro Benutzer verfolgen* (für jeden Eintrag individuell konfigurierbar) insbesondere, wenn Sie Arbeitsplätze haben, an denen nicht immer nur ein Anwender arbeitet bzw. im Falle von wandernden Benutzern. Bei aktivierter Option werden die Einstellungen pro Anwender verteilt.

Elemente werden nur zum Zeitpunkt der Verteilung/Installation erstellt oder wenn sich die Versionsnummer des Applikationsobjekts ändert (siehe Beschreibung zur Seite *Optionen*). Bei *Immer verteilen* wird bei jedem Start der Applikation das Element neu erstellt, auch wenn es auf dem Zielsystem bereits vorhanden ist. Sind die Informationen im NAL-Cache verfügbar, werden die Informationen daraus gelesen.

Registrierung (Registry)

Die Seite ist für Web-Anwendungen und Terminalserver-Applikationen nicht verfügbar. Hier werden Einstellungen konfiguriert, die auf den verknüpften Arbeitsstationen der Benutzer auf die Registry angewendet werden. Eine Beschreibung zu den verwendeten Makros und Variablen finden Sie im Abschnitt 10.10.6.

Hinweis

Prüfen Sie auf der Seite *Registrierung* sehr genau nach (Abb. 10.13), ob eventuell Einstellungen zur Registrierung aufgezeichnet wurden, die nicht zur Applikation gehören, und Löschen Sie derartige Einträge unbedingt (dies gilt insbesondere in Verbindung mit Windows 2000/XP)! Dies gilt insbesondere, wenn Sie das Objekt mit SnAppShot oder einem Repackaging-Utility zur Erstellung von .MSI-Dateien selbst erstellt haben. Vorsicht ist geboten, wenn Enumeratoren vorkommen, da diese nicht unterstützt werden und eventuell auf einzelnen Zielsystemen bereits belegt sind. In diesem Fall muss die Installation ggf. mit einem Skripting-Tool automatisiert durchgeführt werden.

Sie können Einträge für Schlüssel und Werte erstellen, bearbeiten (BEARBEITEN) und löschen (LÖSCHEN). Löschen Sie einen Schlüssel, werden auch alle darunter befindlichen Einträge entfernt!

- DATEI: Mit *Suchen* bzw. *Vorwärts suchen* können Sie einen Registry-Eintrag in den angezeigten Einträgen bei *Registrierungseinstellungen* suchen. Mit *Importieren* können Sie die Registry-Einträge aus einer .AXT-, .AOT- oder .REG-Dateien importieren. Mit *Exportieren* können Sie alle Registry-Einträge in eine .REG-Datei exportieren.
- HINZUFÜGEN: Hier kann im vorher ausgewählten Schlüssel ein Unterschlüssel oder ein Wert hinzugefügt werden. Wählen Sie dazu im Kontextmenü der Schaltfläche entweder *Schlüssel* oder den Datentyp für den zu erstellen Wert aus.

Bei *Element soll* in den Verteilungsoptionen zur Seite können Sie für jeden Wert festlegen, ob dieser immer eingetragen werden soll, nur falls er noch nicht vorhanden ist oder falls er schon vorhanden ist und damit überschrieben wird. Wählen Sie für einen Schlüssel oder Wert *Löschen* aus, wird der Eintrag in der Registry der Arbeitsstation eines Benutzers entfernt (bei einem Schlüssel einschließlich aller Unterschlüssel und Einträge).

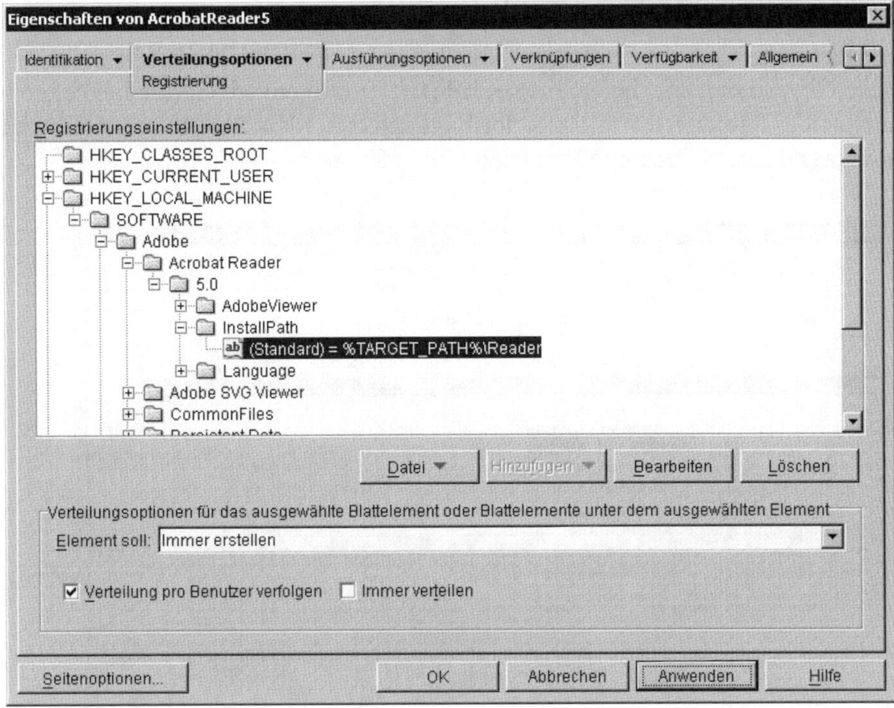

Abb. 10.13: Konfiguration der Registry-Einträge für das Applikationsobjekt

Tipp

Damit Sie bei der Änderung von vielen Werten nicht mühsam jeden einzeln auswählen müssen, setzen Sie den Fokus auf einen übergeordneten Schlüssel und wählen Sie danach die Option aus. Danach werden Sie befragt, ob Sie dies wirklich für die gesamte Struktur darunter anwenden wollen, was Sie mit einem Klick auf JA beantworten.

Achten Sie auf die Option *Verteilung pro Benutzer verfolgen* (für jeden Registry-Wert individuell konfigurierbar) insbesondere, wenn Sie Arbeitsplätze haben, an denen nicht immer nur ein Anwender arbeitet bzw. im Falle von wandernden Benutzern. Bei aktivierter Option werden die Einstellungen pro Anwender verteilt.

Schlüssel und Werte werden nur zum Zeitpunkt der Verteilung/Installation erstellt oder wenn sich die Versionsnummer des Applikationsobjekts ändert (siehe Beschreibung zur Seite *Optionen*). Bei *Immer verteilen* wird bei jedem Start der Applikation der Registry-Eintrag neu erstellt, auch wenn er auf dem Zielsystem bereits vorhanden ist. Sind die Informationen im NAL-Cache verfügbar, werden die Informationen daraus gelesen.

Anwendungsdateien (Application Files)

Die Seite ist für Web-Anwendungen und Terminalserver-Applikationen nicht verfügbar. Hier werden die Verzeichnisse und Dateien aufgeführt, die auf den Arbeitsstationen der Benutzer erstellt bzw. dorthin kopiert werden. Eine Beschreibung zu den verwendeten Makros und Variablen finden Sie im Abschnitt 10.10.6.

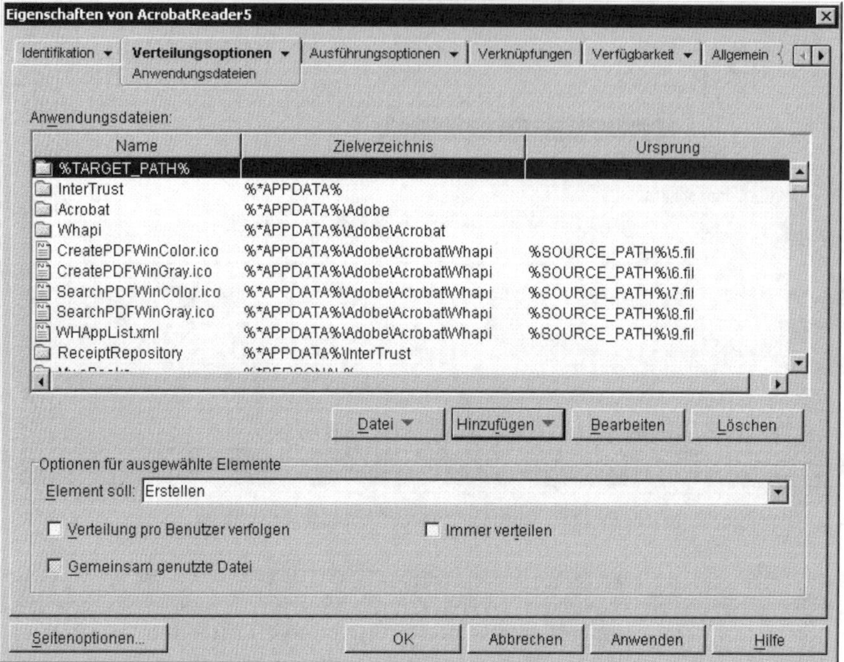

Abb. 10.14: Bei der Verteilung Dateien kopieren und Verzeichnisse erstellen

Hinweis

Prüfen Sie auf der Seite sehr genau nach (Abb. 10.14), ob eventuell Dateien und Verzeichnisse aufgezeichnet wurden, die nicht zur Applikation gehören, und Löschen Sie derartige Einträge unbedingt! Dies gilt insbesondere, wenn Sie das Objekt mit SnAppShot oder einem Repackaging-Utility zur Erstellung von .MSI-Dateien selbst erstellt haben.

Tipp

Erstellen Sie selbst Einträge, sollten Sie bei Pfadangaben möglichst mit Makros und Variablen arbeiten (gilt besonders für Einträge in die Benutzerprofile), damit es zu keinen Fehlern oder Problemen kommt. Leider kann dies sehr aufwendig werden.

Sie können Einträge für Verzeichnisse und Dateien erstellen, bearbeiten (BEARBEITEN) und löschen (LÖSCHEN).

- DATEI: Mit *Suchen* bzw. *Vorwärts suchen* können Sie einen Eintrag in der Liste bei *Anwendungsdateien* suchen. Mit *Importieren* können Sie die Einträge aus einer .AXT- oder .AOT-Datei importieren.
- HINZUFÜGEN

  Klicken Sie im Kontextmenü der Schaltfläche auf *Verzeichnis*, geben Sie anschließend einen vollqualifizierten Verzeichnispfad ein (Sie können dabei auch Makros verwenden – siehe Abschnitt 10.10.6). Aktivieren Sie das Kontrollfeld zu *Verzeichnis löschen*, wird das angegebene Verzeichnis auf den Arbeitsstationen während der Verteilung nicht erstellt, sondern entfernt, falls es vorhanden ist.

  Wählen Sie Datei aus, müssen Sie anschließend den vollqualifizierten Quell- und Zielpfad mit der Dateibezeichnung angeben (Makros sind auch hier erlaubt). Wollen Sie die angegebene Datei auf den Arbeitsstationen löschen, ist lediglich die Angabe zur Zieldatei erforderlich (Option *Zieldatei löschen* aktivieren). Jokerzeichen für die *Ursprungsdatei* sind zulässig – in diesem Fall dürfen Sie bei *Zieldatei* nur einen Verzeichnispfad angeben.

  Sie können Laufwerksbuchstaben oder UNC-Pfadangaben verwenden.

Bei *Element soll* in den Optionen für ausgewählte Elemente zur Seite können Sie verschiedener Steuerelemente für die Verteilung festlegen:

- *Immer kopieren*

  Die Datei wird immer kopiert, auch wenn sie schon auf der Arbeitsstation des Benutzers existiert.
- *Kopieren, falls vorhanden*

  Die Datei wird nur kopiert, wenn sie bereits auf der Arbeitsstation im Zielverzeichnis vorhanden ist.
- *Kopieren, falls nicht vorhanden*

  Die Datei wird nur kopiert, wenn sie auf der Arbeitsstation im Zielverzeichnis noch nicht vorhanden ist.
- *Kopieren, falls neuer*

  Die Datei wird nur kopiert, wenn sie auf der Arbeitsstation im Zielverzeichnis noch nicht vorhanden oder ein neueres Datum oder neuere Uhrzeit besitzt.
- *Kopieren, falls neuer und vorhanden*

  Die Datei wird nur kopiert, wenn sie auf der Arbeitsstation im Zielverzeichnis vorhanden oder ein neueres Datum oder neuere Uhrzeit besitzt.

- *Kopieren, falls neuere Version*

  Die Datei wird nur kopiert, falls sie auf der Arbeitsstation im Zielverzeichnis mit einer älteren Version bereits existiert. Ausschlaggebend ist die Versionsinformation der zu kopierenden Datei – fehlt diese, erfolgt kein Kopiervorgang.

- *Bestätigung anfordern*

  Der Benutzer wird aufgefordert zu entscheiden, ob die Datei kopiert werden soll oder nicht.

- *Kopieren, falls verschieden*

  Die Datei wird nur kopiert, falls deren Datum, Uhrzeit und Größe unterschiedlich zur Zieldatei sind.

- *Erstellen*

  Das angegebene Verzeichnis wird auf dem Zielsystem erstellt.

- *Löschen*

  Die Datei oder den Verzeichnispfad auf der Arbeitsstation des Benutzers entfernen.

Dateien für den Windows-NT/2000/XP-Pfad sollten auf *Kopieren, falls neuere Version* eingestellt werden, damit nicht versehentlich bereits neuere installierte .DLLs usw. überschrieben werden und damit andere Software aus dem »Tritt kommt« (Vorsicht ab Windows 2000 bezüglich WFP!).

Achten Sie auf die Option *Verteilung pro Benutzer verfolgen* (für jedes Verzeichnis und jede Datei individuell konfigurierbar) insbesondere, wenn Sie über Arbeitsplätze verfügen, an denen nicht immer nur ein Anwender arbeitet bzw. im Falle von wandernden Benutzern. Bei aktivierter Option werden die Einstellungen pro Anwender verteilt.

Verzeichnisse und Dateien werden nur zum Zeitpunkt der Verteilung/Installation erstellt oder wenn sich die Versionsnummer des Applikationsobjekts ändert (siehe Beschreibung zur Seite *Optionen*). Bei *Immer verteilen* werden bei jedem Start der Applikation entsprechend Ihren Einstellungen die Verzeichnisse erstellt und Dateien neu kopiert. Sind die Informationen im NAL-Cache verfügbar, werden die Informationen daraus gelesen.

Die Option *Gemeinsam genutzte Datei (Shared File)* nur setzen, wenn eine ausgewählte Datei von mehreren Applikationen gleichzeitig verwendet werden kann. Derartige Fälle sollte SnAppShot immer automatisch erkennen.

INI-Einstellungen (INI Settings)

Die Seite ist für Webanwendungen und Terminalserver-Applikationen nicht verfügbar. Hier werden die .INI-Dateien und -Einträge aufgeführt, die auf den Arbeitsstationen der Benutzer erstellt bzw. geändert werden. Eine Beschreibung zu den verwendeten Makros und Variablen finden Sie im Abschnitt 10.10.6.

Überprüfen Sie insbesondere, ob wirklich alle .INI-Dateien und -Einträge notwendig sind. Gegebenenfalls müssen oder sollten Sie Einträge entfernen. Auch hier besteht die Möglichkeit, einzelne Einträge aus einer .INI-Datei auf den Zielsystemen zu löschen.

.INI-Dateien werden nur sehr selten benötigt, wenn Sie Windows NT/2000/XP einsetzen. Derartige Dateien gibt es fast nur zu Windows-16-Bit-Programmen, die in der Praxis nur noch sehr selten vorkommen und meist bereits durch neuere Versionen ersetzt wurden.

Textdateien (Text Files)

Diese Seite wird in Verbindung mit Windows NT/2000/XP nur extrem selten benötigt. Hier finden Sie Textdateien zur Konfiguration wieder (insbesondere CONFIG.SYS und AUTOEXEC.BAT). Allerdings können Sie hier beispielsweise selbst notwendige Stapeldateien oder andere Arten von Textdateien erstellen und bearbeiten.

Verteilungsskripten (Distribution Scripts)

Die Seite ist für Webanwendungen und Terminalserver-Applikationen nicht verfügbar.

Es gibt zwei Seiten für Skripte. Dabei wird die erste (Startskripten bzw. Launch Scripts) auf der Registerkarte *Ausführungsoptionen (Run Options)* dazu verwendet, um zur Ausführung der Applikation vorher und nachher ein Skript auszuführen. Die Seite *Verteilungsskripten* wird zum Verteilen der Software verwendet.

Hinweis

Unter Windows NT/2000/XP werden die beiden Skripte im lokalen Systemkontext ausgeführt. Daher erfolgt keine Anzeige und die gesamte Ausführung ist für den Benutzer nicht transparent. Verwenden Sie daher keine Befehle für die Bildschirmanzeige und die eine Interaktion mit dem Benutzer erfordern, da die Ausführung sonst an diesem Punkt anhält und nicht fortgesetzt werden kann.

Bitte beachten Sie bei Verteilung und anschließender sofortiger Ausführung auf dem Client folgende Reihenfolge:

```
Vor dem Start ausführen
Vor Verteilung ausführen
Verteilung der Applikation
Nach Verteilung ausführen
```

```
Programmausführung
Programmbeendigung
Nach Beendigung ausführen
```

Geben Sie im Abschnitt *Vor Verteilung ausführen* die Befehle ein, die vor dem Start der Verteilung bzw. Installation auf der Arbeitsstation des Benutzers ausgeführt werden sollen. Im Abschnitt *Nach Verteilung ausführen* geben Sie die Befehle ein, die nach der Installation ausgeführt werden sollen.

In den bisherigen Versionen von ZfD konnte nur die Novell-Skript-Engine verwendet werden. Das hat sich ab ZfD 4.0 geändert. Sie können im Feld *Skript-Engine-Speicherort* eine beliebige Skript-Engine angeben, die zur Ausführung verwendet werden soll (diese muss für die Arbeitsstationen immer verfügbar sein, wie z.B. C:\WINNT\SYSTEM32\CMD.EXE bzw. C:\WINDOWS\SYSTEM32\CMD.EXE). Geben Sie hier nichts an, wird die Novell-Skript-Engine vom NAL verwendet. Kann ein Skript nicht ausgeführt werden, da die dazu notwendige Engine nicht verfügbar ist, scheitert die Softwareverteilung. Zusätzlich muss im Feld *Erweiterung für die Skriptdatei eingeben oder auswählen* angegeben werden, die der NAL für die temporäre Skriptdatei verwenden muss.

Verwenden Sie die Novell-Skript-Engine, können folgende Befehle nicht verwendet werden: CLS, DISPLAY, EXIT, FDISPLAY, INCLUDE, LASTLOGINTIME, NO_DEFAULT, NOSWAP, PAUSE, PCOMPATIBLE, SCRIPT_SERVER, SET_TIME, SWAP und WRITE. Sie können jedoch externe Programme ausführen (# vorgestellt, wartet das Skript mit der Ausführung weiterer Befehle; @ vorgestellt, wartet es nicht). Beachten Sie, dass nicht unbedingt bereits alle Laufwerksverknüpfungen aktiv sind.

Zeitplan für Vorabinstallation (Pre-Install Schedule)

Die Seite ist für .MSI-Applikationen, Web-Anwendungen und Terminalserver-Applikationen nicht verfügbar.

Eine wunderbare Methode für Umgebungen mit vielen Benutzern, Zeit für die »Installation« einer Anwendung zu sparen. Aktivieren Sie diese Funktion, erfolgt die Installation, bevor sich ein Benutzer angemeldet hat (aber nur bei einer Zuweisung über ein Arbeitsstations-Objekt). Dabei wird jedoch nur der maschinenabhängige Teil installiert – der meist kleinere Rest wird ausgeführt, wenn der Benutzer die Applikation aufruft. Ist ein Neustart nach der Installation notwendig, wird dieser ggf. noch vor der Benutzeranmeldung erfolgen.

Wählen Sie bei *Zeitplantyp* die Einstellung *Keine*, erfolgt die Installation sofort nach Vorliegen der Voraussetzungen. Diese Option empfiehlt sich insbesondere bei Applikationen mit größerem Volumen (z.B. Office-Suites).

Hinweis

Leider funktioniert das in Verbindung mit Windows NT/2000/XP nicht. Es wird immer alles installiert und ist kein Benutzer angemeldet, werden die benutzerbezogenen Daten bei DEFAULT USER vorgenommen. Daher sollten Sie in diesem Fall die Option *Verteilung pro Benutzer verfolgen (Track Distribution per User)* für benutzerbezogene Daten zur Registry, zu Dateien usw. verwenden. Eine weitere Alternative für Dateien ist der Profilbereich ALL USERS.

- *Angegebene Tage*

  Sie können bestimmte Tage angeben (maximal 350 Tagesangaben sind möglich). Zusätzlich wählen Sie die Zeitspanne für die festgelegten Tage aus.

  Bei *Ab Startzeit verteilen* können Sie eine Verzögerungszeit in Minuten angeben. Damit wird die Applikation nicht gleichzeitig auf mehreren Arbeitsstationen installiert. Die Option »verteilt« den verfügbaren Zeitraum über die angegebene Anzahl von Minuten, damit das Netzwerk nicht zu stark belastet wird.

- *Bereich von Tagen*

  Hier legen Sie einen Zeitraum von Tagen fest, in der die Vorabinstallation verfügbar ist. Neben den Datumsangaben können Sie festlegen, an welchen Wochentagen in diesem Zeitraum die Installation zur Verfügung steht.

  Zusätzlich wählen Sie die Zeitspanne (Uhrzeit) für die festgelegten Tage aus.

  Bei *Ab Startzeit verteilen* können Sie eine Verzögerungszeit in Minuten angeben. Damit wird die Applikation nicht gleichzeitig auf mehreren Arbeitsstationen installiert. Die Option »verteilt« den verfügbaren Zeitraum über die angegebene Anzahl von Minuten, damit das Netzwerk nicht zu stark belastet wird.

  Erstreckt sich Ihr Netzwerk über mehrere Zeitzonen, können Sie die Option *Diesen Zeitplan in GMT für alle Clients verwenden aktivieren* aktivieren, sonst wird die jeweils lokale Zeit beachtet.

Optionen (Abb. 10.15)

Über die *Versionsnummer* (von 0 bis 65535) steuern Sie insbesondere auch eine Nachverteilung nach einer Änderung am Objekt. Beachten Sie in diesem Zusammenhang für Registry-Einträge usw. auch die Option *Immer verteilen* usw. Ändert sich die Versionsnummer, wird bei der nächsten Ausführung der Applikation auf einer Arbeitsstation erneut ein Verteilung/Installation durchgeführt.

Die GUID ist ein eindeutiger Bezeichner, der sich immer ändert, wenn Sie die Versionsnummer modifizieren. Die GUID wird auch in die Registry der Arbeitsstationen im Bereich HKEY_LOCAL_MACHINE eingetragen. Wählen Sie in der ConsoleOne mehrere Applikationsobjekte aus, können Sie über *Werkzeuge\Appli-*

cation Launcher-Werkzeuge den Befehl *Verteilungs-GUIDs synchronisieren* aufrufen, der allen die gleiche GUID zuweist (z.B. für mehrere Objekte zu einer Suite). Mit *Neue GUIDs erstellen*, können Sie einer oder mehren Applikationsobjekten wieder unterschiedliche GUIDs zuweisen.

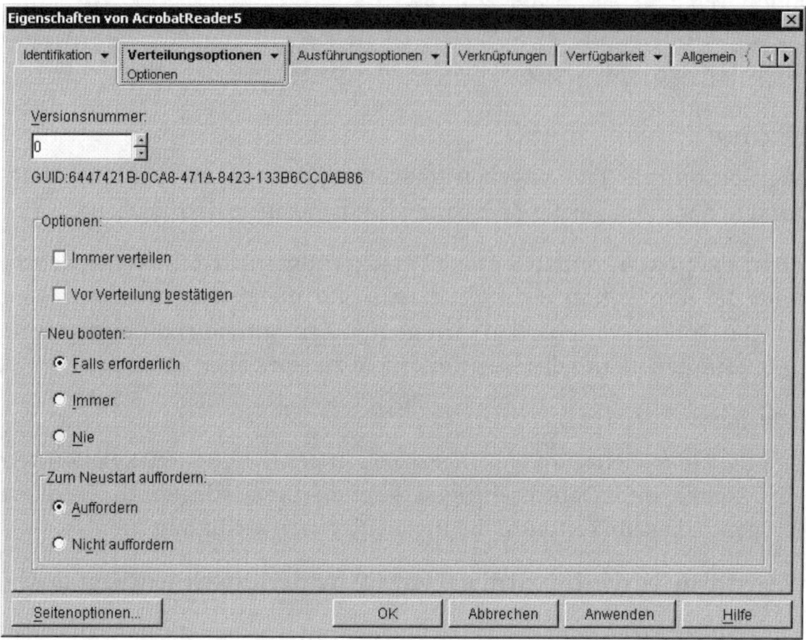

Abb. 10.15: Festlegen von Verteilungsoptionen

- *Immer verteilen*

  Vorsicht, aktivieren Sie diese Option, wird bei jedem Aufruf der Applikation auf einer Arbeitsstation eine erneute vollständige Verteilung durchgeführt. Ist der NALCACHE verfügbar, wird dazu dieser verwendet.

  Diese Option hat die höhere Priorität wie die Einzeleinstellungen zu Registry-Einträgen, Dateien usw.

- *Vor Verteilung bestätigen*

  Nur bei der Erstverteilung wird der Benutzer zur Bestätigung (Einverständnis) aufgefordert, wenn Sie diese Option aktivieren. Dabei wird auch der Beschreibungstext zur Applikation angezeigt.

- *Neu booten*

  Falls erforderlich ist nicht besonders empfehlenswert, da eine Notwendigkeit für einen Neustart nicht immer absolut sicher vom System erkannt werden kann. Bei Windows NT/2000/XP wird die Aufforderung zum Neustart nicht angezeigt, da der NAL im Systemkontext ausgeführt wird.

Neustarts werden so lange bei gesetzter Option *Erzwungene Ausführung verzögern* auf der Registerkarte *Identifikation* zurückgestellt, bis die letzte derartige Applikation fertig installiert wurde.

10.10.3 Ausführungsoptionen (Run Options)

Anwendung (Abb. 10.16)

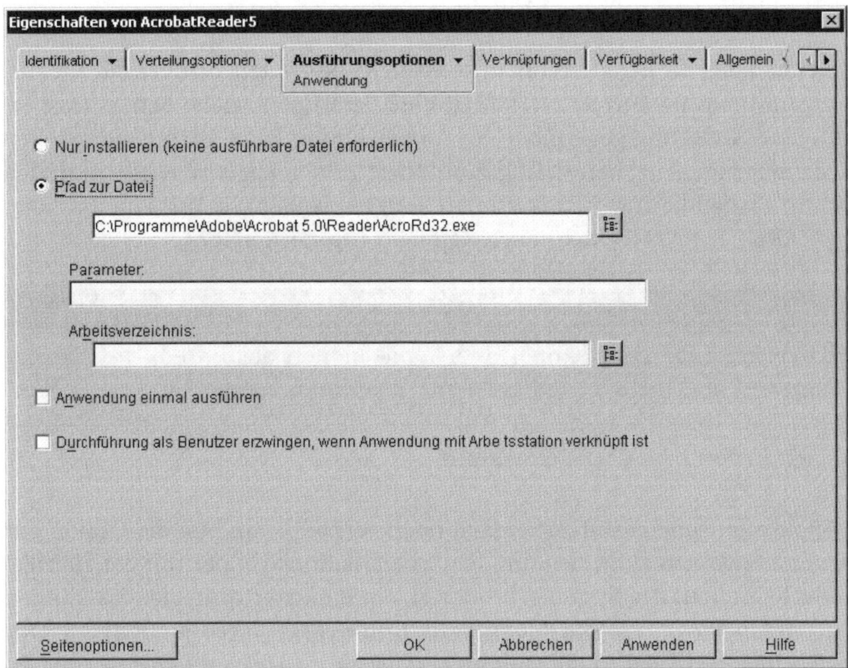

Abb. 10.16: Optionen für die Ausführung von Applikationen

Diese Seite ist für Objekte zu Web-Anwendungen und Terminalserver-Applikationen nicht verfügbar.

Soll mit dem Objekt »installiert« und ausgeführt werden, müssen Sie ggf. von *Nur installieren* auf *Pfad zur Datei* ändern, wodurch eine eventuell notwendige Installation bei Bedarf während des Aufrufs der Applikation auf der Arbeitsstation erfolgt (On Demand).

Soll das Programm nur einmalig auf den Arbeitsstationen der Benutzer ausgeführt bzw. installiert werden, aktivieren Sie das Kontrollfeld *Anwendung einmal ausführen (Run application once)*. In diesem Fall sollten Sie unbedingt auch eine Versionsnummer auf der Seite *Optionen* verwalten (einmal pro Versionsstempel). Der Sinn liegt darin, lediglich eine einmalige Installation auf den Clients auszuführen und danach das Symbol nicht weiter über den NAL verfügbar zu machen.

Tipp

Dadurch kann es vorkommen, dass ein gewünschter Neustart nach einem bestimmten Objekt nicht ausgeführt wird. Dieses Problem kann man jedoch umgehen. Setzen Sie für das nachfolgende Objekt nicht die Priorität für die erzwungene Ausführung und verzögern Sie es nicht. Arbeiten Sie stattdessen beispielsweise bei den Systemanforderungen mit einer Anforderung für das nachfolgende Objekt, damit es nur ausgeführt wird, wenn vorher das andere Objekt installiert ist (auf Datei usw. überprüfen).

Auf der Seite sollten Sie in jedem Fall noch einmal überprüfen, ob der Pfad zur ausführbaren Anwendung korrekt ist, soweit eine derartige Angabe bereits existiert (Vorsicht, eine Änderung gegenüber der Aufzeichnung kann zu Schwierigkeiten führen, da derartige Angaben häufig zumindest in der Registry wiederzufinden sind). Wenn Pfadänderungen vorkommen können, sollten Sie mit einem Makro arbeiten (TARGET_PATH – siehe auch Kapitel 9 zum SnAppShot).

Achtung

Der ZfD-Verwaltungsagent kann keine Applikationen ausführen, die sich in einem Netzwerkpfad befinden – dies ist nur in Verbindung mit dem Novell- oder Microsoft-Client möglich. In diesem Fall sollten Sie das Übertragen des Applikationsobjekts in den NAL-Cache erzwingen.

Ist ein Applikationsobjekt mit Arbeitsstationen verknüpft und ist die Option zur Ausführung erzwingen aktiv, beginnt der Arbeitsstations-Helper mit der Installation bereits beim Start des Systems, bevor sich ein Benutzer anmeldet. Sie können durch Aktivieren der Option *Durchführung als Benutzer erzwingen, wenn Anwendung mit Arbeitsstation verknüpft ist* die Option *Ausführung erzwingen* (Registerkarte *Verknüpfungen*) für die benutzerbezogenen Einträge verzögern, bis der NAL startet und ein Benutzer angemeldet ist.

Umgebung (Environment)

Diese Seite steht für Web-Anwendungen und Terminalserver-Applikationen nicht zur Verfügung. Sie können auf der Seite Umgebungseinstellungen für die Ausführung einer Applikation konfigurieren (Abb. 10.17).

Wählen Sie im Abschnitt *Ausführen* aus, in welcher Weise das Programmfenster nach dem Start angezeigt werden soll. Bei *Versteckt* erfolgt keine Anzeige am Bildschirm (muss unbedingt getestet werden, ob dies mit der Applikation funktioniert).

Für 16-Bit-Applikationen legen Sie fest, ob alle auf der Arbeitsstation gestarteten einen gemeinsamen Speicher verwenden. *Separat* ist sicherlich die wünschenswerte Art, aber leider funktionieren damit viele Programme nicht korrekt.

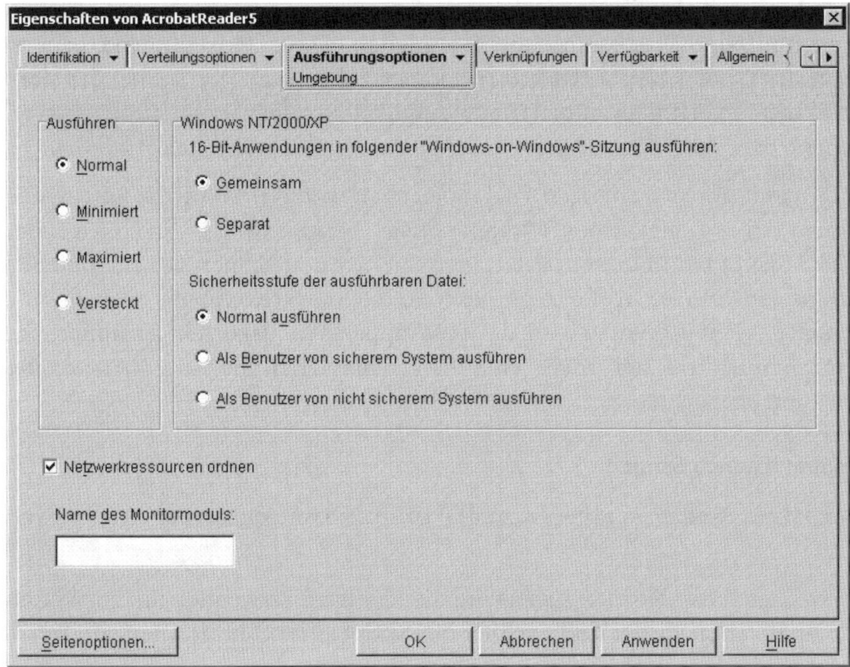

Abb. 10.17: Konfiguration der Umgebungseinstellung für die Ausführung

Sie haben die Möglichkeit, eine Applikation entweder im normalen Windows NT/2000/XP-Benutzerkontext oder dem Systemkontext auszuführen (die Applikation und darin der Anwender haben damit auf der Arbeitsstation Systemrechte) – dazu wird lokal auf den Arbeitsstationen der Dienst NALNTSRV.EXE benötigt.

- *Normal ausführen* (Interaktiver Benutzer): Die Applikation wird im Kontext des Benutzers ausgeführt, der sich an der Arbeitsstation angemeldet hat. Bei einer Zuweisung für Arbeitsstationen gilt das entsprechend. Damit stehen immer nur die Rechte und Berechtigungen zur Verfügung, die der angemeldete Benutzer mit seinem Konto bzw. die Arbeitsstation besitzt.
- *Als Benutzer von sicherem System ausführen*: Die Ausführung erfolgt im Hintergrund als lokaler Prozess mit den Rechten und Berechtigungen des lokalen Kontos SYSTEM (unter Windows 9x die Rechte der Arbeitsstation). Eine Benutzerinteraktion ist nicht möglich.
- *Als Benutzer von nicht sicheres System ausführen*: Wie vorher, jedoch ist eine Interaktion mit dem Benutzer möglich.

Verwenden Sie die letzten beiden Optionen nicht, wenn eine Applikation auf einem Terminalserver innerhalb einer Terminalserver-Sitzung aufgerufen wird, da dabei der NAL des Terminalservers verwendet wird und das Programm als Prozess nicht auf der Arbeitsstation, sondern auf dem Terminalserver ausgeführt wird.

In Verbindung mit Applikationen können Sie eigene Laufwerksverknüpfungen zuordnen und/oder Druckeranschlüsse umleiten. Diese Einstellungen hängen direkt mit der Option *Netzwerkressourcen ordnen* zusammen. Sie sollten das Kontrollfeld aktivieren, damit eventuell für die Applikation zugewiesene Laufwerksverknüpfungen usw. nach dem Beenden der Applikation wieder aufgelöst werden.

Ein Modulname muss im letzten Feld angegeben werden, wenn das aufrufende Programm ein so genannter Wrapper (wie beispielsweise NAL.EXE oder SNAPSHOT.EXE) ist. In diesem Fall tragen Sie hier den Namen des eigentlichen Programms ein, um nicht die zugewiesenen Netzwerkressourcen zu verlieren, bevor mit der Arbeit begonnen wird, da der Wrapper ständig korrekt terminiert. Sie definieren damit die Datei (meist eine .EXE oder .DLL), die vom NAL auf der Arbeitsstation beobachtet wird.

Startskripten (Launch Scripts)

Die Seite ist für Webanwendungen und Terminalserver-Applikationen nicht verfügbar.

Es gibt zwei Seiten für Skripte. Dabei wird die hier dazu verwendet, um zur Verteilung der Applikation vorher und nachher ein Skript auszuführen. Die Seite *Verteilungsskripten* wird zum Verteilen der Software verwendet.

Hinweis

Unter Windows NT/2000/XP werden die beiden Skripte im lokalen Systemkontext ausgeführt. Daher erfolgt keine Anzeige und die gesamte Ausführung ist für den Benutzer nicht transparent. Verwenden Sie daher keine Befehle für die Bildschirmanzeige oder die eine Interaktion mit dem Benutzer erfordern, da die Ausführung sonst an diesem Punkt anhält und nicht fortgesetzt werden kann.

Bitte beachten Sie bei Verteilung und anschließender sofortiger Ausführung auf dem Client folgende Reihenfolge:

```
Vor dem Start ausführen
Vor Verteilung ausführen
Verteilung der Applikation
Nach Verteilung ausführen
Programmausführung
Programmbeendigung
Nach Beendigung ausführen
```

Geben Sie im Abschnitt *Ausführen vor dem Start* die Befehle ein, die vor dem Start der Applikation auf der Arbeitsstation des Benutzers ausgeführt werden sollen. Im Abschnitt *Ausführen nach Beendigung* geben Sie die Befehle ein, die nach der Beendigung ausgeführt werden sollen.

In den bisherigen Versionen von ZfD konnte nur die Novell-Skript-Engine verwendet werden. Das hat sich ab ZfD 4.0 geändert. Sie können im Feld *Skript-Engine-Speicherort* eine beliebige Skript-Engine angeben, die zur Ausführung verwendet werden soll (diese muss für die Arbeitsstationen immer verfügbar sein, wie z.B. C:\WINNT\SYSTEM32\CMD.EXE bzw. C:\WINDOWS\SYSTEM32\CMD.EXE). Geben Sie hier nichts an, wird die Novell-Skript-Engine vom NAL verwendet. Kann ein Skript nicht ausgeführt werden, da die dazu notwendig Engine nicht verfügbar ist, scheitert die Softwareverteilung. Zusätzlich muss im Feld *Erweiterung für die Skriptdatei eingeben oder auswählen* angegeben werden, die der NAL für die temporäre Skriptdatei verwenden muss.

Verwenden Sie die Novell-Skript-Engine, können folgende Befehle nicht benutzt werden: CLS, DISPLAY, EXIT, FDISPLAY, INCLUDE, LASTLOGINTIME, NO_DEFAULT, NOSWAP, PAUSE, PCOMPATIBLE, SCRIPT_SERVER, SET_TIME, SWAP und WRITE. Sie können jedoch externe Programme ausführen (# vorgestellt, wartet das Skript mit der Ausführung weiterer Befehle; @ vorgestellt, wartet es nicht). Beachten Sie, dass nicht unbedingt bereits alle Laufwerksverknüpfungen aktiv sind.

Umgebungsvariablen (Environment Variables)

Hier können Sie eigene Umgebungsvariablen hinzufügen bzw. bestehende erweitern (z.B. PATH). Bestehende Umgebungsvariablen wie beispielsweise %NWLANGUAGE% werden alle unterstützt.

Klicken Sie auf HINZUFÜGEN und geben Sie den Namen und Wert zu einer Umgebungsvariablen an. Soll eine bestehende Umgebungsvariable auf der Arbeitsstation eines Benutzers lediglich erweitert werden, aktivieren Sie die Option *An bestehende Daten mit Trennzeichen anhängen* und geben das Trennzeichen ein (z.B. Semikolon).

Die Seite ist für Web-Anwendungen und Terminalserver-Applikationen nicht verfügbar. Auf Systemen mit Windows 9x, auf denen nur der ZfD-Verwaltungsagent installiert ist, kann der NAL keine hier angegebenen Umgebungsvariablen setzen.

Web-URL

Diese Seite ist nur für Web-Anwendungen verfügbar. Geben Sie hier die URL der Web-Anwendung oder einer Site ein, über die eine Web-Anwendung aufgerufen werden kann. Mit der Schaltfläche URL TESTEN können Sie Ihre Eingabe überprüfen.

Lizenzzählung (License Metering)

Auf dieser Seite können Sie die Softwarezählung aktivieren. Das notwendige NLS (damit müssen Sie vorher entsprechende Lizenz-Container für jede Applikation erstellen) kann derzeit nur über den NWAdmin verwaltet werden. Sie finden eine Beschreibung zum Software-Metering im Abschnitt 10.17.

Aktivieren Sie bei Bedarf die Option und wählen Sie im eDirectory das Lizenzobjekt für die Applikation aus. Dürfen Benutzer mit einer Applikation nicht arbeiten, wenn die Lizenzzählung auf dem Server nicht verfügbar ist, aktivieren Sie die Option *Anwendung nur ausführen, wenn NLS vorhanden ist.*

Anwendungsabhängigkeiten (Application Dependencies)

Diese Seite wurde mit ZfD 4.0 neu eingeführt, was die in der Praxis häufig vorkommende Verwaltung von Abhängigkeiten spürbar vereinfacht.

Tipp

In vielen Fällen reicht es aus, lediglich festzustellen, ob eine bestimmte Applikation auf einer Arbeitsstation bereits installiert ist. Beachten Sie dazu auch die Konfiguration der Systemanforderungen, in denen auch Applikationsobjekte verwendet werden können (Abschnitt 10.10.5).

Auf dieser Seite geben Sie alle Applikationsobjekte an, die auf der Arbeitsstation installiert sein müssen, bevor die Applikation ausgeführt wird. Die Applikation, für die Sie diese Zuweisung hier durchführen, wird als primäre Applikation bezeichnet und in der Liste angegebenen als abhängige Applikationen.

- Ist eine der aufgeführten Applikationen noch nicht installiert, wird dies automatisch durchgeführt.
- Abhängige Applikationen werden nicht installiert, solange die primäre Applikation nicht zum ersten Mal aufgerufen wird.
- Kann eine abhängige Applikation nicht installiert werden (z.B. wenn die Systemvoraussetzungen nicht erfüllt sind), wird die primäre Applikation nicht ausgeführt.
- Wird eine Applikation deinstalliert, werden auch alle abhängigen Applikationen deinstalliert, soweit diese nicht noch zu einer anderen Applikation als abhängig definiert sind.
- Verteilen Sie Applikationen über einen Wechseldatenträger oder als Zusatz-Image, müssen die abhängigen Applikationen zusätzlich eingeschlossen werden.

Fügen Sie ein Applikationsobjekt der Liste hinzu, stehen für jede noch zwei Optionen zur Verfügung:

- *Verteilung sofort fortsetzen*

  Damit legen Sie fest, dass der NAL die Applikation verteilt/installiert und ausführt, aber nicht das Ende des Ausführungsvorgangs abwartet, bevor die nächste Applikation verteilt/installiert wird. Diese Option ist standardmäßig deaktiviert.

- *Neustart verzögern*

  Ein Neustart der Arbeitsstation wird so lange verzögert, bis eine Applikation verteilt wird, zu der ein Neustart erforderlich und diese Option nicht aktiviert ist oder alle Applikationen verteilt sind. Diese Regel gilt auch für die Deinstallation.

Mit einem Klick auf KETTE ANZEIGEN wird ein Baum mit einer Darstellung der Abhängigkeiten angezeigt. Sie haben zusätzlich die Möglichkeit, die Reihenfolge der Einträge mit den rechts befindlichen Pfeiltasten zu verändern.

10.10.4 Verknüpfungen (Associations)

Sie müssen auf dieser Seite angeben (Abb. 10.18), welche Benutzer und Arbeitsstationen (Benutzer, Benutzergruppen, Arbeitsstationen, Arbeitsstationsgruppen oder Container) mit der Applikation versorgt werden sollen. Vergessen Sie nicht, genau anzugeben, wo bzw. wie das Objekt auf den Arbeitsstationen der Benutzer zur Verfügung steht.

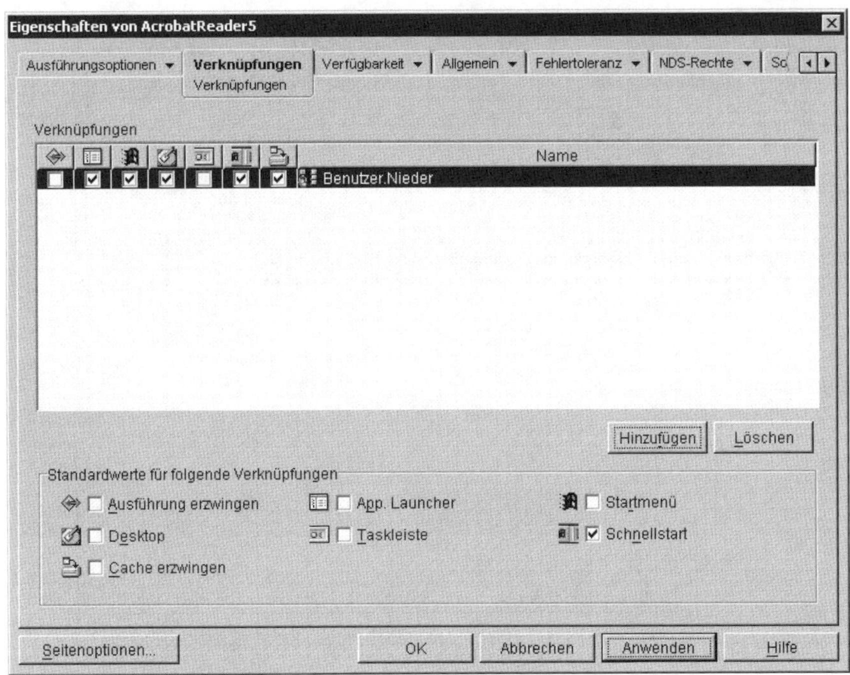

Abb. 10.18: Verknüpfungen für das Applikationsobjekt

Ausführung erzwingen bedeutet, dass keine Benutzeraktivität für die Ausführung des Objekts auf den Clients notwendig ist (siehe Beschreibung zur ersten Seite des Objekts). Wenn der NAL auf den Arbeitsstationen startet, wird das Applikationsobjekt sofort ausgeführt (bei einer Zuweisung über ein Arbeitsstations-Objekt direkt während des Systemstarts, außer es handelt sich um eine .MSI-Applikation).

Neu sind seit ZfD 3.0 die Optionen zum Caching auf den Zielsystemen und dem Eintrag in der Schnellstartleiste (Quick Launch) von Windows 9x und Windows 2000/XP.

10.10.5 Verfügbarkeit (Availability)

Systemanforderungen (System Requirements)

Oft ist es sinnvoll anzugeben, welche Voraussetzungen auf den Arbeitsstationen vorliegen müssen, damit eine Applikation problemlos aufgerufen werden kann. Vergessen Sie nicht, zumindest das Betriebssystem anzugeben, da sonst keine Verteilung erfolgt! Es stehen hier sehr viele Möglichkeiten zur Verfügung, die in der Praxis kaum noch einen Wunsch offen lassen.

Über die Schaltfläche HINZUFÜGEN können Sie der Liste weitere Einträge hinzufügen. Fügen Sie aber keine relativ unsinnigen Angaben hinzu, wie beispielsweise in Abb. 10.19 zur Datenträgergröße.

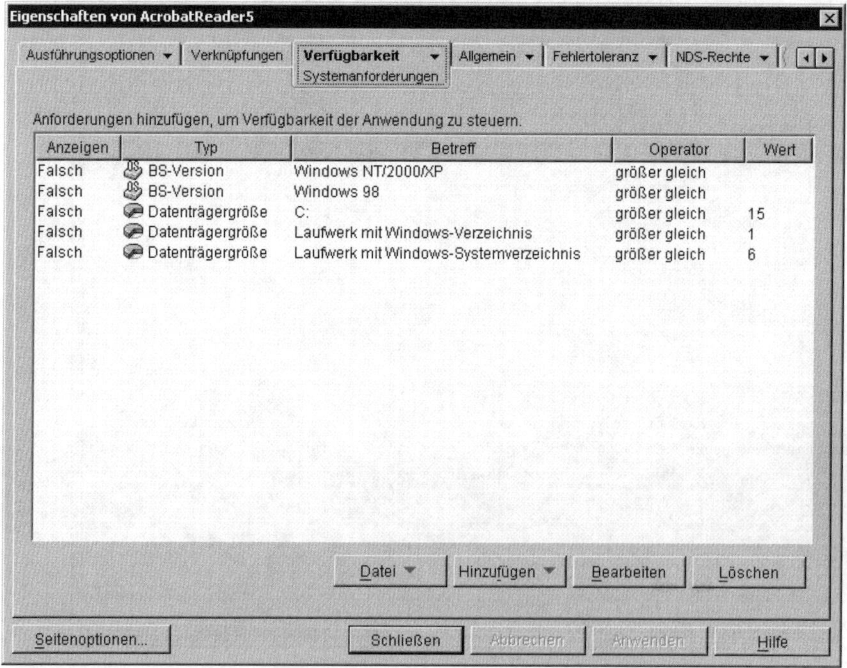

Abb. 10.19: Anforderungen an Arbeitsstationen für die Verfügbarkeit

Wichtig ist die Spalte *Anzeigen (Show)*, in der angegeben wird, ob die NAL-Verknüpfung auf der Arbeitsstation eines Benutzers angezeigt werden soll, auch wenn die Systemanforderung nicht erfüllt ist *(Wahr)*. Das Symbol wird in diesem Fall deaktiviert angezeigt und kann zum Aufruf durch den Benutzer nicht verwendet werden (in den Eigenschaften wird die zusätzliche Registerkarte Anforderungen angezeigt, die Informationen zu den nicht erfüllten Systemanforderungen enthält).

Zeitplan (Schedule)

Diese Seite verwenden Sie, wenn die Verfügbarkeit des Objekts zeitlich beschränkt werden soll. Wenn Sie diese Option einsetzen, sollten Sie unbedingt auch die Folgeseite zur Beendigung konfigurieren.

Wählen Sie bei *Zeitplantyp* die Einstellung *Keine*, steht die Applikation sofort und so lange zur Verfügung, wie die Verknüpfung zu einem Benutzer bzw. einer Arbeitsstation besteht und die Systemanforderungen erfüllt sind.

- *Angegebene Tage*

  Sie können bestimmte Tage angeben, an denen die Applikation benutzt werden kann (maximal 350 Tagesangaben sind möglich). Zusätzlich wählen Sie die Zeitspanne für die festgelegten Tage aus.

  Bei *Ab Startzeit verteilen* können Sie eine Verzögerungszeit in Minuten angeben. Damit wird die Applikation nicht gleichzeitig auf mehreren Arbeitsstationen ausgeführt werden. Die Option »verteilt« den verfügbaren Zeitraum über die angegebene Anzahl von Minuten, damit beispielsweise das Netzwerk nicht zu stark belastet wird.

- *Bereich von Tagen*

  Hier legen Sie einen Zeitraum fest, in dem die Applikation verfügbar ist. Neben den Datumsangaben können Sie festlegen, an welchen Wochentagen in diesem Zeitraum das Programm zur Verfügung steht.

  Zusätzlich wählen Sie die Zeitspanne (Uhrzeit) für die festgelegten Tage aus.

  Bei *Ab Startzeit verteilen* können Sie eine Verzögerungszeit in Minuten angeben. Damit wird die Applikation nicht gleichzeitig auf mehreren Arbeitsstationen ausgeführt. Die Option »verteilt« den verfügbaren Zeitraum über die angegebene Anzahl von Minuten, damit beispielsweise das Netzwerk nicht zu stark belastet wird.

  Erstreckt sich Ihr Netzwerk über mehrere Zeitzonen, können Sie die Option *Diesen Zeitplan in GMT für alle Clients verwenden aktivieren* aktivieren, sonst wird die jeweils lokale Zeit beachtet.

Beendigung (Termination)

Sie legen hier fest, was erfolgen soll, wenn das Objekt bzw. die Anwendung dem Benutzer nicht mehr zur Verfügung steht:

- Der Zeitplan ist abgelaufen (siehe vorheriger Abschnitt).
- Die Systemanforderungen sind nicht mehr erfüllt.

- Die Applikation steht dem Benutzer bzw. der Arbeitsstation nicht mehr zur Verfügung (die Verknüpfung wurde entfernt oder der Benutzer bzw. die Arbeitsstation gehört der Gruppe, die verknüpft ist nicht mehr an).

Sie können je nach Option auch eine Nachricht für den Benutzer ausgeben lassen.

10.10.6 Allgemein (Common)

Makros (Macros)

Weitgehend handelt es sich auch hierbei um Variablen. Beispielsweise in Verbindung mit SnAppShot können SOURCE_PATH (Quellpfad für die »Installation«), SHORT_TARGET_PATH (Zielpfad im 8.3-Format) und TARGET_PATH (Zielpfad) bzw. auch weitere Makros für das Applikationsobjekt vorkommen. Makros können auch ineinander verschachtelt werden. Achten Sie bei diesen Makros auf korrekte Großschreibung!

Makros, die Sie auf dieser Seite definieren, gelten nur für dieses Applikationsobjekt (Application Object Macros). Zusätzlich stehen die in den folgenden Tabellen angegebenen speziellen Makros zur Verfügung (beachten Sie auch die Hilfefunktion auf der Seite der ConsoleOne). Beachten Sie für eine ausführliche Beschreibung das Kapitel 33 im Administration Guide zu ZfD von Novell. In den Tabellen werden die Pfade für Windows-NT-Benutzerprofile verwendet. Ab Windows 2000 befinden sich diese normalerweise bei DOKUMENTE UND EINSTELLUNGEN.

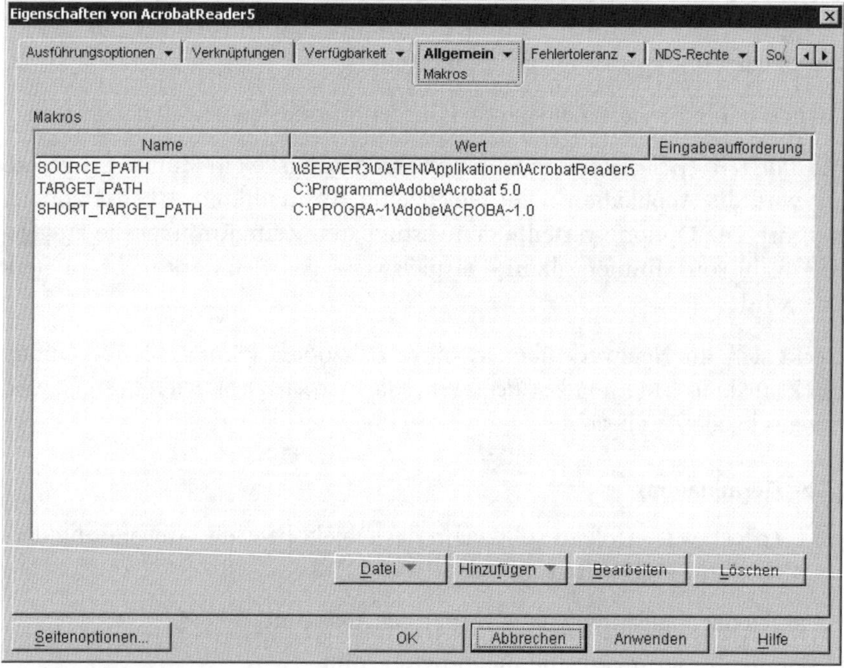

Abb. 10.20: Konfiguration von Makros

Makro	Beschreibung
`%*AppData%`	Nur zu Windows NT: C:\WINNT\PROFILES\<benutzername>\Anwendungsdaten
`%*CommonDesktop%`	Desktop für alle Benutzer: C:\WINNT\PROFILES\ALL USERS\Desktop
`%*CommonPrograms%`	Programmmenüeinträge für alle Benutzer: C:\WINNT\PROFILES\ALL USERS\Startmenü\Programme
`%*CommonStartMenu%`	Startmenüeinträge für alle Benutzer: C:\WINNT\PROFILES\ALL USERS\Startmenü
`%*CommonStartup%`	Autostart-Ordner für alle Benutzer: C:\WINNT\PROFILES\ALL USERS\Startmenü\Programme\Autostart
`%*CommonWinDesktop%`	Windows NT Desktop-Ordner für alle Benutzer: C:\WINNT\PROFILES\ALL USERS\Desktop
`%*Cookies%`	Ordner für die Cookies: C:\WINNT\PROFILES\<benutzername>\COOKIES
`%*Desktop%`	Desktop-Ordner für die Benutzer: C:\WINNT\PROFILES\<benutzername>\Desktop
`%*Favorites%`	Favoriten-Ordner für die Benutzer: C:\WINNT\PROFILES\<benutzername>\FAVORITEN
`%*Fonts%`	Ordner für die Schriftartendateien: C:\WINNT\FONTS oder C:\WINDOWS\FONTS
`%*History%`	Verlauf für den Internet-Explorer: C:\WINNT\PROFILES\<benutzername>\VERLAUF oder C:\DOKUMENTE UND EINSTELLUNG\<benutzername>\LOKALE EINSTELLUNGEN\VERLAUF
`%*NetHood%`	Verknüpfungen für den Ordner Netzwerkumgebung: C:\WINNT\PROFILES\<benutzername>\NETZWERKUMGEBUNG
`%*Personal%`	C:\WINNT\PROFILES\<benutzername>\EIGENE DATEIEN
`%*PrintHood%`	Verknüpfungen für den Ordner zur Druckerumgebung: C:\WINNT\PROFILES\<benutzername>\DRUCKUMGEBUNG
`%*Programs%`	Benutzerbezogene Programmgruppen für das Startmenü: C:\WINNT\PROFILES\<benutzername>\STARTMENÜ\PROGRAMME
`%*Recent%`	Verknüpfungen auf die zuletzt verwendeten Dokumente, soweit diese eingetragen wurden (*Start\Dokumente*): C:\WINNT\PROFILES\<benutzername>\RECENT oder C:\DOKUMENTE UND EINSTELLUNGEN\<benutzername>\ZULETZT VERWENDETE DOKUMENTE
`%*SendTo%`	Ziele für den Kontextbefehl *Senden an* zu vielen Dateieinträgen im Windows-Explorer: C:\WINNT\PROFILES\<benutzername>\SENDTO

Tabelle 10.5: Windows-Makros

Makro	Beschreibung
`%*StartMenu%`	Ordner für Zusatzeinträge im Startmenü und die Programmgruppen des angemeldeten Benutzers: C:\WINNT\PROFILES\<benutzername>\STARTMENÜ
`%*Startup%`	Benutzerbezogener Autostart-Ordner: C:\WINNT\PROFILES\<benutzername>\STARTMENÜ\PROGRAMME\AUTOSTART
`%*TempDir%`	Temporäres Verzeichnis für Windows (C:\TEMP). Ab Windows 2000 bei C:\DOKUMENTE UND EINSTELLUNGEN\<benutzername>\LOKALE EINSTELLUNGEN\TEMP.
`%*Templates%`	Beispiel: C:\WINNT\VORLAGEN (ab Windows 2000 bei C:\DOKUMENTE UND EINSTELLUNGEN\<benutzername>\VORLAGEN
`%*WinDesktop%`	Desktopordner des Benutzers: C:\WINNT\PROFILES\<benutzername>\DESKTOP
`%*WinDir%`	Windows-Verzeichnis: C:\WINDOWS oder C:\WINNT
`%*WinDisk%`	Laufwerksbuchstabe für das Startlaufwerk: C:
`%*WinSys16Dir%`	Windows NT 16 Bit-Systemverzeichnis: C:\WINNT\SYSTEM
`%*WinSysDir%`	Das 32 Bit-Systemverzeichnis: C:\WINDOWS\SYSTEM (Windows 9x) oder C:\WINNT\SYSTEM32 bzw. C:\WINDOWS\SYSTEM32 ab Windows XP
`%*WinSysDisk%`	Laufwerksbuchstabe für das Windows-Systemverzeichnis – beispielsweise C:
Die folgenden Makros sind nur zu Windows 2000/XP verfügbar:	
`%*AdminTools%`	Ordner für die benutzerbezogenen Verwaltungswerkzeuge: C:\DOKUMENTE UND EINSTELLUNGEN\<benutzername>\STARTMENÜ\PROGRAMME\VERWALTUNG
`%*CommonAdminTools%`	Ordner für die benutzerunabhängigen Verwaltungswerkzeuge: C:\DOKUMENTE UND EINSTELLUNGEN\ALL USERS\STARTMENÜ\PROGRAMME\VERWALTUNG
`%*CommonAppData%`	Ordner für die benutzerunabhängigen applikationsspezifischen Daten: C:\DOKUMENTE UND EINSTELLUNGEN\ALL USERS\ANWENDUNGSDATEN
`%*CommonDocuments%`	Ordner für die benutzerunabhängigen Dokumente: C:\DOKUMENTE UND EINSTELLUNGEN\ALL USERS\DOKUMENTE
`%*CommonTemplates%`	Ordner für die benutzerunabhängigen Vorlagen: C:\DOKUMENTE UND EINSTELLUNGEN\ALL USERS\VORLAGEN
`%*MyPictures%`	Benutzerbezogene Grafikdateien: C:\DOKUMENTE UND EINSTELLUNGEN\<benutzername>\EIGENE DATEIEN\EIGENE BILDER
`%*ProgramFiles%`	Programmordner: C:\PROGRAMME

Tabelle 10.5: Windows-Makros (Forts.)

Makro	Beschreibung
%*ProgramFilesCommon%	Systemverzeichnis für Dateien, die von mehreren Programmen benutzt werden: C:\PROGRAMME\GEMEINSAME DATEIEN
%*UserProfile%	Benutzerprofilpfad: C:\DOKUMENTE UND EINSTELLUNGEN\<benutzername>

Tabelle 10.5: Windows-Makros (Forts.)

Die folgenden Anmeldeskript-Variablen von Novell werden unterstützt:

Makro	Beschreibung
%CN%	Anmeldename des Benutzers
%COMPUTER_NAME%	Computername der Arbeitsstation
%DAY%	Nummer des Tages (0 bis 31)
%FILESERVER% oder %FILE_SERVER%	Name des Dateiservers
%FULL_NAME%	Vollständiger Benutzername
%HOUR% oder %HOURS%	Stunde des Tages im 12-Stunden-Format
%HOUR24% oder %24HOUR%	Stunde des Tages im 24-Stunden-Format
%LAST_NAME%	Nachname des angemeldeten Benutzers
%LOGIN_NAME%	Die ersten acht Zeichen des Benutzerobjekts
%MINUTE% oder %MINUTES%	Aktuelle Minute (00 bis 59)
%MONTH%	Monatsnummer (01 bis 12)
%NDAY_OF_WEEK%	Nummer des Wochentags (1 bis 7, wobei 1 der Sonntag ist)
%NETWORK% oder %NETWORK_ADDRESS%	Netzwerkadresse der Arbeitsstation
%OS%	Betriebssystemtyp (MSDOS, WIN98, WINNT, WIN2000, WINXP)
%OS_VERSION%	Versionsnummer des Betriebssystems
%P_STATION% oder %PHYSICAL_STATION%	MAC-Adresse der Arbeitsstation (hexadezimal 12 Zeichen ohne Trennzeichen dazwischen)
%PLATFORM%	Betriebssystemplattform (WIN, W98, WNT, W2000, WXP)
%REQUESTER_CONTEXT%	Kontext des Anfragenden im ausgewählten Baum
%SECOND% oder %SECONDS%	Aktuelle Sekundenzahl (00 bis 99)
%SHORT_YEAR%	Nummer des Jahres in Kurzform (00 bis 99)
%WINVER%	Windows-Version
%WORKSTATION_DN%	Name und Kontext der Arbeitsstation (Distinguished Name)

Tabelle 10.6: Unterstützte Anmeldeskript-Makros

Makro	Beschreibung
%WORKSTATION_ID%	Name des Arbeitsstationsobjekts im eDirectory
%WORKSTATION_TREE%	Name des Baums, in dem sich das Arbeitsstationsobjekt befindet
%YEAR%	Nummer des Jahres in Langform (z.B. 2001, 2002, 2003)

Tabelle 10.6: Unterstützte Anmeldeskript-Makros (Forts.)

Zusätzlich werden eDirectory-Attributnamen unterstützt. Dabei gilt die folgende Syntax zur Anwendung:

```
%<objektname>.<containerpfad>;<edirectoryattribut>%
```

Die Namen der einzelnen Attribute finden Sie im *Schema-Manager*, den Sie im Menü *Werkzeuge* der ConsoleOne aufrufen können.

Hinweis

Die verfügbaren Novell-Makros werden bei der Anmeldung zwischengespeichert und während der Sitzungszeit nicht aktualisiert. Daher ist zumindest eine Neuanmeldung notwendig, wenn eine Aktualisierung erforderlich.

Laufwerke/Anschlüsse (Drives/Ports)

Diese Seite ist für Web-Anwendungen und Terminalserver-Applikationen nicht verfügbar.

In Verbindung mit Applikationen können Sie eigene Laufwerksverknüpfungen zuordnen und/oder Druckeranschlüsse umleiten. Diese Einstellungen hängen direkt auch mit der Option *Netzwerkressourcen ordnen* zusammen.

Die Zuordnungen werden durchgeführt, sobald Sie eine Applikation aufrufen. Werden die gleichen Zuordnungen von mehreren ausgeführten Anwendungen benutzer, gibt der NAL diese bei aktiver Option *Netzwerkressourcen ordnen* erst wieder frei, wenn die letzte Applikation dazu geschlossen wurde.

Wichtig

Die Laufwerke/Anschlüsse stehen nur zur Verfügung, solange der Benutzer mit dem Netzwerk bzw. dem eDirectory verbunden ist (Probleme für mobile Benutzer, die mit dem NAL-Cache arbeiten).

Hinweis

Der ZfD-Verwaltungsagent unterstützt keine Laufwerksverknüpfungen und Anschlussumleitungen! Diese Seite darf nur verwendet werden, wenn gewährleistet ist, dass auf den Zielsystemen der Novell- oder Microsoft-Client für das Netzwerk verfügbar ist.

Dateirechte (File Rights)

Sie können Rechte auf Dateien und Verzeichnisse zuordnen, die nur in Verbindung mit dem Applikationsobjekt zur Verfügung stehen. Diese Seite ist für Web-Anwendungen und Terminalserver-Applikationen nicht verfügbar.

Tipp

Die Dateisystemrechte stehen dem Benutzer nicht nur im ausgeführten Programm, sondern während der Laufzeit der Verknüpfung zum Applikationsobjekt in seiner ganzen Umgebung zur Verfügung. Vorsicht ist auch geboten, wenn zwei Objekte die gleichen oder sich überschneidende Rechte gewähren. Wird eine Verknüpfung nicht mehr besteht, werden alle definierten Rechte für den Benutzer entfernt, wodurch andere Applikationsobjekte mit sich überschneidenden Einstellungen ggf. nicht mehr funktionsfähig sind.

Bericht (Reporting)

Für jedes Ereignis können Sie festlegen, wohin die Protokollierung erfolgen soll:

- *Datenbank*

  Beachten Sie dazu insbesondere die Kapitel 1 und 12. Der NAL kann im Prinzip die Ereignisse in jede ODBC-kompatible Datenbank schreiben. Es muss dazu ein Datenbankobjekt für die Benutzung durch das Applikationsberichtswesen konfiguriert werden. Soweit erforderlich, müssen Sie auch ein Servicestandortpaket anwenden.

  Stellen Sie sicher, dass auf den Arbeitsstationen der erforderliche ODBC-Treiber für die Datenbank installiert und konfiguriert ist.

  Für das Berichtswesen beachten Sie bitte Abschnitt 10.15.

- *SMTP-Trap*

  SNMP-Traps können zu jeder SNMP-Verwaltungskonsole gesandt werden. Dazu muss in einem Servicestandortpaket eine Richtlinie für die SNMP-Trap-Ziele konfiguriert werden. Das Richtlinienpaket muss mit den Containern verknüpft werden, in denen sich die Benutzer- und Arbeitsstations-Objekte befinden.

  Mit ZfD wird keine SNMP-Verwaltungskonsole mitgeliefert.

- *In Datei protokollieren*

  Die Ereignisse werden in einer Textdatei protokolliert, deren Pfad und Name zusätzlich angegeben werden muss. Die Datei wird immer fortgeschrieben. Setzen Sie nur den ZfD-Verwaltungsagenten ein, kann nicht auf Server-Laufwerken geschrieben werden, wenn nicht zusätzlich der Novell- oder Microsoft-Client installiert ist.

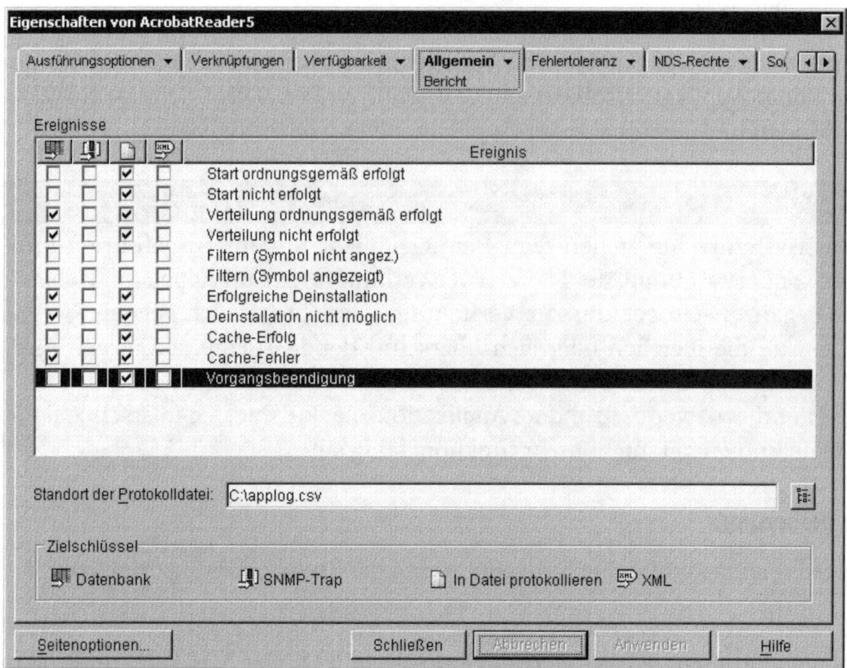

Abb. 10.21: Konfiguration zur Erstellung von Applikationsprotokollen

- *XML*

  Mit ZfD 4.0 wurde die Ereignisprotokollierung als XML-Daten eingeführt. Dazu ist eine entsprechende Richtlinie in einem Servicestandortpaket für die XML-Ziele erforderlich (HTTP oder HTTPS).

Tipp

Die Protokolldatei eignet sich insbesondere für die lokale Protokollierung. Im LAN empfiehlt sich die Verwendung einer Datenbank und für mobile Benutzer bzw. das WAN ist eher XML geeignet (Sie sollten sich allerdings gut überlegen, ob Sie in diesem Fall nicht nur eine lokale Protokollierung durchführen).

Folgende Informationen werden aufgezeichnet:

- Ereignistyp
- Datum und Uhrzeit
- Benutzer-DN
- Arbeitsstations-DN
- Arbeitsstationsadresse
- Applikations-DN
- Applikations-GUID

- Version des Applikationsobjekts
- Ereignistext

Es kann auch eine eigene Protokolldatei spezifiziert werden. Dabei handelt es sich am angegebenen Pfad um eine kommaseparierte Datei mit folgendem Aufbau:

Feldbezeichnung	Beschreibung

Ereignistyp und Kode	`Launch Success` (10)
	Applikation erfolgreich gestartet
	`Launch Failure (11)`
	Applikation konnte nicht gestartet werden
	`Distribution Success (20)`
	Applikation erfolgreich verteilt
	`Distribution Failure (21)`
	Die Verteilung konnte nicht erfolgreich abgeschlossen werden
	`Filter Show (30)`
	Applikationssymbol nur deaktiviert angezeigt, da Systemanforderungen nicht erfüllt sind
	`Filter Hide (31)`
	Applikationssymbol nicht angezeigt, da Systemanforderungen nicht erfüllt sind
	`Cache Success (60)`
	Das Speichern im NAL-Cache wurde erfolgreich ausgeführt
	`Cache Failure (61)`
	Das Speichern im NAL-Cache war nicht möglich
	`Application Termination (70)`
	Tritt auf, wenn der Benutzer oder der NAL die Applikation beendet

Ereignistyp und Kode	`Uninstall Success`
	Erfolgreiche Deinstallation
	`Uninstall Failure`
	Die Applikation konnte nicht deinstalliert werden

Datum und Uhrzeit	Datum und Uhrzeit des Ereignisses
Benutzer-DN und Baum	Benutzer-DN mit Baum vollqualifiziert (z.B. ADMIN.NIEDER.BAUM)
Arbeitsstations-DN und Baum	Arbeitsstations-DN mit Baum vollqualifiziert
Arbeitsstationsadresse	IP- oder IPX-Adresse
Applikations-DN und Baum	Applikations-DN mit Baum vollqualifiziert
Applikations-GUID	Die aktuelle, eindeutige GUID des Applikationsobjekts
Version des Applikationsobjekts	Version des Applikationsobjekts
Hauptkode des Ereignisses	NAL-Fehlerkode

Tabelle 10.7: Protokolldateiaufbau für Applikationsobjekte

Feldbezeichnung	Beschreibung
Minor-Fehlerkode des Ereignisses	Anderer Fehlerkode
Ereignisfeld 1	Erster Teil der Meldung
Ereignisfeld 2	Zweiter Teil der Meldung
Ereignisfeld 3	Dritter Teil der Meldung
Ereignisfeld 4	Vierter Teil der Meldung
Ereignisfeld 5	Fünfter Teil der Meldung
Applikationsflagge	Bitmaske des Applikationsobjekts

Tabelle 10.7: Protokolldateiaufbau für Applikationsobjekte (Forts.)

Imaging

Diese Seite steht für Web-Anwendungen und Terminalserver-Applikationen nicht zur Verfügung.

Wollen Sie Applikationsobjekte auch im Rahmen des Imaging verwenden, müssen Sie die Seite Imaging (Abb. 10.22) konfigurieren und ein Zusatz-Image mithilfe der Schaltfläche IMAGE ERSTELLEN (CREATE IMAGE) erstellen. Damit das alles problemlos funktioniert, muss selbstverständlich eine entsprechende Richtlinie verfügbar sein. Beachten Sie dazu insbesondere die Beschreibung im Kapitel 13.

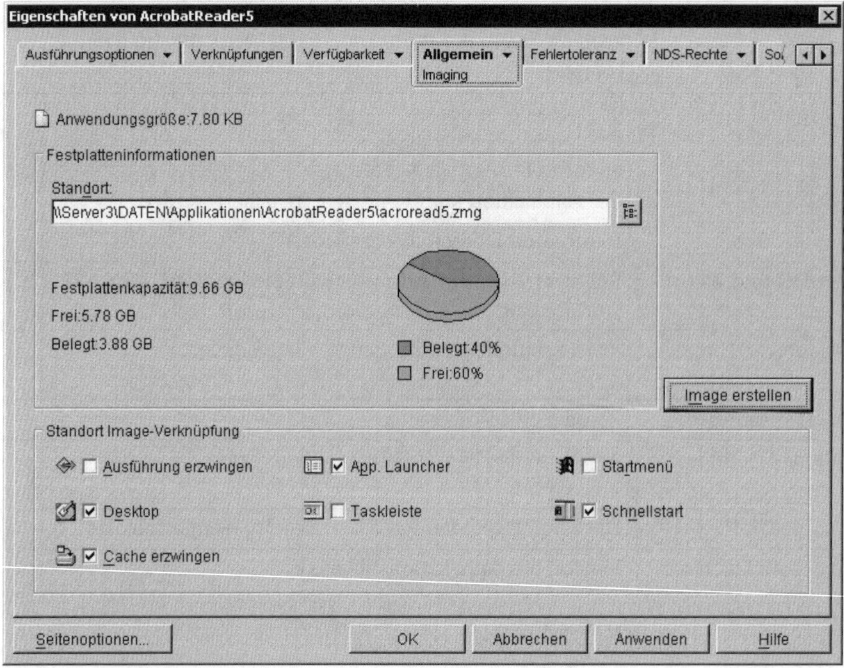

Abb. 10.22: Ein Zusatz-Image für ein Applikationsobjekt erstellen

Tipp

Am besten speichern Sie die Zusatz-Images im gleichen Serververzeichnis, wie die Dateien zum Applikationsobjekt (der Pfad muss im Feld Standort eingegeben oder ausgewählt werden). Die verfügbare und belegte Speicherkapazität wird ebenso angezeigt, wie die notwendige Kapazität für das Zusatz-Image.

Vergessen Sie nicht, im Abschnitt *Standort Image-Verknüpfung* die Verknüpfungsmerkmale anzugeben, die auf den Zielsystemen erzwungen werden. Beachten Sie dazu auch die Beschreibung im Abschnitt 10.10.4.

Ursprünge (Sources)

Nicht verfügbar für Web-Anwendungen und Terminalserver-Applikationen.

Ist der anfängliche Ursprungspfad nicht verfügbar, werden die weiteren Ursprungspfade in dieser von Ihnen erstellten Liste der Reihe nach versucht (am besten nur UNC-Pfadangaben verwenden), bis ein verfügbares Objekt gefunden wird. Kopieren Sie dazu die Installationsverzeichnisse beispielsweise auf andere Server. Sie müssen in der Liste immer die Pfade zu .AXT-, .AOT- oder .MSI-Dateien angeben. Es dürfen keine .AXT-/.AOT- und .MSI-Pakete gemischt werden!

Verwenden Sie das Makro SOURCE_PATH, müssen Sie unbedingt darauf achten, dass es in Großbuchstaben geschrieben ist, da sonst die Ursprungsliste nicht beachtet wird!

Achtung

Da .MSI-Dateien die Nachinstallation von Funktionen bei Bedarf ermöglichen, ist die ständige Verfügbarkeit insbesondere in diesem Zusammenhang sehr wichtig!

Deinstallieren (Uninstall)

Soll eine Deinstallation möglich sein, müssen Sie das erste Kontrollfeld aktivieren. Aktivieren Sie das zweite Kontrollfeld nicht, kann normalerweise nur ein Administrator die Applikation deinstallieren (eine automatische Deinstallation wegen Zeitablauf usw. funktioniert selbstverständlich trotzdem)! Darf der Anwender deinstallieren, findet er den Befehl dazu im Kontextmenü des Applikationsobjekts.

Ist der NAL-Cache lokal aktiv, erfolgt die Deinstallation mit den dort verfügbaren Informationen. Dabei werden auch die darin verfügbaren Quelldateien gelöscht. Das Applikationssymbol verbleibt jedoch für die Anzeige auf der Arbeitsstation, wenn das Applikationsobjekt noch verknüpft ist.

Beachten Sie insbesondere auch die Angaben zur Deinstallation für Dateien, Verknüpfungen, .INI-Dateien und die Registry.

Achtung

Wird ein Applikationsobjekt auf einen Terminalserver verteilt, wird die Deinstallationsinformation ignoriert. Eine Deinstallation ist in diesem Fall nur manuell möglich.

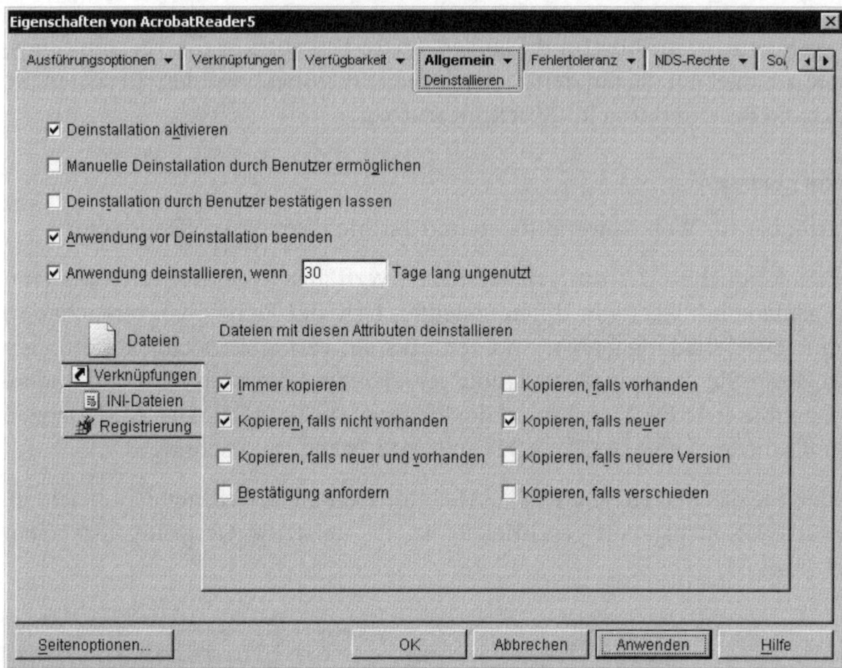

Abb. 10.23: Konfiguration der Deinstallation für ein Applikationsobjekt

10.10.7 MSI

Eine Beschreibung zu dieser Registerkarte, die nur in Verbindung mit Applikationsobjekten zu .MSI-Applikationen verfügbar ist, finden Sie im Abschnitt 10.11.

10.10.8 Fehlertoleranz und Lastausgleich

Es stehen in ZfD nicht erst seit Version 4.0 eine Reihe von Möglichkeiten zur Verfügung, die Verfügbarkeit von Applikationsobjekten in LAN- und WAN-Umgebungen zu gewährleisten. Die Konfiguration dazu findet insbesondere auf der Registerkarte *Fehlertoleranz* statt.

Fehlertoleranz (Fault Tolerance)

Verwenden Sie diese Seite zur Konfiguration der Fehlertoleranz in WAN-Umgebungen (steht für .MSI-Objekte nicht zur Verfügung). Die Angaben auf dieser Seite kommen nur dann zum Tragen, wenn das Applikationsobjekt beim Aufruf fehlschlägt. Ist auch der Lastausgleich (für LANs empfehlenswert) auf der nächsten Seite konfiguriert, wird diese als erstes ausgeführt.

In der *Ursprungsliste (Source List)* geben Sie Ursprünge aus der entsprechenden Liste der Registerkarte *Allgemein* auf der Seite *Ursprünge* an (kann nicht für Web-Anwendungen und Terminalserver-Applikationen verwendet werden). Für Ursprünge werden keine weiteren Applikationsobjekte benötigt.

Die *Anwendungsliste (Application List)* verwenden Sie für weitere Applikationsobjekte aus dem eDirectory. Sie können nur eine der beiden Listen alternativ verwenden. Wird der Fernmodus vom NAL erkannt, nutzt der die Anwendungsliste nicht für die Fehlertoleranz – in diesem Fall funktioniert nur die Ursprungsliste.

Ist ein Ursprungspfad bzw. Applikationsobjekt nicht verfügbar und schlägt damit der Start der Applikation fehl (das Objekt kann auch zu »beschäftigt« sein), wird das nächste Objekt in der Liste in der angegebenen Reihenfolge verwendet, bis die Applikation gestartet werden kann.

Achtung

Ist auch das Applikationsobjekt nicht verfügbar oder zu »beschäftigt«, schlägt die Fehlertoleranz fehl! Achten Sie daher unbedingt darauf, dass zumindest die Server mit einer Replica gut verfügbar sind, damit derartige Ausfälle nicht auftreten können.

Tipp

Die Fehlertoleranz kann noch in anderer Weise zur Lösung eines Problems verwendet werden. Sind bereits Applikationen auf andere Weise installiert worden und/oder verwenden Sie Applikationsobjekte nur für den Aufruf, aber nicht zur Installation, kann die Fehlertoleranz für die Installation bei Bedarf benutzt werden. Hierzu erstellen Sie ein Objekt für den Aufruf der Applikation. Bei Fehlertoleranz geben Sie ein Applikationsobjekt an, das lediglich für die Installation zuständig ist (sollte daher auch nicht im NAL, auf dem Desktop usw. angezeigt werden). Fällt der Aufruf auf dem Client aus, wird automatisch die Fehlertoleranz und damit das Installationsobjekt ausgeführt, wodurch die Installation der Applikation auf der Arbeitsstation durchgeführt wird.

Lastverteilung (Load Balancing)

Sie verwenden diese Seite zur Konfiguration von Load Balancing (Auslastungsverteilung) in LANs (alle Quelldateien zu Applikationsobjekten auf verschiedenen Servern). Die Angaben auf dieser Seite kommen nur dann zum Tragen, wenn das Applikationsobjekt beim Aufruf fehlschlägt.

Bei Applikationsobjekten mit einer .MSI-Datei können Sie die Seite zwar aktivieren, aber die Optionen stehen nicht zur Verfügung. In diesem Fall wird die Seite *Ursprünge (Sources)* auf der Registerkarte *Allgemein* verwendet.

Bei der Auslastungsverteilung wird per Zufall ein Eintrag der Liste aufgerufen. Ist das Objekt bzw. der Pfad nicht verfügbar und schlägt damit der Start der Applikation fehl, wird der nächste Eintrag in der Liste per Zufall ausgewählt.

Standortliste (Site List)

Diese Seite ist insbesondere für mobile Benutzer wichtig, die mit einer Applikation an verschiedenen Standorten arbeiten.

Derartige Applikationen können durchaus verschiedene Merkmale aufweisen.

Fügen Sie eine Verknüpfung zu einem Applikationsobjekt an einem anderen Standort hinzu (Schaltfäche VERBINDEN bzw. LINK). Beachten Sie, dass nur ein Eintrag möglich ist. Sind mehrere Verknüpfungen notwendig, fügen Sie beim zweiten Objekt ebenfalls eine hinzu usw. Damit erreichen Sie eine Mehrfach-Verknüpfung.

Hinweis

Verwenden Sie den ZfD-Verwaltungsagenten und verbindet sich ein Benutzer über einen ZfD-Middle-Tier-Server, wird durch diesen Server die Site bestimmt und nicht durch die Arbeitsstation.

Alternative Anwendung bei Fernbetrieb (Remote Alternate App)

Wird die Arbeitsstation eines Benutzers im Fernbetrieb ausgeführt (zur Konfiguration siehe Abschnitt 10.6.1), kann hier ein alternatives Applikationsobjekt angegeben werden. Dabei handelt es sich idealerweise um eine Web-Anwendung oder eine Terminalserver-Applikation.

Standardmäßig nutzt der NAL keine alternativen Anwendungen, wenn die Applikation auf der Arbeitsstation bereits installiert ist. Wollen Sie die alternative Anwendung auch für diesen Fall erzwingen (z.B. wegen einer serverseitigen Datenbank, die sonst nicht verfügbar ist), aktivieren Sie die Option *Bei Fernbetrieb immer diese alternative Anwendung verwenden.*

10.11 .MSI-Pakete (Windows-Installer)

Verwenden Sie derartige Dateien zur Applikationsverteilung, gibt es einige Besonderheiten im Applikationsobjekt, die im Abschnitt 10.10 beschrieben wurden.

Besitzen Sie keine .MSI-Datei zu einer Applikation für die Installation, können Sie eine solche erstellen. Zu Windows-2000-Server erhalten Sie von Microsoft auf der CD WINInstall LE für das Repackaging und die Bearbeitung von .MSI-Dateien. Novell liefert den Wise InstallTailer zu ZfD 4.0 mit, der in jedem Fall vorzuziehen ist, da er einfacher zu bedienen ist und mehr Möglichkeiten bietet.

Hinweis

Das Repackaging und die Bearbeitung von .MSI-Dateien wird in diesem Buch von mir nicht beschrieben, da dies unabhängig von ZfD ist und den Rahmen des Buches sprengen würde. Aus diesem Grunde erfolgt auch hier nur eine kurze Beschreibung.

Auf der ersten Registerkarte des Applikationsobjekts gibt es zusätzlich Paketinformationen (für das Paket sollten Sie auch hier nur UNC-Pfadangaben verwenden). Auf der Seite *Symbol* müssen Sie unbedingt die *Benutzerschnittstellenebene* einstellen. Siehe Abschnitt 10.10.1.

Zusätzlich steht die Registerkarte *MSI* zur Verfügung.

10.11.1 Transformationen

Auf der Seite der *Transformationen (Transforms)* können Sie Anpassungsdateien einbinden (.MST).

Derartige Dateien werden nachträglich auf die .MSI-Installation ausgeführt, um beispielsweise individuelle Änderungen/Anpassungen durchzuführen. Die Dateien werden in der Reihenfolge ausgeführt, wie Sie diese in der Liste zusammenstellen.

Transform-Dateien können Sie beispielsweise mit dem Resource Kit zu Microsoft Office erstellen. Leider stellen nur sehr wenige Hersteller Assistenten zur Verfügung, mit denen die Erstellung von .MST-Dateien möglich ist. Dazu können Sie jedoch den Wise InstallTailor verwenden, der sich auf der ZfD-Begleit-CD befindet.

10.11.2 Eigenschaften

Bei den *Eigenschaften (Properties)* können Sie Eigenschaftswerte in der .MSI-Datei ändern, soweit dies vom Softwarehersteller vorgesehen ist (z.B. Pfadangaben). Es besteht in diesem Zusammenhang auch die Möglichkeit, neue Eigenschaftswerte zu erstellen.

Die während einer administrativen Installation festgelegten Eigenschaftswerte finden Sie bereits in der Liste.

10.11.3 Überprüfen

Auf dieser Seite konfigurieren Sie das Verhalten, wenn der Benutzer im Kontextmenü des Symbols eines Applikationsobjekts den Befehl *Überprüfen* aufruft. In diesem Fall startet der NAL den Windows-Installer und übergibt ihm die hier konfigurierten Einstellungen als Parameter.

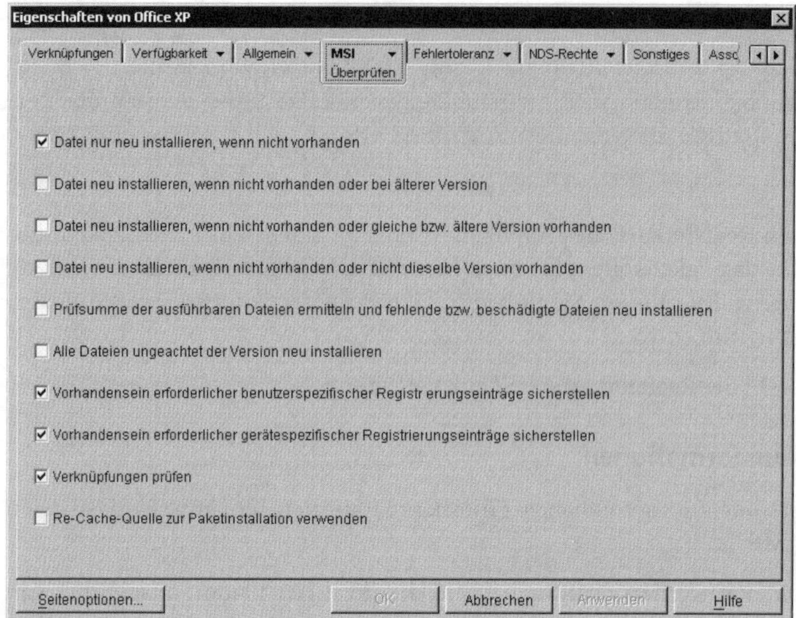

Abb. 10.24: Optionen zu Überprüfungsfunktion für Applikationsobjekte

10.11.4 Patches

Microsoft liefert beispielsweise zu Office inzwischen die Service Packs als .MSP-Dateien aus. Dabei handelt es sich um Patch-Dateien für .MSI-Applikationen.

Fügen Sie der Liste alle .MSP-Dateien hinzu, die während der Verteilung der .MSI-Applikation zusätzlich in der angegebenen Reihenfolge ausgeführt werden sollen.

10.12 Terminalserver-Benutzer

Die Registerkarte *Terminalserver-Client* steht nur in Terminalserver-Applikationsobjekten zur Verfügung. Einen Teil der Daten haben Sie bereits während der Erstellung des Objekts eingegeben (Abschnitt 10.9.6).

Beachten Sie, dass Benutzer, die Applikationen auf einem Terminalserver ausführen wollen, einen passenden RDP- oder ICA-Client auf ihrer Arbeitsstation installiert haben müssen. Wird der NAL auf der Arbeitsstation und nicht auf dem Terminalserver ausgeführt, benötigen Sie das RDP Terminal Services Advanced Client (TSAC) ActiveX-Control oder den ICA ActiveX Client für Webbrowser.

```
http://www.microsoft.com/windows2000/downloads/recommended/TSAC/
default.asp
http://www.citrix.com/download/bin/license.asp?client=activex
```

10.12.1 Optionen

Legen Sie als erstes Sitzungstyp (ICA für Citrix und RDP für Microsoft) fest und geben Sie die IP-Adresse oder den Namen des Terminalservers ein.

Sollen sich die Benutzer nicht selbst über einen Benutzernamen und ein Kennwort am Terminalserver anmelden, geben Sie die Daten in die beiden Felder auf dieser Seite ein. Dabei wird das Kennwort nur akzeptiert, wenn am Terminalserver nicht explizit die Anfrage des Anmeldekennworts konfiguriert wurde (diese Einstellung findet sich in der Terminaldienste-Konfiguration zu den Eigenschaften der Verbindungen auf der Registerkarte für die Anmeldeeinstellungen).

Zusätzlich haben Sie die Möglichkeit, den Datenaustausch zu komprimieren.

Für eine ICA-Sitzung können Sie eine Verschlüsselung und deren Stärke festlegen.

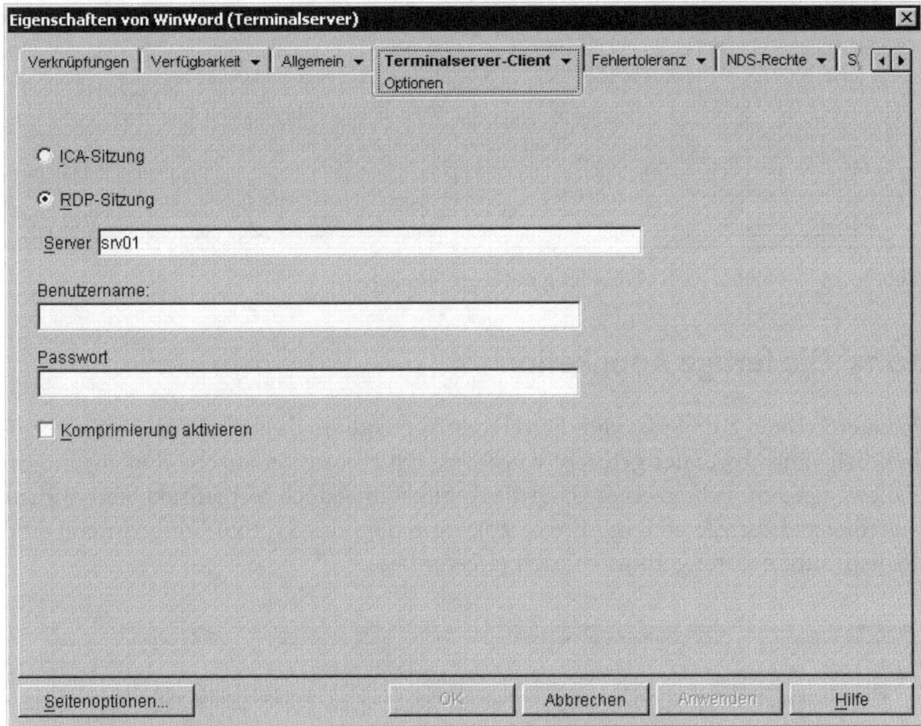

Abb. 10.25: Konfiguration der Sitzungsoptionen für einen Terminalserver-Client

10.12.2 Fensterkonfiguration

Auf der Seite *Fenster* (Abb. 10.26) legen Sie fest, ob nach dem Verbindungsaufbau ein bestimmtes Programm gestartet oder der Desktop geöffnet werden soll. Zusätzlich können Sie das Erscheinungsbild des Fensters festlegen.

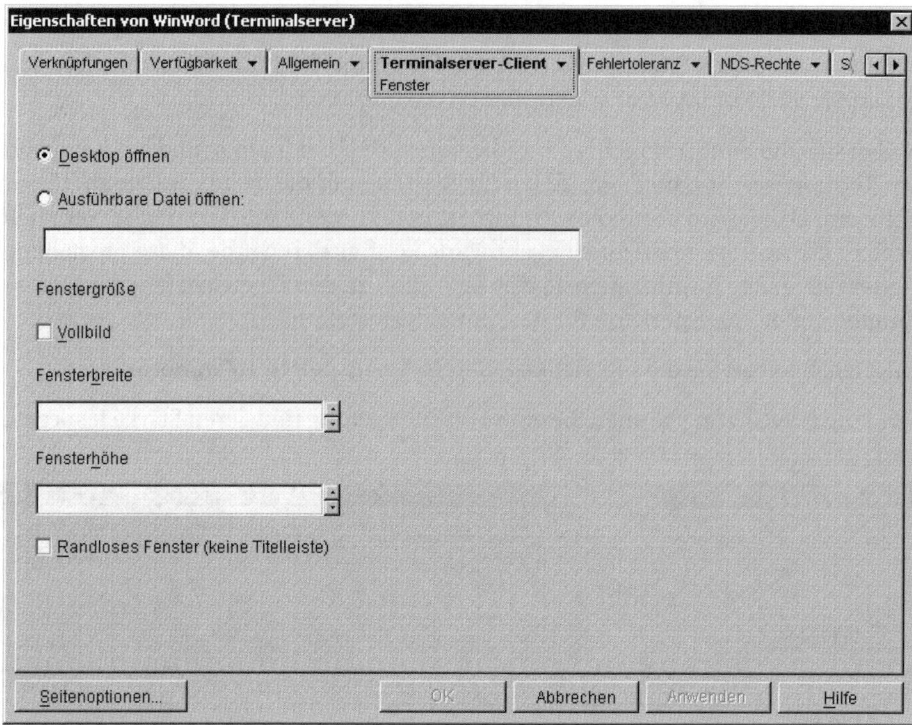

Abb. 10.26: Verhalten nach Verbindung mit dem Terminalserver

10.13 Die fertige Applikation

Fehlt eine Datei zum korrekten Start einer Applikation, da sie beispielsweise versehentlich vom Anwender gelöscht wurde, erfolgt eine automatische Redistribution. Fällt wegen dem Fehlen einer Datei die Applikation jedoch nicht direkt beim Aufruf aus (Beispiel zum Ausfall in Abb. 10.27), kann über das Symbol-Kontextmenü eine Redistribution durchgeführt werden *(Überprüfen)*.

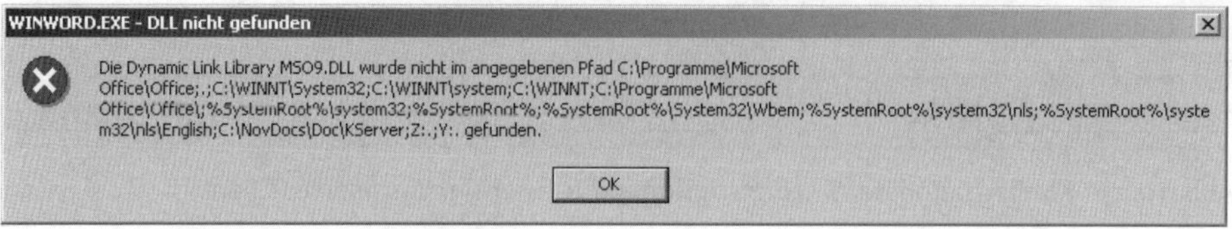

Abb. 10.27: Ausfall einer Applikation nach deren Aufruf

10.13.1 Scheitern der Verteilung beim Client

Wird in Verbindung mit Windows 2000/XP eine Applikation verteilt, kann einer der folgenden Fehlermeldungen auftreten:

```
Could not configure workstation for application [.application.context]
(id=-15)
Unable to create rollback files. (D015)
```

Für die Verteilung von Applikationen benötigt ZENworks ein temporäres Verzeichnis, dessen Pfad es in der Registry bei HKEY_CURRENT_USER\Environment holt. Dort befindet sich normalerweise die Angabe %USERPROFILE%\Lokale Einstellungen\TEMP.

Tritt eine der vorstehenden Fehlermeldungen auf, so liegt das daran, dass die Systemvariable %USERPROFILE% wegen zu geringer Rechte des verwendeten Windows-Kontos nicht aufgelöst werden kann und somit das Arbeitsverzeichnis nicht verfügbar ist.

10.14 Verteilung des Internet-Explorers

Beachten Sie hierzu für wichtige Informationen die folgende URL:

```
http://www.novell.com/coolsolutions/zenworks/trenches/
tr_distrib_ie5_zw.html
```

Die vernünftigste Lösung zur Verteilung der Internet-Explorers von Microsoft ist die Anwendung des IEAK (das daraus resultierende Installationspaket können Sie mit ZfD verteilen und ausführen). Achten Sie hier insbesondere auf die Einstellung, welche lokalen Rechte der sich später anmeldende Benutzer hat.

In einigen Fällen funktioniert auch SnAppShot – stellt aber ein hohes Risiko dar und Sie können nicht so gut und einfach konfigurieren wie mit dem IEAK. Vergessen Sie nicht, dass Sie mit dem IEAK eine Reihe von .ADM-Dateien als Vorlagen für Systemrichtlinien erhalten, mithilfe derer Sie über ZfD eine Konfiguration durchführen können *(Extensible Policies)*.

Vergessen Sie nicht, dass in Verbindung mit dem Internet-Explorer und teilweise auch anderen Applikationen lokal ausgeführte Virenscanner vorher gestoppt werden müssen. Am besten stoppen Sie derartige Dienste mithilfe des Startskripts (*Vor dem Start ausführen*).

Achtung

Nutzen Sie nicht den Windows-Explorer als Shell, kann die Installation des Internet-Explorers wie auch mancher anderer Applikationen nach dem Neustart nicht fertiggestellt werden. Das liegt daran, dass nur der Windows-Explorer nach dem Anmelden die Schlüssel RUN, RUNONCE und RUNONCEEX ausführt!

10.15 Berichtswesen

Einige Einstellungen für das Berichtswesen haben wir bereits bei den Applikationsobjekten vorgenommen. Dazu gehörte insbesondere, was für Daten für das Berichtswesen aufgezeichnet werden sollen. Dort standen vier Möglichkeiten zur Verfügung: Datenbank, SNMP-Traps, XML und Protokolldatei.

10.15.1 Datenbank

Für diese Zwecke können Sie hier die gleiche Datenbank wie für das Arbeitsstationsinventar verwenden (Kapitel 12). Für diesen Fall erstellen jedoch beide Komponenten eigene Datenbankdateien. Die Anwendungsverwaltung verwendet NAL.DB und das Arbeitsstationsinventar MGMTDB.DB (wenn Sie die mitgelieferte Sybase-Datenbanksoftware verwenden).

Wollen Sie eine eigene Datenbank verwenden (etwa die Oracle-Datenbank), muss im eDirectory ein neues ZENworks-Datenbank-Objekt erstellt und konfiguriert werden (weitere Informationen finden Sie im Kapitel 12).

Es stehen Ihnen hier drei Optionen für Sybase, MSSQL und Oracle zur Verfügung. Wählen Sie die passende aus und klicken zum Füllen der Felder auf *Standardeinstellungen*. Wechseln Sie anschließend auf die dritte Registerkarte und geben beispielsweise für Sybase Folgendes in die drei Felder ein (bitte die IP-Adresse durch diejenige Ihres Servers ersetzen):

```
DBODBC7.DLL
NAL Reporting
CommLinks=TCPIP{Host=192.168.250.136:2638};AutoStop=Yes;Integra-
ted=No;DBN=NAL;ENG=192.168.250.136
```

Auf der Registerkarte *NDS-Rechte\Trustees dieses Objekts* muss ggf. PUBLIC der Liste der Trustees hinzugefügt werden, damit jeder Benutzer *Read* und *Compare* als Recht bekommt. Der Liste *Zugewiesene Rechte* muss *zendbODBCConnectionParameters* mit den Standardrechten hinzugefügt werden. Das Gleiche gilt für *zendbODBCDataSourceName* und *zendbODBCDriverFileName*.

Erstellen bzw. konfigurieren Sie ein Servicestandortpaket mit der Richtlinie *ZENworks-Datenbank*. Anschließend geben Sie die Datenbankobjekte an, die von der Richtlinie verwendet werden sollen. Es kann immer nur je eine für ZfD-Inventarisierung und NAL angegeben werden. Zum Abschluss ist unbedingt darauf zu achten, dass die Richtlinie mit den Applikationsobjekten verknüpft ist, für die eine Datenbank verwendet werden soll (es können auch übergeordnete Container verwendet werden).

10.15.2 Berichte erzeugen

ODBC-Treiber installieren

Ohne lokal installierten ODBC-Treiber erhalten Sie bei der Berichtserstellung eine Fehlermeldung. Im Verzeichnis ODBC auf der ZfD-Begleit-CD finden Sie den notwendig Treiber für die Sybase-Datenbank sowie eine Textdatei mit einer Beschreibung zur Installation.

Entpacken Sie gemäß Beschreibung die ZIP-Datei. Wollen Sie statt dem Pfad PROGRAM FILES besser PROGRAMME verwenden, müssen Sie SYBASEODBC.REG ändern, bevor Sie diese nach dem Kopieren der Dateien ausführen.

Anschließend rufen Sie die Konfiguration der ODBC-Datenquellen auf (unter Windows NT 4.0 in der Systemsteuerung und ab Windows 2000 in der Verwaltung).

- Bei den *Benutzerdatenquellen* wählen Sie *Sybase ODBC Driver* aus und klicken auf *Konfigurieren*.
- Prüfen Sie auf der Registerkarte *Login*, ob die *User ID* `mw_dba` und das Kennwort *novell* sind.
- Auf der Registerkarte *Database* geben Sie die IP-Adresse des Servers ein (der Datenbankname muss `mgmtdb` sein).
- Auf *Network* aktivieren Sie *TCP/IP* mit der Eingabe *host=192.168.250.232* (Beispiel – Sie müssen hier die IP-Adresse des Systems eingeben, auf der die Sybase-Datenbank ausgeführt wird).
- Auf der Registerkarte *ODBC* klicken Sie auf TEST CONNECTION, um die Verbindung zur Datenbank zu testen.

Berichte erstellen

Die Datenbank kann mithilfe von SQL abgefragt werden. Sie enthält drei Tabellen:

- **T_Success**: Informationen über erfolgreiche Ereignisse
- **T_Failure**: Informationen über fehlgeschlagene Ereignisse
- **T_Info**: Informationen über Rouge-Prozess-Ereignisse (siehe Abschnitt 10.16.1).

Jede Tabelle enthält 17 Informationsfelder, die bei Bedarf im Administration Guide zu ZfD 4.0, im Kapitel 29 genau beschrieben sind.

Leider werden bei ZfD 4.0 im Gegensatz zu den Vorgängerversionen keine vorgefertigten Berichte mehr mitgeliefert. Daher führt Sie der Befehl *Bericht* beispielsweise im Menü *Werkzeuge* der ConsoleOne nur zu Inventarisierungsberichten.

10.15.3 SNMP-Traps versenden

Für das Senden von SNMP-Traps benötigen Sie eine SNMP-Managementkonsole. Dazu müssen Sie dann ein Servicestandortpaket erstellen und die Richtlinie *SNMP-Trap-Ziele* aktivieren und konfigurieren.

10.15.4 Protokolldateien

Derartige Dateien können lokal oder serverseitig (Benutzer benötigen Schreibzugriff) liegen. Im letzteren Fall schreiben alle Benutzer in die gleiche Protokolldatei. Beachten Sie bitte im Abschnitt 10.10.6 die Konfiguration und Beschreibung zu den Protokolldateien.

10.15.5 XML-Protokollierung

Der NAL verwendet HTTP oder HTTPS, um Ereignisinformationen als XML-Daten an das ZfD-Application-Management-Reporting-Servlet (zfdamrServlet) zu versenden. Das Servlet verarbeitet die Meldungen und fügt diese der Datenbank (z.B. die mitgelieferte Sybase-Datenbank) mithilfe von JDBC hinzu.

Eine ausführliche Beschreibung finden Sie im Administration Guide zu ZfD 4.0, Kapitel 29.

10.16 NAL-Werkzeuge

In diesem Abschnitt stelle ich Ihnen eine Reihe von Werkzeugen vor, die zusätzlich zur Administration verfügbar und wichtig sind. Als erstes geht es allerdings um die Möglichkeit, so genannte Rogue-Prozesse auf Arbeitsstationen zu kontrollieren.

10.16.1 Rogue-Prozesse

Dabei handelt es sich um Prozesse (Rogue bedeutet in etwa Schurke oder in unserem Zusammenhang hier wohl eher unerwünschter Prozess), die nicht vom NAL oder durch das lokale Systemkonto gestartet werden. Derartige Prozesse lassen sich mithilfe des NAL administrieren:

- Überwachung und protokollieren von Rogue-Prozessen
- Zulassen aller Rogue-Prozesse (Ignorieren)
- alle Rogue-Prozesse abbrechen
- Verwalten einer positiven oder negativen Ausnahmeliste

Der NAL überprüft alle drei Sekunden die Prozessliste von Windows, um festzustellen, ob ein Rogue-Prozess gestartet wurde. Ist dies der Fall, führt er die von Ihnen konfigurierten Aktionen aus.

Die Konfiguration kann nur über die Registry der Arbeitsstationen erfolgen. Am besten erstellen Sie für die Registry-Änderung ein einfaches Applikationsobjekt. Alle Einträge erfolgen in der Registry bei folgendem Schlüsselpfad:

```
HKEY_CURRENT_USER
  \Software
```

```
\NetWare
  \NAL
    \1.0
```

1. Erstellen Sie in der Registry einen neuen Schlüssel mit der Bezeichnung `Process Management`.
2. Fügen Sie den Wert `Default Action` (REG_DWORD) hinzu. Wollen Sie alle Rogue-Prozesse zulassen, geben Sie `0` an. Sollen diese Prozesse beendet werden, geben Sie `1` an.
3. Soll eine Protokollierung der beendeten Prozesse erfolgen, erstellen Sie den Wert `Report Terminated` (REG_DWORD). Bei `0` erfolgt keine Protokollierung und bei `1` werden beendete Rogue-Prozesse aufgezeichnet.
4. Soll eine Protokollierung der zugelassenen (ignorierten) Rogue-Prozesse erfolgen, erstellen Sie den Wert Report Ignored (REG_DWORD). Bei `1` erfolgt eine Protokollierung und bei `0` nicht.

   Haben Sie eine Protokollierung aktiviert, muss zusätzlich unbedingt angegeben werden, wohin diese gesandt werden soll. Erstellen Sie dazu den Unterschlüssel `Reporting Targets`, in dem Sie die folgenden Werte nach Bedarf erstellen. Bei `1` wird ein Protokoll übertragen und bei `0` nicht, gilt für alle folgenden Registry-Einträgen zu den Zielen. Zu Berichten beachten Sie bitte Abschnitt 10.15.

   Soll die Protokollierung in eine Datenbank erfolgen, legen Sie den Wert `Database` (REG_DWORD) an. Es wird die Datenbank verwendet, die für den Benutzer im Servicestandortpaket festgelegt wurde.

   Soll eine SNMP-Protokollierung erfolgen, legen Sie den Wert `SNMP` (REG_DWORD) an. Das Ziel legen Sie in einem Servicestandortpaket fest, das mit dem Benutzer verknüpft ist.

   Wollen Sie die XML-Protokollierung verwenden, legen Sie den Wert XML (REG_DWORD) an. Das Ziel legen Sie in einem Servicestandortpaket fest, das mit dem Benutzer verknüpft ist.

   Für eine Protokollierung in eine Datei ist der Wert `File` (REG_SZ) erforderlich. Geben Sie dazu den vollqualifizierten Pfad und Dateinamen an, wo die Protokolldaten gespeichert werden sollen. Sie können Laufwerksbuchstaben und UNC-Pfadangaben verwenden. Geben Sie nichts an, ist die Protokollierung in eine Datei deaktiviert.

5. Zum Abschluss haben Sie noch die Möglichkeit, eine Ausnahmeliste zu verwalten. Legen Sie dazu den Schlüssel `Exception List` an.

   Haben Sie bei `Default Action` den Wert `0` eingestellt, werden alle hier aufgeführten Prozesse nach deren Start vom NAL beendet. Wurde der Wert `1` konfiguriert, werden alle hier aufgeführten Prozesse ignoriert und damit vom NAL nicht beendet.

Die einzelnen Einträge in der Ausnahmeliste erfolgen durch die Erstellung von Werten (REG_DWORD), wobei kein Wert, sondern nur Namen konfiguriert werden. Als Name geben Sie den Dateinamen oder die Bezeichnung der ausführbaren Datei an (Sie finden diesen im Windows-Explorer in den Eigenschaften der Programmdatei auf der Registerkarte *Version* beim Eintrag *Originaldateiname*).

In Verbindung mit Windows NT (nicht jedoch zu Windows 98/2000/XP) gibt es eine Besonderheit zu beachten:

- Überprüfen Sie, ob die Datei PSAPI.DLL im Verzeichnis C:\WINNT\SYSTEM32 vorhanden ist. Wenn nicht, kann diese von der ZfD-Programm-CD aus dem Pfad ZENWORKS\PRODUCTS\RMINV\SERVER\ZWS\JARS\BIN herunterkopiert werden.
- Setzen Sie `Default Action` in der Registry auf `1` (Rogue-Prozesse beenden), definieren Sie in der Ausnahmeliste auch alle Programme, die durch den NAL gestartet werden dürfen.

10.16.2 Applikationsobjekte exportieren

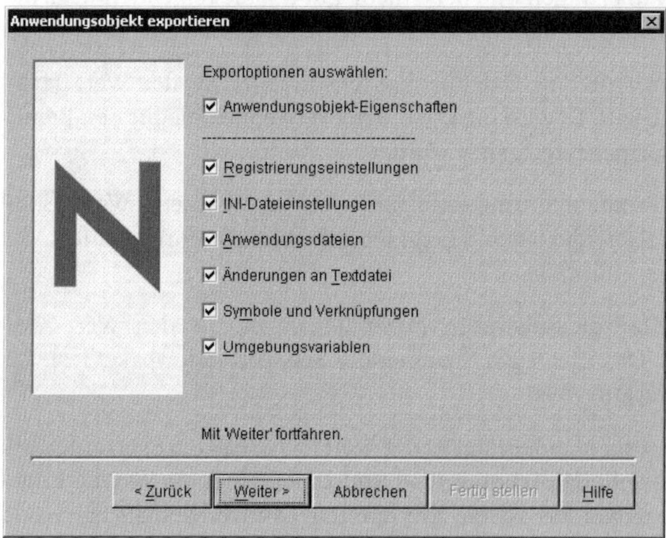

Abb. 10.28: Exportieren von Applikationsobjekten in eine .AOT- oder .AXT-Datei

Markieren Sie ein Applikationsobjekt und rufen Sie den Befehl *Anwendungsobjekt exportieren* im Menü *Werkzeuge* unter *Application Launcher-Werkzeuge* auf. Damit können Sie ein Objekt in eine neue .AOT- oder .AXT-Datei exportieren. Dabei können Sie alle oder ausgewählte Eigenschaften ausgeben.

10.16.3 Vererbte Applikationen zeigen

Mit diesem Werkzeug können Sie sich für eine Arbeitsstation oder einen Benutzer alle direkt oder indirekt zugewiesenen Applikationen anzeigen lassen (Beispiel siehe Abb. 10.29).

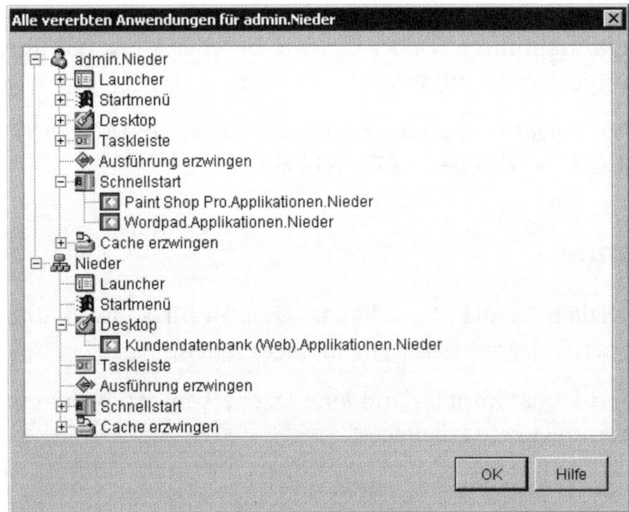

Abb. 10.29: Anzeige aller effektiv verfügbaren Applikationsobjekte

10.16.4 Suchen und Ersetzen

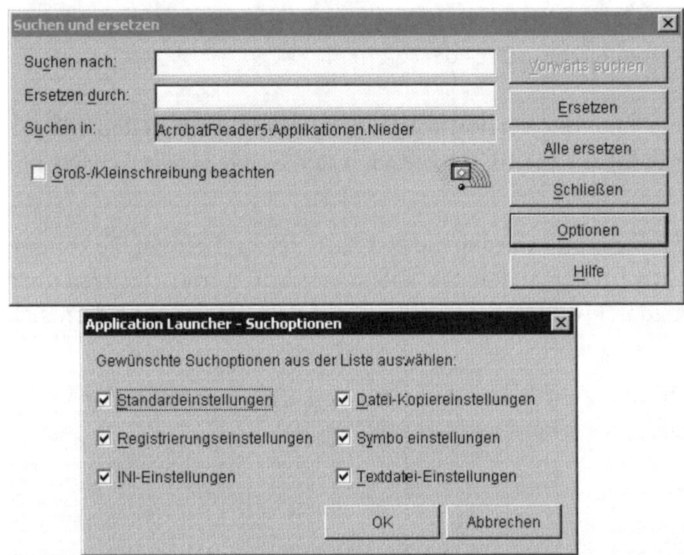

Abb. 10.30: Suchen und Ersetzen in Applikationsobjekten

Wählen Sie in der ConsoleOne ein Applikationsobjekt aus, steht Ihnen ab der Version 3.0 von ZfD ein Werkzeug zum Suchen und Ersetzen zur Verfügung *(Werkzeuge\Application Launcher-Werkzeuge\Suchen und ersetzen)*.

10.16.5 Konvertierung von .AXT/.AOT-Dateien

Mit diesem Werkzeug können Sie insbesondere nach dem Editieren einer .AXT-Dateien eine Konvertierung durchführen. Dabei können Sie eine Konvertierung von .AOT nach .AXT und umgekehrt ausführen.

Rufen Sie dazu im Menü *Werkzeuge* bei *Application Launcher-Werkzeuge\AOT/AXT-Datei-Werkzeuge* den Befehl *AOT->AXT* oder *AXT->AOT* auf.

10.17 Software-Metering

Mit dieser Funktionalität erhalten Sie die Möglichkeit, Lizenzen für Software und die Nutzung von Applikationen in Ihrem Netzwerk zu überwachen.

Wenn die Funktion installiert ist, ist immer dann eine Lizenz benutzt, wenn ein Anwender mit einem Programm gerade arbeitet.

Hinweis

Die Lizenzüberwachung usw. funktioniert nur für NAL-gelieferte Applikationen! Voraussetzung für die Anwendung ist ein auf dem Server installierter Lizenz-Service (wird mit INSTALL.NLM bzw. NWCONFIG.NLM installiert). Ab NetWare 5.1 ist der Dienst immer mitinstalliert. Bei neueren Versionen sollten bzw. können Sie nicht mehr mit dem NLS-Manager arbeiten, sondern nur noch mit NWAdmin. Ein SnapIn für ConsoleOne gibt es derzeit nicht.

In Verbindung mit einer neueren Version wurde der Lizenzdienst in den NWAdmin eingefügt. Dieser steht im Menü *Werkzeuge* unter *Novell Lizenz-Services* zur Verfügung.

Rufen Sie *Lizenzen hinzufügen* auf, werden Sie erst nach der Art befragt. Sie können hier zwischen *Lizenzdatei* (in den seltensten Fällen verfügbar) und *Lizenzzählung* wählen. Für eine Lizenzdatei wählen Sie anschließend den Pfad aus, an dem sich diese befindet.

Im Falle der Lizenzzählung steht keine Datei mit den Informationen zur Verfügung und daher müssen diese erfasst werden (Abb. 10.31).

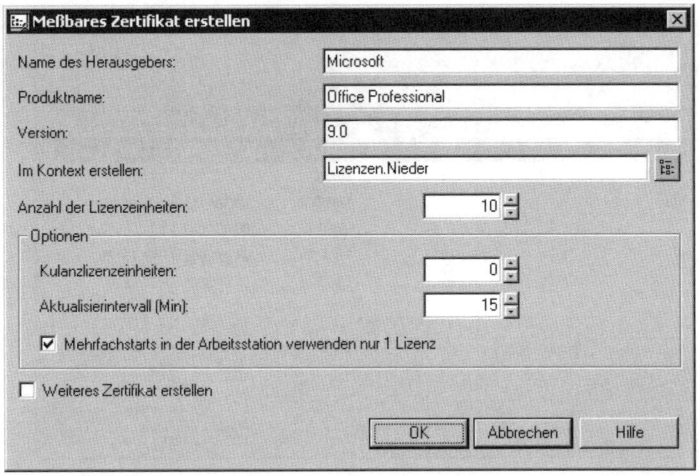

Abb. 10.31: Lizenzzählung

Das damit erstellte Objekt im eDirectory kann später noch nachbearbeitet werden und stellt zusätzlich aktuelle Informationen zur Verfügung: Fügen Sie nach der Erstellung auf der Seite *Zuweisungen* unbedingt noch eine Serverzuweisung hinzu, damit es keine Probleme gibt.

Zusätzlich besteht die Möglichkeit über das Menü *Werkzeuge* bei *Novell-Lizenz-Services* die *Lizenzberichte erstellen* zu lassen. Dazu erstellen Sie als erstes eine Abfrage zusammen, für welche Lizenzobjekte Sie einen Bericht benötigen, der nach OK angezeigt wird (Beispiel in Abb. 10.33).

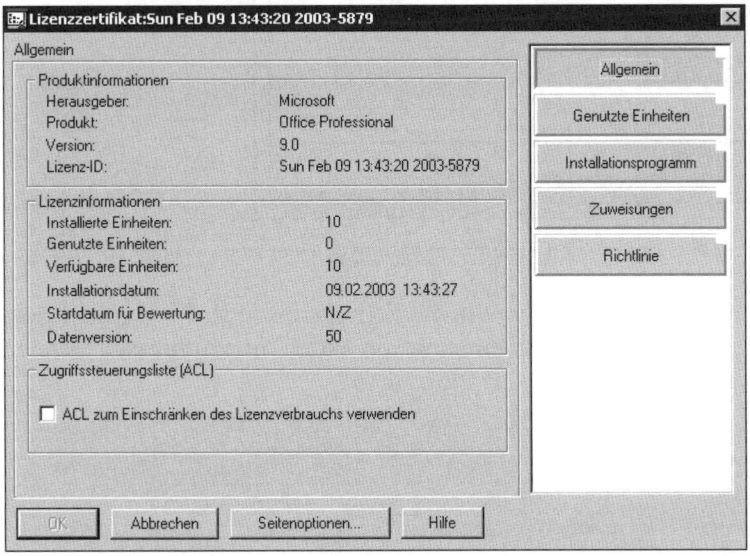

Abb. 10.32: Objekt für die Lizenzzählung im NWAdmin bearbeiten

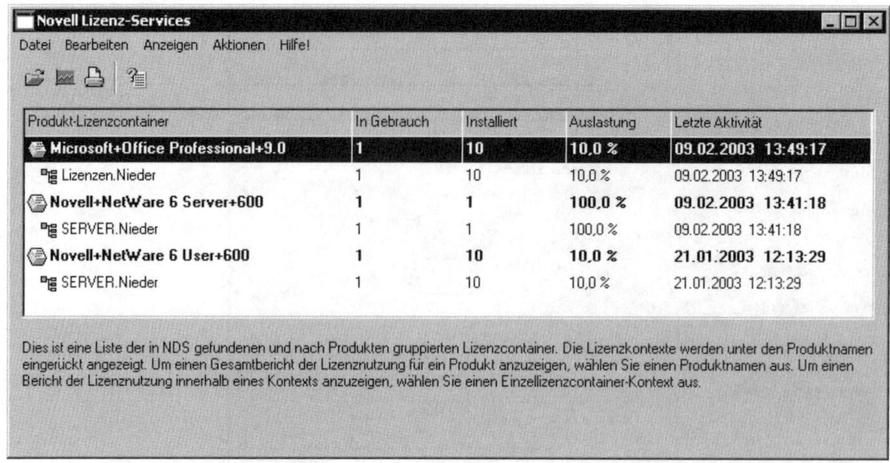

Abb. 10.33: Bericht über die verfügbaren Lizenzen

Sie können für einen ausgewählten Eintrag eine grafische Auswertung anzeigen lassen (Beispiel in Abb. 10.34).

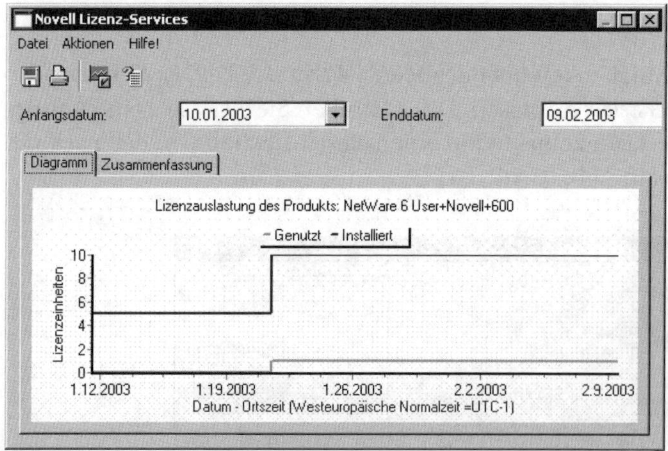

Abb. 10.34: Grafische Auswertung und Zusammenfassung zu einer ausgewählten Lizenz

Sie können zusätzlich SNMP nutzen, um die Ereignisse von NLS aufzuzeichnen. Beachten Sie hierzu die NLS-Dokumentation von Novell (hierzu müssen Dateien bei SYS:ETC bearbeitet werden).

## Kapitel 11

Einbettung in Terminalserver-Umgebungen

In vielen Kapiteln dieses Buches habe ich bereits eine Reihe von Konfigurationen in Verbindung mit einer Terminalserver-Umgebung beschrieben (z.B. im Kapitel 10 zum Applikationsmanagement).

Zusätzlich gibt es noch eine spezielle Windows-Terminalserver-Richtlinie, die über Benutzerpakete verfügbar sind. Mit dieser Richtlinie können Parameter für die Benutzer von Citrix und Microsoft Terminalserver gesetzt werden.

Wichtig

Zur Konfiguration der Richtlinien muss auf der Arbeitsstation, auf der die ConsoleOne ausgeführt wird, der ZfD-Verwaltungsagent installiert sein. Ein installierter Novell-Client ist nicht ausreichend!

- Rufen Sie die Eigenschaften eines Benutzerpakets auf (z.B. über das Kontextmenü des Objekts) oder erstellen Sie ein solches neu in der ConsoleOne.
- Auf der Registerkarte *Richtlinien* stehen einzelne Seiten für die Plattformkonfiguration zu *Windows-2000-Terminalserver, Windows-XP-Terminalserver* und eine allgemeine zu *Windows-2000/XP-Terminalserver* zur Verfügung.
- Auf der Registerkarte *Verknüpfungen* dürfen Sie nicht vergessen, die Benutzer, Benutzergruppen oder Container anzugeben, für die das Benutzerpaket bzw. die konfigurierte Terminalserver-Richtlinie verknüpft werden soll.
- Wählen Sie die Plattform aus und aktivieren Sie das Kontrollfeld zu *Windows-Terminalserver-Richtlinien* (Abb. 11.1).
- Klicken Sie auf EIGENSCHAFTEN oder führen Sie auf den Eintrag in der Liste einen Doppelklick aus.

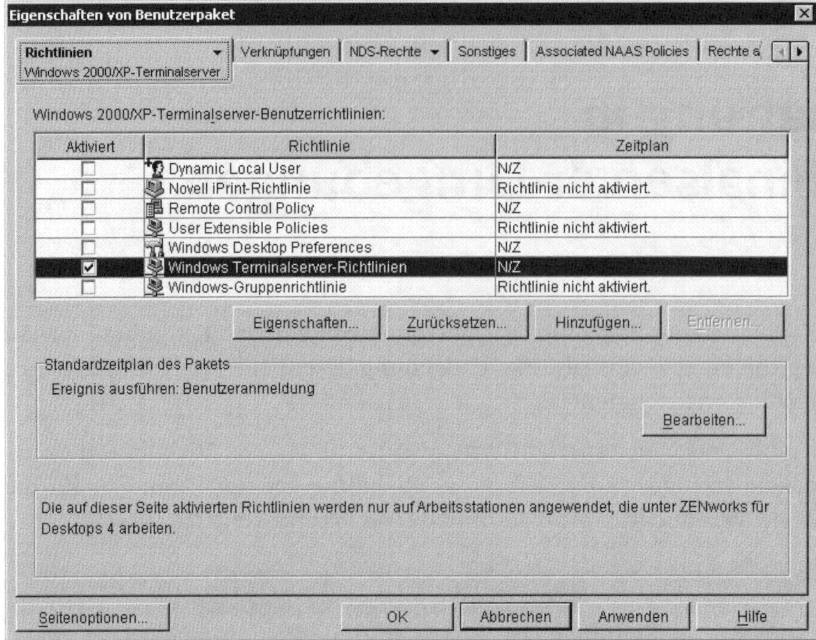

Abb. 11.1: Aktivieren der Windows-Terminalserver-Richtlinien

11.1 Verbindungskonfiguration

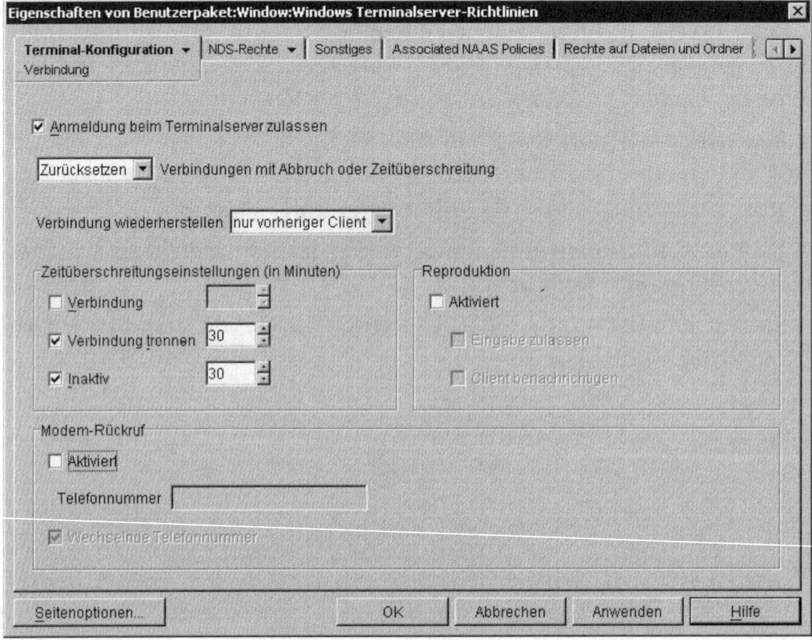

Abb. 11.2: Konfiguration der Terminal-Verbindungseinstellungen

Auf der Seite *Verbindung* der Registerkarte *Terminal-Konfiguration* konfigurieren Sie die Terminalserver-Verbindung für Benutzer (Abb. 11.2).

1. Aktivieren Sie das Kontrollfeld *Anmeldung beim Terminalserver zulassen*, damit sich die verknüpften Benutzer am Terminalserver anmelden können.
2. Als nächstes legen Sie fest, was passieren soll, wenn ein Sitzungslimit erreicht wurde oder eine bestehende Verbindung unterbrochen wurde *(Verbindungen mit Abbruch oder Zeitüberschreitung)*. Wählen Sie die Einstellung *Zurücksetzen (Reset)*, wird die Verbindung zurückgesetzt und bei *Trennen (Disconnect)* wird die Sitzung des Benutzers unterbrochen. Der Benutzer kann aber mit einer unterbrochenen Sitzung wieder verbunden werden.
3. Im Feld zu *Verbindung wiederherstellen* können Sie festlegen, ob die Wiederherstellung einer Verbindung nur von der vorherigen Arbeitsstation aus, von der aus die Sitzung ursprünglich ausgebaut wurde, erfolgen kann *(nur vorheriger Client)* oder von einem beliebigen Computer aus *(jeder Client)*.
4. *Zeitüberschreitungseinstellungen (Timeout Settings)*
   Im Feld *Verbindung* legen Sie die Anzahl Minuten fest, während der die Sitzung eines Benutzers auf dem Terminalserver aktiv sein kann. Wird der hier angegebene Maximalwert erreicht, wird die Sitzung vom System getrennt oder beendet (siehe Punkt 2).

   Bei *Verbindung trennen* legen Sie die Anzahl der Minuten fest, wie lange eine getrennte Sitzung noch erhalten bleiben soll. Erreicht eine getrennte Sitzung den maximal zulässigen Zeitraum, wird sie vom System automatisch beendet.

   Zusätzlich können Sie bei *Inaktiv* festlegen, nach wie vielen Minuten eine inaktive Sitzung (eine Sitzung ohne Client-Aktivitäten) getrennt oder beendet werden soll. Beachten Sie hierzu auch die Angaben bei Punkt 2.

5. Im Abschnitt *Reproduktion* (*Shadowing*) können Sie die Überwachung einer anderen aktiven Sitzung konfigurieren. Damit kann die Anzeige einer anderen Sitzung beobachtet und ggf. mit Maus und Tastatur eingegriffen werden. Die Funktion kann auf dem gleichen Terminalserver oder einem anderen Citrix-Server genutzt werden.

   Aktivieren Sie das Kontrollfeld *zu* Aktiviert, damit eine Verbindung reproduziert werden kann.

   Wenn Sie das Kontrollfeld zu *Eingabe zulassen* aktivieren, ermöglichen Sie Maus- und Tastaturaktionen für die reproduzierte Sitzung.

   Die Option *Client benachrichtigen* sollte in jedem Fall aktiviert werden, damit der Benutzer eine Abfrage erhält, ob er mit der Überwachung einverstanden ist (aus datenschutzrechtlichen Gründen in Deutschland unbedingt erforderlich).

6. Im Abschnitt *Modem-Rückruf* legen Sie fest, dass asynchrone ICS-Verbindungen beim Anmelden eines Benutzers am Citrix-Server sofort wieder unterbrochen werden und anschließend ein Rückruf vom Server erfolgen muss.

   Wollen Sie die Funktion benutzen, müssen Sie als erstes das Kontrollfeld zu *Aktiviert* aktivieren.

   Jetzt muss entweder eine Rückrufnummer in das Feld *Telefonnummer* eingegeben oder das Kontrollfeld zu *Wechselnde Telefonnummer* aktiviert werden (die Benutzer werden beim Start einer asynchronen Sitzung aufgefordert, eine Rückrufnummer einzugeben).

11.2 Anmeldekonfiguration

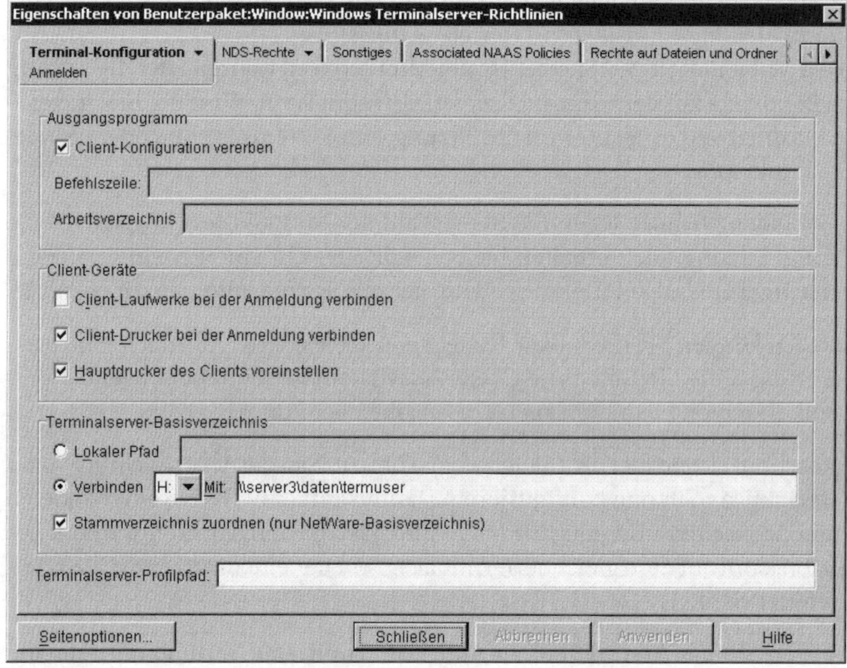

Abb. 11.3: Anmeldeeinstellungen zur Terminalserver-Konfiguration

Auf der Seite *Anmelden* konfigurieren Sie die Terminalserver-Anmeldung für Benutzer (Abb. 11.3).

1. Im ersten Abschnitt (*Ausgangsprogramm* bzw. *Initial Program*) wird das Ursprungsprogramm für die Verbindung konfiguriert.

   Aktivieren Sie *Client-Konfiguration vererben*, werden die Client-Einstellungen aus dem Benutzer-Manager verwendet. Wenn nicht, müssen Sie ersten verfügbaren Feldern Pfad und Dateiname des Programms eingeben, das nach der Anmeldung des Benutzers auf dem Terminalserver gestartet werden soll. Im zweiten Feld muss das Arbeitsverzeichnis für das Programm spezifiziert werden.

2. Im nächsten Abschnitt wird die Zuordnung der *Client-Geräte* festgelegt. Dabei handelt es sich um die Laufwerke und Drucker, die Vorort an der Arbeitsstation eines Benutzers lokal verfügbar sind. Sind die Optionen deaktiviert, sind die Geräte zwar verfügbar, müssen aber vom Benutzer manuell mit Laufwerksbuchstaben bzw. Anschlussnamen verknüpft werden.

   Aktivieren Sie *Client-Laufwerke bei der Anmeldung verbinden*, werden alle lokalen Laufwerke bei der Anmeldung des Benutzers am Terminalserver mit Laufwerksbuchstaben verbunden.

   Mit *Client-Drucker bei der Anmeldung verbinden* werden alle lokal verfügbaren Drucker bei der Anmeldung am Terminalserver zugeordnet. Allerdings beschränkt sich die Zuordnung nur auf Windows-Drucker, die im Druckerordner der Arbeitsstation bereits konfiguriert sind. DOS-Drucker müssen grundsätzlich manuell Anschlüssen zugeordnet werden. Aktivieren Sie zusätzlich *Hauptdrucker des Clients voreinstellen*, wird der lokale Standarddrucker auf der Arbeitsstation des Benutzers automatisch zum Standarddrucker für die ICA-Sitzung.

3. Im Abschnitt *Terminalserver-Basisverzeichnis* legen Sie das Basisverzeichnis (Home Directory) für Terminalserver-Benutzer fest.

   Sie können bei *Lokaler Pfad* einen Verzeichnispfad auf dem Terminalserver eingeben, der als Basisverzeichnis für die Benutzer verwendet wird.

   Alternativ kann eine Angabe bei *Verbinden* erfolgen. Dabei verknüpfen Sie einen Laufwerksbuchstaben (für den Benutzer auf dem Terminalserver) mit einem angegebenen UNC-Pfad.

   Nur in Verbindung mit NetWare kann die Option *Stammverzeichnis zuordnen (Map Root)* aktiviert werden. Dabei wird das Basisverzeichnis des Benutzers für den zugeordneten Laufwerksbuchstaben als Hauptverzeichnis festgelegt.

4. Im Feld *Terminalserver-Profilpfad* können Sie den Pfad zum Profil auf dem Terminalserver des Benutzers angeben.

Klicken Sie zum Abschluss auf OK, um Ihre Eingaben zu speichern.

Kapitel 12

Inventarisierung

ZENworks bietet in diesem Bereich eine Reihe von Möglichkeiten, die Hard- und Softwareausstattung sowie weitergehende Informationen von Client-Systemen zu sammeln und bei Bedarf verfügbar zu haben. Dadurch lässt sich beispielsweise vor der Verteilung einer neuen Software auf Clients schnell feststellen, ob diese beispielsweise alle über ausreichend Speicher verfügen oder erst in größerem Umfang ein Hardwareupgrade erforderlich ist.

Mithilfe einer zentralen Datenbank stehen die Inventarinformationen, insbesondere über ConsoleOne, bereit für Abfragen, Anzeigen und Berichte. Ferner ist ab Version 3.0 auch ein serverübergreifendes Roll-up von Inventarinformationen für große Netzwerke möglich.

12.1 Einführung

Das Ergebnis der Inventarisierung ist insbesondere in folgenden Fällen hilfreich:

- Bei der Verteilung von Applikationen an Arbeitsstationen
- Bei der Implementierung eines unternehmensweiten Softwarestandards
- Für das Aufrüsten von Hardware und für Treiber
- Bei der Feststellung, ob die Hardwareumgebung dem unternehmensweiten Standard entspricht

12.1.1 Neuerungen

In ZfD 4.0 wurden folgende neue Funktionen zum Arbeitsstationsinventar eingeführt:

- Das Arbeitsstationsinventar ist nicht mehr vom Novell-Client abhängig.
- Das Roll-up von Inventarinformationen über eDirectory-Bäume und Firewalls hinweg.
- ZfD 4.0 ermöglicht die Konfiguration der Inventardatenbank für einen MS SQL 2000-Server, der in Ihrem Netzwerk eingerichtet ist.
- Es wird das Sammeln von Arbeitsstationsinformationen unterstützt, die nicht zum standardmäßigen Hardware-Inventar gehören. Das Inventarabsucheprogramm speichert die benutzerdefinierten Attribute und die entsprechenden Werte zusammen mit dem nicht benutzerdefinierten Attribut der Klasse in der Inventardatenbank.

- Unterstützung der Absuche nach Produktidentifikationsnummern der auf den Arbeitsstationen installierten Microsoft-Anwendungen.
- Unterstützung der Absuche nach dem Installationspfad der auf den Arbeitsstationen installierten Anwendungen. Das Inventarabsucheprogramm sucht den ungefähren Installationspfad der ausführbaren Datei derjenigen Produkte ab, die auf den Arbeitsstationen installiert sind, und speichert die Absuchedaten in der Inventardatenbank als Produktstandort. Wenn eine Anwendung über mehrere Komponenten verfügt und die Komponenten in mehreren Unterverzeichnissen installiert sind, sucht das Inventarabsucheprogramm nach dem Pfad, den alle Komponenten gemeinsam verwenden.
- Unterstützung von WMI (Windows Management Instrumentation) und DMI (Desktop Management Interface).
- Sie können den Absuchestatus einer Arbeitsstation im eDirectory und in der Inventardatenbank ab einem bestimmten Zeitpunkt anzeigen.
- Interoperabilität mit ZfS 3 SP1 (ZENworks für Server 3 Support Pack 1).
- Vordefinierte Berichte zum Filtern der Arbeitsstationsinventarinformationen aus der Inventardatenbank mit Seagate Crystal Reports.
- Wenn das Inventarabsucheprogramm das Inventar für eine Arbeitsstation sammeln soll, die im eDirectory zwar registriert, jedoch nicht mit dem Netzwerk verbunden ist, wartet das Inventarabsucheprogramm automatisch, bis die Arbeitsstation wieder mit dem Netzwerk verbunden ist. Anschließend wird das Inventar der Arbeitsstation abgesucht und damit werden die Informationen in der Inventardatenbank aktualisiert. Dadurch kann der Verwalter das Inventar für die Benutzer erfassen, die relativ selten eine Verbindung zum Netzwerk herstellen und ihren Computer inventarisieren möchten.

12.1.2 Begriffe

In Verbindung mit der Inventarisierung gibt es eine Reihe von Begriffen, die ständig wiederkehren:

- **Inventarisierte Arbeitsstation**

  Arbeitsstationen mit Windows 98, Windows NT/2000/XP, deren Hard- und Software abgesucht und in einem zentralen Repository gespeichert und verwaltet wird. Für die Ausführung muss auf den Arbeitsstationen ein Inventarisierungsagent installiert werden (ZfD Management Agent).

- **Inventarisierungs-Server**

  Ein NetWare- oder Windows NT/2000-ZfD 4.0-Server, auf dem der Inventarisierungs-Dienst ausgeführt wird. Auf einem derartigen Server können auch beliebige andere ZfD 4.0-Dienste ausgeführt werden. Der Server sammelt Inventarisierungsdaten von den verknüpften Arbeitsstationen und speichert diese in einer Inventardatenbank.

- **Inventardatenbank**

  Ein Repository von Inventardaten aller inventarisierten Arbeitsstationen.

- **Datenbank-Server**

  Ein NetWare-, Windows- oder UNIX-Server, auf dem eine Sybase-, Oracle 8i- oder Microsoft SQL 2000-Datenbank ausgeführt wird und als Inventardatenbank verbunden ist.

- **Verwaltungskonsole**

  Eine Arbeitsstation oder ein Server mit Windows, auf dem ConsoleOne mit den ZfD 4.0 Arbeitsstations-Inventarisierungs-ConsoleOne-Snap-Ins installiert ist. Die Verwaltungskonsole bietet eine Schnittstelle zur Verwaltung des Inventarisierungs-Systems.

- **eDirectory-Baum**

  Der Novell eDirectory-Baum (NDS) mit eDirectory-Objekten wie beispielsweise mehreren Ebenen von organisatorischen Einheiten, Benutzern, Gruppen und anderen Netzwerk-Ressourcen. Diese hierarchische Struktur wird als eDirectory-Baum bezeichnet.

- **Inventarisierungs-Baum**

  Ein logischer Baum, der die Übertragung der Inventarisierungsinformationen der inventarisierten Arbeitsstationen und die Inventarisierungs-Server darstellt.

- **Eigenständiger Server (Standalone Server)**

  Ein Inventarisierungs-Server mit einer Inventardatenbank und die angeschlossenen, zu inventarisierenden Arbeitsstationen.

- **Blatt-Server (Leaf Server)**

  Die unterste Ebene der Inventarisierungs-Server in der Inventarisierungs-Baumhierarchie. Einem derartigen Server übermitteln eine oder mehrere Arbeitsstationen Inventardaten. Eine Datenbank muss nicht angeschlossen sein.

  Der Server sammelt die Inventardaten der angeschlossenen Arbeitsstationen und leitet diese Informationen an die nächste Ebene der Inventarisierungs-Server weiter.

- **Zwischenserver (Intermediate Server)**

  Diese Art von Inventarisierungs-Server leitet Inventardaten von einer unteren Ebene in der Serverhierarchie weiter an die nächsthöhere Ebene. Ein derartiger Server kann eine eigene Datenbankverbindung sowie angeschlossene Arbeitsstationen besitzen.

- **Stammserver (Root Server)**

  Höchste Ebene der Inventarisierungs-Server im Inventarisierungs-Baum. Dieser Server besitzt die zentrale Inventardatenbank, die die Inventarisierungsinformationen aller niedrigeren Ebenen enthält. Auf dieser Ebene erhalten Sie eine komplette Übersicht über alle Inventardaten des gesamten Unternehmens. Dieser Server kann auf Wunsch ebenfalls Daten von angeschlossenen Arbeitsstationen einsammeln.

- **Inventarisierungs-Site (Standort)**

  Ein einzelner Standort mit einer einfachen Netzwerkumgebung von inventarisierten Arbeitsstationen und zumindest einem Inventarisierungs-Server. Eine Site (Standort) ist typischerweise ein geographischer Standort. In Ihrem Unternehmen kann sich eine Vielzahl von Standorten befinden.

12.1.3 Serverkomponenten

Die Serverkomponenten verarbeiten die gesammelten Daten. Bei den folgenden Komponenten handelt es sich um Java-Programme, die unter NetWare und Windows NT/2000 auf den Serversystemen identisch arbeiten.

- **Selektor bzw. Wähler (Selector)**

  Kopiert die Datendateien mit den gesammelten Inventardaten in die Verzeichnisse des Senders und des Storer. Der Selektor erkennt die STR-Dateien, die von ZfD 3.0 SP1 und ZfD 3.2 gesammelt wurden und überträgt sie in das Verzeichnis SCANDIR\CONV.

  Die Daten für den Server werden auf den Arbeitsstationen durch plattformabhängige Scanner gesammelt (Hard- und Software). Anschließend speichern die Arbeitsstationen diese Daten in .STR-Dateien auf den Servern. Die Konfiguration für Arbeitsstationen erfolgt in der *Workstations Inventory Policy* (Arbeitsstationspaket). Zusätzlich werden die minimalen Inventardaten im eDirectory (Arbeitsstations-Objekt) gespeichert.

  Im Inventarserviceobjekt (*<servername>_ZenInvService*) wird der Pfad festgelegt, wo auf dem Server die .STR-Dateien gespeichert werden (ZENWORKS\INV\SCANDIR\DBDIR).

  Im Falle eines Roll-up werden die .STR-Dateien bei ZENWORKS\INV\SCANDIR\ENTMERGEDIR gespeichert. Gibt es eine verbundene Datenbank, werden die .STR-Dateien zusätzlich in DBDIR gespeichert.

- **Sender und Empfänger (Sender and Receiver)**

  Der Sender komprimiert auf dem Server die Dateien mit den gesammelten Daten (.STR-Dateien werden komprimiert in das Verzeichnis ENTPUSHDIR übertragen) und überträgt sie von der niedrigeren Ebene auf die nächsthöhere

Ebene im Inventarisierungs-Baum an den konfigurierten Inventarisierungs-Server. Unter Verwendung der *RollUp Policy* können den Zielserver (Empfänger) sowie den Zeitplan festlegen.

Der Empfänger (im gleichen Baum oder in einem anderen und auch über Firewalls hinweg) auf der nächsthöheren Ebene erhält die .ZIP-Dateien. Handelt es sich um einen Zwischenserver, werden die Dateien direkt nach ENTPUSHDIR übertragen (mit Datenbank zusätzlich nach DBDIR).

- **Storer**

  Der Storer speichert die gesammelten Inventarisierungs-Informationen (.STR-Dateien) in der Inventardatenbank.

  Beim Roll-up werden vorher die .ZIP-Dateien nach .STR-Dateien entpackt (in DBDIR\TEMP).

- **STR-Konverter (STRConverter)**

  Der STR-Konverter konvertiert die .STR-Dateien von ZfD 3.0 SP1 und ZfD 3.2 in das erforderliche Format von ZfD 4.0.

- **TCP-Empfänger (TCP Receiver)**

  Der TCP-Empfänger erhält im Rahmen der Übertragung von einer niedrigeren Ebene in der Inventarisierungs-Hierarchie die Dateien von einem ZfD 3.x-Inventarisierungs-Server, mit dem er verbunden ist, und konvertiert die Dateien in das erforderliche Format für ZfD 4.0.

12.1.4 Planung

Für den oder die Inventarisierungs-Server müssen Sie während der Installation eine Rolle zuweisen. Dabei stehen folgende Rollen für die Server zur Verfügung:

- **Stammserver**

  Immer mit Datenbankverbindung und wahlweise mit angeschlossenen Arbeitsstationen.

- **Zwischenserver**

  Wahlweise mit oder ohne Datenbankverbindung und mit oder ohne angeschlossene Arbeitsstationen.

- **Blatt-Server**

  Wahlweise mit oder ohne Datenbankverbindung, aber immer mit angeschlossenen Arbeitsstationen.

- **Eigenständiger Server** (Standardeinstellung)

  Immer mit Datenbankverbindung und angeschlossenen Arbeitsstationen.

Sie können die Rolle eines Servers später noch im Objekt *<servername>_ZenInvService* im eDirectory ändern. Trotzdem ist es unabdingbar, bereits vor der Installation der Inventarisierung eine gut durchdachte Planung zu machen, um spätere Änderungen zu vermeiden oder zumindest zu minimieren.

Hinweis

In vielen Fällen werden beispielsweise die Daten von Blatt-Servern über WAN-Anbindungen an Zwischenserver geliefert. Trotzdem ist zu beachten, dass die Verplanung in jedem einzelnen Fall in der Praxis individuell betrachtet werden muss (eine gute Beschreibung und Tipps finden Sie insbesondere im Kapitel *Deploying Workstation Inventory* des *Administration Guide* zu ZfD 4.0 von Novell). Normalerweise sollten Arbeitsstationen ihre Daten an den nächsten Inventarisierungs-Server im LAN senden. Dabei müssen die Richtlinien basierend auf dieser Information erstellt werden.

Hinweis

Beachten Sie, dass die gesammelten Daten der Arbeitsstationen nur selten innerhalb kürzester Zeit, beispielsweise über das eDirectory, zur Verfügung stehen. Dies gilt insbesondere, wenn das Roll-up eingesetzt wird. Haben Sie daher etwas Geduld, bis die Hintergrundprozesse ihre Aufgaben erledigt haben.

Achtung

Lassen Sie aufgrund Ihrer Konfiguration nicht zu, dass eine sehr große Anzahl Arbeitsstationen ihre Daten innerhalb kürzester Zeit an die Inventarisierungs-Server sendet, da Sie damit sonst das Dateisystem des/der Server und das eDirectory zu stark belasten.

12.1.5 Nach der Installation

Nach der Installation ist bereits eine große Anzahl von Konfigurationsaufgaben automatisch durch die Installationssoftware erledigt worden. Dazu gehört neben den erforderlichen Verzeichnissen und Dateien auf den Servern auch eine Reihe von Objekten im eDirectory:

- Das Inventar-Service-Objekt (*<servername>_ZenInvService*) im gleichen Container wie die Objekte der Server, auf denen die Inventarisierung installiert wurde. Besteht das Objekt bei der Installation bereits, wird es erneut erstellt, falls es nicht mehr in Ordnung ist.
- Wurde während der Installation *Eigenständiger Server* gewählt, wird ein Serverpaket in Container des Servers erstellt (*<servername>_Server Package*) und die Richtlinie *ZENworks-Datenbank* konfiguriert und aktiviert.
- Im Server-Container werden zwei Datenbank-Objekte für die Sybase-Datenbank erstellt: *<servername>_nalDatabase* und *<servername>_invDatabase*.

12.2 ZENworks-Datenbank

Hinweis

Wollen Sie die ZENworks-Datenbank ersetzen, müssen Sie den Inventar-Service am Server immer vorher stoppen und nach dem Ersetzen neu starten. Eine Beschreibung zur Vorgehensweise finden Sie später in diesem Kapitel (Abschnitt Inventardienste starten und stoppen).

12.2.1 Sybase-Datenbank-Objekt erstellen

Sie können auch selbst ein Datenbank-Objekt erstellen. Dazu benötigen Sie die ConsoleOne.

- Fügen Sie im gewünschten Container (normalerweise der des Servers) ein neues Objekt hinzu (Klasse *ZENworks-Datenbank*). Verwenden Sie dazu am besten das Kontextmenü des Containers.
- Geben Sie für die Datenbank einen neuen Namen ein und klicken Sie auf OK.

Die weitere Vorgehensweise entspricht der im Abschnitt Konfiguration der Richtlinien beschriebenen.

Konfiguration des Datenbankaufrufs

Der Aufruf erfolgt über die Datei SYS:\SYSTEM\MGMTDBS.NCF. Das Programm DBSRV7 besitzt eine Reihe von Parametern, die insbesondere zur Optimierung angepasst werden können (ein Multiprozessor-System ist zumindest bei einer größeren Anzahl von Arbeitsstationen empfehlenswert).

- *-c <zwischenspeichergrösse>*

  Damit legen Sie fest, wie viel Hauptspeicher auf dem Server für das Zwischenspeichern von Datenbankseiten und anderen Informationen zugewiesen wird. Der Standardwert ist *–c 32M* (32 Mbyte). Es ist aus Performancegründen empfehlenswert den Wert anzupassen:

Arbeitsstationen	Hauptspeicher	Zwischenspeicher
Weniger 10.000	256 Mbyte	64 bis 75 Mbyte
10.000 bis 35.000	512 Mbyte	175 bis 200 Mbyte
35.000 bis 60.000	1 Gbyte	256 bis 350 Mbyte
60.000 bis 100.000	1 Gbyte	350 bis 400 Mbyte
Mehr als 100.000	1 bis 2 Gbyte	512 Mbyte bis 50% RAM

Tabelle 12.1: Zwischenspeicherempfehlung zur Sybase-Datenbank

Ab 60.000 Arbeitsstationen in einer Datenbank ist ein dedizierter Server empfehlenswert.

- *-gc <zeitraum zwischen kontrollpunkten>*

  Maximale Anzahl Minuten, die der Datenbank-Server ausgeführt wird, bevor er einen Kontrollpunkt für jede Datenbank setzt. Der Standardwert ist 60 Minuten.

- *-gn <thread-anzahl>*

  Anzahl der ausführbaren Threads, die durch den Datenbank-Server verwendet werden (Standardwert ist 50). Besitzen Sie mehr als ca. 35.000 zu inventarisierende Arbeitsstationen, setzen Sie diesen Wert auf 100 und führen einen Neustart der Datenbank durch.

- *-m*

  Löscht das Transaktionsprotokoll, wenn ein Kontrollpunkt gesetzt wird.

- *-n <hostname des datenbank-servers>*

  Damit wird der Hostname des Datenbank-Servers festgelegt. Normalerweise wird hier die IP-Adresse des Servers angegeben. Alternativ kann auch der DNS-Name angegeben werden.

- *-ti <minuten>*

  Trennt eine Verbindung, wenn nach der angegebenen Anzahl von Minuten keine Anfrage erfolgte. Ohne Angabe ist der Standardwert 240 (4 Stunden). Mithilfe dieser Option werden inaktive Verbindungen getrennt und damit Sperren freigegeben.

- *-x <protokoll>*

  Spezifikation der Kommunikationsverbindung. Normalerweise wird hier *–x tcpip* für eine TCP/IP-Verbindung verwendet.

- *<pfad zur datenbank>*

  Am Befehlsende befindet sich der Pfad zur Datenbank. Beispiel: DATEN:\ZENWORKS\INV\DB\MGMTDB.DB.

Bevor Sie eine Änderung der Datei MGMTDBS.NCF vornehmen, sollten Sie alle Datenbankverbindungen schließen. Nach der Änderung starten Sie am Server wieder durch die Eingabe von `MGMTDBS`.

Auf einem Server mit Windows NT/2000 stoppen bzw. starten Sie den Dienst *Novell Database – Sybase*. Die Rekonfiguration erfolgt hier nicht direkt in einer Datei, sondern mithilfe von DBENGINE\NTDBCONFIG.EXE.

12.2.2 Implementieren einer Oracle-Datenbank

In diesem Abschnitt wird die Vorgehensweise separat für NetWare, UNIX/LINUX und Windows NT/2000 beschrieben.

Beachten Sie den Oracle Administration Guide mit Hinweisen zur Verbesserung der Leistung auf dem Server. Ein dedizierter Server mit zwei Prozessoren ist für den Betrieb zumindest bei einer größeren Anzahl von Arbeitsstationen empfehlenswert. Setzen Sie die Größe der Auslagerungsdatei auf das Zwei- bis Vierfache des installierten Hauptspeichers.

Arbeitsstationen	Hauptspeicher	Oracle-SGA-Speicher
Weniger als 10.000	512 Mbyte	128 Mbyte
10.000 bis 50.000	512 Mbyte	256 Mbyte
50.000 bis 100.000	1 Gbyte	256 bis 400 Mbyte

Tabelle 12.2: Empfehlung zum Speicher beim Einsatz von Oracle

Ändern Sie die Datei INIT.ORA beispielsweise für 260 Mbyte SGA-Speicher:

```
db_block_buffers = 50000
shared_pool_size = 32768000
sort_area_size = 10000000
```

Oracle für NetWare

Auf einem NetWare-Server muss die Oracle-Datenbank manuell installiert werden.

- Als Erstes muss Oracle 8i (8.1.5.0.0) Enterprise Edition on NetWare auf einem Server installiert werden. Es ist mindestens eine 25-Benutzer-Lizenz erforderlich. Ein NFS-mounted Volume ist nicht möglich und zusätzlich muss die Block-Suballocation deaktiviert sein.
- Kopieren Sie von der ZfD 4.0-CD die Dateien aus \ZENWORKS\PRODUCTS\RMINV\DATABASE\ORACLE\COMMON und NETWARESPECIFIC nach SYS:\SCHEMA.
- Erstellen Sie den Datenbankpfad auf einem Volume \ZENWORKS\INVENTORY\ORACLE\DATABASE\TRACE.
- Ersetzen Sie in SYS:\SCHEMA_CREATE1.SQL, _CREATE2.SQL, _START.SQL und INIT.ORA die Zeichenkette *oracle:* durch die Bezeichnung des NetWare-Datenbank-Volumes.
- Kopieren Sie INIT.ORA nach \ZENWORKS\INVENTORY\ORACLE\DATABASE.
- Kopieren Sie _START.SQL nach \ZENWORKS.
- Starten Sie Oracle durch die Eingabe von `ORALOAD` an der Konsole.
- Stellen Sie sicher, dass keine Oracle-Datenbank zugewiesen bzw. geöffnet ist.
- Laden Sie den Oracle-Server-Manager durch Eingabe von `svrmgr31`.

- An der Eingabeaufforderung des Server-Managers geben Sie `@sys:\schema\schema.sql` ein. Prüfen Sie das Protokoll: SYS:\SCHEMA\INV.LOG. Enthält dieses eine Fehlermeldung, ist eventuell in einer der beschriebenen Dateien ein falscher Pfad angegeben (*Oracle not available, Out of space, Compilation error*).
- Geben Sie an der Eingabeaufforderung des Server-Managers den Befehl `@<volume>\ZENWORKS\_START.SQL` ein und starten Sie damit die Inventar-Datenbank.

Wollen Sie die Inventar-Datenbank auf einem Server als separate Oracle-Instanz betreiben, beachten Sie bitte die Beschreibung von Novell im *Administration Guide* zu ZfD 4.0.

Oracle für UNIX

- Unter LINUX ab Version 6.0 sowie SUN Solaris ab Version 6.2 (Sparc oder Intel) muss Oracle 8i (8.1.5 oder neuer) Enterprise Edition installiert werden. Auch hier ist eine Lizenz für mindestens 25 Benutzer erforderlich.
- Melden Sie sich am Server als Oracle-Benutzer an.
- Kopieren Sie von der ZfD 4.0-CD die Dateien aus \ZENWORKS\PRODUCTS\RMINV\DATABASE\ORACLE\COMMON und UNIXSPECIFIC in ein neu zu erstellendes Verzeichnis SCHEMA.
- Erstellen Sie die Verzeichnisstrukur \ZENWORKS\INVENTORY\ORACLE\DATABASE\TRACE.
- Ersetzen Sie in SYS:\SCHEMA_CREATE.SQL, _START.SQL, SCHEMA.SQL und INIT.ORA die Zeichenkette *$HOME* durch die Bezeichnung des Pfads zum gerade neu erstellten Verzeichnis SCHEMA und ZENWORKS.
- Kopieren Sie INIT.ORA nach \ZENWORKS\INVENTORY\ORACLE\DATABASE.
- Kopieren Sie _START.SQL nach \ZENWORKS.
- Stellen Sie sicher, dass die Oracle-Dienste ausgeführt werden und keine Oracle-Datenbank zugewiesen bzw. geöffnet ist.
- Laden Sie den Oracle-Server-Manager durch Eingabe von `svrmgrl`.
- An der Eingabeaufforderung des Server-Managers geben Sie `@<pfad>\schema\schema.sql` ein. Prüfen Sie das Protokoll: SCHEMA\INV.LOG. Enthält dieses eine Fehlermeldung, ist eventuell in einer der beschriebenen Dateien ein falscher Pfad angegeben (*Oracle not available, Out of space, Compilation error*).
- Geben Sie an der Eingabeaufforderung des Server-Managers den Befehl `@<pfad>\ZENWORKS\_START.SQL` ein und starten Sie damit die Inventar-Datenbank.

Wollen Sie die Inventar-Datenbank auf einem Server als separate Oracle-Instanz betreiben, beachten Sie bitte die Beschreibung von Novell im *Administration Guide* zu ZfD 4.0.

Oracle für Windows NT/2000-Server

- Unter Windows NT/2000 muss Oracle 8i Enterprise Edition installiert werden. Auch hier ist eine Lizenz für mindestens 25 Benutzer erforderlich.
- Kopieren Sie von der ZfD 4.0-CD die Dateien aus \ZENWORKS\PRODUCTS\RMINV\DATABASE\ORACLE\COMMON und WINNTSPECIFIC in ein neu zu erstellendes Verzeichnis C:\SCHEMA.
- Erstellen Sie die Verzeichnisstrukur \ZENWORKS\INVENTORY\ORACLE\DATABASE\TRACE im Hauptverzeichnis eines Laufwerks (vermeiden Sie das System- und Bootlaufwerk).
- Ersetzen Sie in SYS:\SCHEMA_CREATE.SQL, _START.SQL und INIT.ORA die Zeichenkette *d:* durch die Bezeichnung des Pfads zur gerade neu erstellten Verzeichnisstruktur ZENWORKS.
- Kopieren Sie INIT.ORA aus C:\SCHEMA nach \ZENWORKS\INVENTORY\ORACLE\DATABASE.
- Kopieren Sie _START.SQL nach \ZENWORKS.
- Stellen Sie sicher, dass die Oracle-Dienste ausgeführt werden und keine Oracle-Datenbank zugewiesen bzw. geöffnet ist.
- Laden Sie den Oracle-Server-Manager durch Eingabe von `svrmgrl` in einer Eingabeaufforderung.
- An der Eingabeaufforderung des Server-Managers geben Sie `@c:\schema\schema.sql` ein. Prüfen Sie das Protokoll: C:\SCHEMA\ INV.LOG. Enthält dieses eine Fehlermeldung, ist eventuell in einer der beschriebenen Dateien ein falscher Pfad angegeben (*Oracle not available, Out of space, Compilation error*).
- Geben Sie an der Eingabeaufforderung des Server-Managers den Befehl `@<pfad>\ZENWORKS\_START.SQL` ein und starten Sie damit die Inventar-Datenbank.

Wollen Sie die Inventar-Datenbank auf einem Server als separate Oracle-Instanz betreiben, beachten Sie bitte die Beschreibung von Novell im *Administration Guide* zu ZfD 4.0.

Oracle-Datenbank-Objekt erstellen

Sie können auch selbst ein Datenbank-Objekt erstellen. Dazu benötigen Sie die ConsoleOne.

- Fügen Sie im gewünschten Container (normalerweise der für Server) ein neues Objekt hinzu (Klasse *ZENworks-Datenbank*). Verwenden Sie dazu am besten das Kontextmenü des Containers.
- Geben Sie für die Oracle-Datenbank einen neuen Namen ein (z.B. *<servername>_invDatabase*) und klicken Sie auf OK.

Die weitere Vorgehensweise entspricht der im Abschnitt Konfiguration der Richtlinien beschriebenen.

Tipp

Im Administration Guide zu ZfD 4.0 finden sich einige Tipps zur Verbesserung der Performance einer Oracle-Datenbank für die Abfrage und Erstellung von Berichten.

12.2.3 Implementieren einer MS SQL Server 2000-Datenbank

In diesem Abschnitt wird die Vorgehensweise nur für Windows NT/2000 beschrieben, da diese Datenbank für NetWare und UNIX/LINUX nicht verfügbar ist.

Für die MS SQL 2000-Datenbank ist ein dedizierter Server empfehlenswert. Beachten Sie unbedingt die Dokumentation von Microsoft zur Optimierung der Leistung des Servers. Ein Multiprozessorsystem ist insbesondere bei einer größeren Anzahl von Arbeitsstationen empfehlenswert.

Arbeitsstationen	Hauptspeicher	Zwischenspeicher	Prozessor
Weniger 10.000	512 Mbyte	256 Mbyte	Pentium III 450
10.000 bis 20.000	512 Mbyte	256 Mbyte	Pentium 4 1.8 GHz
20.000 bis 50.000	1 Gbyte	512 Mbyte	Pentium 4 1.8 GHz

Tabelle 12.3: Empfehlungen zum Datenbank-Server mit MS SQL 2000

- Unter Windows NT/2000 muss der Microsoft SQL Server 2000 Version 8.00.194 installiert werden.
- Kopieren Sie von der ZfD 4.0-CD die Datei P1MSSQLINVDB.ZIP aus \ZENWORKS\PRODUCTS\RMINV\DATABASE\MSSQL in ein neu zu erstellendes Verzeichnis für die Datenbankdateien.
- Extrahieren Sie die kopierte .ZIP-Datei.
- Setzen Sie den Beglaubigungsmodus des SQL-Servers auf SQL-Server und Windows.
- Starten Sie den MS SQL-Server.
- Führen Sie den *MS SQL Server Enterprise Manager* aus.

- Verbinden Sie die Inventar-Datenbank mit einer Servergruppe. Der Name der Datenbankdatei, die verbunden werden muss, ist MGMTDB.MDF.
- Wählen Sie die ZENworks Inventar-Datenbank (MGMTDB) und rufen Sie den SQL Query Analyzer auf.
- Rufen Sie von der ZfD 4.0-CD die Datei \ZENWORKS\PRODUCTS\RMINV\DATABASE\MSSQL\CREATELOGINNAMES.SQL auf (erfolgt über *Query\Execute*).

Verbinden des Inventar-Servers und ConsoleOne zur Inventar-Datenbank

- Laden Sie die englische Version des Microsoft JDBC-Treibers herunter (`http://www.microsoft.com/sql/downloads/2000/jdbc.asp`).
- Installieren Sie den Treiber auf einem Windows-System.
- Kopieren Sie MSBASE.JAR, MSUTIL.JAR und MSSQLSERVER.JAR in den Pfad des Inventar-Server-Installationsverzeichnisses nach \INV\SERVER\LIB.
- Auf allen NetWare Inventar-Servern, die mit der Inventar-Datenbank (SQL-Server) verbunden sind, bearbeiten Sie die Datei SYS:\SYSTEM\INVENV.NCF. Fügen Sie die Namen aller .JAR-Dateien des JDBC-Treibers hinzu. Beispiel:

```
envset tmppath=$tmppath;$root_dir\lib\msbase.jar
envset tmppath=$tmppath;$root_dir\lib\msutil.jar
envset tmppath=$tmppath;$root_dir\lib\mssqlserver.jar
```

- Auf allen Windows NT/2000 Inventar-Servern, die mit der Inventar-Datenbank (SQL-Server) verbunden sind, bearbeiten Sie die Datei <inventarserver-installationsverzeichnis>\WMINV\BIN\ZENSETENV.INI. Fügen Sie am Ende einer jeden Zeile, die *classpath* enthält, Folgendes hinzu:

```
..\..\lib\msbase.jar;..\..\lib\msutil.jar;..\..\lib\mssqlserver.jar;
```

- Im gleichen Pfad befindet sich die Datei INVENV.BAT, der Sie folgende Zeilen hinzufügen müssen:

```
set tmppath=%tmppath%;..\..\lib\msbase.jar
set tmppath=%tmppath%;..\..\lib\msutil.jar
set tmppath=%tmppath%;..\..\lib\mssqlserver.jar
```

- In die Verzeichnisstrukter der ConsoleOne müssen Sie MSBASE.JAR, MSUTIL.JAR und MSSQLSERVER.JAR nach \1.2\LIB\ZEN kopieren.

MS SQL 2000-Datenbank-Objekt erstellen

Sie können selbst ein Datenbank-Objekt erstellen. Dazu benötigen Sie die ConsoleOne.

- Fügen Sie im gewünschten Container (normalerweise der für den Inventar-Server) ein neues Objekt hinzu (Klasse *ZENworks-Datenbank*). Verwenden Sie dazu am besten das Kontextmenü des Containers.
- Geben Sie für die Oracle-Datenbank einen neuen Namen ein (z.B. *<servername>_invDatabase*) und klicken Sie auf OK.

Die weitere Vorgehensweise entspricht der im Abschnitt Konfiguration der Richtlinien beschriebenen.

12.2.4 Inventardienste starten und stoppen

Nach der Installation von ZfD 4.0 werden die Inventarisierungs-Dienste nur dann automatisch gestartet, wenn die Rolle des Inventar-Servers *Eigenständiger Server* ist und die erforderlichen Richtlinien während der Installation konfiguriert wurden (standardmäßig, wenn die Sybase-Datenbank installiert wurde).

Hinweis

Wann immer Sie Änderungen zur Konfiguration der Inventarisierung vornehmen, müssen Sie vorher die Inventardienste stoppen und nach erfolgten Änderungen wieder starten.

Inventardienste starten

An der Konsole eines NetWare-Servers geben Sie folgenden Befehl ein:

```
startinv
```

Auf einem Server mit Windows NT/2000 starten Sie den Dienst *Novell Inventory Service*.

Anzeige der gestarteten Dienste

Mit folgendem Befehl können Sie sich an der Konsole alle gestarteten Dienste anzeigen lassen. Dabei werden die Namen, der Diensttyp sowie der aktuelle Zustand angezeigt.

```
listser *
```

Auf einem System mit Windows NT/2000 geben Sie den Stern in doppelten Anführungszeichen an.

Inventardienste stoppen

An der Konsole eines NetWare-Servers geben Sie folgende Befehle ein:

```
stopser *
java -killZenWSInv
```

Alternativ können Sie auch einzelne Dienste stoppen, indem Sie statt des * den Namen des Dienstes eingeben.

Auf einem Server mit Windows NT/2000 beenden Sie den Dienst *Novell Inventory Service*. Wollen Sie alle Inventarisierungs-Dienste stoppen, geben Sie folgenden Befehl in einer Eingabeaufforderung ein:

```
stopser "*"
```

12.2.5 Konfiguration der Richtlinien

In diesem Abschnitt finden Sie eine Beschreibung insbesondere zur Konfiguration der Richtlinien. Als Erstes müssen jedoch noch die Einstellungen zu den Datenbank-Objekten bearbeitet werden.

Konfiguration der Datenbank-Objekte im eDirectory

Als Erstes muss noch die Datenbank konfiguriert werden. Rufen Sie dazu die Eigenschaften des Datenbank-Objekts (z.B. *<servername>_invDatabase* und *<servername>_nalDatabase*) auf, das bei Verwendung von Sybase bereits vorkonfiguriert vorhanden sein sollte.

Geben Sie bei Server-DN den voll qualifizierten Namen des Servers ein (oder wählen Sie ihn mithilfe der kleinen Schaltfläche rechts neben dem Feld aus), auf dem die Datenbank installiert ist (Eigenschaften der Inventar-Datenbank konfigurieren). Achten Sie anschließend darauf, dass im zweiten Feld die korrekte Angabe der Server-IP-Adresse oder des DNS-Namens erscheint – ggf. müssen Sie hier einen anderen Eintrag auswählen.

Hinweis

Ist auf dem Server kein eDirectory installiert, ist hier die Eingabe der IP-Adresse oder des DNS-Namens erforderlich.

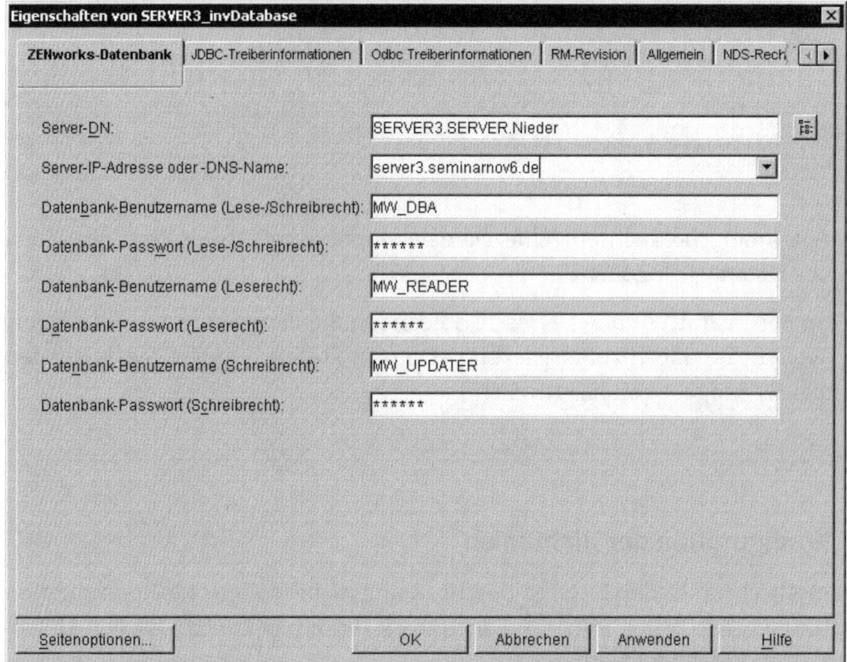

Abb. 12.1: Eigenschaften der Inventar-Datenbank konfigurieren

Zusätzlich stehen noch weitere Felder für Optionen auf der Registerkarte *ZENworks-Datenbank* zur Verfügung, die unbedingt ausgefüllt werden müssen:

- **Datenbank-Benutzername (Lese-/Schreibrecht):** *MW_DBA*
- **Datenbank-Passwort (Lese-/Schreibrecht):** *novell*
- **Datenbank-Benutzername (Leserecht):** *MW_READER*
- **Datenbank-Passwort (Leserecht):** *novell*
- **Datenbank-Benutzername (Schreibrecht):** *MW_UPDATER*
- **Datenbank-Passwort (Schreibrecht):** *novell*

Klicken Sie auf ANWENDEN (APPLY), um die vorgenommenen Änderungen zu speichern.

Auf der Registerkarte *JDBC-Treiberinformationen* (Konfiguration der JDBC-Treiberinformationen für die Datenbank) müssen Sie als Nächstes den Treiber für den Java-Datenbankzugriff auf dem Server konfigurieren.

- Im ersten Abschnitt geben Sie an, welche Datenbank installiert wurde. Der Standard ist hier *Sybase*. Ändern Sie die Angabe bei Bedarf nach *Oracle* oder *MSSQL* ab.
- Klicken Sie immer auf STANDARDEINSTELLUNGEN, damit die korrekten Daten automatisch in die Felder eingetragen werden.

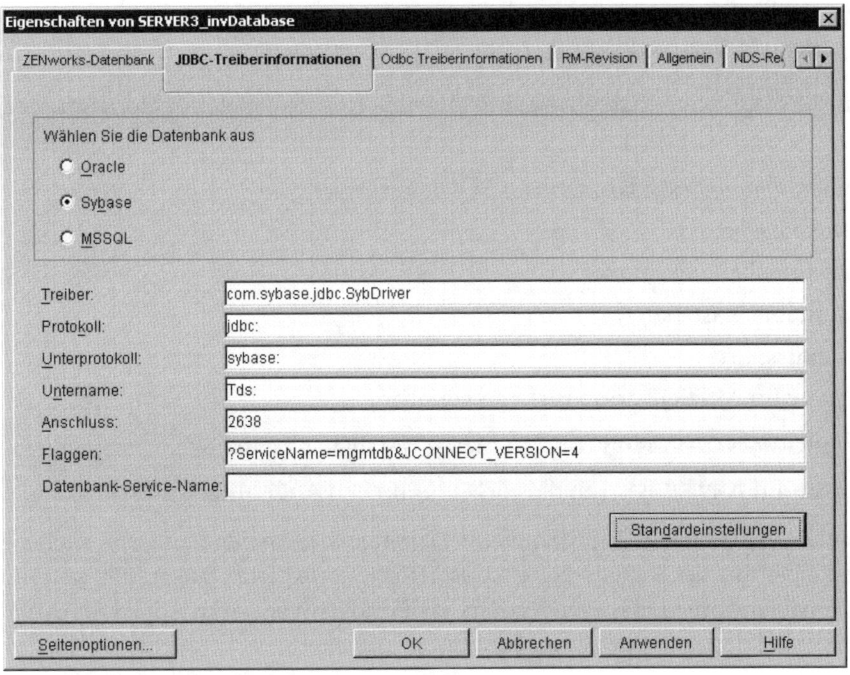

Eigenschaften von SERVER3_invDatabase

ZENworks-Datenbank | JDBC-Treiberinformationen | Odbc Treiberinformationen | RM-Revision | Allgemein | NDS-Re

Wählen Sie die Datenbank aus
Oracle
Sybase
MSSQL

Treiber: com.sybase.jdbc.SybDriver
Protokoll: jdbc:
Unterprotokoll: sybase:
Untername: Tds:
Anschluss: 2638
Flaggen: ?ServiceName=mgmtdb&JCONNECT_VERSION=4
Datenbank-Service-Name:

Standardeinstellungen

Seitenoptionen... | OK | Abbrechen | Anwenden | Hilfe

Abb. 12.2: Konfiguration der JDBC-Treiberinformationen für die Datenbank

Für eine Sybase-Datenbank sind folgende Angaben in den Feldern erforderlich:

- **Treiber:** *com.sybase.jdbc.SybDriver*
- **Protokoll:** *jdbc:*
- **Unterprotokoll:** *sybase:*
- **Untername:** *Tds:*
- **Anschluss:** *2638*
- **Flaggen:** *?ServiceName=mgmtdb&JCONNECT_VERSION=4*
- **Datenbank-Service-Name:** Hier muss der Name angegeben werden, der beim Starten der Sybase-Datenbank zum Parameter *–n* verwendet wurde (SYS:\SYSTEM\MGMTDBS.NCF). Meist handelt es sich hier um die IP-Adresse des Servers.

Für eine Oracle-Datenbank sind folgende Angaben in den Feldern erforderlich:

- **Treiber:** *oracle.jdbc.driver.OracleDriver*
- **Protokoll:** *jdbc:*
- **Unterprotokoll:** *oracle:*
- **Untername:** *thin:@*
- **Anschluss:** *1521*

- **Flaggen:** für Orcale nicht anwendbar
- **Datenbank-Service-Name:** *orcl*

Für eine MS SQL 2000-Datenbank sind folgende Angaben in den Feldern erforderlich:

- **Treiber:** *com.microsoft.jdbc.sqlserver.SQLServerDriver*
- **Protokoll:** *jdbc:*
- **Unterprotokoll:** *microsoft:*
- **Untername:** *sqlserver://*
- **Anschluss:** *1433*
- **Flaggen:** für MS SQL 2000 nicht anwendbar
- **Datenbank-Service-Name:** für MS SQL 2000 nicht anwendbar

Klicken Sie auf ANWENDEN, um die vorgenommenen Änderungen zu speichern.

Wollen Sie ODBC für den Zugriff auf eine Datenbank verwenden, müssen auch die Eingabefelder auf der Registerkarte *Odbc Treiberinformationen* ausgefüllt werden. Diese Angaben werden insbesondere für das Berichtswesen zum Applikationsmanagement und der Fernverwaltung benötigt.

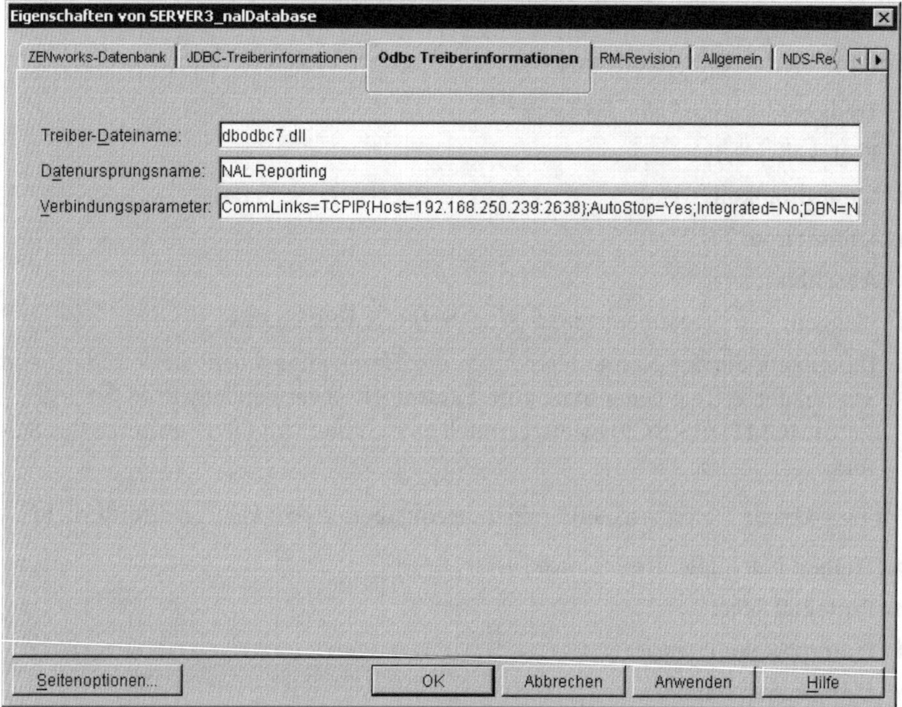

Abb. 12.3: Informationen zum ODBC-Treiber für den Datenbankzugriff

Achten Sie auf dieser Seite auf die korrekten Angaben. In Informationen zum ODBC-Treiber für den Datenbankzugriff sehen Sie ein Beispiel für das Datenbank-Objekt zum Applikationsmanagement in Verbindung mit einer Sybase-Datenbank (weitere Informationen finden Sie im Kapitel zum Applikationsmanagement).

Geben Sie folgende Daten ein:

- *Treiber-Dateiname* (*Driver Filename*)
- *Datenursprungsname* (*Data Source Name*)
- *Verbindungsparameter* (*Connection Parameters*)

Wie in Konfiguration der Rechte für das Datenbank-Objekt im eDirectory erkennbar, ist es sehr wichtig, die korrekten Rechte zuzuweisen. Soweit nicht vorhanden unbedingt *[Public]* hinzufügen, damit Abfragen und Berichte erstellt werden können (alternativ kann ggf. auch eine weniger globale Rechtekonfiguration erfolgen.

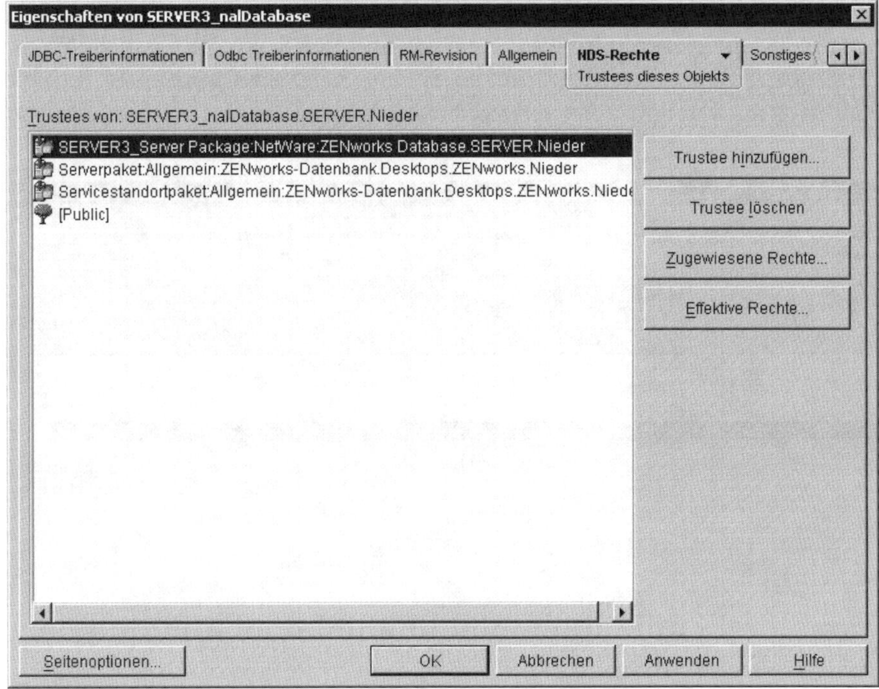

Abb. 12.4: Konfiguration der Rechte für das Datenbank-Objekt im eDirectory

Konfiguration eines Servicestandortpakets

Für jeden Server mit einer Sybase-Datenbank wird durch das Installationsprogramm ein eigenes Inventar-Service-Objekt im eDirectory (NDS) erstellt. Dieses muss über die Richtlinie *ZENworks-Datenbank* in einem *Servicestandortpaket* verknüpft werden, damit die Arbeitsstationen wissen, an welchen Datenbank-Server die Informationen gesandt werden müssen.

Hinweis

Konfigurieren Sie die Richtlinie *ZENworks-Datenbank* in einem *Serverpaket* und einem *Servicestandortpaket*, haben die Einstellungen im *Serverpaket* die höhere Priorität (damit werden die Einstellungen des *Servicestandortpakets* überschrieben). Das können Sie bei mehreren Servern in einem Container ggf. auch zu Ihrem Vorteil ausnutzen.

Falls noch nicht vorhanden, erstellen Sie ein neues *Servicestandortpaket*. Rufen Sie die Eigenschaften des Pakets auf und verknüpfen Sie es mit dem Container, in dem sich die Objekte zur Datenbank im eDirectory befinden (bei Bedarf kann auch ein Container in einer höheren Ebene verknüpft werden). Wesentlich ist dabei, dass sich in diesem Container das Inventar-Service-Objekt befindet (z.B. *<servername>_ZenInvService*).

Achtung

Benötigen Sie eine Verknüpfung auf einen bestimmten Server, auf dem die ZENworks-Datenbank geführt wird, müssen Sie ein *Serverpaket* statt eines *Servicestandortpaket* zur Konfiguration verwenden.

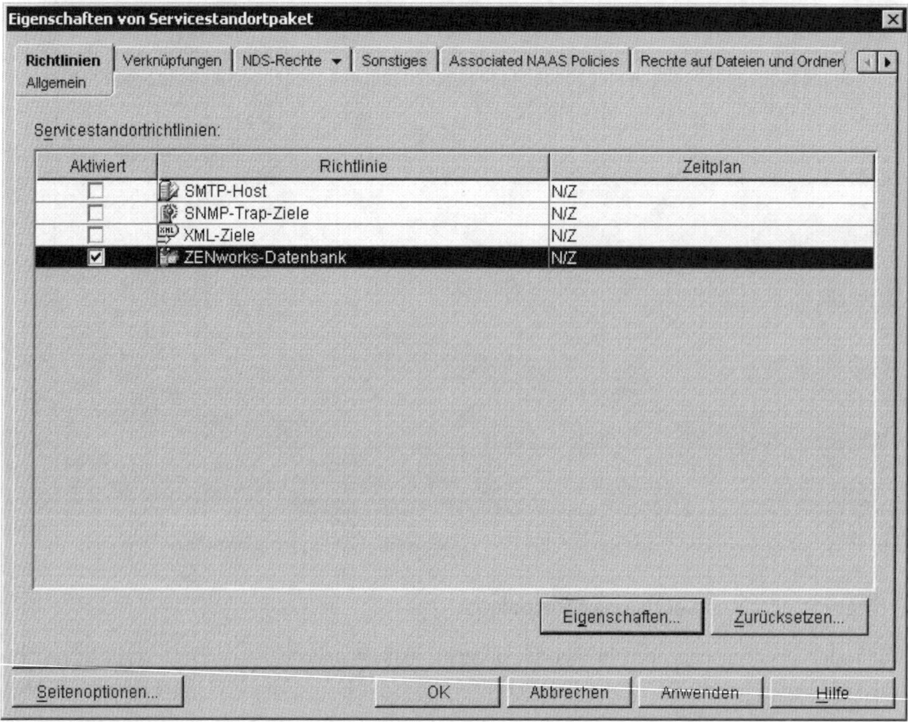

Abb. 12.5: Konfiguration der Datenbank-Richtlinie

Aktivieren Sie die Richtlinie *ZENworks-Datenbank* (Konfiguration der Datenbank-Richtlinie) und rufen Sie die EIGENSCHAFTEN zur Konfiguration auf.

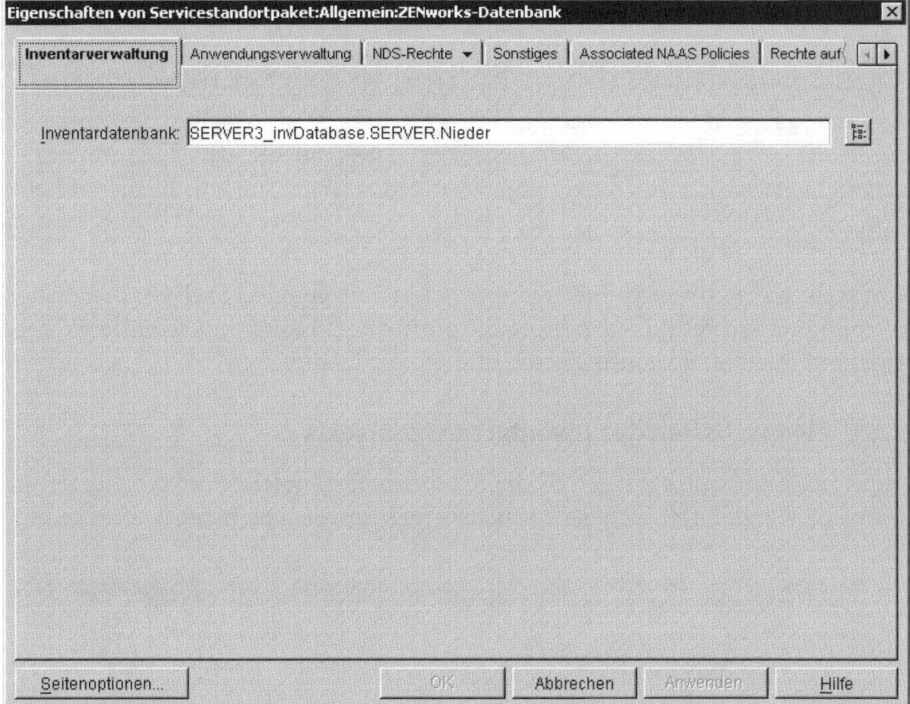

Abb. 12.6: Die Richtlinie mit der Inventardatenbank verknüpfen

Im Dialogfenster (Die Richtlinie mit der Inventardatenbank verknüpfen) geben Sie auf den ersten beiden Registerkarten den DN (Distinguished Name) des Datenbank-Objekts für die Inventarverwaltung (*<servername>_invDatabase*) und für die Anwendungsverwaltung (*<servername>_nalDatabase*) ein.

Als Trustees (*NDS-Rechte*) müssen der Server-Container, das Server-Objekt und das Richtlinienpaket mit *Vergleichen* und *Lesen* als Rechte für die Eigenschaft *[All Attributes Rights]* festgelegt werden. Dem Trustee *[Public]* weisen Sie die gleichen Rechte zu und zusätzlich für die Eigenschaft *[Entry Rights]* das Recht *Durchsuchen*.

Hinweis

Wenn Sie die Richtlinien oder Objekte zu einer Datenbank ändern, müssen Sie immer die Inventarisierungs-Dienste stoppen. Nach den Änderungen müssen diese wieder gestartet werden. Eine Beschreibung dazu finden Sie später in diesem Kapitel.

12.3 Rolle der Inventar-Server konfigurieren

Die Rolle des ZENworks-Inventar-Servers wird während der Installation festgelegt, kann jedoch später noch geändert werden.

Achtung

Am besten planen Sie von vorneherein so gut, dass Änderungen in der Funktion der Server vermieden werden können. Dies insbesondere deshalb, da Änderungen nicht vollständig frei durchgeführt werden können, sondern Einschränkungen vorliegen.

Wird mehr als ein Inventar-Server eingesetzt, ist in jedem Fall nach der Installation die Konfiguration des Roll-up notwendig, die in diesem Abschnitt beschrieben wird (Abschnitt Das Roll-up konfigurieren und protokollieren).

12.3.1 Eigenschaften des Inventarserviceobjekts

Im Inventarserviceobjekt legen Sie insbesondere fest, welche Funktion der Inventarserver besitzt und wo sich der Absucheverzeichnispfad befindet.

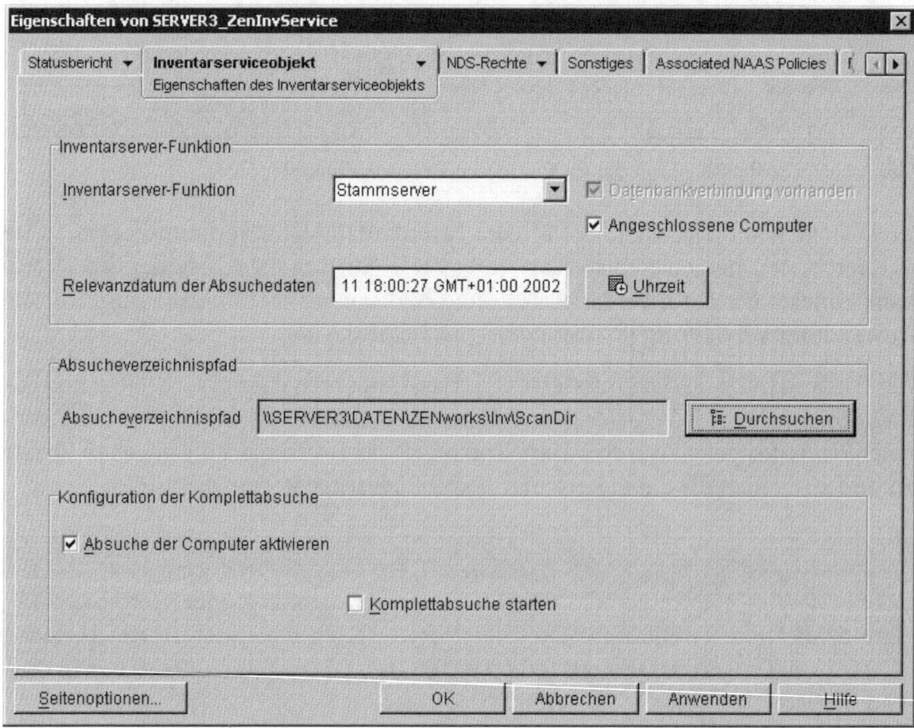

Abb. 12.7: Eigenschaften des Inventarserviceobjekts

Müssen Sie ein derartiges Objekt neu anlegen, wechseln Sie in den Zielcontainer und wählen Sie beispielsweise im Menü *Datei* den Befehl *Neu\Objekt*. Wählen Sie die Klasse *zeninvService* aus und klicken Sie auf OK. Geben Sie anschließend einen Namen für das Objekt ein (z.B. *<servername>_ZenInvService*) und klicken Sie auf OK, um es im eDirectory anzulegen.

Rufen Sie die Eigenschaften des Objekts auf (z.B. von *<servername>_ZenInvService*). Wechseln Sie anschließend auf die zweite Registerkarte (Eigenschaften des Inventarserviceobjekts).

Inventarserver-Funktion

Ändern Sie im ersten Feld (*Inventarserver-Funktion*) die Rolle und beachten Sie dazu bei Bedarf auch die beiden Optionen. Je nach Funktion können Sie zusätzlich definieren, ob eine Datenbank genutzt werden soll und Arbeitsstationen an diesen Server Inventardaten senden dürfen.

Stammserver (Standardeinstellung nach der manuellen Anlage des Objekts)

Befindet sich auf der höchsten Hierarchieebene und verfügt damit über eine Inventardatenbank mit den Informationen von allen Servern der unteren Ebenen und damit normalerweise dem gesamten Unternehmen. Alternativ kann der Stammserver über einen Inventarserver mit angeschlossenen Arbeitsstationen verfügen (aktivieren Sie diese Option nachträglich, müssen die beiden Kontrollfelder im Abschnitt *Konfiguration der Komplettabsuche* zusätzlich aktiviert werden).

Wechseln Sie die Rolle bzw. Funktion in einen Zwischenserver, muss vorher im *Serverpaket* oder *Servicestandortpaket* die *ZENworks-Datenbank*-Richtlinie deaktivert werden, falls die Option *Datenbankverbindung vorhanden* nicht aktiviert wird. Nach dem Rollenwechsel muss noch die *RollUp Policy* konfiguriert werden. War die Option *Angeschlossene Computer* bisher nicht aktiviert, wird jetzt aber benötigt, müssen die Optionen im Abschnitt *Konfiguration der Komplettabsuche* aktiviert und zusätzlich eine *Workstation Inventory Policy* erstellt werden.

Wird die Option *Angeschlossene Computer* nachträglich deaktiviert, muss zusätzlich die dazugehörige *Workstation Inventory Policy* deaktiviert werden.

Ein Wechsel nach *Blatt-Server* oder *Eigenständiger Server* ist nicht möglich. Wenn zwingend erforderlich, muss die Inventarisierung komplett deinstalliert und anschließend neu installiert werden.

Zwischenserver

Durchlaufserver, die Daten von Blatt- und/oder Zwischenservern der unteren Ebenen nach oben verschieben.

Zwischenserver können über eine eigene Datenbank und/oder Arbeitsstationen verfügen.

Ein Wechsel der Rolle zu einem *Stammserver* ist möglich (*Roll Up Policy* vorher entfernen). Nicht erlaubt ist der Wechsel zu einem *Blatt-Server* oder einem *Eigenständiger Server.* Im übrigen gilt das gleiche zum Rollenwechsel wie bereits zum *Stammserver* beschrieben.

Blatt-Server

Dabei handelt es sich um einen Inventarserver der untersten Ebene, mit dem Arbeitsstationen verbunden sind. Derartige Server verschieben Daten auf *Zwischenserver* oder einen *Stammserver* der nächsthöheren Ebene. Derartige Server müssen nicht unbedingt eine Datenbank besitzen.

Ein Wechsel nach *Stammserver, Zwischenserver* oder *Eigenständiger Server* ist möglich. Vergessen Sie bei Änderungen nicht, die *Roll Up Policy* zu ändern oder zu deaktivieren. Im übrigen gelten die Hinweise zum Rollenwechsel beim Stammserver in diesem Abschnitt.

Eigenständiger Server (Standardeinstellung bei der Installation von ZfD 4.0)

Derartige Server besitzen immer eine Datenbankverbindung und angeschlossene Arbeitsstationen. Es wird kein Roll-up durchgeführt.

Ein Wechsel in jede andere Inventarserver-Funktion ist möglich.

Relevanzdatum der Absuchedaten

Zusätzlich können Sie im zweiten Feld angeben, ab wann Daten aufgezeichnet werden sollen bzw. es werden alle älteren Daten aus der Datenbank entfernt (nicht bei Eigenständigen Servern und Blatt-Servern).

Absucheverzeichnispfad

Geben Sie das korrekte Verzeichnis für das Ziel der Absuchedaten an. Dabei handelt es sich nicht um das Verzeichnis mit der Datenbank. Standardpfad:

```
\\<servername>\<volume>\ZENWORKS\INV\SCANDIR
```

Konfiguration der Komplettabsuche

Ist die Option *Angeschlossene Computer* zur Inventarserver-Funktion aktiv, müssen Sie in diesem Abschnitt das Kontrollfeld zu *Absuche der Computer aktivieren,* damit Daten von den Arbeitsstationen aufgezeichnet werden. Selbstverständlich funktioniert das nur, wenn eine *Workstation Inventory Policy* aktiviert und korrekt konfiguriert wurde.

Normalerweise melden die Arbeitsstationen nur geänderte Inventarisierungsdaten (Deltasuche) nach einem ersten vollständigen Inventarisierungsvorgang bzw. entsprechend der Konfiguration in der *Workstation Inventory Policy.* Aktivieren Sie das letzte Kontrollfeld auf der Seite (*Komplettabsuche starten*), wird für alle verknüpften Arbeitsstationen eine vollständig neue Absuche bei der nächsten Ausführung durchgeführt. Damit werden die bisherigen Inventardaten überschrieben.

12.3.2 Das Roll-up konfigurieren und protokollieren

Hinweis

Wenn Sie die hier beschriebenen Konfigurationen vornehmen (auch Änderungen), muss vorher unbedingt der Inventarisierungs-Dienst am Server angehalten werden. Nach der Konfiguration muss dieser Dienst am Server wieder gestartet werden.

Wie bei den Arbeitsstationen werden auch beim Roll-up der Server immer nur die geänderten bzw. neuen Daten, die als Delta bezeichnet werden, übermittelt (komprimierte Versendung), was einer erheblich verminderten Last gegenüber früheren Versionen entspricht. Unterbrochene WAN-Verbindungen stellen kein Problem dar, da nach einer Wiederherstellung die verbleibenden Daten automatisch übertragen werden.

Das Roll-up muss in einem *Serverpaket* als Richtlinie konfiguriert werden.

Achtung

Achten Sie auf die Verknüpfungen zum Richtlinienpaket. Da sich die *RollUp Policy* immer auf einen bestimmten Server oder eine Servergruppe bezieht, die an eine höhere Ebene Inventardaten übertragen, benötigen Sie insbesondere in größeren Umgebungen meist mehrere derartige Objekte.

Eine *RollUp Policy* benötigen Sie für die Inventarserver-Funktionen *Zwischenserver* und *Blatt-Server.* Für *Stammserver* und *Eigenständiger Server* ist keine derartige Richtlinie erforderlich, da diese keine Daten an einen anderen Inventarserver weitergeben.

- Erstellen oder ändern Sie ein *Serverpaket* und rufen dessen Eigenschaften auf.
- Auf der ersten Registerkarte wählen Sie im Menü entweder die Serverplattform *Windows* oder *NetWare* bzw. *Allgemein*, wenn die Einstellungen der Richtlinie für beide Plattformen gelten sollen.
- Aktivieren Sie die *RollUp Policy* (Aktivieren der RollUp Policy).

Rufen Sie zur Konfiguration der Einstellungen die Eigenschaften der aktivierten Richtlinie auf (Doppelklick auf den Richtlinieneintrag oder über die Schaltfläche EIGENSCHAFTEN).

Auf der ersten Seite der *Roll-up-Richtlinie* muss insbesondere das Zielserviceobjekt festgelegt werden (Konfiguration des Zielservers für das Roll-up). Eine direkte Eingabe des DN ist hier nicht möglich. Klicken Sie auf die Schaltfläche DURCHSUCHEN und wählen Sie das Zielserviceobjekt aus, das Empfänger für das Roll-up sein soll (nächsthöhere Ebene). Empfänger kann nur ein Zwischenserver oder Stammserver sein.

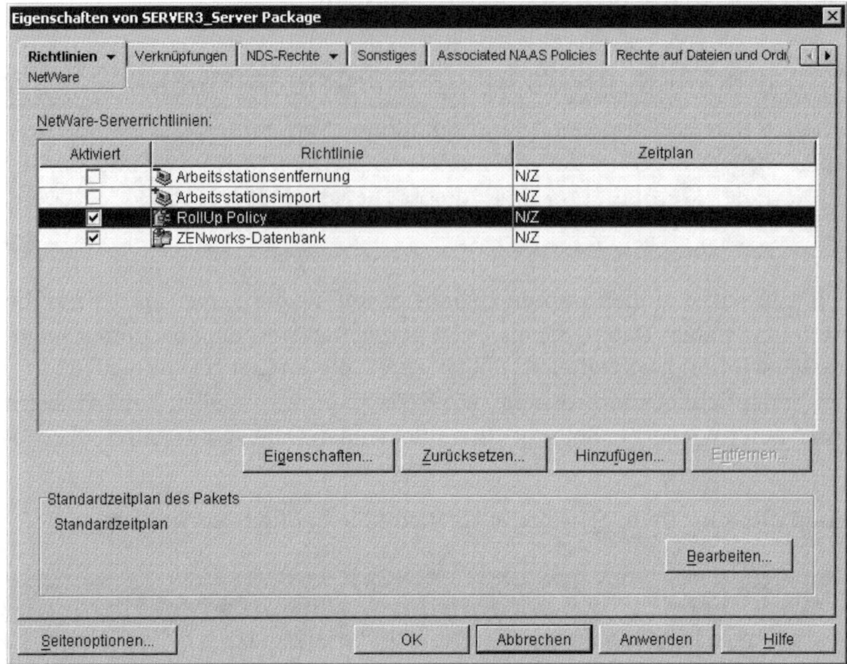

Abb. 12.8: Aktivieren der RollUp Policy

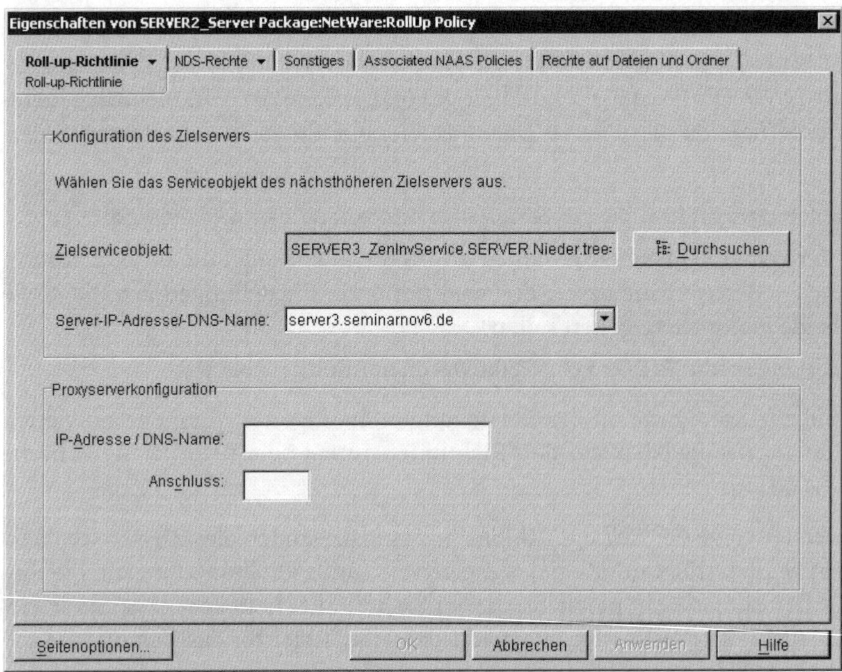

Abb. 12.9: Konfiguration des Zielservers für das Roll-up

Hinweis

Stellen Sie sicher, dass Sie nur einen Server bzw. ein Zielserviceobjekt der nächsthöheren Ebene angeben. Beachten Sie das nicht, kann vom System das Roll-up nicht durchgeführt werden! Befindet sich der Zielserver in einem anderen Baum, muss im Fenster *Objekt auswählen* der andere Kontext gewählt werden, bevor eine Auswahl erfolgen kann.

Zusätzlich ist die Auswahl der IP-Adresse oder des DNS-Names des Servers erforderlich. Verfügt der Zielserver über mehrere IP-Adressen, wählen Sie die bevorzugte Adresse im Feld aus.

Befindet sich der Server der nächsthöheren Ebene hinter einer Firewall, müssen zusätzlich die beiden Felder für die Proxyserverkonfiguration ausgefüllt werden. Geben Sie dazu die IP-Adresse oder den DNS-Namen sowie die Anschlussadresse (Port) des Systems ein, auf dem der XML Proxy-Dienst ausgeführt wird.

Klicken Sie auf ANWENDEN (APPLY), um die vorgenommen Einstellungen zu speichern.

Wechseln Sie auf die zweite Seite der Registerkarte (*Roll-up-Zeitplan*). Hier legen Sie den Zeitpunkt und die Häufigkeit fest, in der das Roll-up ausgeführt werden soll (Konfiguration des Zeitplans für das Roll-up).

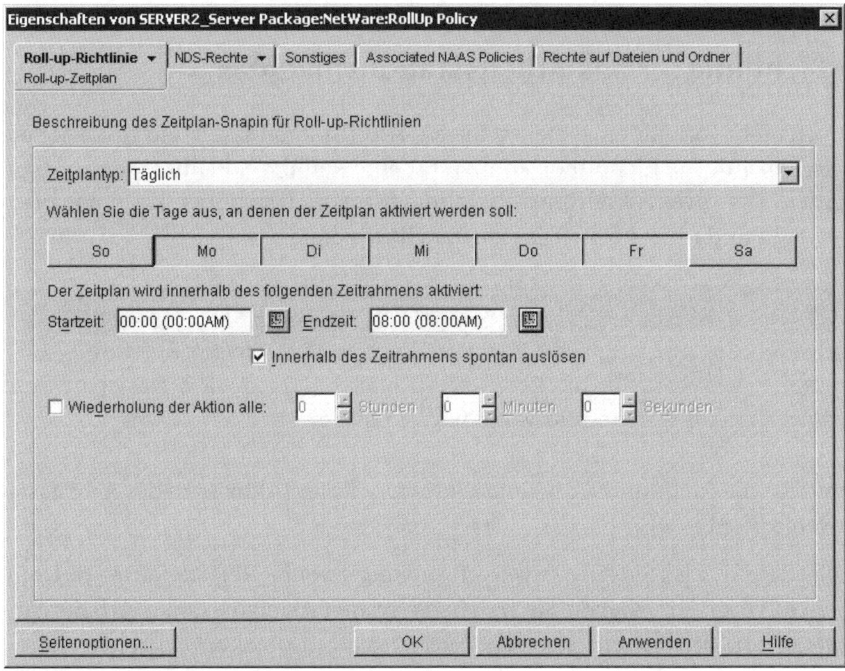

Abb. 12.10: Konfiguration des Zeitplans für das Roll-up

Normalerweise empfiehlt es sich, *Täglich* als Ausführungszeit auszuwählen und nur einen einzigen Tag pro Woche festzulegen. Stellen Sie in WANs zusätzlich sicher, dass der Wert für den Zeitsynchronisierungsradius 2 Sekunden nicht überschreitet.

Achtung

Konfigurieren Sie ein zu häufiges Roll-up von beispielsweise weniger als eine Stunde, kann sich das sehr negativ auf die Leistung des Inventar-Servers auswirken. Bedenken Sie daher sehr genau, wie häufig eine Aktualisierung ausgeführt werden soll.

Tipp

Sie können sich mithilfe der ConsoleOne jederzeit ein Protokoll zum Roll-up anzeigen lassen. Dazu wählen Sie den Container aus, in dem sich eine oder mehrere Inventarserviceobjekte befinden. Rufen Sie den Befehl *ZENworks-Inventar\Roll-Up-Protokoll* im Menü *Werkzeuge* auf. Ein umfangreicheres Protokoll erhalten Sie durch den Aufruf der Eigenschaften eines Inventarserviceobjekts (z.B. *<servername>_ZenInvService*). Auf der ersten Registerkarte (*Statusbericht*) finden Sie auf der Seite *Roll-up-Status* umfangreiche Informationen zum Roll-up sowie auf der zweiten Seite ein Protokoll zum Serverstatus. Alle Protokolle lassen sich in eine .CSV-Datei exportieren (kommaseparierte Datei).

12.4 Richtlinie für das Arbeitsstationsinventar

Wenn noch nicht vorhanden, erstellen Sie ein *Arbeitsstationspaket* und rufen Sie die Eigenschaften auf. Die Richtlinien können für eine Reihe von Plattformen konfiguriert werden. Die Inventarisierungs-Richtlinie für Arbeitsstationen kann nur plattformabhängig und nicht über *Allgemein* erstellt werden.

Tipp

Konfigurieren Sie nicht für jede Windows-Version eine eigene Richtlinie, sondern beispielsweise nur für die Plattform *Windows NT/2000/XP*. Das spart Zeit und man vermeidet Wartungsaufwand und Fehler.

Aktivieren Sie die Richtlinie *Workstation Inventory Policy* (Aktivieren der Arbeitsstations-Inventarrichtlinie).

Achten Sie darauf, dass Sie eine Zuweisung auf der zweiten Registerkarte (*Verknüpfungen*) nicht vergessen. Geben Sie möglichst immer Container oder Arbeitsstationsgruppen an, in denen sich die Arbeitsstationsobjekte befinden, deren Inventardaten gesammelt werden sollen.

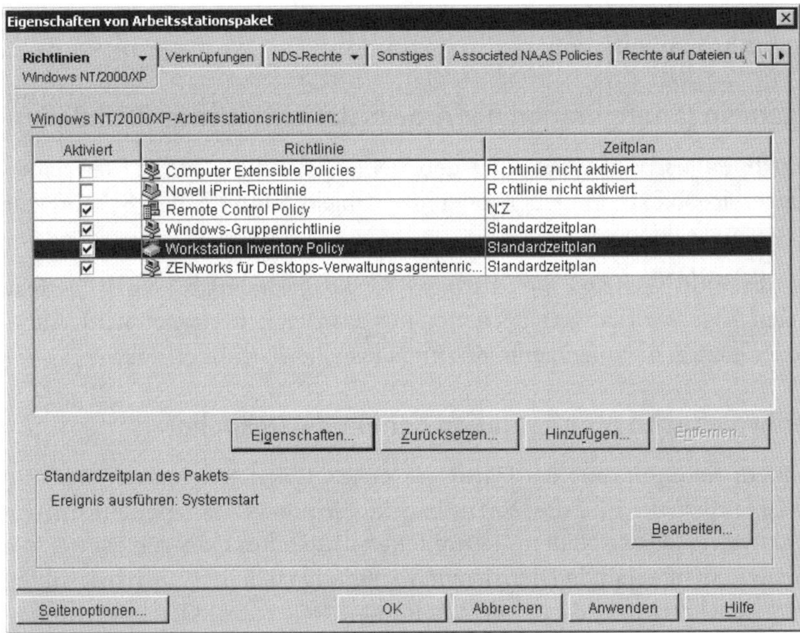

Abb. 12.11: Aktivieren der Arbeitsstations-Inventarrichtlinie

Klicken Sie auf EIGENSCHAFTEN oder führen Sie einen Doppelklick auf den Richtlinieneintrag aus, um die Konfiguration vornehmen zu können.

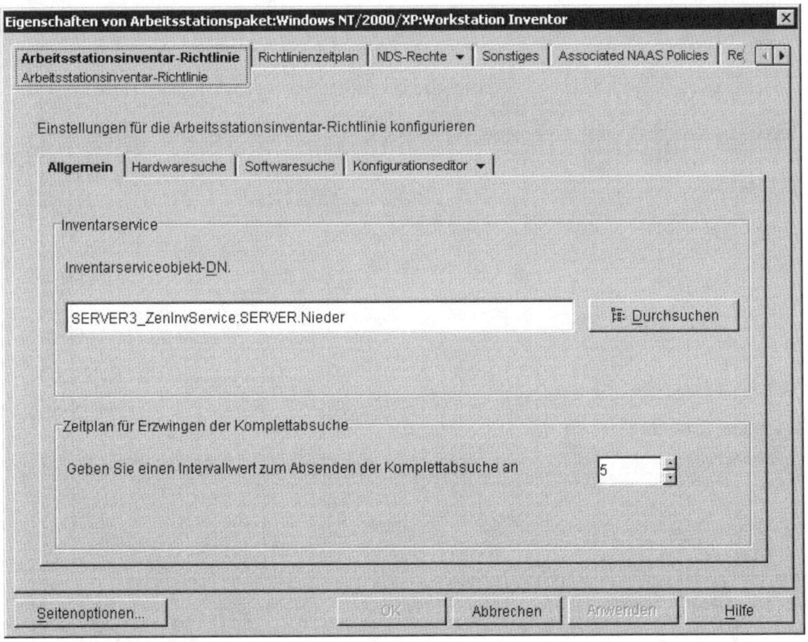

Abb. 12.12: Konfiguration der Arbeitsstationsinventar-Richtlinie

Auf der Registerkarte *Arbeitsstationsinventar-Richtlinie* befinden sich vier weitere Registerkarten zur Konfiguration.

12.4.1 Allgemein (Konfiguration der Arbeitsstationsinventar-Richtlinie)

Im Abschnitt *Inventarservice* müssen Sie den DN (vollständig qualifizierter Name) des Inventarserviceobjekts eingeben oder das Objekt mithilfe der Schaltfläche DURCHSUCHEN auswählen.

Im zweiten Abschnitt (*Zeitplan für Erzwingen der Komplettabsuche*) legen Sie fest, nach wie vielen Absuchvorgängen, bei denen nur das Delta übertragen wird (Änderungen seit der letzten Absuche), eine Komplettabsuche stattfinden soll.

12.4.2 Hardwaresuche (Konfiguration der Hardwaresuche)

Im Abschnitt zur Konfiguration der Hardwaresuche auf den Arbeitsstationen können Sie die DMI-Absuche und die WMI-Absuche (Windows Management Instrumentation) aktivieren. Diese beiden Kontrollfelder sollten nur aktiv sein, soweit die Arbeitsstationen entsprechende Dienste zur Verfügung stellen. Zumindest sollten Sie jedoch mit WMI arbeiten, das unter Windows 98/NT/2000/XP zur Verfügung steht. Die WMI Core Software kann von Microsoft heruntergeladen (`http://msdn.microsoft.com/download/sdks/wmi/download.asp`) und auf Arbeitsstationen mit Windows 98/NT installiert werden.

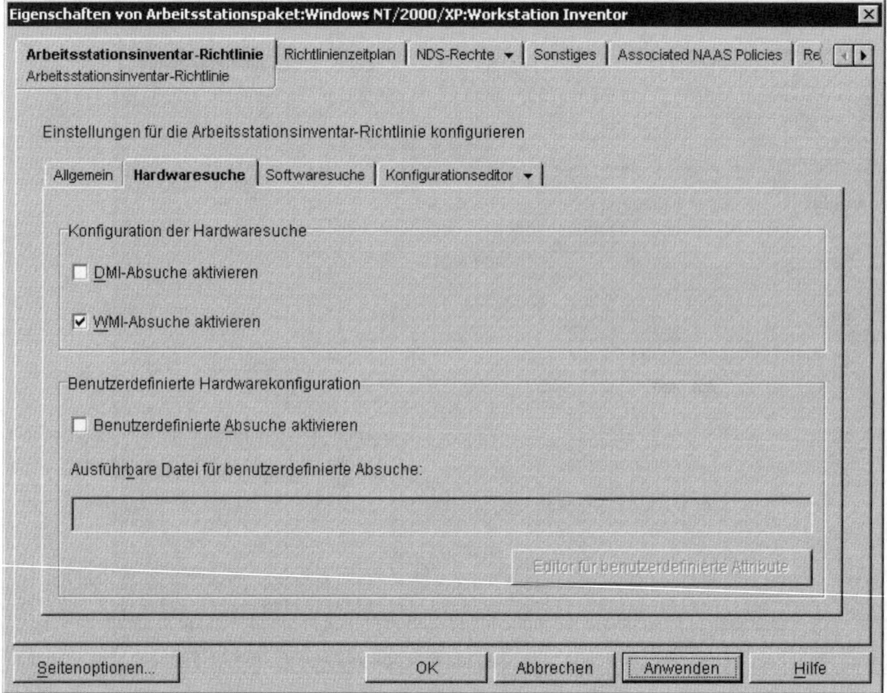

Abb. 12.13: Konfiguration der Hardwaresuche

Tipp

DMI (Desktop Management Interface): Weitere Informationen finden Sie bei `www.dmtf.org`. DMI kann nur eingesetzt werden, wenn herstellerspezifische Komponenten mit entsprechenden DMI-Treibern installiert sind. Zusätzlich sollten Sie ein neues Applikationsobjekt in der NDS aus PUBLIC\ZENWORKS\DMISNAPSHOT (DMISLSNAPPSHOT.AOT) erstellen und dieses auf die Arbeitsstationen verteilen. Weitere Informationen finden Sie auch im Administratorhandbuch zu ZfD 4.

Aktivieren Sie im zweiten Abschnitt *Benutzerdefinierte Absuche aktivieren*, wenn Sie eine eigene Detailkonfiguration zur Erweiterung der Absuche vornehmen möchten.

Benutzerdefinierte Attribute erstellen

Sie können über die Schaltfläche *Editor für benutzerdefinierte Attribute* eigene Attribute für die abzusuchende Hardware angeben. Die Inventarklassen und ihre regulären Attribute für die Arbeitsstationsinventarisierung enthält eine Übersicht über die implementierten Inventarklassen und deren reguläre Attribute (in der Spalte mit den Klassennamen ist in Klammern die Bezeichnung angegeben, wie Sie im Editor angegeben ist). Ist zu einem Attribut ein * angegeben, muss als Attribut die Angabe in Bytes erfolgen. Bei einem + zu einem Attribut ist der enumerierte Wert anzugeben. Eine ausführlichere Beschreibung finden Sie bei Bedarf im *Administration Guide* zu ZfD von Novell bei *Understanding ZfD Inventory Attributes* und *Custom the Inventory Information*.

Name der Inventarklasse	Reguläres Attribut
Zenworks.SystemInfo (Asset)	Description, Caption, Tag, Model, SerialNumber, SystemIdentifier, ManagementTechnology+
CIM.LANEndpoint (MAC Address)	MAC Address
CIM.IPProtocolEndpoint (IP Address)	Address, SubnetMask
CIM.IPXProtocolEndpoint (IPX Address)	Address
Zenworks.ZENPOTSModem (Modem)	Description, Name, ProviderName, DeviceID
Zenworks.ZENNetworkAdapter (Network Adapter)	MaxSpeed*, Name, PermanentAddress, AdapterType, ProviderName, MACAddress
Zenworks.NetworkAdapterDriver (Network Adapter Driver)	Description, Name, Version
Zenworks.NetwareClient (NetWare Client)	Version

Tabelle 12.4: Inventarklassen und ihre regulären Attribute für die Arbeitsstationsinventarisierung

Name der Inventarklasse	Reguläres Attribut
CIM.Processor (Processor)	stepping, DeviceID, Family+, OtherFamilyDescription, MaxClockSpeed, CurrentClockSpeed, Role+, UpgradeMethod+, Description, Name
Zenworks.BIOS (BIOS)	Manufacturer, InstallDate, BIOSIDBytes, Caption, SerialNumber, Version, PrimaryBios+, size*
Zenworks.Bus (Bus)	BusType+, Name, Description, Version, DeviceID
CIM.IRQ (IRQ)	IRQNumber, Availability+, TriggerType+, Shareable+
Zenworks.ZENKeyboard (KeyBoard)	Layout, SubType, Description, NumberOfFunctionKeys, Delay, TypeMaticRate*
Zenworks.VideoAdapter (Display Adapter)	NumberOfColorPlanes, CurrentHorizontalResolution, CurrentVerticalResolution, VideoArchitecture+, VideoMemoryType+, MaxMemorySupported*, CurrentBitsPerPixel, Description, MaxRefreshRate, MinRefreshRate*, DACType, ChipSet, ProviderName
CIM.VideoBIOSElement (Display Driver)	Manufacturer, Version, InstallDate, IsShadowed+
Zenworks.ParallelPort (Parallel Port)	Name, DMASupport+, Address
Zenworks.SerialPort (Serial Port)	Name, Address
Zenworks.ExtendedDisketteDrive (Diskette Drive)	DisketteDeviceID, DisketteManufacture, DisketteDescription, DiskettePhysicalCylinders, DiskettePhysicalHeads, DisketteSectorsPerTrack, DisketteCapacity*
Zenworks.ExtendedCDROMDrive (CDROM)	CDROMDeviceID, CDROMManufacturer, CDROMDescription, CDROMCaption
Zenworks.ExtendedDiskDrive (Physical Disk Drive)	DiskRemovable+, DiskManufacturer, DiskDescription, DiskPhysicalCylinders, DiskPhysicalHeads, DiskSectorsPerTrack, DiskCapacity*
CIM.LocalFileSystem (Logical Disk Drive)	Name, FileSystemType, FileSystemSize*, AvailableSpace*
Zenworks.WinOperatingSystem (Windows Operating System)	OSType+, Version, CodePage, InstallDate, SizeStoredInPagingFiles*, Caption, OtherTypeDescription, TotalVirtualMemorySize*, TotalVisibleMemorySize*, Role+
Zenworks.SoundAdapter (Multimedia Card)	Description, Name, ProviderName
Zenworks.ExtendedCacheMemory (Cache Memory)	CacheMemoryLevel+, CacheMemoryWritePolicy+, CacheMemoryErrorMethodology, CacheMemoryCacheType+, CacheMemoryLineSize*, CacheMemoryReplacementPolicy+, CacheMemoryReadPolicy+, CacheMemoryAssociativity+, CacheMemorySpeed*, CacheMemoryCapacity*
Zenworks.MotherBoard (Mother Board)	Version, Description, NumberOfSlots, Manufacturer

Tabelle 12.4: Inventarklassen und ihre regulären Attribute für die Arbeitsstationsinventarisierung (Forts.)

Name der Inventarklasse	Reguläres Attribut
CIM.Battery (Battery)	Name, Chemistry+, DesignCapacity, DesignVoltage, SmartBatteryVersion
CIM.PowerSupply (Power Supply)	Description, TotalOutputPower
CIM.DMA (DMA)	DMAChannel, Description, Availability+, BurstMode+
CIM.UnitaryComputerSystem (Computer System Information)	Name, PrimaryOwnerContactID, PrimaryOwner-Name
CIM.PointingDevice (Pointing Device)	PointingType+, Name, NumberOfButtons
Zenworks.PointingDeviceDevice-Driver (Pointing Device Driver)	Name, Version
Zenworks.ExtendedSlot (Slot)	SlotDescription, SlotMaxDataWidth, SlotThermalRating

Tabelle 12.4: Inventarklassen und ihre regulären Attribute für die Arbeitsstationsinventarisierung (Forts.)

Beispiel für den Namen:

```
Zenworks.Systeminfo.Description
```

Bitte beachten Sie, dass im Fenster *Editor für benutzerdefinierte Attribute* als Klasse keine vollständig qualifizierten Klassennamen zur Auswahl angegeben sind. Beispiel:

- Klicken Sie im Listenfenster rechts auf HINZUFÜGEN
- Wählen Sie als Klasse *Processor* aus
- Geben Sie im Feld Attributname *Rate* ein
- Klicken Sie auf HINZUFÜGEN
- Klicken Sie auf OK, um das neue Attribut zu speichern

In der Übersicht werden Ihre eigenen Klassen/Attributdefinitionen angezeigt, die Sie hier mithilfe einer Reihe von Schaltflächen bearbeiten können:

- ENTFERNEN (einen vorher markierten Eintrag in der Liste löschen)
- BEARBEITEN (einen vorher markierten Eintrag in der Liste ändern)
- EXPORTIEREN (eine Liste in eine .CSV-Datei exportieren)
- IMPORTIEREN (eine .CSV-Datei importieren)

CUSTOM.INI für Werte zu benutzerdefinierten Attributen

Ihren benutzerdefinierten Attributen müssen jetzt noch Werte hinzugefügt werden. Dazu müssen Sie eine Datei mit dem Namen CUSTOM.INI auf den Arbeitsstationen im Verzeichnis C:\ZENWORKS speichern.

Sie können eine ausführbare Datei bei Bedarf auch selbst entwickeln, um die Datei CUSTOM.INI auf den Arbeitsstationen anzulegen. Das hat den Vorteil, dass Sie bei Bedarf sehr flexibel mit individuellen Einstellungen in der Datei arbeiten können.

Ist die Datei auf den Arbeitsstationen vorhanden, wird sie automatisch bei der Absuche berücksichtigt (im gleichen Verzeichnis finden Sie auch die Protokolldatei ZENERRORS.LOG mit Informationen und Fehlern zur letzten Absuche).

```
[START_CIM_OBJECT]
Class = <klassenname>
RegularAttrs = <regulärer attributname1, ...>
RegularVals = <regulärer attributwert1, ...>
Action = <A=hinzufügen, D=entfernen>
<benutzerdefiniertes attribut> = <benutzerdefinierter wert>
...
[END_CIM_OBJECT]
```

Listing 12.1: Format der Datei CUSTOM.INI

Im Format der Datei CUSTOM.INI wird das Format der Datei kurz beschrieben. Ein Beispiel finden Sie im Beispiel zur Datei CUSTOM.INI. Eine Übersicht der Klassennamen finden Sie in Inventarklassen und ihre regulären Attribute für die Arbeitsstationsinventarisierung. Eine umfangreiche Tabelle mit den Attributen und einer Beschreibung der dazugehörigen Werte finden Sie im *Administration Guide* von Novell im Abschnitt *Viewing the Workstation Inventory of an Inventoried Workstation.*

Bei *RegularAttrs* und *RegularVals* geben Sie alle regulären Attribute zu der angegebenen Klasse aus der Inventarklassen und ihre regulären Attribute für die Arbeitsstationsinventarisierung an. Die ersten drei Zeilen eines Abschnitts definieren eine Abfrage (Query).

Bei *Action* müssen Sie entweder *A* angeben, um die benutzerdefinierten Attribute hinzuzufügen oder *D*, um diese zu entfernen. Zusätzlich können Sie Kommentar hinzufügen, dem Sie ein Semikolon voranstellen. Anfang und Ende einer Klasse in CUSTOM.INI werden durch [START_CIM_OBJECT] und [END_CIM_OBJECT] definiert. Für mehrere Klassen können Sie derartige Abschnitte mehrfach in der Datei verwenden.

Beachten Sie folgende Regeln bei der Erstellung von CUSTOM.INI:

- Geben Sie keinen Klassennamen an, werden die benutzerdefinierten Attribute mit ihren Werten der Klasse *CIM.UnitaryComputerSystem* hinzugefügt. Dabei handelt es sich um *Computer System Information*, die im Arbeitsstationsinventar unter *Allgemein* bei *System-ID* angezeigt wird.
- Ist kein reguläres Attribut spezifiziert, werden die benutzerdefinierten Attribute und ihre Werte der Klasse nur hinzugefügt, wenn nur eine Instanz der Klasse

vorhanden ist. Gibt es mehrere Instanzen, muss zumindest ein reguläres Attribut mit seinem Wert zur Spezifikation angegeben werden.

- Geben Sie *Action* nicht an, dies wird automatisch hinzugefügt.
- Benutzen Sie nur alphanumerische Zeichen in benutzerdefinierten Attributnamen.
- Handelt es sich beim benutzerdefinierten Wert um ein Datum, muss das Format JJJJ-MM-TT (Jahr-Monat-Tag) beachtet werden.
- Kommt in einem Attributwert ein Komma vor, müssen Sie das Zeichen \ (Rückwärtsschrägstrich bzw. Backslash) voranstellen.
- Werden für einen regulären Wert mehrere Instanzen zurückgegeben (befinden sich beispielsweise zwei Diskettenlaufwerke in einer Arbeitsstation), wird das benutzerdefinierte Attribut nicht hinzugefügt.

```
[START_CIM_OBJECT]
Class = CIM.LocalFileSystem
RegularAttrs = Name
RegularVals = C:
Action = A
Art = Systemlaufwerk
[END_CIM_OBJECT]
```

Listing 12.2: Beispiel zur Datei CUSTOM.INI

Befindet sich die Datei CUSTOM.INI aus Beispiel zur Datei CUSTOM.INI auf der Arbeitsstation und wurde für *Logical Disk Drive* im *Editor für benutzerdefinierte Attribute* das Attribut *Art* hinzugefügt, erscheint im Arbeitsstationsinventar künftig zu Laufwerk *C:* zusätzlich das benutzerdefinierte Attribut *Art* mit dem Wert *Systemlaufwerk*.

Hier noch ein Beispiel (Beispiel zur Datei CUSTOM.INI zu mehreren Instanzen zu einem regulären Wert), falls zu einem regulären Wert mehrere Instanzen zurückgegeben werden. Dies trifft bei Diskettenlaufwerken zu, wenn Sie als reguläres Attribut *DisketteCapacity* verwenden und zwei Laufwerke eingebaut sind.

```
[START_CIM_OBJECT]
Class = Zenworks.ExtendedDisketteDrive
RegularAttrs = DisketteDeviceID
RegularVals = A:
Action = A
Hersteller = TEAC
[END_CIM_OBJECT]
[START_CIM_OBJECT]
Class = Zenworks.ExtendedDisketteDrive
RegularAttrs = DisketteDeviceID
```

```
RegularVals = B:
Action = A
Hersteller = TEAC
[END_CIM_OBJECT]
```

Listing 12.3: Beispiel zur Datei CUSTOM.INI zu mehreren Instanzen zu einem regulären Wert

Zum Abschluss noch einige Beispiele für das bessere Verständnis. Beachten Sie, dass für die Funktionsfähigkeit zusätzlich die benutzerdefinierten Attribute in der Arbeitsstations-Richtlinie mit dem *Editor für benutzerdefinierte Attribute* eingetragen werden müssen.

Beispiel 1:

```
[START_CIM_OBJECT]
Action = A
Inventarnummer = 1234567890-01
[END_CIM_OBJECT]
```

Listing 12.4: Beispiel zu CUSTOM.INI zu Computer System Information (System-ID)

Im Inventar wird unter *Allgemein* bei *System-ID* für die Arbeitsstation das Attribut *Inventarnummer* mit dem Wert *1234567890-01* eingetragen. Diese Anwendung ist selbstverständlich nur sinnvoll, wenn Sie für jede Arbeitsstation individuelle Einträge unter C:\ZENWORKS\CUSTOM.INI erstellen.

Beispiel 2:

```
[START_CIM_OBJECT]
Class = CIM.LocalFileSystem
RegularAttrs = Name
RegularVals = C:
Action = A
Art = Systemlaufwerk
[END_CIM_OBJECT]
```

Listing 12.5: Beispiel zu CUSTOM.INI für das logische Laufwerk C:

Für das logische Laufwerk C: wird zusätzlich im Inventar das Attribut *Art* mit dem Wert *Systemlaufwerk* eingetragen.

Beispiel 3:

```
[START_CIM_OBJECT]
Class = CIM.Processor
RegularAttrs = CurrentClockSpeed
RegularVals = 807
Action = A
```

```
Rate = Duron 800 MHz
[END_CIM_OBJECT]
[START_CIM_OBJECT]
Class = CIM.Processor
RegularAttrs = CurrentClockSpeed
RegularVals = 400
Action = A
Rate = Pentium II 400 MHz
[END_CIM_OBJECT]
```

Listing 12.6: Beispiel zu CUSTOM.INI

Befindet sich in der Arbeitsstation ein Prozessor mit 807 MHz wird zusätzlich das Attribut *Rate* mit dem Wert *Duron 800 MHz* eingetragen. Handelt es sich um einen Prozessor mit 400 MHz, wird der Wert *Pentium II 400 MHz* eingetragen.

12.4.3 Softwaresuche (Konfiguration der Software-Absuche auf Arbeitsstationen)

Soll auch eine Software-Absuche auf den Arbeitsstationen erfolgen, aktivieren Sie das Kontrollfeld zu *Software-Absuche aktivieren.*

Bitte beachten Sie, dass auch sämtliche Einstellungen zur Softwaresuche im eDirectory gespeichert werden.

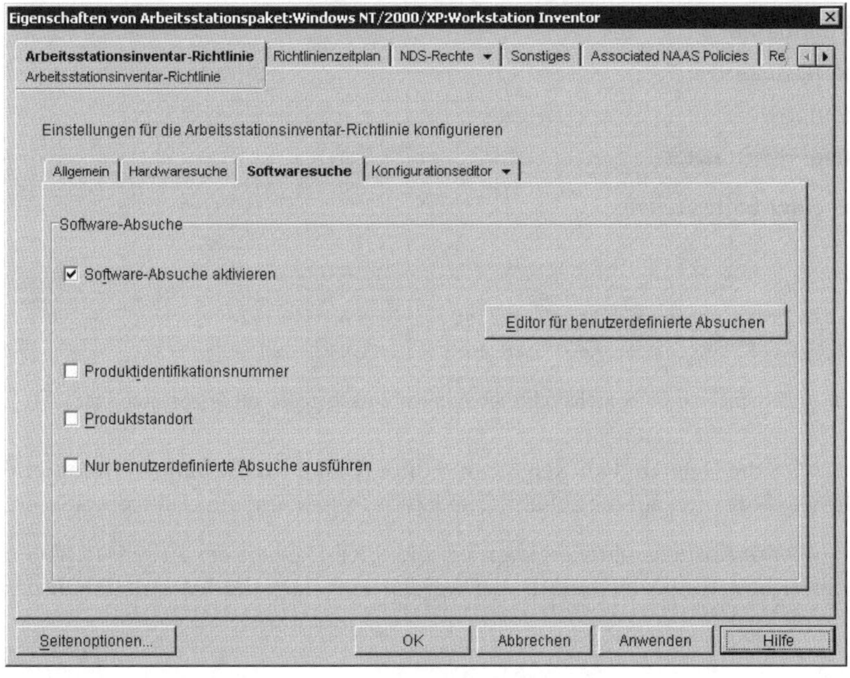

Abb. 12.14: Konfiguration der Software-Absuche auf Arbeitsstationen

Es werden auf den Arbeitsstationen alle Dateien gesammelt, deren Namenserweiterung .EXE ist. Sind Applikationen mithilfe des Windows Installers installiert worden, werden von diesem die Informationen übernommen – im anderen Fall werden die Header der Programme ausgewertet.

Haben Sie die Absuche aktiviert, klicken Sie auf EDITOR FÜR BENUTZERDEFINIERTE ABSUCHEN (EDITOR FÜR DIE BENUTZERDEFINIERTE ABSUCHE VON SOFTWARE). Geben Sie über HINZUFÜGEN all die Programme an, die bei der Absuche berücksichtigt werden sollen. Klicken Sie zum Abschluss auf OK, werden alle eingegebenen Daten im eDirectory gespeichert.

Damit besteht die Möglichkeit, eine benutzerdefinierte Liste der zu suchenden Software auf den Arbeitsstationen zu erstellen (am Anfang ist diese Liste leer). Setzen Sie mehr als einen Inventar-Server ein, empfiehlt es sich jedoch, die Daten in einer kommaseparierten Liste zu erfassen und diese dann im Fenster zu importieren. Alternativ können die Daten auch mithilfe des Editors hier erfasst und am Ende für andere Richtlinienpakete exportiert werden.

Format für den Import einer Softwareliste

In der ersten Zeile der Daten müssen die Anzahl der Applikationseinträge sowie die Spaltenanzahl, getrennt durch ein Semikolon, in der Datei angegeben werden. In jeder weiteren Zeile geben Sie eine Applikation mit folgenden Informationen an (jeder Eintrag wiederum durch ein Semikolon getrennt):

- Herstellername
- Produktname
- Produktversion
- Dateiname
- Dateigröße in Bytes

Beispiel einer Softwareliste:

```
2;5
Microsoft Corporation;Editor;5.0.2140.1;NOTEPAD.EXE;51472
Novell;Novell ConsoleOne Application;1.3.3;CONSOLEONE.EXE;57344
```

Listing 12.7: Beispiel zur Softwareliste für die Applikationsabsuche auf Arbeitsstationen

Speichern Sie die Datei und klicken Sie im Editor (Editor für die benutzerdefinierte Absuche von Software) auf die Schaltfläche IMPORTIEREN, um die Daten einzulesen.

Ist die Software-Absuche aktiviert, werden alle .EXE-Dateien der Arbeitsstationen protokolliert bzw. aufgezeichnet. Dabei werden entweder die Informationen des

Microsoft Windows Installers benutzt oder, wenn diese nicht vorliegen, die Header der .EXE-Dateien ausgewertet.

Abb. 12.15: Editor für die benutzerdefinierte Absuche von Software

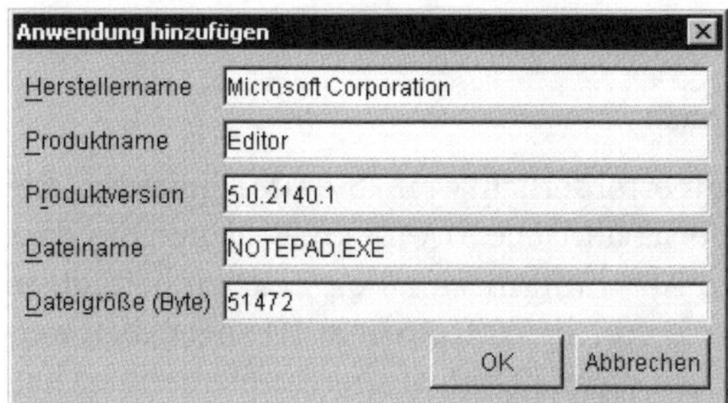

Abb. 12.16: Eingabe zu einem Programm für die benutzerdefinierte Absuche (Beispiel)

Zusätzlich stehen drei weitere Optionen zur Softwaresuche zur Verfügung. Aktivieren Sie *Produktidentifikationsnummer*, werden diese zusätzlich bei der Absuche berücksichtigt. Aktivieren Sie *Produktstandort*, wird der vollständige Pfad der ausführbaren Dateien auf den Arbeitsstationen mit eingeschlossen. Wollen Sie lediglich die für die benutzerdefinierte Absuche konfigurierten Programme berücksichtigen, aktivieren Sie das Kontrollfeld zu *Nur benutzerdefinierte Absuche ausführen*.

12.4.4 Konfigurationseditor (Konfigurationseditor für die Konfigurationsdateien zur Absuche)

Auf dieser Registerkarte mit seinen vier Seiten besteht die Möglichkeit, die Einstellungen des Konfigurationseditors für die Inventar-Absuche zu ändern.

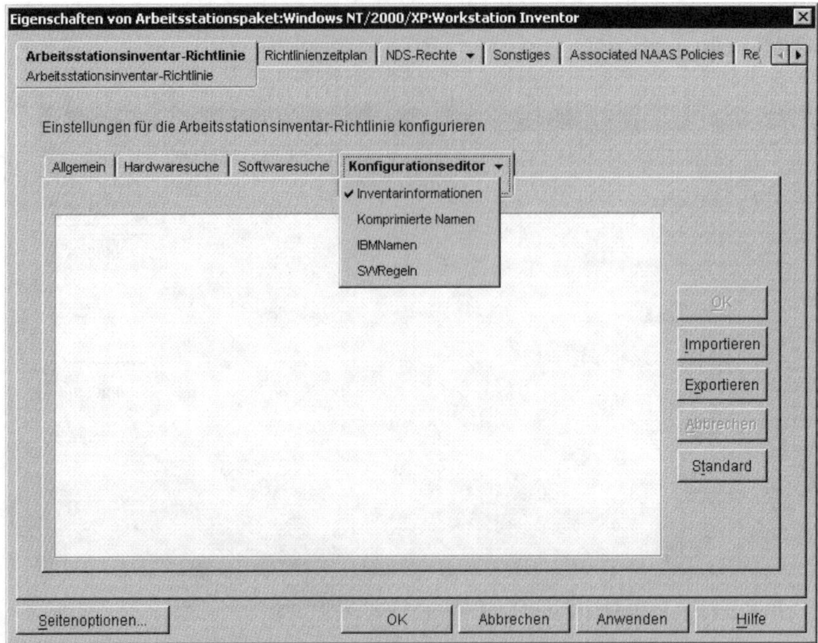

Abb. 12.17: Konfigurationseditor für die Konfigurationsdateien zur Absuche

Konfigurationseditor/Inventarinformationen

Diese Liste bzw. Informationen sind nur erforderlich, wenn Sie DMI einsetzen. Bei Bedarf klicken Sie hier als Erstes auf die Schaltfläche STANDARD. Beachten Sie, dass die Länge der Informationen in jedem Abschnitt maximal 64 Zeichen beträgt. In jedem Abschnitt müssen die DMI-Klasse und die DMI-Attribut-ID angegeben werden. Gibt es mehr als einen Hersteller, der eigene DMI-Klassen implementiert hat, müssen diese aufwärts nummeriert werden. Syntax-Beispiel:

```
[ASSETTAG]
DMI1_CLASSNAME=DMI_class_pathname_for_asset_tag
DMI1_ATTRIBUTEID=DMI_attribute_ID_for_asset_tag
DMI2_CLASSNAME=DMI_class_pathname_for_asset_tag
DMI2_ATTRIBUTEID=DMI_attribute_ID_for_asset_tag
DMI3_CLASSNAME=DMI_class_pathname_for_asset_tag
DMI3_ATTRIBUTEID=DMI_attribute_ID_for_asset_tag
```

Listing 12.8: Syntax zur Verwendung mehrer DMI-Klassen

Es müssen fünf Abschnitte angegeben werden:

- Asset Tag
- Seriennummer
- Computermodell

- Computertyp
- Computermodell-Nummer

Klicken Sie zum Speichern Ihrer Eingaben im eDirectory auf OK rechts neben der Liste.

Konfigurationseditor/Komprimierte Namen

Werden bei der Absuche von Hardwareinformationen auf Arbeitsstationen Geräte zur Datensicherung oder Wechsellaufwerke gefunden (insbesondere JAZ-, ZIP- und Diskettenlaufwerke), ist die Herstellerinformation nicht verfügbar. Diese Information kann hier mit einer Liste ergänzt werden. Klicken Sie bei Bedarf als Erstes auf STANDARD. Dadurch erhalten Sie folgende Einträge als Vorgabe:

```
[Identifier]
iomega ZIP 100=Iomega 100MB Backup Device
iomega jaz 1GB=Iomega 1GB Backup Device
IOMEGA  ZIP 100         D.13=Iomega Corporation
IOMEGA  ZIP 1GB         D.13=Iomega Corporation
```

Listing 12.9: Komprimierte Namen im Konfigurationseditor zur Arbeitsstationsabsuche

Bei dem Eintrag vor dem = handelt es sich um die Geräte-ID, wie Sie auf der Arbeitsstation in der Registry vorliegt. Nach dem = geben Sie den Anzeigenamen an, wie er im Inventar erscheinen soll.

IBMNamen

Die Absuchesoftware WINSCAN.EXE unter Windows 98 benutzt diese Daten, um Informationen über IBM-Arbeitsstationen zu erhalten. Besitzen Sie ein Modell, dessen Typ noch nicht in der Liste aufgeführt ist, müssen Sie es selbst hinzufügen.

Benötigen Sie die Liste, klicken Sie als Erstes auf die Schaltfläche STANDARD, wodurch eine umfangreiche Typenliste eingetragen wird. Überprüfen Sie, ob Sie Modelle einsetzen, die sich nicht in der Liste befinden und tragen Sie diese ggf. nach. Selbstverständlich können Sie auch nicht benötigte Einträge entfernen. In der Standardliste befinden sich sehr viele Einträge mit Jokerzeichen an den letzten drei Stellen (z.B. *6887-???*). Das bedeutet, dass alle Modelle eines bestimmten Typs erkannt werden.

SWRegeln

Damit die Berichte nicht unübersichtlich werden, da Hersteller- und Produktbezeichnungen teilweise unterschiedliche Schreibweisen in den verschiedenen Programmen des gleichen Herstellers haben, gibt es eine Übersetzungsliste.

Klicken Sie auf der rechten Seite auf STANDARD, wird eine Standardliste angezeigt, die Sie nach eigenen Bedürfnissen ändern und/oder erweitern können. Es gibt zwei Abschnitte, einen für die verschiedenen vorkommenden Schreibweisen von Herstellernamen und einen zweiten für die Produktbezeichnungen. Format:

```
[VENDOR]
originalname=anzeigename
[PRODUCT]
originalname=anzeigename
```

Listing 12.10: Format für SWRegeln

Beispiel:

```
[vendor]
Novell Inc.=Novell
NOVELL INC.=Novell
NOVELL CORP.=Novell
NOVELL Inc.=Novell
Novell, Inc.=Novell
Novell ® Inc.=Novell
Novell Inc=Novell
Novell Corporation=Novell
Novell Corp=Novell
Novell Inc.=Novell
[product]
Microsoft (R) Windows (TM) Operating System=Microsoft Windows
Microsoft ® Windows=Microsoft Windows
Microsoft (R) Windows NT (R) Operating System=Microsoft Windows
```

Listing 12.11: Beispiel für SWRegeln zur Arbeitsstationsinventar-Richtlinie

Wollen Sie, dass ein Hersteller oder Produkt nicht in den Berichten erscheinen soll, geben Sie nach dem = NULL an.

Achtung

Verwenden Sie eine Datei zum Import, achten Sie darauf, dass sich keine Leerzeilen in ihr befinden. Zusätzlich ist es unbedingt erforderlich, dass die letzte Zeile mit einer Zeilenschaltung abgeschlossen wird. Geben Sie keine unnötigen Leerzeichen ein, da die Liste sonst nicht wunschgemäß funktioniert.

12.4.5 Richtlinienzeitplan

Zum Abschluss sollten Sie nicht vergessen, den Richtlinienzeitplan auf der zweiten Registerkarte der Richtlinien zu prüfen und ggf. zu ändern. Standardeinstellung ist *Paketplan* , der den *Systemstart* als Ereignis für die Absuche definiert. Ggf. ist hier eine Änderung sinnvoll, wenn Sie sehr viele Arbeitsstationen besitzen.

Hinweis

Rufen Sie nach der Konfiguration der Richtlinie unbedingt die Eigenschaften des Inventarserviceobjekts auf (*<servername>_ZenInvService*). Auf der Registerkarte *Inventarserviceobjekt* (Seite *Eigenschaften des Inventarserviceobjekts*) aktivieren Sie das Kontrollfeld zu *Absuche der Computer aktivieren*, soweit dies noch nicht geschehen ist.

12.5 Die Clients »aktivieren«

Damit die Inventarisierung funktioniert, müssen die hier folgenden Schritte durchgeführt worden sein.

- Der Novell Client oder der ZfD-Verwaltungsagent mit der Inventarisierungskomponeten müssen auf den Arbeitsstationen installiert sein.
- Die Arbeitsstation muss importiert worden sein (funktioniert die Inventarisierung nicht, kann in sehr seltenen Fällen auch das Arbeitsstations-Objekt defekt sein – löschen und neu anlegen).
- Das Arbeitsstations-Richtlinienpaket muss erstellt und zugewiesen sein (Arbeitsstation, Arbeitsstationsgruppe oder Container).
- Die Arbeitsstations-Inventarrichtlinie muss aktiviert sein.
- Die Richtlinie muss bereits mindestens einmal auf der Arbeitsstation ausgeführt worden sein.
- Achten Sie auf Zugriffsrechte für die Arbeitsstations-Objekte auf den Server.
- Für das Sammeln der Inventurdaten wird das Protokoll TCP/IP benötigt.
- Für Berichte wird der ODBC-Treiber benötigt.

Funktioniert es nach Überprüfung vorstehender Punkte noch nicht, beachten Sie noch Folgendes:

- Ist die Inventarrichtlinie korrekt zugewiesen (am besten über die Seite *Wirksame Richtlinien* des Arbeitsstations-Objekts)?
- Ist der Dienst *Novell Arbeitsstations-Manager* korrekt konfiguriert? Dieser findet sich bei Windows NT 4.0 auf der Registerkarte Dienste der Netzwerkeigenschaften. Bei Windows 2000/XP müssen Sie die Eigenschaften der Netzwerkverbindung aufrufen.

Wenn nichts zu finden ist, führen Sie eine erneute Importierung der Arbeitsstation durch.

Funktioniert der Zugriff auf die Datenbank nicht, überprüfen Sie auch die Netzwerkverbindung zum Server mithilfe von PING.EXE.

12.5.1 Scan-Protokoll für Arbeitsstationen

Ein derartiges Protokoll (Arbeitsstationsabsuche) können Sie nach Auswahl eines Containers mit Arbeitsstationen in der ConsoleOne erstellen. Ist die zugehörige Datenbank noch nicht konfiguriert, müssen Sie vorher im Menü *Werkzeuge* noch *ZENworks-Inventar\Datenbank konfigurieren* ausführen.

Rufen Sie den Befehl *ZENworks-Inventar\Protokoll zur Arbeitsstationsabsuche* im Menü *Werkzeuge* auf. Im ersten Fenster werden Sie nach den Statusebenen befragt. Geben Sie an, ob Sie *Fehler* und/oder *Warnmeldung* und/oder *Informationen* als Ergebnis erhalten wollen.

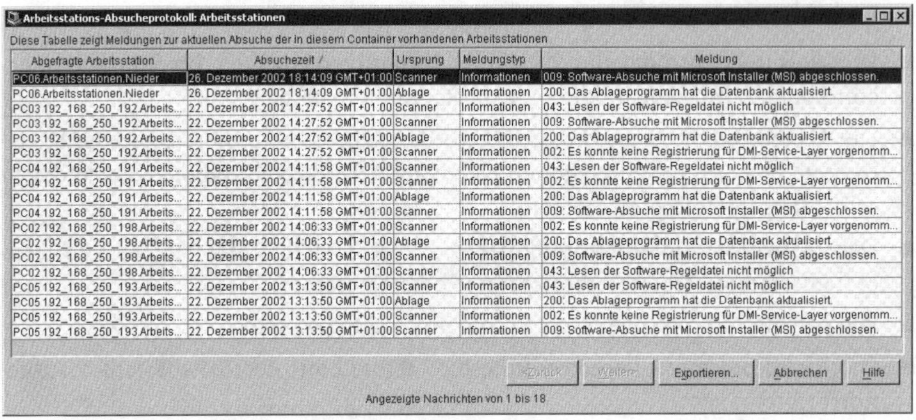

Arbeitsstations-Absucheprotokoll: Arbeitsstationen

Diese Tabelle zeigt Meldungen zur aktuellen Absuche der in diesem Container vorhandenen Arbeitsstationen

Abgefragte Arbeitsstation	Absuchezeit /	Ursprung	Meldungstyp	Meldung
PC06.Arbeitsstationen.Nieder	26. Dezember 2002 18:14:09 GMT+01:00	Scanner	Informationen	009: Software-Absuche mit Microsoft Installer (MSI) abgeschlossen.
PC06.Arbeitsstationen.Nieder	26. Dezember 2002 18:14:09 GMT+01:00	Ablage	Informationen	200: Das Ablageprogramm hat die Datenbank aktualisiert.
PC03 192_168_250_192.Arbeits...	22. Dezember 2002 14:27:52 GMT+01:00	Scanner	Informationen	043: Lesen der Software-Regeldatei nicht möglich
PC03 192_168_250_192.Arbeits...	22. Dezember 2002 14:27:52 GMT+01:00	Scanner	Informationen	009: Software-Absuche mit Microsoft Installer (MSI) abgeschlossen.
PC03 192_168_250_192.Arbeits...	22. Dezember 2002 14:27:52 GMT+01:00	Ablage	Informationen	200: Das Ablageprogramm hat die Datenbank aktualisiert.
PC03 192_168_250_192.Arbeits...	22. Dezember 2002 14:27:52 GMT+01:00	Scanner	Informationen	002: Es konnte keine Registrierung für DMI-Service-Layer vorgenomm...
PC04 192_168_250_191.Arbeits...	22. Dezember 2002 14:11:58 GMT+01:00	Scanner	Informationen	043: Lesen der Software-Regeldatei nicht möglich
PC04 192_168_250_191.Arbeits...	22. Dezember 2002 14:11:58 GMT+01:00	Scanner	Informationen	002: Es konnte keine Registrierung für DMI-Service-Layer vorgenomm...
PC04 192_168_250_191.Arbeits...	22. Dezember 2002 14:11:58 GMT+01:00	Ablage	Informationen	200: Das Ablageprogramm hat die Datenbank aktualisiert.
PC04 192_168_250_191.Arbeits...	22. Dezember 2002 14:11:58 GMT+01:00	Scanner	Informationen	009: Software-Absuche mit Microsoft Installer (MSI) abgeschlossen.
PC02 192_168_250_198.Arbeits...	22. Dezember 2002 14:06:33 GMT+01:00	Scanner	Informationen	002: Es konnte keine Registrierung für DMI-Service-Layer vorgenomm...
PC02 192_168_250_198.Arbeits...	22. Dezember 2002 14:06:33 GMT+01:00	Ablage	Informationen	200: Das Ablageprogramm hat die Datenbank aktualisiert.
PC02 192_168_250_198.Arbeits...	22. Dezember 2002 14:06:33 GMT+01:00	Scanner	Informationen	009: Software-Absuche mit Microsoft Installer (MSI) abgeschlossen.
PC02 192_168_250_198.Arbeits...	22. Dezember 2002 14:06:33 GMT+01:00	Scanner	Informationen	043: Lesen der Software-Regeldatei nicht möglich
PC05 192_168_250_193.Arbeits...	22. Dezember 2002 13:13:50 GMT+01:00	Scanner	Informationen	043: Lesen der Software-Regeldatei nicht möglich
PC05 192_168_250_193.Arbeits...	22. Dezember 2002 13:13:50 GMT+01:00	Ablage	Informationen	200: Das Ablageprogramm hat die Datenbank aktualisiert.
PC05 192_168_250_193.Arbeits...	22. Dezember 2002 13:13:50 GMT+01:00	Scanner	Informationen	002: Es konnte keine Registrierung für DMI-Service-Layer vorgenomm...
PC05 192_168_250_193.Arbeits...	22. Dezember 2002 13:13:50 GMT+01:00	Scanner	Informationen	009: Software-Absuche mit Microsoft Installer (MSI) abgeschlossen.

<Zurück | Weiter> | Exportieren... | Abbrechen | Hilfe

Angezeigte Nachrichten von 1 bis 18

Abb. 12.18: Protokoll zur Arbeitsstationsabsuche

Das Ergebnis kann bei Bedarf in eine .CSV-Datei exportiert werden (klicken Sie dazu im Dialogfenster auf EXPORTIEREN). Da insbesondere die Meldungstexte oft nur schwer lesbar sind, können Sie auf jeden beliebigen Eintrag einen Doppelklick ausführen, wodurch eine einzelne Zeile komplett und ausführlich in einem eigenen Hinweisfeld angezeigt wird.

Auf den Arbeitsstationen findet sich im Verzeichnis ZENWORKS ebenfalls eine Protokolldatei mit dem Namen ZENERRORS.LOG zur letzten Absuche. In dieser Datei werden Aktualisierungs- und Fehlerinformationen gespeichert.

Es steht noch ein weiteres Protokoll zur Verfügung. Der Arbeitsstations-Absuchestatus enthält eine Liste der Arbeitsstationen eines Containers und bei Bedarf aller Untercontainer mit der Information zum Status jeder Station im eDirectory und in der Datenbank. Einer wichtigen Information, um festzustellen, wie die Daten zu Arbeitsstationen innerhalb eines bestimmten Zeitraums abgesucht und gespeichert wurden.

- Setzen Sie den Fokus auf einen Container mit Arbeitsstationen (alternativ einen Container höherer Ebene, da Untercontainer berücksichtigt werden können).

- Im Menü *Werkzeuge* rufen Sie unter *ZENworks-Inventar* den Eintrag *Arbeitsstations-Absuchestatus* auf.
- Es wird ein Dialogfenster angezeigt, in dem Sie ein Datum und die Uhrzeit auswählen müssen (Schaltfläche UHRZEIT – AUSWAHL VON DATUM UND UHRZEIT ZUM ARBEITSSTATIONSABSUCHESTATUS), mit dem Sie angeben, ob beispielsweise seit gestern um 8 Uhr neue Daten gespeichert wurden.

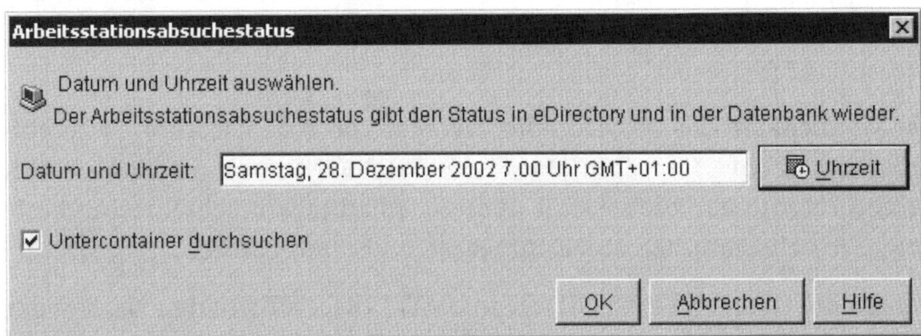

Abb. 12.19: Auswahl von Datum und Uhrzeit zum Arbeitsstationsabsuchestatus

- Nach OK wird das Ergebnis am Bildschirm in einer Tabelle angezeigt (Arbeitsstationsabsuchestatus). Werden mehr als 50 Arbeitsstationen gefunden, können Sie in der Anzeige vorwärts und rückwärts blättern (WEITER und ZURÜCK).

Ergebnis der Suche nach AbsuchestatusSat Dec 28 07:00:35 GMT+01:00 2002

Arbeitsstations-DN	Status in Novell eDirectory	Status in Datenbank
INTERN/PC02 192_168_250_198.Arbeitsstationen.Nieder	Nicht abgefragt	Nicht gespeichert
INTERN/PC03 192_168_250_192.Arbeitsstationen.Nieder	Abgefragt	Gespeichert
INTERN/PC04 192_168_250_191.Arbeitsstationen.Nieder	Nicht abgefragt	Nicht gespeichert
INTERN/PC05 192_168_250_193.Arbeitsstationen.Nieder	Nicht abgefragt	Nicht gespeichert
INTERN/PC06.Arbeitsstationen.Nieder	Abgefragt	Gespeichert

<< Zurück | Weiter >> | Abbrechen | Hilfe

Abb. 12.20: Arbeitsstationsabsuchestatus

Sie können in der Liste erkennen, ob seit dem angegebenen Datum bzw. der Uhrzeit eine Abfrage der aktuellen Inventardaten stattgefunden hat und ob Daten in der Datenbank gespeichert wurden.

12.6 Arbeitsstationen aus der Datenbank entfernen (Synchronisation)

Es kommt vor, dass die Einträge für eine Arbeitsstation im eDirectory und in der Datenbank nicht synchron sind. Folgende Ursachen können vorliegen:

- Wenn Sie den Inventar-Service-Manager beenden, ein Arbeitsstations-Objekt im eDirectory entfernen und später den Inventar-Service-Manager wieder starten.

- Wenn Sie eine ältere Version der Inventar-Datenbank starten, die Arbeitsstationen enthält, die bereits aus dem eDirectory entfernt wurden.

Eine Liste der DN von Arbeitsstations-Objekten, die in der Datenbank gespeichert sind, kann mithilfe der ConsoleOne exportiert werden. Dazu muss ein Datenexport durchgeführt werden. Rufen Sie im Menü *Werkzeuge* unter *ZENworks-Inventar* den *Datenexport* auf (Kapitel Datenexport). Mithilfe dieses Assistenten können Sie eine passende Datei erstellen, die anschließend mit einem Editor bearbeitet werden kann. Löschen Sie alle Einträge von Arbeitsstationen, die noch benötigt werden, aus der Datei.

Es besteht die Möglichkeit, das gesammelte Inventar von Arbeitsstationen zu entfernen. Dafür steht der Inventory Removal Service zur Verfügung. Es handelt sich hierbei um einen manuellen Dienst, mit dem Sie nicht gewünschte, redundante und überflüssige Arbeitsstationen aus Datenbanken löschen können.

Erstellen Sie dazu die Datei INVENTORYREMOVALLIST.TXT mit den Namen der Arbeitsstationen, die aus der Datenbank entfernt werden sollen. Die Datei muss im Verzeichnis \ZENWORKS\INV\SERVER\WMINV\PROPERTIES gespeichert werden (unter Windows NT/2000 bei C:\). In diesem Pfad finden Sie bereits eine Musterdatei von Novell. Sie können auch einen anderen Pfad verwenden. Es ist unbedingt erforderlich, die Pfadangabe in der Datei INVENTORYREMOVAL.PROPERTIES zu prüfen und bei Bedarf anzupassen.

In der Datei müssen Sie für jede zu entfernende Arbeitsstation eine eigene Zeile erstellen. Sie können für die Angabe der Arbeitsstation entweder deren DN verwenden oder die Bezeichnung, mit der diese in der Inventar-Datenbank gespeichert ist. Beispiel:

```
CN=PC06.OU=Arbeitsstationen.O=Nieder.T=INTERN
CN=TEST.OU=Arbeitsstationen.O=Nieder.T=INTERN
```

Listing 12.12: Beispiel zur Datei INVENTORYREMOVALLIST.TXT

Zur Ausführung geben Sie in der Konsole bzw. an einer Eingabeaufforderung, falls es sich um einen Windows NT/2000-Server handelt, folgenden Befehl ein:

```
StartSer RemoveInventory
```

12.7 Datensicherung und Wiederherstellung (Sybase)

Ab ZfD 4.0 kann die Datensicherung direkt mithilfe der ConsoleOne erfolgen. Aus Gründen der Sicherheit ist es empfehlenswert, eine regelmäßige Datensicherung durchzuführen, damit im Falle eines Ausfalls eine schnelle Wiederherstellung möglich ist.

12.7.1 Datensicherung

- Rufen Sie im Untermenü *ZENworks-Inventar* des Menüs *Werkzeuge* (*Tools*) den Befehl *Datenbanksicherung* auf. Alternativ kann der Aufruf auch über das Kontextmenü des Datenbank-Objekts im eDirectory erfolgen.

Abb. 12.21: Zielverzeichnis für die Datenbanksicherung

- Wählen Sie das Verzeichnis aus, in dem Sie die Daten sichern wollen (Zielverzeichnis für die Datenbanksicherung). Geben Sie lediglich den Namen eines Verzeichnisses ein, wird dieses im Falle eines NetWare-Servers auf dem Volume SYS: erstellt und die Sicherung dorthin kopiert. Bei Windows NT/2000 wird \WINNT\SYSTEM32 verwendet. Beachten Sie, dass im Falle der Angabe eines noch nicht vorhandenen Verzeichnisses nur eine Ebene erstellt werden kann.

Achtung

Beachten Sie, dass im Zielverzeichnis alle eventuell existierenden Dateien automatisch und ohne Rückfrage überschrieben werden.

Während der Datensicherung wird automatisch die Protokolldatei CONSOLEONE\1.2\BIN\BACKUPST.TXT erstellt. Jede einzelne Datensicherung vergrößert die Datei. Von Zeit zu Zeit erscheint es durchaus ratsam, die älteren Einträge aus der Datei zu löschen.

12.7.2 Wiederherstellung

Die Rücksicherung kann nicht mithilfe der ConsoleOne durchgeführt werden. Zur eventuell notwendigen Rücksicherung einer Datenbank gehen Sie wie folgt vor:

- Rufen Sie an der Konsole des NetWare-Servers, auf dem die Datenbank ausgeführt wird, den Befehl STOPSER STORER auf.
- Beenden Sie die Sybase-Datenbank mit *q*. Handelt es sich um einen Server mit Windows NT/2000, beenden Sie den Dienst *Novell Database – Sybase*.
- Kopieren Sie die Datenbankdateien manuell zurück.
- Führen Sie einen Neustart des Datenbankservers durch.

12.8 Datensicherung und Wiederherstellung (Oracle)

Aus Gründen der Sicherheit ist es empfehlenswert, eine regelmäßige Datensicherung durchzuführen, damit im Falle eines Ausfalls eine schnelle Wiederherstellung möglich ist.

Im Gegensatz zu Sybase kann in Verbindung mit einer Oracle-Datenbank die Datensicherung nicht mithilfe der ConsoleOne durchgeführt werden.

12.8.1 Datensicherung

- Geben Sie an der Server-Konsole `StopSer Storer` ein, falls der Datenbank-Server ausgeführt wird.
- Rufen Sie den Oracle Server-Manager auf (bei NetWare mit `svrmgr31` und bei Windows mit `svrmgrl`).
- Geben Sie folgenden Befehl ein:

  ```
  set instance <servername>-<datenbankinstanz>-ipc
  ```

  Die Eingabe ist nur erforderlich, falls mehrere Instanzen der Datenbank benutzt werden.
- Verbinden Sie sich als Administrator (`connect <kontoname>/<kennwort>`).
- Mit folgendem Befehl wird eine Liste der Datendateien angezeigt, die von der Arbeitsstations-Inventarisierung verwendet werden:

  ```
  select name from v$datafile;
  ```

- Stellen Sie sicher, dass keine andere Datenbank verbunden ist, und geben Sie folgende Befehle ein:

  ```
  shutdown normal
  disconnect:
  exit;
  ```

- Kopieren Sie am besten den gesamten Pfad \ZENWORKS mit allen Unterverzeichnissen, die auch die Datenbankdateien enthalten, auf ein Datensicherungsmedium.
- Prüfen Sie die Datenbankintegrität bei NetWare mit folgendem Befehl:

  ```
  load DBV81.NLM FILE=<volume>\ZENWORKS\INVENTORY\ORACLE\
  DATABASE\CIM1.ORA BLOCKSIZE=4096
  ```

- Prüfen Sie die Datenbankintegrität bei Windows NT/2000 mit folgendem Befehl:

```
DBV.EXE FILE=<laufwerk>\ZENWORKS\INVENTORY\ORACLE\
DATABASE\CIM1.ORA BLOCKSIZE=4096
```

- Der Befehl muss für die Dateien CIM1.ORG bis CIM11.ORA sowie SYS1.ORG und CTL1.ORA ausgeführt werden.

Überprüfen Sie zum Abschluss, ob keine Fehlermeldungen angezeigt wurden (insbesondere bei den einzelnen Meldungen *TOTAL PAGES...* am Ende ein =0).

- Führen Sie einen Neustart des Datenbankservers durch.

12.8.2 Wiederherstellung

Zur eventuell notwendigen Rücksicherung einer Oracle-Datenbank gehen Sie wie folgt vor:

- Rufen Sie an der Konsole des Servers, auf dem die Datenbank ausgeführt wird, den Befehl STOPSER STORER auf.
- Rufen Sie den Oracle Server-Manager auf (bei NetWare mit `svrmgr31` und bei Windows mit `svrmgrl`).
- Geben Sie folgenden Befehl ein:

```
set instance <servername>-<datenbankinstanz>-ipc
```

  Die Eingabe ist nur erforderlich, falls mehrere Instanzen der Datenbank benutzt werden.

- Verbinden Sie sich als Administrator (`connect <kontoname>/<kennwort>`).
- Stellen Sie sicher, dass keine andere Datenbank verbunden ist und geben Sie folgende Befehle ein:

```
shutdown normal
disconnect:
exit;
```

- Kopieren Sie die gesicherten Dateien an ihren ursprünglichen Platz zurück.
- Führen Sie einen Neustart des Datenbankservers durch.

12.9 Berichtswesen

Bitte beachten Sie auch die Beschreibung zum Berichtswesen zum Applikationsmanagement.

> **Tipp**
>
> Benötigen Sie mithilfe einer nicht englischen Verwaltungskonsole eine Abfrage oder einen Bericht für ein System, das nicht Teil des Standardinventars ist, müssen Sie eine Zusatzsoftware von Novell herunterladen. Beachten Sie dazu die TID 10073604 in der Knowledgebase von Novell zum ZfD 4.0 AddEnum-Hilfsprogramm für die Inventar-Datenbank.

In Verbindung mit einer Oracle-Datenbank muss die lokalisierte Enumerierung in jedem Fall hinzugefügt werden.

- Ändern Sie in der Datei \ZENWORKS\INV\SERVER\WMINV\PROPERTIES\CONNECTION.PROP die Einstellungsdaten nach Oracle ab. Die zu verwendenden Werte finden Sie am Dateianfang als Kommentareinträge.
- Geben Sie an der Server-Konsole `AddEnums <pfad>\connection.prop` ein. Im Falle von Windows ist der Programmpfad am Anfang einzugeben (<zenworks-verzeichnis>\INV\SERVER\WMINV\BIN).
- An der Eingabeaufforderung des Oracle Server-Managers geben Sie die SQL-Befehle für die lokalisierte Ausgabe ein:

```
SVRMGR> connect mw_dba/password
SVRMGR> SELECT * FROM cim.ostype_de;
```

  Die letzten beiden Buchstaben definieren die Sprache (`de` = deutsch, `fr` = französisch, `es` = spanisch, `pt` = portugiesisch).

12.9.1 Inventardatenbank konfigurieren

Bevor Sie Inventarinformationen aus einer bestimmten Datenbank anzeigen bzw. abfragen können, muss diese Datenbank mit ConsoleOne konfiguriert werden. Wählen Sie im Menü *Werkzeuge* unter *ZENworks-Inventar* den Eintrag *Datenbank konfigurieren*. Klicken Sie auf DURCHSUCHEN, um die benötigte Datenbank auszuwählen (Datenbank z.B. für Berichte konfigurieren). Dabei kann auch eine Datenbank aus einem anderen Baum über einen Kontextwechsel konfiguriert werden. Soll die Konfiguration sitzungsübergreifend angewendet werden, aktivieren Sie das entsprechende Kontrollfeld, bevor Sie auf OK klicken.

Die Datenbank wird solange verwendet, bis Sie eine andere Datenbank konfigurieren.

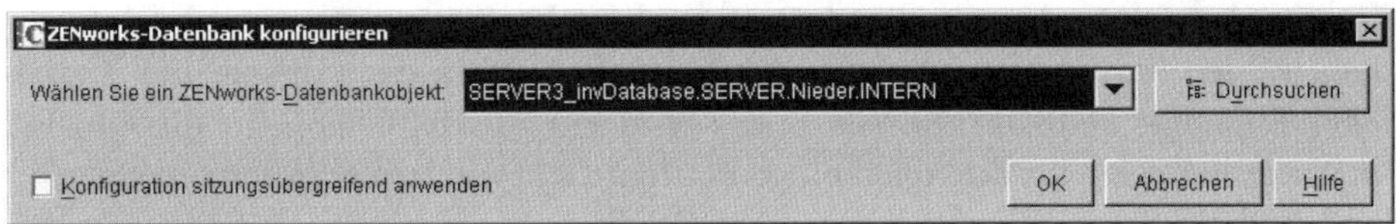

Abb. 12.22: Datenbank z.B. für Berichte konfigurieren

Die Funktion ist auch über das Kontextmenü eines Datenbank-Objekts verfügbar. Allerdings erfolgt die Konfiguration hier sofort und ohne weitere Rückfrage.

12.9.2 Server anzeigen, die für die Inventarisierung bereitgestellt wurden

Sie können sich die Inventar-Server und Datenbanken, die Sie für die Sammlung von Inventardaten konfiguriert haben, anzeigen lassen. Dazu müssen Sie sich ggf. an allen beteiligten Bäumen anmelden.

Klicken Sie mit der rechten Maustaste auf einen Baum oder Container im eDirectory, unter dem die entsprechenden Server für die Anzeige zu finden sind. Wählen Sie *Ansichten* bzw. *View* und *Vollständige Baumansicht* (*Complete Tree View*).

Alle Inventar-Server im Containerpfad werden in der Ansicht berücksichtigt.

Eine weitere Möglichkeit ist, über das Kontextmenü eines Inventarserviceobjekts *Ansichten\Aufwärtsansicht* zu wählen. Die folgende Anzeige umfasst alle Inventarserver bis zum Stammserver (Vollständige Baumansicht bis zum Stammserver).

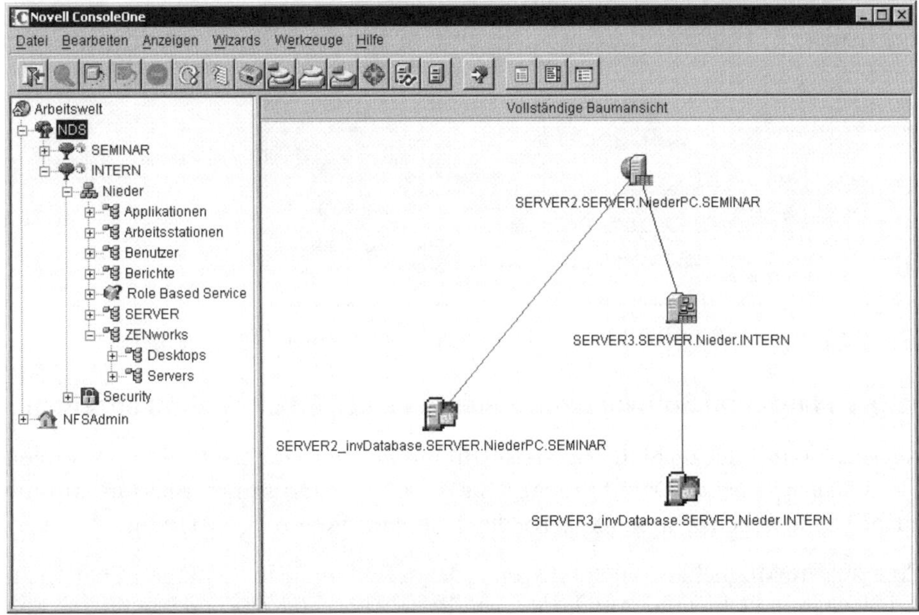

Abb. 12.23: Vollständige Baumansicht bis zum Stammserver

Für eine komplette Ansicht, bei der ggf. auch mehrere Bäume berücksichtigt werden, wählen Sie im Kontextmenü des Eintrags *NDS* in der ConsoleOne *Ansichten\Vollständige Baumansicht*. Als Erstes wird ein Auswahldialog für die Objekte angezeigt (Objekte für die vollständige Baumansicht von Inventar-Servern auswählen). Wählen Sie im oberen Bereich ein Objekt aus und klicken auf AUSWÄHLEN. Dies wiederholen Sie solange, bis Sie fertig sind. Die Anzeige erfolgt nach einem Klick auf OK.

Hinweis

Selbstverständlich werden bei der Auswahl der Anzeige Ihre Trustees bzw. Anmeldungen berücksichtigt. Sie sehen also nur soviel, wie Ihre NDS-Rechte zulassen. Vergessen Sie daher nicht, sich vorher ggf. an allen benötigten Bäumen anzumelden.

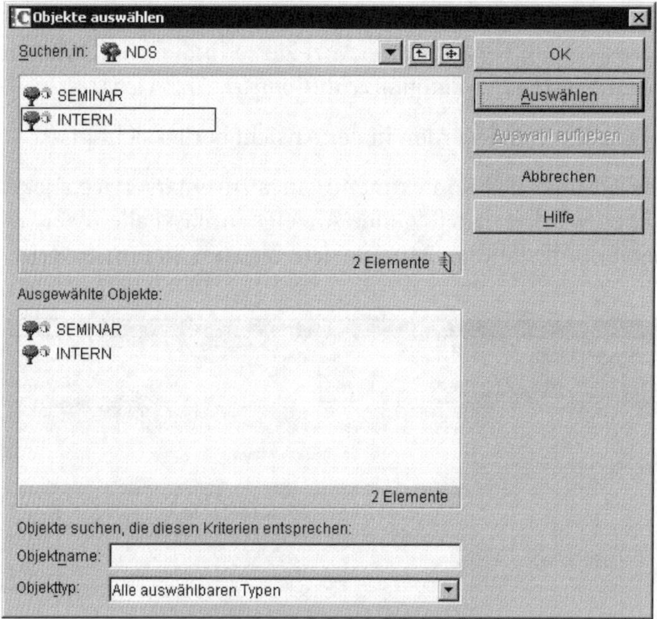

Abb. 12.24: Objekte für die vollständige Baumansicht von Inventar-Servern auswählen

12.9.3 Hard- und Softwarekomponenten einer Arbeitsstation anzeigen

Klicken Sie mit der rechten Maustaste auf ein Arbeitsstations-Objekt und wählen Sie *Aktionen\Inventar.* Damit erhalten Sie eine Inventarzusammenfassung für die ausgewählte Arbeitsstation (Anzeige des Inventars einer Arbeitsstation).

Eine weitere Möglichkeit zu den Inventardaten finden Sie in den Eigenschaften zu Arbeitsstations-Objekten. Auf der Registerkarte *ZENworks-Inventar* stehen drei Seiten mit Daten und weiteren Informationen zur Absuche zur Verfügung.

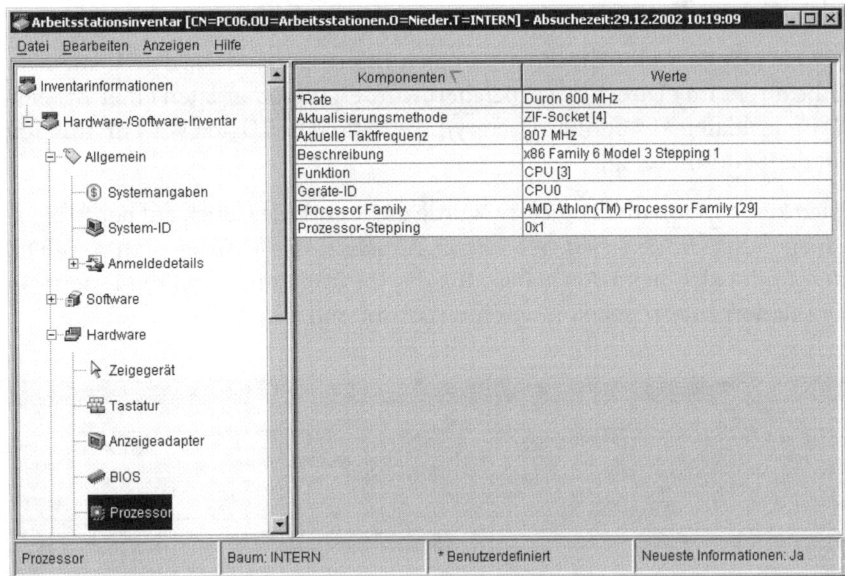

Abb. 12.25: Anzeige des Inventars einer Arbeitsstation

Absuchestatus

Auf der ersten Seite finden Sie den Scan-Status (*Absuchestatus*). In diesem Protokoll finden Sie die auf der Arbeitsstation durchgeführten Absuchvorgänge mit Zeitpunkt und Statusmeldungen.

Für eine bessere Lesbarkeit führen Sie einen Doppelklick in der Spalte *Absuchezeit* zu dem Eintrag durch, den Sie benötigen. Dadurch wird ein extra Fenster mit komplett lesbarem Eintrag angezeigt (Details zu einem Eintrag zum Absuchestatus).

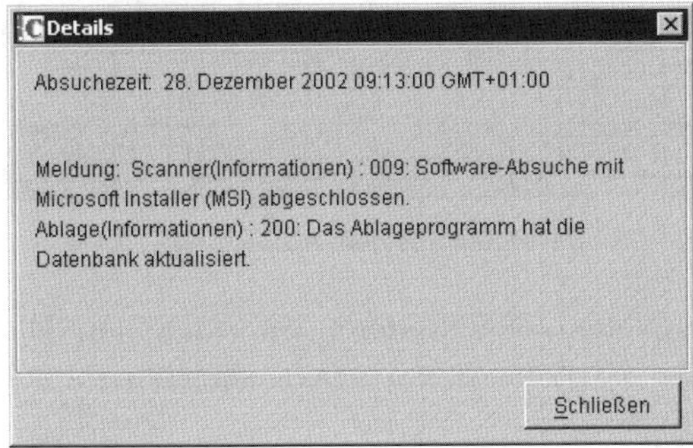

Abb. 12.26: Details zu einem Eintrag zum Absuchestatus

Mithilfe der Schaltfläche EXPORTIEREN können Sie die Daten in einer .CSV-Datei speichern. Alternativ steht der Dateityp *TAB* zur Verfügung, mit dem statt eines Kommas als Feldtrenner ein Tabulatorzeichen verwendet wird.

Mindestdaten

Auf der zweiten Seite finden Sie die minimalen Informationen aus den Absuchvorgängen, die direkt im eDirectory gespeichert wurden (Inventardaten einer Arbeitsstation (Mindestdaten aus dem eDirectory)). Der Stand der Daten wird im unteren Abschnitt der Seite angezeigt.

Finden sich keine Daten im eDirectory, wurde die Richtlinie jedoch auf der Arbeitsstation ausgeführt, finden sich bei *Letzter Absuchestatus* Hinweise zum Fehler. Ansonsten findet sich beim Absuchestatus die Information, wann die Daten von der Arbeitsstation zuletzt geliefert wurden (Datum und Uhrzeit).

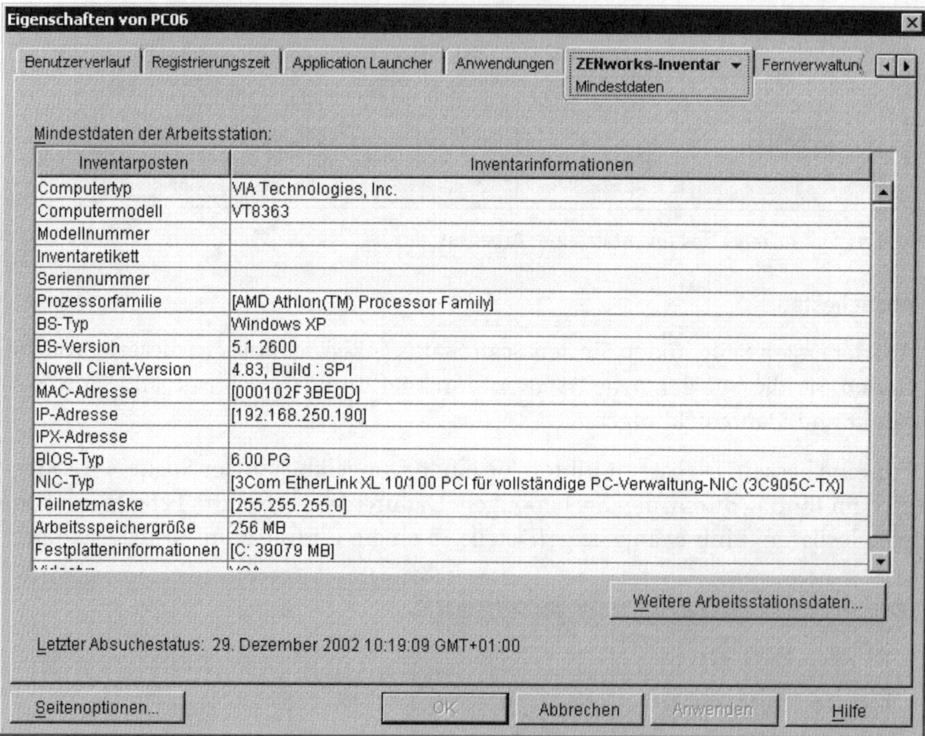

Abb. 12.27: Inventardaten einer Arbeitsstation (Mindestdaten aus dem eDirectory)

Benötigen Sie an dieser Stelle die kompletten, detaillierteren Informationen, klicken Sie lediglich auf die Schaltfläche WEITERE ARBEITSSTATIONSDATEN (MORE WORKSTATION INFORMATION).

Konfiguration der Arbeitsstationsabsuche

Auf der dritten Seite können Sie eine vollständige Inventarisierung der Arbeitsstation erzwingen (normalerweise werden nur Änderungsdaten, also das Delta, weitergegeben). Aktivieren Sie das Kontrollfeld zu *Komplettabsuche starten* und klicken

Sie zur Ausführung auf ANWENDEN bzw. APPLY (Konfiguration der Arbeitsstationsabsuche (Absuchedatei und Komplettabsuche starten)).

Zusätzlich wird im oberen Abschnitt der Seite der Name der Absuchedatei angezeigt. Dieser Name wird für die temporäre Datei verwendet, mit deren Hilfe Daten zwischen Arbeitsstation und Datenbank ausgetauscht werden. Beim Bilden der Datei wird ein Unterstreichungsstrich mit einer laufenden Nummer (Anzahl bisher weitergegebener Absuchevorgänge) sowie die Namenserweiterung .STR angehängt. Beispiele:

```
000102F3BE0D_1036275845000_29.STR
00500409DA43_1040561772000_9.STR
```

Der erste Teil der Bezeichnung stellt die MAC-Adresse der ersten Netzwerkkarte der Arbeitsstation dar.

Nach dem Schließen des Eigenschaftsfensters wird das Kontrollfeld automatisch wieder deaktiviert.

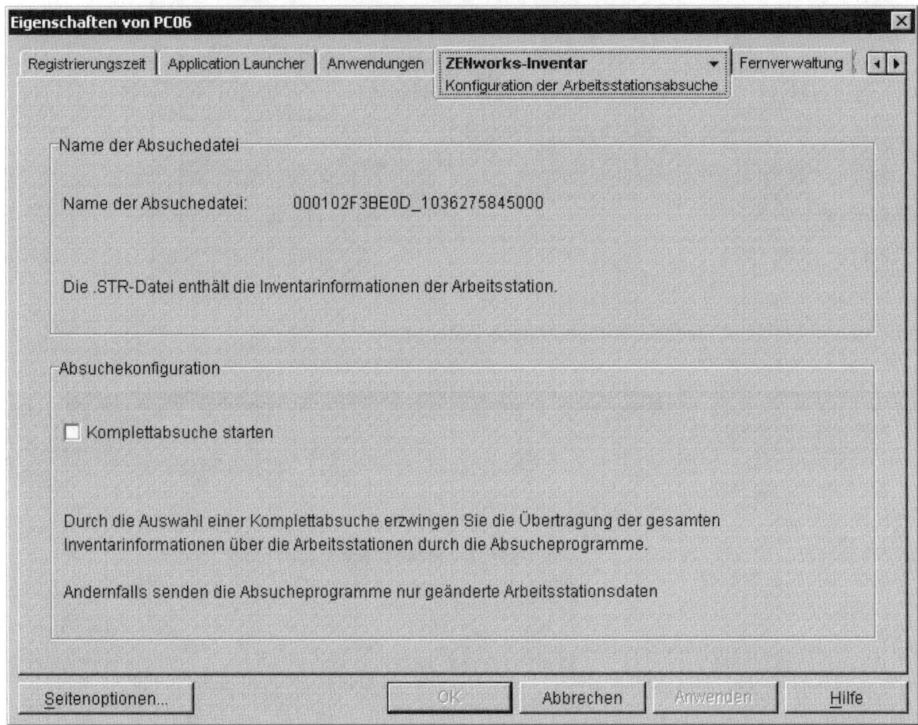

Abb. 12.28: Konfiguration der Arbeitsstationsabsuche (Absuchedatei und Komplettabsuche starten)

12.9.4 Auswertungen zur Inventar-Datenbank

Tipp

Wollen Sie komplexe und individuelle Auswertungen bzw. Berichte für eine große Anzahl Arbeitsstationen erstellen, ist dieses Werkzeug nicht besonders gut geeignet. Es empfiehlt sich, hier auf spezielle Reporting-Software wie beispielsweise Crystal Reports zurückzugreifen. Damit besteht insbesondere die Möglichkeit, sehr individuelle Berichte zu erstellen.

Mithilfe der ConsoleOne besteht die Möglichkeit, detaillierte Suchanfragen an eine Datenbank zu senden. Ist die Datenbank noch nicht konfiguriert, ist dieser Vorgang als Erstes notwendig. Als Nächstes rufen Sie im Menü *Werkzeuge* unter *ZENworks-Inventar* den Eintrag *Inventarabfrage* (*Inventory Query*) auf.

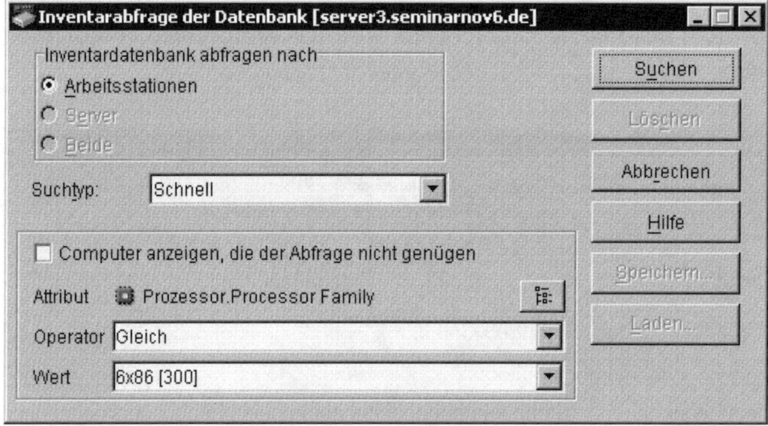

Abb. 12.29: Einfache Inventarabfrage an eine Datenbank

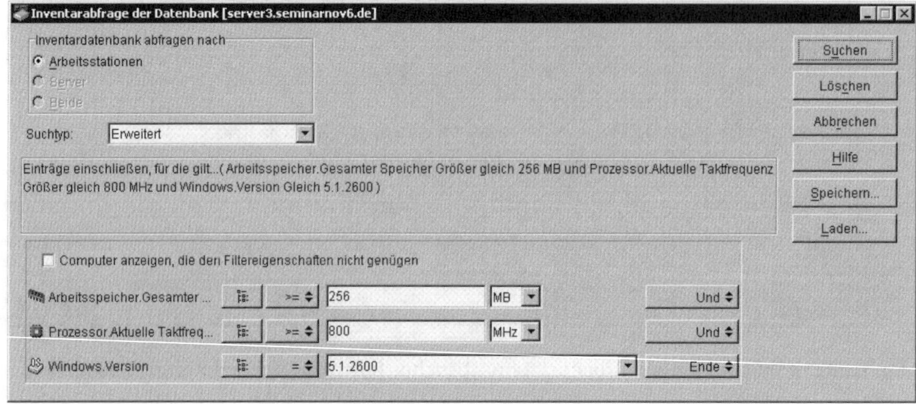

Abb. 12.30: Erweiterte Inventarabfrage an eine Datenbank

Ist zusätzlich ZENworks for Servers installiert, stehen im ersten Abschnitt drei Auswahlmöglichkeiten zur Verfügung. Sie können entweder nur Arbeitsstationen oder Server oder aber beide Stationstypen (*Beide*) auswählen.

Es stehen zwei Suchtypen zur Verfügung (*Schnell* und *Erweitert*). Eine schnelle Abfrage erlaubt nur die Spezifikation eines einzigen Attributs (Einfache Inventarabfrage an eine Datenbank). Der Typ *Erweitert* (Erweiterte Inventarabfrage an eine Datenbank) bietet die Möglichkeit, sehr komplexe Abfragen mit mehreren kombinierten Attributen zusammenzustellen (die Abbildungen sind hierzu nur sehr einfache Beispiele). Alternative Attribute wählen Sie über die Schaltfläche rechts neben der Bezeichnung aus, wodurch sich ein Auswahldialog öffnet (Auswahlfenster für die Attribute zu einer Inventarabfrage). Benutzerdefinierte Attribute sind in der Liste an einem vorangestellten Stern (*) erkennbar.

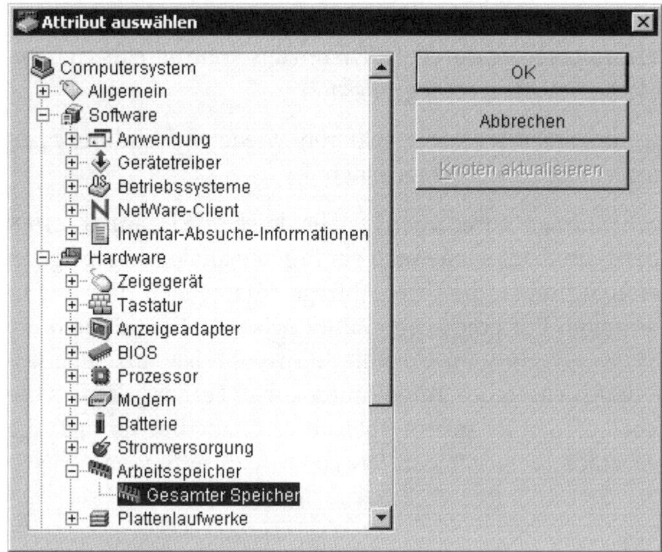

Abb. 12.31: Auswahlfenster für die Attribute zu einer Inventarabfrage

Zusätzlich stehen Vergleichoperatoren (Relational Operator) zur Verfügung. Je nach Datentyp des ausgewählten Attributs steht durch einen Klick auf die kleine Schaltfläche eine Reihe von Möglichkeiten zur Wahl. Hier ist bei benutzerdefinierten Attributen Vorsicht geboten. Wenn Sie einen ungültigen Vergleichsoperator angeben, wird später kein Ergebnis angezeigt. Als Nächstes muss ein Vergleichswert je nach Attribut und Operator eingegeben oder ausgewählt werden. Im ersten Fall können Sie zusätzlich Jokerzeichen verwenden (Mögliche Jokerzeichen für die Anwendung im Vergleichswert). Grundsätzlich gilt die SQL-Notation.

Wollen Sie mehrere Attribut-Abfragen miteinander kombinieren, steht dafür am Ende eine weitere kleine Schaltfläche zur Verfügung. Klicken Sie darauf und wählen Sie einen logischen Operator aus (*Und, Oder* usw.). Das letzte Attribut muss mit *Ende* abgeschlossen werden.

Jokerzeichen	Beschreibung
?	Platzhalter für ein beliebiges Zeichen an der definierten Position im Wert
_	Das Unterstreichungszeichen (_) kann alternativ zum Fragezeichen (?) verwendet werden
%	Eine beliebige Zeichenkette mit einer Länge von null oder mehr Zeichen
[]	Ein beliebiges Zeichen in einer bestimmten Reihe oder einem Set
[^]	Ein beliebiges Zeichen, das in einer bestimmten Reihe oder einem Set nicht vorkommt

Tabelle 12.5: Mögliche Jokerzeichen für die Anwendung im Vergleichswert

Sie haben auch die Umkehrmöglichkeit durch Aktivieren des Kontrollfelds zu *Computer anzeigen, die den Filtereigenschaften nicht genügen.*

Sie können eine Abfrage mit SPEICHERN zur späteren Wiederverwendung speichern und mit LADEN eine gespeicherte Abfrage laden.

Haben Sie Ihre Datenbankabfrage zusammengestellt, klicken Sie auf SUCHEN (FIND). Nach Abschluss der Datenbanksuche wird ein Ergebnisdialog angezeigt, in dem sich alle Arbeitsstationen finden, die Ihrer Abfrage entsprechen (Beispiel in Ergebnis einer Inventarabfrage). Für eine ausgewählte Arbeitsstation können Sie mithilfe von *Datei\Erweitertes Inventar* eine detaillierte Inventarliste anzeigen lassen (ein Doppelklick auf die Arbeitsstation funktioniert auch). Ferner lässt sich die Liste über *Datei\Speichern* auf der Festplatte ablegen (enthält die Abfrage, die Anzahl gefundener Arbeitsstationen sowie den DN zu allen zutreffenden Arbeitsstationen).

Abb. 12.32: Ergebnis einer Inventarabfrage

Leider besteht keine direkte Möglichkeit, das Abfrageergebnis zu drucken. Dies funktioniert nur über den Umweg des Speicherns in einer Datei. Diese Datei kann später mit einem Editor geöffnet und anschließend gedruckt werden.

12.9.5 Inventar-Berichte

Die Berichtsdarstellung in den früheren Versionen war zum größten Teil recht unübersichtlich, zu verschwenderisch in der Platznutzung auf den Seiten und dadurch meist unbrauchbar. Dies hat sich bei ZfD 4.0 geändert. Die ausgegebenen Berichte erscheinen jetzt komprimierter und für die Praxis besser brauchbar.

Die vorgefertigten Berichte wurden von Novell mithilfe von Crystal Reports erstellt. Die Anzeige erfolgt mithilfe des Crystal Viewers. Das Ergebnis kann gedruckt oder exportiert werden.

Voraussetzungen

Bevor Sie das Berichtswesen einsetzen können, muss der passende ODBC-Client für Sybase, Oracle oder MS SQL 2000 auf Ihrem System, auf dem Sie ConsoleOne ausführen, installiert sein. Der ODBC-Treiber wird automatisch konfiguriert, wenn Sie einen Inventarbericht erstellen.

Den ODBC-Treiber für Sybase finden Sie auf der *ZfD Companion CD* im Verzeichnis ODBC. Für die Installation gehen Sie wie folgt vor:

- Entpacken Sie die Datei SYBASEODBC.ZIP beispielsweise auf Laufwerk C: in das Hauptverzeichnis. Dabei wird die Verzeichnisstruktur C:\SYBASE\PROGRAM FILES\SYBASE\ADAPTIVE SERVER ANYWHERE 7.0\WIN32 erstellt.
- Kopieren Sie das Verzeichnis SYBASE unter PROGRAM FILES in Ihr Verzeichnis PROGRAMME (normalerweise auf Laufwerk C:).
- Führen Sie einen Doppelklick auf die Datei C:\SYBASE\SYBASEODBC.REG aus, um diese in die Registry Ihres Systems einzutragen. Haben Sie vorher den Pfad C:\PROGRAMME verwendet, muss die .REG-Datei noch geändert werden. Ersetzen Sie darin den Pfad C:\PROGRAM FILES durch C:\PROGRAMME, sonst funktioniert die spätere Konfiguration nicht.
- Zum Abschluss muss der ODBC-Treiber konfiguriert werden. Rufen Sie dazu den *ODBC-Datenquellen-Administrator* auf (unter Windows NT/2000/XP in der Verwaltung und unter Windows 9x in der Systemsteuerung).
- Auf der Registerkarte *Benutzer-DSN* wählen Sie in der Liste *Benutzerdatenquellen* den Eintrag *Sybase ODBC Driver* aus und klicken Sie auf die Schaltfläche KONFIGURIEREN.
- Auf der Registerkarte *Login* müssen die *User ID* (*mw_dba*) und das *Password* (*novell*) angegeben werden. Dies sollte jedoch schon erledigt sein.
- Auf der Registerkarte *Database* muss der korrekte *Server name* eingegeben werden (ODBC-Konfiguration für den Berichts-Treiber zur Datenbank). Geben Sie in das Feld die IP-Adresse des Servers ein, auf dem die Sybase-Datenbank ausgeführt wird. Im Feld *Database name* muss sich der Eintrag *mgmtdb* befinden.
- Auf der Registerkarte *Network* ersetzten Sie die IP-Adresse hinter *Host=* durch die IP-Adresse Ihres Sybase-Datenbankservers.
- Wechseln Sie auf die Registerkarte *ODBC* und klicken Sie auf *Test Connection*. Wird anschließend nicht die Meldung *Connection successfull* angezeigt, sondern ein Fehler, prüfen Sie alle Angaben noch einmal.

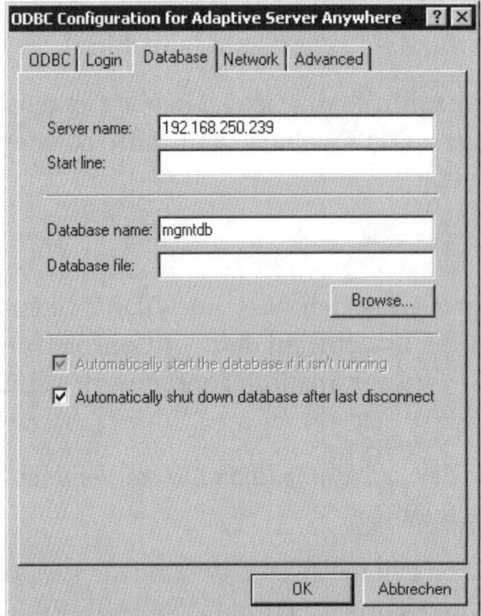

Abb. 12.33: ODBC-Konfiguration für den Berichts-Treiber zur Datenbank

Erstellen eines vorgefertigten Berichts

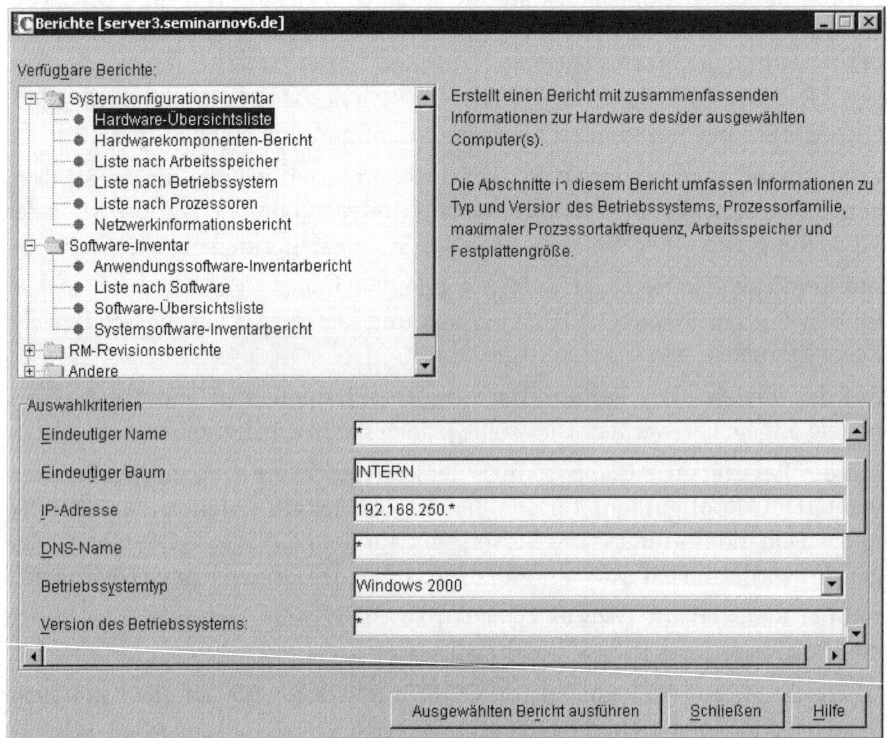

Abb. 12.34: Auswahl von Berichten und Konfiguration des Filters

Eine weitere Möglichkeit für Auswertungen finden Sie im Menü *Werkzeuge*. Rufen Sie dort den Befehl *ZENworks-Berichte* (*ZENworks Reports*) auf, wird das Berichts-Werkzeug als eigenes Fenster angezeigt und bietet eine Reihe von Auswertungsmöglichkeiten (Auswahl von Berichten und Konfiguration des Filters). Dabei wird die Datenbank verwendet, die Sie vorher über *Werkzeuge\ZENworks-Inventar\Datenbank konfigurieren* konfiguriert haben.

Alternativ können Sie das Berichtswesen mit einem Klick der rechten Maustaste auf einem Datenbank-Objekt aufrufen (*Berichte* bzw. *Reporting*).

In Beschreibung zu verfügbaren, vorgefertigten Berichten finden Sie eine Übersicht der verfügbaren vorgefertigten Berichte.

Berichtskatalog	Berichtsname	Kurzbeschreibung
Systemkonfigurations-inventar	*Hardware-Übersichtsliste ()*	Zusammenfassende Informationen zu Betriebssystem, Prozessor, Hauptspeicher und Festplattengröße
	Hardwarekomponenten-Bericht	Liste mit IRQs, System-Cache, DMA, Steckplätze und Hauptplatine
	Liste nach Arbeitsspeicher	Arbeitsstationen sortiert nach Hauptspeichergröße – auch als Diagramm verfügbar
	Liste nach Betriebssystem	Arbeitsstationen sortiert nach Betriebssystem (zusätzlich wird die Version, die Hauptspeichergröße und die Größe des virtuellen Speichers dargestellt) – auch als Diagramm verfügbar
	Liste nach Prozessoren	Arbeitsstationen sortiert nach Prozessorfamilien (zusätzlich wird das Stepping, die aktuelle und die maximale Taktrate dargestellt) – auch als Diagramm verfügbar
	Netzwerkinformationsbericht	Übersicht mit Netzwerkkartentyp, DNS-Name, IP-Adresse und Subnet-Maske, MAC-Adresse, IPX-Adresse und Windows Domänen-Name bzw. Arbeitsgruppe
Software-Inventar	*Anwendungssoftware-Inventarbericht*	Liste der installierten Software sortiert nach Arbeitsstation und Softwarehersteller: Programmname, Version, Produkt-ID und wahlweise Pfad auf der Arbeitsstation
	Liste nach Software	Softwareliste sortiert nach Hersteller und Software mit der Angabe, auf welchen Arbeitsstationen diese gefunden wurde (optional mit Pfad)

Tabelle 12.6: Beschreibung zu verfügbaren, vorgefertigten Berichten

Berichtskatalog	Berichtsname	Kurzbeschreibung
	Software-Übersichtsliste	Liste, sortiert nach Softwarehersteller mit Softwarename, Version und Anzahl der Arbeitsstationen, auf denen diese gefunden wurde (optional mit Diagramm)
	Systemsoftware-Inventarbericht	Nach Arbeitsstationen sortiert mit Novell-Client-Version, Bildschirmtreiber, Zeigegerättreiber und Netzwerkkarten-Treiber (alle optional)
RM-Revisionsberichte	*Fernverwaltungsbericht*	Bericht zu Fernverwaltungsvorgängen: DN des Zielsystems (Sortierung), Vorgangsart, Status, DN des Konsolsystems, Konsolbenutzer, Startzeit und Dauer der Sitzung
Andere	*Liste nach Inventarabsuche*	Sortiert nach Inventar-Server: Arbeitsstationsname, Datum und Uhrzeit der letzten Absuche (optional mit Diagramm)
Hardware-Inventar	*Inventarverwaltungsbericht*	Sortiert nach Arbeitsstationen: Hauptspeicher, Prozessor, Grafikkarte, Tastatur, Zeigegerät, Fest- und Wechselplatten, Diskettenlaufwerk, CD-ROM und Netzwerkkarte (alle Angaben optional)
	Liste nach BIOS	Sortiert nach BIOS-Datum: Arbeitsstationen, BIOS-Hersteller, Seriennummer und Version
	Liste nach Geräten	Liste der Arbeitsstationen mit einem ausgewählten Gerät, dessen Daten pro Station zusätzlich aufgeführt sind
	Liste nach Speichergeräten	Liste der Arbeitsstationen mit einem ausgewählten Speichergerät (Festplatten und Wechseldatenträger sortiert nach Laufwerksgröße, CD-ROM und Diskettenlaufwerke) und Detailangaben – optional als Diagramm
	Liste nach Systeminformationen	Arbeitsstationen mit Computertyp, Asset-Tag, Computer-Modell und -Nummer
	Speichergeräte-Inventarbericht	Sortiert nach Arbeitsstationen: Fest- und Wechseldatenträger, logische Laufwerke, Disketten- und CD-ROM-Laufwerke (alles optional)

Tabelle 12.6: Beschreibung zu verfügbaren, vorgefertigten Berichten (Forts.)

Zusätzlich besteht die Möglichkeit, benutzerdefinierte Berichte zu erstellen.

- Wählen Sie nach dem Aufruf der Berichte im oberen Listenfeld den gewünschten Bericht aus.
- In den *Auswahlkriterien* (*Selection Criteria*) können Sie angeben, welche Daten jeweils berücksichtigt werden sollen. Dabei sind Jokerzeichen (* und ? bzw. % und _) für zeichenorientierte Daten erlaubt.
- In einigen Fällen können Sie Optionen wählen oder einen bestimmten Gerätetyp. Beachten Sie auch die Bildlaufleiste auf der rechten Seite der Auswahlkriterien.
- Das Auswahlkriterium *Bereich* ist nur aktiv, wenn neben ZfD auch ZENworks for Servers installiert ist.

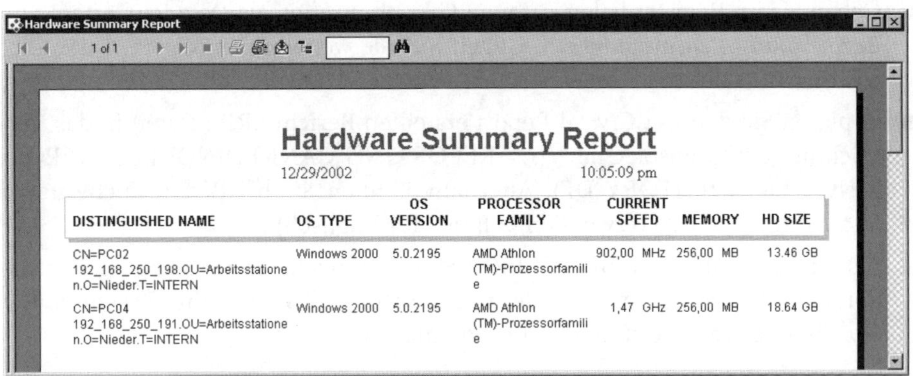

Hardware Summary Report

1 of 1

Hardware Summary Report

12/29/2002 10:05:09 pm

DISTINGUISHED NAME	OS TYPE	OS VERSION	PROCESSOR FAMILY	CURRENT SPEED	MEMORY	HD SIZE
CN=PC02 192_168_250_198.OU=Arbeitsstationen.O=Nieder.T=INTERN	Windows 2000	5.0.2195	AMD Athlon (TM)-Prozessorfamilie	902,00 MHz	256,00 MB	13.46 GB
CN=PC04 192_168_250_191.OU=Arbeitsstationen.O=Nieder.T=INTERN	Windows 2000	5.0.2195	AMD Athlon (TM)-Prozessorfamilie	1,47 GHz	256,00 MB	18.64 GB

Abb. 12.35: Beispiel zu einem Bericht (Hardware-Übersichtsliste)

- Zur Anzeige des Berichts klicken Sie auf AUSGEWÄHLTEN BERICHT AUSFÜHREN. Je nach Umfang eines Berichts kann es einige Zeit dauern, bis die Anzeige erfolgt (Beispiel in Beispiel zu einem Bericht (Hardware-Übersichtsliste)).

Bericht drucken

Mithilfe des rechten Druckersymbols muss als Erstes der Drucker konfiguriert werden. Anschließend können Sie mit dem linken Drucksymbol die Ausgabe auf einen Drucker durchführen.

Bericht exportieren

Klicken Sie dazu auf das Symbol neben den Druckersymbolen, das als Briefumschlag dargestellt ist. Das Dialogfenster *Export* wird angezeigt.

- Als Erstes wählen Sie das gewünschte Format aus. Es stehen 29 verschiedene Formate für die Ausgabe zur Verfügung.
- Als Zweites wählen Sie das Ziel (*Application, Disk file, Exchange Folder* oder *Microsoft Mail (MAPI)*).

Je nach Auswahl werden als Nächstes formatspezifische weitere Optionen in einem weiteren Dialogfenster angezeigt.

Benutzerdefinierte Berichte

Mithilfe des Crystal Report Designer (ab Version 8.0) können Sie eigene Berichte erstellen. Zur Vorgehensweise beachten Sie die Dokumentation zu Crystal Report.

Um einen benutzerdefinierten Bericht zu erstellen, gehen Sie wie folgt vor:

- Rufen Sie den ODBC-Datenquellen-Administrator auf.
- Auf der Registerkarte *Benutzer-DSN* klicken Sie auf HINZUFÜGEN.
- Wählen Sie den ODBC-Treiber für die Datenbank aus und klicken Sie auf *Fertig stellen*.
- Geben Sie im Registerdialog zur ODBC-Konfiguration als *Data source name* die Bezeichnung *ZenInventory* ein. Geben Sie alle weiteren benötigten Daten ein, wie bereits in diesem Kapitel beschrieben.
- Kopieren Sie den mit Crystal Report erstellten Bericht (.RPT-Datei) in das Verzeichnis der ConsoleOne (\1.2\REPORTING\CANNED\NOVELL REPORTING\ZENINVENTORY\DE). Alternativ können Sie bei Bedarf auch andere Sprachverzeichnisse verwenden (z.B. EN für Englisch).
- Als Nächstes muss \1.2\BIN\USERREPORTS.INI geändert werden (Konfiguration benutzerdefinierter Berichte in USERREPORTS.INI). Eine Beschreibung dazu finden Sie in der Datei als Kommentartext.

```
# Berichtsname ohne Namenserweiterung .RPT
[VollBericht]
# Anzeigename des Berichts
DisplayName=Vollständiger Bericht
# In weiteren Zeilen die Parameter für die Ausgabe
# Parameter=[1,2,3],Anzeigename,[wenn 1, dann hier Auswahl]
# Parameter= Name des Parameters aus der .RPT-Datei
# =1,2 oder 3 für Komboauswahl, Textfeld oder numerisches Feld
DNSName=2,DNS-Name
Funktion=1,Funktion,{2|3|4}
IPAdr=2,IP-Adresse
MEM=3,Hauptspeicher
# Es können weitere Berichte als Abschnitte folgen
```

Listing 12.13: Konfiguration benutzerdefinierter Berichte in USERREPORTS.INI

Rufen Sie später in der ConsoleOne das Berichtswesen auf, werden zusätzlich die benutzerdefinierten Berichte zur Ausführung angezeigt.

Berichte ohne ConsoleOne

Auf der Companion-CD zu ZfD 4.0 wird die Applikation DESKTOP4.EXE mitgeliefert. Mit diesem Programm besteht die Möglichkeit, Abfragen und Berichte ohne Verwendung der ConsoleOne zu erstellen.

- Haben Sie bei der Installation von ZfD 4.0 auch die ConsoleOne Snap-Ins installiert, befindet sich das Programm bereits im Verzeichnis \1.2\BIN.
- Sie können die Applikation nachträglich installieren. Entpacken Sie dazu von der Companion-CD \DESKTOP\DESKTOP.ZIP.
- Im Unterverzeichnis BIN muss als Nächstes SYBASE.INI, ORACLE.INI oder MSSQL.INI angepasst werden. Sie müssen bei *IPADDRESS* die IP-Adresse des Inventar-Servers angeben, bei *Password* geben Sie als Kennwort normalerweise *novell* an und bei *SCOPE* geben Sie *ZFD* an, falls kein ZENworks for Servers installiert ist.

Parameter	Beschreibung
-w"<vollqualifizierter dn>"	Vollqualifizierter DN für den Aufruf des Inventars einer Arbeitsstation
-n"<baumname>"	Baumname
-c"Query" oder *–c"Inventory"*	Eine Abfrage durchführen oder das Inventar einer Arbeitsstation holen
-d"<datenbanktyp>"	Typ der Datenbank (*Sybase*, *Oracle* oder *MSSQL*)

Tabelle 12.7: Parameter für das Programm DESKTOP4.EXE

Sie können jetzt DESKTOP4.EXE über eine Eingabeaufforderung ausführen (Sie können sich selbstverständlich auch eine Stapeldatei dafür erstellen). Eine Reihe von Parametern stehen zur Verfügung und sind teilweise zwingend notwendig (Parameter für das Programm DESKTOP4.EXE).

```
desktop4 -w"CN=PC06.OU=Arbeitsstationen.O=Nieder" -n"INTERN" -c"Inven-
tory" -d"Sybase"
```

Listing 12.14: Beispiel für die Anzeige des Inventars einer Arbeitsstation

```
desktop4 -n"INTERN" -c"Query" -d"Sybase"
```

Listing 12.15: Beispiel für den Aufruf einer Inventar-Abfrage

Im ersten Fall wird anschließend das Fenster mit dem Inventar der abgefragten Arbeitsstation angezeigt. Im zweiten Fall wird das Fenster zur Abfrage der Datenbank geöffnet.

12.9.6 Datenexport

Zusätzlich besteht die Möglichkeit, Inventardaten in eine Datei zu exportieren (im kommaseparierten .CSV-Format). Dabei können Sie die gewünschten Datenfelder auswählen sowie zusätzlich mithilfe einer Abfrage die Datenmenge weiter eingrenzen.

Lokale Abfrage

- Im Kontextmenü einer Datenbank oder über das Menü *Werkzeuge* (in diesem Fall muss vorher die Datenbank konfiguriert werden) wählen Sie unter *ZENworks-Inventar* den Eintrag *Datenexport.*

Es meldet sich ein Assistent, der Sie durch die Konfiguration des Datenexports führt (Assistent zum Inventardatenbankexport):

- Wählen Sie als Erstes eine der beiden Optionen, ob Sie eine neue Datenbankabfrage erstellen oder auf eine früher gespeicherte zurückgreifen wollen. Aktivieren Sie *Neue Datenbankabfrage erstellen* (Assistent zum Inventardatenbankexport) und klicken Sie auf WEITER>.
- Klicken Sie auf der nächsten Seite auf ABFRAGE BEARBEITEN.
- Im angezeigten Dialogfeld definieren Sie eine neue Datenbankabfrage (eine Beschreibung zur Vorgehensweise finden Sie im Abschnitt Auswertungen zur Inventar-Datenbank).
- Klicken Sie auf OK, um die Abfrage zu übernehmen.

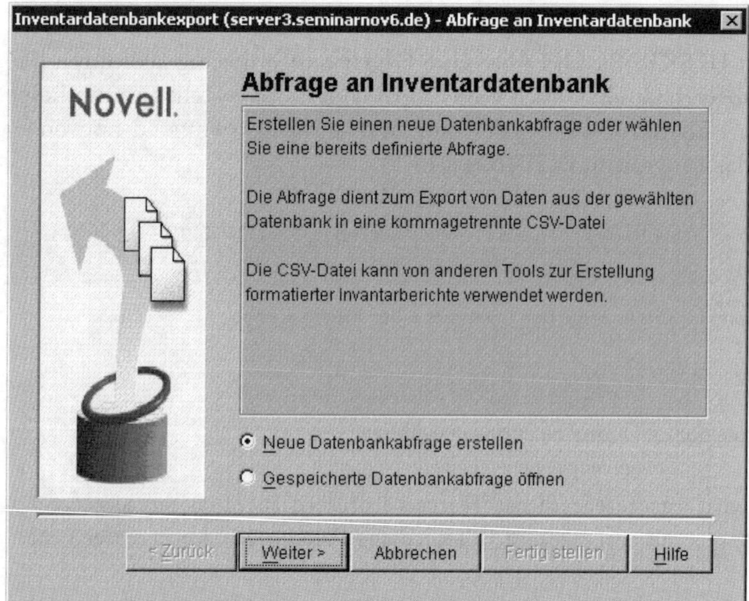

Abb. 12.36: Assistent zum Inventardatenbankexport

- Haben Sie nur Software-Attribute für die Abfrage ausgewählt, können Sie das Kontrollfeld *Filter aktivieren* setzen, damit die Daten aufgrund der Abfrage gefiltert in der zu exportierenden Datei gespeichert werden.
- Im Assistenten (hier wird die Abfrage im unteren Bereich angezeigt) klicken Sie auf WEITER>.
- Jetzt müssen Sie noch auswählen, welche Felder aus der Datenbank exportiert werden sollen. Wählen Sie in der linken Liste ein Feld aus und klicken Sie in der Mitte auf das nach rechts zeigende Dreieck. Handelt es sich bei der Auswahl um eine Gruppe, werden alle darunter liegenden Felder übernommen. Wollen Sie einzelne Felder wieder entfernen, steht rechts die Mehrfachauswahl zur Verfügung – anschließend auf das nach links zeigende Dreieck klicken.
- Klicken Sie nach der Auswahl auf WEITER>.
- Im Fenster wird zum Abschluss eine Zusammenfassung angezeigt, die Sie zur späteren Nutzung in eine .EXP-Datei speichern können (KONFIGURATION SPEICHERN).
- Nach WEITER> wird das Fenster zu *Abfrage durchführen* angezeigt.

  Die Option *Abfrage von einem Fernserver aus durchführen* sollten Sie setzen, wenn Sie eine Datenbank mit mehr als 10.000 Arbeitsstationen besitzen oder eine Abfrage mit mehr als 20 ausgewählten Datenbankfeldern verarbeiten. In diesem Fall klicken Sie im nächsten Fenster auf FERTIG STELLEN.

- Klicken Sie auf WEITER>, um den Dateinamen für die zu exportierenden Daten festzulegen (Standardverzeichnis ist das der ConsoleOne unter \1.2\REPORTING\EXPORT). Ändern Sie auf Wunsch den Dateinamen und klicken Sie auf FERTIG STELLEN.

Damit werden die Daten in die festgelegte Datei im Format .CSV (kommasepariert) exportiert. In der ersten Zeile dieser Datei befinden sich immer die Feldnamen als Überschriftstext.

Abfrage von einem Fernserver aus

Haben Sie die Option zur Abfrage von einem Fernserver aus aktiviert (vorher sollten Sie die Datenbankabfrage gespeichert und den Export-Assistenten erneut aufgerufen haben, müssen Sie die Konsole des Servers für die Beendigung der Arbeit verwenden.

Verwenden Sie eine MS SQL 2000-Datenbank, müssen Sie die Datei SYS:\SYSTEM\DBEXPORT.NCF auf einem NetWare-Server ändern. Fügen Sie folgende Zeilen vor der Zeile `java -ns -sn`... ein:

```
envset tmppath=$tmppath;$root_dir\lib\MSBASE.jar
envset tmppath=$tmppath;$root_dir\lib\MSUTIL.jar
envset tmppath=$tmppath;$root_dir\lib\MSSQLSERVER.jar
```

Kopieren Sie als Nächstes die exportierten Dateien .EXP und .CFG in das gleiche Verzeichnis auf den Server.

Führen Sie den Export auf einem NetWare-Server mit folgendem Befehl durch:

```
DBEXPORT.NCF <dateiname>.EXP <dateiname>.CSV
```

Führen Sie den Export auf einem Windows NT/2000-Server mit folgendem Befehl durch:

```
DBEXPORT.BAT <dateiname>.EXP <dateiname>.CSV
```

Anschließend werden die Daten in der angegebenen .CSV-Datei gespeichert.

12.10 Inventarmigration (ZfD 3.x nach ZfD 4.0)

Haben Sie bisher ZfD 3.0 SP1 oder ZfD 3.2 mit Inventarisierung von Arbeitsstationen ausgeführt, können Sie die Datenbank(en), .STR-Dateien sowie Richtlinien-Objekte nach ZfD 4.0 migrieren.

Achtung

Der Upgrade-Dienst kann nicht abgebrochen werden – er hält erst automatisch an, wenn alle Funktionen ausgeführt wurden!

12.10.1 Migration von Inventar-Datenbanken

Dieser Vorgang umfasst zwei Phasen (Schema- und Datenmigration). Folgende Vorgänge werden ausgeführt:

- .ZIP-Dateien mit SQL-Skripten werden entpackt. Vor der Migration des Schemas werden die SQL-Dateien durch Einfügen von Konstanten von der Datenbank transformiert.
- Alle Schemaobjekte werden in ein ZfD 4.0-kompatibles Format migriert und ggf. notwendige neue Objekte hinzugefügt.
- Im nächsten Schritt werden die Daten zum Schema migriert, was je nach Größe der Datenbank sehr zeitintensiv sein kann.
- Post-Migrations-Korrekturen.

Der gesamte Vorgang wird protokolliert. Die Protokolle finden Sie im Verzeichnis \ZENWORKS\INV\SERVER\WMINV\LOGS\MIGRATIONLOGS.

12.10.2 Migration von Daten, die noch nicht gespeichert sind

In vielen Fällen gibt es noch Daten in .STR- und .ZIP-Dateien von Arbeitsstationen, die vor der Migration noch nicht in die Datenbank eintragen wurden. Die Migration führt dazu folgende Funktionen aus:

- Konvertieren der .STR-Dateien im Verzeichnis DBDIR in das ZfD 4.0-Format.
- Verschieben der .ZIP-Dateien aus dem Verzeichnis DBDIR nach DBDIRCONV.
- Verschieben der .ZIP-Dateien aus dem Verzeichnis ENTPUSH nach ENTPUSHZIPCONV.
- Verschieben der .STR-Dateien aus dem Verzeichnis ENTPUSH nach ENTPUSHSTRCONV.
- Verschieben der .STR-Dateien aus dem Verzeichnis ENTMERGE nach ENTMERGECONV.
- Verschieben der .STR- und .PRP-Dateien aus dem Verzeichnis DBDIR\TEMP nach DBDIRTEMPCONV.

Dies stellt sicher, dass die entsprechenden Komponenten für die Verarbeitung der Daten erst die alten Daten verarbeiten, bevor neue Inventardaten behandelt werden.

12.10.3 Eine Migration durchführen

Der Vorgang wird weitestgehend automatisch durchgeführt.

- Wählen Sie im Menü *Werkzeuge* unter *ZENworks-Inventar* den Eintrag *Inventarmigration* auf.
- Wählen Sie mithilfe der Schaltfläche DURCHSUCHEN den Kontext aus, in dem Objekte zur Migration gesucht werden sollen.
- Anschließend aktivieren Sie die gewünschten Kontrollfelder für die Suche und spätere Migration (*Untercontainer durchsuchen, Nach Richtlinien suchen* und *Nach Datenbankobjekten suchen*).
- Klicken Sie auf die Schaltfläche SUCHEN.
- Im Listenfeld *Bericht* werden alle gefundenen Objekte für die Migration angezeigt.
- Zum Start der Migration klicken Sie auf MIGRIEREN.

Im Listenfeld *Bericht* erfolgt eine Protokollierung der Vorgänge. Befinden sich unter den Objekten auch neue von ZfD 4.0, wird nichts durchgeführt und lediglich gemeldet, dass eine Migration nicht erforderlich ist.

## Kapitel 13

Imaging und Preboot-Services (PXE)

In diesem Kapitel beschreibe ich Ihnen, wie Sie Arbeitsstationen mithilfe des in ZfD 4.0 verfügbaren Imagings (häufig auch als Kloning bezeichnet) aufsetzen bzw. im Falle eines Ausfalls schnell wiederherstellen können. Dabei wird nicht nur die Funktionalität von ZfD 4.0 beschrieben, sondern in einem eigenen Abschnitt wird auch die Herstellung eines Masters behandelt.

Für die Betriebssystemplattformen Windows 2000 und Windows XP ist für das Imaging zwingend das Werkzeug SysPrep von Microsoft notwendig. Daher habe ich dieses wichtige Hilfsmittel in einem weiteren Abschnitt zur Anwendung ausführlich beschrieben.

Eine der ganz großen Pluspunkte des Imagings mit ZfD ist die Integration von Applikationen. Ähnliche Funktionen bieten zwar auch andere Hersteller an (z.B. Symantec mit der Ghost-Konsole), aber die Lösung von Novell erscheint mir als eine der besten Verfahren.

Das Imaging steht bereits seit ZfD 3.0 zur Verfügung. In Version ZfD 3.2 wurden insbesondere die Preboot-Services (PXE – Preboot eXecution Environment) eingeführt, die jedoch separat bezogen werden mussten.

Mit Imaging von Novell ist es möglich, Clients automatisch mithilfe des eDirectory mit einem neuen Image zu versorgen, das Betriebssystem und ggf. Applikationen enthält.

Grundvoraussetzung ist, dass Sie den Imaging-Server während der Installation von ZfD implementiert haben oder diese Funktionalität auf einem oder mehreren Servern nachinstallieren.

Folgende grundlegende Möglichkeiten sind implementiert:

- Image einer Arbeitsstation manuell erstellen
- Image auf einer Arbeitsstation manuell installieren
- Arbeitsstationen für unbeaufsichtigte Imaging-Vorgänge vorbereiten
- Unbeaufsichtigte Imaging-Vorgänge über das eDirectory auslösen
- Imaging-Richtlinie für Arbeitsstationen im eDirectory konfigurieren

Tipp

Neben Arbeitsstationen können Sie auch Server Klonen. Allerdings muss dabei vorsichtig vorgegangen werden. Zum einen wird das Dateisystem anderer Betriebssysteme als Windows nicht nativ unterstützt und somit Sektor für Sektor kopiert, was zu sehr großen Images und einem erheblich größeren Zeitaufwand führt. Bei der Rückkopie eines Serverimages muss durch das System als Erstes der Verzeichnisdienst mit den anderen Servern synchronisiert werden. Je nachdem, wie viele Informationen synchronisiert werden müssen (um so älter das Image ist, desto mehr Informationen sind im Image veraltet), kann dies extrem lange Zeit in Anspruch nehmen. Ferner können Probleme mit der Verknüpfung von Laufwerken zu diesem Server auftreten. In jedem Fall ist es nach wie vor empfehlenswerter, die üblichen Datensicherungsmöglichkeiten zu nutzen.

In ZfD 4.0 ist das PXE jetzt enthalten und es wurden einige weitere neue Funktionen für das Imaging eingebaut:

- Leistungsverbesserungen zur schnelleren Wiederherstellung auf IDE-Festplattenlaufwerken
- Unterstützung von USB-Tastaturen
- Die Preboot-Services sind auf der *ZENworks for Desktops 4 Programm-CD* enthalten (kein CD-Wechsel mehr notwendig)
- Eine Multicast-Sitzung kann von der Serverkonsole aus gestartet werden (Abschnitt 13.11)
- Mehrere Multicast-Sitzungen können jetzt gleichzeitig ausgeführt werden (in den Vorgängerversionen wurden mehrere Multicast-Sitzungen nacheinander ausgeführt)
- Die Dienstprogramme (ZISVIEW und ZISEDIT) zum Anzeigen und Bearbeiten der Image-sicheren Daten stehen jetzt auch über die Linux-Kommandozeile zur Verfügung (Abschnitt 13.8.1)
- Unterstützung der DNS-Informationen für Arbeitsstationen in den Image-sicheren Daten
- Derzeit wird der Linux-Kernel 2.4.18 verwendet

13.1 Vorgehensweisen

In diesem Abschnitt beschreibe ich Ihnen in kurzer Form verschiedene Verfahrensweisen, wie Sie beim Imaging vorgehen können. Eine ausführliche Beschreibung, beispielsweise zur Erstellung des Masters, finden Sie in den weiteren Abschnitten dieses Kapitels.

Wenn Sie die Preboot-Services benutzen möchten, müssen diese vorher auf den betroffenen Servern installiert werden (siehe Kapitel 1).

Tipp

Verfügen Ihre Systeme über PXE-kompatible Netzwerkkarten, besitzen jedoch keinen BootPROM, kann PXE-on-Disk von Novell eingesetzt werden. In diesem Fall ersetzt eine Startdiskette die Funktionalität des BootPROMs.

13.1.1 Neue Arbeitsstationen

Empfehlung zur Vorgehensweise nach der Anschaffung neuer Computer.

Vorarbeiten

1. Erstellen Sie ein Referenzsystem (Master) und installieren sowie konfigurieren Sie es in der Form, wie später die neuen Arbeitsstationen aussehen sollen.
2. Erstellen Sie ein Image, das Sie auf einem Server zur Verfügung stellen.
3. Verfügen die neuen Computersysteme über keinen BootPROM mit PXE, müssen Sie notwendige Imaging-Disketten oder CDs erstellen.
4. Erstellen Sie eine Richtlinie für Arbeitsstationen, die bisher nicht in das eDirectory importiert worden sind, und geben Sie das auf dem Server gespeicherte Image an.

Image auf neue Computer anwenden

1. Überprüfen Sie die Systeme auf die korrekt eingestellte Bootreihenfolge im SystemBIOS. Möchten Sie die Preboot-Services verwenden, muss geprüft werden, ob die BootPROMs der neuen Computer korrekt konfiguriert sind.
2. Verbinden Sie die neuen Arbeitsstationen mit dem Netzwerk (im Fertigungslabor oder besser direkt an den Arbeitsplätzen).
3. Starten Sie die Systeme mithilfe des BootPROMs vom Netzwerk. Alternativ verwenden Sie die Startdisketten bzw. die CD und erstellen Sie eine Imaging-Partition (Linux-Partition).
4. Haben Sie eine Imaging-Partition erstellt, führen Sie als Nächstes einen Neustart der Systeme von dieser Partition durch.
5. Mithilfe der konfigurierten Imaging-Richtlinie für Arbeitsstationen, die noch nicht in das eDirectory aufgenommen wurden, wird automatisch ein Image auf den Zielsystemen installiert.
6. Nach der Fertigstellung werden die neuen Arbeitsstationen ggf. automatisch in das eDirectory aufgenommen, wenn eine Richtlinie für den automatischen Import von Arbeitsstationen konfiguriert ist (siehe Kapitel 5).

13.1.2 Vorhandene Arbeitsstationen

Damit bereits installierte Arbeitsstationen künftig im Falle eines Ausfalls in möglichst kurzer Zeit wieder hergestellt werden können, sind einige Vorarbeiten notwendig.

1. Installieren Sie den neuesten Novell-Client bzw. eine Version, die kompatibel zu ZfD 4.0 ist, falls das nicht bereits durchgeführt wurde. Alternativ kann auch der ZfD 4.0-Verwaltungsagent installiert werden, wenn Sie keinen Novell-Client benötigen.
2. Haben Sie bei Installation des Novell-Clients den *ZENworks Imaging Service* nicht mitinstalliert, muss dies nachgeholt werden. Dieser Dienst ist grundsätzlich auf allen Arbeitsstationen notwendig, die für das Imaging in Frage kommen.
3. Überprüfen Sie, ob alle Arbeitsstationen im eDirectory als Objekt verfügbar sind (siehe auch Kapitel 5). Dies ist zwingend erforderlich, da sonst die Images nicht individuell im Falle eines Ausfalls verteilt werden können.
4. Wollen Sie die Preboot-Services verwenden, müssen die Arbeitsstationen überprüft werden, ob PXE verfügbar und korrekt konfiguriert ist. Ferner müssen die Preboot-Services (PXE-Support) auf einem Imaging-Server korrekt installiert und verfügbar sein (siehe Kapitel 1).

   Soll PXE nicht zum Einsatz kommen, benötigen Sie Imaging-Startdisketten oder eine entsprechende CD. Im Fall eines Ausfalls kann damit eine Arbeitsstation gestartet und ein Image installiert werden.

Im Falle eines Ausfalls kann eine Arbeitsstation mithilfe eines vorbereiteten Images, das normalerweise auch für neue Systeme eingesetzt wird, schnell wieder hergestellt werden. Damit halten sich die Zeiten für den Produktionsausfall möglichst gering.

1. Als Vorbereitung muss eine Richtlinie für Arbeitsstationen erstellt werden.
2. Fällt eine Arbeitsstation aus und muss wiederhergestellt werden, müssen Sie als Erstes ggf. noch auf der Festplatte vorhandene Dateien sichern, die künftig noch benötigt werden.

Tipp

Diese Vorgehensweise ist wenig praktikabel und sollte soweit irgend möglich vermieden werden. Zumindest für Arbeitsstationen, die sich in einem LAN befinden, gibt es durchaus Lösungsmöglichkeiten (möglichst früh einführen!). Als Speicher für Datendateien sollten nur Server eingesetzt werden. Benutzerprofile (serverbasierende Benutzerprofile – siehe Kapitel 6) und andere Bewegungsdaten können ebenfalls serverseitig gespeichert werden.

3. Rufen Sie die Eigenschaften des betroffenen Arbeitsstations-Objekts in der ConsoleOne auf. Auf der Seite *Konfiguration* der Registerkarte *ZENworks Imaging* aktivieren Sie das Kontrollfeld zu *Der Arbeitsstation beim nächsten Start ein Image hinzufügen*. Speichern Sie die Änderung durch einen Klick auf ANWENDEN.

4. Die ausgefallene Arbeitsstation muss als Nächstes neu gestartet werden. Der Start muss jetzt vom Netzwerk mithilfe von PXE oder von den Disketten bzw. der CD erfolgen. Ein im eDirectory festgelegtes Image wird vom Server übertragen.
5. Nach dem Abschluss des Klonvorgangs und einem letzten Neustart meldet sich der Benutzer wie gewohnt an. Bei Bedarf müssen noch die unter Punkt 2 gesicherten Dateien zurückkopiert werden.

13.1.3 Labor und Schulungsräume

Systeme im Labor und Schulungsräume erfordern nur eine geringfügig andere Vorgehensweise, wie bereits beschrieben. Für eine Wiederherstellung liegt hier meist kein Ausfall vor, sondern es soll lediglich ein Ursprungszustand wiederhergestellt werden.

1. Erstellen Sie ein Image von einer »saubern« bzw. fertig installierten und konfigurierten Arbeitsstation und speichern Sie es auf einem Server. Am einfachsten wird dieses manuell erstellt.
2. Besitzen die Systeme keine PXE-fähigen BootPROMs, müssen Sie notwendige Startdisketten oder CDs erstellen. Planen Sie PXE einzusetzen, überprüfen Sie die Konfiguration der Systeme (insbesondere auch die Bootreihenfolge).
3. Auf dem Imaging-Server für das Labor oder den Schulungsraum müssen ggf. die Preboot-Services installiert werden.
4. Erstellen Sie eine ZfD-Richtlinie für nicht importierte Arbeitsstationen (Serverpaket), mit dem das erstellte Image verteilt werden kann. Zusätzlich muss die Option *Basis-Image auf Arbeitsstation erzwingen, auch wenn es dem letzten Image dieser Arbeitsstation entspricht* aktiviert werden.
5. Falls noch nicht geschehen, müssen die Arbeitsstationen an das Netzwerk angeschlossen werden.
6. Der Start muss jetzt vom Netzwerk mithilfe von PXE oder von den Disketten bzw. der CD erfolgen.
7. Die Computersystem erhalten nach dem Start automatisch das von Ihnen zugewiesene Image.

Nach Schulungen, oder wenn Sie Laborsysteme neu aufsetzen müssen, führen Sie letztlich nur die Punkte 6 und 7 aus, damit die Computer als Ausgangsbasis wieder sauber installiert sind.

13.2 Preboot eXecution Environment (PXE)

Durch Verwendung von PXE lässt sich von Anfang an eine wesentliche Arbeitserleichterung realisieren. PXE-kompatible Computer lassen sich ferngesteuert konfigurieren und starten, auch wenn noch kein Betriebssystem verfügbar ist. PXE-Service-Agenten im SystemBIOS oder auf der Netzwerkkarte kommunizieren eigenständig mit einem Server beziehungsweise dem Netzwerk.

Der Client bezieht über einen DHCP-Server eine IP-Adresse und stellt damit eine Verbindung zu einem Proxy DHCP-Server her. Dieser liefert ihm eine Liste der verfügbaren Boot-Server.

Über TFTP (Trivial File Transfer Protocol) lädt der Client ein kleines Image und führt es aus (ersetzt praktisch die Bootdisketten bzw. eine Boot-CD). Auf diese Weise lässt sich beispielsweise ein Betriebssystem installieren.

Am Bildschirm der Arbeitsstation wird der gesamte Vorgang transparent dargestellt. Mit der Einstellung, dass das PXE-Menü nicht oder nur durch `Strg`+`Alt` aufgerufen werden kann, erfolgt eine Anzeige etwa wie folgt:

```
ZENworks Preboot Management Client V5.0 r1 (build 90)
(c) Copyright 1999-2002 PreWorx (Pty) Ltd.
  Local IP              : 192.168.250.191
  Subnet Mask            : 255.255.255.0
  Gateway IP            : 0.0.0.0
  Transaction Server IP : 192.168.250.239

ZENworks Preboot shutting down...
Press any key to continue...
```

Wollen Sie das Auswahlmenü aufrufen (PXE-Menü) und ist dies entsprechend konfiguriert, müssen Sie vor Anzeige von *ZENworks Preboot shutting down* `Strg`+`Alt` drücken (in der Zeit, wo dies möglich ist, wird am oberen Bildschirmrand ein blauer Balken mit einem Timer angezeigt).

Tipp

Verfügen Ihre Systeme über PXE-fähige Netzwerkkarten, besitzen jedoch keinen BootPROM, ist der Einsatz alternativ über Diskette möglich. Dazu wird eine PXE-on-Disk benötigt, die entweder mit ZENWORKS\IMAGING\ZIMGBOOT.EXE oder ZENWORKS\PXE\PXEBUILDER.EXE erstellt werden kann (alles Windows-Programme). Siehe Abschnitt 13.5.

Eine ausführliche Beschreibung von Novell insbesondere zur Konfiguration der Server-/Netzwerkumgebung finden Sie in der Datei VSPQINST.PDF, die sich auf der ZfD-CD im Verzeichnis \ZEN PREBOOT SERVICES\DOCS befindet.

13.3 Anforderungen an den Server

Für einen Imaging-Server müssen einige Anforderungen beachtet bzw. Vorarbeiten durchgeführt werden (Tabelle 13.1).

Serveranforderung	Grund
Eine statische IP-Adresse	Beim Verbinden mit einem Imaging-Server von einer Arbeitsstation aus müssen die statische IP-Adresse oder der DNS-Name des Servers verwendet werden
Genügend Festplattenspeicher auf dem Server, um ein oder mehrere Images für Arbeitsstationen zu speichern	Verwenden Sie keine Komprimierung, die standardmäßig aktiviert ist, entspricht die Größe einer Imagedatei fast der Größe der gespeicherten Daten. Achten Sie auf ausreichend verfügbaren Speicherplatz, da häufig mehr als ein Image benötigt wird. Der Speicherbedarf liegt oft bei mehreren GByte.
Die Komponenten für das Imaging und den automatischen Arbeitsstationsimport müssen installiert sein	Nur mithilfe dieser Komponenten kann eine Arbeitsstation im Netzwerk vollständig unbeaufsichtigt implementiert werden. Eine nachträgliche Installation der Software auf Servern ist möglich (siehe auch Kapitel 1).
DHCP-Server	Sollen die Preboot-Services und PXE zum Einsatz kommen, wird ein DHCP-Server benötigt, der die Option 60 unterstützt.

Tabelle 13.1: Anforderungen und Vorarbeiten für einen Imaging-Server

13.4 Anforderungen an Arbeitsstationen

Sie können auf Arbeitsstationen auch Images installieren, ohne dass eine Netzwerkverbindung erforderlich ist (über das Starten mithilfe von Disketten oder einer CD). Diese Methode ist jedoch nur empfehlenswert, wenn keine Netzwerkverbindung verfügbar ist oder keine ausreichende Bandbreite zur Verfügung steht. Ferner ist es möglich, auch Nicht-Windows-Clients zu klonen – derartige Vorgänge sind allerdings über das eDirectory nicht vollständig automatisierbar und müssen in der Regel vollständig binär erfolgen (immer die gesamte Festplatte).

Arbeitsstationsanforderung	Grund
Eine unterstützte Netzwerkkarte	Mithilfe einer Linux-Applikation wird eine Verbindung mit einem Imaging-Server hergestellt. Dazu wird ein entsprechender Treiber benötigt (wenn von Novell selbst kein Treiber verfügbar ist, sind doch für Linux z.B. von den Herstellern solche meist verfügbar). Eine Liste der unterstützten Netzwerkkarten finden Sie im Novell *Administration Guide* zu ZfD, Kapitel 45.
Windows 9x/NT/2000/XP	Die unbeaufsichtigte Ausführung wird derzeit nur für Windows 32 Bit-Plattformen unterstützt.

Tabelle 13.2: Anforderungen für das Imaging an Arbeitsstationen

Arbeitsstationsanforderung	Grund
Novell-Client oder ZfD-Verwaltungsagent	Für die unbeaufsichtigte Installation muss auf den Zielsystemen entweder ein Novell-Client oder der ZfD-Verwaltungsagent mit dem ZENworks Imaging Service verfügbar sein. Dieser kommuniziert mit dem eDirectory bzw. dem Imaging-Server.
50 MByte freie Festplattenkapazität	Für das unbeaufsichtigte Imaging wird eine kleine Linux-Partition benötigt, welche die Kontrolle über den Start einer Arbeitsstation übernimmt, wenn PXE nicht zum Einsatz kommt.
Standardhardware	Die derzeit gebräuchliche Hardware wird unterstützt (die NEC PC98-Architektur wird nicht unterstützt).
PXE	Wenn Sie die Preboot-Services einsetzen wollen, benötigen Sie entweder eine Netzwerkkarte oder ein BIOS, die das PXE-Protokoll zulassen.

Tabelle 13.2: Anforderungen für das Imaging an Arbeitsstationen (Forts.)

13.5 Das Imaging-Bootgerät bzw. die Methode

Die Imaging-Engine von Novell ist bisher nur als Linux-Applikation verfügbar. Daher ist es notwendig, dass ein System für das Imaging temporär mit Linux gestartet wird. Insbesondere wenn Sie die Preboot-Services nicht nutzen, benötigen Sie ein Bootgerät, das den Linux-Kernel, die ZfD-Imaging-Engine sowie die Netzwerktreiber zur Verfügung stellt.

1. **Preboot-Services (PXE) – BootPROM**
   Bei PXE (Preboot eXecution Environment) handelt es sich um ein Protokoll (Industriestandard), das es erlaubt, einen Computer vom Netzwerk zu starten und ein Programm auszuführen, bevor das installierte Betriebssystem startet.

   Das PXE-Protokoll steht entweder über einen BootPROM auf Netzwerkkarten oder im SystemBIOS zur Verfügung.

2. **Preboot Services (PXE) – Diskette**
   Wie 1., jedoch ist hierbei nur eine PXE-fähige Netzwerkkarte erforderlich. Die notwendige Software zur Ausführung des PXE-Protokolls wird über den Start von einer Diskette zur Verfügung gestellt (PXE-on-Disk).

3. **Disketten**
   Imaging-Bootdisketten lassen sich sehr einfach erstellen (Abschnitt 13.5.1). Drei bzw. vier Disketten sind notwendig, um Linux zu starten und eine Verbindung mit dem Imaging-Server herzustellen. Ferner sind die notwendigen Dateien darauf gespeichert, die insbesondere für die Ausführung von Imaging-Vorgängen notwendig sind.

4. **CD**
   Sie können auch eine Imaging-Boot-CD für die Durchführung von Imaging-Operationen erstellen (Abschnitt 13.5.4). Sie benötigen dafür lediglich einen CD-Brenner. Der Vorteil liegt hier in einem wesentlich schnelleren Bootvorgang und der Möglichkeit mehr benötigte Dateien zu speichern, als dies auf den Disketten möglich ist.

5. **Festplattenpartition**
   Auf einem Computer kann eine kleine versteckte Partition erstellt werden. Auf dieser Partition wird Linux sowie alle weitere notwendige Software installiert, die für eine Verbindung mit dem Imaging-Server sorgt. Ferner sind die notwendigen Dateien darauf gespeichert, die insbesondere für die Ausführung von Imaging-Vorgängen notwendig sind.

13.5.1 Startdisketten erstellen

Für das Imaging muss auf dem Computer eine Linux-Applikation ausgeführt werden. Dazu muss temporär Linux gestartet werden. Dafür wird ein startbares Gerät mit einem Linux-Kernel, der ZfD Imaging-Engine und den Netzwerk-Treibern benötigt. In diesem Abschnitt wird die Erstellung und Konfiguration von Disketten beschrieben.

Rufen Sie in der ConsoleOne im Menü *Werkzeuge* den Befehl *ZENworks-Programme\Imaging\Startdiskette erstellen oder bearbeiten* auf (*Tools\ZENworks Utilities\Imaging\Create or Modify Boot Diskette*). Das Werkzeuge können Sie auch manuell bei SYS:PUBLIC\ZENWORKS\IMAGING\ZIMGBOOT.EXE aufrufen, insbesondere auch, wenn der Aufruf aus der ConsoleOne heraus nicht funktioniert (Abb. 13.1).

Die Konfigurationseinstellungen des Dialogfelds werden später auf der dritten Diskette in der Datei SETTINGS.TXT gespeichert und können jederzeit mit einem Editor geändert werden.

Bevor Sie beginnen, legen Sie drei bzw. vier formatierte Disketten bereit (die vierte wird nur benötigt, wenn Sie eine andere Sprache als Englisch eingestellt haben).

- Geben Sie für den Imaging-Server im Abschnitt *Imaging-Proxyserver-Adresse* entweder die IP-Adresse oder den vollständigen DNS-Namen ein.

Die anderen Felder und Optionen im Dialogfeld können in den meisten Fällen unverändert mit den Standardwerten übernommen werden.

- Aktivieren Sie die erste Option, werden beim späteren Start von der ersten Diskette die hier vorgenommenen Konfigurationseinstellungen zur Bestätigung bzw. Änderung abgefragt.

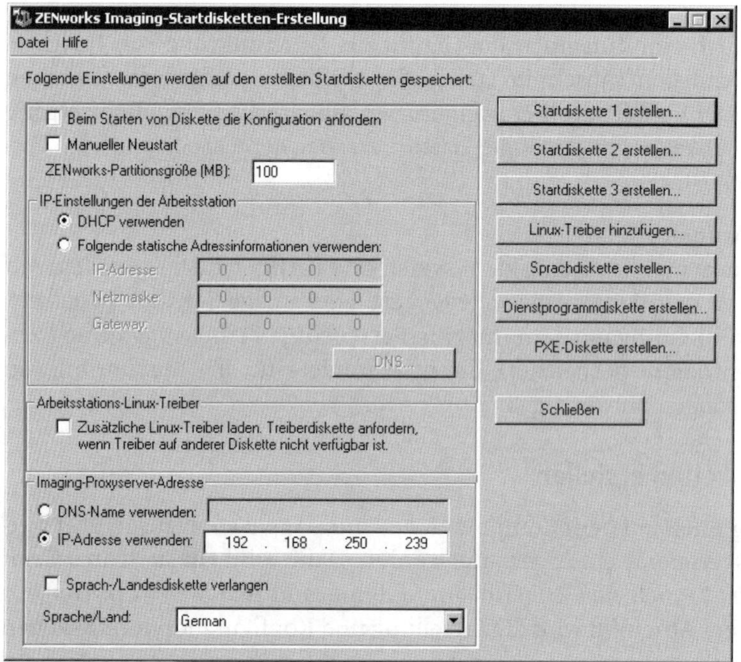

Abb. 13.1: Erstellung von Imaging-Boot-Disketten

- Mit der zweiten Option legen Sie fest, ob das Zielsystem später im automatischen Modus manuell neu gestartet werden muss oder nicht. Im manuellen Modus muss immer manuell neu gestartet werden.

  Wenn Sie eine Arbeitsstation mit den Imaging-Disketten starten und dabei der Startvorgang im automatischen Modus erfolgt, wird die Imaging-Engine gestartet und beim Imaging-Server bzw. im eDirectory überprüft, ob ein automatischer Imaging-Vorgang auf der Arbeitsstation durchgeführt werden soll. Ist dies der Fall, wird der Imaging-Vorgang ausgeführt und die Engine beendet. Ist dies nicht der Fall, wird die Engine beendet, ohne einen Vorgang auszuführen. Was danach geschieht, hängt von der Einstellung dieser Option ab.

  Bleibt die Option deaktiviert, werden Sie aufgefordert, die Diskette zu entfernen und eine beliebige Taste zu drücken, um die Arbeitsstation automatisch mit dem eigenen Betriebssystem zu starten. Wenn Sie die Option aktivieren, erfolgt kein automatischer Neustart. Stattdessen wird die Linux-Eingabeaufforderung angezeigt, damit Sie über die Befehlszeile weitere Aufgaben im Zusammenhang mit dem Imaging ausführen können. Dies ist hilfreich, wenn Sie vor dem Neustart mit dem lokalen Betriebssystem beispielsweise die aktuellen Partitionsinformationen oder die imagesicheren Daten prüfen möchten.

- Legen Sie fest, dass auf lokalen Arbeitsstationen eine Imaging-Partition erstellt werden soll, legen Sie im Feld *ZENworks-Partitionsgrösse* fest, wie viele MByte diese groß sein soll (die empfohlene Mindestgröße ist 50 MByte und die Maximalgröße liegt bei 2048 MByte). Sie können SETTINGS.TXT nachträglich mit einem Texteditor bearbeiten und die Größe bei PARTITIONSIZE beispielsweise bei Bedarf auf 4096 MByte setzen).
- Im nächsten Abschnitt sind IP-Einstellungen für die Disketten notwendig. Es empfiehlt sich DHCP einzusetzen. Verwenden Sie statische Angaben, müssen Sie darauf achten, dass für alle Diskettensätze eigene IP-Adressen verwendet werden!

  Klicken Sie auf die Schaltfläche DNS (nur wenn kein DHCP verwendet wird), um DNS-Domänen-Suffixe und die IP-Adressen von DNS-Servern anzugeben.
- Legen Sie bei *Arbeitsstations-Linux-Treiber* fest, ob Sie bei der späteren Anwendung der Disketten zusätzliche Linux-Treiber laden möchten (SCSI-, Block-, Netzwerk-, PCMCIA- und sonstige Treiber). Verwalten Sie die zusätzlichen Treiber mithilfe der Schaltfläche LINUX-TREIBER HINZUFÜGEN (siehe weiter unten in diesem Abschnitt mit einer detaillierteren Beschreibung).
- Benötigen Sie für die Tastaturbedienung eine andere Sprache als *English*, muss die Option bei *Sprach-/Landesdiskette verlangen* zusätzlich aktiviert und die Sprache ausgewählt werden. In diesem Fall muss eine zusätzliche Sprachdiskette erstellt werden (bei der späteren Ausführung müssen Sie die Diskette einlegen, wenn Sie dazu aufgefordert werden).
- STARTDISKETTE 1 ERSTELLEN

  Nachdem Sie die Konfigurationseinstellungen vorgenommen haben, klicken Sie auf diese Schaltfläche, um die erste Startdiskette zu erstellen (leere formatierte Diskette erforderlich).
- STARTDISKETTE 2 ERSTELLEN

  Legen Sie eine weitere leere, formatierte Diskette ein und klicken Sie auf OK.
- STARTDISKETTE 3 ERSTELLEN

  Legen Sie eine weitere leere, formatierte Diskette ein und klicken Sie auf OK.

Treiber können auch auf weiteren Disketten vorkommen, die zu erstellen sind.

- LINUX-TREIBER HINZUFÜGEN

  Beachten Sie bitte die Liste der aktuell unterstützten Netzwerktreiber im ZfD Administration Guide von Novell im Kapitel 45.

  Sie können hier Treiber der Liste hinzufügen (woher Sie Zusatztreiber bekommen können, finden Sie im Abschnitt 13.5.2) oder aus der Liste entfernen. Ferner legen Sie hier fest, welche Treiber standardmäßig geladen werden sollen.

Wählen Sie dazu die Treiber aus und klicken dann jeweils auf LADEN. In der Standardliste können Sie danach noch die Ladereihenfolge ändern sowie weitere Parameter festlegen.

Klicken Sie auf TREIBER KOPIEREN, um die geladenen Treiber auf die dritte Startdiskette oder eine weitere formatierte Diskette zu kopieren, falls auf der dritten Diskette nicht mehr ausreichend Platz verfügbar ist. Die Übertragung erfolgt in das Unterverzeichnis A:\DRIVERS. Dort stehen weitere Unterverzeichnisse zur Verfügung:

- Netzwerktreiber (\DRIVERS\NET)
- PCMCIA- bzw. PC-Card-Treiber (\DRIVERS\PCMCIA)
- Blocktreiber (\DRIVERS\BLOCK)
- SCSI-Treiber (\DRIVERS\SCSI)
- Sonstige Treiber (\DRIVERS\MISC)

Diese Verzeichnisstruktur mit den Treiber kann auch auf eine Boot-CD oder eine Linux-Bootpartition übertragen werden (muss manuell erfolgen).

- SPRACHDISKETTE ERSTELLEN

  Haben Sie eine andere Sprache als *English* festgelegt, erstellen Sie mithilfe dieser Schaltfläche eine weitere Diskette mit den Spracheinstellungen. Nach Abschluss des Kopiervorgangs werden Sie befragt, ob Sie auch die Dienstprogramm-Diskette erstellen möchten.

  Sie können die Dateien dieser Diskette normalerweise zusätzlich auf die dritte Diskette kopieren, da dort noch genügend Platz frei sein sollte (erspart einen Diskettenwechsel).

- DIENSTPROGRAMM-DISKETTE ERSTELLEN

  Sie können hier zusätzlich noch bei Bedarf eine Dienstprogrammdiskette (enthält weitere Linux-Programme) und eine PXE-Diskette (PXE-on-Disk) erstellen.

- PXE-DISKETTE ERSTELLEN

  Dadurch wird das Programm ZENWORKS\PXE\PXEBUILDER.EXE aufgerufen. Legen Sie eine Diskette ein und klicken Sie auf OK.

  Eine Auswahl der verfügbaren Treiber wird angezeigt (Abb. 13.2).

  Wählen Sie den benötigten Treiber in der Liste aus und klicken Sie auf INSTALL (wurde bereits ein Treiber auf Diskette gefunden, können Sie auch UNINSTALL bzw. REINSTALL verwenden).

  Die so erstellte Diskette verhält sich entsprechend wie ein BootPROM mit PXE-Protokoll. Funktioniert es nicht, haben Sie den falschen Netzwerkkartentreiber ausgewählt.

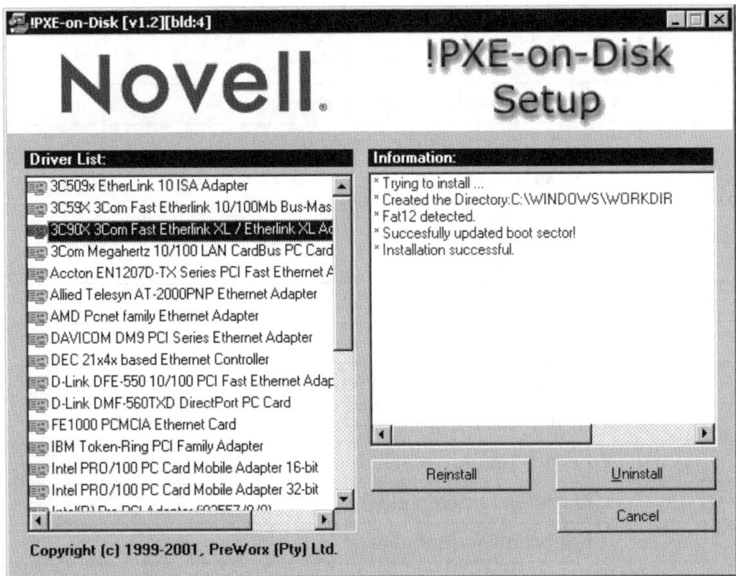

Abb. 13.2: PXE-on-Disk-Installation

- Klicken Sie zum Abschluss auf SCHLIESSEN, damit das Dialogfeld beendet wird.

Nach der Erstellung der Disketten können Sie deren Inhalt noch für bestimmte Zwecke anpassen. Dazu muss lediglich die Datei SETTINGS.TXT auf der dritten Diskette angepasst werden. Eine Beschreibung dieser Datei finden Sie im Abschnitt 13.5.3.

13.5.2 Treiber, Updates etc.

Beachten Sie dazu auch die folgende URL mit Treibern und weiteren Links `http://www.novell.com/coolsolutions/zenworks/features/a_linux_drivers_zw.html`. Hier gibt es aktualisierte Treiber sowie Links zu weiteren Linux-Treibern, nützliche Werkzeuge für das Imaging (IMAGING_LINUX_UTILITIES.ZIP) und Troubleshooting-Tipps.

Treiber sind heute vielfach auch direkt vom Hardware-Hersteller (oft nur zum Herunterladen aus dem Internet) verfügbar. Zusätzlich gibt es weitere Web-Sites, wo Treiber zum Herunterladen verfügbar sind (z.B. `http://www.scyld.com` und `http://pcmcia-cs.sourceforge.net`). Weitere Informationen gibt es auch bei `http://www.linuxdoc.org` und bei `http://www.linuxdoc.org/HOWTO/HOWTO-INDEX/howtos.html` gibt es Informationen, wie Sie selbst Treiber herstellen können.

Auf den Startdisketten befinden sich die in Tabelle 13.3 aufgeführten Werkzeuge (die Befehle bei der Eingabe bitte klein schreiben).

Werkzeug	Funktion
`ipconfig`	Anzeige von Netzwerkinformationen
`route`	Anzeige von Gateway-Informationen
`mkdir`	Erstellen eines Unterverzeichnisses
`cp`	Dateien kopieren
`rm`	Dateien löschen
`chmod`	Dateiattribute ändern
`gzip`	Packen und Entpacken von .GZ-Dateien
`tar`	Packen und Entpacken von .TAR-Dateien
`export`	Anzeigen und Setzen von Variablen
`pump`	DHCP-Client
`uname`	Kernel-Version finden
`sysctl`	Kernel-Parameter ändern
`rmmod`	Entladen von Modulen

Tabelle 13.3: Werkzeuge für das Imaging auf den Linux-Startdisketten

Zusätzliche Werkzeuge auf der Dienstprogramm-Diskette (die Befehle klein schreiben) sind in Tabelle 13.4 beschrieben.

Werkzeug	Funktion
`dd`	Bytes von Datenträgern lesen, in eine Datei kopieren und anzeigen
`du und df`	Datenträgerkapazität prüfen
`dhcpcd`	DHCP-Client
`diff`	Unterschiede zwischen zwei Dateien anzeigen
`dir`	Verzeichnisinhalt anzeigen
`dmesg`	Kernel-Meldungen anzeigen
`fdisk`	Partitionsliste bearbeiten
`hd`	Hex-Dump
`hostname`	Hostname der Arbeitsstation anzeigen
`lsmod`	Geladene Module anzeigen
`mkfs.ext2`	Linux-Partitionen formatieren
`nslookup`	Diagnoseprogramm zu DNS bzw. zur Namensauflösung
`pico und vi`	Editoren
`ping`	TCP/IP-Werkzeug
`sync`	Synchronisieren der Datenträgerinhalte. Nützlich, wenn Dateien zwischen Diskette und Festplatte kopiert werden, damit sichergestellt ist, dass alle Dateiinhalte geschrieben wurden.

Tabelle 13.4: Weitere Werkzeuge für das Imaging

Um mit den zusätzlichen Werkzeugen auf Diskette arbeiten zu können, muss unter Linux zuerst der Datenträger eingehängt werden. Beispiel:

```
mkdir /fd
mount -t msdos /dev/fd0 /fd
/fd/ping 192.168.250.8
```

13.5.3 Startparameter für das Imaging (SETTINGS.TXT)

Die Text-Datei SETTINGS.TXT befindet sich auf der dritten Startdiskette bzw. im Hauptverzeichnis auf der Linux-Partition der Festplatte oder Start-CD. Die Datei enthält alle notwendigen Parameter, um den Startvorgang zu kontrollieren bzw. zu steuern. Es handelt sich um eine reine Textdatei, in der für jeden einzelnen Parameter eine eigene Zeile benötigt wird. Befehlsaufbau:

```
PARAMETER=wert
```

Parameter	Beschreibung
#	Steht am Anfang von Kommentarzeilen.
PROMPT	Setzen Sie die Einstellung auf YES, haben Sie beim Start die Möglichkeit, die Einstellungen aus der Datei zu ändern, bevor sie ausgeführt werden (es erfolgen Abfragen). Bei NO oder wenn der Befehl fehlt, werden die Einstellungen aus der Datei übernommen. Sie können alternativ im Startmenü oder bevor Linux geladen wird, mit config [Enter] die Konfigurationsparameter ändern.
PARTITIONSIZE	Größe der lokalen ZfD-Imaging-Partition (Linux) in MByte. Die Standardgröße ist 100, die Minimumgröße ist 50 und der Maximalwert ist 2048 (2 Gbyte). Einen großen Wert benötigen Sie normalerweise nur, wenn Sie in dieser Partition auch ein Image speichern möchten, um später die Arbeitsstation ohne Netzwerkverbindung wiederherstellen zu können.
IPADDR	Statische IP-Adresse für den lokalen Computer (jeder PC muss eine eindeutige Adresse im Netzwerk besitzen). Parameter weglassen oder auskommentieren, wenn DHCP verwendet wird.
NETMASK	Subnet-Maske bei Verwendung einer statischen IP-Adresse. Der Parameter wird beim Einsatz von DHCP nicht benötigt.
GATEWAY	Ggf. Gateway-Adresse (Router) bei Verwendung einer statischen IP-Adresse (nicht notwendig beim Einsatz von DHCP).
DNSDOMAINSUFFIX	Eine Liste der DNS-Suffixe, die benutzt werden, um vom Computer benutzte Verbindungen zu identifizieren. Trennen Sie mehrere Angaben durch ein Leerzeichen. Bei Verwendung von DHCP wird dieser Parameter nicht benötigt.

Tabelle 13.5: Beschreibung der Parameter in SETTINGS.TXT

Parameter	Beschreibung
DNSNAMESERVER	Eine Liste der DNS-Server, um Namen aufzulösen. Die Angaben als IP-Adressen, getrennt durch ein Leerzeichen. Bei Verwendung von DHCP wird dieser Parameter nicht benötigt.
PROXYADDR	IP-Adresse oder DNS-Name des ZfD-Imaging-Servers, mit dem im automatischen bzw. unbeaufsichtigten Modus verbunden werden soll. Der Wert wird der Linux-Variablen PROXYADDR zugewiesen, die später von der Imaging-Engine eingelesen wird, um den Imaging-Server zu kontaktieren.
DEFAULTDRIVER	Normalerweise wird dieser Parameter nicht benötigt, da die verwendete Netzwerkkarte automatisch erkannt wird. Klappt das nicht, muss die Treiberdatei mit diesem Parameter spezifiziert werden.
DEFAULTPORT	Normalerweise wird dieser Parameter ebenfalls nicht benötigt, da der Anschluss automatisch erkannt wird. Geben Sie die Portadresse oder den IRQ hexadezimal an, wenn es nicht automatisch funktioniert.
MANUALREBOOT	Im automatischen Modus erfolgt beispielweise nach dem Imaging ein automatischer Neustart (bei Diskettenstart oder CD werden Sie vorher zur Entnahme des Datenträgers aufgefordert), wenn der Parameter auf No eingestellt wird. Bei Yes erscheint die Eingabeaufforderung von Linux. Im manuellen Modus muss der Computer immer manuell neu gestartet werden. Starten Sie ein System vom Imaging-Gerät (Disketten, CD, Partition oder PXE) im automatischen Modus, wird der Imaging-Server kontaktiert, ob ein Imaging-Vorgang für die Arbeitsstation ansteht. Wenn ja, wird dieser ausgeführt und beendet. Wenn nein, wird ohne weitere Aktion beendet.
LANGDISK	Auf Yes setzen, wenn Sie nicht mit einer englischen Tastatur arbeiten wollen (extra Diskette ggf. notwendig).
LOADADDITIONALDRIVERS	Der Parameter muss auf Yes gesetzt werden, wenn zusätzliche Treiber benötigt werden. Sie werden dadurch aufgefordert, einen Datenträger mit dem Verzeichnis \DRIVERS einzulegen.

Tabelle 13.5: Beschreibung der Parameter in SETTINGS.TXT (Forts.)

Für Tastaturen, die kein US-englisches Layout besitzen, können Sie, wie bereits beschrieben, eine andere Sprache verwenden. Zur Steuerung befindet sich bei ZENWORKS\IMAGING die Datei ZIMGLANG.INI. Sie ist im INI-Dateiformat aufgebaut und enthält die einzelnen Sprachoptionen für die Herstellung einer Sprachdiskette. Beispiel für Deutschland:

```
[German]
keymap=keymaps/de.kmap.gz
Font=consolefonts/iso01.f16.psf.gz
ACM=consoletrans/iso01.acm.gz
```

Sie finden im Abschnitt die Tastaturzuordnung, den Zeichensatz und die Unicodezuordnung. Es besteht hier die Möglichkeit, die Datei um weitere Sprachen oder Varianten zu erweitern. Sie müssen im Internet versuchen die entsprechenden .GZ-Dateien für Linux zu finden. Kopieren Sie die .GZ-Dateien in die Verzeichnisse KEYMAPS, CONSOLEFONTS und CONSOLETRANS auf die Festplatte unter BOOTDISK. Jetzt muss noch ein entsprechender Sprachabschnitt wie im vorstehenden Beispiel zur deutschen Tastatur in ZIMGLANG.INI eingefügt werden (als Abschnittname verwenden Sie die Sprachebezeichnung, die in ZIMGBOOT.EXE angezeigt werden soll).

13.5.4 Startbare CD herstellen

Etwas komplizierter ist die Herstellung einer startbaren CD. Wenn PXE nicht zum Einsatz kommt und in den Zielsystemen CD-Laufwerke verfügbar sind, lohnt sich der Aufwand allerdings. Auf einer CD haben Sie erheblich mehr Platz und können eventuell sogar noch ein Image unterbringen.

- Am besten erstellen Sie als erstes Startdisketten.
- Erstellen Sie in einem temporären Verzeichnis auf der Festplatte die Datei SETTINGS.TXT bzw. übernehmen Sie diese von der dritten Diskette. Führen Sie bei Bedarf noch Anpassungen in der Datei durch (siehe Abschnitt 13.5.3).
- Kopieren Sie bei Bedarf A:\DRIVERS von der Diskette mit den zusätzlichen Linux-Treibern in das temporäre Verzeichnis.
- Bei Bedarf können Sie dem temporären Verzeichnis auch noch ein oder mehrere Images hinzufügen, die Sie zuvor erstellt haben. Allerdings gelingt das bei modernen Betriebssystemen wie Windows 2000/XP nur selten, da diese selbst bei hoher Komprimierungsrate zu groß sind, um auf einer CD Platz zu finden.
- Brennen Sie die Datei SYS:PUBLIC\ZENWORKS\IMAGING\BOOTCD.ISO vom Imaging-Server auf die CD und fügen Sie die Dateien des temporären Verzeichnisses dem Hauptverzeichnis der CD hinzu (Multisession-CD).

Vorsicht

Nicht alle CD-Laufwerke unterstützen Multisession-CDs. Leider starten eine nicht gerade kleine Menge Computer nicht von derartigen CDs (dies gilt insbesondere für ältere Laufwerke). Daher sind auch Mischformen mit CD und Diskette denkbar.

13.5.5 Eigene PXE-Menüs erstellen

Wenn eine Arbeitsstation mit PXE startet, wird je nach konfigurierter Option in den Richtlinien oder dem Arbeitsstations-Objekt ein ZfD Preboot-Services PXE-Menü am Client angezeigt. Erstellen Sie kein eigenes Menü, stehen automatisch vier Optionen im Menü zur Verfügung:

- ZENworks-Imaging im automatischen Modus starten
- ZENworks-Imaging im Verwaltungsmodus starten
- Die ZENworks-Partition deaktivieren
- Die ZENworks-Partition aktivieren
- Menü verlassen und lokalen Neustart fortsetzen

Mit dem *ZEN Preboot Menu Editor* können Sie eine eigene Menüauswahl für die Arbeitsstationen erstellen. Es lassen sich Menüpunkte und Untermenüs sowie Einträge zur Ausführung von Programmen erstellen.

Der Editor wird automatisch installiert, wenn Sie die Preboot-Services auf einem Windows-Server installieren (der Aufruf erfolgt über das Startmenü). Erfolgt die Installation auf einem NetWare-Server, fehlt der Editor. In diesem Fall müssen Sie von der Programm-CD das Verzeichnis \MENU EDITOR beispielsweise auf den Server kopieren. Das Programm MEDITOR.EXE lässt sich nur unter Windows ausführen.

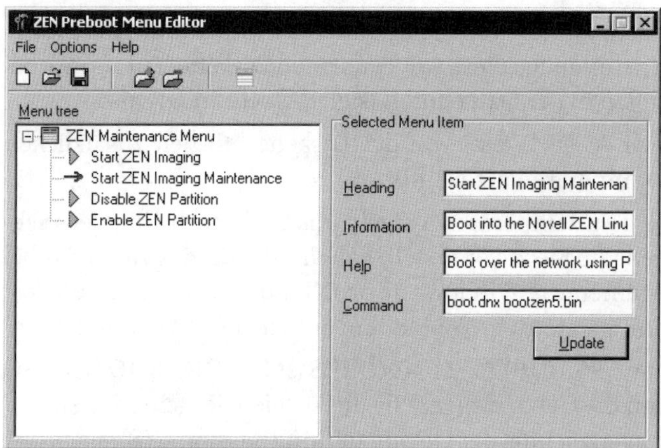

Abb. 13.3: Der ZEN Preboot Menu Editor

Über die Symbolschaltflächen oder Menüs können Sie Menüdateien (.MNU) öffnen und speichern, Menüeinträge erstellen und löschen sowie einen Export in eine binäre Datei (.DAT) vornehmen. Nur die binäre Variante kann zur Ausführung verwendet werden.

Es werden zwei verschiedene Menüs mitgeliefert:

- Bei DEFMENU.MNU handelt es sich um die Standardversion, die zum Einsatz kommt, wenn Sie selbst kein eigenes Menü zuweisen. Sie können diese Datei beispielsweise in Ihre Sprache übersetzen oder einzelne Menüpunkte löschen.
- EXAMPLE.MNU ist ein Beispiel für ein eigenes Menü. Die darin verwendeten Befehlsdateien (Funktionen) sind nur Beispiele und werden nicht mitgeliefert.

Beim Exportieren wird eine binäre Variante erstellt, die unter PUBLIC\ZENWORKS\IMAGING\TFTP gespeichert werden muss.

Die Menüdatei kann in Richtlinien zum Imaging auf der Seite *PXE-Einstellungen* im Feld *PXE-Menü aus dieser Datei lesen, anstatt das Standardmenü zu verwenden* angegeben werden (siehe z.B. Abschnitt 13.7).

13.6 Imaging durchführen

Als Startdatenträger für Arbeitsstationen können Sie entweder Startdisketten, eine startbare CD oder eine eigene kleine Festplatten-Partition verwenden.

Damit ein Image zugewiesen werden kann, muss entweder die Arbeitsstation als Objekt in das eDirectory importiert worden und ein Flag für das Imaging gesetzt worden sein, oder Sie konfigurieren die Richtlinie für den ZfD Imaging-Server im eDirectory.

13.6.1 Image einer Arbeitsstation manuell erstellen

Das Image einer Installation auf einer Arbeitsstation kann automatisch/unbeaufsichtigt (Abschnitt 6) oder manuell erstellt werden. Bei der manuellen Erstellung kann das Image an den Imaging-Server gesandt oder auf einem lokalen Datenträger gespeichert werden.

1. Starten Sie die Arbeitsstation bzw. das Referenzsystem (Master siehe Abschnitt 13.15) mithilfe der Startdisketten oder einer entsprechenden Boot-CD. Alternativ kann auch PXE verwendet werden.
2. Kommt PXE zum Einsatz und wird kein Menü für die Auswahl angezeigt, da der automatische Modus aktiv ist, kann trotzdem in den manuellen Modus gewechselt werden. Während der Abfrage beim Imaging-Server wird am oberen Bildschirmrand ein blauer Balken mit einem Timeout-Zähler angezeigt. Drücken Sie während der Anzeige `Strg`+`Alt` (Vorsicht, es stehen nur wenige Sekunden dafür zur Verfügung), wird das *ZEN Maintenance Menu* angezeigt, soweit Sie diese Option nicht grundsätzlich über das Arbeitsstations-Objekt, die Imaging-Richtlinie oder Imaging-Server-Richtlinie unterbinden.

   Verwenden Sie PXE, wählen Sie im Menü *Start Maintenance Mode ZEN Imaging*. In allen anderen Fällen geben Sie bei `boot:` die Auswahl `manual` ein.

```
                     Novell ZENworks Imaging 4
o For automatic mode, type:                                    <ENTER>
o For manual mode, type:                                       manual <ENTER>
o To configure parameters on ZEN Partition, type:              config <ENTER>
o To install/update ZEN Partition, type:                       install <ENTER>
  This might delete all partitions on the drive !!!!
```

```
o To reinstall ZEN Partition boot loader, type:          lilo <ENTER>
o To disable ZEN Partition, type                          disable <ENTER>
o To enable ZEN Partition, type                           enable <ENTER>

boot:
```

Listing 13.1: Bootmenü bei Verwendung von Startgeräten

3. Verwenden Sie Startdisketten, legen Sie jeweils nach Aufforderung die entsprechenden weiteren Disketten ein und betätigen Enter.
4. In jedem Fall gelangen Sie damit zur Eingabeaufforderung (`bash#`).
5. Geben Sie optional `img d` (Partition Dump) ein, damit eine Liste der Partitionen auf der Arbeitsstation angezeigt wird.
6. Zur Erstellung des Images der Arbeitsstation ist folgender Befehl notwendig (Beispiel). Achten Sie darauf, dass der angegebene Pfad auf dem Server existiert.

```
img mp 192.168.250.239 //server1/daten/images/wxp.zmg comp=1
```

mp ist dabei der Parameter für die Erstellung eines Images (Make on Proxy), das zum Imaging-Server übertragen werden soll. Als zweiter Parameter muss die IP-Adresse oder der DNS-Name des Imaging-Servers angegeben werden. Beim dritten Parameter handelt es sich um den UNC-Pfad und den Dateinamen für die Imagedatei (es müssen unbedingt Vorwärts-Schrägstriche verwendet werden). Der letzte Parameter gibt optional die Komprimierungsrate an (siehe auch Abschnitt 13.6.5 mit einer detaillierten Beschreibung):

0 = Keine Komprimierung

1 = Zeitoptimiert

6 = Ausgewogene Komprimierung

9 = Platzoptimiert

Alternativ können Sie `img` ohne Parameter eingeben. Daraufhin gelangen Sie zu einer Menüauswahl, in der Sie *Make an Image* und danach *Proxy Image* auswählen. Für die weiteren Angaben wird ein Dialogfeld angezeigt, das Sie zum Abschluss mit OK bestätigen müssen.

7. Der Imaging-Vorgang geht relativ schnell vonstatten und wird detailliert mit einem Fortschrittbalken am Bildschirm dargestellt.

   Ist der Bildschirm schwarz, hat lediglich der Bildschirmschoner von Linux gestartet, den Sie beispielsweise mit Shift beenden.

8. Nach dem Beenden der Übertragung des Images auf den Server können Sie ggf. die Diskette oder CD entnehmen und die Arbeitsstation beispielsweise mit Strg+Alt+Entf neu starten.

13.6.2 Image auf einer Arbeitsstation manuell installieren

1. Gehen Sie hier genauso vor, wie bereits für die Erstellung des Images unter Punkt 1. bis 5. beschrieben. Beachten Sie, dass die Arbeitsstation insbesondere in Verbindung mit Windows NT 4.0 hardwaremäßig zum Image passt.
2. Zur Installation der Arbeitsstation ein Image vom Imaging-Server holen. Beispiel:

   ```
   img rp 192.168.250.239 //server1/daten/images/wxp.zmg
   ```

   Mit dem Parameter `rp` wird der Befehl zur Wiederherstellung von Proxy aufgerufen. Weitere Angaben zu den Parametern finden Sie im Abschnitt 13.6.1 unter Punkt 6, wobei hier selbstverständlich der Parameter für die Komprimierung entfällt.

3. Der Imaging-Vorgang geht schneller vonstatten als im umgekehrten Fall und wird detailliert mit einem Fortschrittbalken am Bildschirm dargestellt.

   Ist der Bildschirm schwarz, hat lediglich der Bildschirmschoner von Linux gestartet, den Sie beispielsweise mit `Shift` beenden.

4. Nach der Installation des Images sollten Sie die Partitionen mit `img d` prüfen.
5. Geben Sie zum Abschluss lilo.s ein, wenn eine ZENworks-Partition verwendet wird und drücken Sie `Enter`.
6. Zum Abschluss entnehmen Sie ggf. die Diskette oder CD und starten die Arbeitsstation beispielsweise mit `Strg`+`Alt`+`Entf` neu.

13.6.3 Arbeitsstationen für unbeaufsichtigtes Imaging vorbereiten

Können Sie die Preboot-Services (PXE) nicht verwenden, benötigen jedoch eine unbeaufsichtigte Methode für die Arbeitsstationen, ist es erforderlich, eine Imaging-Partition (Linux-Bootpartition) auf den Zielsystemen zu erstellen.

Tipp

Insbesondere für mobile Systeme ist es durchaus interessant, diese Partition so groß zu erstellen, dass auch ein Image darin untergebracht werden kann. Somit besteht auch die Möglichkeit eine lokale Wiederherstellung durchzuführen. Beschreiten Sie diesen Weg allerdings möglichst nur für Systeme, die nicht mit einem Netzwerk verbunden sind oder nur über eine sehr langsame Anbindung verfügen.

Die folgenden Arbeiten sind auf Clients nur einmalig notwendig. Diese Vorarbeiten sind nicht erforderlich, wenn manuelles Imaging durchgeführt wird oder die Preboot-Services zum Einsatz gelangen sollen.

Die folgenden aufgeführten Punkte 1 bis 3 werden nur benötigt, wenn das Image nicht über die Server-Richtlinie an unbekannte Clients verteilt werden soll.

1. Installieren Sie den aktuellen Novell-Client für ZfD 4.0 auf der Arbeitsstation, falls dies noch nicht geschehen ist. Alternativ können Sie auch den ZfD-Verwaltungsagenten installieren.
2. Überprüfen Sie, ob die Arbeitsstation bereits in das eDirectory importiert wurde (ein Serverpaket mit einer Richtlinie für das automatische Importieren von Arbeitsstationen ist notwendig – Kapitel 5). Die Arbeitsstation muss sich im gleichen Baum wie der Imaging-Server befinden. Für das automatische bzw. unbeaufsichtigte Imaging sind entsprechende Richtlinien im eDirectory zu erstellen, die später noch in diesem Kapitel beschrieben werden.

   Eine Alternative bietet die Imaging-Richtlinie für Server (Serverpaket), mit deren Hilfe nicht importierte Arbeitsstationen unbeaufsichtigt geklont werden können.
3. Konfigurieren Sie das Arbeitsstations-Objekt im eDirectory mit den Imaging-Operationen, die durchgeführt werden sollen.
4. Falls nicht schon bei der Installation geschehen, installieren Sie den ZfD-Imaging-Agenten auf der Arbeitsstation. Bei Windows NT/2000/XP kopieren Sie dazu von SYS:PUBLIC\ZENWORKS\IMAGING die Datei ZISWIN.EXE und von SYS:PUBLIC\ZENWORKS\IMAGING\NLS\DEUTSCH oder \ENGLISH die Datei ZISWINR.DLL nach %SystemRoot%\SYSTEM32. Geben Sie folgenden Befehl an einer Eingabeaufforderung ein:

   ```
   ziswin -install
   ```

   Übertragen Sie ein neues Basisimage auf eine Arbeitsstation, erhält diese die gleichen Identifikationsdaten wie der Computer, auf dem das Image hergestellt wurde (z.B. IP-Adresse und Computername). Um dieses Problem zu umgehen, wird der Imaging-Agent benötigt, bevor ein neues Basisimage installiert wird. Der Agent speichert die Identifikationsdaten (Image-sichere Daten) in einem Bereich der Festplatte, den ein neues Image nicht überschreibt.
5. Starten Sie die Arbeitsstation mit der ersten Startdiskette (oder einem anderen Bootgerät) und legen Sie nach Anforderung die weiteren Disketten ein.
6. Erstellen Sie bei Bedarf ein neues Image der Arbeitsstation auf dem Server. Vorsicht: Es können maximal drei primäre Partitionen zur späteren Wiederherstellung gesichert werden.
7. Geben Sie als Nächstes am Boot-Prompt `install` ein und drücken Sie [Enter]. Damit wird eine ZfD-Imaging-Partition (Linux-Partition) als erste Partition auf der Festplatte erstellt, deren Standardgröße 100 MByte ist (Achtung: Alle vorher vorhandenen Partitionen sind danach nicht mehr verfügbar).

Wichtig

Ist bereits eine ZfD-Imaging-Partition auf der Festplatte vorhanden, wird diese lediglich aktualisiert. Dabei werden eventuell vorhandene Windows-Partitionen intakt belassen.

8. Legen Sie nach Aufforderung die erste Startdiskette wieder ein und drücken Sie `Enter`.
9. Wenn der Vorgang abgeschlossen ist, entnehmen Sie alle Wechseldatenträger und betätigen eine beliebige Taste. Damit ist die Erstellung einer neuen Partition abgeschlossen.

Wichtig

Die weitere Vorgehensweise ist nur möglich, wenn manuell gestartet und bei der Konfiguration nicht bestätigt wurde, dass ein automatischer Start erfolgen soll.

10. Lassen Sie sich nach Anzeige des Prompts mit `img d` die Partitionsliste anzeigen. Die ZfD-Imaging-Partition ist versteckt und darf daher nicht sichtbar sein, wodurch nur drei Einträge angezeigt werden. Alternativ können Sie auch `img` ohne Zusatzeingabe verwenden und anschließend im Menü `Dump` und danach `No Geometry` auswählen.
11. Stellen Sie als Nächstes bei Bedarf das gesicherte Image der Arbeitsstation wieder her. Beispiel (am Zeilenende wird das unter Punkt 6 gesicherte Image angegeben):

```
img rp 192.168.250.8 //server1/secret/imgs/img1.zmg
```

12. Überprüfen Sie mit `img d` nach dem Imaging die Partitionen. Es sollten jetzt die alten Partitionen dargestellt werden (die Linux-Partition ist nicht sichtbar, da diese nach wie vor versteckt ist).
13. Geben Sie zum Abschluss `lilo.s` ein und starten Sie danach die Arbeitsstation neu. Damit sollte dann das zurückkopierte Betriebssystem gestartet werden.

    Wird nach dem Neustart die Eingabeaufforderung von Linux angezeigt, geben Sie `lilo.s` noch einmal ein und starten danach das System neu.

Bei jedem Neustart erhält das Imaging-Modul die Kontrolle und fragt den Imaging-Server ab (bzw. das eDirectory), ob ein neuer Imaging-Vorgang durchgeführt werden soll (geht sehr schnell). Wenn nicht, wird danach automatisch das lokal installierte Windows gestartet.

Zusätzliche Treiber auf der ZfD-Imaging-Partition installieren

Sie können bei Bedarf zusätzlich notwendige Treiber auf der Linux-Partition unterbringen. Ggf. kann nur dadurch überhaupt gearbeitet werden. In diesem Fall müssen Sie folgende Schritte in den vorher beschriebenen Ablauf integrieren.

- Starten Sie eine Arbeitsstation am besten mithilfe der ersten Diskette (alternativ mit der Boot-CD oder per PXE vom Imaging-Server).
- Die ZfD-Imaging-Partition muss bereits angelegt sein.
- Geben Sie am Boot-Prompt nach Anzeige des Menüs sofort den Befehl `manual` ein und drücken Sie [Enter]. Damit gelangen Sie in den Verwaltungsmodus. Bei PXE muss ggf. [Strg]+[Alt] gedrückt werden.
- Führen Sie einen mount der Festplatte durch:

```
mount /dev/hda1 /mnt/harddisk
```

- Führen Sie einen mount der Diskette durch, die notwendige Treiberdateien enthält und vorher eingelegt werden muss:

```
mount /dev/fd0 /mnt/floppy
```

- Kopieren Sie die benötigten Treiber auf die Linux-Partition:

```
cp /mnt/floppy/*.* /mnt/harddisk/lib/modules/2.4.18
```

  Die benötigten Treiber sollten sich auf der Diskette in den entsprechenden Unterverzeichnissen befinden (siehe Abschnitt 13.5.1).
- Geben Sie zum Neustart den Befehl `reboot` ein und drücken Sie [Enter].

Zusätzliche Treiber für die Preboot-Services

Leider ist diese Aufgabe nicht so einfach und erfordert in jedem Fall zumindest ein wenig Erfahrung mit Linux sowie einen Computer, auf dem Linux installiert ist. Eine Beschreibung finden Sie im ZfD Administration Guide im Abschnitt *Additional Information About Booting to Linux*.

ZfD-Imaging-Agent (ZISWIN.EXE)

Dieser Agent ist eine Erweiterung, die während des Systemstarts ausgeführt wird, bevor eine Netzwerkverbindung zustande kommt. Der Agent speichert eindeutige Arbeitsstationsinformationen in einem vor dem Überschreiben mit Images sicheren Bereich des Systems (Image-sicherer Bereich). Nach einem Imaging werden aus diesem Bereich vom Agenten (dieser muss dazu selbstverständlich installierter Bestandteil des Images sein) die eindeutigen Daten wiederhergestellt.

Eine neue Arbeitsstation erhält über das eDirectory die eindeutigen Daten neu zugewiesen, falls vorher noch kein Agent installiert war (zum Zeitpunkt, wenn ein neues Image zum ersten Mal auf der Arbeitsstation aufgebracht wird). Nach dem Neustart weist der Agent der Arbeitsstation die Daten zu. Achten Sie darauf, dass der Agent für diesen Zweck auf dem Master vor dem Imaging installiert ist.

Der Agent verwaltet folgende Image-sicheren Daten (ausführlich im Abschnitt 13.8.1):

- Statische IP-Adresse (IP-Adresse, Subnet-Maske und Standard-Gateway) oder ob DHCP benutzt wird
- Computername (NetBIOS-Name)
- Arbeitsgruppe (soweit eine Mitgliedschaft besteht)
- Wenn die Arbeitsstation im eDirectory (NDS) registriert bzw. importiert wurde: Name des Arbeitsstations-Objekts sowie Kontext und Baum des Objekts
- In Verbindung mit Windows NT/2000/XP wird beim Aufbringen eines Images auch eine neue eindeutige SID bestimmt und in allen Instanzen des Systems ausgetauscht

Wichtig

Domänen-Informationen bleiben unangetastet! Es werden vom Agenten keine Windows NT/2000/XP-Domäneninformationen gesichert oder wiederhergestellt.

Eine Version des ZfD-Imaging-Agenten befindet sich auf dem Imaging-Server im Verzeichnis SYS:PUBLIC\ZENWORKS\IMAGING. Nach der Installation befindet sich ZISWIN.EXE lokal entweder bei NOVELL\ZENIS oder im Verzeichnis %WinDir%\SYSTEM32 bzw. \SYSTEM.

13.6.4 Arbeitsstations-Image-Objekt erstellen

Damit Images in Richtlinien und anderen Objekten zur Anwendung auf Arbeitsstationen verwendet werden können, müssen für diese Objekte im eDirectory erstellt werden.

- Speichern Sie auf dem Imaging-Server Imagedateien, die in eDirectory-Objekten verwendet werden sollen. Zumindest müssen die Images über ein Server-Objekt im eDirectory erreichbar sein.
- Erstellen Sie in der ConsoleOne ein Arbeitsstations-Image-Objekt (ggf. im Container mit den Arbeitsstations-Objekten). Rufen Sie die Eigenschaften zur Konfiguration auf (Abb. 13.4).

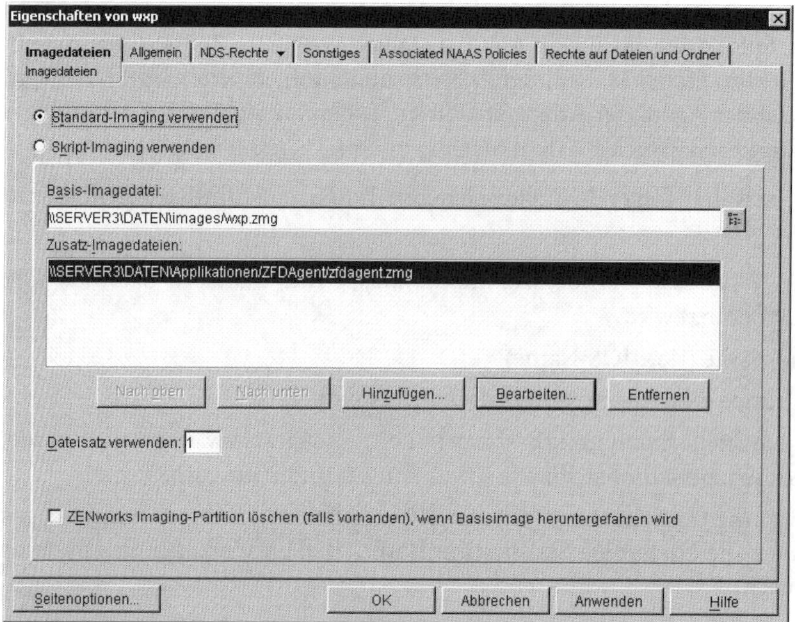

Abb. 13.4: Erstellung eines Imaging-Objekts im eDirectory

- Konfigurieren Sie es mit einem Verweis auf die Image-Datei, die auf den Arbeitsstationen eingerichtet werden soll. Achten Sie darauf, dass die Arbeitsstationen auf die Image-Datei zumindest Leserechte besitzen!

  Zur Auswahl der *Basis-Imagedatei* klicken Sie neben dem Feld auf die Symbolschaltfläche. Wählen Sie im Dialogfeld (Abb. 13.5) anschließend den Server und den Pfad mit der Imagedatei aus und klicken Sie auf OK.

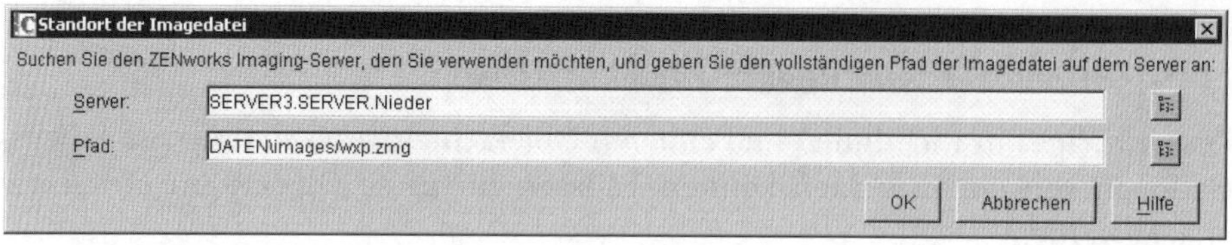

Abb. 13.5: Auswahl der Imagedatei

  Bei Bedarf kann ein Arbeitsstations-Image-Objekt auch ohne Angabe einer Basis-Image-Datei erstellt werden.

- Ab ZfD 3.2 können Sie entweder diese Standardmethode verwenden (*Standard-Imaging verwenden*), oder Sie verwenden eine Skriptsprache (*Skript-Imaging verwenden*), was sicherlich aufwändiger, jedoch flexibler ist. Bei der Skriptsprache handelt es sich um die Linux-Befehle, die auch in Verbindung beispielsweise mit den Disketten zur Client-Partition verwendet werden können (in der Hilfe gibt es einige Beispiele).

- Ferner gibt es jetzt hier eine Option, mit deren Hilfe die ZENworks-Partition auf Arbeitsstationen entfernt werden kann. Aktivieren Sie dazu das Kontrollfeld zu *ZENworks Imaging-Partition löschen (falls vorhanden), wenn Basisimage heruntergefahren wird.* Diese Option wirkt nur, wenn die Ziel-Arbeitsstation nicht von der Imaging-Partition für das Imaging gestartet wurde.
- Fügen Sie ggf. noch Zusatz-Image-Dateien hinzu (siehe dazu die Beschreibung zu Applikations-Images im Kapitel 10 zum Applikationsmanagement und Abschnitt 13.9). Dabei handelt es sich um Images von Applikationsobjekten oder solche, die mit dem Image-Explorer erstellt wurden (Abschnitt 13.9.2). Achten Sie darauf, dass sich die Zusatz-Image-Dateien in der richtigen Reihenfolge befinden. Die Zusatz-Images werden mit dem Basisimage an die Arbeitsstation übertragen und nach dem Neustart lokal installiert.
- Ggf. müssen Sie auch noch die Nummer bei *Dateisatz verwenden* ändern (siehe dazu die Beschreibung zum *Image Explorer* im Abschnitt 13.10).

13.6.5 Unbeaufsichtigtes Imaging einer Arbeitsstation

Sie können das Image einer einzelnen Arbeitsstation entweder automatisch erstellen lassen und auf einem Server speichern oder ein Image automatisch auf einem System installieren. Aktivieren Sie eine derartige Option, wird diese beim nächsten Neustart der Arbeitsstation im automatischen Modus ausgeführt.

- Als Erstes wird selbstverständlich ein Image und Image-Objekt (siehe Abschnitt 13.6.4 zur Erstellung des Objekts im eDirectory) benötigt, wenn ein solches auf eine Arbeitsstation übertragen werden soll.
- Rufen Sie in der ConsoleOne die Eigenschaften eines Arbeitsstations-Objekts im eDirectory auf (z.B. durch einen Doppelklick).
- Auf der Seite *Konfiguration* der Registerkarte *ZENworks Imaging* sind die Einstellungen für das Senden und Empfangen von Images erforderlich. Die Optionen werden beim nächsten unbeaufsichtigten Start der Arbeitsstation ausgeführt. Die Kontrollfelder werden nach erfolgreicher Übertragung automatisch wieder deaktiviert, damit nicht bei jedem Start ein Imaging-Vorgang wiederholt wird.

  Aktivieren Sie *Image dieser Arbeitsstation beim nächsten Start erstellen,* damit das Image einer Arbeitsstation auf dem Imaging-Server gespeichert wird (Abb. 13.6). Klicken Sie auf das Durchsuchen-Symbol rechts neben dem Feld *Image speichern unter* an und geben Sie Pfad und Dateiname für das Speichern an. Zusätzlich kann eine Komprimierung aktiviert werden. Sie haben dazu die Wahl zwischen folgenden Komprimierungsstufen:

  - *Zeitoptimiert*: Schnellstes Imaging, wobei das Image auf dem Server allerdings von allen Optionen am größten ist (kleinste Komprimierungsstufe).
  - *Ausgewogen*: Kompromiss zwischen den beiden anderen Optionen (mittlere Komprimierungsstufe).

- *Platzoptimiert*: In diesem Fall entsteht zwar die kleinste Imagingdatei, aber der Vorgang benötigt die meiste Zeit (höchste Komprimierungsstufe).

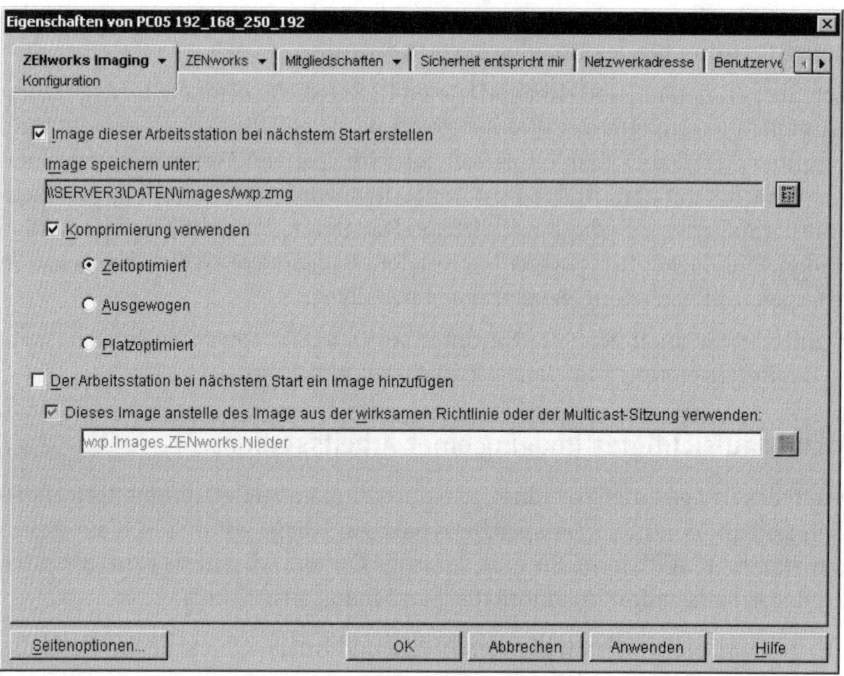

Abb. 13.6: Ein Image von einer Arbeitsstation abholen

In Tabelle 13.6 habe ich Ihnen ein paar Vergleichsdaten für das Senden und Empfangen von Images zusammengestellt (es wurden jeweils die gleichen Computersysteme verwendet). Betrachten Sie diese Werte nicht als absolut, sondern im Vergleich (Unterschiede im Sekundenbereich sind nicht berücksichtigt). In der Praxis können »echte« Werte in Abhängigkeit von verfügbarer Netzwerkbandbreite, Geschwindigkeit von Server und Arbeitsstation usw. gravierend abweichen. Zu beachten ist insbesondere, dass eine hohe Komprimierung prozessorlastig und eine hohe Kapazität netzwerklastig ist.

Komprimierung	Dauer Senden	Imagedateigröße Senden	Dauer Empfangen
Zeitoptimiert	23 Minuten	1,14 GByte	12 Minuten
Ausgewogen	27 Minuten	1,10 GByte	12 Minuten
Platzoptimiert	37 Minuten	1,10 GByte	12 Minuten
Keine	19 Minuten	1,82 GByte	15 Minuten

Tabelle 13.6: Vergleichswerte zum Senden und Empfangen von Images mit ZENworks

Wie anhand der Tabelle erkennbar ist, handelt es sich wie bei den meisten Programmen zum Imaging auch hier bei der zeitoptimierten Methode im Regelfall um die günstigste Option.

Aktivieren Sie *Der Arbeitsstation beim nächsten Start ein Image hinzufügen*, wird der Arbeitsstation beim nächsten Neustart im automatischen Modus ein Image übertragen, um sie beispielsweise nach einem Ausfall wiederherzustellen. Dazu wird normalerweise das in der dazugehörigen Imaging-Richtlinie angegebene Image angewendet (Abschnitt 13.8). Sie können jedoch hier ein Image angeben, das mit höherer Priorität auf der Arbeitsstation ausgeführt wird (siehe 13.6 im unteren Fensterbereich).

- Auf der Seite *Verlauf* der Registerkarte *ZENworks Imaging* finden Sie die Information, welches Image als letztes auf die Arbeitsstation angewendet wurde. Zusätzlich werden in einer Liste eventuelle Zusatz-Imagedateien aufgeführt (Images von Applikationsobjekten – siehe Kapitel 10), die ebenfalls übertragen wurden.
- Auf der Seite *PXE-Einstellungen* können andere Einstellungen wie in der wirksamen Richtlinie für Arbeitsstationen vorgenommen werden, die mit höherer Priorität wirken.
- Die lokale Imaging-Partition kann hier auf der Seite *Imaging-Partition* mit höherer Priorität wie in der wirksamen Richtlinie für Arbeitsstationen deaktiviert oder nicht deaktiviert werden.

13.7 Imaging für registrierte und nicht registrierte Arbeitsstationen

Startet ein Computer mit den Disketten, einer Imaging-Partition usw. im automatischen bzw. unbeaufsichtigten Modus, wird der Imaging-Server kontaktiert und überprüft, ob ein neuer Vorgang für das Imaging der Arbeitsstation im eDirectory zur Ausführung vorliegt.

Für neue Arbeitsstationen gibt es noch keine Arbeitsstations-Objekte im eDirectory. Daher wird eine entsprechende Serverrichtlinie benötigt. Aber auch in Verbindung mit registrierten Arbeitsstations-Objekten können Sie eine derartige Richtlinie verwenden. Ist im Arbeitsstations-Objekt kein Image zum Aufspielen angegeben und gibt es auch keine Arbeitsstations-Imaging-Richtlinie, wird automatisch die Imaging-Server-Richtlinie für die Auswahl benutzt.

1. Bereiten Sie Images für die Ziel-Arbeitsstationen vor und speichern Sie diese auf einem Server (die Anzahl notwendiger Images sollte aufgrund des notwendigen Verwaltungsaufwands und Platzbedarfs so klein wie möglich gehalten werden).
2. Erstellen Sie, falls noch nicht vorhanden, ein Serverpaket für den Imaging-Server zur Konfiguration einer Imaging-Richtlinie.

3. Doppelklicken Sie in der ConsoleOne das Serverpaket.
4. Aktivieren Sie die *Imaging-Server-Richtlinie* und klicken Sie auf EIGENSCHAFTEN (Abb. 13.7).

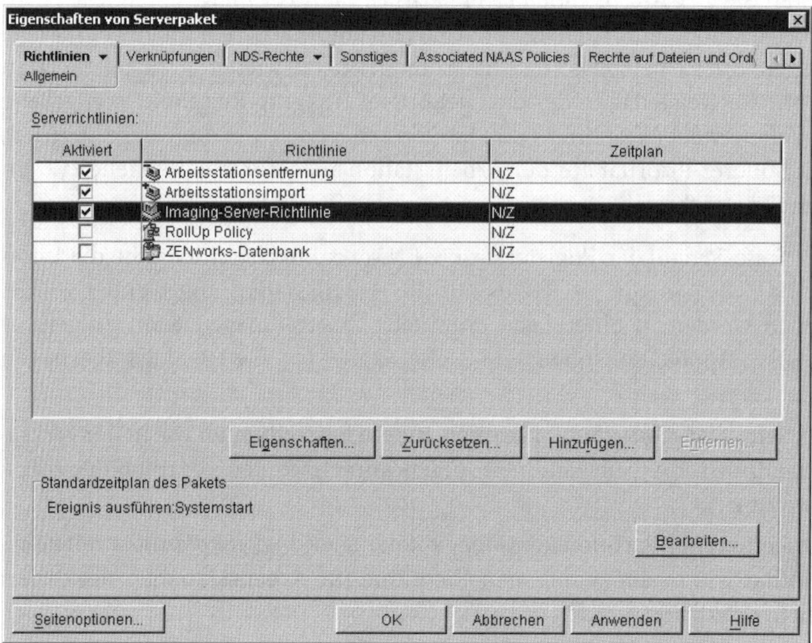

Abb. 13.7: Imaging-Richtlinie für unbekannte Arbeitsstationen erstellen

5. Haben Sie bisher eine Linux-Partition für das Imaging auf den Arbeitsstationen verwendet und wollen künftig die Preboot-Services einsetzen, können Sie auf der Seite *Imaging-Partition* der Registerkarte *Allgemein* das Kontrollfeld *ZENworks Imaging-Partition deaktivieren, falls vorhanden* aktivieren (Abb. 13.8). Damit wird die Partition auf den Zielsystemen nicht gelöscht, sondern lediglich deaktiviert und künftig nicht mehr verwendet. Erst mit der Übertragung eines neuen Images lässt sich diese Partition später implizit entfernen.

   Auf der Seite *PXE-Einstellungen* nehmen Sie die Konfiguration vor, wenn die Preboot-Services zum Einsatz kommen und zu den Arbeitsstations-Objekten keine Konfiguration vorgenommen wurde (besitzen die höhere Priorität). Im ersten Bereich steht die Konfiguration zum PXE-Menü zur Verfügung, das ggf. auf den Arbeitsstationen zum Einsatz kommen soll. Standardmäßig ist die Option aktiv, dass ein Auswahlmenü nur dann angezeigt werden soll, wenn beim Start `Strg`+`Alt` gedrückt wird. Die Standardeinstellung ist empfehlenswert, da normalerweise die automatische Ausführung des Imagings durchgeführt wird und dabei kein Menü erforderlich ist.

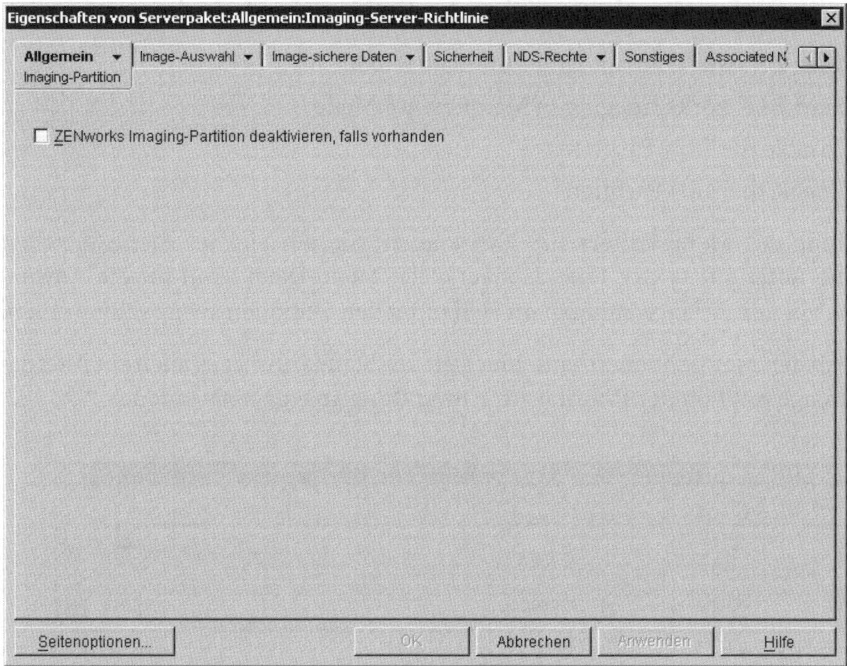

Abb. 13.8: Linux-Partition auf Arbeitsstationen deaktivieren

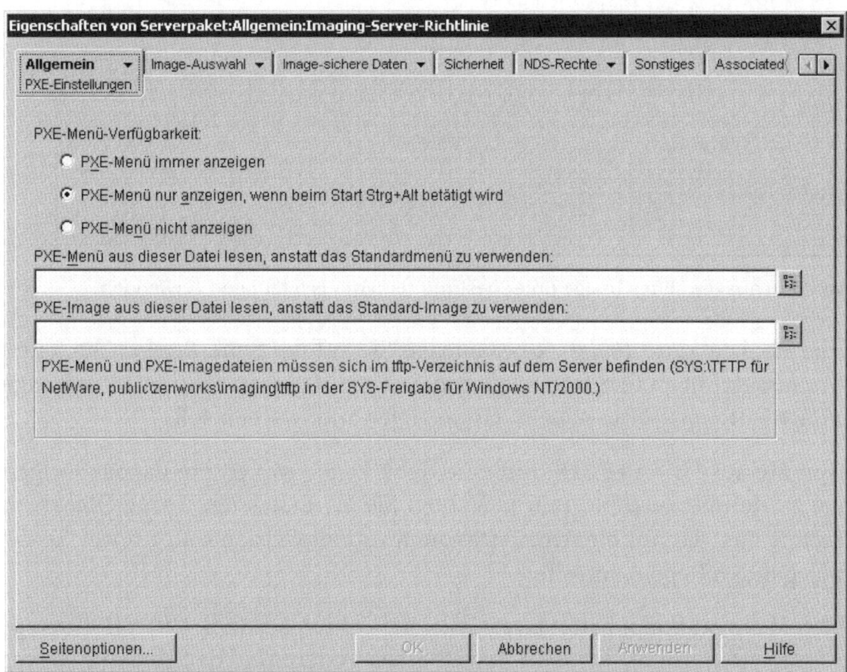

Abb. 13.9: Konfiguration der PXE-Einstellung zu den Preboot-Services

Das Standardmenü enthält die folgenden Optionen zur Auswahl:

- Start ZENworks Imaging in Automatic Mode
- Start ZENworks Imaging in Maintenance Mode
- Disable the ZEN Partition
- Enable the ZEN Partition

Mithilfe des Menü-Editors für PXE können Sie ein eigenes Menü erstellen (siehe Abschnitt 13.5.5). Eine dabei erstellte Menü-Datei kann für die Anwendung auf den Arbeitsstationen im Feld unter den Optionen ausgewählt werden.

Neben den Menüoptionen kann hier statt des Standardimages auch ein Alternativ-Image mit höherer Priorität zur Anwendung angegeben werden.

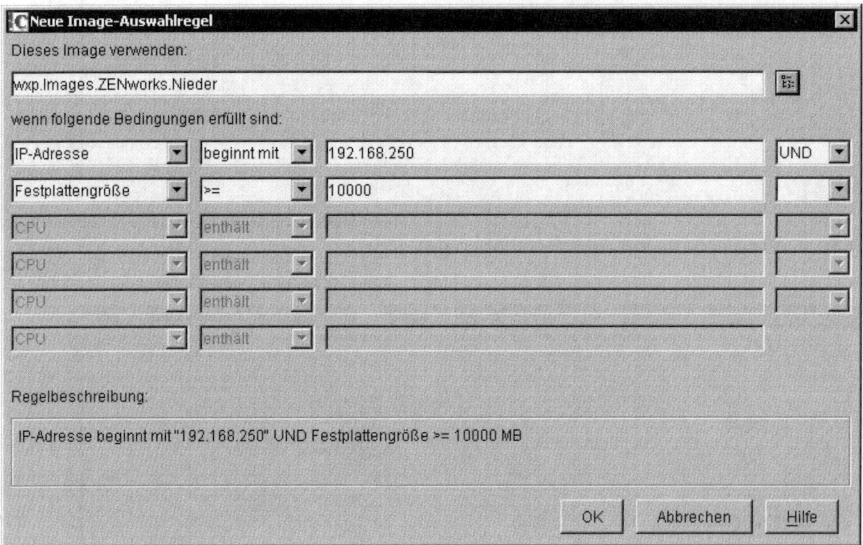

Abb. 13.10: Ein ausgewähltes Image unter bestimmten Voraussetzungen verwenden

6. Auf der Registerkarte *Image-Auswahl* legen Sie auf der Seite *Regeln* (Abb. 13.11) die Voraussetzungen fest, unter welchen Bedingungen ein ausgewähltes Image auf eine nicht registrierte Arbeitsstation angewandt werden soll.

   Klicken Sie auf HINZUFÜGEN, um eine neue Regel, mit einem dazugehörigen Image zu definieren (Abb. 13.10). Wählen Sie als Erstes ein Image-Objekt im eDirectory aus, das auf die Arbeitsstationen verteilt werden soll, auf welche die festzulegenden Regeln zutreffen.

   Wählen Sie im aufklappbaren Listenfeld eine Option aus (z.B. CPU, IP-Adresse oder Festplattengröße), die beim Zugriff eines Systems auf den Imaging-Server abgefragt werden soll. Legen Sie eine Bedingung fest und geben Sie den Vergleichswert an. Sie können mehrere Bedingungen mit *UND* oder *ODER* verknüpfen. Im letzten Abschnitt (*Regelbeschreibung*) wird die komplett definierte Regel dargestellt, bei deren Erfüllung eine Arbeitsstation das im ersten Feld angegebene Image erhält.

Haben Sie die Bedingungen, unter denen ein Image verteilt werden soll, festgelegt, klicken Sie auf OK.

Damit kehren Sie auf den Registerdialog bzw. die Seite *Regeln* zurück. Sie können jetzt weitere Regeln für andere Images hinzufügen. Greift eine Arbeitsstation zu, werden die aufgeführten Regeln/Images in der angezeigten Reihenfolge abgearbeitet. Die Reihenfolge kann mithilfe der Schaltflächen NACH OBEN und NACH UNTEN verändert werden. Einzelne Einträge können Sie mit ENTFERNEN aus der Liste löschen und mit EIGENSCHAFTEN ändern.

Trifft eine Regel bei der Abarbeitung von oben nach unten vollständig zu, wird das dazugehörige Image auf das Zielsystem angewendet. Um zur Kontrolle festzustellen, was für ein Image für eine Arbeitsstation zutrifft, starten Sie diese mit Linux (beispielsweise mit der ersten Startdiskette) und geben Sie den Befehl `img info` ein (es werden die Hardwareinformationen angezeigt). Mit `img info zisd` werden die Image-sicheren Daten angezeigt.

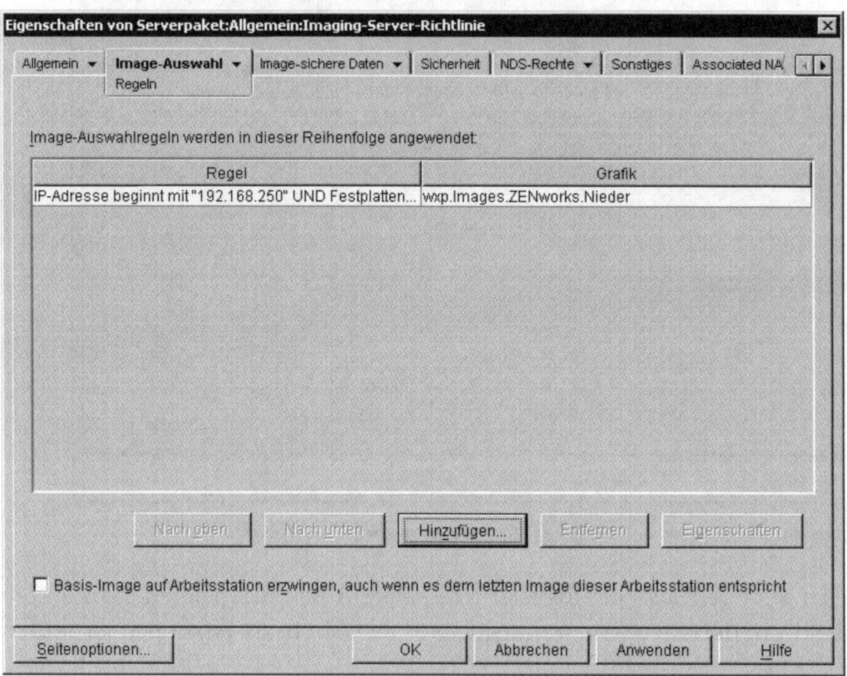

Abb. 13.11: Konfiguration von Images mit Auswahlregeln

Sie können hier zusätzlich die Option *Basis-Image auf Arbeitsstation erzwingen, auch wenn es dem letzten Image dieser Arbeitsstation entspricht* aktivieren. Images, die auf den Zielssystem dem hier zur Verfügung gestellten entsprechen, werden nicht erneut übertragen und angewendet. Wenn Sie dies trotzdem erzwingen wollen, aktivieren Sie das Kontrollfeld (Vorsicht, dass nicht ständig beim jedem Neustart einer Arbeitsstation ein Imaging erfolgt).

Risiko

Gehen Sie mit der Option auf dieser Seite sehr vorsichtig um, damit es nicht versehentlich zu einer Imageverteilung auf Arbeitsstationen kommt, die Sie gar nicht neu versorgen wollen (ggf. Datenverlust!). Normalerweise wird die Option nur in Testumgebungen benötigt, in denen Systeme ständig neu aufgesetzt werden müssen.

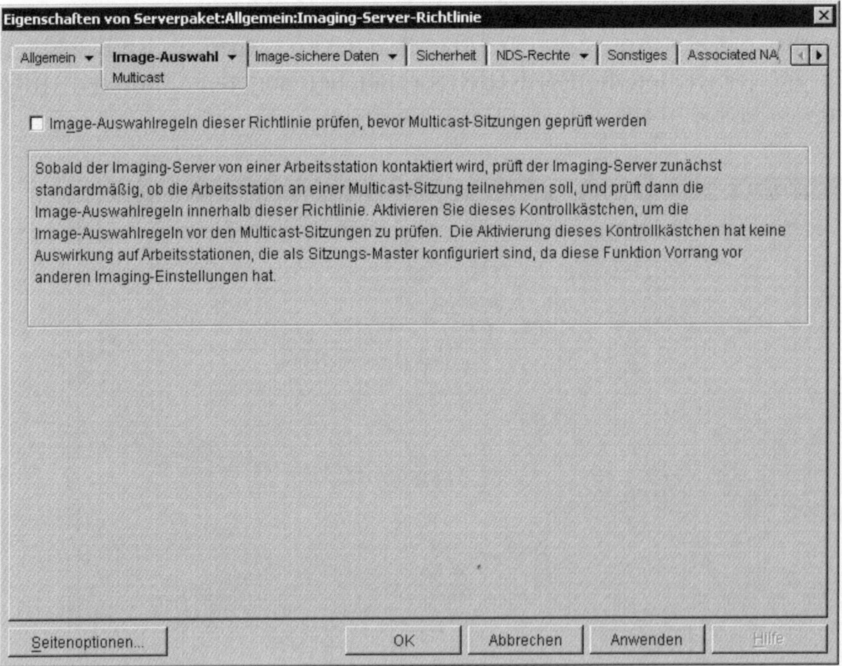

Abb. 13.12: Auswahlregeln vor Multicast-Sitzungen prüfen

7. Auf der Seite *Multicast* der Registerkarte *Image-Auswahl* aktivieren Sie das Kontrollfeld um die Image-Auswahlregeln vor den Multicast-Sitzungen zu prüfen (Abb. 13.12).
8. Weiter geht es auf der Registerkarte *Image-sichere Daten*.

Auf den Seiten dieser Registerkarte legen Sie Daten fest, die auf Arbeitsstationen ggf. noch nicht verfügbar sind (IP-Konfiguration, Windows-Netzwerk und DNS-Einstellungen). Siehe auch Abschnitt 13.8.1.

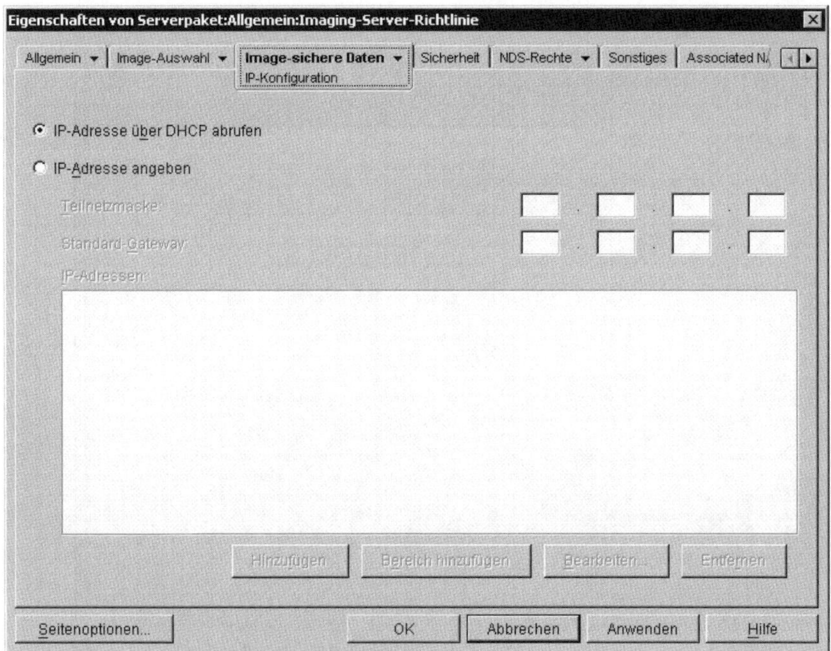

Abb. 13.13: IP-Konfiguration für die Zielsysteme

Gibt es auf den Zielsystemen beim Starten von der ZfD-Imaging-Partition keine *IP-Konfiguration*, müssen Sie hier statische IP-Adressen zur Auswahl angeben oder DHCP verwenden (Abb. 13.13). Es kann hier nur eine Teilnetzmaske und ein Gateway verwendet werden. Um eine einzelne IP-Adresse hinzuzufügen, klicken Sie auf HINZUFÜGEN und für einen Bereich BEREICH HINZUFÜGEN. Änderungen von Einträgen sind mit BEARBEITEN möglich bzw. zum Löschen von Einträgen verwenden Sie nach einer Auswahl ENTFERNEN.

Jede verbrauchte IP-Adresse wird auf dieser Seite nach der Anwendung gelöscht und auf der Seite *IP-Zuordnungsprotokoll* der Registerkarte angegeben (um Einträge zu löschen, wählen Sie diese aus und klicken auf ENTFERNEN). Gleichzeitig wird die IP-Adresse in den Image-sicheren Daten der Ziel-Arbeitsstation eingetragen (Linux-Partition). Sind die IP-Adressen alle vergeben, kann keine mehr zugeordnet werden und es wird automatisch die IP-Konfiguration aus dem Image übernommen, was zu doppelten IP-Adressen im Netzwerk führen kann. Nicht nur aus diesem Grunde ist der Einsatz von DHCP sehr empfehlenswert.

9. Angaben auf der Seite *Windows-Netzwerke* werden nur berücksichtigt, soweit auf den Zielsystemen keine Image-sicheren Daten verfügbar sind. Legen Sie die Präfixe für neue Computernamen fest. Sie können maximal 8 Zeichen eingeben, die auf maximal 15 Zeichen lokal beim Aufspielen des Images auf Systeme durch den Imaging-Agenten aufgefüllt werden. Zusätzlich können Sie festlegen, dass die Zielstationen einer bestimmten Arbeitsgruppe angehören sollen (maximal 15 Stellen).

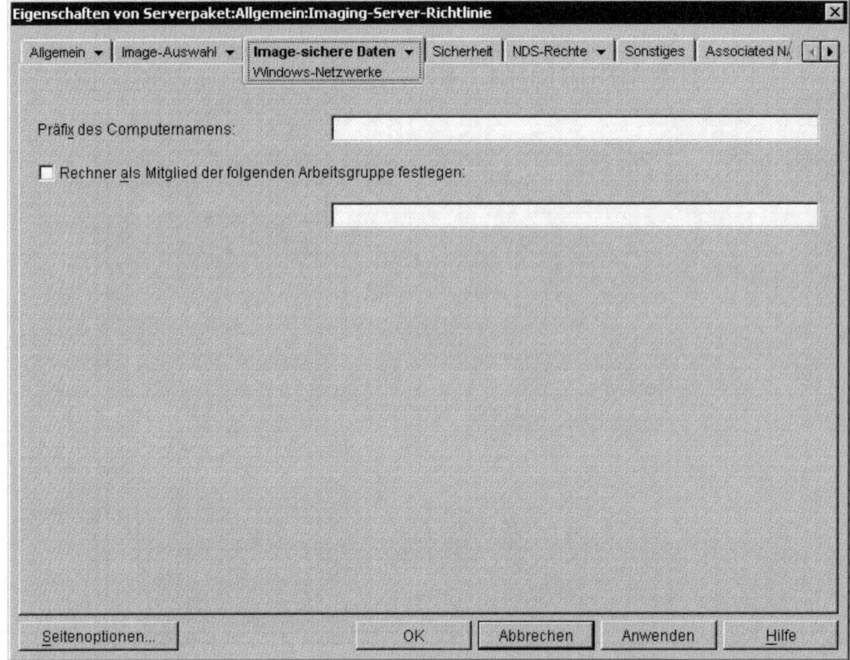

Abb. 13.14: Einstellungen zu Computernamen und zur Arbeitsgruppenmitgliedschaft

10. Sind auf den Zielsystemen keine Image-sicheren Daten für DNS verfügbar, müssen Sie diese auf der Seite *DNS-Einstellungen* vorgeben. Dabei geben Sie bei Bedarf im ersten Feld eine DNS-Suffix ein und fügen weitere Einstellungen mithilfe der Schaltfläche HINZUFÜGEN der Liste hinzu.

    Für die DNS-Server muss die entsprechende IP-Adresse eingegeben werden. Die Reihenfolge können Sie mithilfe von NACH OBEN und NACH UNTEN ändern. Einträge können mit BEARBEITEN geändert bzw. mit ENTFERNEN aus der Liste gelöscht werden.

11. Auf der Registerkarte *Sicherheit* legen Sie fest, ob Images auf dem Server überschrieben werden können und welche Pfade ausschließlich genutzt werden können.

    Die Einstellungen auf der Seite *Heraufladebeschränkungen* sind auch für den Modus `manual` gültig. Alle anderen Einstellungen gelten ausschließlich für das automatische Imaging.

    Aktivieren Sie das erste Kontrollfeld, kann das Image eines Systems beim Heraufladen automatisch eine bereits bestehende Imagedatei überschreiben (standardmäßig ist das nicht möglich). Zusätzlich können Sie eine Verzeichnisliste festlegen, in der für den Imaging-Server festgelegt wird, in welchen Verzeichnissen ausschließlich Image-Dateien abgelegt werden können.

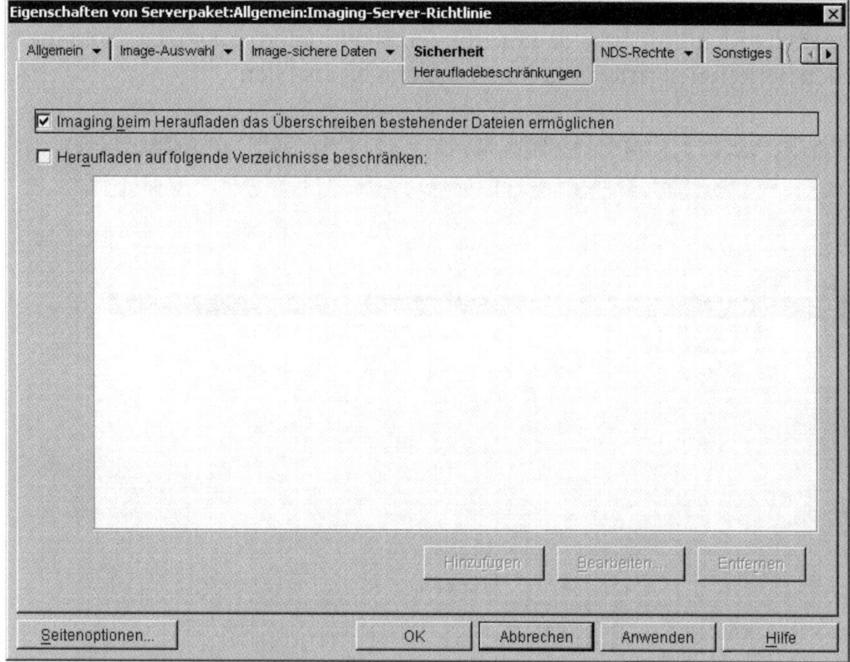

Abb. 13.15: Festlegen von Beschränkungen für das Heraufladen von Images

12. Achten Sie darauf, dass das Serverpaket korrekt zugewiesen wird. Entweder Sie führen eine Zuweisung für den oder die Imaging-Server oder den oder die Contianer, in denen sich die Server-Objekte befinden, durch.
13. Speichern Sie Ihre Einstellungen jeweils mit ANWENDEN und OK.

Bedenken Sie, dass die hier vorgenommenen Einstellungen nur wirken, wenn der Imaging-Server von einer nicht im eDirectory importierten Arbeitsstation zur Übermittlung eines Images angefragt wird.

13.8 Imaging-Richtlinien für importierte Arbeitsstationen erstellen

In diesem Abschnitt beschreibe ich Ihnen, wie Sie die notwendigen Richtlinien für das Imaging von Arbeitsstationen erstellen und konfigurieren können, soweit diese bereits als Objekt im eDirectory vorhanden sind. Wird eine registrierte Arbeitsstation von einem Imaging-Gerät (Preboot-Services, Startdiskette usw.) im Autoimaging-Modus hochgefahren, wird der Imaging-Server kontaktiert und prüft, ob das Imaging-Flag des Arbeitsstations-Objekts im eDirectory gesetzt ist. Wurde im Objekt kein Image angegeben, wird die verknüpfte Arbeitsstations-Imaging-Richtlinie gesucht und das darin festgelegte Image angewendet.

- Erstellen Sie bei Bedarf im eDirectory ein neues Arbeitsstationspaket. Ggf. ist es sinnvoll die Richtlinie bzw. das Richtlinienpaket in den jeweiligen Containern mit den betroffenen Arbeitsstations-Objekten zu erstellen.

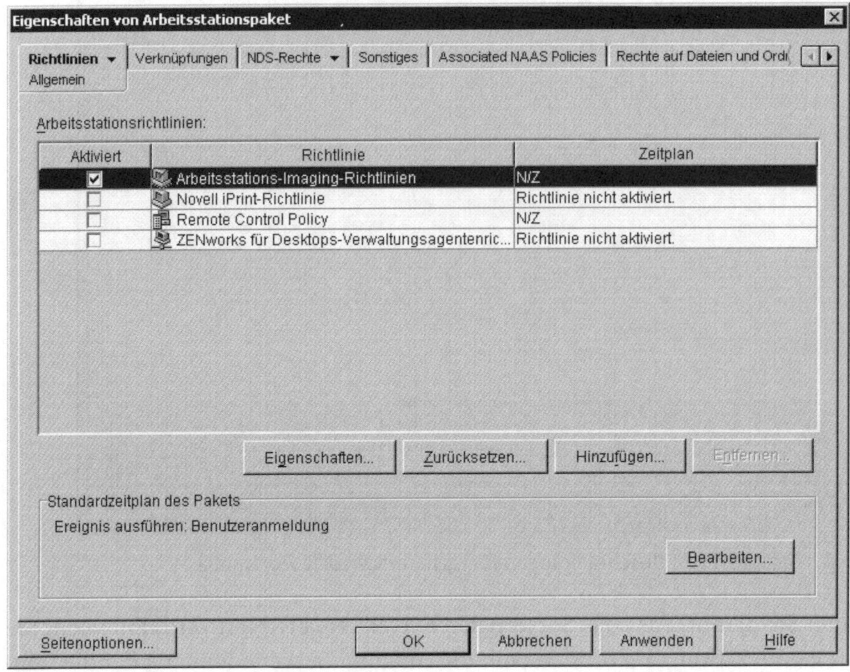

Abb. 13.16: Erstellen einer Arbeitsstations-Imaging-Richtlinie

- Aktivieren Sie *Arbeitsstations-Imaging-Richtlinien* (nur auf der Seite *Allgemein* verfügbar) und rufen Sie die Eigenschaften zur Konfiguration auf.
- Auf der ersten Registerkarte kann die ZENworks-Imaging-Partition (Linux-Partition) deaktiviert (Seite *Imaging-Partition* auf der Registerkarte *Allgemein*) und PXE konfiguriert werden.
- Auf der Seite *PXE-Einstellungen* nehmen Sie die Konfiguration vor, wenn die Preboot-Services zum Einsatz kommen und zu den Arbeitsstations-Objekten keine Konfiguration vorgenommen wurde (diese besitzen die höhere Priorität). Im ersten Bereich steht die Konfiguration zum PXE-Menü zur Verfügung, das ggf. auf den Arbeitsstationen zum Einsatz kommen soll. Standardmäßig ist die Option aktiv, dass ein Auswahlmenü nur dann angezeigt werden soll, wenn beim Start `Strg`+`Alt` gedrückt wird. Die Standardeinstellung ist empfehlenswert, da normalerweise die automatische Ausführung des Imagings durchgeführt wird und dabei kein Menü erforderlich ist.

  Das Standardmenü enthält die folgenden Optionen zur Auswahl:

  - `Start ZEN Imaging` (automatischer Imaging-Modus)

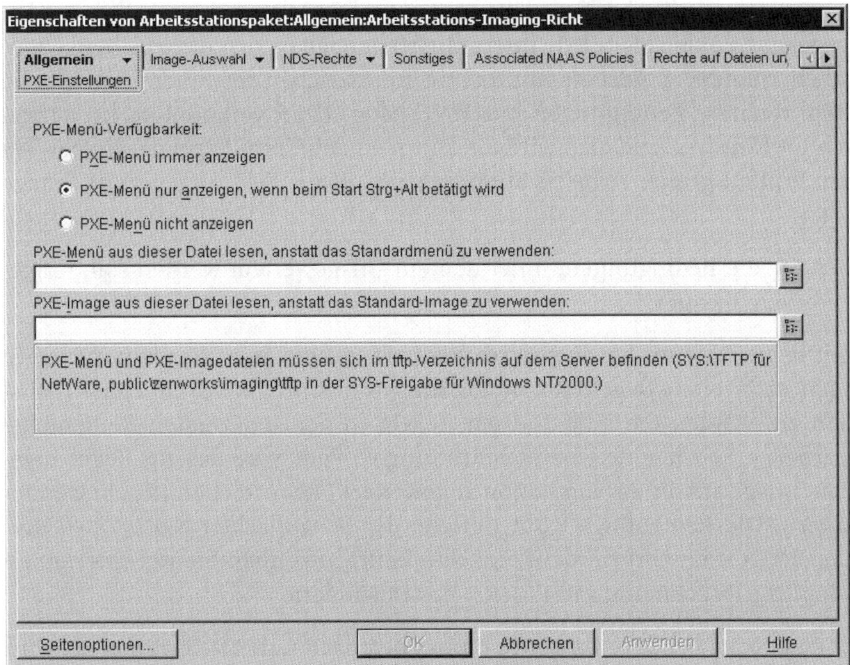

Abb. 13.17: PXE-Einstellungen für importierte Arbeitsstationen

- `Start Maintenance Mode ZEN Imaging` (manueller Modus)
- `Disable ZEN Partition`
- `Enable ZEN Partition`
- `Exit menu`

Mithilfe des Menü-Editors für PXE können Sie ein eigenes Menü erstellen (siehe Abschnitt 13.5.5). Eine dabei erstellte Menü-Datei kann für die Anwendung auf den Arbeitsstationen im Feld unter den Optionen ausgewählt werden.

Neben den Menüoptionen kann hier statt des Standardimages auch ein Alternativ-Image mit höherer Priorität zur Anwendung angegeben werden.

- Auf der Registerkarte *Image-Auswahl* legen Sie auf der Seite *Regeln* (13.11) fest, unter welchen Bedingungen ein ausgewähltes Image auf eine registrierte Arbeitsstation angewandt werden soll.

  Klicken Sie auf HINZUFÜGEN, um eine neue Regel mit einem dazugehörigen Image zu definieren (13.10). Wählen Sie als Erstes ein Image-Objekt im eDirectory aus, das auf die Arbeitsstationen verteilt werden soll, auf welche die festzulegenden Regeln zutreffen.

  Wählen Sie im aufklappbaren Listenfeld eine Option aus (z.B. CPU, IP-Adresse oder Festplattengröße), die beim Zugriff eines Systems auf den Imaging-Server abgefragt werden soll. Legen Sie eine Bedingung fest und geben Sie den Vergleichswert an. Außer bei Festplattengröße und RAM (in beiden Fällen werden eingegebene Zahlen als MByte interpretiert) handelt es sich um Zeichenkettenangaben. Eine MAC-Adresse muss ohne Trennzeichen verwendet werden. Sie können mehrere Bedingungen mit *UND* oder *ODER* verknüpfen. Im letzten Abschnitt (*Regelbeschreibung*) wird die komplett definierte Regel dargestellt, bei deren Erfüllung eine Arbeitsstation das im ersten Feld angegebene Image erhält.

Haben Sie die Bedingungen, unter den ein Image verteilt werden soll, festgelegt, klicken Sie auf OK.

Damit kehren Sie in den Registerdialog bzw. auf die Seite *Regeln* zurück. Sie können jetzt weitere Regeln für andere Images hinzufügen. Greift eine Arbeitsstation zu, werden die aufgeführten Regeln in der angezeigten Reihenfolge abgearbeitet. Sobald eine Übereinstimmung vorliegt, wird das zur Regel angegebene Image auf die Arbeitsstation angewendet (die restlichen Regeln werden ignoriert). Die Reihenfolge kann mithilfe der Schaltflächen NACH OBEN und NACH UNTEN verändert werden. Einzelne Einträge können Sie mit ENTFERNEN aus der Liste löschen und mit EIGENSCHAFTEN ändern.

Trifft eine Regel bei der Abarbeitung von oben nach unten vollständig zu, wird das dazugehörige Image auf das Zielsystem angewendet. Um zur Kontrolle festzustellen, was für ein Image für eine Arbeitsstation zutrifft, starten Sie ein System mit Linux (beispielsweise mit der ersten Startdiskette) und geben Sie den Befehl `img info` ein (es werden die Hardwareinformationen angezeigt). Mit `img info zisd` werden die Image-sicheren Daten angezeigt.

Risiko

Gehen Sie sehr vorsichtig bei der Konfiguration der Regeln und Zuweisung der Images vor, damit nicht versehentlich Arbeitsstationen ein falsches oder überhaupt ein Image erhalten.

- Auf der Seite *Multicast* der Registerkarte *Image-Auswahl* aktivieren Sie das Kontrollfeld, um die Image-Auswahlregeln vor den Multicast-Sitzungen zu prüfen (Abb. 13.12).
- Achten Sie darauf, dass das Arbeitsstationspaket korrekt zugewiesen wird. Entweder Sie führen eine Zuweisung für die Arbeitsstationsgruppen oder für den oder die Container, in denen sich die Arbeitsstations-Objekte befinden, durch.
- Speichern Sie Ihre Einstellungen jeweils mit ANWENDEN und OK.

Bedenken Sie, dass die hier vorgenommenen Einstellungen nur wirken, wenn der Imaging-Server von einer nicht im eDirectory importierten Arbeitsstation zur Übermittlung eines Images angefragt wird.

Wichtig

Soll eine Arbeitsstation beim nächsten Neustart mit einem Image versorgt werden, so brauchen Sie bei vorhandener Richtlinie die Funktion im Arbeitsstations-Objekt (*Der Arbeitsstation beim nächsten Start ein Image hinzufügen*) nur noch zu aktivieren (unbedingt testen – auch ob das richtige Image ausgelöst wird).

13.8.1 Image-sichere Daten

Die Daten der Hardware und die Image-sicheren Daten können Sie mithilfe eines Startgeräts bzw. Imaging-Bootgeräts (Abschnitt 13.5) im manuellen Modus abfragen. Beispiele:

```
img info
Hardware information:
   CPU:                    Genuine Intel Pentium 75 - 200 100 MHz
   Video adapter:          S3 Inc. ViRGE/DX or /GX (rev 1)
   Network adapter:        3Com 3C900 10b Combo (rev 0)
   MAC address:            00 60 08 91 79 AB
   Sound card:             No sound card detected
   Hard drive controller: IDE
   Hard drive capacity:   1033 MB
   Detected RAM:           124 MB
   Boot Media:             PXE
img info zisd
Image-safe data:
    Last image restored:  \\SERVER1\DATEN\images/wxp.zmg
Workstation Identity Information:
    Workstation Object:   PC005
    Workstation Context:  Arbeitsstationen.Nieder
    Preferred Tree:       NPCK
    NetBios Name:         PC005
    Workgroup:            ARBEITSGRUPPE
    Windows SID:          83886080-21-1409082233-706699826-...
Production IP Information:
    Uses DHCP
Production DNS Information:
    DNS Servers:          0
    DNS Suffix:           Not found
    DNS Hostname:         pc005
```

Wichtig

Fragen Sie bei den Regeln die IP-Adresse ab, funktioniert das nur, wenn statische IP-Adressen verwendet werden.

Mithilfe des Werkzeugs ZISCLEAR.EXE (TID 2957610 und 10056733) konnten Sie bei den bisherigen Versionen von ZfD-Imaging die Image-sicheren Daten einer Arbeitsstation entfernen. Sie brauchen dazu das Programm nur lokal ohne Parameter aufzurufen (es muss mit einer DOS-Diskette gestartet werden). Dafür können Sie ab ZfD 4.0 das Kommando `zisedit -c` zum Löschen aller Felder und `zisedit -r` zum Entfernen des Image-sicheren Bereichs verwenden.

Mithilfe von `zisview` können Sie sich den vollständigen Image-sicheren Bereich anzeigen lassen. Mit `zisview -h` wird eine Hilfe mit zusätzlichen, meist jedoch nicht benötigten Parametern angezeigt. Folgende Informationen stehen zur Verfügung:

- *Version*: Die Versionsnummer des ZfD-Imaging-Agenten.
- *Just imaged*: Bei der Angabe *True* liest der Agent die Daten vom Image-sicheren Bereich und schreibt diese in die Registry. Bei *False* werden die Daten aus der Registry gelesen und im Image-sicheren Bereich abgelegt.
- *Last image a script*: Anzeige, ob beim letzten Imaging ein Skript verwendet wurde (*True*) oder nicht (*False*).
- *Last image restored*: Pfad und Name der Imagedatei, die zuletzt auf die Arbeitsstation angewendet wurde.
- *Workstation Identity Information*: Name und Kontext des Arbeitsstations-Objekts im eDirectory, bevorzugter Baum, NetBios-Name der Arbeitsstation, Arbeitsgruppe, SID und Arbeitsstations-ID.
- *Production IP Information*: Es wird angegeben, ob DHCP oder eine statische IP-Adresse verwendet wird. Nur bei einer statischen IP-Adresse werden diese sowie die Subnet-Maske und die Gateway-IP angegeben.
- *Production DNS Information*: Soweit verfügbar, werden DNS-Server, DNS-Suffix und DNS-Hostname angezeigt.

Mithilfe von `zisedit` können Sie die Image-sicheren Daten bearbeiten. Dabei stehen allerdings nicht alle Felder zur Verfügung:

- Name des Arbeitsstations-Objekts im eDirectory
- Kontext des Arbeitsstations-Objekts
- Bevorzugter Baum
- NetBios-Name der Arbeitsstation
- Arbeitsgruppenmitgliedschaft
- Pfad und Name des zuletzt auf die Arbeitsstation angewendeten Images

- Ob DHCP oder statische IP-Adresse verwendet werden
- IP-Adresse, Standard-Gateway und Subnet-Maske

Mit `zisedit -h` können Sie sich eine umfangreiche Hilfefunktion anzeigen lassen. Beispielsweise lassen sich über Befehlszeilenparameter noch mehr Felder ansprechen und ändern.

13.8.2 Verbindungsloses Imaging

Es ist möglich, ein Imaging ohne Verbindung über das Netzwerk durchzuführen. Beachten Sie, dass dies nur manuell möglich ist. In diesem Fall muss das Image lokal über eine CD, ein JAZ-Medium oder die Festplatte verfügbar sein.

Verwendung einer CD-ROM

Eine Beschreibung, wie Sie eine derartige CD-ROMs erstellen können, finden Sie im Abschnitt 13.5.4. Allerdings ist hier nicht unbedingt eine startbare CD-ROM erforderlich, sondern es reicht aus, wenn sich zumindest das Image darauf befindet.

Startbare CD-ROM

- Starten Sie die Arbeitsstation mit der CD-ROM.
- Geben Sie als Modus `manual` ein und drücken Sie [Enter].
- Geben Sie `img d` ein und notieren Sie sich die Partitionsnummer der CD-ROM.
- Übertragen Sie das Image auf die Festplatte. Beispiel (`5` ist die Partitionsnummer der CD-ROM):

```
img rl5 /images/w2k.zmg
```

- Geben Sie nach dem Imaging `lilo.s` ein, wenn Sie mit einer ZENworks-Startpartition auf der Festplatte arbeiten, und drücken Sie [Enter].
- Entnehmen Sie die CD-ROM und drücken Sie [Strg]+[Alt]+[Entf].

Nicht-startbare CD-ROM

- Starten Sie die Arbeitsstation beispielsweise mithilfe der Startdisketten (Modus `manual`).
- Legen Sie die CD-ROM mit dem Image ein.
- Geben Sie `cdrom.s` ein und drücken Sie [Enter]. Die CD wird nach /mnt/CD-ROM gemounted.
- Übertragen Sie das Image auf die Festplatte. Beispiel:

```
img rl /mnt/cdrom/w2k.zmg
```

- Geben Sie nach dem Imaging `lilo.s` ein, wenn Sie mit einer ZENworks-Startpartition auf der Festplatte arbeiten, und drücken Sie danach [Enter].
- Entnehmen Sie die CD-ROM und drücken Sie [Strg]+[Alt]+[Entf].

Verwendung einer Festplatte oder eines JAZ-Laufwerks

Sie können ein Image auf einer ZfD-Imaging-Partition, einer FAT16- oder FAT32-Partition oder einem JAZ-Medium lokal speichern. Speichern Sie lokal ein Image, wird die Partition, auf der Sie das Image speichern, automatisch nicht in das Image aufgenommen. Umgekehrt wird beim Aufspielen eines Images (Festplatte/Festplatte) die Quellpartition nicht überschrieben.

Erstellen eines Images

- Starten Sie die Arbeitsstation beispielsweise mithilfe der Startdisketten.
- Geben Sie als Modus `manual` ein und drücken Sie [Enter].
- Geben Sie `img d` ein und notieren Sie sich die Nummer der Partition, in der Sie das neue Image speichern möchten.
- Erstellen Sie das Image beispielsweise auf der Festplatte. Geben Sie keine Partitionsnummer nach dem Parameter `ml` an, wird das Image automatisch in der ZfD-Imaging-Partition gespeichert. Beispiel:

  ```
  img ml /images/wxp.zmg comp=1
  ```

  `ml` ist dabei der Parameter für die Erstellung eines Images (Make on Local), das lokal übertragen werden soll. Beim zweiten Parameter handelt es sich um den Pfad und den Dateinamen für die Imagedatei (es müssen unbedingt Vorwärts-Schrägstriche verwendet werden). Der letzte Parameter gibt optional die Komprimierungsrate an (siehe auch Abschnitt 13.6.5 mit einer detaillierten Beschreibung):

  0 = Keine Komprimierung

  1 = Zeitoptimiert

  6 = Ausgewogene Komprimierung

  9 = Platzoptimiert

  Alternativ können Sie `img` ohne Parameter eingeben. Daraufhin gelangen Sie zu einer Menüauswahl, in der Sie *Make an Image* und danach *Local Image* auswählen. Für die weiteren Angaben wird ein Dialogfeld angezeigt, das Sie zum Abschluss mit OK bestätigen müssen.
- Drücken Sie für den Neustart [Strg]+[Alt]+[Entf].

Aufbringen eines Images

- Starten Sie die Arbeitsstation mithilfe der Startdisketten (alternativ kann auch die ZfD-Imaging-Partition oder eine Start-CD verwendet werden, wenn in SETTINGS.TXT der manuelle Modus festgelegt wurde).
- Geben Sie als Modus `manual` ein und drücken Sie [Enter].
- Geben Sie `img d` ein und notieren Sie sich die Nummer der Partition, in der sich das Image zum Installieren befindet.
- Kopieren Sie das Image auf die Festplatte. Beispiel (5 ist die Partitionsnummer der Quellpartition – ohne Nummer wird die ZfD-Imaging-Partition verwendet):

```
img rl5 /images/wxp.zmg
```

- Geben Sie nach dem Imaging `lilo.s` ein, wenn Sie mit einer ZENworks-Startpartition auf der Festplatte arbeiten, und drücken Sie danach [Enter].
- Entnehmen Sie ggf. alle Wechseldatenträger und drücken Sie [Strg]+[Alt]+[Entf].

13.9 Zusatz-Imagedateien (Add-On Image)

Sie haben die Möglichkeit, den Images für Arbeitsstationen Applikationsobjekte und frei erstellte Imagedateien hinzuzufügen. Damit besteht die Möglichkeit, Applikationen, Konfigurationen, Zusatzdateien etc. den Standard-Images hinzuzufügen und so individuelle Konfigurationen herzustellen.

Risiko

Derzeit gibt es Probleme mit Imagedateien von 4 GByte und größer. Diese fallen grundsätzlich aus (Novell TID 10078353). Daher ist es wichtig, in Verbindung mit umfangreichen Installationen mit Zusatz-Imagedateien zu arbeiten!

13.9.1 Zusatz-Imagedateien für Applikationen

- Öffnen Sie ein Applikationsobjekt in der ConsoleOne und rufen Sie die Seite *Imaging* auf der Registerkarte *Allgemein* (*Common*) auf.
- Geben Sie einen Pfad und Dateinamen für das Image ein, das für das Applikationsobjekt gespeichert werden soll (Abb. 13.18). Am besten verwenden Sie das gleiche Verzeichnis oder einen speziellen Applikationspfad, in dem Sie die Arbeitsstations-Images gespeichert haben.
- Erstellen Sie das Image mithilfe der Schaltfläche IMAGE ERSTELLEN.

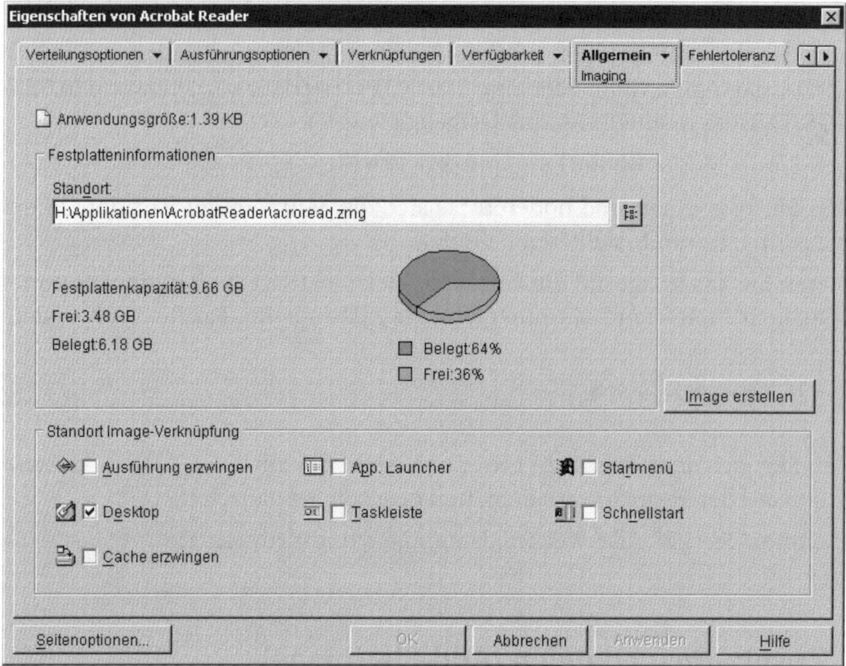

Abb. 13.18: Erstellung der Zusatz-Imagedatei einer Applikation

Wichtig

Denken Sie daran, die Zusatz-Imagedatei neu zu erstellen, wenn Sie das Applikationsobjekt ändern, damit beim nächsten Arbeitsstations-Imaging der aktuelle Stand übertragen wird.

13.9.2 Zusatz-Imagedateien mit dem Image-Explorer

Eine weitere Möglichkeit, eine Zusatz-Imagedatei zu erstellen, bietet der Image-Explorer von Novell (Abschnitt 13.10). Rufen Sie dieses Werkzeug auf und fügen Sie Verzeichnisse/Dateien mit Drag&Drop hinzu. Alternativ stehen hierfür eine Reihe von Befehlen im Menü *Image* zur Verfügung.

Die Verzeichnisse und Dateien der Zusatz-Imagedatei werden in die Verzeichnisstruktur des Zielsystems übertragen. Lediglich eventuell vorhandene Registry-Einträge werden erst nach dem Neustart durch den Imaging-Agenten in die Registry der Arbeitsstation übernommen.

13.9.3 Zusatz-Imagedateien dem Image-Objekt hinzufügen

- Als Nächstes müssen Sie das erstellte Applikations-Image der Image-Verteilung hinzufügen. Rufen Sie dazu die Eigenschaften des Image-Objekts im eDirectory auf und fügen Sie das Applikations-Image als Zusatz-Imagedatei hinzu (Abb. 13.19).

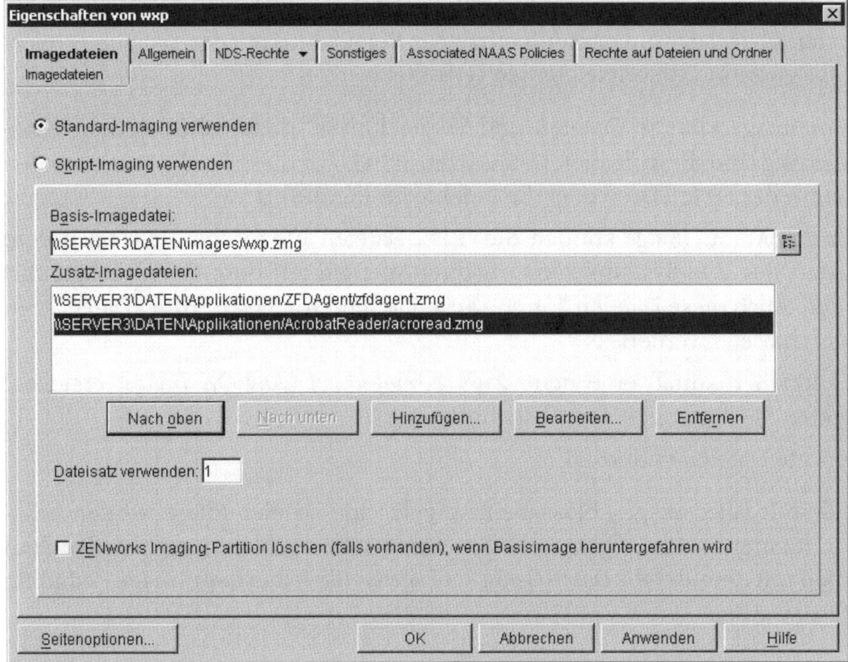

Abb. 13.19: Zusatz-Imagedatei einem Basis-Image für die Verteilung hinzufügen

Zusatz-Images sind nach dem Neustart einer Arbeitsstation noch nicht voll verfügbar. Erst der startende Application Launcher bzw. Application-Explorer führt das Objekt aus und installiert es je nach Einstellung im Abschnitt *Standort Image-Verknüpfung* der Seite *Imaging* im Applikationsobjekt.

13.10 Images mit dem Image-Explorer bearbeiten

Für kleinere Änderungen an Images müssen Sie diese nicht unbedingt neu erstellen, was im Regelfall relativ zeitaufwändig ist. Hierfür steht der *ZENworks Image Explorer* zur Verfügung. Die Bedienung lehnt sich weitgehend an die des Windows-Explorers von Microsoft an und sollte daher kein Problem darstellen.

Sie können das Werkzeug in der ConsoleOne im Menü *Werkzeuge\ZENworks-Programme\Imaging\Image Explorer* oder über PUBLIC\ZENWORKS\IMAGING\IMGEXP.EXE aufrufen.

Folgende Möglichkeiten stehen Ihnen zur Verfügung:

- Einzelne Dateien und Verzeichnisse vom Image ausschließen

  Sie können dazu verschiedene *Dateisätze* (*filesets*) definieren und bestimmte Dateien/Verzeichnisse aus- bzw. einschließen (niemals BPB-Dateien oder Dateien/Verzeichnisse des Systems, die mit $ beginnen, ausschließen, sonst kann die Zielstation nach dem Imaging nicht starten). Die Funktion ist am einfachsten über das Kontextmenü einzelner Verzeichnisse oder Dateien erreichbar. Bis zu zehn Dateisätze können verwaltet werden.

- Einem Image können Dateien und Verzeichnisse hinzugefügt werden (standardmäßig sind diese in allen Dateisätzen aktiv). Für diese Funktion verwenden Sie entweder Drag&Drop oder die Befehle im Menü *Image*.
- Über das Menü *Image* können Sie .REG-Dateien hinzufügen, die nach dem Neustart des Ziel-Systems vom Imaging-Agenten auf dem Client ausgeführt werden. Auch diese Dateien können anschließend von bestimmten Dateisätzen ausgeschlossen werden.
- Sie können manuell eine neue *Zusatz-Imagedatei* (*Add-On Image*) erstellen. Beachten Sie dazu auch den Abschnitt 13.9.2.
- Gelöschte Dateien entfernen

  Aus dem Images ausgeschlossene bzw. gelöschte Dateien (diese werden lediglich mit einem roten X gekennzeichnet und sind noch im Image vorhanden) können mit dem Befehl *Datei\Gelöschte Dateien tilgen* aus dem Image endgültig entfernt werden.
- Images komprimieren

  Rufen Sie im Menü *Werkzeuge* die *Schnellkomprimierung* auf oder verwenden Sie für ein geöffnetes Image *Datei\Image komprimieren*. Wählen Sie ein Image aus und geben Sie zusätzlich einen Zielpfad an (die neu komprimierte Variante kann die bisherige Version nicht überschreiben). Es stehen drei Komprimierungsarten zur Verfügung (nähere Beschreibung im Abschnitt 13.6.5).

13.11 Multicasting

Bei Multicasting handelt es sich um eine 1:n-Netzwerkverbindung. Dabei wird ein Image als Quelle an eine Anzahl Arbeitsstationen gleichzeitig gesandt. Der wesentliche Vorteil liegt hier im kürzeren Zeitbedarf für viele gleichzeitige Zielsysteme.

Multicasting ist primär nur für das Massenrollout interessant. Dabei sollten so genannte Zeitfenster verwendet werden. In kürzester Zeit kann selbst eine große Anzahl von Systemen geklont werden.

Es kann entweder ein einzelnes System geklont werden oder Sie übertragen eine Imagedatei an die Zielsysteme.

Die einzelnen Systeme müssen entweder mithilfe der Startdisketten, einer Start-CD oder PXE gestartet werden.

Wichtig

Achten Sie bei einem Einsatz darauf, dass Router und Switches für den Einsatz von Multicasting konfiguriert sein müssen.

Beim Einsatz von Multicasting wird keine ZfD-Software benötigt, sondern es wird lediglich ein ZfD-Startgerät für das Imaging gebraucht. Allerdings müssen Sie berücksichtigen, dass dadurch alle Zielsysteme die gleiche IP-Adresse (ausgenommen Sie arbeiten mit DHCP), den gleichen Computernamen, die gleiche Arbeitsgruppenmitgliedschaft und SID besitzen. Dazu kommt noch das Problem der unterschiedlichen Hardware. Da das zu erheblichen Problemen führen kann, ist der Einsatz von SysPrep von Microsoft für Windows NT/2000/XP und ggf. des Imaging-Agenten unbedingt empfehlenswert (siehe Abschnitt 13.15.4).

- Installieren Sie optional als Erstes den ZfD-Imaging-Agenten auf allen Zielsystemen, damit die Image-sicheren Daten gespeichert werden (siehe Abschnitt 13.8.1).

13.11.1 Automatische Sitzungen

- Rufen Sie in der ConsoleOne die Eigenschaften des Imaging-Servers auf.
- Auf der Seite *Multicast-Sitzungen* der Registerkarte *ZENworks Imaging* klicken Sie auf HINZUFÜGEN. Geben Sie einen eindeutigen Sitzungsnamen ein und klicken Sie auf OK.

Wichtig

Mithilfe eines Sitzungsnamens wird für alle Beteiligten an der Sitzung von der Imaging-Engine eine temporäre IP-Adresse der Klasse D für die Multicasting-Sitzung erzeugt. Alle ZfD-Multicasting-Adressen beginnen mit 231 (die aktuelle Adresse wird immer am Sitzungsbildschirm aller beteiligten Systeme angezeigt). Bitte beachten Sie, dass es nicht sinnvoll ist, unbegrenzt viele Teilnehmer an einer Sitzung zu haben. Gute Erfahrungen hat man mit bis zu 10 gleichzeitigen Empfängern (das ist aber letztlich von vielen Parametern abhängig).

- Sie können als Master-Imagequelle entweder eine Imagedatei oder eine Arbeitsstation (deren Installation wird als Quelle verwendet) angeben. Eine Arbeitsstation kann nur dann als Master verwendet werden, wenn sie nicht bereits in irgendeiner Form an einer anderen Sitzung teilnimmt.
- Geben Sie an, wie viele Zielsysteme sich mit dem Sitzungsnamen beim Server gemeldet haben müssen, bevor die Übertragung beginnt. Geben Sie nichts an, verwendet das System 5. Zusätzlich können Sie die Anzahl der Minuten angeben, nach deren Ablauf seit der letzten Meldung eines Zielsystems auch bei Nichterreichen der Anzahl Arbeitsstationen mit der Übertragung begonnen wird. Geben Sie nichts an, werden 15 Minuten vom Server verwendet.
- Wird die Sitzung nach der einmaligen Ausführung nicht mehr benötigt, kann sie vom System automatisch aus dem Server-Objekt gelöscht werden, wenn Sie das Kontrollfeld zu *Nach Fertigstellung Sitzungsinformationen aus Serverobjekt löschen* aktivieren.

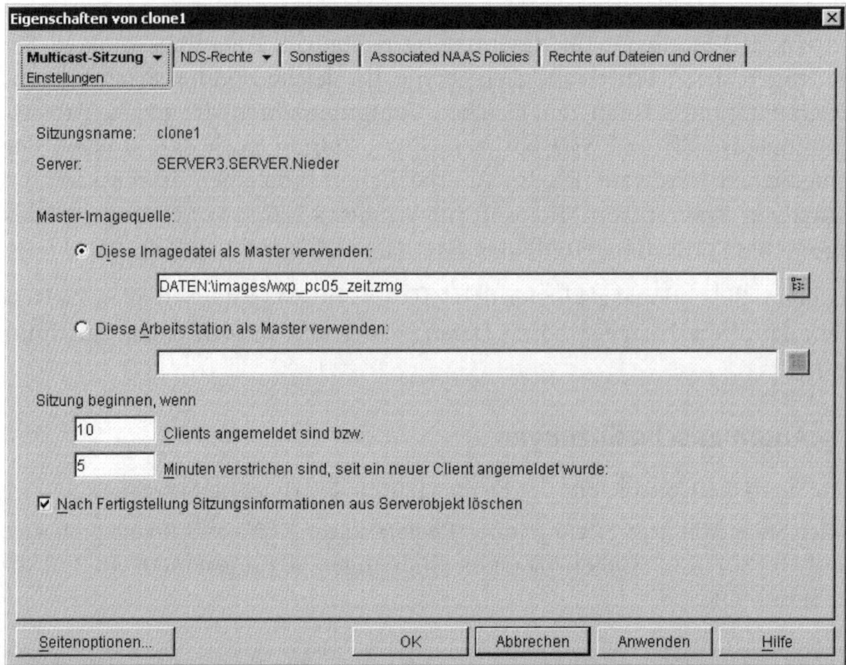

Abb. 13.20: Konfiguration einer Multicast-Sitzung für den Imaging-Server

- Wechseln Sie auf die Seite *Teilnahme*.
- Im ersten Abschnitt können Sie Arbeitsstationen hinzufügen, die automatisch zu Empfängern werden, wenn Sie sich bei der Sitzung melden. Die Systeme können nicht teilnehmen, wenn Sie als Master und/oder Teilnehmer einer anderen Sitzung definiert sind.
- Zusätzlich können Sie Regeln definieren. Arbeitsstationen, die sich melden, erhalten nur dann ein Image, wenn diese einer der angegebenen Regeln entsprechen. Eine detaillierte Beschreibung zur Konfiguration der Regeln finden Sie im Abschnitt 13.8.
- Klicken Sie auf OK, um die Einstellungen zu speichern.
- Sie können bei Bedarf dem Server-Objekt noch weitere Sitzungen hinzufügen. Es sind immer nur die Sitzungen aktiv verfügbar, deren Kontrollfeld vor der Bezeichnung aktiviert ist.
- In den Imaging-Richtlinien von Arbeitsstationspaketen können Sie auf der Seite *Multicast* der Registerkarte *Image-Auswahl* festlegen, ob erst geprüft werden soll, ob eine Multicast-Sitzung verfügbar ist und deren Regeln zutreffen (Standardeinstellung bzw. nicht aktiviertes Kontrollfeld).
- Grundsätzlich sind nur solche Arbeitsstationen beteiligt, deren Option *Der Arbeitsstation beim nächsten Start ein Image hinzufügen* aktiviert ist.

Laufende Multicast-Sitzungen können auch an der Serverkonsole (*ZENworks Imaging Server*) angezeigt werden. Wählen Sie dazu *Multicast-Sitzungen* und drücken Sie [Enter].

13.11.2 Manuelle Sitzungen

- Legen Sie bei allen Arbeitsstationen beispielsweise die erste Startdiskette und auf Anfrage die weiteren Disketten ein (alternativ können eine Imaging-Partition, eine Start-CD oder PXE verwendet werden).
- Geben Sie für den Modus `manual` ein und drücken [Enter]. Bei PXE muss in den Verwaltungsmodus gewechselt werden (ggf. [Strg]+[Alt] drücken).
- An der Eingabeaufforderung geben Sie folgenden Befehl ein (Beispiel – bei der letzten Angabe handelt es sich um den Sitzungsnamen, der bei allen beteiligten Systemen gleich sein muss – es kann auch ein Sitzungsname des Imaging-Servers sein):

  ```
  img s clone1
  ```

  Sie können noch zusätzliche Parameter für den Master angeben, die beim Aufruf bereits den Master definieren und nach wie vielen Slave-Meldungen automatisch gestartet werden soll. Beispiel:

  ```
  img s clone1 m c=10
  ```

  Im vorstehenden Beispiel wird die Sitzung `clone1` bezeichnet und die Arbeitsstation ist der Master (`m`). Die Übertragung beginnt, nachdem sich 10 andere Arbeitsstationen gemeldet haben (`c=10`).

  Sie können auch `img` ohne Parameter eingeben und erhalten damit eine Art GUI-Oberfläche zur einfacheren Bedienung.
- Am Mastersystem (dessen Image an alle anderen Arbeitsstationen übertragen werden soll) geben Sie `m` [Enter] ein.
- Wird beim Master bei Gathering clients die korrekte Anzahl der Empfänger angezeigt, geben Sie `g` [Enter] ein.
- Auf dem Master wird jetzt das Image erstellt und an die anderen Arbeitsstationen (Slaves) übertragen. Der Fortschritt wird bei allen Systemen angezeigt. Sollten Fehler auftreten, werden diese angezeigt und der Vorgang ggf. abgebrochen.
- Soll ein Image mithilfe des Imaging-Servers übertragen werden, müssen Sie dort eine manuelle Sitzung starten. Wenn der Server noch nicht geladen ist, rufen Sie ihn mit IMGSERV.NLM an der Konsole auf. Wählen Sie im Menü *Multicast-Sitzung manuel* [Enter]. Geben Sie Pfad und Name der zu übertragenden Imagedatei ein. Nach [Enter] sind noch einige weitere Angaben möglich. Drücken Sie [ESC] und bestätigen Sie den Start der Sitzung.

Wählen Sie im Hauptmenü des Servers Multicast-Sitzungen [Enter], werden alle derzeit laufenden Sitzungen angezeigt (Sie können mit [Entf] ausgewählte jederzeit abbrechen).

- Starten Sie jetzt die Zielsysteme und rufen Sie jeweils den Befehl für das Imaging auf. Beispiel:

```
img s clonel
```

- Als Nächstes geben Sie `lilo.s` ein, wenn eine lokale Imaging-Partition benutzt wird und drücken [Enter].
- Zum Neustart drücken Sie [Strg]+[Alt]+[Entf].

13.12 Imaging-Engine (img-Befehl)

Die Befehlsdatei befindet sich im Verzeichnis `bin` des Imaging-Bootgeräts (auf CD-ROM und Diskette befindet sich die Datei im Archiv `root.tgz`). Bitte beachten Sie, dass alle Modi mit dem ersten Buchstaben abgekürzt verwendet werden können (wurde in 13.7 benutzt). Eine sehr ausführliche Beschreibung finden Sie im Administrator-Handbuch zu ZfD 4.0.

Der Befehl `img` wurde in diesem Kapitel bereits vielfach für die verschiedensten Funktionen vorgestellt. Die Tabelle 13.7 enthält eine Kurzbeschreibung der gesamten Möglichkeiten. Bitte beachten Sie, dass Linux Groß- und Kleinschreibung unterscheidet.

Alternativ kann der Befehl auch über eine Art GUI ausgeführt werden, was sicherlich in vielen Fällen einfacher ist, da man sich nicht die zahlreichen notwendigen Parameter merken muss. Geben Sie dazu lediglich `img` [Enter] ein.

Befehle	Beschreibung
`img h [mode]`	Eine Kurzbeschreibung für die verfügbaren Modi wird angezeigt. Geben Sie zusätzlich einen Modus an, wird für diesen eine ausführlichere Beschreibung angezeigt.
`img a`	Automatischer Modus. Die Ausführung wird aufgrund der verfügbaren Richtlinien im eDirectory für den angegebenen Imaging-Server (PROXY-ADDR in SETTINGS.TXT) gesteuert.
`img m`	Make-Modus. Zur Erstellung von Images. Linux-Partitionen und eine Compaq-Konfigurationspartition sind immer ausgenommen. Dateisysteme, die nicht von Microsoft stammen, werden vollständig sektorweise abgebildet. Weitere Informationen finden Sie in den folgenden Zeilen.

Tabelle 13.7: img-Befehlssyntax

Befehle	Beschreibung
img ml	Image lokal speichern. `img ml[<partition>] <dateipfad> [comp=<kompressionsebene>] [<xpartition>]` `<partition>` gibt die Partitionsnummer an, auf der das Image gespeichert werden soll (FAT16/32). Ohne Angabe wird das Image in der ZfD-Image-Partition gespeichert. `<dateipfad>` bestimmt den Pfad und Dateinamen für das Image auf der angegebenen Partition. `comp=<kompressionsebene>`: Kompression zwischen 0 und 9 (stärkste Kompression). Weitere Informationen in den Abschnitten und . `<xpartition>: partition` gibt die Partition an, die vom Image ausgeschlossen werden soll. Der Parameter kann mehrfach verwendet werden. Die Zielpartition ist immer automatisch ausgeschlossen.
img mp	Image auf einem Server speichern. `img mp <adresse> <dateipfad> [comp=<kompressionsebene>] [<xpartition>]` Für `<adresse>` geben Sie die IP-Adresse oder den DNS-Namen des Imaging-Servers an. `<dateipfad>` als UNC-Pfad. Geben Sie nur den Dateinamen mit der Namenserweiterung .ZMG an, wird das Image im Hauptverzeichnis des Volumes mit der ZfD-Imaging-Software gespeichert. Verwenden Sie nur Vorwärtsschrägstriche oder setzen Sie die Angabe in doppelte Anführungszeichen. `comp=<kompressionsebene>`: Kompression zwischen 0 und 9 (stärkste Kompression). Weitere Informationen in den Abschnitten und . `<xpartition>: partition` gibt die Partition an, die vom Image ausgeschlossen werden soll. Der Parameter kann mehrfach verwendet werden.
img r	Wiederherstellungs-Modus (Restore). Alle Partitionen werden normalerweise mit Ausnahme der Imaging-Partition und einer Compaq Konfigurationspartition überschrieben. Die Partitionen werden in der gleichen Größe wiederhergestellt wie auf dem ursprünglichen System (Master). Ist weniger Platz verfügbar, wird die letzte Partition verkleinert. Ist mehr Platz verfügbar, bleibt der verbleibende Speicher unpartitioniert. Handelt es sich nur um Zusatz-Images (Abschnitt), werden keine Partitionen überschrieben. Siehe folgende Beschreibungen.
img rl	Image von einer lokalen Quelle holen. `img rl[<partition>] <dateipfad> [<sfileset>] [<apartition:ppartition>]` `<partition>` gibt die Partitionsnummer an, von der das Image geholt werden soll (FAT16/32). Ohne Angabe wird das Image aus der ZfD-Image-Partition geholt. `<dateipfad>` bestimmt den Pfad und Dateinamen für das Image auf der angegebenen Partition.

Tabelle 13.7: img-Befehlssyntax (Forts.)

Befehle	Beschreibung
	`<sfileset>` ist die Nummer des Dateisatzes im Image (Standardwert ist 1). Geben Sie a:p-Parameter an, können Sie angeben, welche Quell-Partitionen auf welche Ziel-Partitionen geschrieben werden sollen. Dabei handelt es sich allerdings um einen Mischvorgang, der auch keine neueren Dateien überschreibt. Damit besteht auch die Möglichkeit, mehrere Partitionen zusammenzuführen. Soll die Zielpartition vorher gelöscht werden, müssen Sie zuvor den Befehl `img pc` oder `img pd` verwenden. Achten Sie unbedingt auf ausreichend Speicherplatz in der Zielpartition.
`img rp`	Image von einem Imaging-Server holen. `img rp <adresse> <dateipfad> [<sfileset>] [<apartition:ppartition>]` Für `<adresse>` geben Sie die IP-Adresse oder den DNS-Namen des Imaging-Servers an. `<dateipfad>` als UNC-Pfad. Für die Beschreibung zu den letzten beiden Parametern beachten Sie bitte die Angaben zu `img rl`.
`img d[g]`	Informationen zu den beschreibbaren Datenträgern und Partitionen - Anzeigen (Linux-Partitionen und Compaq-Konfigurationspartitionen werden nicht angezeigt). Durch die Angabe von `g` erhalten Sie umfassendere Informationen.

`img p<operation>`	Erstellen, Löschen oder Aktivieren von Partitionen.
	`<cpartition> <type> [<größe>] [<cluster=clustergröße>]`
	`<cpartition>: partition` ist die Partitionsnummer (beachten Sie dazu auch den Befehl `img d`).
	`<type>` ist `fat12`, `fat16`, `fat32`, `ntfs` oder `extended`. Im letzten Fall handelt es sich um eine erweiterte Partition. Alternativ kann der Partitionstyp auch hexadezimal oder dezimal angegeben werden.
	Die letzten beiden Parameter geben die Partitionsgröße in MByte und bei NTFS zusätzlich die Clustergrösse an.
	`<dpartition>`
	Löschen der mit `partition` angegebenen Partitionsnummer.
	`<apartition>`
	Aktivieren der mit `partition` angegebenen Partitionsnummer.

`img i [z]`	Anzeige von Hardwareinformationen oder den Image-sicheren Daten (`z`) auf einem System sowie den Namen des zuletzt übertragenen Basis-Images (`z`).
`img s`	Multicasting-Modus. Dabei wird ein Image normalerweise von einem Sender an mehrere Empfänger gleichzeitig übertragen (siehe Abschnitt). `img s <sitzungsname> [<m>] [c=<zähler> [t=<minuten>]` Der `sitzungsname` muss für alle Beteiligten identisch sein. Die restlichen Parameter sind optional und nur für den Master und nicht die Slaves. `m` definiert den Computer als Master. Geben Sie einen `zähler` an, startet der Master mit dem Imaging automatisch, wenn sich diese Anzahl Arbeitsstationen gemeldet hat (weitere Systeme werden danach verweigert). Geben Sie `<minuten>` an, wartet der Master solange, bis sich innerhalb dieser Zeit zwischen zwei Slave-Meldungen keine Stationen mehr melden.

Tabelle 13.7: img-Befehlssyntax (Forts.)

Befehle	Beschreibung
`img z [e|d|r]`	Eine vorhandene ZENworks Imaging-Partition aktivieren (`e`), deaktivieren (`d`) oder entfernen (`r`). Damit die Änderung wirksam wird, muss anschließend lilo.s `Enter` eingegeben werden. Wenn Sie die Partition entfernt haben, muss danach sofort ein neues Image angewandt werden, da das System sonst nicht starten kann.

Tabelle 13.7: img-Befehlssyntax (Forts.)

13.13 ZfD-Imaging-Partition entfernen

Zum kompletten Entfernen der Linux-Partition von einer Arbeitsstation gehen Sie beispielsweise wie folgt vor:

1. Starten Sie das System mithilfe von DOS (Diskette).
2. Führen Sie FDISK /MBR aus, um den Linux-Loader aus dem Master Boot Record zu entfernen.
3. Rufen Sie FDISK ohne Parameter auf und entfernen Sie alle nicht mehr benötigten Partitionen vom System.
4. Setzen Sie bei Bedarf noch die Startpartition mit FDISK aktiv. Am besten wenden Sie ein neues Image auf die Arbeitsstation an, da nur dadurch ein korrekter Start des Systems gewährleistet ist.

Die beste Methode, eine ZfD-Imaging-Partition auf Arbeitsstationen zu entfernen, ist die Verteilung mithilfe der Skriptmethode über eine Richtlinie, statt direkt ein Image anzugeben. Im Skript kann dann als Erstes die Partition mit `img z r` entfernt werden, bevor ein neues Image übertragen und angewendet wird.

13.14 Der Imaging-Server

Der Imaging-Server ist eine Softwarekomponente auf dem ZfD-Server (IMGSERV.NLM oder .DLL oder .DLM). Auf einem NetWare-Server finden Sie diese Software im Verzeichnis SYS:SYSTEM und auf einem Windows 2000-Server beispielsweise bei C:\NOVELL\NDS (Verzeichnis des eDirectory).

Lediglich auf einem Windows-Server mit eDirectory 8.5 muss die Software ggf. manuell gestartet werden. Rufen Sie dazu NDSCONS.EXE auf und wählen Sie den IMGSERV.DLM-Service aus. Klicken Sie danach auf START. Der Dienst lässt sich auch für einen künftigen automatischen Start konfigurieren.

Soweit einzelne Funktionen benötigt werden, wurden diese bereits in den anderen Abschnitten dieses Kapitels beschrieben.

Auf dem Server wird das Protokoll SYS:SYSTEM\ZIMGLOG.XML fortgeschrieben, in dem alle Vorgänge detailliert dargestellt werden. Auf einem Windows-Server befindet sich die Protokolldatei im Hauptverzeichnis des Laufwerks, auf dem das eDirectory installiert ist. Die Datei wird solange fortgeschrieben, bis Sie mithilfe eines Editors Einträge entfernen oder die Datei löschen.

Beispiel:

```
<ZENImageLog>
<WS DN = "CN=PC04.OU=Arbeitsstationen.O=firma">
<Tree>SEMINAR</Tree>
<Status>Failure</Status>
<ErrorMessage>Ungueltiger Baum</ErrorMessage>
<Timestamp>Sat Nov 30 18:59:53 2002
</Timestamp>
</WS>

<WS DN = "SERVER3.SERVER.Nieder">
<Tree>INTERN</Tree>
<Status>Failure</Status>
<ErrorMessage>Unbekannte Fehlermeldung</ErrorMessage>
<Timestamp>Thu Dec 12 18:46:15 2002
</Timestamp>
</WS>

<WS DN = "SERVER3.SERVER.Nieder">
<Tree>INTERN</Tree>
<Status>Failure</Status>
<ErrorMessage>Der Heraufladepfad verfuegt nicht ueber die Befugnis zum
Wiederherstellen von Images</ErrorMessage>
<Timestamp>Sun Feb  2 12:02:59 2003
</Timestamp>
</WS>
<WS DN = "PC05 192_168_250_192.Arbeitsstationen.Nieder">
<Tree>INTERN</Tree>
<Status>Failure</Status>
<ErrorMessage>Der Heraufladepfad verfuegt nicht ueber die Befugnis zum
Wiederherstellen von Images</ErrorMessage>
<Operation>Upload</Operation>
<ImageType>Base Image</ImageType>
<ImagePath>\\SERVER3\DATEN\images/wxp_pc05_zeit.zmg</ImagePath>
<Timestamp>Sun Feb  2 12:02:59 2003
</Timestamp>
</WS>
```

```
<WS DN = "PC05 192_168_250_192.Arbeitsstationen.Nieder">
<Tree>INTERN</Tree>
<Status>Success</Status>
<Operation>Upload</Operation>
<ImageType>Base Image</ImageType>
<ImagePath>\\SERVER3\DATEN\images/wxp_pc05_zeit.zmg</ImagePath>
<Timestamp>Sun Feb  2 12:26:49 2003
</Timestamp>
</WS>

<WS DN = "PC05 192_168_250_192.Arbeitsstationen.Nieder">
<Tree>INTERN</Tree>
<Status>Success</Status>
<Operation>Download</Operation>
<ImageType>Base Image</ImageType>
<ImagePath>\\SERVER3\DATEN\images/wxp_pc05_zeit.zmg</ImagePath>
<Timestamp>Sun Feb  2 16:50:23 2003
</Timestamp>
</WS>

</ZENImageLog>
```

13.15 Erstellung des Masters für das Imaging

Der Master bildet die Ausgangsbasis für das Imaging von Arbeitsstationen. Für ein problemloses Funktionieren der späteren Clients sollten Sie für die Erstellung besonders sorgfältig vorgehen. Dazu ist es unabdingbar, ausführliche Tests durchzuführen.

Wie letztendlich Ihr Master aussehen muss, lässt sich leider hier nicht eindeutig beantworten, da es zu viele individuelle Einflussfaktoren gibt. Im Wesentlichen hängt dies jedoch insbesondere von folgenden Faktoren ab:

Wichtig

Nehmen Sie sich viel Zeit für die Erstellung und lassen Sie sich nicht dabei stören! Damit sparen Sie insgesamt Zeit und Sie gewinnen Sicherheit. Bitte beachten Sie, dass in diesem Abschnitt primär nur Windows NT/2000/XP berücksichtigt wird, da Windows 9x in der Praxis nur noch selten eine Rolle spielt, und die Vorgehensweise im Einzelfall sehr unterschiedlich ist.

- Soll die Installation der Applikationen auf den Clients mithilfe eines Produktes zur Software-Verteilung (z.B. ZENworks for Desktops) komplett oder in Teilen erfolgen?
- Werden Applikationen bereits fertig konfiguriert als Bestandteil des Basis-Image verteilt und möchten Sie Applikationen als Zusatz-Image (Abschnitt 13.9) während des Imaging-Vorgangs übertragen?
- Welche weiteren Konfigurationsaufgaben, beispielsweise zur Personalisierung oder der Änderung der Sicherheit, soll auf den Arbeitsstationen automatisiert direkt oder später durch Software-Verteilung erfolgen?

  Für eine flexible Konfiguration bieten sich insbesondere die erweiterbaren Systemrichtlinien sowie die Gruppenrichtlinien an. Mit deren Einsatz können Sie im Regelfall sehr viel schneller auf Anwenderwünsche reagieren, als mit anderen Methoden.

  Es ist unbedingt empfehlenswert bereits im Vorfeld während der Planungsphase die genaue künftige Vorgehensweise festzulegen.
- Wie groß ist die automatisiert zu installierende Anzahl von Arbeitsstationen?
- Wie sieht das Partitionsschema aus?
- Steht TCP/IP zur Verfügung und kann mit DHCP gearbeitet werden?
- Wie viele Master müssen hergestellt werden?

  Hier spielt es eine große Rolle, ob Sie noch Windows NT 4.0 oder bereits Windows 2000/XP einsetzen, die im Hardwarebereich Plug&Play zur Verfügung stellen, das mithilfe von Microsoft SysPrep nach dem Imaging individuell für jede Arbeitsstation ausgeführt werden kann.
- Gelangen nur Clients mit Windows NT/2000/XP zum Einsatz?
- Muss auch das schnelle Wiederherstellen einer Arbeitsstation nach einem Systemausfall als Troubleshooting berücksichtigt werden (der Zeitfaktor und Automatisierungsgrad spielen hier eine wesentliche Rolle)?

Für einen möglichst geringen Administrationsaufwand spricht die Verwendung von möglichst rudimentären Basis-Images und der zusätzlichen Verteilung von Zusatz-Images mit Applikationen und Konfigurationseinstellungen. Eine sehr hohe Flexibilität verspricht auch die Anwendung von System- und Gruppenrichtlinien.

Tipp

Vergessen Sie nicht, dass ein Basis-Image eine hohe Lebensdauer besitzen soll und in dieser Zeitspanne der Aufwand für die flexible Verwaltung Ihrer Clients möglichst gering ausfallen muss.

13.15.1 Vorarbeiten zur Herstellung des Masters

Viel hängt hierbei davon ab, wie homogen die Hardware Ihrer Arbeitsstationen ist. Ferner ist in diesem Zusammenhang auch die Frage wichtig, wie unterschiedlich die Konfigurationen sein müssen, und welche Applikationen notwendig sind.

- Sollplanung bzw. Istanalyse, welche Hard- und Software wo in der Behörde oder im Unternehmen installiert sind bzw. werden. Bei einer Systemumstellung, beispielweise nach Windows 2000/XP, sollte im Vorfeld auch geklärt werden, ob alle verbleibenden Systeme und insbesondere alle Software kompatibel und vollständig lauffähig sind.
- Es sollte für jede Hardwarekonfiguration ein Testsystem als Referenzsystem zur Herstellung des oder der Master zur Verfügung stehen.

  Windows NT 4.0: Dabei spielt nicht die gesamte Hardware eine Rolle. Wichtig sind in diesem Fall folgende Komponenten: Schnittstellencontroller (IDE und/oder SCSI), Netzwerkkarte, Soundkarte sowie Geräte, für die während der Installation besondere Treiber installiert werden müssen. Vorsicht bei Plug&Play-Komponenten, die nicht konfiguriert werden können – oft funktionieren diese auf den Zielsystemen wegen unterschiedlicher Ressourcen nicht (z.B. 3Com 3C90X-Netzwerkkarten).

  Windows 2000/XP: Plug&Play spielt hier eine große Rolle. Unterschiede in der Hardware spielen hier meist keine Rolle, soweit automatisch die Treiber für andere Komponenten automatisiert nach der Installation vom System erkannt und installiert werden. SysPrep ab Version 1.1 ist bei neueren Systemen fast immer wegen des Schnittstellen-Controllers notwendig.

  Beide Betriebssysteme: In jedem Fall müssen die Treiber für den Systemstart nach dem Imaging korrekt im Image vorhanden sein, damit kein Ausfall auftritt. In diesem Fall ist Windows NT 4.0 wesentlich problemloser, da beispielsweise die Treiber für SCSI und IDE installiert werden können und der überflüssige Treiber nach dem Klonen einfach deaktiviert wird (eine Automatisierung ist hierbei allerdings nicht ganz einfach).
- Sie benötigen alle CDs bzw. Quelldatenträger für die Installation des oder der Referenzsysteme (Master).
- Sollte ein CD-Laufwerk für die Installation notwendig sein, spielt es für alle Betriebssystem-Versionen keine Rolle, ob Ihre späteren Arbeitsstationen ebenfalls eines besitzen (in der Registry sollten Sie den Installationspfad nach der Installation ändern). Vorsicht ist in diesem Fall aber geboten, wenn Sie mit mehr als einer Partition arbeiten. In diesem Fall sollten Sie dafür Sorge tragen, dass das CD-ROM-Laufwerk den letzten Laufwerksbuchstaben erhält, bevor Sie nach der Installation des Betriebssystems Ihre Arbeit fortsetzen.
- Ein kritischer Punkt ist der Monitor, da Sie die Auflösung bereits während der Installation einstellen. Lässt sich für die späteren Arbeitsstationen kein gemein-

samer Nenner finden und/oder gibt es viele unterschiedliche Grafikkarten, sollte in Verbindung mit Windows NT 4.0 lediglich der VGA-Treiber zum Einsatz kommen. Manuell oder automatisiert sollte dieser Bereich auf den Zielsystemen im Rahmen der Personalisierung erledigt werden.

- Bei Plug&Play-Betriebssystemen wie Windows 2000/XP ist es ggf. empfehlenswert, vor dem Duplizieren Gerätetreiber zu entfernen, die auf den Zielsystemen nicht vorhanden oder unterschiedlich sind (dazu empfehlen sich Tests). Vorsicht ist geboten, wenn Sie Applikationen im Master integrieren, die auf derartige Treiber aufbauen.

  Das Plug&Play funktioniert oft auch problemlos, wenn im Master vor Fertigung des Images nicht alle Komponenten, die nicht überall vorhanden sind, nicht deinstalliert werden.

  Wichtigster Teilaspekt insbesondere bei Windows NT 4.0 in dieser Phase ist, festzustellen, wie viele Hardware-Varianten für die Erstellung der Master benötigt werden. Für Windows 2000/XP und den Einsatz alter und neuer Hardware benötigen Sie normalerweise nur zwei Images – eines mit ACPI und eines ohne ACPI. Der Wartungsaufwand für viele Images ist außerordentlich hoch (beispielsweise müssen alle neu erstellt werden, wenn ein neues Service Pack eingespielt werden soll).

  Ein sehr großes Problem stellen unterschiedliche bzw. unterschiedlich konfigurierte Non-Plug&Play-Komponenten dar. Entweder vermeiden oder nicht in das Image aufnehmen; bei gleicher Hardware und Konfiguration in allen betroffenen Systemen muss getestet werden, ob es problemlos funktioniert.

  Wenn irgend möglich sollte bei Windows 2000/XP SysPrep zum Einsatz kommen. Zu beachten gilt in jedem Fall, dass die Ressourcen-Zuordnung auf den Zielsystem nicht unbedingt neu erfolgt.

13.15.2 Installation und Konfiguration

Im ersten Schritt installieren Sie auf einem Referenzsystem Windows NT 4.0 oder Windows 2000/XP Professional je nach Bedarf.

- Achten Sie auf die Größe der verwendeten Festplatte und NTFS-Partition auf dem Master, da ZENworks for Desktops hierbei anders arbeitet als andere Imaging-Programme. Die Festplatte bzw. NTFS-Partition sollte der Größe der meisten Festplatten der Arbeitsstationen möglichst entsprechen.
- Den Master nicht zum Mitglied in einer Zieldomäne machen, sondern dies zu einem späteren Zeitpunkt beispielsweise mithilfe von NETDOM (Resource Kit bei Windows NT 4.0 und Support Tools bei Windows 2000/XP) nachholen. Sie vermeiden damit insbesondere Probleme in Verbindung mit der späteren Änderung der SID.

Am besten setzen Sie SysPrep ein, in dessen Skript die Domänen-Mitgliedschaft konfiguriert werden kann.

- Vergeben Sie für das lokale Administrator-Konto kein Kennwort (dies wird auf den Zielstationen nach dem Imaging nachgeholt), wenn SysPrep zum Einsatz kommt.
- Achten Sie bei der Installation der Treiber darauf, dass diese eine möglichst große Anzahl von Systemen abdecken (so wenig wie möglich Master herstellen). Insbesondere ist hierbei der Treiber für die Grafikkarte problematisch. Viele Treiber lassen sich jedoch während des späteren Rollouts auch systemspezifisch automatisiert oder manuell einrichten. Ggf. bei Windows NT 4.0 nur den VGA-Treiber installieren. Alle notwendigen Treiber sollten sich in einem temporären Verzeichnis befinden, damit später keine Remote-Zugriffe erfolgen müssen (alternativ über Skripte Zugriff auf einen Server ermöglichen).

  Bei Windows 2000/XP können über das Plug&Play die Treiber lokal zur automatischen Installation zur Verfügung gestellt werden. Es empfiehlt sich in diesem Zusammenhang unbedingt SysPrep einzusetzen.
- Installieren Sie als Nächstes alle erforderlichen Applikationen (Vorsicht bei Benutzerprofil-Einstellungen). Überdenken Sie dabei aber noch einmal, ob Sie nicht die Möglichkeit von Zusatz-Images anwenden wollen (siehe Abschnitt 13.9).
- Nach der Installation konfigurieren Sie beispielsweise mithilfe der Systemsteuerung bzw. MMC bei Windows 2000/XP und den ggf. installierten Applikationen das Referenzsystem (melden Sie sich als lokaler Administrator an). Überprüfen Sie abschließend alle vorgenommenen Einstellungen.
- Ggf. Auslagerungsdatei, BOOT.INI etc. anpassen.
- Der Ruhezustand in den Energieoptionen sollte nicht aktiviert sein (keine HIBERFIL.SYS). Dies gilt nur in Verbindung mit Windows 2000/XP.
- Bevor mit der Arbeit zur Personalisierung begonnen wird, muss eine Möglichkeit gefunden werden, festzustellen, um welchen Client es sich handelt, um anschließend die systemspezifischen Einstellungen, beispielsweise aus einer Datenbank, auszulesen und zu verarbeiten (dazu muss ein eigenes Programm entwickelt werden). Dafür bietet sich der Computername an, der mithilfe der Imaging-Software bereits implementiert ist, wenn die folgenden Prozeduren ausgeführt werden. Diese Information steht mit der Umgebungsvariable %COMPUTERNAME% zur Verfügung.

  Da der Aufwand für eine derartige Personalisierung relativ hoch ist, sollten Sie versuchen, die Problematik mithilfe von Image-sicheren Daten, Gruppenrichtlinien usw. zu lösen.

Wird nach dem Imaging noch ein Programm zur Personalisierung des Zielsystems ausgeführt, muss dieses beispielsweise in der Registry bei RUN oder RUNONCE eingetragen werden, damit es automatisch startet. Sind dabei temporär zusätzliche Dateien notwendig, legen Sie dafür am besten einen lokalen Pfad im Hauptverzeichnis an.

Dabei ist Vorsicht geboten, da diese Prozedur auch aufgerufen wird, wenn Sie später den Master ändern müssen (daher am besten vor der Integration ein Arbeitsimage erstellen)!

- Putzen Sie vor dem Imaging den Master beispielsweise mithilfe CLEANMGR.EXE von Windows 2000/XP. Eine Defragmentierung ist ebenfalls durchaus empfehlenswert, wenn eine größere Kapazität auf der Festplatte gespeichert wurde.
- Führen Sie CHKDSK /F aus, bevor Sie ein Image erstellen.
- Achten Sie insbesondere auf Einstellungen, die zum Benutzerprofil gehören, da diese für die späteren Clients verloren sind, außer sie befinden sich bei ALL USERS und DEFAULT USER. Bei Bedarf kopieren Sie das erstellte Benutzerprofil mithilfe der Systemeigenschaften nach DEFAULT USER um.

  Sie müssen hier sehr vorsichtig vorgehen, insbesondere, wenn zusätzlich Applikationen auf dem Referenzsystem installiert wurden. Alle Einstellungen müssen auch für die künftigen Benutzer passen. Dies kann problematisch sein, wenn absolute Pfade mit dem Namen des angemeldeten Benutzers gespeichert wurden. Darum sind ausführliche Tests unabdingbar.
- Löschen Sie zum Abschluss noch temporäre Dateien und die Ereignisprotokolle.

13.15.3 Master für die automatisierte Konfiguration vorbereiten

Für diesen Vorgang sind Änderungen in der Registry zur automatischen Anmeldung und dem Aufruf, beispielsweise Ihrer Stapeldatei, notwendig.

Automatische Anmeldung

Die Änderungen müssen in der Registry an folgender Stelle für Windows NT/2000/XP erfolgen (bei Windows 2000/XP verwenden Sie besser die Konfiguration über SYSPREP.INF – Abschnitt 13.15.4):

```
HKEY_LOCAL_MACHINE
  \SOFTWARE
    \Microsoft
      \Windows NT
        \CurrentVersion
          \Winlogon
```

Die folgenden Werte müssen geändert bzw. neu angelegt werden:

Wert	Datentyp	Daten
DefaultUserName	REG_SZ	Administrator
AutoAdminLogon	REG_SZ	1
DefaultPassword	REG_SZ	Kennwort

Tabelle 13.8: Automatische Anmeldung bei Windows NT/2000/XP

Nach der ersten automatischen Anmeldung wird die Einstellung AutoAdminLogon sofort ohne weitere Aktivitäten Ihrerseits auf 0 zurückgestellt. Besitzt das Konto ein Kennwort, müssen Sie selbst in der Registrierung für diese Änderung sorgen.

In Verbindung mit einem installierten Novell-Client beachten Sie bitte die umfangreiche Beschreibung von Novell in der TID 10052847. Eine automatisierte Anmeldung des ZfD-Verwaltungsagenten ist zumindest derzeit nicht möglich (siehe TID 10077299).

Konfiguration automatisch starten

Für den automatischen Start, beispielsweise einer Stapeldatei, nach der automatischen lokalen Anmeldung haben Sie zwei Möglichkeiten. Entweder wird die Ausführung über RunOnce oder Shell in der Registry initiiert.

Start über RunOnce

Der Vorteil dieser Lösung liegt darin, daß der Eintrag in der Registrierung nach dem Start automatisch gelöscht wird.

```
HKEY_LOCAL_MACHINE
  \SOFTWARE
    \Microsoft
      \Windows
        \CurrentVersion
          \RunOnce
```

Für jede auszuführende Anwendung muss hier ein eigener Eintrag erfolgen (Beispiel):

Wert	Datentyp	Daten
StartDas1	REG_SZ	C:\STAPEL\IMAGE.CMD

Tabelle 13.9: Automatische Ausführung eines Skripts nach dem Systemstart

Achten Sie darauf, dass für derartige Einträge mithilfe einer .REG-Datei in dieser die "\" in einem einzutragenden Pfad immer doppelt angegeben werden müssen.

Start als Shell

Der Vorteil dieser Lösung liegt darin, dass der Explorer bzw. Desktop mit Task-Leiste nicht angezeigt wird, und dies somit den Fremdeingriff während der Ausführung zumindest etwas erschwert.

```
HKEY_LOCAL_MACHINE
  \SOFTWARE
    \Microsoft
      \Windows NT
        \CurrentVersion
          \Winlogon
```

Beispiel:

Wert	Datentyp	Daten
Shell	REG_SZ	C:\STAPEL\IMAGE.CMD

Tabelle 13.10: Automatische Ausführung eines Skripts nach dem Systemstart

Achten Sie darauf, dass für derartige Einträge mithilfe einer .REG-Datei in dieser die "\" in einem einzutragenden Pfad immer doppelt angegeben werden müssen.

Vergessen Sie nicht, vor einem abschließenden Neustart den Wert Shell wieder auf EXPLORER.EXE zurückzusetzen.

Die Konfigurationsdatei erstellen

Basierend auf den bisher verwendeten Beispielen muss jetzt die Datei IMAGE.CMD im neuen Verzeichnis C:\STAPEL erstellt werden. Welche Befehle hier eingebunden werden müssen, ist von der bei Ihnen notwendigen Umgebung und Ihren Anforderungen abhängig. Sicherlich ist als Erstes wichtig festzustellen, um welchen Client es sich handelt, damit die richtigen Werte zur Personalisierung verwendet werden. Die systemspezifische Abarbeitung kann je nach Methode sehr komplex gestaltet werden. Bei einer größeren Anzahl von Clients ist es unbedingt empfehlenswert, mit einer separaten Datendatei (enthält alle clientspezifischen Werte) und einer zu programmierenden Anwendung zu arbeiten, die diese Daten ausliest und verarbeitet.

Im Folgenden ein paar kleine einfache Beispiele, was unter anderem in eine derartige Datei aufgenommen werden kann. Beachten Sie, dass aufgrund des Seitenformats die Zeilen hier im Buch teilweise umgebrochen werden mussten, aber bei der Anwendung die Eingabe in einer Zeile erfolgen muss.

```
REM Den Zugriff auf das Verzeichnis C:\GEHEIM sperren
ECHO J| CACLS C:\GEHEIM /E /D benutzerkontoname
REM Zeit mit der Domäne synchronisieren
REM NTRIGHTS.EXE gehört zum Microsoft Resource Kit
ntrights +r SeSystemtimePrivilege -u DOM1\Benutzer
NET TIME /DOMAIN /SET /YES
REM Damit dieser Befehl auch für "normale" Benutzer-
REM anmeldungen möglich ist, müssen diesem lokal ent-
REM sprechende Rechte zugewiesen werden
REM Den Client vor den Browsern verstecken
NET CONFIG SERVER /HIDDEN:YES
REM Dem Konto Administrator ein Kennwort zuweisen
NET USER Administrator kennwort
REM Den Computer der Domäne DOM1 hinzufügen
REM Windows NT 4.0
NETDOM /Domain:DOM1 /user:INSTALL /password:computer MEMBER /JOINDOMAIN
REM Den Computer der Domäne NPC.COM hinzufügen
REM ab Windows 2000
NETDOM /d:NPC.COM %COMPUTERNAME% /OU:OU=Arbeitsstationen,DC=NPC,DC=COM /
Ud:INSTALL /Pd:computer /Server:server1
REM Nur für Windows NT 4.0
REM Beispielsweise für den Dienst Scheduler ein lokales
REM Konto anlegen und dieses der lokalen Gruppe der
REM Administratoren hinzufügen. Damit haben Sie bei-
REM spielsweise mit dem AT-Befehl auf dem Client
REM administrative Rechte
REM INSTSRV und NTRIGHTS sind Hilfsprogramme aus dem
REM Resource Kit zu Windows NT
NET USER kontoname kennwort /ADD
NET LOCALGROUP Administratoren kontoname /ADD
NTRIGHTS -U kontoname +R SeServiceLogonRight
INSTSRV Schedule REMOVE
INSTSRV Schedule C:\WINNT\SYSTEM32\ATSVC.EXE -a %computername%\kontoname
-p kennwort
NET START Schedule
REM Mit dem Programm SRVANY.EXE können Sie auch
REM Applikationen bzw. andere Programme als Dienst mit
REM einem beliebigen Konto ausführen. Beachten Sie dazu
REM die ausführliche Beschreibung im Resource Kit von
REM Windows NT.
REM Hinzufügen eines Kontos aus der Domäne
REM zur Gruppe lokaler Administratoren
NET LOCALGROUP Administratoren DOM1\Install /ADD
REM Service Pack als Beispiel für beliebige Software
```

```
REM nachinstallieren
NET USE S: \\SERVER\SP /USER:DOM1\INSTALL computer /PERSISTENT:NO
S:
CD \UPDATE
UPDATE.EXE /U /Z /N /Q
REM Zum Abschluss noch die Registrierung mit einigen
REM weiteren Modifikationen versehen und/oder Einträge
REM zurücksetzen
REGEDIT /S C:\STAPEL\IMAGE.REG
REM Den aktuellen Stand der Registrierung automatisch
REM nach REPAIR sichern (nur Windows NT 4.0)
RDISK.EXE /S-
REM Das System automatisch neu starten und anschließend
REM temporäres Verzeichnis bei Bedarf entfernen
REM SHUTDOWN.EXE muss sich in %SystemRoot% befinden
SHUTDOWN /L /R /T:60 "IMAGE.CMD fährt herunter" /Y /C
REM Die hier verwendete Syntax gilt bis Windows 2000
REM Windows XP verfügt über eine neue Version
REM Beachten Sie den Timer groß genug einzustellen, da-
REM mit der Löschbefehl auf jeden Fall genügend Zeit
REM hat, vollständig verarbeitet zu werden
REM Funktioniert nur, wenn sich der Fokus nicht
REM im Pfad befindet
CD C:\
RD /S /Q C:\STAPEL
```

Zentralisierte Konfiguration

Eine optimierte und meist bessere Variante ist die Ausführung der Konfiguration, beispielsweise mithilfe einer Stapeldatei, die auf einem Server zur Verfügung gestellt wird. Dazu muss sich IMAGE.CMD auf dem Client lediglich mit dem Server verbinden. Beispiel:

```
@echo off
NET START NETMAN
net use s: \\srv\netlogon /user:IMAGE kw /persistent:no
s:
cloning.cmd
```

Diese Methode hat noch einen gravierenden Vorteil: Müssen Sie den Master aktualisieren, fügen Sie vor dessen Start lediglich ein `goto ende` am Anfang der CLONING.CMD ein, damit nicht versehentlich der Master konfiguriert wird. Alternativ können Sie auch den Computernamen des Masters in CLONING.CMD abfangen und damit eine versehentliche Abarbeitung für diesen verhindern.

Häufig fällt der NET USE direkt nach dem Systemstart aus. Daher wird NET START NETMAN für die Netzwerkverbindungen angegeben werden, wobei solange gewartet wird, bis diese verfügbar sind.

13.15.4 Microsoft System Preparation Tool (SysPrep)

Dieses Werkzeug ist in Verbindung mit ZENworks for Desktops zumindest ab Windows 2000 unbedingt empfehlenswert, da nach dem Imaging ein weitgehend vollständiges Plug&Play erfolgt, das auch problemlos auf Treiber zurückgreifen kann, die nicht im Lieferumfang von Windows 2000/XP enthalten sind.

Setzen SysPrep zur Änderung der SID nicht mit anderer Software zur Änderung der SID zusammen ein, da es sonst zu Ausfällen kommen kann!

Windows NT 4.0

Dieses Werkzeug muss über das Internet bei folgender URL heruntergeladen werden (zumindest derzeit kostenlos): `http://www.microsoft.com/downloads/details.aspx?displaylang=en&FamilyID=08ED83B9-B34B-4397-A23F-A6B51F0D9F9B`. Alternativ können Sie das Werkzeug auch über das Download-Center von Microsoft mit dem Suchbegriff SYSPREP finden.

Sind Sie mit der Installation und Konfiguration des Masters fertig, kopieren Sie zum Abschluss die Dateien von SysPrep beispielsweise nach C:\SYSPREP (einschließlich der benötigten EULA.TXT). Verwenden Sie diesen Pfad, wird das Verzeichnis später nach der Ausführung auf der Arbeitsstation automatisch gelöscht. Rufen Sie anschließend SYSPREP.EXE über die Eingabeaufforderung in diesem Verzeichnis auf. Beispiele:

```
sysprep -defeat
sysprep C:\SYSPREP\skript.txt -defeat
```

Parameter	Beschreibung
`<skriptdatei>`	Skriptdatei, die den Installationsablauf auf dem Zielsystem automatisiert (Antwortdatei).
`-defeat`	Notwendig, wenn keine OEM- oder Select-Version von Windows NT, Office 95 oder Office 97 verwendet wird, sonst erscheint eine Fehlermeldung.
`-quiet`	Die Installation wird automatisiert und es werden keine Warnungen angezeigt. Es erfolgt lediglich die Anzeige der Lizenzbedingungen, die bestätigt werden müssen.
`-nosidgen`	Damit wird die Erstellung einer neuen SID durch SysPrep verhindert.
`-reboot`	Statt das System zum Abschluss herunterzufahren, wird es automatisch neu gestartet.

Tabelle 13.11: Windows NT 4.0 SysPrep-Parameter

Wurde das Image auf eine Arbeitsstation übertragen, werden während des ersten Starts folgende Informationen angefordert (die Dateneingabe kann über ein Skript automatisiert werden):

- Bestätigung des Endanwender-Lizenzvertrags.
- Abfrage der Produkt-ID, wenn es sich um keine Windows NT 4.0-Version von einer Select-CD handelt.
- Abfrage von Name und Organisation.
- Eindeutiger Computername.
- Kennwort für das lokale Konto Administrator. Sollte das Konto vorher bereits ein Kennwort besitzen, erhalten Sie eine Fehlermeldung.

Sie können den Ablauf nach SysPrep auf den Zielsystemen über ein Skript automatisieren. Dazu müssen Sie eine Textdatei im gleichen Verzeichnis erstellen. Eine Beschreibung der möglichen Einträge finden Sie in der von Microsoft mit dem Werkzeug mitgelieferten .DOC-Datei.

```
[NT4Preinstall]
OemSkipEula = yes
ProductID = 040-1234567
FullName = "Hans C. Nieder"
OrgName = "Nieder PC-KnowHow GmbH"
ComputerName = "Auto"
AdminPassword = "*"
OEMBannerText = "Nieder PC-KnowHow GmbH*Windows NT "
OEMSkipWelcome = 1
OEMNoWaitAfterGUIMode = 1
```

Listing 13.2: Beispiel zu SYSPREP.INF für Windows NT 4.0

Nach der Installation finden Sie dieses Skript als $nt4pre$.inf im Verzeichnis %SystemRoot%\SYSTEM32.

Windows 2000/XP

Verwenden Sie für Windows 2000 nur die neueste Version (zur Zeit 1.1 am besten als Download oder im Service Pack 3 für Windows 2000 verfügbar). In Verbindung mit Windows XP verwenden Sie die neue Version 2.0, die für Windows 2000 nicht geeignet ist (befindet sich auf der Original-CD bzw. auf der Service Pack 1-CD).

In Verbindung mit Windows 2000/XP gibt es einige Änderungen zu SysPrep (das Werkzeug befindet sich auf der CD in SUPPORT\TOOLS\DEPLOY.CAB). Dies gilt insbesondere für das Plug&Play. Dieses kann erneut vollständig ausgeführt werden, wobei der Treiber für den Schnittstellen-Controller mit der angeschlossenen Festplatte zum Booten nicht unbedingt, die HAL zum Master aber identisch sein müssen.

Risiko

Der Master bzw. das Referenzsystem, auf dem SysPrep ausgeführt werden soll, darf auf keinen Fall vorher als Mitglied einer Domäne konfiguriert werden, da sonst SYSPREP.EXE nicht ausgeführt werden kann. Installieren Sie Treiber nur von lokalen Laufwerken, da es sonst auf dem Zielsystem zu Ausfällen kommen kann.

Haben Sie auf dem Master bzw. Referenzsystem alle notwendigen Arbeiten zur Vorbereitung für das Imaging abgeschlossen, sollten Sie ein Arbeitsimage auf dem Server speichern.

- Sind Sie mit der Installation und Konfiguration des Masters fertig, kopieren Sie zum Abschluss die Dateien von SysPrep nach C:\SYSPREP. Legen Sie den Ordner auf dem Systemlaufwerk an, wird er später nach der Miniinstallation automatisch gelöscht.

```
C:\SYSPREP
    SYSPREP.EXE
    SETUPCL.EXE
    SYSPREP.INF
    \I386
        \$OEM$
```

  In OEM werden keine weiteren Unterverzeichnisse unterstützt, aber CMDLINES.TXT ausgeführt. Für Treiber verwenden Sie ein eigenes Verzeichnis, wie beispielsweise C:\TREIBER. Am besten verwenden Sie Unterverzeichnisse für die einzelnen Gerätekategorien.

- Sie können am Ende der Mini-Installation nach dem Imaging auf der Arbeitsstation über CMDLINES.TXT zusätzliche Befehle ausführen.
- Führen Sie einen umfangreichen Test durch, da eine nachträgliche Änderung oft mit sehr viel Aufwand verbunden ist (es muss häufig ein neues Abbild erstellt werden).
- Erstellen Sie eine Antwortdatei zu SYSPREP, damit auf den Zielsystemen nicht alle notwendigen Eingaben per Hand erfolgen müssen.

Antwortdatei für SysPrep

Um nicht alle Angaben nach dem Imaging per Hand eingeben zu müssen, ist eine Antwortdatei mit dem Namen SYSPREP.INF im gleichen Ordner wie SYSPREP.EXE notwendig. Die optionale Skriptdatei SYSPREP.INF benutzt die gleiche Syntax und die gleichen Schlüsselwörter wie eine normale Antwortdatei zur automatisierten Installation von Windows 2000/XP Professional (UNATTEND.TXT).

Die Einträge im folgenden Abschnitt werden unterstützt (eine komplette Dokumentation findet sich beispielsweise in UNATTEND.DOC bei Windows 2000 und DEPLOY.CHM bei Windows XP auf der Produkt-CD).

Für die einfachere Erstellung einer derartigen Antwortdatei können Sie auch den Assistenten für den Installations-Manager verwenden (SETUPMGR.EXE auf der CD im Verzeichnis SUPPORT\TOOLS). Am besten rufen Sie das Programm auf dem Master-System auf, damit soviel wie möglich automatisch vorbereitet wird (Achtung, die Version für Windows XP unterscheidet sich etwas von der für Windows 2000).

Verwenden Sie auf der Seite *Welches Produkt wird mit der Antwortdatei installiert?* die Option *Systemvorbereitungsinstallation* aus. Der Reihe nach müssen jetzt verschiedene Abfragen zur Erstellung der Antwortdatei beantwortet werden. Zum Abschluss werden von dem Assistenten auch die Dateien auf Wunsch kopiert und die Verzeichnisstruktur erstellt.

Die Datei SYSPREP.BAT können Sie in C:\SYSPREP löschen, da sie nicht gebraucht wird. Ein Beispiel für die Datei SYSPREP.INF finden Sie im 13.3. Beachten Sie dazu unbedingt die Dokumentation von Microsoft!

```
[Unattended]
    OemSkipEula=Yes
    InstallFilesPath=c:\sysprep\i386
    DriversSigningPolicy=Ignore
    OemPnPDriversPath=drivers\video;drivers\net
    OemPreinstall=Yes
[GuiUnattended]
    AdminPassword=*
    AutoLogon=Yes
    AutoLogonCount=1
    OEMSkipRegional=1
    TimeZone=110
    OemSkipWelcome=1
[UserData]
    FullName=Mitarbeiter
    OrgName="Nieder PC-KnowHow GmbH"
    ComputerName=*
    ProductID=...
[Display]
    BitsPerPel=16
    Xresolution=1280
    YResolution=1024
    Vrefresh=75
[Identification]
    JoinWorkgroup=ARBEITSGRUPPE
```

```
[Networking]
    InstallDefaultComponents=Yes
[SysprepMassStorage]
...
```

Listing 13.3: Beispiel zu SYSPREP.INF

Für Windows XP fügen Sie unbedingt die folgenden beiden Abschnitte in SYSPREP.INF ein, falls Sie dies noch nicht gemacht haben (dadurch wird das System für unterschiedliche Schnittstellen-Controller auf den Arbeitsstationen vorbereitet):

```
[SysPrep]
BuildMassStorageSection=Yes
[SysprepMassStorage]
```

Neuere Treiber und zusätzliche Treiber

Zusätzliche und neuere Treiber können mithilfe eines Pfades auf der Festplatte und dem Eintrag `OemPnPDriversPath` in SYSPREP.INF installiert werden. Da einige Treiber keine Microsoft-Signatur besitzen, sollten Sie zusätzlich den Eintrag `DriverSigningPolicy=Ignore` verwenden.

Vorsicht

Handelt es sich bei einem Treiber um ein Update, wird immer der mitgelieferte von Microsoft verwendet, es sei denn, der des Herstellers ist signiert! Die einzige Alternative ist, den Treiber von Microsoft aus der Installation auszuschließen, was jedoch nicht ganz einfach ist. Die vernünftigste Lösung ist, nur signierte Treiber einzusetzen.

Schnittstellen-Controller-Treiber

Benötigen Sie Treiber für den Schnittstellen-Controller, die sich nicht im Image befinden, beachten Sie bitte die Beschreibung im Internet: `http://www.microsoft.com/windows2000/downloads/tools/sysprep/default.asp` (hier gibt es auch das Download zu SysPrep 1.1 für Windows 2000). Beachten Sie hierzu auch Q253340 und Q216937.

CMDLINES.TXT

Sie können mithilfe dieser Datei am Ende der Miniinstallation zusätzliche Befehle ausführen lassen. Dazu ist folgende Verzeichnisstruktur notwendig:

```
\SYSPREP
  \I386
```

```
\$OEM$
  CMDLINES.TXT
```

Die Datei SYSPREP.INF muss zusätzlich folgende Angaben zur Ausführung enthalten:

```
[Unattended]
OemPreInstall = yes
InstallFilesPath = "C:\SYSPREP\I386"
```

Zum Zeitpunkt der Ausführung ist kein Benutzer angemeldet, wodurch alle benutzerspezifischen Informationen in das Standard-Benutzerprofil eingetragen werden. Dadurch erhalten diese Einstellungen alle später erstellten Benutzerprofile auf den Clients.

Probleme bei der Installation von Programmen

In Verbindung mit Systemen, auf denen SysPrep ausgeführt wurde, kann es vorkommen, dass sich Programme nach der Installation im Startmenü nicht finden lassen. Die Ursache liegt an einem zusätzlichen Komma am Ende des Shell-Eintrags in der Registrierung. Zur Behebung des Problems können Sie die folgende .REG-Datei erstellen und diese beispielsweise mithilfe der bereits beschriebenen IMAGE.REG ausführen:

```
Windows Registry Editor Version 5.00

[HKEY_LOCAL_MACHINE\SOFTWARE\Microsoft\Windows NT\CurrentVersion\Winlo-
gon]
"Shell"="Explorer.exe"
```

Unterschiedliche Schnittstellen-Controller

Schnittstellen-Controller und HAL müssen auf Master und Zielsystemen immer identisch sein! Setzen Sie SysPrep ab Version 1.1 ein, besteht die Möglichkeit, dass auf den Zielsystemen unterschiedliche Schnittstellen-Controller verwendet werden und trotzdem nur ein einziges Image zur Anwendung kommt.

Tipp

Eine Beschreibung zur Vorgehensweise in Verbindung mit Windows 2000 finden Sie in der Dokumentation SYSPREP11.DOC, die im Download von Microsoft enthalten ist. Ansatzweise kann diese Dokumentation auch für Windows XP verwendet werden, falls Zusatztreiber benötigt werden, die sich nicht auf der Produkt-CD befinden.

- Fügen Sie bei IDE-zu-SCSI und SCSI-zu-SCSI im Abschnitt `[Data]` der Datei SYSPREP.INF den Wert `UseBIOSToBoot=1` hinzu.
- Für die notwendigen Einträge in SYSPREP.INF benötigen Sie die Hardware IDs aller in Frage kommenden IDE- und SCSI-Controller. Mithilfe von PNPIDS.EXE von Microsoft können Sie für eine bestimmte .INF oder allen .INF-Dateien im zusätzlich angegebenen Verzeichnis die IDs auslesen und anzeigen lassen.
- Fügen Sie für Schnittstellen-Controller, deren Treiber zu Windows 2000/XP mitgeliefert wird, folgenden Abschnitt in SYSPREP.INF hinzu (Beispiele finden Sie im Unterverzeichnis SAMPLES zu SYSPREP 1.1 – es können mehrere Controller angegeben werden):

```
[SysprepMassStorage]
<hardware id> = <pfad zur geräte-inf>
```

Beispiel:

```
[SysprepMassStorage]
PCI\VEN_9004&DEV_8678 = "%windir%\inf\scsi.inf"
```

- Sind Treiber für Schnittstellen-Controller nicht auf der Windows 2000/XP-CD verfügbar, kopieren Sie die Treiber in den Treiberpfad des Masters (z.B. C:\DRIVERS\HD). In diesem Fall müssen Sie in SYSPREP.INF zusätzlich noch folgende Werte jeweils durch Komma getrennt angeben:

```
<unterverzeichnis mit dem treiber>, <name der diskette in
txtsetup.oem>,<tag>
```

Beispiel:

```
[SysprepMassStorage]
PCI\VEN_1077&DEV_1080 = "c:\sysprep\drivers\qlogic.inf",
   "\nt", "Qlogic Software Disk", "\qlogic"
```

Parameter für den Aufruf von SysPrep zu Windows 2000

Bevor Sie SysPrep ausführen, empfiehlt sich ohne bereits implementierte Automatismen für den nächsten Neustart die Erstellung eines Arbeitsimages für den Master.

Parameter	Beschreibung
`-quiet`	Keine Meldungen am Bildschirm anzeigen.
`-pnp`	Beim nächsten Neustart des Computers eine vollständige Plug&Play-Aktualisierung erzwingen (die gesamte Hardware wird neu erkannt). Normalerweise nur in Verbindung mit Non-PnP-ISA-Komponenten in den Zielsystemen notwendig und sollte unbedingt vermieden werden.
`-reboot`	Nach dem Aufruf einen automatischen Neustart erzwingen und anschließend sofort die Miniinstallation ausführen.
`-noreboot`	Ändert die Registrierungsschlüssel (SID, OemDuplicatorString etc.) ohne den Computer neu zu starten oder auf das Imaging vorzubereiten. Nur für Testzwecke sinnvoll, um die Änderungen in der Registry zu überprüfen.
`-nosidgen`	Es wird keine neue SID generiert.
`-clean`	Bereinigung der kritischen Geräte-Datenbank, die vom Abschnitt `[SysprepMassStorage]` in SYSPREP.INF verwendet wird.
`-forceshutdown`	Computer nach SYSPREP.EXE herunterfahren. Benutzen Sie diesen Parameter auf ACPI-Systemen, die sonst nicht korrekt herunterfahren.

Tabelle 13.12: TSysPrep-Paramter für Windows 2000

Parameter für den Aufruf von SysPrep zu Windows XP

In Verbindung mit Windows XP steht eine neue erweiterte Version von SysPrep zur Verfügung.

Parameter	Beschreibung
`-activated`	Die WPA-Aktivierungsperiode nicht zurücksetzen. Diesen Parameter sollten Sie nur verwenden, wenn Sie die Aktivierung mit FACTORY vorgenommen haben. Normalerweise nicht relevant.
`-audit`	Den Computer in den FACTORY-Modus neu starten, ohne eine neue SID zu bestimmen und den Abschnitt `[OEMRunOnce]` in WINBOM.INI auszuführen. Den Parameter nur verwenden, wenn sich das System bereits im Factory-Modus befindet. Normalerweise nicht relevant.
`-clean`	Bereinigung der kritischen Geräte-Datenbank, die vom Abschnitt `[SysprepMassStorage]` in SYSPREP.INF verwendet wird.
`-factory`	Den Computer im Netzwerk-enabled Status starten, ohne Willkommen und Mini-Installation auszuführen. Hilfreich bei Treiber-Updates, Ausführen der PnP-Enumeration, Installation von Applikationen, Testzwecke und Konfiguration. Nach dem FACTORY-Mode mit Ausführung verschiedener Aufgaben rufen Sie SysPrep mit dem Parameter `–reseal` auf, um Computer für den Anwender vorzubereiten. Normalerweise wird der Factory-Modus nur von OEMs benötigt.

Tabelle 13.13: SysPrep-Parameter für Windows XP

Parameter	Beschreibung
`-forceshutdown`	Computer nach SYSPREP.EXE herunterfahren. Benutzen Sie diesen Parameter auf ACPI-Systemen, die sonst nicht korrekt herunterfahren.
`-mini`	Konfiguriert das System so, dass es die Mini-Installation statt Windows Willkommen ausführt (nicht bei Windows XP Home-Edition).
`-noreboot`	Ändert die Registrierungsschlüssel (SID, OemDuplicatorString etc.) ohne den Computer neu zu starten oder auf das Imaging vorzubereiten. Nur für Testzwecke sinnvoll, um die Änderungen in der Registry zu überprüfen.
`-nosidgen`	Es wird keine neue SID generiert.
`-pnp`	Beim nächsten Neustart des Computers eine vollständige Plug&Play-Aktualisierung erzwingen (die gesamte Hardware wird neu erkannt). Normalerweise nur in Verbindung mit Non-PnP-ISA-Komponenten in den Zielsystemen notwendig! Dieser Parameter hat keinen Effekt, wenn als Erstes Windows-Willkommen ausgeführt wird. Wenn möglich nicht verwenden, da es Probleme geben kann. Also nur, wenn Sie unbedingt noch mit alten ISA-Komponenten arbeiten müssen, deren Treiber auf den Zielsystemen neu erkannt werden müssen.
`-quiet`	Am Bildschirm keine Meldungen anzeigen. Nützlich, wenn Sie SysPrep automatisiert, beispielsweise nach einer automatisierten Skriptinstallation, `[GuiRunOnce]` ausführen.
`-reboot`	Nach dem Aufruf einen automatischen Neustart erzwingen und anschließend sofort beispielsweise die Miniinstallation ausführen. Normalerweise nur zu Testzwecken.
`-reseal`	Löscht die Ereignisprotokolle und bereitet den Computer für die Auslieferung an den Anwender vor. Verwenden Sie den Parameter `–factory`, muss dieser Parameter in einem letzten Schritt der Vorinstallation angewandt werden.

Tabelle 13.13: SysPrep-Parameter für Windows XP (Forts.)

Beispiel zur Vorbereitung für das Imaging des Masters zur Verteilung:

```
sysprep -clean -quiet
sysprep -reseal -mini -forceshutdown -quiet
```

Stichwortverzeichnis

Symbole

A

B

N

T

ISBN 3-8266-0917-4
www.mitp.de

Jeffrey F. Hughes, Blair W. Thomas

NetWare 6 Networking

NetWare ist immer noch eines der beliebtesten Netzwerkbetriebssysteme der Welt. Um mit NetWare 6 eine verteilte DV-Infrastruktur bieten zu können, hat Novell unter Beibehaltung aller Vorteile der Vorgängerversionen neue Merkmale hinzugefügt, die auf dem vorhandenen Fundament aufbauen. NetWare 6 steigert Ihre Produktivität, reduziert Ihre Kosten und vereinfacht die Installation und Verwaltung Ihres Netzwerks.

Die Novell-Insider Jeffrey Hughes und Blair Thomas liefern mit diesem Buch genau das Know-how, das Systemadministratoren brauchen, um ein NetWare 6-Netzwerk zu planen, zu entwerfen, zu konfigurieren und zu warten.

Jeffrey L. Hughes, Blair W. Thomas

NetWare 6 Networking

ISBN 3-8266-0937-9
www.mitp.de

Tay Kratzer

Novell's GroupWise6

Handbuch für den Administrator

Das Buch ist fünf Hauptbereiche untergliedert: Teil I beschäftigt sich mit der Architektur von GroupWise. Auch der GroupWise-Kenner wird hier von interessanten neuen Erkenntnissen profitieren. Teil II konzentriert sich den Einsatz von ConsoleOne für die Administration des GroupWise-Systems. Der dritte Teil erklärt die Installation und Konfiguration. In TeilIV werden die praktischen Anforderungen für den Aufbau und die Wartung eines GroupWise-Systems besprochen. In Teil V schließlich findet der Leser praktische Anweisungen für die Anpassung von GroupWise an seine speziellen Anforderungen. Gerade dieser Teil des Buches zeichnet sich durch detaillierte Anleitungen für Vorgänge aus, die entweder nicht dokumentiert sind oder für die es im Programm selber keine integrierte Lösung gibt.

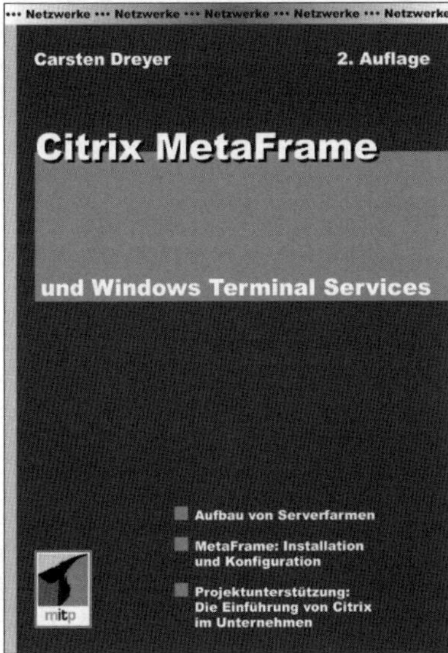

ISBN 3-8266-1303-1
www.mitp.de

Carsten Dreyer

Citrix MetaFrame und Windows Terminal Services

Dieses jetzt in der zweiten Auflage vorliegende Buch hat sich gerade in der deutschen Citrix-Szene als wertvolles, praxisnahes Handbuch und als verlässliche Informationsquelle bewährt. Für Systemadministratoren, die mit der Implementierung und der Wartung von serverbasierten Systemlösungen beauftragt sind, ein Muss!

Kernzielgruppe des Buches sind aktuelle oder zukünftige Anwender des Microsoft Terminal Servers als auch diejenigen, die bereits Citrix-Zusatzprodukte zum Terminal Server verwenden, deren Einsatz erwägen oder sich über deren Funktion informieren wollen.